해커스변호사

공법

Public Law

변호사시험
핵심기출 200제

선택형

해커스변호사

서문

"기출문제를 풀고 싶은데 시간은 없고 기존 책들은 문제가 너무 많네."

"빈출되는 핵심지문을 중심으로 효과적으로 준비하고 싶어."

"기존 책들 해설을 아무리 읽어도 지문의 쟁점을 정확히 모르겠네."

김유향과 해커스가 자신 있게 만들었습니다.

2022년 제11회까지의 변호사시험 공법(헌법·행정법)선택형 기출 문제 중 빈출되는 기본적인 핵심법리로 구성된 **가장 중요한 헌법 100문제, 행정법 100문제를 각 선별**하였습니다.

변호사시험을 위한 가장 효율적인 기출문제집**입니다.**

20여년의 강의경험을 바탕으로 변호사시험 공법 선택형을 전반적으로 대비할 수 있는 기출문제 중 핵심적인 200제를 선별함으로써, 양적인 부담을 최소화하면서도 질적으로는 기출된 내용의 핵심사항을 **효율적으로 정리·암기할 수 있도록 구성**하였습니다.

모든 문제의 해설 앞에 '핵심공략'으로 쟁점을 정리하였습니다.

200제 모든 문제해설 앞에 **'핵심공략'을 정리하여, 지문의 쟁점을 정확히 파악하고 이해할 수 있도록** 하였습니다. 문제해설을 '핵심포인트'와 '상세해설'로 이원화함으로써, **수준별 학습 및 시간 절약이 가능**하도록 함과 동시에 **실제 시험에서 기출 변형이나 낯선 문제가 출제되더라도 충분히 대비**할 수 있도록 하였습니다.

합격을 위한 여정
김유향과 해커스가 여러분과 함께합니다.

차례

헌법

PART 1 기본권

PART 2 헌법소송

PART 3 헌법총론

PART 4 통치구조

행정법

PART 1 행정법총칙

PART 2 일반행정작용법

PART 3 행정구제법

PART 4 행정법 각론

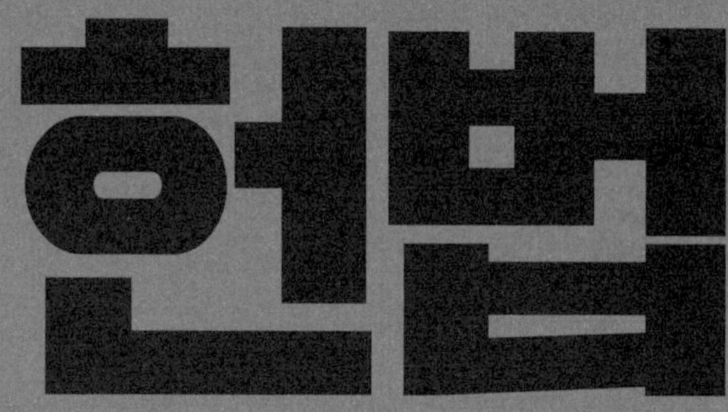

PART 1 기본권
PART 2 헌법소송
PART 3 헌법총론
PART 4 통치구조

헌법

PART 1

기본권

Chapter

01 기본권 총론

1. 기본권보장의 역사

2. 기본권의 성격

3. 기본권의 주체

01

외국인의 기본권에 관한 설명 중 옳지 않은 것은? (다툼이 있는 경우 판례에 의함) [19 변호사]

① 출입국관리에 관한 사항 중 외국인의 입국에 관한 사항은 주권국가로서의 기능을 수행하는 데 필요한 것으로서 광범위한 정책재량의 영역이므로, 국적에 따라 사증 발급 신청 시의 첨부서류에 관해 다르게 정하고 있는 조항이 평등권을 침해하는지 여부는 자의금지원칙 위반 여부에 의하여 판단한다.

② 고용허가를 받아 국내에 입국한 외국인 근로자의 출국만기보험금을 출국 후 14일 이내에 지급하도록 한 조항은, 외국인 근로자의 불법체류를 방지할 필요성을 고려하더라도 출국 전에는 예외 없이 보험금을 지급받지 못하도록 한 것이어서 외국인 근로자의 근로의 자유를 침해한다.

③ 국가에 대하여 고용증진을 위한 사회적·경제적 정책을 요구할 수 있는 권리는 사회권적 기본권으로서 국민에 대하여만 인정해야 하지만, 근로자가 기본적 생활수단을 확보하고 인간의 존엄성을 보장받기 위하여 최소한의 근로조건을 요구할 수 있는 권리는 자유권적 기본권의 성격도 아울러 가지므로 이러한 경우 외국인 근로자에게도 기본권 주체성을 인정할 수 있다.

④ 외국인은 입국의 자유의 주체가 될 수 없으며, 외국인이 복수 국적을 누릴 자유는 헌법상 보호되는 기본권으로 볼 수 없다.

⑤ 외국인이 이미 적법하게 고용허가를 받아 적법하게 입국하여 일정한 생활관계를 형성·유지하는 등, 우리 사회에서 정당한 노동인력으로서의 지위를 부여받은 상황임을 전제로 하는 이상, 해당 외국인에게도 직장선택의 자유에 대한 기본권 주체성을 인정할 수 있다.

01 정답 ②

핵심공략

- 평등권 침해 심사기준: 자의금지원칙 v. 비례원칙
  - ⇨ 국회의 입법형성권 존중 차원에서 자의금지원칙 (원칙) / 헌법에서 특별히 평등을 요구하는 영역이거나 차별적 취급으로 기본권의 중대한 제한이 초래되는 경우 비례원칙 (예외)
  - ⇨ 출입국관리 사항 중 외국인 입국에 관한 영역은 광범위한 정책재량의 영역에 해당하므로, 그 평등권 침해여부는 '자의금지원칙'에 따라 판단 O
- 근로의 권리: '일할 자리에 관한 권리' 및 '일할 환경에 관한 권리'
  - ⇨ 인간의 권리로 볼 수 있는 경우, 외국인의 기본권 주체성 인정 O, 일할 환경에 관한 권리는 자유권적 기본권의 성질 겸유 O, 인간의 권리에 해당 O
  - ⇨ '외국인 근로자에 대한 출기만금보험 출국 후 14일 이내 지급조항'은 청구인의 근로의 권리(일할 환경에 관한 권리) 침해 ×

  (∵ 외국인 근로자의 불법체류 방지 목적, 출국만기보험금이 빠짐없이 지급될 수 있는 조치들이 강구됨)
- 외국인의 경우, 참정권, 입국의 자유에 대한 기본권주체성 부정, 복수국적을 누릴 자유는 헌법상 기본권에 해당 ×
- 외국인이 대한민국 법률에 따른 허가를 받아 국내에서 일정한 근로관계가 형성된 경우, 그 범위에서 제한적으로 직업의 자유에 대한 기본권주체성을 인정 可 (2013헌마359)

① [O]

해설 심판대상조항들은 국적에 따라 재외동포체류자격 부여시 단순노무행위 등 취업활동에 종사하지 않을 것임을 소명하는 서류의 제출 여부를 달리 하고 있는바, 단순노무행위 등 취업활동에의 종사 여부 및 국적에 따른 차별로서 헌법이 특별히 평등을 요구하고 있는 경우가 아니고, 외국인에게 입국의 자유가 허용되지 않는 이상 이 사건이 관련 기본권에 중대한 제한을 초래하는 경우라고 볼 수 없다. 우리나라의 특별한 역사적 배경을 감안하여 외국국적동포에게 일반 외국인과는 다른 혜택을 부여하여야 할 정책적, 도의적 필요성이 있다 하더라도, 기본적으로 외국인의 지위에 있는 외국국적동포의 입국과 체류에 관하여 우리나라가 사회, 정치 및 경제, 외교적 상황 등을 고려하여 일정한 제한을 가할 수 없는 것은 아니다. 오히려 출입국관리에 관한 사항 중 외국인의 입국에 관한 사항은 주권국가로서의 기능을 수행하는데 필요한 것으로서 광범위한 정책재량의 영역이므로, 심판대상조항들이 청구인 김O철의 평등권을 침해하는지 여부는 자의금지원칙 위반 여부에 의하여 판단하기로 한다. (헌재 2014.4.24. 2011헌마474)

② [×]

해설 고용 허가를 받아 국내에 입국한 외국인근로자의 출국만기보험금을 출국 후 14일 이내에 지급하도록 한 '외국인근로자의 고용 등에 관한 법률' 제13조 제3항 중 '피보험자등이 출국한 때부터 14일 이내' 부분이 청구인들의 근로의 권리를 침해하는지 여부(소극): 불법체류자는 임금체불이나 폭행 등 각종 범죄에 노출될 위험이 있고, 그 신분의 취약성으로 인해 강제근로와 같은 인권침해의 우려가 높으며, 행정관청의 관리 감독의 사각지대에 놓이게 됨으로써 안전사고 등 각종 사회적 문제를 일으킬 가능성이 있다. 또한 단순기능직 외국인근로자의 불법체류를 통한 국내 정주는 일반적으로 사회통합 비용을 증가시키고 국내 고용 상황에 부정적 영향을 미칠 수 있다. 따라서 이 사건 출국만기보험금이 근로자의 퇴직 후 생계 보호를 위한 퇴직금의 성격을 가진다고 하더라도 불법체류가 초래하는 여러 가지 문제를 고려할 때 불법체류 방지를 위해 그 지급시기를 출국과 연계시키는 것은 불가피하므로 심판대상조항이 청구인들의 근로의 권리를 침해한다고 보기 어렵다. (헌재 2016.3.31. 2014헌마367)

③ [○]

해설 근로의 권리가 "일할 자리에 관한 권리"만이 아니라 "일할 환경에 관한 권리"도 함께 내포하고 있는바, 후자는 인간의 존엄성에 대한 침해를 방어하기 위한 자유권적 기본권의 성격도 갖고 있어 건강한 작업환경, 일에 대한 정당한 보수, 합리적인 근로조건의 보장 등을 요구할 수 있는 권리 등을 포함한다고 할 것이므로 외국인 근로자라고 하여 이 부분에까지 기본권 주체성을 부인할 수는 없다. 즉 근로의 권리의 구체적인 내용에 따라, 국가에 대하여 고용증진을 위한 사회적·경제적 정책을 요구할 수 있는 권리는 사회권적 기본권으로서 국민에 대하여만 인정해야 하지만, 자본주의 경제질서하에서 근로자가 기본적 생활수단을 확보하고 인간의 존엄성을 보장받기 위하여 최소한의 근로조건을 요구할 수 있는 권리는 자유권적 기본권의 성격도 아울러 가지므로 이러한 경우 외국인 근로자에게도 그 기본권 주체성을 인정함이 타당하다. (헌재 2007.8.30. 2004헌마670)

④ [○]

해설 참정권과 입국의 자유에 대한 외국인의 기본권주체성이 인정되지 않고, 외국인이 대한민국 국적을 취득하면서 자신의 외국 국적을 포기한다 하더라도 이로 인하여 재산권 행사가 직접 제한되지 않으며, 외국인이 복수국적을 누릴 자유가 우리 헌법상 행복추구권에 의하여 보호되는 기본권이라고 보기 어려우므로, 외국인의 기본권주체성 내지 기본권침해가능성을 인정할 수 없다. (헌재 2014.6.26. 2011헌마502)

⑤ [○]

해설 직업의 자유 중 이 사건에서 문제되는 직장 선택의 자유는 인간의 존엄과 가치 및 행복추구권과도 밀접한 관련을 가지는 만큼 단순히 국민의 권리가 아닌 인간의 권리로 보아야 할 것이므로 외국인도 제한적으로라도 직장 선택의 자유를 향유할 수 있다고 보아야 한다. 청구인들이 이미 적법하게 고용허가를 받아 적법하게 우리나라에 입국하여 우리나라에서 일정한 생활관계를 형성·유지하는 등, 우리 사회에서 정당한 노동인력으로서의 지위를 부여받은 상황임을 전제로 하는 이상, 이 사건 청구인들에게 직장 선택의 자유에 대한 기본권 주체성을 인정할 수 있다 할 것이다. (헌재 2011.9.29. 2007헌마1083 등)

02

기본권 주체에 관한 설명 중 옳은 것은? (다툼이 있는 경우 판례에 의함) [20 변호사]

① 모든 인간은 헌법상 생명권의 주체가 되며 형성 중의 생명인 태아에게도 생명권 주체성이 인정되므로, 국가의 보호 필요성은 별론으로 하고 수정 후 모체에 착상되기 전인 초기배아에 대해서도 기본권 주체성을 인정할 수 있다.

② 아동은 인격의 발현을 위하여 어느 정도 부모에 의한 결정을 필요로 하는 미성숙한 인격체이므로, 아동에게 자신의 교육환경에 관하여 스스로 결정할 권리가 부여되지 않는다.

③ 외국인이 법률에 따라 고용허가를 받아 적법하게 근로관계를 형성한 경우에도 외국인은 그 근로관계를 유지하거나 포기하는 데 있어서 직장선택의 자유에 대한 기본권 주체성을 인정할 수 없다.

④ 헌법 제14조의 거주·이전의 자유, 헌법 제21조의 결사의 자유는 그 성질상 법인에게도 인정된다.

⑤ 국가기관 또는 공법인은 공권력 행사의 주체이자 기본권의 수범자로서 기본권 주체가 될 수 없으므로, 대통령이나 지방자치단체장 등 개인이 국가기관의 지위를 겸하는 경우에도 기본권 주체성은 언제나 부정된다.

02

정답 ④

핵심공략

- 태아의 생명권 주체성 O(단, 인간의 발달단계에 따라 그 보호정도는 다를 수 있음)
  cf) 초기배아(자궁 착상 전 또는 원시선 나타나기 전) 생명권 주체성 ×, *But* 국가의 보호의무 대상에는 해당 O
- 헌법이 보장하는 인간의 존엄성 및 행복추구권은 국가의 교육권한과 부모의 교육권의 범주 내에서 아동에게도 자신의 교육환경에 관하여 스스로 결정할 권리, 그리고 자유롭게 문화를 향유할 권리를 부여 O
- 외국인이 대한민국 법률에 따른 허가를 받아 국내에서 일정한 근로관계가 형성된 경우, 그 범위에서 제한적으로 직업의 자유에 대한 기본권주체성을 인정 可 (2013헌마359)
- 법인 등의 경우, 헌법 제14조 거주·이전의 자유의 주체 O, 그 조직과 의사형성에 있어서, 그리고 업무수행에 있어서 자기결정권을 가지므로 결사의 자유의 주체 O
- 사인으로서의 지위와 헌법기관으로서의 지위를 겸유하는 경우, 최소한 전자의 지위와 관련하여 기본권 주체성 인정 O

① [×]

해설 초기배아는 수정이 된 배아라는 점에서 형성 중인 생명의 첫 걸음을 떼었다고 볼 여지가 있기는 하나 아직 모체에 착상되거나 원시선이 나타나지 않은 이상 현재의 자연과학적 인식 수준에서 독립된 인간과 배아 간의 개체적 연속성을 확정하기 어렵다고 봄이 일반적이라는 점, 배아의 경우 현재의 과학기술 수준에서 모태 속에서 수용될 때 비로소 독립적인 인간으로의 성장가능성을 기대할 수 있다는 점, 수정 후 착상 전의 배아가 인간으로 인식된다거나 그와 같이 취급하여야 할 필요성이 있다는 사회적 승인이 존재한다고 보기 어려운 점 등을 종합적으로 고려할 때, 기본권 주체성을 인정하기 어렵다. (헌재 2010.5.27. 2005헌마346)

② [×]

해설 아동과 청소년은 부모와 국가에 의한 단순한 보호의 대상이 아닌 독자적인 인격체이며, 그의 인격권은 성인과 마찬가지로 인간의 존엄성 및 행복추구권을 보장하는 헌법 제10조에 의하여 보호된다. 따라서 헌법이 보장하는 인간의 존엄성 및 행복추구권은 국가의 교육권한과 부모의 교육권의 범주 내에서 아동에게도 자신의 교육환경에 관하여 스스로 결정할 권리, 그리고 자유롭게 문화를 향유할 권리를 부여한다고 할 것이다. 이 사건 법률조항은 아동·청소년의 문화향유에 관한 권리 등 인격의 자유로운 발현과 형성을 충분히 고려하고 있지 아니하므로 아동·청소년의 자유로운 문화향유에 관한 권리 등 행복추구권을 침해하고 있다. (헌재 2004.5.27. 2003헌가1 등)

③ [×]

해설 직업의 자유 중 이 사건에서 문제되는 직장 선택의 자유는 인간의 존엄과 가치 및 행복추구권과도 밀접한 관련을 가지는 만큼 단순히 국민의 권리가 아닌 인간의 권리로 보아야 할 것이므로 외국인도 제한적으로라도 직장 선택의 자유를 향유할 수 있다고 보아야 한다. 청구인들이 이미 적법하게 고용허가를 받아 적법하게 우리나라에 입국하여 우리나라에서 일정한 생활관계를 형성·유지하는 등, 우리 사회에서 정당한 노동인력으로서의 지위를 부여받은 상황임을 전제로 하는 이상, 이 사건 청구인들에게 직장 선택의 자유에 대한 기본권 주체성을 인정할 수 있다 할 것이다. (헌재 2011.9.29. 2007헌마1083 등)

④ [○]

해설 법인 등의 경제주체는 헌법 제14조에 의하여 보장되는 거주·이전의 자유의 주체로서 기업활동의 근거지인 본점이나 사무소를 어디에 둘 것인지, 어디로 이전할 것인지 자유로이 결정할 수 있고, 한편 본점이나 사무소의 설치·이전은 통상적인 영업활동에 필수적으로 수반되는 것이므로 그 설치·이전의 자유는 헌법 제15조에 의하여 보장되는 직업의 자유의 내용에 포함되기도 한다. (헌재 2000.12.14. 98헌바104) 법인 등 결사체도 그 조직과 의사형성에 있어서, 그리고 업무수행에 있어서 자기결정권을 가지므로 결사의 자유의 주체가 된다고 봄이 상당하다. (헌재 2000.6.1. 99헌마553)

⑤ [×]

해설 개인의 지위를 겸하는 국가기관이 기본권의 주체로서 헌법소원의 청구적격을 가지는지 여부는, 심판대상조항이 규율하는 기본권의 성격, 국가기관으로서의 직무와 제한되는 기본권 간의 밀접성과 관련성, 직무상 행위와 사적인 행위 간의 구별가능성 등을 종합적으로 고려하여 결정되어야 할 것이고, 대통령은 소속 정당을 위하여 정당활동을 할 수 있는 사인으로서의 지위와 관련하여는 기본권 주체성을 가지고, 제한된 범위 내에서는 표현의 자유를 누릴 수 있는 기본권 주체성이 있다. (헌재 2008.1.17. 2007헌마700)

4. 기본권의 효력

03

기본권의 대사인적 효력에 관한 설명 중 옳지 않은 것은? (다툼이 있는 경우 판례에 의함) [12 변호사]

① 기본권규정은, 그 성질상 사법관계에 직접 적용될 수 있는 예외적인 것을 제외하고는, 사법상의 일반원칙을 규정한 민법 제2조, 제103조, 제750조, 제751조 등의 내용을 형성하고 그 해석기준이 되어 간접적으로 사법관계에 효력을 미친다.

② 헌법재판소는 헌법상의 근로3권 조항, 언론·출판의 자유조항, 연소자와 여성의 근로의 특별보호조항을 사인 간의 사적인 법률관계에 직접 적용되는 기본권규정으로 인정하고, 국가배상청구권과 형사보상청구권은 원칙적으로 국가권력만을 구속한다고 하여 그 대사인적 효력을 부인하고 있다.

③ 헌법상의 기본권은 일차적으로 개인의 자유로운 영역을 공권력의 침해로부터 보호하기 위한 방어적 권리이지만, 다른 한편으로 헌법의 기본적 결단인 객관적 가치질서를 구체화한 것으로서 사법(私法)을 포함한 모든 법영역에 그 영향을 미치는 것이므로, 사인 간의 사적인 법률관계도 헌법상의 기본권 규정에 적합하게 규율되어야 한다.

④ 사인이나 사적 단체가 국가의 재정적 원조를 받거나 국가시설을 임차하는 경우 또는 실질적으로 행정적 기능을 수행하는 경우 등 국가와의 밀접한 관련성이 구체적으로 인정될 때, 그 행위를 국가행위와 동일시하여 헌법상의 기본권의 구속을 받게 하는 것이 미국에서의 국가행위의제이론(state action theory)이다.

⑤ 연예인과 연예기획사 간의 부당한 장기간의 전속계약이 연예인의 직업의 자유 내지 행복추구권을 침해하는 것으로 본다면, 이는 기본권의 대사인적 효력을 적용한 예라고 할 수 있다.

03

정답 ②

핵심공략

- 기본권의 대사인적 효력: 간접효력설 (v. 직접효력설) 사인 간 사적인 법률관계도 헌법상의 기본권 규정에 적합하게 규율되어야 O, 다만, 헌법상 기본권 규정은 신의성실, 공서양속 등의 사법의 일반조항을 매개수단으로 하여 간접적으로 사법관계에 효력 O
  - ⇨ 연예인과 연예기획사 간의 부당한 장기간의 전속계약이 연예인의 직업의 자유 내지 행복추구권을 침해하는 것으로 무효로 본다면 이는 기본권의 대사인적 효력을 적용한 것 O
  - ▶ 미국의 '국가행위의제이론': 사인의 행위를 국가의 행위와 동일시하거나 적어도 국가작용인 것처럼 의제하여 사인 간에도 기본권 규정을 적용하자는 이론
- 기본권의 대사인효에 대한 헌법재판소의 결정례 존재 ×

①, ③ [○]

해설 헌법상의 기본권은 제1차적으로 개인의 자유로운 영역을 공권력의 침해로부터 보호하기 위한 방어적 권리이지만 다른 한편으로 헌법의 기본적인 결단인 객관적인 가치질서를 구체화한 것으로서, 사법을 포함한 모든 법 영역에 그 영향을 미치는 것이므로 사인간의 사적인 법률관계도 헌법상의 기본권 규정에 적합하게 규율되어야 한다. 다만 기본권 규정은 그 성질상 사법관계에 직접 적용될 수 있는 예외적인 것을 제외하고는 사법상의 일반원칙을 규정한 민법 제2조, 제103조, 제750조, 제751조 등의 내용을 형성하고 그 해석 기준이 되어 간접적으로 사법관계에 효력을 미치게 된다. **(대판 2010.4.22. 2008다38288)**

② [×]

해설 현행헌법은 기본권의 대사인적 효력에 관해 아무런 규정도 두고 있지 않다. 따라서 기본권의 대사인적 효력의 문제는 결국 학설과 판례에 맡겨져 있다. 헌법재판소가 지문과 같이 명시적으로 판단한바 없으며, 단지 학설상 검토되어지는 내용이다.

④ [○]

해설 미국에서는 오랫동안 자연법적인 기본권사상에 입각하여 기본권의 대사인적 효력을 인정하지 않았으나 사인에 의한 인종차별의 문제를 중심으로 서서히 판례와 이론이 변하기 시작하여, 미국연방대법원은 이른바 '국가작용설' 내지 '국가동시설' 이라고 불려지는 일종의 '국가행위의제이론(state-action-doctrine)을 구성해서 기본권의 대사인적 효력을 인정하려고 한다. 이에 의하면 국가의 재정적 원조를 받거나(국가원조이론) 국가시설을 임차하는 경우(국가재산이론) 또는 실질적으로 행정적 기능을 수행하는 경우(통치기능이론) 등 국가와의 밀접한 관련성이 구체적으로 인정될 때, 그 행위를 국가행위와 동일시하여 이에 대한 기본권규정의 적용을 인정하고자 한다.

⑤ [○]

해설 기본권은 그 성립과 역사를 살펴볼 때 전통적으로 국가권력에 대해 개인의 자유와 권리를 방어하기 위한 대국가적 방어권이었다. 따라서 기본권은 사인간에 있어서는 효력을 갖지 않는다는 것이 과거의 다수설이었다. 그러나 오늘날 개인의 자유와 권리는 국가에 의해서만 침해되는 것이 아니라 사회적 세력이나 단체 또는 개인에 의해서도 침해될 소지가 있으므로 이들에 대해서도 기본권을 보호해야 할 현실적 필요성, 즉 기본권의 대사인적 효력의 문제가 제기된다. 사안의 경우 연예인과 연예기획사 간의 부당한 장기간의 전속계약이 연예인의 직업의 자유 내지 행복추구권을 침해하는 것으로 무효로 본다면 이는 기본권의 대사인적 효력을 적용한 것으로 볼 수 있다. 참고로 하급심 판례는 유사한 사안에서 민법 제103조의 사회질서에 반하여 무효라고 판시하여 간접효력설에 근거한 것으로 볼 수 있다. 연예인이 연예기획사와 체결한 전속계약의 무효확인을 구한 사안에서, 계약기간, 이익의 분배, 계약의 해제, 손해배상 등 계약의 중요한 조항이 계약의 일방당사자인 연예인에게 일방적으로 불공정한 내용이므로 민법 제103조에 정한 선량한 풍속 기타 사회질서에 위반하여 무효이고, 나머지 계약조항들만으로는 전속계약 자체의 목적을 달성할 수 없을 뿐만 아니라, 당사자들 역시 나머지 조항들만으로 전속계약을 체결하였을 것으로 보이지도 아니하므로, 위 전속계약은 그 전부가 무효이다. **(서울고법 2010.3.17. 2009나38065)**

5. 기본권의 보호의무

04

기본권보호의무에 관한 설명 중 옳은 것을 모두 고른 것은? (다툼이 있는 경우 판례에 의함) [22 변호사]

ㄱ. 국가가 국민의 생명·신체의 안전에 대한 보호의무를 다하지 않았는지 여부를 헌법재판소가 심사할 때에는 '과소보호금지원칙'의 위반 여부를 기준으로 삼아, 국민의 생명·신체의 안전을 보호하기 위한 조치가 필요한 상황인데도 국가가 아무런 보호조치를 취하지 않았든지 아니면 취한 조치가 법익을 보호하기에 전적으로 부적합하거나 매우 불충분한 것임이 명백한 경우에 한하여 국가의 보호의무 위반을 확인하여야 한다.

ㄴ. 개인의 생명·신체의 안전에 관한 기본권보호의무 위배 여부를 과소보호금지원칙을 기준으로 심사한 결과 동 원칙 위반이 아닌 경우에도 다른 기본권에 대한 과잉금지원칙 위반을 이유로 기본권 침해를 인정하는 것은 가능하다.

ㄷ. 헌법 제35조 제1항은 국가와 국민에게 환경보전을 위하여 노력하여야 할 의무를 부여하고 있고, 환경침해는 사인에 의해서도 빈번하게 유발되고 있으며 생명·신체와 같은 중요한 기본권의 법익 침해로 이어질 수 있다는 점에서 국가는 사인인 제3자에 의한 환경권 침해에 대해서도 기본권 보호조치를 취할 의무를 진다.

ㄹ. 국민의 민주적 의사를 최대한 표출하도록 해야 할 시·도지사선거에서 확성장치를 사용하는 선거운동으로부터 발생하는 불편은 어느 정도 감수해야 하므로, 국가가 「공직선거법」상 확성장치의 최고출력 내지 소음에 관한 규제기준을 마련하지 않았더라도 이것이 국가의 기본권보호의무를 불이행한 것이라고 보기는 어렵다.

① ㄱ, ㄴ　　② ㄷ, ㄹ
③ ㄱ, ㄴ, ㄷ　　④ ㄴ, ㄷ, ㄹ
⑤ ㄱ, ㄴ, ㄷ, ㄹ

04

정답 ③

핵심공략

- 국가의 기본권보호의무 발생요건: 기본권으로 보호되는 법익에 대하여 사인인 제3자가 위법하게 위해 또는 위해를 가할 객관적 위험이 존재
  ⇨ 국가와 국민의 환경보전의 의무(헌법 제35조 제1항) 및 사인인 제3자의 환경침해로 생명·신체 등 중요 기본권에 대한 법익침해로 연계 가능성 존재
  ∴ 국가의 사인인 제3자에 의한 환경침해에 대하여 기본권 보호의무 O
- 국가의 기본권보호의무 해태여부 판단기준: 과소보호금지의 원칙
  국가가 전혀 보호의무를 이행하지 않았던지, 취한 조치가 법익을 보호하기에 명백히 부적법하거나 불충분한 경우에 한하여 보호의무위반 인정 可
- 교통사고처리특례법 제4조 제1항 본문 중 업무상과실 또는 중대한 과실로 인한 교통사고로 말미암아 피해자로 하여금 상해에 이르게 한 경우 공소를 제기할 수 없도록 한 부분에 대하여 국가의 기본권보호의무에 대한 과소보호금지원칙과 피해자의 재판절차진술권에 대한 과잉금지원칙을 적용하여 함께 판단한 사안
- 정온한 생활환경이 보장되어야 할 주거지역에서 출근 또는 등교 이전 및 퇴근 또는 하교 이후 시간대에 확성장치의 최고출력 내지 소음을 제한하는 등 사용시간과 사용지역에 따른 수인한도 내에서 확성장치의 최고출력 내지 소음 규제기준에 관한 규정을 두지 아니한 것은 헌법 제35조 제3항에 따른 국가의 기본권보호의무를 위반한 것에 해당 O

해설 ㄱ. [○]
국가가 국민의 생명·신체의 안전에 대한 보호의무를 다하지 않았는지 여부를 헌법재판소가 심사할 때에는 국가가 이를 보호하기 위하여 적어도 적절하고 효율적인 최소한의 보호조치를 취하였는가 하는 이른바 '과소보호 금지원칙'의 위반 여부를 기준으로 삼아, 국민의 생명·신체의 안전을 보호하기 위한 조치가 필요한 상황인데도 국가가 아무런 보호조치를 취하지 않았든지 아니면 취한 조치가 법익을 보호하기에 전적으로 부적합하거나 매우 불충분한 것임이 명백한 경우에 한하여 국가의 보호의무의 위반을 확인하여야 한다. (헌재 2008.12.26. 2008헌마419 등)

ㄴ. [○]
교통사고처리특례법 제4조 제1항 본문 중 업무상과실 또는 중대한 과실로 인한 교통사고로 말미암아 피해자로 하여금 상해에 이르게 한 경우 공소를 제기할 수 없도록 한 부분이 국가의 기본권보호의무의 위반 여부에 관한 심사기준인 과소보호금지의 원칙에 위반한 것이라고 볼 수 없다. …그러나… 이 사건 법률조항은 과잉금지원칙에 위반하여 업무상 과실 또는 중대한 과실에 의한 교통사고로 중상해를 입은 피해자의 재판절차진술권을 침해한 것이라 할 것이다. (헌재 2009. 2.26. 2005헌마764등)

ㄷ. [○]
국가가 국민의 기본권을 적극적으로 보장하여야 할 의무가 인정된다는 점, 헌법 제35조 제1항이 국가와 국민에게 환경보전을 위하여 노력하여야 할 의무를 부여하고 있는 점, 환경침해는 사인에 의해서 빈번하게 유발되므로 입법자가 그 허용 범위에 관해 정할 필요가 있다는 점, 환경피해는 생명·신체의 보호와 같은 중요한 기본권적 법익 침해로 이어질 수 있다는 점 등을 고려할 때, 일정한 경우 국가는 사인인 제3자에 의한 국민의 환경권 침해에 대해서도 적극적으로 기본권 보호조치를 취할 의무를 진다. (헌재 2008.7.31. 2006헌마711)

ㄹ. [×]
심판대상조항이 선거운동의 자유를 감안하여 선거운동을 위한 확성장치를 허용할 공익적 필요성이 인정된다고 하더라도 정온한 생활환경이 보장되어야 할 주거지역에서 출근 또는 등교 이전 및 퇴근 또는 하교 이후 시간대에 확성장치의 최고출력 내지 소음을 제한하는 등 사용시간과 사용지역에 따른 수인한도 내에서 확성장치의 최고출력 내지 소음 규제기준에 관한 규정을 두지 아니한 것은, 국민이 건강하고 쾌적하게 생활할 수 있는 양호한 주거환경을 위하여 노력하여야 할 국가의 의무를 부과한 헌법 제35조 제3항에 비추어 보면, 적절하고 효율적인 최소한의 보호조치를 취하지 아니하여 국가의 기본권 보호의무를 과소하게 이행한 것으로서, 청구인의 건강하고 쾌적한 환경에서 생활할 권리를 침해하므로 헌법에 위반된다. (헌재 2019.12.27. 2018헌마730)

05

다음 설명 중 옳지 않은 것은? (다툼이 있는 경우 판례에 의함)

[13 변호사]

① 우리 헌법은 전문에서 "3·1운동으로 건립된 대한민국 임시정부의 법통"의 계승을 천명하고 있지만, 우리 헌법의 제정 전의 일인 일제강점기에 일본군위안부로 강제동원된 피해자들의 인간의 존엄과 가치를 회복시켜야 할 의무는 입법자에 의해 구체적으로 형성될 내용이고 헌법에서 유래하는 작위의무라고 할 수 없다.

② 장애인의 복지를 향상해야 할 국가의 의무가 다른 다양한 국가과제에 대하여 최우선적인 배려를 요청할 수 없을 뿐 아니라, 헌법규범으로부터는 장애인을 위한 저상버스의 도입과 같은 구체적인 국가의 행위의무를 도출할 수 없다.

③ 권력분립의 원칙이란 국가권력의 기계적 분립과 엄격한 절연을 의미하는 것이 아니라, 권력상호간의 견제와 균형을 통한 국가권력의 통제를 의미하는 것이며, 특정한 국가기관을 구성함에 있어서 입법부, 행정부, 사법부가 그 권한을 나누어 가지거나 기능적인 분담을 하는 것은 권력분립의 원칙에 반하는 것이 아니다.

④ 국가의 문화육성의 대상에는 원칙적으로 모든 사람에게 문화창조의 기회를 부여한다는 의미에서 모든 문화가 포함된다. 따라서 엘리트문화뿐만 아니라 서민문화, 대중문화도 그 가치를 인정하고 정책적인 배려의 대상으로 하여야 한다.

⑤ 우리 헌법에서 추구하고 있는 경제질서는 개인과 기업의 경제상의 자유와 창의를 최대한도로 존중·보장하는 자본주의에 바탕을 둔 시장경제질서이므로, 국가적인 규제와 통제를 가하는 것도 보충의 원칙에 입각하여 자본주의 내지 시장경제질서의 기초라고 할 수 있는 사유재산제도와 아울러 사적자치의 원칙이 존중되는 범위 내에서만 허용될 뿐이다.

05

정답 ①

핵심공략

- 헌법전문 상 '3·1운동으로 건립된 대한민국임시정부의 법통 계승'의 의미
  ⇨ 오늘날 대한민국이 독립운동가의 공헌과 희생을 바탕으로 이룩되었다는 점, 대한민국임시정부의 정신을 헌법의 근간으로 하고 있다는 점을 뜻함.
  ∴ 잘못된 과거사 청산을 통한 민족정기 바로 세우기, 사회정의 실현, 진정한 사회통합 추구, 독립유공자와 그 유족에 대한 응분의 예우는 국가의 헌법적 보호의무에 해당 O (2008헌바141등, 2004헌마859)
- 최소한의 물질적 생활 유지에 필요한 급부의 범위에서 사회권의 구체적 권리성 인정 O, *But* 그 이상의 물질적 생활수준 이상의 급부요구에 대해서는 국회의 광범위한 입법재량권 인정 O (이 경우 구체적 권리로서 인정 ×) (94헌마33)
  예) 장애인을 위한 저상버스 도입에 대한 구체적 내용의 헌법상 의무 도출 ×
- (실질적·기능적) 권력분립의 원칙: 국가권력의 기계적 분립과 엄격한 절연을 의미 ×, 권력상호간의 견제와 균형을 통한 국가권력의 통제를 의미 O
  ∴ 특정 국가기관 구성 권한을 입법부·행정부·사법부가 기능적 분담하는 것은 권력분립의 원칙을 오히려 실현하는 것 O
- 문화국가원리에 따라 특정 문화 그 자체의 산출이 아니라 모두를 위한 문화정책을 추진해야 O
  ∴ 엘리트문화뿐만 아니라 서민문화, 대중문화도 그 가치를 인정하고 정책적인 배려의 대상으로 하여야 O
- 국가적인 규제와 통제를 가하는 것은 보충의 원칙에 입각하여 어디까지나 자본주의 내지 시장경제질서의 기초라고 할 수 있는 사유재산제도와 아울러 경제행위에 대한 사적자치의 원칙이 존중되는 범위내에서만 허용 O

① [×]

해설 헌법 전문, 제2조 제2항, 제10조와 이 사건 협정 제3조의 문언에 비추어 볼 때, 피청구인이 이 사건 협정 제3조에 따라 분쟁해결의 절차로 나아갈 의무는 일본국에 의해 자행된 조직적이고 지속적인 불법행위에 의하여 인간의 존엄과 가치를 심각하게 훼손당한 자국민들이 배상청구권을 실현하도록 협력하고 보호하여야 할 헌법적 요청에 의한 것으로서, 그 의무의 이행이 없으면 청구인들의 기본권이 중대하게 침해될 가능성이 있으므로, 피청구인의 작위의무는 헌법에서 유래하는 작위의무로서 그것이 법령에 구체적으로 규정되어 있는 경우라고 할 것이다. **(헌재 2011.8.30. 2006헌마788)**

② [○]

해설 장애인의 복지를 향상해야 할 국가의 의무가 다른 다양한 국가과제에 대하여 최우선적인 배려를 요청할 수 없을 뿐 아니라, 나아가 헌법의 규범으로부터는 '장애인을 위한 저상버스의 도입'과 같은 구체적인 국가의 행위의무를 도출할 수 없는 것이다. 국가에게 헌법 제34조에 의하여 장애인의 복지를 위하여 노력을 해야 할 의무가 있다는 것은, 장애인도 인간다운 생활을 누릴 수 있는 정의로운 사회질서를 형성해야 할 국가의 일반적인 의무를 뜻하는 것이지, 장애인을 위하여 저상버스를 도입해야 한다는 구체적 내용의 의무가 헌법으로부터 나오는 것은 아니다. **(헌재 2002.12.18. 2002헌마52)**

③ [○]

해설 헌법상 권력분립의 원칙이란 국가권력의 기계적 분립과 엄격한 절연을 의미하는 것이 아니라, 권력 상호간의 견제와 균형을 통한 국가권력의 통제를 의미하는 것이다. 따라서 특정한 국가기관을 구성함에 있어 입법부, 행정부, 사법부가 그 권한을 나누어 가지거나 기능적인 분담을 하는 것은 권력분립의 원칙에 반하는 것이 아니라 권력분립의 원칙을 실현하는 것으로 볼 수 있다. **(헌재 2008.1.10. 2007헌마1468)**

④ [○]

해설 문화국가원리는 국가의 문화국가실현에 관한 과제 또는 책임을 통하여 실현되는바, 국가의 문화정책과 밀접 불가분의 관계를 맺고 있다. 과거 국가절대주의사상의 국가관이 지배하던 시대에는 국가의 적극적인 문화간섭정책이 당연한 것으로 여겨졌다. 그러나 오늘날에 와서는 국가가 어떤 문화현상에 대하여도 이를 선호하거나, 우대하는 경향을 보이지 않는 불편부당의 원칙이 가장 바람직한 정책으로 평가받고 있다. 오늘날 문화국가에서의 문화정책은 그 초점이 문화 그 자체에 있는 것이 아니라 문화가 생겨날 수 있는 문화풍토를 조성하는 데 두어야 한다. 문화국가원리의 이러한 특성은 문화의 개방성 내지 다원성의 표지와 연결되는데, 국가의 문화육성의 대상에는 원칙적으로 모든 사람에게 문화창조의 기회를 부여한다는 의미에서 모든 문화가 포함된다. 따라서 엘리트문화뿐만 아니라 서민문화, 대중문화도 그 가치를 인정하고 정책적인 배려의 대상으로 하여야 한다. **(헌재 2004.5.27. 2003헌가1)**

⑤ [○]

해설 헌법 제119조 제1항은 사유재산제도와 사적자치의 원칙 및 과실책임의 원칙을 기초로 하는 자유시장경제질서를 기본으로 하고 있음을 선언하고, 헌법 제23조 제1항은 국민의 재산권을, 헌법 제10조는 국민의 행복추구권과 여기서 파생된 일반적 행동자유권 및 사적자치권을 보장하고 있다. 이와 같이 우리 헌법이 추구하고 있는 경제질서는 개인과 기업의 경제상의 자유와 창의를 최대 한도로 존중·보장하는 자본주의에 바탕을 둔 시장경제질서이므로 이에 대하여 국가적인 규제와 통제를 가하는 것은 보충의 원칙에 입각하여 어디까지나 자본주의 내지 시장경제질서의 기초라고 할 수 있는 사유재산제도와 아울러 경제행위에 대한 사적자치의 원칙이 존중되는 범위내에서만 허용될 뿐이다. **(헌재 1999.7.22. 98헌가3)**

6. 기본권의 경합과 충돌

7. 기본권의 제한과 그 한계

06

기본권의 제한에 관한 설명 중 옳지 않은 것은? (다툼이 있는 경우 판례에 의함) [15 변호사]

① 기본권의 본질적 내용은 만약 이를 제한하는 경우에는 기본권 그 자체가 무의미하여지는 경우에 그 본질적인 요소를 말하는 것으로서, 이는 개별 기본권마다 다를 수 있다.

② 흡연권은 사생활의 자유를 실질적 핵으로 하는 것이고 혐연권은 사생활의 자유뿐만 아니라 생명권에까지 연결되는 것이므로 혐연권이 흡연권보다 상위의 기본권이라고 할 수 있는바, 이처럼 상하의 위계질서가 있는 기본권끼리 충돌하는 경우 상위기본권우선의 원칙에 따라 흡연권은 혐연권을 침해하지 않는 한도 내에서 인정된다.

③ 침해의 최소성의 관점에서, 입법자는 그가 의도하는 공익을 달성하기 위하여 우선 기본권을 보다 적게 제한하는 단계인 기본권 행사의 '방법'에 관한 규제로써 공익을 실현할 수 있는가를 시도하고, 이러한 방법으로는 공익달성이 어렵다고 판단되는 경우에 비로소 그 다음 단계인 기본권 행사의 '여부'에 관한 규제를 선택해야 한다.

④ 헌법 제37조 제2항에 기본권의 제한은 법률로써 가능하도록 규정되어 있는바, 이는 기본권의 제한이 원칙적으로 국회에서 제정한 형식적 의미의 법률에 의해서만 가능하다는 것과, 직접 법률에 의하지 아니하는 예외적인 경우라 하더라도 엄격히 법률에 근거하여야 한다는 것을 의미한다.

⑤ 국가작용에 있어서 선택하는 수단은 목적을 달성함에 있어서 필요하고 효과적이며 상대방에게 최소한의 피해를 줄 때에 한해서 정당성을 가지게 되고 상대방은 그 침해를 감수하게 되는 것인바, 국가작용에 있어서 취해지는 어떠한 조치나 선택된 수단은 그것이 달성하려는 사안의 목적에 적합하여야 함은 물론이고, 그 조치나 수단이 목적달성을 위하여 유일무이한 것이어야 한다.

06

정답 ⑤

> **핵심공략**
> - 기본권의 본질적 내용은 이를 제한하는 경우 그 자체가 그 기본권의 보장취지가 형해화되는 근본요소를 의미, 각 기본권의 본질적 부분은 기본권마다 특유의 내용을 가짐
> - 기본권충돌의 해결(이익형량에 의한 방법): 흡연권(사생활의 자유에 근거) < 혐연권(사생활의 자유 + 생명권에 근거)
> - 기본권제한에 있어, 그 행사의 '방법'부터, 그 다음 기본권행사의 '여부'에 대한 규제를 하여야 O
> - 기본권제한의 형식상 한계 '법률로써': '법률에 의한'이 아니라, '법률에 근거한'을 의미 O
> - 과잉금지원칙 중 '수단의 적합성': 목적 달성을 위한 효과적이고 적절한 수단인지 여부만을 심사, 선택된 수단이 목적 달성을 위한 유일무일한 것임을 요하지 ×

① [○]

해설 기본권의 본질적인 내용의 침해금지인데, 이 경우 본질적인 내용은 헌법상의 각 기본권마다 가진 특유의 내용이므로 … (헌재 1991.7.22. 89헌가106) 기본권의 본질적 내용은 만약 이를 제한하는 경우에는 기본권 그 자체가 무의미하게 되는 기본권의 근본요소를 의미한다. (헌재 2003.12.18. 2001헌바91)

② [○]

해설 흡연권은 사생활의 자유를 실질적 핵으로 하는 것이고 혐연권은 사생활의 자유뿐만 아니라 생명권에까지 연결되는 것이므로 혐연권이 흡연권보다 상위의 기본권이다. 상하의 위계질서가 있는 기본권끼리 충돌하는 경우에는 상위기본권우선의 원칙에 따라 하위기본권이 제한될 수 있으므로, 흡연권은 혐연권을 침해하지 않는 한에서 인정되어야 한다. (헌재 2004.8.26. 2003헌마457)

③ [○]

해설 입법자는 공익실현을 위하여 기본권을 제한하는 경우에도 입법목적을 실현하기에 적합한 여러 수단 중에서 되도록 국민의 기본권을 가장 존중하고 기본권을 최소로 침해하는 수단을 선택해야 한다. 기본권을 제한하는 규정은 기본권행사의 '방법'에 관한 규정과 기본권행사의 '여부'에 관한 규정으로 구분할 수 있다. 침해의 최소성의 관점에서, 입법자는 그가 의도하는 공익을 달성하기 위하여 우선 기본권을 보다 적게 제한하는 단계인 기본권행사의 '방법'에 관한 규제로써 공익을 실현할 수 있는가를 시도하고 이러한 방법으로는 공익달성이 어렵다고 판단되는 경우에 비로소 그 다음 단계인 기본권행사의 '여부'에 관한 규제를 선택해야 한다. (헌재 1998.5.28. 96헌가5)

④ [○]

해설 헌법 제37조 제2항은 국민의 자유와 권리를 제한하는 근거와 그 제한의 한계를 설정하여 국민의 자유와 권리의 제한은 "법률"로써만 할 수 있다고 규정하고 있는바, 이는 기본권의 제한이 원칙적으로 국회에서 제정한 형식적 의미의 법률에 의해서만 가능하다는 것을 의미하고, 직접 법률에 의하지 아니하는 예외적인 경우라 하더라도 엄격히 법률에 근거하여야 한다는 것을 또한 의미하는데, 기본권을 제한하는 공권력의 행사가 법률에 근거하지 아니하고 있다면, 이는 헌법 제37조 제2항에 위반하여 국민의 기본권을 침해하는 것이다. (헌재 2000.12.14. 2000헌마659)

⑤ [×]

해설 국가가 입법, 행정 등 국가작용을 함에 있어서는 합리적인 판단에 입각하여 추구하고자 하는 사안의 목적에 적합한 조치를 취하여야 하고, 그때 선택하는 수단은 목적을 달성함에 있어서 필요하고 효과적이며 상대방에게는 최소한의 피해를 줄 때에 한해서 그 국가작용은 정당성을 가지게 되고 상대방은 그 침해를 감수하게 되는 것이다. 그런데 국가작용에 있어서 취해진 어떠한 조치나 선택된 수단은 그것이 달성하려는 사안의 목적에 적합하여야 함은 당연하지만 그 조치나 수단이 목적달성을 위하여 유일무이한 것일 필요는 없는 것이다. (헌재 1989.12.22. 88헌가13)

07

수용자의 기본권에 관한 설명 중 옳지 않은 것은? (다툼이 있는 경우 판례에 의함) [18 변호사]

① 금치처분을 받은 자에 대한 집필제한은 표현의 자유를 제한하는 것이며, 서신수수제한은 통신의 자유에 대한 제한에 속한다.

② 구치소장이 변호인접견실에 CCTV를 설치하여 미결수용자와 변호인 간의 접견을 관찰한 행위는 금지물품의 수수나 교정사고를 방지하기 위한 것으로 미결수용자의 변호인의 조력을 받을 권리를 침해한다고 할 수 없다.

③ 금치처분은 금치처분을 받은 사람을 징벌거실 속에 구금하여 반성에 전념하게 하려는 목적을 가지고 있으므로, 금치기간 중 텔레비전 시청을 제한하는 것은 수용자의 알 권리를 침해하지 아니한다.

④ 금치처분을 받은 사람에 대하여 실외운동을 원칙적으로 금지하고 소장의 재량에 의하여 이를 예외적으로 허용하는 것은 수용자의 정신적·신체적 건강에 필요 이상의 불이익을 가하고 있으므로 신체의 자유를 침해한다.

⑤ 민사재판을 받는 수형자에게 재소자용 의류를 착용하게 하는 것은 재판부나 소송관계자들에게 불리한 심증을 줄 수 있으므로, 수형자의 공정한 재판을 받을 권리를 침해한다.

8. 기본권의 침해와 구제

07

정답 ⑤

핵심공략

- 금치처분을 받은 자에 대한,
  ⇨ 집필제한 조항: 표현의 자유 제한 O
  서신수수제한: 통신의 자유 제한 O
  ⇨ 금치기간 중 텔레비전 시청 제한행위: 알 권리 침해 ×
- 구치소장의 변호인접견실에 설치한 CCTV를 통해 미결수용자와 변호인 간의 접견을 관찰한 행위: 미결수용자의 변호인의 조력을 받을 권리 침해 ×
- 민사재판에 당사자로 출석하는 수형자에게 재소자용 의류를 착용토록 하는 행위: 수형자의 공정한 재판을 받을 권리 침해 ×
  cf) 형사재판에 피고인으로 출석하는 수형자의 경우, 공정한 재판을 받을 권리 침해 O

① [O]

해설 이 사건 법률조항 중 형집행법 제108조 제10호 부분(이하 '이 사건 집필제한 조항'이라 한다)은 수용자의 징벌 처분에 관한 것이어서 형사절차에서의 무죄추정의 원칙이 적용되는 영역이 아니고, 이 사건 집행제한 조항이 직접적으로 제한하고 있는 것은 집필행위 자체로서 집필의 목적이나 내용은 묻지 않고 있는바, 이는 기본적으로는 인간의 정신적 활동을 문자를 통해 외부로 나타나게 하는 행위, 즉 표현행위를 금지하는 것으로 볼 수 있다. 그렇다면 이 사건 집필제한 조항에 의하여 가장 직접적으로 제한되는 것은 표현의 자유라고 볼 수 있으므로(헌재 2005.2.24. 2003헌마289), 이 사건 집필제한 조항이 과잉금지원칙에 반하여 청구인의 표현의 자유를 침해하는지 여부를 중심으로 판단하도록 한다. … 청구인은 금치기간 중 서신수수를 금지하는 이 사건 법률조항 중 형집행법 제108조 제11호 부분(이하 '이 사건 서신수수제한 조항'이라 한다)이 재판청구권과 인간의 존엄과 가치를 침해하고 무죄추정의 원칙을 위반하였다고 주장하나, 이 사건 서신수수제한 조항이 직접적으로 제한하고 있는 것은 외부인과 서신을 이용한 교통·통신이므로, 이 부분 심판청구에 대해서는 이 사건 서신수수제한 조항이 과잉금지원칙을 위반하여 미결수용자인 청구인의 통신의 자유를 침해하는지 여부를 판단하도록 한다. (헌재 2014.8.28. 2012헌마623)

② [O]

해설 CCTV 관찰행위로 침해되는 법익은 변호인접견 내용의 비밀이 폭로될 수 있다는 막연한 추측과 감시받고 있다는 심리적인 불안 내지 위축으로 법익의 침해가 현실적이고 구체화되어 있다고 보기 어려운 반면, 이를 통하여 구치소 내의 수용질서 및 규율을 유지하고 교정사고를 방지하고자 하는 것은 교정시설의 운영에 꼭 필요하고 중요한 공익이므로, 법익의 균형성도 갖추었다. 따라서 이 사건 CCTV 관찰행위가 청구인의 변호인의 조력을 받을 권리를 침해한다고 할 수 없다. (헌재 2016.4.28. 2015헌마243)

③ [○]

해설 형집행법 제112조 제3항 본문 중 제108조 제6호에 관한 부분은 금치의 징벌을 받은 사람에 대해 금치기간 동안 텔레비전 시청 제한이라는 불이익을 가함으로써, 규율의 준수를 강제하여 수용시설 내의 안전과 질서를 유지하기 위한 것으로서 목적의 정당성 및 수단의 적합성이 인정된다. 금치처분은 금치처분을 받은 사람을 징벌거실 속에 구금하여 반성에 전념하게 하려는 목적을 가지고 있으므로 그에 대하여 일반 수용자와 같은 수준으로 텔레비전 시청이 이뤄지도록 하는 것은 교정실무상 어려움이 있고, 금치처분을 받은 사람은 텔레비전을 시청하는 대신 수용시설에 보관된 도서를 열람함으로써 다른 정보원에 접근할 수 있다. 또한, 위와 같은 불이익은 규율 준수를 통하여 수용질서를 유지한다는 공익에 비하여 크다고 할 수 없다. 따라서 위 조항은 청구인의 알 권리를 침해하지 아니한다. **(헌재 2016.5.26. 2014헌마45)**

④ [○]

해설 형집행법 제112조 제3항 본문 중 제108조 제13호에 관한 부분은 금치의 징벌을 받은 사람에 대해 금치기간 동안 실외운동을 원칙적으로 정지하는 불이익을 가함으로써, 규율의 준수를 강제하여 수용시설 내의 안전과 질서를 유지하기 위한 것으로서 목적의 정당성 및 수단의 적합성이 인정된다. 실외운동은 구금되어 있는 수용자의 신체적·정신적 건강을 유지하기 위한 최소한의 기본적 요청이고, 수용자의 건강 유지는 교정교화와 건전한 사회복귀라는 형 집행의 근본적 목표를 달성하는 데 필수적이다. 그런데 위 조항은 금치처분을 받은 사람에 대하여 실외운동을 원칙적으로 금지하고, 다만 소장의 재량에 의하여 이를 예외적으로 허용하고 있다. 그러나 소란, 난동을 피우거나 다른 사람을 해할 위험이 있어 실외운동을 허용할 경우 금치처분의 목적 달성이 어려운 예외적인 경우에 한하여 실외운동을 제한하는 덜 침해적인 수단이 있음에도 불구하고, 위 조항은 금치처분을 받은 사람에게 원칙적으로 실외운동을 금지한다. 나아가 위 조항은 예외적으로 실외운동을 허용하는 경우에도, 실외운동의 기회가 부여되어야 하는 최저기준을 법령에서 명시하고 있지 않으므로, 침해의 최소성 원칙에 위배된다. 위 조항은 수용자의 정신적·신체적 건강에 필요 이상의 불이익을 가하고 있고, 이는 공익에 비하여 큰 것이므로 위 조항은 법익의 균형성 요건도 갖추지 못하였다. 따라서 위 조항은 청구인의 신체의 자유를 침해한다. **(헌재 2016.5.26. 2014헌마45)**

⑤ [×]

해설 민사재판에서 법관이 당사자의 복장에 따라 불리한 심증을 갖거나 불공정한 재판진행을 하게 되는 것은 아니므로, 심판대상조항이 민사재판의 당사자로 출석하는 수형자에 대하여 사복착용을 불허하는 것으로 공정한 재판을 받을 권리가 침해되는 것은 아니다. 수형자가 민사법정에 출석하기까지 교도관이 반드시 동행하여야 하므로 수용자의 신분이 드러나게 되어 있어 재소자용 의류를 입었다는 이유로 인격권과 행복추구권이 제한되는 정도는 제한적이고, 형사법정 이외의 법정 출입 방식은 미결수용자와 교도관 전용 통로 및 시설이 존재하는 형사재판과 다르며, 계호의 방식과 정도도 확연히 다르다. 따라서 심판대상조항이 민사재판에 출석하는 수형자에 대하여 사복착용을 허용하지 아니한 것은 청구인의 인격권과 행복추구권을 침해하지 아니한다. **(헌재 2015.12.23. 2013헌마712)**

Chapter 02

인간의 존엄과 가치·행복추구권·평등권

08

인간으로서의 존엄과 가치 및 행복추구권에서 도출되는 권리들에 관한 설명 중 옳지 않은 것은? (다툼이 있는 경우 판례에 의함) [13 변호사]

① 일반적 행동자유권의 보호영역에는 개인의 생활방식과 취미에 관한 사항도 포함되며, 여기에는 위험한 스포츠를 즐길 권리와 같은 위험한 생활방식으로 살아갈 권리도 포함된다.

② 헌법 제10조로부터 도출되는 일반적 인격권에는 개인의 명예에 관한 권리도 포함되며, 사자(死者)에 대한 사회적 명예와 평가의 훼손은 사자와의 관계를 통하여 스스로의 인격상을 형성하고 명예를 지켜온 그 후손의 인격권을 제한한다.

③ 일반적 인격권에는 각 개인이 그 삶을 사적으로 형성할 수 있는 자율영역에 대한 보장이 포함되어 있음을 감안할 때, 장래 가족의 구성원이 될 태아의 성별 정보에 대한 접근을 국가로부터 방해받지 않을 부모의 권리는 일반적 인격권에 의하여 보호된다.

④ 광장에서 여가활동이나 문화활동을 하는 것은 일반적 행동자유권의 보호영역에 포함되지만, 그 광장 주변을 출입하고 통행하는 개인의 행위는 거주이전의 자유로 보장될 뿐 일반적 행동자유권의 내용으로는 보장되지 않는다.

⑤ 형법상 자기낙태죄 조항은 태아의 생명을 보호하기 위하여 태아의 발달단계나 독자적 생존능력과 무관하게 임부의 낙태를 원칙적으로 금지하고 이를 형사처벌하고 있으므로, 헌법 제10조에서 도출되는 임부의 자기결정권, 즉 낙태의 자유를 제한하고 있다.

08

정답 ④

> **핵심공략**
>
> ■ 일반적 행동자유권
> 개인이 행위를 할 것인지의 여부를 자유롭게 결단할 자유로서, 적극적으로 자유롭게 행동할 자유 및 소극적으로 행동하지 않을 자유, 가치 있는 행동뿐만 아니라 개인의 생활방식과 취미에 관한 사항, 특히 위험한 스포츠를 즐길 권리와 같은 위험한 생활방식으로 살아갈 권리도 포함 O
> ⇨ 서울광장 주변 출입·통행하는 개인의 행위는 일반적 행동자유권에 포함 O, 거주이전 자유의 보호영역에 해당 ×
>
> ■ 인격권: 헌법 제10조로부터 도출되는 개별적 기본권으로 인정 O
> - 명예권: 사자에 대한 사회적 명예와 평가의 훼손은 그들 후손의 인격권, 즉, 유족의 명예 등을 제한하는 것 O
> - 태아의 성별 정보에 대한 접근을 국가로부터 방해받지 않을 부모의 권리
>
> ■ 형법상 자기낙태죄 조항
> ⇨ 임부의 출산에 관한 자기결정권, 즉, 임신과 출산에 관한 결정을 제한 O

① [○]

해설 일반적 행동자유권은 모든 행위를 할 자유와 행위를 하지 않을 자유로 가치있는 행동만 그 보호영역으로 하는 것은 아닌 것으로, 그 보호영역에는 개인의 생활방식과 취미에 관한 사항도 포함되며, 여기에는 위험한 스포츠를 즐길 권리와 같은 위험한 생활방식으로 살아갈 권리도 포함된다. 따라서 좌석안전띠를 매지 않을 자유는 헌법 제10조의 행복추구권에서 나오는 일반적 행동자유권의 보호영역에 속한다. 이 사건 심판대상조항들은 운전할 때 좌석안전띠를 매야 할 의무를 지우고 이에 위반했을 때 범칙금을 부과하고 있으므로 청구인의 일반적 행동의 자유에 대한 제한이 존재한다. **(헌재 2003.10.30. 2002헌마518)**

② [○]

해설 헌법 제10조로부터 도출되는 일반적 인격권에는 개인의 명예에 관한 권리도 포함되는바, 이 사건 심판대상조항에 근거하여 반민규명위원회의 조사대상자 선정 및 친일반민족행위 결정이 이루어지면(이에 관하여 작성된 조사보고서 및 편찬된 사료는 일반에 공개된다), 조사대상자의 사회적 평가가 침해되어 헌법 제10조에서 유래하는 일반적 인격권이 제한받는다고 할 수 있다. 다만 이 사건 결정의 조사대상자를 비롯하여 대부분의 조사대상자는 이미 사망하였을 것이 분명하나, 조사대상자가 사자(死者)의 경우에도 인격적 가치에 대한 중대한 왜곡으로부터 보호되어야 하고, 사자(死者)에 대한 사회적 명예와 평가의 훼손은 사자(死者)와의 관계를 통하여 스스로의 인격상을 형성하고 명예를 지켜온 그들의 후손의 인격권, 즉 유족의 명예 또는 유족의 사자(死者)에 대한 경애·추모의 정을 침해한다고 할 것이다. **(헌재 2011.3.31. 2008헌바111)**

③ [○]

해설 헌법 제10조로부터 도출되는 일반적 인격권에는 각 개인이 그 삶을 사적으로 형성할 수 있는 자율영역에 대한 보장이 포함되어 있음을 감안할 때, 장래 가족의 구성원이 될 태아의 성별 정보에 대한 접근을 국가로부터 방해받지 않을 부모의 권리는 이와 같은 일반적 인격권에 의하여 보호된다고 보아야 할 것이다. **(헌재 2008.7.31. 2004헌마1010)**

④ [×]

해설 거주·이전의 자유는 … 거주지나 체류지라고 볼 만한 정도로 생활과 밀접한 연관을 갖는 장소를 선택하고 변경하는 행위를 보호하는 기본권으로서, 생활의 근거지에 이르지 못하는 일시적인 이동을 위한 장소의 선택과 변경까지 그 보호영역에 포함되는 것은 아니다. 이 사건에서 서울광장이 청구인들의 생활형성의 중심지라고 할 수 없을 뿐만 아니라 청구인들이 서울광장에 출입하고 통행하는 행위가 그 장소를 중심으로 생활을 형성해 나가는 행위에 속한다고 볼 수도 없으므로 청구인들이 서울광장을 출입하고 통행하는 자유는 헌법상의 거주·이전의 자유의 보호영역에 속한다고 할 수 없고, 따라서 이 사건 통행제지행위로 인하여 청구인들의 거주·이전의 자유가 제한된다고 할 수는 없다. … 개별적으로 서울광장을 통행하거나 서울광장에서 여가활동이나 문화활동을 하는 것은 아무런 제한 없이 허용하고 있다. 이처럼 일반 공중에게 개방된 장소인 서울광장을 개별적으로 통행하거나 서울광장에서 여가활동이나 문화활동을 하는 것은 일반적 행동자유권의 내용으로 보장됨에도 불구하고, 피청구인이 이 사건 통행제지행위에 의하여 청구인들의 이와 같은 행위를 할 수 없게 하였으므로 청구인들의 일반적 행동자유권의 침해 여부가 문제된다. **(헌재 2011.6.30. 2009헌마406)**

⑤ [○]

해설 자기낙태죄 조항은 "부녀가 약물 기타 방법으로 낙태한 때에는 1년 이하의 징역 또는 200만 원 이하의 벌금에 처한다."고 규정함으로써, 태아의 생명을 보호하기 위하여 태아의 발달단계나 독자적 생존능력과 무관하게 임부의 낙태를 원칙적으로 금지하고 이를 형사처벌하고 있으므로, 헌법 제10조에서 도출되는 임부의 자기결정권, 즉 낙태의 자유를 제한하고 있다. **(헌재 2012.8.23. 2010헌바402)**

09

헌법 제10조에 관한 설명 중 옳은 것은? (다툼이 있는 경우 판례에 의함) [22 변호사]

① 헌법 제10조로부터 도출되는 일반적 인격권에는 개인의 명예에 관한 권리도 포함되며, 여기서 말하는 '명예'는 사람이나 그 인격에 대한 '사회적 평가', 즉 객관적 · 외부적 가치평가뿐만 아니라 단순히 주관적 · 내면적인 명예감정까지 포함한다.

② 자동차 운전 중 휴대용 전화를 사용하는 것을 금지하고, 이를 위반 시 처벌하도록 규정한 것은 운전자의 일반적 행동자유권을 침해하는 것이다.

③ 버스전용차로로 통행할 수 있는 차가 아닌 차의 버스전용차로 통행을 원칙적으로 금지하고 대통령령으로 정하는 예외적인 경우에만 이를 허용하도록 규정한 것은 일반승용차 소유자의 일반적 행동자유권의 일환인 통행의 자유를 침해한다.

④ 거짓이나 그 밖의 부정한 수단으로 운전면허를 받은 경우 모든 범위의 운전면허를 필요적으로 취소하도록 규정하여 부정 취득하지 않은 운전면허까지 필요적으로 취소하도록 한 것은 운전면허 소유자의 일반적 행동의 자유를 침해한다.

⑤ 일반적 행동자유권은 개인에게 가치있는 행동을 그 보호영역으로 하는 것이므로, 여기에는 위험한 스포츠를 즐길 권리와 같이 위험한 생활방식으로 살아갈 권리가 포함되지 않는다.

09 정답 ④

핵심공략

- 일반적 인격권 중 '명예권': 명예는 사람이나 그 인격에 대한 사회적 평가, 즉 객관적·외부적 가치평가를 지칭 O, 단순히 주관적·내면적 명예감정을 포함하지 ×
- '일반적 행동자유권': 가치 있는 행동뿐만 아니라 개인의 생활방식과 취미에 관한 사항, 여기에는 위험한 스포츠를 즐길 권리와 같은 위험한 생활방식으로 살아갈 권리도 포함 O
- '일반적 행동자유권' 침해 여부
  - 침해 O: 부정 취득하지 않은 운전면허까지 필요적 취소토록 하는 것
  - 침해 ×: 자동차 운전 중 휴대용 전화 사용 금지, 일반승용차의 버스전용차로 통행 원칙적 금지

① [×]

해설 헌법 제10조로부터 도출되는 일반적 인격권에는 개인의 명예에 관한 권리도 포함될 수 있으나(헌재 1999.6.24. 97헌마265), 여기서 말하는 '명예'는 사람이나 그 인격에 대한 '사회적 평가', 즉 객관적·외부적 가치평가를 말하는 것이지 단순히 주관적·내면적인 명예감정은 포함하지 않는다고 보아야 한다. **(헌재 2005.10.27. 2002헌마425)**

② [×]

해설 이 사건 법률조항으로 인하여 청구인은 운전 중 휴대용 전화 사용의 편익을 누리지 못하고 그 의무에 위반할 경우 20만원 이하의 벌금이나 구류 또는 과료에 처해질 수 있으나 이러한 부담은 크지 않다. 이에 비하여 운전 중 휴대용 전화 사용 금지로 교통사고의 발생을 줄임으로써 보호되는 국민의 생명·신체·재산은 중대하다. 그러므로 이 사건 법률조항은 과잉금지원칙에 반하여 청구인의 일반적 행동의 자유를 침해하지 않는다. **(헌재 2021.6.24. 2019헌바5)**

③ [×]

해설 이 사건 각 심판대상조항은 원활하고 효율적인 교통을 확보하는 것을 목적으로 하는 것으로서 입법목적의 정당성이 인정되고, 전용차로통행차가 아닌 차에 대하여 전용차로 통행을 원칙적으로 금지하고 이를 위반한 운전자에게 과태료를 부과하는 것은 원활한 교통의 확보라는 입법 목적을 달성하기 위한 적합한 수단이다. 도로교통법 관련 법령은 부득이하게 전용차로 통행이 필요한 경우에는 예외를 두거나 우회전을 하기 위하여 전용차로로 진입을 하여야 하는 경우 합리적인 범위 내에서 청색 점선을 설치하여 그 통행이 가능하도록 하고 있으므로, 심판대상조항에 의한 전용차로 통행 제한이 지나치다고 보기는 어렵다. 결국 심판대상조항이 과잉금지원칙에 반하여 일반적 행동자유권의 일환인 통행의 자유를 침해한다고 볼 수도 없다. **(헌재 2018.11.29. 2017헌바465)**

④ [○]

해설 심판대상조항이 '부정 취득하지 않은 운전면허'까지 필요적으로 취소하도록 한 것은, 임의적 취소·정지 사유로 함으로써 구체적 사안의 개별성과 특수성을 고려하여 불법의 정도에 상응하는 제재수단을 선택하도록 하는 등 완화된 수단에 의해서도 입법목적을 같은 정도로 달성하기에 충분하므로, 피해의 최소성 원칙에 위배된다. 나아가, 위법이나 비난의 정도가 미약한 사안을 포함한 모든 경우에 부정 취득하지 않은 운전면허까지 필요적으로 취소하고 이로 인해 2년 동안 해당 운전면허 역시 받을 수 없게 하는 것은, 공익의 중대성을 감안하더라도 지나치게 기본권을 제한하는 것이므로, 법익의 균형성 원칙에도 위배된다. 따라서 심판대상조항 중 각 '거짓이나 그 밖의 부정한 수단으로 받은 운전면허를 제외한 운전면허'를 필요적으로 취소하도록 한 부분은, 과잉금지원칙에 반하여 일반적 행동의 자유 또는 직업의 자유를 침해한다. **(헌재 2020.06.25. 2019헌가9 등)**

⑤ [×]

해설 일반적 행동자유권은 가치 있는 행동만 그 보호영역으로 하는 것은 아니다. 그 보호영역에는 개인의 생활방식과 취미에 관한 사항도 포함되며, 여기에는 위험한 스포츠를 즐길 권리와 같은 위험한 생활방식으로 살아갈 권리도 포함된다. **(헌재 2016.02.25. 2015헌가11)**

10

평등권 또는 평등원칙에 관한 설명 중 옳은 것을 모두 고른 것은? (다툼이 있는 경우 판례에 의함) [14 변호사]

ㄱ. 주민투표권은 헌법상의 열거되지 아니한 권리 등 그 명칭의 여하를 불문하고 헌법상의 기본권성이 부정된다. 그러나 비교집단 상호간에 주민투표권의 차별이 존재할 경우 헌법상의 평등권의 심사가 가능하다.

ㄴ. 이륜자동차 운전자의 고속도로 등의 통행을 금지하는 법률규정은 일부 이륜자동차 운전자들의 변칙적인 운전행태를 이유로 전체 이륜자동차 운전자들의 고속도로 등 통행을 전면적으로 금지하고 있으므로 제한의 범위나 정도 면에서 지나친 점, 세계 경제협력개발기구(OECD) 국가들과 비교해 보아도 우리나라만이 유일하게 이륜자동차의 고속도로 통행을 전면적으로 금지하고 있는 점, 고속도로 등에서 안전거리와 제한속도를 지켜서 운행할 경우 별다른 위험요소 없이 운행할 수 있는 점에서 일반 자동차 운전자와 비교할 때 이륜자동차 운전자의 평등권을 침해한다.

ㄷ. 일정한 교육을 거쳐 시·도지사로부터 자격 인정을 받은 자만이 안마시술소 등을 개설할 수 있도록 한 법률규정은 비시각장애인이 직접 안마사 자격 인정을 받아 안마를 하는 것을 금지하는 것은 수인하더라도 안마시술소를 개설조차 할 수 없도록 한 것으로서, 안마시술소 등을 개설하고자 하는 비시각장애인을 시각장애인과 달리 취급함으로써 비시각장애인의 평등권을 침해한다.

ㄹ. 「병역법 시행규칙」 제110조 제1호에서 국외여행 허가 대상을 30세 이하로 정하고 있는 점에 비추어, 제1국민역의 경우 특별한 사정이 없는 한 27세까지만 단기 국외여행을 허용하는 「병역의무자 국외여행 업무처리 규정」(병무청 훈령)은 체계정당성에 위배되며, 위헌적인 차별이 존재한다.

ㅁ. 변호사가 법률사건이나 법률사무에 관한 변호인선임서 또는 위임장 등을 공공기관에 제출할 때에는 사전에 소속 지방변호사회를 경유하도록 하는 법률규정은 법무사·변리사·공인노무사·공인회계사와 변호사는 모두 전문직 종사자임에도 불구하고, 변호사에게만 선임서 등의 소속 지방변호사회 경유 의무를 부과하는 것으로서 합리적인 이유 없이 변호사를 차별하고 있어 변호사의 평등권을 침해한다.

① ㄱ
② ㄱ, ㄴ
③ ㄴ, ㄷ
④ ㄹ, ㅁ
⑤ ㅁ

10 정답 ①

핵심공략

- 주민투표권: 지방자치법 상의 법률상 권리에 불과, *But* 비교집단 상호간 차별이 존재할 경우 헌법상 평등권 침해 여부 심사 可
- 평등권 침해 ×
  - 고속도로 등에서의 이륜차 통행금지
  - 비시각장애인의 안마시술소 등 개설금지
  - 제1국민역 중 27세까지만 단기 국외여행 원칙적 허용
  - 변호사선임서 등의 제출시 소속 지방변호사회 경유

해설 ㄱ. [○]

주민투표권은 헌법상의 열거되지 아니한 권리 등 그 명칭의 여하를 불문하고 헌법상의 기본권성이 부정된다는 것이 우리 재판소의 일관된 입장이라 할 것인데, 이 사건에서 그와 달리 보아야 할 아무런 근거를 발견할 수 없다. 그렇다면 이 사건 심판청구는 헌법재판소법 제68조 제1항의 헌법소원을 통해 그 침해 여부를 다툴 수 있는 기본권을 대상으로 하고 있는 것이 아니므로 그러한 한에서 이유 없다. 하지만 주민투표권이 헌법상 기본권이 아닌 법률상의 권리에 해당한다 하더라도 비교집단 상호간에 차별이 존재할 경우에 헌법상의 평등권 심사까지 배제되는 것은 아니다. **(헌재 2007.6.28. 2004헌마643)**

ㄴ. [×]

헌법재판소는 2007.1.17. 2005헌마1111등 결정 및 2008.7.31. 2007헌바90등 결정에서 이미 이 사건 법률조항과 동일한 내용의 구 도로교통법 조항에 대하여 헌법에 위반되지 않는다는 결정을 선고한 바 있다.

위 결정에서 헌법재판소는, 통행의 자유(일반적 행동 자유) 침해 여부에 대하여, … 기본권의 침해 정도가 경미하여 피해최소성 원칙에 위배된다고 보기도 어렵다고 하였다. 또한 평등권 침해 여부에 대하여, 이륜차는 운전자가 외부에 노출되는 구조로 말미암은 사고위험성과 사고결과의 중대성 때문에 고속도로 등의 통행이 금지되는 것이므로 구조적 위험성이 적은 일반 자동차와 비교할 때 불합리한 차별이라고 볼 수 없다고 하였는바, 이 사건에서도 위 결정과 달리 판단하여야 할 새로운 사정변경이 없다. **(헌재 2011.11.24. 2011헌바51)**고 판시하였다.

ㄷ. [×]

이 사건 개설조항은 무자격자의 안마시술소 개설로 발생할 수 있는 국민 건강상의 위험을 방지하고, 시각장애인의 생계보호 및 자아실현의 기회부여라는 시각장애인 안마사 제도의 목적을 보다 효과적으로 실현하고자 안마시술소 개설에 관한 독점권을 시각장애인에게 인정하는 것으로서 정당한 목적 달성을 위한 적절한 수단이 되며, 위와 같은 입법목적 달성을 위하여 달리 덜 침익적인 수단을 찾기 어려운 점에서 이 사건 개설조항이 최소침해성원칙에 반한다고 할 수 없다. 시각장애인 안마시술소 개설 독점제도는 생활전반에 걸쳐 시각장애인에게 가해진 유·무형의 사회적 차별을 보상해 주고 실질적인 평등을 이룰 수 있는 수단이며, 이 사건 개설조항으로 인해 얻게 되는 시각장애인의 생존권 등 공익과 그로 인해 잃게 되는 일반국민의 직업선택의 자유 등 사익을 비교해 보더라도, 공익과 사익 사이에 법익 불균형이 발생한다고 할 수 없으므로, 이 사건 개설조항이 비시각장애인을 시각장애인에 비하여 비례의 원칙에 반하여 차별하는 것이라고 할 수 없을 뿐 아니라, 비시각장애인의 직업선택의 자유를 과도하게 침해하여 헌법에 위반된다고 보기도 어렵다. **(헌재 2008.10.30. 2006헌마1098 / 헌재 2013.6.27. 2011헌가39)**

ㄹ. [×]

① 거주·이전의 자유 침해 여부: 이 사건 훈령조항은 국외여행을 통한 병역의무의 회피를 막아 국민이 병역의무를 성실히 수행하도록 하여 원활한 병역자원의 수급을 도모 … 그 입법목적이 정당하고, … 효과 있는 수단으로 판단된다. … 나아가 청구인이 이 사건 훈령조항으로 인하여 일정한 기간 동안 자유로이 출국할 수 없게 됨에 따른 기본권의 제한 정도보다는 병역의무의 회피를 막아 병무행정을 충실히 하려는 공익이 더 크다. 결국 이 사건 훈령조항이 과잉금지원칙에 위배하여 청구인의 거주·이전의 자유를 침해한다고 볼 수 없다.

② 기타 주장에 관하여: 이 사건 훈령조항은 사실상 27세를 기준으로 단기 국외여행의 허가 여부를 정하고 있는데 위에서 언급한 바와 같이 현행 병역법상 대부분의 경우 27세 이하의 범위 내에서만 입영의무의 연기가 가능하다는 점 등을 고려할 때 이와 같은 기준 설정을 자의적인 차별이라고 볼 수는 없으므로, 이 사건 훈령조항이 청구인의 평등권을 침해한다는 청구인의 주장은 이유 없다. **(헌재 2013.6.27. 2011헌마475)**

ㅁ. [×]

다른 전문직에 비하여 변호사는 포괄적인 직무영역과 그에 따른 더 엄격한 직무의무를 부담하고 있는바, 이는 변호사 직무의 공공성 및 그 포괄적 직무범위에 따른 사회적 책임성을 고려한 것으로서, 다른 전문직과 비교하여 차별취급의 합리적 이유가 있다고 할 것이므로, 변호사법 제29조는 변호사의 평등권을 침해하지 아니한다. **(헌재 2013.5.30. 2011헌마131)**

11

평등권에 관한 설명 중 옳은 것은? (다툼이 있는 경우 판례에 의함) [16 변호사]

① 「공직선거법」상 기부행위 제한의 적용을 받는 자에 '후보자가 되고자 하는 자'까지 포함하면서 기부행위의 제한기간을 폐지하여 기부행위를 상시 제한하도록 한 것은 '후보자가 되려는 자'를 다른 후보자들과 합리적 이유 없이 동일하게 취급하여 평등권을 침해한다.

② 국민건강보험공단 직원의 업무가 일반 보험회사의 직원이 담당하는 보험업무와 내용상 크게 다르지 않다 하더라도 그 신분상의 특수성과 조직의 규모, 개인정보 지득의 정도, 선거개입시 예상되는 부작용 등이 사보험업체 직원이나 다른 공단의 직원의 경우와 현저히 차이가 나는 이상, 국민건강보험공단 직원의 선거운동의 금지는 정당한 차별목적을 위한 합리적인 수단을 강구한 것으로서 평등권을 침해하지 않는다.

③ 행정관서요원으로 근무한 공익근무요원과는 달리, 국제협력요원으로 근무한 공익근무요원을 「국가유공자 등 예우 및 지원에 관한 법률」에 의한 보상에서 제외한 구 「병역법」 조항은 병역의무의 이행이라는 동일한 취지로 소집된 요원임에도 합리적인 이유 없이 양자를 차별하고 있어 평등권을 침해한다.

④ 대한민국 국민인 남자에 한하여 병역의무를 부과한 법률조항은 헌법이 특별히 양성평등을 요구하는 경우나 관련 기본권에 중대한 제한을 초래하는 경우의 차별취급을 그 내용으로 하고 있으므로 위 법률조항이 평등권을 침해하는지 여부는 엄격한 심사기준에 따라 판단한다.

⑤ 1983.1.1. 이후 출생한 A형 혈우병 환자에 한하여 유전자재조합제제에 대한 요양급여를 인정하는 보건복지부고시는 제도의 단계적 개선을 위한 합리적 이유가 있어 1983.1.1. 이전에 출생한 A형 혈우병 환자들의 평등권을 침해하지 않는다.

11

정답 ②

핵심공략

- 평등권 침해 ×
  - 후보자가 되고자 하는 자의 기부행위 제한
  - 국민건강보험공단의 상근임·직원의 선거운동 금지
  - 국제협력요원으로 근무한 공익근무요원의 국가유공자보상 제외
- 평등권 침해 O
  - 혈우병 환자에 대한 요양급여의 차별
- 대한민국 남자만의 병역의무 부과조항의 평등권침해 심사기준: 자의금지원칙
  (∵ 헌법 제11조 제1항은 불합리한 차별 금지에 초점을 둔 것
  ⇨ 헌법이 특별히 평등을 요구하는 경우나 관련 기본권의 중대한 제한을 초래하는 경우에 해당 ×, 징집대상자 범위에 관하여 광범위한 입법형성권이 인정)

① [×]

해설 기부행위 제한의 적용을 받는 자에 '후보자가 되고자 하는 자'까지 포함하면서 기부행위의 제한기간을 폐지하여 상시 제한하도록 한 이 사건 법률조항이 일반적 행동자유권 등을 침해하는지 여부(소극) - 기부행위의 제한은 부정한 경제적 이익을 제공함으로써 유권자의 자유의사를 왜곡시키는 행위를 범죄로 처벌하여 선거의 공정성을 보장하기 위한 규정으로 입법목적의 정당성 및 기본권 제한 수단의 적절성이 인정된다. 그리고 공직선거법 제113조 제1항 중 '후보자가 되고자 하는 자' 부분은 모든 기부행위를 언제나 금지하는 것이 아니고, 기부행위가 제112조 제2항 각 호의 예외사유에 해당하거나 정당행위로서 사회상규에 위배되지 아니하면 위법성이 조각되어 허용될 수도 있는 점 등을 감안하면 최소침해성 요건을 갖추었다. 선거의 공정이 훼손되는 경우 후보자 선택에 관한 민의가 왜곡되고 대의민주주의제도 자체가 위협을 받을 수 있는 점을 감안하면 법익 균형성 요건도 준수하였다. 따라서 이 사건 법률조항은 일반적 행동자유권 등을 침해하지 아니한다. **(헌재 2014.2.27. 2013헌바106)**

② [○]

해설 국민건강보험공단 직원의 업무가 일반 보험회사의 직원이 담당하는 보험업무와 내용상 크게 다르지 않다 하더라도 그 신분상의 특수성과 조직의 규모, 개인정보 지득의 정도, 선거개입시 예상되는 부작용 등이 사보험업체 직원이나 다른 공단의 직원의 경우와 현저히 차이가 나는 이상 위와 같은 선거운동의 금지는 정당한 차별목적을 위한 합리적인 수단을 강구한 것으로서 합헌이다. **(헌재 2004.4.29. 2002헌마467)**

③ [×]

해설 입법자가 국가유공자를 어떠한 범위에서 결정할 것인가 등을 정함에 있어 국가 강제력의 정도가 클수록 보상의 필요성 등은 강하다고 할 것인바, 국제협력요원은 자신들의 의사에 기하여 봉사활동을 통한 병역의무 이행을 선택한 점에서 행정관서요원과 다르고, 행정관서요원의 우리나라 국가기관 등에서의 복무에 의한 것과 국제협력요원의 다른 국가에서의 봉사를 통한 국위선양에 의한 것은 국가통합이라는 효과 측면에서 차이가 있으며, 행정관서 요원제도는 방위제도가 폐지되면서, 여전히 현역병 등으로 입영하여 군복무를 이행할 수 없는 신체적 사유 등이 있는 병역의무자의 경우 이들을 행정관서요원으로 소집하여 병역의무를 이행하도록 하기 위하여 고안된 제도임에 반하여, 국제협력요원은 국제봉사요원이 개발도상국에서 자발적으로 봉사활동을 하게 된 것이 국제사회에 긍정적인 영향을 끼치고 있다는 점을 감안하여, 위와 같은 국제봉사활동을 체계적·지속적으로 계속할 자원을 병역의무자 중에서 충원한다는 차원에서 마련된 것에 기인한다는 차이가 있으므로, 입법자가 위와 같은 차이들에 근거하여 국제협력요원과 행정관서요원을 달리 취급하는 것을 입법형성권을 벗어난 자의적인 것이라고 할 수 없다. **(헌재 2010.7.29. 2009헌가13)**

④ [×]

헌법 제11조 제1항은 "모든 국민은 법 앞에 평등하다."고 선언하면서, 이어서 "누구든지 성별·종교 또는 사회적 신분에 의하여 정치적·경제적·사회적·문화적 생활의 모든 영역에 있어서 차별을 받지 아니한다."고 규정하고 있다. 이 사건 법률조항은 '성별'을 기준으로 병역의무를 달리 부과하도록 한 규정이고, 이는 헌법 제11조 제1항 후문이 예시하는 사유에 기한 차별임은 분명하다. 그러나 헌법 제11조 제1항 후문의 위와 같은 규정은 불합리한 차별의 금지에 초점이 있고, 예시한 사유가 있는 경우에 절대적으로 차별을 금지할 것을 요구함으로써 입법자에게 인정되는 입법형성권을 제한하는 것은 아니다. 한편 …평등권 침해 여부의 판단에 있어 엄격한 심사가 요구되는 관련 기본권에 대한 중대한 제한을 초래하는 경우라고 보기는 어렵다. …결국 이 사건 법률조항이 헌법이 특별히 평등을 요구하는 경우나 관련 기본권에 중대한 제한을 초래하는 경우의 차별취급을 그 내용으로 하고 있다고 보기 어려운 점, 징집대상자의 범위 결정에 관하여는 입법자의 광범위한 입법형성권이 인정되는 점에 비추어, 이 사건 법률조항이 평등권을 침해하는지 여부는 완화된 심사척도에 따라 자의금지원칙 위반 여부에 의하여 판단하기로 한다. **(헌재 2010.11.25. 2006헌마328)**

⑤ [×]

해설 종래에는 A형 혈우병 환자들에 대하여 유전자재조합제제를 요양급여 대상으로 인정하지 아니하다가 처음 혈우병 약제를 투여받는 자와 면역능이 저하되어 감염의 위험성이 큰 HIV 양성 환자에게도 유전자재조합제제를 요양급여 대상으로 확대, 개선하고 다시 이 사건 고시 조항에서 '1983.1.1. 이후에 출생한 환자'도 요양급여를 받을 수 있도록 규정한 것은 제도의 단계적인 개선에 해당한다고 볼 수 있으므로 요양급여를 받을 환자의 범위를 한정한 것 자체는 평등권 침해의 문제가 되지 않으나, 그 경우에도 수혜자를 한정하는 기준은 합리적인 이유가 있어 그 혜택으로부터 배제되는 자들의 평등권을 해하지 않는 것이어야 한다. 그런데 이 사건 고시조항이 수혜자 한정의 기준으로 정한 환자의 출생 시기는 그 부모가 언제 혼인하여 임신, 출산을 하였는지와 같은 우연한 사정에 기인하는 결과의 차이일 뿐, 이러한 차이로 인해 A형 혈우병 환자들에 대한 치료제인 유전자재조합제제의 요양급여 필요성이 달라진다고 할 수는 없으므로, A형 혈우병 환자들의 출생 시기에 따라 이들에 대한 유전자재조합 제제의 요양급여 허용 여부를 달리 취급하는 것은 합리적인 이유가 있는 차별이라고 할 수 없다. 따라서 이 사건 고시 조항은 청구인들의 평등권을 침해하는 것이다. **(헌재 2012.6.27. 2010헌마716)**

12

평등권에 관한 설명 중 옳은 것은? (다툼이 있는 경우 판례에 의함) [21 변호사]

① 「부마민주항쟁 관련자의 명예회복 및 보상 등에 관한 법률」은 부마민주항쟁이 단기간 사이에 집중적으로 발생한 민주화운동이라는 상황적 특수성을 감안하여 민주화운동에 관한 일반법과 별도로 제정된 것인데, 부마민주항쟁을 이유로 30일 미만 구금된 자를 보상금 또는 생활지원금의 지급대상에서 제외하여 부마민주항쟁 관련자 중 8.1%만 보상금 및 생활지원금을 지급받는 결과에 이르게 한 것은 이 법을 별도로 제정한 목적과 취지에 반하여 평등권을 침해한다.

② 일정한 범위의 공공기관 및 공기업으로 하여금 매년 정원의 100분의 3 이상씩 15세 이상 34세 이하의 청년 미취업자를 채용하도록 한 것은, 합리적 이유 없이 능력주의 내지 성적주의를 배제한 채 단순히 생물학적인 나이를 기준으로 특정 연령층에게 특혜를 부여함으로써 35세 이상 미취업자들의 평등권을 침해한다.

③ 애국지사는 일제 국권침탈에 반대하거나 항거한 당사자로서 조국의 자주독립을 위해 직접 공헌하고 희생한 사람이고, 순국선열의 유족은 일제 국권침탈에 반대하거나 항거하다가 사망한 당사자의 유가족으로서, 두 집단은 본질적으로 다른 집단이므로 같은 서훈 등급임에도 애국지사 본인에게 높은 보상금 지급액 기준을 두고 있는 것은 평등권을 침해하지 않는다.

④ 보훈보상대상자의 부모에 대한 유족보상금 지급 시 수급권자를 부모 중 1인에 한정하고 나이가 많은 자를 우선하도록 한 것은, 구체적인 보상 내용 등의 사항이 국가의 재정부담 능력, 전체적인 사회보장 수준, 보훈보상대상자에 대한 평가기준 등에 따라 정해질 수밖에 없으므로, 나이가 적은 부모 일방의 평등권을 침해하지 않는다.

⑤ 생활수준 등을 고려하여 독립유공자의 손자녀 1명에게 보상금을 지급하도록 하면서 같은 순위의 손자녀가 2명 이상이면 나이가 많은 손자녀를 우선하도록 한 것은, 결국 나이를 기준으로 하여 연장자에게 우선하여 보상금을 지급하는 것이어서 보상금수급권이 갖는 사회보장적 성격에 부합하지 아니하므로, 보상금을 받지 못한 손자녀의 평등권을 침해한다.

12 정답 ③

핵심공략

- 평등권 침해 ×
  - 부마항쟁보상법상 보상금 수급권자의 차별
  - 청년고용할당제
  - 애국지사 본인과 순국선열 유족 간의 보상금 차별
  - '생활수준 등을 고려'하여 독립유공자 손자녀 1인에게 보상금 지급토록 하면서 동순위 손자녀가 2명 이상인 경우 나이가 많은 손자녀에게 우선적으로 보상금 지급
- 평등권 침해 ○
  - ('생활수준 등에 대한 고려 없이') 보훈보상대상자 부모에 대한 유족보상금 지급 시 수급권자인 부모 중 연장자에게 우선적으로 지급

① [×]

해설 이 사건 보상금 조항이 보상금의 지급대상으로 규정하고 있는 관련자는 그 희생의 정도가 다른 관련자에 비하여 크고, 그 유족도 다른 관련자의 가족에 비하여 희생의 정도 및 사회경제적 어려움에 처했을 가능성이 더 크므로, 이 사건 보상금 조항에서 부마민주항쟁과 관련하여 생명 또는 신체의 손상을 입은 경우에만 보상금을 지급하도록 한 것이 현저히 불합리하다고 보기 어렵다. 생활지원금을 비롯한 부마항쟁보상법상 보상금 등은 국가가 관련자의 경제활동이나 사회생활에 미치는 영향, 생활정도 등을 고려하여 지급대상자와 지원금의 액수를 정하여 지급할 수 있으므로, 이 사건 생활지원금 조항이 일정한 요건을 갖춘 자들에 한하여 생활지원금을 지급할 수 있도록 하는 것이 불합리하다고 보기 어렵다. **(헌재 2019.4.11. 2016헌마418)**

② [×]

해설 청년할당제는 일정 규모 이상의 기관에만 적용되고, 전문적인 자격이나 능력을 요하는 경우에는 적용을 배제하는 등 상당한 예외를 두고 있다. 더욱이 3년 간 한시적으로만 시행하며, 청년할당제가 추구하는 청년실업해소를 통한 지속적인 경제성장과 사회 안정은 매우 중요한 공익인 반면, 청년할당제가 시행되더라도 현실적으로 35세 이상 미취업자들이 공공기관 취업기회에서 불이익을 받을 가능성은 크다고 볼 수 없다. 따라서 이 사건 청년할당제가 청구인들의 평등권, 공공기관 취업의 자유를 침해한다고 볼 수 없다. **(헌재 2014.8.28. 2013헌마553)**

③ [○]

해설 독립유공자의 유족에 대하여 국가가 독립유공자법에 의한 보상을 하는 것은 유족 그 자신이 조국의 자주독립을 위하여 직접 공헌하고 희생하였기 때문이 아니라, 독립유공자의 공헌과 희생에 대한 보은과 예우로서 그와 한가족을 이루고 가족공동체로서 함께 살아온 그 유족에 대하여서도 그에 상응한 예우를 하기 위함이다. 애국지사 본인과 순국선열의 유족은 본질적으로 다른 집단이므로, 같은 서훈 등급임에도 순국선열의 유족보다 애국지사 본인에게 높은 보상금 지급액 기준을 두고 있다 하여 곧 청구인의 평등권이 침해되었다고 볼 수 없다. (헌재 2018.1.25. 2016헌마319,)

④ [×]

해설 나이에 따른 차별은 연장자를 연소자에 비해 우대하는 전통적인 유교사상에 기초한 것으로 보이나, 부모 중 나이가 많은 자가 나이가 적은 자를 부양한다고 일반화할 합리적인 이유가 없고, 부모 상호간에 노동능력 감소 및 부양능력에 현저히 차이가 있을 정도의 나이 차이를 인정하기 어려운 경우도 많다. 오히려 직업이나 보유재산에 따라 연장자가 경제적으로 형편이 더 나은 경우에도 그 보다 생활이 어려운 유족을 배제하면서까지 연장자라는 이유로 보상금을 지급하는 것은 보상금 수급권이 갖는 사회보장적 성격에 부합하지 아니한다. **(헌재 2018.6.28. 2016헌가14)**

⑤ [×]

해설 2014.5.21. 법률 제12668호로 개정된 '독립유공자예우에 관한 법률'(이하 '독립유공자법'이라 한다)은 대통령령으로 정하는 생활수준 등을 고려하여 손자녀 1명에게 보상금을 지급하도록 한바, 유족의 생활 안정과 복지 향상을 도모하기 위하여 보상금이 가장 필요한 손자녀에게 보상금을 지급하여 보상금 수급권의 실효성을 보장하면서 아울러 국가의 재정부담 능력도 고려하였다. 아울러 독립유공자법은 2018.4.6. 법률 제15550호 개정으로 제14조의5를 신설하여 독립유공자법 제12조에 따른 보상금을 받지 아니하는 손자녀에게 생활안정을 위한 지원금을 지급할 수 있도록 한바, 보상금을 지급받지 못하는 손자녀들에 대한 생활보호 대책을 마련하고 독립유공자법에 따른 보훈에 있어 손자녀간의 형평성도 고려하였다. 위와 같은 사정을 종합해 볼 때, 심판대상조항에 나타난 입법자의 선택이 명백히 그 재량을 일탈한 것이라고 보기 어려우므로 심판대상조항은 청구인의 평등권을 침해하지 아니한다. **(헌재 2018.6.28. 2015헌마304)**

13

평등권 또는 평등원칙에 관한 설명 중 옳은 것은? (다툼이 있는 경우 판례에 의함) [22 변호사]

① 국민참여재판 배심원의 자격을 만 20세 이상으로 규정한 것은 국민참여재판제도의 취지와 배심원의 권한 및 의무 등 여러 사정을 종합적으로 고려하여 만 20세에 이르기까지 교육 및 경험을 쌓은 자로 하여금 배심원의 책무를 담당하도록 한 것이므로 만 20세 미만의 자를 자의적으로 차별한 것은 아니다.

② 대한민국 국민인 남자에 한하여 병역의무를 부과하는 「병역법」 조항은 우리 헌법이 특별히 명시적으로 차별을 금지하는 사유인 '성별'을 기준으로 병역의무를 부과하므로 이 조항이 평등권을 침해하는지 여부에 대해서는 자의금지원칙이 아닌 비례성원칙에 따른 심사를 하여야 한다.

③ 광역자치단체장선거의 예비후보자를 후원회지정권자에서 제외하여, 국회의원선거의 예비후보자에게 후원금을 기부하고자 하는 자와 광역자치단체장선거의 예비후보자에게 후원금을 기부하고자 하는 자를 달리 취급하는 것은 합리적 차별에 해당하고 입법재량의 한계를 일탈한 것은 아니다.

④ 평등원칙은 법 적용상의 평등을 의미하여 행정권과 사법권만을 구속할 뿐이므로, 평등원칙이 입법권까지 구속하는 것은 아니다.

⑤ 헌법 제11조 제1항에서의 사회적 신분이란 사회에서 장기간 점하는 지위로서 일정한 사회적 평가를 수반하는 것을 의미하므로 전과자도 사회적 신분에 해당되고, 따라서 누범을 가중처벌하는 것은 전과자라는 사회적 신분을 이유로 차별대우를 하는 것이어서 평등원칙에 위배된다.

13

정답 ①

핵심공략

- 평등권 침해 ×
  - 국민참여재판 배심원의 자격을 만 20세 이상으로 규정한 것
- 평등권 침해 O
  - 광역자치단체장 선거의 예비후보자를 후원회지정권자에서 제외

  cf) 자치구의 지역구의회의원 선거의 예비후보자를 후원회지정권자에서 제외
- 대한민국 남자만의 병역의무 부과조항의 평등권침해 심사기준: 자의금지원칙
- 헌법상 평등의 의미(헌법 제11조): '법 앞의' 평등은 법적용상의 평등뿐만 아니라 법내용상의 평등까지 의미(입법자구속설)
- 헌법 제11조 제1항의 '사회적 신분'의 의미
  - 후천적 신분설 (v. 선천적 신분설)
  - 사회적 신분: 사회에서 장기간 점하는 지위로서 일정한 사회적 평가를 수반하는 것, 전과자도 사회적 신분에 해당 O (93헌바43)

    다만, '누범'에 대한 가중처벌의 경우, 합리적 근거있는 차별에 해당 O ⇨ 평등권 침해 ×

① [○]

해설 배심원으로서의 권한을 수행하고 의무를 부담할 능력과 민법상 행위능력, 선거권 행사능력, 군 복무능력, 연소자 보호와 연계된 취업능력 등이 동일한 연령기준에 따라 판단될 수 없고, 각 법률들의 입법취지와 해당 영역에서 고려하여야 할 제반사정, 대립되는 관련 이익들을 교량하여 입법자가 각 영역마다 그에 상응하는 연령기준을 달리 정할 수 있다. 따라서 심판대상조항이 우리나라 국민참여재판제도의 취지와 배심원의 권한 및 의무 등 여러 사정을 종합적으로 고려하여 만 20세에 이르기까지 교육 및 경험을 쌓은 자로 하여금 배심원의 책무를 담당하도록 정한 것은 입법형성권의 한계 내의 것으로 자의적인 차별이라고 볼 수 없다. **(헌재 2021.5.27. 2019헌가19)**

② [×]

해설 이 사건 법률조항은 '성별'을 기준으로 병역의무를 달리 부과하도록 한 규정이고, 이는 헌법 제11조 제1항 후문이 예시하는 사유에 기한 차별임은 분명하다. 그러나 헌법 제11조 제1항 후문의 위와 같은 규정은 불합리한 차별의 금지에 초점이 있고, 예시한 사유가 있는 경우에 절대적으로 차별을 금지할 것을 요구함으로써 입법자에게 인정되는 입법형성권을 제한하는 것은 아니다. **(헌재 2010.11.25. 2006헌마328)**

③ [×]

해설 그동안 정치자금법이 여러 차례 개정되어 후원회지정권자의 범위가 지속적으로 확대되어 왔음에도 불구하고, 국회의원선거의 예비후보자 및 그 예비후보자에게 후원금을 기부하고자 하는 자와 광역자치단체장선거의 예비후보자 및 이들 예비후보자에게 후원금을 기부하고자 하는 자를 계속하여 달리 취급하는 것은, 불합리한 차별에 해당하고 입법재량을 현저히 남용하거나 한계를 일탈한 것이다. 따라서 심판대상조항 중 광역자치단체장선거의 예비후보자에 관한 부분은 청구인들 중 광역자치단체장선거의 예비후보자 및 이들 예비후보자에게 후원금을 기부하고자 하는 자의 평등권을 침해한다. **(헌재 2019.12.27. 2018헌마301 등)**

④ [×]

해설 우리 헌법이 선언하고 있는 "인간의 존엄성"과 "법앞에 평등"은 행정부나 사법부에 의한 법적용상의 평등만을 의미하는 것이 아니고, 입법권자에게 정의와 형평의 원칙에 합당하게 합헌적으로 법률을 제정하도록 하는 것을 명하는 법내용상의 평등을 의미하고 있기 때문에 그 입법내용이 정의와 형평에 반하거나 자의적으로 이루어진 경우에는 평등권 등의 기본권을 본질적으로 침해한 입법권의 행사로서 위헌성을 면하기 어렵다. **(헌재 1992.4.28. 90헌바24)**

⑤ [×]

해설 누범은 전범에 대한 형벌의 경고적 기능을 무시하고 다시 범죄를 저질렀다는 점에서 사회적 비난가능성이 높고, 이러한 누범이 증가하고 있는 추세를 감안하여 범죄예방 및 사회방위의 형사정책적 고려에 기인하여 이를 가중처벌하는 것이어서 합리적 근거 있는 차별이라 볼 것이므로 이 사건 법률조항이 평등원칙에 위배된다고 할 수 없다. **(헌재 2011.5.26. 2009헌바63 등)**

14

평등심사에 관한 설명 중 옳은 것은? (다툼이 있는 경우 판례에 의함) [17 변호사]

① 자기 또는 배우자의 직계존속을 고소하지 못하도록 규정한 「형사소송법」 조항은 친고죄의 경우든 비친고죄의 경우든 헌법상 보장된 재판절차진술권의 행사에 중대한 제한을 초래한다고 보기는 어려우므로, 완화된 자의심사에 따라 차별에 합리적 이유가 있는지를 따져 보는 것으로 족하다.

② 국가유공자 본인이 국가기관이 실시하는 채용시험에 응시하는 경우에 10%의 가점을 주도록 한 「국가유공자 등 예우 및 지원에 관한 법률」 조항은 헌법 제32조 제6항에서 특별히 평등을 요구하고 있는 경우에 해당하므로, 이에 대해서는 엄격한 비례성 심사에 따라 평등권 침해 여부를 심사하여야 한다.

③ 대한민국 국민인 남자에 한하여 병역의무를 부과한 구 「병역법」 조항은 헌법이 특별히 평등을 요구하는 경우나 관련 기본권에 중대한 제한을 초래하는 경우의 차별취급을 그 내용으로 하고 있으므로, 이 조항이 평등권을 침해하는지 여부에 대해서는 엄격한 심사기준에 따라 판단하여야 한다.

④ 종합부동산세의 과세방법을 '세대별 합산'으로 규정한 「종합부동산세법」 조항이 혼인이나 가족생활을 근거로 부부 등 가족이 있는 자를 혼인하지 아니한 자 등에 비하여 차별 취급하더라도, 과세단위를 정하는 것은 입법자의 입법형성의 재량에 속하는 정책적 문제이므로, 그 차별이 헌법 제36조 제1항에 위반되는지 여부는 자의금지원칙에 의한 심사를 통하여 판단하면 족하다.

⑤ 중등교사 임용시험에서 복수전공 및 부전공 교원자격증소지자에게 가산점을 부여하고 있는 「교육공무원법」 조항에 의해 복수·부전공 가산점을 받지 못하는 자가 불이익을 입는다고 하더라도 이를 공직에 진입하는 것 자체에 대한 제약이라 할 수 없어, 그러한 가산점 제도에 대하여는 자의금지원칙에 따른 심사척도를 적용하여야 한다.

14

정답 ①

핵심공략

- 평등권 침해 심사기준: 자의금지원칙 v. 비례원칙
  ⇨ 국회의 입법형성권 존중 차원에서 자의금지원칙 (원칙) / 헌법에서 특별히 평등을 요구하는 영역이거나 차별적 취급으로 기본권의 중대한 제한이 초래되는 경우 비례원칙 (예외), 다만 차별취급이 헌법에 근거하거나 헌법이 요구하는 경우 완화된 비례원칙 적용
- 자의금지원칙 적용 O
  - 직계존속에 대한 고소금지
  - 대한민국 남자만의 병역의무
- 비례원칙 적용 O
  - 종합부동산세의 세대별 합산과세
  - 공립중등학교 교사 임용시험에 있어서 사범대 가산점과 복수·부전공 가산점부여
- 완화된 비례원칙 적용 O
  - 국가유공자 본인에 대한 가산점부여

① [○]

해설 범죄피해자의 헌법상 보장된 재판절차진술권의 행사 여부는 기소의 여부에 따라 결정되는데, 먼저 비친고죄에 있어서는 고소의 존부와 무관하게 기소될 가능성이 있으므로, … 이를 두고 재판절차진술권에 중대한 제한을 초래하는 경우에 해당한다고 판단하기는 어렵다. 반면, 친고죄에 있어서는 이 사건 법률조항으로 인하여 비속인 범죄피해자는 예외적인 경우를 제외하고는 원칙적으로 재판절차진술권의 행사를 보장받지 못하게 되므로 재판절차진술권의 행사에 중대한 제한을 받게 됨을 부정할 수 없다. 그러나, 일부 범죄에 대하여는 특별법으로 직계존속의 경우에도 고소를 할 수 있도록 규정하고 있어('성폭력범죄의 처벌 및 피해자보호 등에 관한 법률' 제18조 및 '가정폭력범죄의 처벌 등에 관한 특례법' 제6조 제2항), 형법상 친고죄로 규정된 범죄 중 실제로 이 사건 법률조항의 규율 대상이 되는 범죄는 비밀침해죄(제316조), 업무상비밀누설죄(제317조) 등 몇몇에 불과한 형편이다. … 이러한 점들을 고려해 볼 때 친고죄의 경우든 비친고죄의 경우든 이 사건 법률조항이 재판절차진술권의 중대한 제한을 초래한다고 보기는 어려우므로, 이 사건 법률조항(자기 또는 배우자의 직계존속을 고소하지 못하도록 규정한 형사소송법 제224조)이 평등원칙에 위반되는지 여부에 대한 판단은 완화된 자의심사에 따라 차별에 합리적인 이유가 있는지를 따져보는 것으로 족하다 할 것이다. **(헌재 2011.2.24. 2008헌바56 합헌)**

② [×]

해설 평등권의 침해 여부에 대한 심사는 그 심사기준에 따라 자의금지원칙에 의한 심사와 비례의 원칙에 의한 심사로 크게 나누어 볼 수 있는데, 국가유공자등예우및지원에관한법률 제34조 제1항 중 같은 법률 제30조 제1항 소정의 "국가기관"에 관한 부분의 규정에 따라 국가유공자와 그 유족 등 취업보호대상자가 국가기관이 실시하는 채용시험에 응시하는 경우

에 10%의 가점을 주도록 하고 있는 이 사건의 경우는 비교집단이 일정한 생활영역에서 경쟁관계에 있는 경우로서 국가유공자와 그 유족 등에게 가산점의 혜택을 부여하는 것은 그 이외의 자들에게는 공무담임권 또는 직업선택의 자유에 대한 중대한 침해를 의미하게 되므로, 헌법재판소가 1999.12.23. 선고한 98헌마363 사건의 결정에서 비례의 원칙에 따른 심사를 하여야 할 경우의 하나로 들고 있는 차별적 취급으로 인하여 관련 기본권에 대한 중대한 제한을 초래하게 되는 경우에 해당하여 원칙적으로 비례심사를 하여야 할 것이나, 구체적인 비례심사의 과정에서는 헌법 제32조 제6항이 근로의 기회에 있어서 국가유공자 등을 우대할 것을 명령하고 있는 점을 고려하여 보다 완화된 기준을 적용하여야 할 것이다. (헌재 2001.2.22. 2000헌마25 합헌)

참고판례 1. 종전 합헌결정의 변경

국가기관이 채용시험에서 국가유공자의 가족에게 10%의 가산점을 부여하는 규정이 기본권을 침해하지 아니한다고 판시한 종전 결정(2001.2.22. 2000헌마25 합헌)은 이 결정의 견해와 저촉되는 한도 내에서 이를 변경한다.

2. 헌법 제32조 제6항의 해석

"국가유공자·상이군경 및 전몰군경의 유가족은 법률이 정하는 바에 의하여 우선적으로 근로의 기회를 부여받는다."의 대상자는 조문의 문리해석대로 "국가유공자", "상이군경", 그리고 "전몰군경의 유가족"이라고 봄이 상당하다.

3. 평등권 심사기준(국가유공자의 가족에게 10%의 가산점 부여)

종전 결정은 국가유공자와 그 가족에 대한 가산점제도는 모두 헌법 제32조 제6항에 근거를 두고 있으므로 평등권 침해 여부에 관하여 보다 완화된 기준을 적용한 비례심사를 하였으나, 국가유공자 본인의 경우는 별론으로 하고, 그 가족의 경우는 위에서 본 바와 같이 헌법 제32조 제6항이 가산점제도의 근거라고 볼 수 없으므로 그러한 완화된 심사는 부적절한 것이다.

③ [×]

해설 이 사건 법률조항(대한민국 국민인 남자에 한하여 병역의무를 부과한 구 병역법 제3조 제1항 전문)이 헌법이 특별히 평등을 요구하는 경우나 관련 기본권에 중대한 제한을 초래하는 경우의 차별취급을 그 내용으로 하고 있다고 보기 어려운 점, 징집대상자의 범위 결정에 관하여는 입법자의 광범위한 입법형성권이 인정되는 점에 비추어, 이 사건 법률조항이 평등권을 침해하는지 여부는 완화된 심사척도에 따라 자의금지원칙 위반 여부에 의하여 판단하기로 한다. (헌재 2010.11.25. 2006헌마328 기각)

④ [×]

해설 특정한 조세 법률조항이 혼인이나 가족생활을 근거로 부부 등 가족이 있는 자를 혼인하지 아니한 자 등에 비하여 차별취급하는 것이라면 비례의 원칙에 의한 심사에 의하여 정당화되지 않는 한 헌법 제36조 제1항에 위반된다 할 것인데, 이 사건 세대별 합산규정은 생활실태에 부합하는 과세를 실현하고 조세회피를 방지하고자 하는 것으로 그 입법목적의 정당성은 수긍할 수 있으나, 가족 간의 증여를 통하여 재산의 소유 형태를 형성하였다고 하여 모두 조세회피의 의도가 있었다고 단정할 수 없고, 정당한 증여의 의사에 따라 가족 간에 소유권을 이전하는 것도 국민의 권리에 속하는 것이며, 우리 민법은 부부별산제를 채택하고 있고 배우자를 제외한 가족의 재산까지 공유로 추정할 근거규정이 없고, 공유재산이라고 하여 세대별로 합산하여 과세할 당위성도 없으며, 부동산 가격의 앙등은 여러 가지 요인이 복합적으로 작용하여 발생하는 것으로서 오로지 세제의 불비 때문에 발생하는 것만이 아니며, 이미 헌법재판소는 자산소득에 대하여 부부간 합산과세에 대하여 위헌 선언한바 있으므로 적절한 차별취급이라 할 수 없다. 또한 부동산실명법상의 명의신탁 무효 조항이나 과징금 부과 조항, 상속세 및 증여세법상의 증여 추정규정 등에 의해서도 조세회피의 방지라는 입법목적을 충분히 달성할 수 있어 반드시 필요한 수단이라고 볼 수 없다. 이 사건 세대별 합산규정으로 인한 조세부담의 증가라는 불이익은 이를 통하여 달성하고자 하는 조세회피의 방지 등 공익에 비하여 훨씬 크고, 조세회피의 방지와 경제생활 단위별 과세의 실현 및 부동산 가격의 안정이라는 공익은 입법정책상의 법익인데 반해 혼인과 가족생활의 보호는 헌법적 가치라는 것을 고려할 때 법익균형성도 인정하기 어렵다. 따라서 이 사건 세대별 합산규정은 혼인한 자 또는 가족과 함께 세대를 구성한 자를 비례의 원칙에 반하여 개인별로 과세되는 독신자, 사실혼 관계의 부부, 세대원이 아닌 주택 등의 소유자 등에 비하여 불리하게 차별하여 취급하고 있으므로, 헌법 제36조 제1항에 위반된다. (헌재 2008.11.13. 2006헌바112 헌법불합치)

⑤ [×]

해설 공립중등학교 교사 임용시험에 있어서 사범대 가산점과 복수·부전공 가산점은 적용대상에서 제외된 자의 공직에의 진입 자체를 가로막을 수 있는 점에서 그 공무담임권 제한의 성격이 중대하고, 서로 경쟁관계에 놓여 있는 응시자들 중 일부 특정 집단만 우대하는 결과를 가져오는 점에서 사전에 관련당사자들의 비판과 참여가능성이 보장된 공개적 토론과정을 통해 상충하는 이익간의 공정한 조정을 도모할 필요성이 절실하다. 그러므로 위 가산점들에 관하여는 법률에서 적어도 그 적용대상이나 배점 등 기본적인 사항을 직접 명시적으로 규정하고 있어야 했다. 그런데 피청구인(대전광역시 교육감)이 위 가산점 항목을 공고하게 된 법률적 근거라고 주장하는 교육공무원법 제11조 제2항에서는 단지 "… 공개전형의 실시에 관하여 필요한 사항은 대통령령으로 정한다."라고만 할 뿐, 이 사건 가산점 항목에 관하여는 아무런 명시적 언급도 하고 있지 않다. 그러므로 위 가산점 항목은 결국 아무런 법률적 근거가 없다고 보아야 하고, 따라서 헌법 제37조 제2항에 반하여 청구인의 공무담임권을 침해한다고 할 것이다. [헌재 2004.3.25. 2001헌마882 인용(위헌확인)]

15

평등원칙 및 평등권에 관한 설명 중 옳은 것을 모두 고른 것은? (다툼이 있는 경우 판례에 의함) [20 변호사]

ㄱ. 사업주가 제공하거나 그에 준하는 교통수단을 이용하여 출퇴근하던 중에 산업재해보상보험 가입 근로자가 입은 재해를 업무상 재해로 인정하는 것과 달리, 도보나 자기 소유 교통수단 또는 대중교통수단 등을 이용하여 출퇴근하는 산업재해보상보험 가입 근로자가 사업주의 지배관리 아래 있다고 볼 수 없는 통상적 경로와 방법으로 출퇴근하던 중에 입은 재해를 업무상 재해로 인정하지 않는 것은 자의적 차별로 평등원칙에 위배된다.

ㄴ. 자율형 사립고(이하 '자사고'라 함)의 도입목적은 고교평준화 제도의 기본 틀을 유지하면서 고교평준화 제도의 문제점으로 지적된 획일성을 보완하기 위해 고교 교육의 다양화를 추진하고, 학습자의 소질·적성 및 창의성 개발을 지원하며, 학생·학부모의 다양한 요구 및 선택기회 확대에 부응하는 것이어서 과학고의 경우와 같이 재능이나 소질을 가진 학생을 후기학교보다 먼저 선발할 필요성이 있음에도 불구하고 자사고를 후기학교로 규정함으로써 과학고와 달리 취급하고, 일반고와 같이 취급하는 것은 자사고 학교법인의 평등권을 침해한다.

ㄷ. 교수·연구 분야에 전문성이 뛰어난 교사들로서 교사의 교수·연구활동을 지원하는 임무를 부여받고 있는 수석교사를 성과상여금 등의 지급과 관련하여 교장이나 장학관 등과 달리 취급하고 있지만 이는 이들의 직무 및 직급이 다른 것에서 기인하는 합리적인 차별이다.

ㄹ. 대한민국 국적을 가지고 있는 영유아 중에서도 재외국민 영유아를 보육료·양육수당 지원대상에서 제외하는 보건복지부지침은 국내에 거주하면서 재외국민인 영유아를 양육하는 부모들을 합리적 이유 없이 차별하는 것이 아니다.

① ㄱ, ㄴ
② ㄱ, ㄷ
③ ㄴ, ㄹ
④ ㄱ, ㄷ, ㄹ
⑤ ㄴ, ㄷ, ㄹ

15 정답 ②

핵심공략

- 평등권 침해 ×
  - 자사고를 후기학교로 규정(동시선발 조항)
    cf) 자사고를 지원한 학생의 경우 평준화지역 후기학교에 중복지원 금지 규정 ⇨ 평등권 침해 O
  - 수석교사에게 성과상여금 지급
- 평등권 침해 O
  - 통상의 출퇴근 중 발생한 사고에 따른 업무상 재해 미인정
  - 재외국민인 영유아를 보육료·양육수당 지원대상에서 제외

해설 ㄱ. [○]

도보나 자기 소유 교통수단 또는 대중교통수단 등을 이용하여 출퇴근하는 산업재해보상보험 가입 근로자(이하 '비혜택근로자'라 한다)는 사업주가 제공하거나 그에 준하는 교통수단을 이용하여 출퇴근하는 산재보험 가입 근로자(이하 '혜택근로자'라 한다)와 같은 근로자인데도 사업주의 지배관리 아래 있다고 볼 수 없는 통상적 경로와 방법으로 출퇴근하던 중에 발생한 재해(이하 '통상의 출퇴근 재해'라 한다)를 업무상 재해로 인정받지 못한다는 점에서 차별취급이 존재한다. … 통상의 출퇴근 중 재해를 입은 비혜택근로자가 가해자를 상대로 불법행위 책임을 물어도 대부분 고의·과실 등 입증책임의 어려움, 엄격한 인과관계의 요구, 손해배상액의 제한, 구제기간의 장기화 등으로 충분한 구제를 받지 못하는 것이 현실이다. 특히, 가해자의 경제적 능력이나 보험가입 여부 및 가입 보험의 보장 정도 등과 같은 우연한 상황 때문에 현실적 보상의 정도가 크게 달라진다. 이러한 사정을 고려하면, 심판대상조항으로 초래되는 비혜택근로자와 그 가족의 정신적·신체적 혹은 경제적 불이익은 매우 중대하다. 이상과 같이 통상의 출퇴근 재해에 대한 보상에 있어 혜택근로자와 비혜택근로자를 구별하여 취급할 합리적 근거가 없는데도, 혜택근로자의 출퇴근 재해만 업무상 재해로 인정하는 심판대상조항은 합리적 이유 없이 비혜택근로자에게 경제적 불이익을 주어 이들을 자의적으로 차별하는 것이므로, 헌법상 평등원칙에 위배된다. **(헌재 2016.9.29. 2014헌바254)**

ㄴ. [×]

어떤 학교를 전기학교로 규정할 것인지 여부는 해당 학교의 특성상 특정 분야에 재능이나 소질을 가진 학생을 후기학교보다 먼저 선발할 필요성이 있는지에 따라 결정되어야 한다. 과학고는 '과학분야의 인재 양성'이라는 설립 취지나 전문적인 교육과정의 측면에서 과학 분야에 재능이나 소질을 가진 학생을 후기학교보다 먼저 선발할 필요성을 인정할 수 있으나, 자사고의 경우 교육과정 등을 고려할 때 후기학교보다 먼저 특정한 재능이나 소질을 가진 학생을 선발할 필요성은 적다. 따라서 이 사건 동시선발 조항이 자사고를 후기학교로 규정함으로써 과학고와 달리 취급하고, 일반고와 같이 취급하는 데에는 합리적인 이유가 있으므로 청구인 학교법인의 평등권을 침해하지 아니한다. **(헌재 2019.4.11. 2018헌마221)**

ㄷ. [○]

수석교사에게 교장 등, 장학관 등과 달리 성과상여금, 시간외 근무수당을 일반교사에 준하여 지급하고, 보전수당, 관리업무수당, 직급보조비를 지급하지 않는 것은, 교장 등, 장학관 등과 직무 및 직급이 다른 것에서 기인한다. … 수석교사는 승진후보자명부 중에서 임용하는 것이 아니라 별도의 공개전형을 통해 자격연수 대상자를 선발한 후 일정한 연수 결과를 낸 사람 중에서 임용하며, 임기가 종료된 후에는 임용 직전의 직위로 복귀하므로, 수석교사 임용을 교장 등의 승진임용과 동일시하기 어렵고, 이에 따라 수석교사와 교장 등의 직급이 같다고 볼 수 없다. 장학관 등은 보직된 직위에 따라 교장 등과 직급이 같거나 높으므로 수석교사와 교장 등의 직급이 다른 이상 수석교사와 장학관 등의 직급도 같다고 할 수 없다. 대신 수석교사에게는 그 직무 등의 특성을 고려해 연구활동비 지급 및 수업부담 경감의 우대를 하고 있다. 이와 같이 성과상여금 등의 지급과 관련하여 수석교사를 교장 등, 장학관 등과 달리 취급하는 것에는 합리적인 이유가 있으므로, 심판대상조항들은 청구인들의 평등권을 침해하지 않는다. **(헌재 2019.4.11. 2017헌마602 등)**

ㄹ. [×]

국가와 지방자치단체는 보호자와 더불어 영유아를 건전하게 보육할 책임을 지며**(영유아보육법 제4조 제2항)**, 영유아보육법(이하 '법'이라 한다)의 보육 이념 중 하나는 영유아가 어떠한 종류의 차별도 받지 아니하고 보육되어야 한다는 것이다**(제3조 제3항)**. 보육료는 어린이집을 이용하는 영유아의 출석일수에 따라 해당 어린이집으로 보육료를 입금하는 방식으로 지원되고, 영유아가 출국 후 91일째 되는 날에는 보육료 지원이 정지된다(법 제34조 제1항, 법 시행규칙 제35조의3, 보건복지부지침). 양육수당 역시 영유아가 90일 이상 해외에 장기 체류하는 경우에는 그 기간 동안 비용의 지원을 정지하도록 하였다**(법 제34조의2 제3항)**. 이와 같은 법의 목적과 보육이념, 보육료·양육수당 지급에 관한 법 규정을 종합할 때, 보육료·양육수당은 영유아가 국내에 거주하면서 국내에 소재한 어린이집을 이용하거나 가정에서 양육되는 경우에 지원이 되는 것으로 제도가 마련되어 있다. 단순한 단기체류가 아니라 국내에 거주하는 재외국민, 특히 외국의 영주권을 보유하고 있으나 상당한 기간 국내에서 계속 거주하고 있는 자들은 주민등록법상 재외국민으로 등록·관리될 뿐 '국민인 주민'이라는 점에서는 다른 일반 국민과 실질적으로 동일하므로, 단지 외국의 영주권을 취득한 재외국민이라는 이유로 달리 취급할 아무런 이유가 없어 위와 같은 차별은 청구인들의 평등권을 침해한다. **(헌재 2018.1.25. 2015헌마1047)**

Chapter

03 자유권적 기본권

1. 인신에 관한 자유

16

명확성원칙에 관한 설명 중 옳지 않은 것은? (다툼이 있는 경우 판례에 의함) [13 변호사]

① 법규범의 문언은 어느 정도 일반적·규범적 개념을 사용하지 않을 수 없기 때문에 기본적으로 최대한이 아닌 최소한의 명확성을 요구하는 것으로서, 법문언이 법관의 보충적인 가치판단을 통해서 그 의미내용을 확인할 수 있고, 그러한 보충적 해석이 해석자의 개인적인 취향에 따라 좌우될 가능성이 없다면 명확성원칙에 반한다고 할 수 없다.

② 행정청이 행정계획을 수립함에 있어서는 일반 재량행위의 경우에 비하여 더욱 광범위한 판단여지 내지는 형성의 자유, 즉 계획재량이 인정되는데, 이 경우 일반적인 행정행위의 요건을 규정하는 경우보다 추상적이고 불확정적인 개념을 사용하여야 할 필요성이 더욱 커진다.

③ 죄형법정주의가 지배되는 형사 관련 법률에서는 명확성의 정도가 강화되어 더 엄격한 기준이 적용되나, 일반적인 법률에서는 명확성의 정도가 그리 강하게 요구되지 않기 때문에 상대적으로 완화된 기준이 적용된다.

④ "전기통신회선을 통하여 일반에게 공개되어 유통되는 정보 중 건전한 통신윤리의 함양을 위하여 필요한 사항"을 심의위원회의 직무로 규정한 「방송통신위원회의 설치 및 운영에 관한 법률」 조항 중 "건전한 통신윤리"라는 개념은 전기통신회선을 이용하여 정보를 전달함에 있어 우리 사회가 요구하는 최소한의 질서 또는 도덕률을 의미하고, 정보통신영역의 광범위성과 빠른 변화속도, 그리고 다양하고 가변적인 표현형태를 문자화하기에 어려운 점을 감안할 때, "건전한 통신윤리" 부분이 명확성의 원칙에 반한다고 할 수 없다.

⑤ 「친일반민족행위자 재산의 국가귀속에 관한 특별법」 조항 중 "독립운동에 적극 참여한 자" 부분은 참여 정도가 판단하는 자에 따라 상이해질 수 있으며, 다른 법규정들과의 체계조화적인 이해 내지 당해 법률의 입법목적과 제정취지에 따른 해석으로 충분히 해소될 수 없고, 건전한 상식과 통상적인 법감정을 가진 사람이라도 그 의미를 충분히 예측할 수 없다고 할 것이므로 명확성원칙에 위배된다.

16

정답 ⑤

핵심공략

- 헌법 제12조 제2항의 '진술거부권': 형사책임에 관하여 자신에게 불이익한 진술을 강요당하지 아니할 권리
'진술' – 언어적 표출, 즉, 생각·지식·경험사실을 정신작용의 일환인 언어로 표출하는 것
⇨ 정당의 회계책임자가 불법 정치자금의 수수 내역을 회계장부에 기재한 행위는 당사자가 자신의 경험을 말로 표출한 것의 등가물(等價物) O
⇨ "진술"의 범위에 포함 O
- 상소제기 후 상소취하시까지 미결구금일수를 본형에 산입하도록 규정하지 아니한 것은 헌법에 위반 O
- 폭처법 제3조 제1항 중 '다중' 부분 ⇨ 명확성원칙 위배 ×
- 다중: 집단적 위력을 보일 정도의 다수 혹은 그에 의해 압력을 느끼게 해 불안을 줄 정도의 다수를 의미
- 특별검사의 참고인에 대한 지정된 장소까지의 동행명령 및 거부 시 1천만 원 이하의 벌금형
⇨ 참고인의 신체의 자유 제한 O
⇨ 과잉금지원칙에 위배하여 참고인의 신체의 자유 침해 O
- 다른 교도소 이송 과정에서 4시간 정도 동안 2개의 보호장비를 사용한 행위
⇨ 신체의 자유 침해 ×

① [○]

해설 명확성의 원칙은 법치국가원리의 한 표현으로서 기본권을 제한하는 법규범의 내용은 명확하여야 한다는 헌법상의 원칙이며, 그 근거는 법규범의 의미내용이 불확실하면 법적안정성과 예측가능성을 확보할 수 없고, 법집행 당국의 자의적인 법해석과 집행을 가능하게 할 것이기 때문이다. 그러나 법규범의 문언은 어느 정도 가치개념을 포함한 일반적·규범적 개념을 사용하지 않을 수 없는 것이기 때문에 명확성의 원칙이란 기본적으로 최대한이 아닌 최소한의 명확성을 요구하는 것으로서, 법문언이 법관의 보충적인 가치판단을 통해서 그 의미내용을 확인할 수 있고, 그러한 보충적 해석이 해석자의 개인적인 취향에 따라 좌우될 가능성이 없다면 명확성의 원칙에 반한다고 할 수 없다. **(헌재 2005.12.22. 2004헌바45)**

② [○]

해설 <u>행정계획에 있어서는</u> 다수의 상충하는 사익과 공익들의 조정에 따르는 다양한 결정가능성과 그 미래전망적인 성격으로 인하여 그에 대한 입법적 규율은 상대적으로 제한될 수밖에 없다. 따라서 행정청이 행정계획을 수립함에 있어서는 일반재량행위의 경우에 비하여 더욱 광범위한 판단 여지 내지는 형성의 자유, 즉 계획재량이 인정되는바, 이 경우 <u>일반적인 행정행위의 요건을 규정하는 경우보다 추상적이고 불확정적인 개념을 사용하여야 할 필요성이 더욱 커진다</u>. **(헌재 2007.10.4. 2006헌바91)**

③ [○]

해설 죄형법정주의가 지배되는 형사 관련 법률에서는 명확성의 정도가 강화되어 더 엄격한 기준이 적용되지만, 일반적인 법률에서는 명확성의 정도가 그리 강하게 요구되지 않기 때문에 상대적으로 완화된 기준이 적용된다. 나아가, 일반적이거나 불확정한 개념이 사용된 경우에도 당해 법률의 입법목적과 당해 법률의 다른 규정들을 원용하거나 다른 규정과의 상호관계를 고려하여 합리적인 해석이 가능한지 여부에 따라 명확성 여부가 가려져야 할 것이다. **(헌재 2011.10.25. 2010헌바272)**

④ [○]

해설 이 사건 법률조항 중 '건전한 통신윤리'라는 개념은 다소 추상적이기는 하나, 전기통신회선을 이용하여 정보를 전달함에 있어 우리 사회가 요구하는 최소한의 질서 또는 도덕률을 의미하고, '건전한 통신윤리의 함양을 위하여 필요한 사항으로서 대통령령이 정하는 정보(이하 '불건전정보'라 한다)'란 이러한 질서 또는 도덕률에 저해되는 정보로서 심의 및 시정요구가 필요한 정보를 의미한다고 할 것이며, 정보통신영역의 광범위성과 빠른 변화속도, 그리고 다양하고 가변적인 표현형태를 문자화하기에 어려운 점을 감안할 때, 위와 같은 함축적인 표현은 불가피하다고 할 것이어서, 이 사건 법률조항이 명확성의 원칙에 반한다고 할 수 없다. **(헌재 2012.2.23. 2011헌가13)**

⑤ [×]

해설 '일제 강점하에서 우리 민족의 독립을 쟁취하려는 운동에 의욕적이고 능동적으로 관여한 자'라는 문언적 의미를 가지는 것으로서 조문구조 및 어의에 비추어 그 의미를 넉넉히 파악할 수 있고, 설령 위 조항에 어느 정도의 애매함이 내포되어 있다 하더라도 이는 다른 규정들과의 체계조화적인 이해 내지 당해 법률의 입법목적과 제정취지에 따른 해석으로 충분히 해소될 수 있으므로, <u>위 조항의 의미는 명확성의 기준에 어긋난다고 볼 수 없고 적어도 건전한 상식과 통상적인 법감정을 가진 사람으로서는 위 조항의 의미를 대략적으로 예측할 수 있다고 보인다</u>. 따라서 이 사건 정의조항은 법률의 명확성원칙에 위반되지 않는다. **(헌재 2011.3.31. 2008헌바141)**

17

신체의 자유에 관한 설명 중 옳지 않은 것을 모두 고른 것은? (다툼이 있는 경우 판례에 의함) [14 변호사]

ㄱ. 헌법상 진술거부권의 보호대상이 되는 '진술'이란 개인의 생각이나 지식, 경험사실을 정신작용의 일환인 언어를 통하여 표출하는 것을 의미하고, 정당의 회계책임자가 불법 정치자금의 수수 내역을 회계장부에 기재한 행위는 당사자가 자신의 경험을 말로 표출한 것의 등가물로 평가될 수 있으므로 진술거부권의 보호대상이 되는 '진술'의 범위에 포함된다.

ㄴ. 상소 제기 후의 미결구금일수 산입을 규정하면서 상소 제기 후 상소 취하시까지의 구금일수 통산에 관하여는 규정하지 아니함으로써 이를 본형 산입의 대상에서 제외되도록 한 법률규정은 미결구금이 신체의 자유를 침해받은 피의자 또는 피고인의 입장에서 보면 실질적으로 자유형의 집행과 다를 바 없고, 상소 제기 후 상소 취하시까지의 구금 역시 미결구금에 해당하는 이상 그 구금일수도 형기에 전부 산입되어야 한다는 것에 비추어 볼 때 신체의 자유를 침해한다.

ㄷ. 「폭력행위 등 처벌에 관한 법률」 제3조 제1항에서는 '다중의 위력으로써' 주거침입의 범죄를 범한 자를 형사처벌하고 있는데, 이 사건 규정의 '다중'이 몇 명의 사람을 의미하는지 그 기준을 일률적으로 말할 수 없으므로, 죄형법정주의의 명확성의 원칙에 위반된다.

ㄹ. 특별검사의 출석요구에 정당한 사유 없이 응하지 아니한 참고인에게 지정한 장소까지 동행할 것을 명령할 수 있도록 하고, 그 동행명령을 정당한 사유 없이 거부한 자를 1천만 원 이하의 벌금에 처하도록 규정하고 있는 조항(동행명령조항)은 참고인의 신체를 직접적·물리적으로 강제하여 동행시키는 것이 아니라, 형벌의 수단으로 하여 일정한 행동을 심리적·간접적으로 강제한다. 따라서 위 조항은 신체의 자유를 제한하는 것이 아니라 일반적 행동의 자유를 제한하는 것이다.

ㅁ. 흉기를 휴대하여 피해자에게 강간상해를 가하였다는 범죄사실 등으로 징역 13년을 선고받아 형집행 중인 수형자를 교도소장이 다른 교도소로 이송함에 있어 4시간 정도에 걸쳐 상체승의 포승과 앞으로 수갑 2개를 채운 보호장비의 사용행위는 필요한 정도를 넘어 과도하게 행해진 것으로서 수형자의 신체의 자유를 침해한다.

① ㄱ, ㄴ, ㄹ ② ㄱ, ㄷ, ㄹ
③ ㄱ, ㄷ, ㅁ ④ ㄴ, ㄹ, ㅁ
⑤ ㄷ, ㄹ, ㅁ

17 정답 ⑤

핵심공략

- 형사재판 중인 자의 출국금지결정
  - 법무부장관의 형사재판 계속 중인 자에 대한 출국의 자유를 제한하는 행정처분에 불과 O, 신체에 대한 직접적 물리력을 수반하는 강제처분에 해당 ×
    ⇨ 헌법 제12조 제3항 영장주의 위배 ×
  - 유죄 인정의 효과로서의 불이익, 즉, 유죄를 근거로 형사재판 계속 중인 자에게 사회적 비난 내지 응보적 의미의 제재 ×
    ⇨ 헌법 제27조 제4항 무죄추정의 원칙 위배 ×
  - 출국금지결정 매우 제한적으로 운용, 그 밖에 기본권 제한 최소화 방안 마련됨
    ⇨ 출국의 자유 침해 ×
- 공정한 재판을 받을 권리에 외국에 나가 증거를 수집할 권리가 포함 ×

해설 ㄱ. [O]
헌법상 진술거부권의 보호대상이 되는 "진술"이라 함은 언어적 표출, 즉 개인의 생각이나 지식, 경험사실을 정신작용의 일환인 언어를 통하여 표출하는 것을 의미하는바, 정치자금을 받고 지출하는 행위는 당사자가 직접 경험한 사실로서 이를 문자로 기재하도록 하는 것은 당사자가 자신의 경험을 말로 표출한 것의 등가물(等價物)로 평가할 수 있으므로, 위 조항들이 정하고 있는 기재행위 역시 "진술"의 범위에 포함된다고 할 것이다. **(헌재 2005.12.22. 2004헌바25)**

ㄴ. [O]
헌법상 무죄추정의 원칙에 따라, 유죄판결이 확정되기 전의 피의자 또는 피고인은 아직 죄 있는 자가 아니므로 그들을 죄 있는 자에 준하여 취급함으로써 법률적·사실적 측면에서 유형·무형의 불이익을 주어서는 아니되고, 특히 미결구금은 신체의 자유를 침해받는 피의자 또는 피고인의 입장에서 보면 실질적으로 자유형의 집행과 다를 바 없으므로 인권보호 및 공평의 원칙상 형기에 전부 산입되어야 한다. 따라서 상소제기 후 상소취하시까지의 구금 역시 미결구금에 해당하는 이상 그 구금일수도 형기에 전부 산입되어야 한다. 그런데 이 사건 법률조항들은 구속 피고인의 상소제기 후 상소취하시까지의 구금일수를 본형 형기 산입에서 제외함으로써 기본권 중에서도 가장 본질적 자유인 신체의 자유를 침해하고 있다.… 결국 상소제기 후 상소취하시까지의 미결구금을 형기에 산입하지 아니하는 것은 헌법상 무죄추정의 원칙 및 적법절차의 원칙, 평등원칙 등을 위배하여 합리성과 정당성 없이 신체의 자유를 지나치게 제한하는 것이고, 따라서 '상소제기

후 미결구금일수의 산입'에 관하여 규정하고 있는 이 사건 법률조항들이 상소제기 후 상소취하시까지의 미결구금일수를 본형에 산입하도록 규정하지 아니한 것은 헌법에 위반된다. **(헌재 2009.12.29. 2008헌가13)**

ㄷ. [×]
이 사건 규정은 '다중의 위력으로써' 주거침입의 범죄를 범한 자를 형사처벌하고 있는바, 이 사건 규정의 '다중'은 단체를 구성하지는 못하였으나 다수인이 모여 집합을 이루고 있는 것을 말하는 것으로서 집단적 위력을 보일 정도의 다수 혹은 그에 의해 압력을 느끼게 해 불안을 줄 정도의 다수를 의미하고, '위력'이라 함은 다중의 형태로 집결한 다수 인원으로 사람의 의사를 제압하기에 족한 세력을 의미한다고 할 것이다. 따라서 이 사건 규정은 죄형법정주의의 명확성원칙에 위반된다고 볼 수 없다. **(헌재 2008.11.27. 2007헌가24)**

ㄹ. [×]
헌법재판소는 '한나라당 대통령후보 이명박의 주가조작 등 범죄혐의의 진상규명을 위한 특별검사의 임명 등에 관한 법률 위헌확인'**(헌재 2008.1.10. 2007헌마1468)** 사건에서 '특별검사가 참고인에게 지정된 장소까지 동행할 것을 명령할 수 있게 하고 참고인이 정당한 이유 없이 위 동행명령을 거부한 경우 천만 원 이하의 벌금형에 처하도록 규정한 조항에 관하여 신체의 자유를 침해한다고 보았다.

㉠ 재판관 5인 의견 - 참고인에 대한 동행명령제도는 참고인의 신체의 자유를 사실상 억압하여 일정 장소로 인치하는 것과 실질적으로 같으므로 헌법 제12조 제3항이 정한 영장주의원칙이 적용되어야 한다. 그럼에도 불구하고 법관이 아닌 특별검사가 동행명령장을 발부하도록 하고 정당한 사유 없이 이를 거부한 경우 벌금형에 처하도록 함으로써, 실질적으로는 참고인의 신체의 자유를 침해하여 지정된 장소에 인치하는 것과 마찬가지의 결과가 나타나도록 규정한 이 사건 동행명령조항은 영장주의원칙을 규정한 헌법 제12조 제3항에 위반되거나 적어도 위 헌법상 원칙을 잠탈하는 것이다. … 위 조항으로 인하여 청구인들이 감수해야 할 신체의 자유에 대한 침해는 지나치게 크다. 결국 이 사건 동행명령조항은 과잉금지원칙에 위배하여 청구인들의 신체의 자유와 평등권을 침해한다.

㉡ 재판관 2인 의견 - 신체의 자유와 관련한 헌법상 영장주의는 '신체에 대해 직접적이고 현실적인 강제력이 행사되는 경우'에 적용되는 것으로 보아야 하는바, 이 사건 동행명령조항은 동행명령을 거부하는 참고인에 대해 직접적이고 현실적인 강제력을 행사할 수 있음을 규정한 것이 아니라 동행명령을 거부할 정당한 사유가 없는 참고인에 대하여 지정된 장소에 출석할 의무를 부과하고 벌금형이라는 제재를 수단으로 하여 그 출석의무의 이행을 심리적·간접적으로 강제하는 것이어서, 영장주의의 적용대상이 될 수 없다. 따라서 이 사건 동행명령조항은 영장주의에 위반된다고 볼 수 없다. 그러나 이 사건 동행명령조항은 정당한 사유 없이 동행명령을 거부한 자를 형사처벌하도록 규정함으로써 침해의 최소성에 반하여 청구인들의 신체의 자유를 침해하였다.

ㅁ. [×]
이 사건 보호장비 사용행위는 도주 등의 교정사고를 예방하기 위한 것으로서 그 목적이 정당하고, 상체승의 포승과 앞으로 사용한 수갑은 이송하는 경우의 보호장비로서 적절하다. 그리고 피청구인은 청구인에 대하여 이동 시간에 해당하는 시간 동안에만 보호장비를 사용하였고, 수형자를 장거리 호송하는 경우에는 도주 등 교정사고 발생 가능성이 높아지는 만큼 포승이나 수갑 등 어느 하나의 보호장비만으로는 계호에 불충분하며, 장시간 호송하는 경우에 수형자가 수갑을 끊거나 푸는 것을 최대한 늦추거나 어렵게 하기 위하여 수갑 2개를 채운 행위가 과하다고 보기 어렵고, 청구인과 같이 강력범죄를 범하고 중한 형을 선고받았으며 선고형량에 비하여 형집행이 얼마 안 된 수형자의 경우에는 좀 더 엄중한 계호가 요구된다고 보이므로, 최소한의 범위 내에서 보호장비가 사용되었다고 할 수 있다. 또한 이 사건 보호장비 사용행위로 인하여 제한되는 신체의 자유 등에 비하여 도주 등의 교정사고를 예방함으로써 수형자를 이송함에 있어 안전과 질서를 보호할 수 있는 공익이 더 크다 할 것이므로 법익의 균형성도 갖추었다. **(헌재 2012.7.26. 2011헌마426)**

18

甲은 사기혐의로 기소되었으며, 법무부장관 乙은 甲이 형사재판에 계속 중임을 이유로 「출입국관리법」 제4조 제1항 제1호에 근거하여 甲에 대해서 6개월 동안 출국을 금지하였다. 이에 甲은 「출입국관리법」 제4조 제1항 제1호의 위헌 여부를 다투고자 한다. 이에 관한 설명 중 옳은 것을 모두 고른 것은? (다툼이 있는 경우 판례에 의함) [17 변호사]

> 출입국관리법
> 제4조(출국의 금지) ① 법무부장관은 다음 각 호의 어느 하나에 해당하는 국민에 대하여는 6개월 이내의 기간을 정하여 출국을 금지할 수 있다.
> 1. 형사재판에 계속(係屬) 중인 사람
> 〈이하 생략〉

ㄱ. 「출입국관리법」 제4조 제1항 제1호에 따른 乙의 출국금지결정은 형사재판에 계속 중인 甲의 출국의 자유를 제한하는 행정처분일 뿐이고, 영장주의가 적용되는 신체에 대하여 직접적으로 물리적 강제력을 수반하는 강제처분이라고 할 수는 없다.

ㄴ. 공정한 재판을 받을 권리가 보장되기 위해서는 피고인이 자신에게 유리한 증거를 제한 없이 수집할 수 있어야 하므로, 공정한 재판을 받을 권리에는 외국에 나가 증거를 수집할 권리가 포함된다.

ㄷ. 「출입국관리법」 제4조 제1항 제1호는 무죄추정의 원칙에서 금지하는 유죄 인정의 효과로서의 불이익 즉, 유죄를 근거로 형사재판에 계속 중인 사람에게 사회적 비난 내지 응보적 의미의 제재를 가하는 것이므로 무죄추정의 원칙에 위배된다.

ㄹ. 「출입국관리법」 제4조 제1항 제1호는 외국에 주된 생활의 근거지가 있거나 업무상 해외출장이 잦은 불구속 피고인의 경우와 같이 출국의 필요성이 강하게 요청되는 사람의 기본권을 과도하게 제한할 소지가 있으므로 출국의 자유를 침해한다.

① ㄱ　　② ㄱ, ㄴ
③ ㄴ, ㄷ　　④ ㄱ, ㄷ, ㄹ
⑤ ㄴ, ㄷ, ㄹ

18

정답 ①

▶ 출입국관리법 제4조 제1항 제1호 위헌소원(헌재 2015.9.24. 2012헌바302 합헌) 사건을 사례화 한 것임.

핵심공략

- 법원의 구속집행정지결정에 대한 검사의 즉시항고
  ⇨ 적법절차원칙 위배 O, 영장주의 위배 O
- 범죄인인도심사 서울고등법원 단심제
  ⇨ 적법절차원칙 위배 ×
- 상당한 의무이행기간 부여되지 아니한 대집행계고처분
  ⇨ 적법절차원칙 위배 O
- 건축법상 공사중지명령에 대한 사전통지와 의견제출 기회 부여시 많은 액수의 손실보상금을 기대하여 공사를 강행할 우려가 있다는 사정만으로 사전통지 및 의견제출절차의 예외사유에 해당 ×
- 전투경찰순경의 인신구금을 내용으로 하는 영창처분에 영장주의 적용 ×, 적법절차원칙 준수되어야 O
  cf) 병(兵)에 대한 영창처분의 경우, 영장주의 적용 O
  (2017헌바157 등, 법정의견에 대한 보충의견)

해설 ㄱ. [O]

형사재판에 계속 중인 사람에 대하여 출국을 금지할 수 있다고 규정한 출입국관리법 제4조 제1항 제1호(이하 '심판대상조항'이라 한다)가 영장주의에 위배되는지 여부(소극) - 심판대상조항에 따른 법무부장관의 출국금지결정은 형사재판에 계속 중인 국민의 출국의 자유를 제한하는 행정처분일 뿐이고, 영장주의가 적용되는 신체에 대하여 직접적으로 물리적 강제력을 수반하는 강제처분이라고 할 수는 없다. 따라서 심판대상조항이 헌법 제12조 제3항의 영장주의에 위배된다고 볼 수 없다. **(헌재 2015.9.24. 2012헌바302 합헌)**

ㄴ. [×]

헌법 제27조 제1항이 보장하는 공정한 재판을 받을 권리에는 당사자주의와 구두변론주의가 보장되어 당사자가 공소사실에 대한 답변과 입증 및 반증을 하는 등 공격, 방어권이 충분히 보장되는 재판을 받을 권리가 포함되어 있다. 청구인은 심판대상조항이 외국에 유리한 증거가 있는 피고인의 증거수집과 제출을 어렵게 하여 방어권을 제한함으로써 공정한 재판을 받을 권리를 침해한다는 취지로 주장한다. 그러나 심판대상조항은 법무부장관으로 하여금 피고인의 출국을 금지할 수 있도록 하는 것일 뿐 피고인의 공격·방어권 행사와 직접 관련이 있다고 할 수 없고, 공정한 재판을 받을 권리에 외국에 나가 증거를 수집할 권리가 포함된다고 보기도 어렵다. 따라서 심판대상조항이 피고인의 공격·방어권 행사를 제한하여 청구인의 공정한 재판을 받을 권리를 침해한다고 볼 수 없다. **(헌재 2015.9.24. 2012헌바302 합헌)**

ㄷ. [×]

심판대상조항이 무죄추정의 원칙에 위배되는지 여부(소극) - 심판대상조항은 형사재판에 계속 중인 사람이 국가의 형벌권을 피하기 위하여 해외로 도피할 우려가 있는 경우 법무부장관으로 하여금 출국을 금지할 수 있도록 하는 것일 뿐으로, 무죄추정의 원칙에서 금지하는 유죄 인정의 효과로서의 불이익 즉, 유죄를 근거로 형사재판에 계속 중인 사람에게 사회적 비난 내지 응보적 의미의 제재를 가하려는 것이라고 보기 어렵다. 따라서 심판대상조항은 무죄추정의 원칙에 위배된다고 볼 수 없다. **(헌재 2015.9.24. 2012헌바302 합헌)**

ㄹ. [×]

심판대상조항이 출국의 자유를 침해하는지 여부(소극) - 형사재판에 계속 중인 사람의 해외도피를 막아 국가 형벌권을 확보함으로써 실체적 진실발견과 사법정의를 실현하고자 하는 심판대상조항은 그 입법목적이 정당하고, 형사재판에 계속 중인 사람의 출국을 일정 기간 동안 금지할 수 있도록 하는 것은 이러한 입법목적을 달성하는 데 기여할 수 있으므로 수단의 적정성도 인정된다. 법무부장관은 출국금지 여부를 결정함에 있어 출국금지의 기본원칙, 출국금지 대상자의 범죄사실, 연령 및 가족관계, 해외도피 가능성 등 피고인의 구체적 사정을 반드시 고려하여야 하며, 실무에서도 심판대상조항에 따른 출국금지는 매우 제한적으로 운용되고 있다. 그 밖에 출국금지 해제제도, 사후통지제도, 이의신청, 행정소송 등 형사재판에 계속 중인 사람의 기본권 제한을 최소화하기 위한 여러 방안이 마련되어 있으므로 침해의 최소성 원칙에 위배되지 아니한다. 심판대상조항으로 인하여 형사재판에 계속 중인 사람이 입게 되는 불이익은 일정 기간 출국이 금지되는 것인 반면, 심판대상조항을 통하여 얻는 공익은 국가 형벌권을 확보함으로써 실체적 진실발견과 사법정의를 실현하고자 하는 것으로서 중대하므로 법익의 균형성도 충족된다. 따라서 심판대상조항은 과잉금지원칙에 위배되어 출국의 자유를 침해하지 아니한다. **(헌재 2015.9.24. 2012헌바302 합헌)**

19

적법절차원칙에 관한 설명 중 옳지 않은 것은? (다툼이 있는 경우 판례에 의함) [18 변호사]

① 법원의 구속집행정지결정에 대하여 검사가 즉시항고할 수 있도록 한 「형사소송법」 조항은 법원의 구속집행정지결정을 무의미하게 할 수 있는 권한을 검사에게 부여한 것이라는 점에서 적법절차원칙에 위배되지만, 영장주의에 위배되는 것은 아니다.

② 심급제도에 대한 입법재량의 범위와 범죄인인도심사의 법적 성격, 그리고 「범죄인 인도법」에서의 심사절차에 관한 규정 등을 종합할 때, 범죄인인도심사를 서울고등법원의 단심제로 정하고 있는 것은 적법절차원칙에서 요구되는 합리성과 정당성을 결여한 것이라고 볼 수 없다.

③ 상당한 의무이행기한을 부여하지 아니한 대집행계고처분 후에 대집행영장으로써 대집행의 시기를 늦추었다 하더라도 그러한 대집행계고처분은 대집행의 적법절차에 위배한 것으로 위법한 처분이다.

④ 「건축법」상 공사중지명령의 경우, 이에 대한 사전통지와 의견제출의 기회를 통해 많은 액수의 손실보상금을 기대하여 공사를 강행할 우려가 있다는 사정만으로, 이 처분이 '당해 처분의 성질상 의견청취가 현저히 곤란하거나 명백히 불필요하다고 인정될 만한 상당한 이유가 있는 경우'에 해당한다고 볼 수 없다.

⑤ 전투경찰순경의 인신구금을 내용으로 하는 영창처분에 대하여 영장주의가 적용될 여지는 없으나, 적법절차원칙은 준수되어야 한다.

19 정답 ①

핵심공략

- 헌법 제12조 제4항 본문상의 '구속'에 행정절차상의 구속까지 포함 O
  ⇨ '변호인의 조력을 받을 권리'는 행정절차에서 구속을 당한 사람에게도 보장 O
- 피의자 등의 변호인의 조력을 받을 권리와 변호인의 피의자 등을 조력할 권리는 표리 관계
  ⇨ 피의자 등의 변호인 조력을 받을 권리의 실질적 보장 위해 변호인의 피의자 등을 조력할 권리 헌법상 기본권으로 보장되어야 O
- 수사방해 가능성 또는 수사기밀 유출 가능성 없음에도 불구하고, 검찰수사관의 피의자신문에 참여한 변호인에 대한 피의자 후방착석 요구행위
  ⇨ 변호인의 변호권 침해 O
- 형사절차가 종료되어 교정시설에 수용 중인 수형자나 미결수용자가 형사사건의 변호인이 아닌 민사재판, 행정재판, 헌법재판 등에서 변호사와 접견할 경우, 원칙적으로 헌법상 변호인의 조력을 받을 권리의 주체가 될 수 X
- 변호인의 수사서류 열람·등사권
  ⇨ 피고인의 신속·공정한 재판을 받을 권리 및 변호인의 조력을 받을 권리의 중요한 내용 O, 구성요소 O, 이를 실현하는 구체적인 수단 O

① [×]

해설 법원이 피고인의 구속 또는 그 유지 여부의 필요성에 관하여 한 재판의 효력이 검사나 다른 기관의 이견이나 불복이 있다 하여 좌우되거나 제한받는다면 이는 영장주의에 위반된다고 할 것인바, 구속집행정지결정에 대한 검사의 즉시항고를 인정하는 이 사건 법률조항은 검사의 불복을 그 피고인에 대한 구속집행을 정지할 필요가 있다는 법원의 판단보다 우선시킬 뿐만 아니라, 사실상 법원의 구속집행정지결정을 무의미하게 할 수 있는 권한을 검사에게 부여한 것이라는 점에서 헌법 제12조 제3항의 영장주의원칙에 위배된다. 또한 헌법 제12조 제3항의 영장주의는 헌법 제12조 제1항의 적법절차원칙의 특별규정이므로, 헌법상 영장주의원칙에 위배되는 이 사건 법률조항은 헌법 제12조 제1항의 적법절차원칙에도 위배된다. **(헌재 2012.6.27. 2011헌가36)**

② [○]

해설 법원의 범죄인인도결정은 신체의 자유에 밀접하게 관련된 문제이므로 범죄인인도심사에 있어서 적법절차가 준수되어야 한다. 그런데 심급제도는 사법에 의한 권리보호에 관하여 한정된 법발견, 자원의 합리적인 분배의 문제인 동시에 재판의 적정과 신속이라는 서로 상반되는 두 가지의 요청을 어떻게 조화시키느냐의 문제이므로 기본적으로 입법자의 형성의 자유에 속하는 사항이다. 한편 법원에 의한 범죄인인도심사는 국가형벌권의 확정을 목적으로 하는 형사절차와 같은 전형적인 사법절차의 대상에 해당되는 것은 아니며, 법률(범죄인인도법)에 의하여 인정된 특별한 절차라 볼 것이다. 그렇다면 심급제도에 대한 입법재량의 범위와 범죄인인도심사의 법적 성격, 그리고 범죄인인도법에서의 심사절차에 관한 규정 등을 종합할 때, 이 사건 법률조항이 범죄인인도심사를 서울고등법원의 단심제로 하고 있다고 해서 적법절차원칙에서 요구되는 합리성과 정당성을 결여한 것이라 볼 수 없다. **(헌재 2003.1.30. 2001헌바95)**

③ [○]

해설 행정대집행의 절차에 관하여 행정대집행법 제3조 제1항은 행정대집행처분을 하려함에 있어서는 상당한 이행기한을 정하여 그 기한까지 이행되지 아니할 때에는 대집행을 한다는 뜻을 미리 문서로써 계고하여야 한다고 규정하고 있고, 동 제2항은 의무자가 전항의 계고를 받고 그 지정기한까지 그 의무를 이행하지 아니할 때에는 당해 행정청은 대집행영장으로써 대집행을 할 시기 등을 의무자에게 통지하여야 한다고 규정하고 있다. 따라서 행정청이 의무자에게 대집행 영장으로써 대집행 할 시기 등을 통지하기 위하여는 그 전제로서 행정청으로 하여금 대집행계고처분을 함에 있어 의무이행을 할 수 있는 상당한 기간을 부여할 것을 요구하고 있고, 상당한 의무이행기한이 부여되지 아니한 대집행계고처분은 대집행의 적법절차에 위배한 것으로 위법한 처분이라고 해석하여야 할 것이며, 대집행영장으로써 대집행의 시기가 늦추어졌다는 등의 사정이 있다 하여 위의 결론이 달라진다고 할 수 없을 것이다. **(대판 1990.9.14. 90누2048)**

④ [○]

해설 건축법상의 공사중지명령에 대한 사전통지를 하고 의견제출의 기회를 준다면 많은 액수의 손실보상금을 기대하여 공사를 강행할 우려가 있다는 사정만으로 이 처분이 "당해 처분의 성질상 의견청취가 현저히 곤란하거나 명백히 불필요하다고 인정될 만한 상당한 이유가 있는 경우"에 해당한다고 볼 수 없으므로 사전통지 및 의견제출절차의 예외사유에 해당하지 아니한다. **(대판 2004.5.28. 2004두1254)**

⑤ [○]

해설 헌법 제12조 제1항은 " … 법률과 적법한 절차에 의하지 아니하고는 처벌·보안처분 또는 강제노역을 받지 아니한다."라고 규정하여 적법절차원칙을 선언하고 있는데, 이 원칙은 형사소송절차에 국한되지 않고 모든 국가작용 전반에 대하여 적용된다고 할 것이므로, 전투경찰순경의 인신구금을 그 내용으로 하는 영창처분에 있어서도 헌법상 적법절차원칙이 준수될 것이 요청된다. **(헌재 2016.3.31. 2013헌바190)**

20

변호인의 조력을 받을 권리에 관한 설명 중 옳지 않은 것은? (다툼이 있는 경우 판례에 의함) [19 변호사]

① 헌법 제12조 제4항 본문에 규정된 변호인의 조력을 받을 권리는 형사절차에서 피의자 또는 피고인의 방어권을 보장하기 위한 것으로서 「출입국관리법」상 보호 또는 강제퇴거의 절차에는 적용되지 않는다.

② 피의자 및 피고인을 조력할 변호인의 권리 중 그것이 보장되지 않으면 그들이 변호인의 조력을 받는다는 것이 유명무실하게 되는 핵심적인 부분은 헌법상 기본권인 피의자 및 피고인이 가지는 변호인의 조력을 받을 권리와 표리의 관계에 있다 할 수 있어 헌법상 기본권으로 보호되어야 한다.

③ 변호인이 피의자신문에 자유롭게 참여할 수 있는 권리는 피의자가 가지는 변호인의 조력을 받을 권리를 실현하는 수단이라고 할 수 있어 헌법상 기본권인 변호인의 변호권으로 보호되어야 하므로, 피의자신문 시 변호인에 대한 수사기관의 후방착석요구행위는 헌법상 기본권인 변호인의 변호권을 침해한다.

④ 형사절차가 종료되어 교정시설에 수용 중인 수형자나 미결수용자가 형사사건의 변호인이 아닌 민사재판, 행정재판, 헌법재판 등에서 변호사와 접견할 경우에는 원칙적으로 헌법상 변호인의 조력을 받을 권리의 주체가 될 수 없다.

⑤ 변호인의 수사서류 열람·등사권은 피고인의 신속·공정한 재판을 받을 권리 및 변호인의 조력을 받을 권리라는 헌법상 기본권의 중요한 내용이자 구성요소이며 이를 실현하는 구체적인 수단이 된다.

20

정답 ①

핵심공략

- 관계행정청의 등급분류를 받지 아니하거나 등급분류를 받은 게임물과 다른 내용의 게임물에 대한 수거·폐기는 행정상 즉시강제에 해당 O
  ⇨ 행정상 즉시강제의 본질상 급박성을 요건으로 하므로, 원칙적 영장주의 적용 X
- 선거관리위원회의 선거범죄 조사과정에서의 자료제출요구는 행정조사의 성격 O ⇨ 영장주의 적용 X
  (∵ 수사기관의 수사와 근본적으로 성격이 다름, 직접적인 강제력 수반 X)
- 타인의 주거수색시 영장주의 예외의 요건
  ⅰ) 그 장소에 범죄혐의 등 입증 자료나 피의자 존재의 개연성이 소명되고, ⅱ) 사전영장 발부받기 어려운 긴급한 사정이 존재할 것
  ⇨ 이 중 어느 하나의 요건이라도 결여 시 영장주의 위반 O
- 지문채취 당사자의 자발적 협조가 전제 ⇨ 지문채취의 강요는 영장주의에 의하여야 할 강제처분 X
- 통신사실 확인자료 제공요청은 강제처분에 해당 O, 영장주의 적용 O
  But 수사기관이 관할 지방법원 또는 지원의 허가를 받아야
  ⇨ 허가를 받는 경우 영장주의 위반 X

① [×]

해설 헌법 제12조 제4항 본문의 문언 및 헌법 제12조의 조문 체계, 변호인 조력권의 속성, 헌법이 신체의 자유를 보장하는 취지를 종합하여 보면 헌법 제12조 제4항 본문에 규정된 "구속"은 사법절차에서 이루어진 구속뿐 아니라, 행정절차에서 이루어진 구속까지 포함하는 개념이다. 따라서 헌법 제12조 제4항 본문에 규정된 변호인의 조력을 받을 권리는 행정절차에서 구속을 당한 사람에게도 즉시 보장된다. 종래 이와 견해를 달리하여 헌법 제12조 제4항 본문에 규정된 변호인의 조력을 받을 권리는 형사절차에서 피의자 또는 피고인의 방어권을 보장하기 위한 것으로서 출입국관리법상 보호 또는 강제퇴거의 절차에도 적용된다고 보기 어렵다고 판시한 우리 재판소 결정(헌재 2012.8.23. 2008헌마430)은, 이 결정 취지와 저촉되는 범위 안에서 변경한다. **(헌재 2018.5.31. 2014헌마346)**

② [○]

해설 피의자 및 피고인이 가지는 변호인의 조력을 받을 권리는 그들을 조력할 변호인의 권리가 보장됨으로써 공고해질 수 있으며, 반면에 변호인의 권리가 보장되지 않으면 유명무실하게 될 수 있다. 피의자 및 피고인을 조력할 변호인의 권리 중 그것이 보장되지 않으면 그들이 변호인의 조력을 받는다는 것이 유명무실하게 되는 핵심적인 부분은 헌법상 기본권인 피의자 및 피고인이 가지는 변호인의 조력을 받을 권리와 표리의 관계에 있다 할 수 있다. 따라서 피의자 및 피고인이 가지는 변호인의 조력을 받을 권리가 실질적으로 확보되기 위해서는, 피의자 및 피고인에 대한 변호인의 조력할 권리의 핵심적인 부분(이하 '변호인의 변호권'이라 한다)은 헌법상 기본권으로서 보호되어야 한다. **(헌재 2003.3.27. 2000헌마474; 헌재 2017.11.30. 2016헌마503)**

③ [○]

해설 검찰수사관인 피청구인이 피의자신문에 참여한 변호인인 청구인에게 피의자 후방에 앉으라고 요구한 행위(이하 '이 사건 후방착석요구행위'라 한다)가 변호인인 청구인의 변호권을 침해하는지 여부(적극) – 피의자신문에 참여한 변호인이 피의자 옆에 앉는다고 하여 피의자 뒤에 앉는 경우보다 수사를 방해할 가능성이 높아진다거나 수사기밀을 유출할 가능성이 높아진다고 볼 수 없으므로, 이 사건 후방착석요구행위의 목적의 정당성과 수단의 적절성을 인정할 수 없다. 이 사건 후방착석요구행위로 인하여 위축된 피의자가 변호인에게 적극적으로 조언과 상담을 요청할 것을 기대하기 어렵고, 변호인이 피의자의 뒤에 앉게 되면 피의자의 상태를 즉각적으로 파악하거나 수사기관이 피의자에게 제시한 서류 등의 내용을 정확하게 파악하기 어려우므로, 이 사건 후방착석요구행위는 변호인인 청구인의 피의자신문참여권을 과도하게 제한한다. 그런데 이 사건에서 변호인의 수사방해나 수사기밀의 유출에 대한 우려가 없고, 조사실의 장소적 제약 등과 같이 이 사건 후방착석요구행위를 정당화할 그 외의 특별한 사정도 없으므로, 이 사건 후방착석요구행위는 침해의 최소성 요건을 충족하지 못한다. 이 사건 후방착석요구행위로 얻어질 공익보다는 변호인의 피의자신문참여권 제한에 따른 불이익의 정도가 크므로, 법익의 균형성 요건도 충족하지 못한다. 따라서 이 사건 후방착석요구행위는 변호인인 청구인의 변호권을 침해한다. **(헌재 2017.11.30. 2016헌마503)**

④ [○]

해설 변호인의 조력을 받을 권리에 대한 헌법과 법률의 규정 및 취지에 비추어 보면, '형사사건에서 변호인의 조력을 받을 권리'를 의미한다고 보아야 할 것이므로 형사절차가 종료되어 교정시설에 수용 중인 수형자나 미결수용자가 형사사건의 변호인이 아닌 민사재판, 행정재판, 헌법재판 등에서 변호사와 접견할 경우에는 원칙적으로 헌법상 변호인의 조력을 받을 권리의 주체가 될 수 없다. 따라서 이 사건 접견조항에 의하여 헌법상 변호인의 조력을 받을 권리가 제한된다고 볼 수는 없다. **(헌재 2013.8.29. 2011헌마122)**

⑤ [○]

해설 피고인의 신속·공정한 재판을 받을 권리 및 변호인의 조력을 받을 권리는 헌법이 보장하고 있는 기본권이고, 변호인의 수사서류 열람·등사권은 피고인의 신속·공정한 재판을 받을 권리 및 변호인의 조력을 받을 권리라는 헌법상 기본권의 중요한 내용이자 구성요소이며 이를 실현하는 구체적인 수단이 된다. 따라서 변호인의 수사서류 열람·등사를 제한함으로 인하여 결과적으로 피고인의 신속·공정한 재판을 받을 권리 또는 변호인의 충분한 조력을 받을 권리가 침해된다면 이는 헌법에 위반되는 것이다. **(헌재 2010.6.24. 2009헌마257)**

21

영장주의에 관한 설명 중 옳지 않은 것은? (다툼이 있는 경우 판례에 의함) [22 변호사]

① 관계행정청이 등급분류를 받지 아니하거나 등급분류를 받은 게임물과 다른 내용의 게임물을 발견한 경우 관계공무원으로 하여금 이를 수거·폐기하게 할 수 있도록 한 것은, 급박한 상황에 대처하기 위한 것으로서 그 불가피성과 정당성이 충분히 인정되는 경우이므로, 영장 없는 수거를 인정한다고 하더라도 영장주의에 위배되는 것으로 볼 수 없다.

② 각급선거관리위원회 위원·직원의 선거범죄 조사에 있어서 피조사자에게 자료제출의무를 부과한 「공직선거법」 조항에 따른 자료제출요구는, 행정조사의 성격을 가지는 것으로 수사기관의 수사와 근본적으로 그 성격을 달리하며, 그 상대방에 대하여 직접적으로 어떠한 물리적 강제력을 행사하는 강제처분을 수반하는 것이 아니므로 영장주의의 적용대상이 아니다.

③ 체포영장을 발부받아 피의자를 체포하는 경우에, 필요한 때에는 영장 없이 타인의 주거 등 내에서 피의자 수색을 할 수 있도록 규정한 것은 수색에 앞서 영장을 발부받기 어려운 긴급한 사정이 인정되지 않는 경우에도 영장 없이 피의자 수색을 할 수 있다는 것이므로 영장주의에 위반된다.

④ 범죄피의자로 입건된 사람에게 검사의 신문을 받으면서 자신의 신원을 밝히지 않고 지문채취에 불응하는 경우 형사처벌을 통하여 지문채취를 강제하더라도 이를 영장주의에 의하여야 할 강제처분이라고 할 수 없다.

⑤ 기지국 수사를 허용하는 통신사실 확인자료 제공요청은 「통신비밀보호법」이 규정하는 강제처분에 해당하므로, 법관이 발부한 영장에 의하지 않고 관할 지방법원 또는 지원의 허가만 받으면 이를 가능하게 한 것은 영장주의에 위반된다.

21

정답 ⑤

핵심공략

- 죄형법정주의의 명확성원칙
  - 최대한이 아닌 최소한의 명확성을 요구
  - 법관의 보충적 가치판단을 통해 그 의미를 확인해낼 수 있고, 그러한 보충적 해석이 해석자 개인적 취향에 따라 좌우될 가능성 없다면 명확성원칙에 위배 ×
- 요구되는 명확성의 정도
  - 행정청이 행정계획을 수립함에 있어서 일반 재량행위 경우에 비하여 더욱 광범위한 계획재량이 인정 O
    ⇨ 이 경우 행정행위 요건 규정 경우보다 추상적·불확정적 개념 사용의 필요성 높아짐
  - 죄형법정주의가 지배하는 형사 관련 법률에서 명확성의 정도가 강화됨
- 명확성원칙 위배 ×
  - 방송통신위원회의 설치 및 운영에 관한 법률 중 '건전한 통신윤리' 부분
  - 친일반민족행위자 재산의 국가귀속에 관한 특별법 중 '독립운동에 적극 참여한 자' 부분

① [○]

해설 이 사건 법률조항은 앞에서 본바와 같이 급박한 상황에 대처하기 위한 것으로서 그 불가피성과 정당성이 충분히 인정되는 경우이므로, 이 사건 법률조항이 영장 없는 수거를 인정한다고 하더라도 이를 두고 헌법상 영장주의에 위배되는 것으로는 볼 수 없고, 위 구 음반·비디오물및게임물에관한법률 제24조 제4항에서 관계공무원이 당해 게임물 등을 수거한 때에는 그 소유자 또는 점유자에게 수거증을 교부하도록 하고 있고, 동조 제6항에서 수거 등 처분을 하는 관계공무원이나 협회 또는 단체의 임·직원은 그 권한을 표시하는 증표를 지니고 관계인에게 이를 제시하도록 하는 등의 절차적 요건을 규정하고 있으므로, 이 사건 법률조항이 적법절차의 원칙에 위배되는 것으로 보기도 어렵다. **(헌재 2002.10.31. 2000헌가12)**

② [○]

해설 선거관리위원회의 본질적 기능은 선거의 공정한 관리 등 행정기능이고, 그 효과적인 기능 수행과 집행의 실효성을 확보하기 위한 수단으로서 선거범죄 조사권을 인정하고 있다. 심판대상조항에 의한 자료제출요구는 위와 같은 조사권의 일종으로서 행정조사에 해당하고, 선거범죄 혐의 유무를 명백히 하여 공소의 제기와 유지 여부를 결정하려는 목적으로 범인을 발견·확보하고 증거를 수집·보전하기 위한 수사기관의 활동인 수사와는 근본적으로 그 성격을 달리한다. 심판대상조항에 의한 자료제출요구는 그 성질상 대상자의 자발적 협조를 전제로 할 뿐이고 물리적 강제력을 수반하지 아니한다. 심판대상조항은 피조사자로 하여금 자료제출요구에 응할 의무를 부과하고, 허위 자료를 제출한 경우 형사처벌하고 있으나, 이는 형벌에 의한 불이익이라는 심리적·간접적 강제수단을 통하여 진실한 자료를 제출하도록 함으로써 조사권 행사의 실효성을 확보하기 위한 것이다. 이와 같이 심판대상조항에 의한 자료제출요구는 행정조사의 성격을 가지는 것으로 수사기관의 수사와 근본적으로 그 성격을 달리하며, 청구인에 대하여 직접적으로 어떠한 물리적 강제력을 행사하는 강제처분을 수반하는 것이 아니므로 영장주의의 적용대상이 아니다. **(헌재 2019.9.26. 2016헌바381)**

③ [○]

해설 심판대상조항은 체포영장을 발부받아 피의자를 체포하는 경우에 필요한 때에는 영장 없이 타인의 주거 등 내에서 피의자 수사를 할 수 있다고 규정함으로써, 앞서 본 바와 같이 별도로 영장을 발부받기 어려운 긴급한 사정이 있는지 여부를 구별하지 아니하고 피의자가 소재할 개연성만 소명되면 영장 없이 타인의 주거 등을 수색할 수 있도록 허용하고 있다. 이는 체포영장이 발부된 피의자가 타인의 주거 등에 소재할 개연성은 소명되나, 수색에 앞서 영장을 발부받기 어려운 긴급한 사정이 인정되지 않는 경우에도 영장 없이 피의자 수색을 할 수 있다는 것이므로, 헌법 제16조의 영장주의 예외 요건을 벗어나는 것으로서 영장주의에 위반된다. **(헌재 2018.4.26. 2015헌바370 등)**

④ [○]

해설 이 사건 법률조항은 수사기관이 직접 물리적 강제력을 행사하여 피의자에게 강제로 지문을 찍도록 하는 것을 허용하는 규정이 아니며 형벌에 의한 불이익을 부과함으로써 심리적·간접적으로 지문채취를 강요하고 있으므로 피의자가 본인의 판단에 따라 수용여부를 결정한다는 점에서 궁극적으로 당사자의 자발적 협조가 필수적임을 전제로 하므로 물리력을 동원하여 강제로 이루어지는 경우와는 질적으로 차이가 있다. 따라서 이 사건 법률조항에 의한 지문채취의 강요는 영장주의에 의하여야 할 강제처분이라 할 수 없다. 또한 수사상 필요에 의하여 수사기관이 직접강제에 의하여 지문을 채취하려 하는 경우에는 반드시 법관이 발부한 영장에 의하여야 하므로 영장주의원칙은 여전히 유지되고 있다고 할 수 있다. **(헌재 2004.9.23. 2002헌가17 등)**

⑤ [×]

해설 기지국수사는 통신비밀보호법이 정한 강제처분에 해당되므로 헌법상 영장주의가 적용된다. 헌법상 영장주의의 본질은 강제처분을 함에 있어 중립적인 법관이 구체적 판단을 거쳐야 한다는 점에 있는바, <u>이 사건 허가조항은 수사기관이 전기통신사업자에게 통신사실 확인자료 제공을 요청함에 있어 관할 지방법원 또는 지원의 허가를 받도록 규정하고 있으므로 헌법상 영장주의에 위배되지 아니한다</u>. **(헌재 2018.6.28. 2012헌마538)**

22

죄형법정주의의 명확성원칙에 관한 설명 중 옳은 것을 모두 고른 것은? (다툼이 있는 경우 판례에 의함) [20 변호사]

ㄱ. 건전한 상식과 통상적인 법감정을 가진 사람은 「군복 및 군용장구의 단속에 관한 법률」상 판매목적 소지가 금지되는 '유사군복'에 어떠한 물품이 해당하는지 예측할 수 있고, 유사군복을 정의한 조항에서 법집행자에게 판단을 위한 합리적 기준이 제시되고 있으므로 '유사군복' 부분은 명확성원칙에 위반되지 아니한다.

ㄴ. 허가받은 지역 밖에서의 이송업의 영업을 금지하고 처벌하는 「응급의료에 관한 법률」 조항은 영업의 일반적 의미와 위 법률의 관련 규정을 유기적·체계적으로 종합하여 보더라도 허가받은 지역 밖에서 할 수 없는 이송업에 환자 이송 과정에서 부득이 다른 지역을 지나가는 경우 또는 허가받지 아니한 지역에서 실시되는 운동경기·행사를 위하여 부근에서 대기하는 경우 등도 포함되는지 여부가 불명확하여 명확성원칙에 위배된다.

ㄷ. 선거운동을 위한 호별방문금지 규정에도 불구하고 '관혼상제의 의식이 거행되는 장소와 도로·시장·점포·다방·대합실 기타 다수인이 왕래하는 공개된 장소'에서의 지지 호소를 허용하는 「공직선거법」 조항 중 '기타 다수인이 왕래하는 공개된 장소' 부분은, 해당 장소의 구조와 용도, 외부로부터의 접근성 및 개방성의 정도 등을 종합적으로 고려할 때 '관혼상제의 의식이 거행되는 장소와 도로·시장·점포·다방·대합실'과 유사하거나 이에 준하여 일반인의 자유로운 출입이 가능한 개방된 곳을 의미한다고 충분히 해석할 수 있으므로 명확성원칙에 위반된다고 할 수 없다.

ㄹ. 공중도덕상 유해한 업무에 취업시킬 목적으로 근로자를 파견한 사람을 형사처벌하도록 규정한 구 「파견근로자보호 등에 관한 법률」 조항은 그 조항의 입법목적, 위 법률의 체계, 관련조항 등을 모두 종합하여 보더라도 '공중도덕상 유해한 업무'의 내용을 명확히 알 수 없고, 위 조항에 관한 이해관계기관의 확립된 해석기준이 마련되어 있다거나, 법관의 보충적 가치판단을 통한 법문 해석으로 그 의미내용을 확인하기도 어려우므로 명확성원칙에 위배된다.

① ㄱ, ㄴ
② ㄱ, ㄷ
③ ㄴ, ㄹ
④ ㄱ, ㄷ, ㄹ
⑤ ㄴ, ㄷ, ㄹ

22

답 ④

핵심공략

- 명확성원칙 위배 ×
  - 유사군복 판매목적소지 처벌규정 중 '유사군복' 부분
  - 허가받은 지역 밖에서의 이송업의 영업금지
  - 지지호소조항 중 '기타 다수인이 왕래하는 공개된 장소' 부분
- 명확성원칙 위배 O
  - 파견근로자보호등에 관한 법률 제42조 제1항 중 '공중도덕상 유해한 업무' 부분

해설 ㄱ. [○]

이른바 밀리터리 룩은 대부분 군복의 상징만 차용하였을 뿐 형태나 색상 및 구조가 진정한 군복과는 다르거나 그 유사성이 식별하기 극히 곤란한 정도에 이르지 않기 때문에, 심판대상조항의 적용을 받지 않는다. 심판대상조항의 문언과 입법취지, 위와 같은 사정을 종합하면, 건전한 상식과 통상적인 법 감정을 가진 사람은 「군복 및 군용장구의 단속에 관한 법률」상 판매목적 소지가 금지되는 '유사군복'에 어떠한 물품이 해당하는지를 예측할 수 있고, 유사군복을 정의한 조항에서 법 집행자에게 판단을 위한 합리적 기준이 제시되고 있어 심판대상조항이 자의적으로 해석되고 적용될 여지가 크다고 할 수 없다. 따라서 유사군복의 판매 목적 소지를 금지하고, 이를 위반한 경우 형사처벌하는 심판대상조항은 죄형법정주의의 명확성원칙에 위반되지 아니한다. (헌재 2019.4.11. 2018헌가14)

ㄴ. [×]

영업의 일반적 의미와 응급의료법의 관련 규정을 유기적·체계적으로 종합하여 보면, 심판대상조항의 수범자인 이송업자는 처벌조항이 처벌하고자 하는 행위가 무엇이고 그에 대한 형벌이 어떤 것인지 예견할 수 있으며, 심판대상조항의 합리적인 해석이 가능하므로, 허가받은 지역 밖에서의 이송업의 영업을 금지하고 처벌하는 심판대상조항은 죄형법정주의의 명확성원칙에 위배되지 아니한다. (헌재 2018.2.22. 2016헌바100)

ㄷ. [○]

이 사건 지지호소 조항의 문언과 입법취지에 비추어보면, 이 사건 호별방문 조항에도 불구하고 예외적으로 선거운동을 위하여 지지호소를 할 수 있는 '기타 다수인이 왕래하는 공개된 장소'란, 해당 장소의 구조와 용도, 외부로부터의 접근성 및 개방성의 정도 등을 종합적으로 고려할 때 '관혼상제의 의식이 거행되는 장소와 도로·시장·점포·다방·대합실'과 유사하거나 이에 준하여 일반인의 자유로운 출입이 가능한 개방된 곳을 의미한다고 충분히 해석할 수 있다. 따라서 선거운동을 위한 호별방문금지 규정에도 불구하고 '관혼상제의 의식이 거행되는 장소와 도로·시장·점포·다방·대합실 기타 다수인이 왕래하는 공개된 장소'에서의 지지호소를 허용하는 이 사건 지지호소 조항은 죄형법정주의 명확성원칙에 위반된다고 할 수 없다. (헌재 2019.5.30. 2017헌바458)

ㄹ. [○]

심판대상조항과 관련하여 파견법이 제공하고 있는 정보는 파견사업주가 '공중도덕상 유해한 업무'에 취업시킬 목적으로 근로자를 파견한 경우 불법파견에 해당하여 처벌된다는 것뿐이다. 파견법 전반에 걸쳐 심판대상조항과 유의미한 상호관계에 있는 다른 조항을 발견할 수 없고, 파견법 제5조, 제16조 등 일부 관련성이 인정되는 규정은 심판대상조항 해석기준으로 활용하기 어렵다. 결국, 심판대상조항의 입법목적, 파견법의 체계, 관련조항 등을 모두 종합하여 보더라도 '공중도덕상 유해한 업무'의 내용을 명확히 알 수 없다. 아울러 심판대상조항에 관한 이해관계기관의 확립된 해석기준이 마련되어 있다거나, 법관의 보충적 가치판단을 통한 법문 해석으로 심판대상조항의 의미내용을 확인할 수 있다는 사정을 발견하기도 어렵다. 심판대상조항은 건전한 상식과 통상적 법감정을 가진 사람으로 하여금 자신의 행위를 결정해 나가기에 충분한 기준이 될 정도의 의미내용을 가지고 있다고 볼 수 없으므로 죄형법정주의의 명확성원칙에 위배된다. (헌재 2016.11.24. 2015헌가23)

23

명확성원칙에 관한 설명 중 옳은 것[○]과 옳지 않은 것[×]을 올바르게 조합한 것은? (다툼이 있는 경우 판례에 의함)

[21 변호사]

ㄱ. 금융투자업자가 '투자권유'를 함에 있어서 '불확실한 사항'에 대하여 '단정적 판단을 제공'하거나 '확실하다고 오인하게 할 소지가 있는 내용을 알리는 행위'를 한 경우 형사처벌하는 「자본시장과 금융투자업에 관한 법률」 조항은, 통상의 주의력을 가진 평균적 투자자를 기준으로 보더라도 그 의미를 알기 어려울 뿐만 아니라 그 의미를 확정하기도 곤란하므로 명확성원칙에 위배된다.

ㄴ. 다른 사람 또는 단체의 집이나 그 밖의 공작물에 '함부로 광고물 등을 붙이거나 거는 행위'를 한 경우 형사처벌하는 구 「경범죄처벌법」 조항은, 입법취지, 사전적 의미, 옥외광고물 표시·설치 금지 등 관련 법조항과의 관계를 고려하더라도 법적용자의 주관에 의해 의미가 달라질 수 있어 명확성원칙에 위배된다.

ㄷ. 형사법에서는 불명확한 내용의 법률용어가 허용될 수 없으며, 만일 불명확한 용어의 사용이 불가피한 경우라면 용어의 개념 정의, 한정적 수식어의 사용, 적용한계조항의 설정 등 제반방법을 강구하여 동 법규가 자의적으로 해석될 수 있는 소지를 봉쇄해야 한다.

ㄹ. 아동·청소년이용음란물을 제작한 자를 형사처벌하는 「아동·청소년의 성보호에 관한 법률」 조항 중 '제작' 부분은, 객관적으로 아동·청소년이용음란물을 촬영하여 재생이 가능한 형태로 저장할 것을 전체적으로 기획하고 구체적인 지시를 하는 등으로 책임을 지는 것으로 해석되므로 명확성원칙에 위배되지 않는다.

ㅁ. 범죄의 성립과 처벌은 법률에 의하여야 한다는 죄형법정주의 본래의 취지에 비추어 볼 때 정당방위와 같은 위법성 조각 사유 규정에도 죄형법정주의의 명확성원칙은 적용된다.

① ㄱ[○], ㄴ[○], ㄷ[×], ㄹ[×], ㅁ[×]
② ㄱ[○], ㄴ[×], ㄷ[×], ㄹ[○], ㅁ[×]
③ ㄱ[×], ㄴ[○], ㄷ[○], ㄹ[○], ㅁ[○]
④ ㄱ[×], ㄴ[×], ㄷ[○], ㄹ[○], ㅁ[○]
⑤ ㄱ[○], ㄴ[×], ㄷ[○], ㄹ[○], ㅁ[○]

23 정답 ④

핵심공략

- 명확성원칙 위배 ×
  - 자본시장과 금융투자업에 관한 법률상 '불확실한 사항' 등
  - 경범죄처벌법상 '함부로 광고물 등을 붙이거나 거는 행위'
  - 아동·청소년의 성보호에 관한 법률조항 중 '제작' 부분
- 범죄구성요건에 불명확한 내용의 법률용어 不許, 그 사용이 불가피한 경우 자의적 해석 소지를 봉쇄해야 ○
- 위법성조각사유 규정에도 죄형법정주의 명확성원칙 적용 ○

해설 ㄱ. [×]

'투자권유'의 의미는 자본시장법에서 직접 정의되어 있고, 법원의 보충적 해석을 통하여 그 범위가 충분히 확정될 수 있다. 투자자를 보호하고, 금융시장의 신뢰성·효율성·공정성을 확보한다는 심판대상조항의 입법목적을 고려하면, '불확실한 사항'이란 '단정적 판단 등을 제공하는 시점에서 객관적으로 진위가 분명히 판명될 수 없는, 투자자의 합리적인 투자판단 또는 해당 금융투자상품의 가치에 영향을 미칠 수 있는 사항'이라고 보아야 한다. '단정적 판단의 제공'은 '불확실한 사항에 대하여 진위를 명확히 판단해 주는 것'을 의미하고, '확실하다고 오인할 소지가 있는 내용을 알리는 행위'는 '불확실한 사항에 대하여 투자자로 하여금 그 진위가 명확하다고 잘못 생각하게 할 가능성이 있는 내용을 알리는 행위'를 의미하며, 위 각 경우에 해당하는지 여부는 통상의 주의력을 가진 평균적 투자자를 기준으로 객관적·규범적으로 판단될 것임이 충분히 예측 가능하다. …따라서 심판대상조항은 죄형법정주의의 명확성원칙에 위배되지 아니한다. (헌재 2017.5.25. 2014헌바459)

ㄴ. [×]

'함부로'의 사전적 의미와 심판대상조항의 입법취지, 형법상 재물손괴죄와 '옥외광고물 등 관리법'의 옥외광고물 표시·설치 금지 등 관련조항과의 관계를 종합하여 볼 때, '함부로'는 '법적 권원이 있는 타인의 승낙이 없으면서 상당한 사유가 없는 경우'를 의미함을 충분히 알 수 있다. …그러므로 심판대상조항은 죄형법정주의의 명확성원칙에 위배되지 아니한다. (헌재 2015.5.28. 2013헌바385)

ㄷ. [○]

일반론으로는 어떠한 규정이 부담적 성격을 가지는 경우에는 수익적 성격을 가지는 경우에 비하여 명확성의 원칙이 더욱 엄격하게 요구된다고 할 것이고 따라서 형사법이나 국민의 이해관계가 첨예하게 대립되는 법률에 있어서는 불명확한 내용의 법률용어가 허용될 수 없으며, 만일 불명확한 용어의 사용이 불가피한 경우라면 용어의 개념정의, 한정적 수식어의 사용, 적용한계조항의 설정 등 제반방법을 강구하여 동 법규가 자의적으로 해석될 수 있는 소지를 봉쇄해야 하는 것이다. (헌재 1992.2.25. 89헌가104)

ㄹ. [○]

심판대상조항이 규정하는 '제작'의 의미는 객관적으로 아동·청소년이용음란물을 촬영하여 재생이 가능한 형태로 저장할 것을 전체적으로 기획하고 구체적인 지시를 하는 등으로 책임을 지는 것이며, 피해자인 아동·청소년의 동의 여부나 영리목적 여부를 불문함은 물론 해당 영상을 직접 촬영하거나 기기에 저장할 것을 요하지도 않는 것으로 해석되고, 죄형법정주의의 명확성 원칙에 위반되지 아니한다. (헌재 2019.12.27. 2018헌바46)

ㅁ. [○]

정당방위 규정은 법 각칙 전체의 구성요건 조항에 대한 소극적 한계를 정하고 있는 규정으로서, 한편으로는 위법성을 조각시켜 범죄의 성립을 부정하는 기능을 하지만, 다른 한편으로는 정당방위가 인정되지 않는 경우 위법한 행위로서 범죄의 성립을 인정하게 하는 기능을 하므로 적극적으로 범죄 성립을 정하는 구성요건 규정은 아니라 하더라도 죄형법정주의가 요구하는 명확성 원칙의 적용이 완전히 배제된다고는 할 수 없다. (헌재 2001.6.28. 99헌바31)

2. 사생활영역의 자유

24

개인정보자기결정권에 관한 설명 중 옳지 않은 것은? (다툼이 있는 경우 판례에 의함) [18 변호사]

① '혐의 없음' 불기소처분에 관한 사건의 개인정보를 보관하는 것은 재수사에 대비한 기초자료를 보존하여 형사사법의 실체적 진실을 구현하는 한편, 수사력의 낭비를 막고 피의자의 인권을 보호하기 위한 것으로 개인정보자기결정권을 침해한다고 볼 수 없다.

② 형제자매는 언제나 본인과 이해관계를 같이 하는 것은 아닌데도 형제자매가 본인에 대한 친족·상속 등과 관련된 증명서를 편리하게 발급받을 수 있도록 한 것은, 입법목적 달성을 위해 필요한 범위를 넘어선 것으로 개인정보자기결정권을 침해한다.

③ 성적 목적 공공장소 침입죄는 침입대상을 공공화장실 등 공공장소로 하여 사실상 장소를 정하지 아니하고 있으며 그에 따라 신상정보 등록대상의 범위도 제한되지 않는바, 위 범죄에 의한 신상정보 등록조항은 개인정보자기결정권을 침해한다.

④ 강제추행죄로 유죄판결이 확정된 신상정보 등록대상자로 하여금 관할 경찰관서의 장에게 신상정보 및 변경정보를 제출하게 하는 것은, 관할 경찰관서의 장이 등록대상자를 대면하는 과정에서 신상정보를 최초로 수집하고 변경 여부를 규칙적으로 확인하는 방법보다 범죄동기의 억제라는 주관적 영향력의 측면에서 더 효과적이라 할 수 있으므로, 침해의 최소성 원칙에 반하지 않는다.

⑤ 이미 정보주체의 의사에 따라 공개된 개인정보를 그의 별도의 동의 없이 영리 목적으로 수집·제공한 경우, 그러한 정보처리 행위로 침해될 수 있는 정보주체의 인격적 법익과 그 행위로 보호받을 수 있는 정보처리자 등의 법적 이익 등을 고려하여 그 최종적인 위법성 여부를 판단하여야 하고, 단지 정보처리자에게 영리 목적이 있었다는 사정만으로 곧바로 정보처리 행위를 위법하다고 할 수는 없다.

24 정답 ③

핵심공략

- 개인정보자기결정권 침해 ×
  - 혐의없음 불기소처분시 수사경력자료의 보전
  - 성적 목적 공공장소 침입죄 범죄자의 신상정보 등록조항
  - 성폭력범죄자의 신상정보 변경내용 제출·대면확인조항
- 개인정보자기결정권 침해 O
  - 형제자매의 각종 증명서 교부 청구
- 법률정보 제공 사이트의 서울대 교수 신상 공개 사안
  - 정보처리자의 '알 권리'와 정보수용자의 '알 권리' 및 표현의 자유, 정보처리자의 영업의 자유, 사회 전체의 경제적 효율성 등 비교형량하여 최종적 위법성 여부 판단하여야 O, 단순히 정보처리자에게 영리목적 있었다는 사정만으로 곧바로 정보처리 행위 위법하다고 단정 지어서는 ×

① [O]

해설 '혐의 없음' 불기소처분에 관한 이 사건 개인정보를 보관하는 것은 재수사에 대비한 기초자료를 보존하여 형사사법의 실체적 진실을 구현하는 한편, 형사사건 처리결과를 쉽게 그리고 명확히 확인하여 수사의 반복을 피함으로써 수사력의 낭비를 막고 피의자의 인권을 보호하기 위한 것으로서 그 목적의 정당성이 충분히 인정되고, 이 사건 법률조항이 형사사건 처리내역에 관한 이 사건 개인정보를 일정기간 보관한 후 삭제하도록 한 것은 위와 같은 목적을 달성하기 위한 효과적이고 적절한 방법의 하나가 될 수 있다. 이 사건 개인정보의 이용범위가 제한적인 점, 이 사건 개인정보의 누설이나 법령이 규정한 목적 외 취득·사용이 엄격히 금지되며, 이를 위반한 자는 형사처벌될 수 있는 점, 이 사건 개인정보의 법정 보존기간이 합리적 범위 내에 있다고 여겨지는 점 등을 종합적으로 고려하면, 이 사건 법률조항에 의한 것보다 청구인의 개인정보자기결정권을 덜 침해하는 방법이나 수단을 찾아보기 어렵다 할 것이므로 이 사건 법률조항은 기본권침해 최소성의 원칙에 위반된다고 볼 수 없다. 또한 이 사건 법률조항에 의하여 국가가 청구인의 이 사건 개인정보를 일정기간 보존한다고 하더라도 이로 인하여 청구인이 현실적으로 입게 되는 불이익은 그다지 크다고 보기 어려운 반면, 위와 같이 '혐의 없음' 불기소처분에 관한 이 사건 개인정보를 보존함으로써 얻고자 하는 공익은 크다고 보아야 할 것이므로, 이 사건 법률조항이 법익의 균형성을 상실하였다고 볼 수도 없다. 따라서 이 사건 법률조항이 과잉금지의 원칙에 위반하여 청구인의 개인정보자기결정권을 침해한다고 볼 수 없다. **(현재 2009. 10.29. 2008헌마257)**

② [○]

해설 이 사건 법률조항은 본인이 스스로 증명서를 발급받기 어려운 경우 형제자매를 통해 증명서를 간편하게 발급받게 하고, 친족·상속 등과 관련된 자료를 수집하려는 형제자매가 본인에 대한 증명서를 편리하게 발급받을 수 있도록 하기 위한 것으로, 목적의 정당성 및 수단의 적합성이 인정된다. 그러나 가족관계등록법상 각종 증명서에 기재된 개인정보가 유출되거나 오남용될 경우 정보의 주체에게 가해지는 타격은 크므로 증명서 교부청구권자의 범위는 가능한 한 축소하여야 하는데, 형제자매는 언제나 이해관계를 같이 하는 것은 아니므로 형제자매가 본인에 대한 개인정보를 오남용 또는 유출할 가능성은 얼마든지 있다. 그런데 이 사건 법률조항은 증명서 발급에 있어 형제자매에게 정보주체인 본인과 거의 같은 지위를 부여하고 있으므로, 이는 증명서 교부청구권자의 범위를 필요한 최소한도로 한정한 것이라고 볼 수 없다. 본인은 인터넷을 이용하거나 위임을 통해 각종 증명서를 발급받을 수 있으며, 가족관계등록법 제14조 제1항 단서 각 호에서 일정한 경우에는 제3자도 각종 증명서의 교부를 청구할 수 있으므로 형제자매는 이를 통해 각종 증명서를 발급받을 수 있다. 따라서 이 사건 법률조항은 침해의 최소성에 위배된다. 또한, 이 사건 법률조항을 통해 달성하려는 공익에 비해 초래되는 기본권 제한의 정도가 중대하므로 법익의 균형성도 인정하기 어려워, 이 사건 법률조항은 청구인의 개인정보자기결정권을 침해한다. (헌재 2016.6.30. 2015헌마924)

③ [×]

해설 등록조항은 성범죄자의 재범을 억제하고 효율적인 수사를 위한 것으로 정당한 목적을 달성하기 위한 적합한 수단이다. 신상정보 등록제도는 국가기관이 성범죄자의 관리를 목적으로 신상정보를 내부적으로만 보존·관리하는 것으로, 성범죄자의 신상정보를 일반에게 공개하는 신상정보 공개·고지제도와는 달리 법익침해의 정도가 크지 않다. 성적목적공공장소침입죄는 공공화장실 등 일정한 장소를 침입하는 경우에 한하여 성립하므로 등록조항에 따른 등록대상자의 범위는 이에 따라 제한되는바, 등록조항은 침해의 최소성 원칙에 위배되지 않는다. 등록조항으로 인하여 제한되는 사익에 비하여 성범죄의 재범 방지와 사회 방위라는 공익이 크다는 점에서 법익의 균형성도 인정된다. 따라서 이 사건 등록조항은 청구인의 개인정보자기결정권을 침해하지 아니한다. (헌재 2016.10.7. 2014헌마709)

④ [○]

해설 범죄자의 동일성을 식별하고 소재지 및 동선을 파악하기 위하여 성명, 주민등록번호, 주소 및 실제거주지, 직업 및 직장 등의 소재지, 신체정보, 소유차량의 등록번호와 같은 정보를 제출하도록 하는 것은 등록대상자로 하여금 재범을 억제하게 하고 재범 시 효율적인 수사를 진행하기 위하여 유효한 방법이고, … 제출조항에 따라 등록대상자가 자발적으로 신상정보 및 변경정보를 제출하는 방법 대신 동일한 목적을 달성하기 위한 방법으로 관할경찰관서의 장이 등록대상자를 대면하는 과정에서 신상정보를 최초로 수집하고 변경 여부를 규칙적으로 확인하는 방법을 고려해볼 수 있다. 하지만 이것이 반드시 덜 제한적인 방법이라고 단정할 수 없을 뿐더러, 등록대상자에 대한 범죄 동기의 억제라는 주관적 영향력의 측면에서는 오히려 등록대상자로 하여금 관할경찰관서의 장에게 신상정보 및 변경정보를 제출하게 하는 것이 더 효과적이라 할 수 있다. (헌재 2015.7.30. 2014헌바257 참조) … 이상의 점을 고려하면 제출조항이 침해의 최소성 원칙에 반한다고 보기 어렵다. (헌재 2016.03.31. 2014헌마457)

⑤ [○]

해설 정보주체가 공적인 존재인지, 개인정보의 공공성과 공익성, 원래 공개한 대상 범위, 개인정보 처리의 목적·절차·이용형태의 상당성과 필요성, 개인정보 처리로 침해될 수 있는 이익의 성질과 내용 등 여러 사정을 종합적으로 고려하여, 개인정보에 관한 인격권 보호에 의하여 얻을 수 있는 이익과 정보처리 행위로 얻을 수 있는 이익 즉 정보처리자의 '알 권리'와 이를 기반으로한 정보수용자의 '알 권리'및 표현의 자유, 정보처리자의 영업의 자유,사회 전체의 경제적 효율성 등의 가치를 구체적으로 비교 형량하여 어느 쪽 이익이 더 우월한 것으로 평가할 수 있는지에 따라 정보처리 행위의 최종적인 위법성 여부를 판단하여야하고, 단지 정보처리자에게 영리 목적이 있었다는 사정만으로 곧바로 정보처리 행위를 위법하다고 할 수는 없다. (대판 2016.8.17. 2014다235080)

3. 정신생활영역의 자유

25

양심적 병역거부에 관한 최근 헌법재판소의 결정 내용에 관한 설명 중 옳지 않은 것은? [19 변호사]

① 양심적 병역거부자에 대한 관용은 결코 병역의무의 면제와 특혜의 부여에 대한 관용이 아니며, 대체복무제는 병역의무의 일환으로 도입되는 것이므로 현역복무와의 형평을 고려하여 최대한 등가성을 가지도록 설계되어야 한다.

② 양심적 병역거부자에 대한 대체복무제를 규정하지 아니한 병역종류조항과 양심상의 결정에 따라 입영을 거부하거나 소집에 불응하는 자에 대하여 형벌을 부과하는 처벌조항은 '양심에 반하는 행동을 강요당하지 아니할 자유', 즉, '부작위에 의한 양심실현의 자유'를 제한한다.

③ 국가의 존립과 안전을 위한 불가결한 헌법적 가치를 담고 있는 국방의 의무와 개인의 인격과 존엄의 기초가 되는 양심의 자유라는 헌법적 가치가 서로 충돌하는 경우에도 그에 대한 심사는 헌법상 비례원칙에 의하여야 한다.

④ 대체복무제를 도입함으로써 병역자원을 확보하고 병역부담의 형평을 기할 수 있음에도 불구하고, 양심적 병역거부자에 대한 처벌의 예외를 인정하지 않고 일률적으로 형벌을 부과하는 처벌조항은 양심적 병역거부자의 양심의 자유를 침해한다.

⑤ 양심적 병역거부의 바탕이 되는 양심상의 결정은 종교적 동기뿐만 아니라 윤리적·철학적 또는 이와 유사한 동기로부터라도 형성될 수 있는 것이므로 양심적 병역거부자의 기본권 침해여부는 양심의 자유를 중심으로 판단한다.

25

정답 ④

핵심공략

- 병역의무 일환으로 도입되는 대체복무제는 현역복무와의 형평을 고려하여 최대한 등가성을 가지도록 설계되어야 O
- 대체복무제 규정 아니한 병역종류조항 및 입영거부 또는 소집불응에 따른 처벌조항은 부작위에 의한 양심실현의 자유를 제한 O
- 헌법 제39조 국방의 의무를 형성하는 입법에 대한 심사는 비례의 원칙에 의하여야 O
- 처벌조항 그 자체는 양심적 병역거부자의 양심의 자유를 침해 ×
  (∵ 양심적 병역거부자에 대한 처벌은 병역종류조항의 입법의 불비 및 처벌조항의 정당한 사유에 대한 법원의 해석이 결합되어 발생한 문제에 불과)
- 양심상의 결정은 종교적 동기, 윤리적·철학적 또는 이와 유사한 동기로부터 형성 可能
  ⇨ 양심적 병역거부자의 기본권 침해여부는 양심의 자유 중심으로 판단 O

① [○]

해설 양심적 병역거부자에 대한 관용은 결코 병역의무의 면제와 특혜의 부여에 대한 관용이 아니다. 대체복무제는 병역의무의 일환으로 도입되는 것이고 현역복무와의 형평을 고려하여 최대한 등가성을 가지도록 설계되어야 하는 것이기 때문이다. **(헌재 2018.6.28. 2011헌바379 등)**

② [○]

해설 이 사건 청구인 등이 자신의 종교관·가치관·세계관 등에 따라 일체의 전쟁과 그에 따른 인간의 살상에 반대하는 진지한 내적 확신을 형성하였다면, 그들이 집총 등 군사훈련을 수반하는 병역의무의 이행을 거부하는 결정은 양심에 반하여 행동할 수 없다는 강력하고 진지한 윤리적 결정이며, 병역의무를 이행해야 하는 상황은 개인의 윤리적 정체성에 대한 중대한 위기상황에 해당한다. 이와 같이 병역종류조항에 대체복무제가 마련되지 아니한 상황에서, 양심상의 결정에 따라 입영을 거부하거나 소집에 불응하는 이 사건 청구인 등이 현재의 대법원 판례에 따라 처벌조항에 의하여 형벌을 부과받음으로써 양심에 반하는 행동을 강요받고 있으므로, 이 사건 법률조항은 '양심에 반하는 행동을 강요당하지 아니할 자유', 즉, '부작위에 의한 양심실현의 자유'를 제한하고 있다. **(헌재 2011.8.30. 2008헌가22 등; 헌재 2018.6.28. 2011헌바379 등)**

③ [○]

해설 이 사건 법률조항은 헌법상 기본의무인 국방의 의무를 구체적으로 형성하는 것이면서 또한 동시에 양심적 병역거부자들의 양심의 자유를 제한하는 것이기도 하다. 이 사건 법률조항으로 인해서 국가의 존립과 안전을 위한 불가결한 헌법적 가치를 담고 있는 국방의 의무와 개인의 인격과 존엄의 기초가 되는 양심의 자유가 상충하게 된다. 이처럼 헌법적 가치가 서로 충돌하는 경우, 입법자는 두 가치를 양립시킬 수 있는 조화점을 최대한 모색해야 하고, 그것이 불가능해 부득이 어느 하나의 헌법적 가치를 후퇴시킬 수밖에 없는 경우에도 그 목적에 비례하는 범위 내에 그쳐야 한다. 헌법 제37조 제2항의 비례원칙은, 단순히 기본권제한의 일반원칙에 그치지 않고, 모든 국가작용은 정당한 목적을 달성하기 위하여 필요한 범위 내에서만 행사되어야 한다는 국가작용의 한계를 선언한 것이므로, 비록 이 사건 법률조항이 헌법 제39조에 규정된 국방의 의무를 형성하는 입법이라 할지라도 그에 대한 심사는 헌법상 비례원칙에 의하여야 한다. **(헌재 2011.8.30. 2008헌가22 등; 헌재 2018.6.28. 2011헌바379 등)**

④ [×]

해설 병역종류조항에 대체복무제가 규정되지 아니한 상황에서 현재의 대법원 판례에 따라 양심적 병역거부자를 처벌한다면, 이는 과잉금지원칙을 위반하여 양심적 병역거부자의 양심의 자유를 침해하는 것이다. 따라서 지금처럼 병역종류조항에 대체복무제가 규정되지 아니한 상황에서는 양심적 병역거부를 처벌하는 것은 헌법에 위반되므로, 양심적 병역거부는 처벌조항의 '정당한 사유'에 해당한다고 보아야 한다. 결국 양심적 병역거부자에 대한 처벌은 대체복무제를 규정하지 아니한 병역종류조항의 입법상 불비와 양심적 병역거부는 처벌조항의 '정당한 사유'에 해당하지 않는다는 법원의 해석이 결합되어 발생한 문제일 뿐, 처벌조항 자체에서 비롯된 문제가 아니다. 이는 병역종류조항에 대한 헌법불합치 결정과 그에 따른 입법부의 개선입법 및 법원의 후속 조치를 통하여 해결될 수 있는 문제이다. 이상을 종합하여 보면, 처벌조항은 정당한 사유 없이 병역의무를 거부하는 병역기피자를 처벌하는 조항으로서, 과잉금지원칙을 위반하여 양심적 병역거부자의 양심의 자유를 침해한다고 볼 수는 없다. **(헌재 2018.6.28. 2011헌바379 등)**

▶ 헌법재판소는 병역의 종류를 현역, 예비역, 보충역, 병역준비역, 전시근로역의 다섯 가지로 한정하여 규정하고 양심적 병역거부자에 대한 대체복무제를 규정하지 아니한 병역종류조항이 과잉금지원칙을 위반하여 양심적 병역거부자의 양심의 자유를 침해한다고 보았으나(헌법불합치), 현역입영 또는 소집 통지서를 받은 사람이 정당한 사유 없이 입영일이나 소집일부터 3일이 지나도 입영하지 아니하거나 소집에 응하지 아니한 경우를 처벌하는 처벌조항은 양심적 병역거부자의 양심의 자유를 침해하지 않는다고 보았다(합헌).

⑤ [○]

해설 헌법 제20조 제1항은 양심의 자유와 별개로 종교의 자유를 따로 보장하고 있고, 이 사건 청구인 등의 대부분은 여호와의 증인 또는 카톨릭 신도로서 자신들의 종교적 신앙에 따라 병역의무를 거부하고 있으므로, 이 사건 법률조항에 의하여 이들의 종교의 자유도 함께 제한된다. 그러나 종교적 신앙에 의한 행위라도 개인의 주관적·윤리적 판단을 동반하는 것인 한 양심의 자유에 포함시켜 고찰할 수 있고, 앞서 보았듯이 양심적 병역거부의 바탕이 되는 양심상의 결정은 종교적 동기뿐만 아니라 윤리적·철학적 또는 이와 유사한 동기로부터도 형성될 수 있는 것이므로, 이 사건에서는 양심의 자유를 중심으로 기본권 침해 여부를 판단하기로 한다. **(헌재 2011.8.30. 2008헌가22 등; 헌재 2018.6.28. 2011헌바379 등)**

26

표현의 자유에 관한 설명 중 옳지 않은 것을 모두 고른 것은? (다툼이 있는 경우 판례에 의함) [14 변호사]

ㄱ. '법관이 그 품위를 손상하거나 법원의 위신을 실추시킨 경우'를 징계사유로 하고 있는 법률규정은 '품위 손상', '위신 실추'라는 불명확한 개념을 전제로 하여 법관의 표현의 자유를 제한하는 것으로서, 위 개념의 모호성과 포괄성으로 인해 제한되지 않아야 할 표현까지 다 함께 제한하여 법관의 사법부 내부 혁신 등을 위한 표현행위를 위축시키므로 과잉금지원칙에 위배된다.

ㄴ. 인터넷게시판을 설치·운영하는 정보통신서비스 제공자에게 본인확인조치의무를 부과하여 게시판 이용자로 하여금 본인확인절차를 거쳐야만 게시판을 이용할 수 있도록 하는 법령조항은 과잉금지원칙에 위배하여 인터넷게시판 이용자의 표현의 자유 및 인터넷게시판을 운영하는 정보통신서비스 제공자의 언론의 자유를 침해한다.

ㄷ. 정보통신망을 통하여 일반에게 공개된 정보로 말미암아 사생활 침해나 명예훼손 등 타인의 권리가 침해된 경우, 그 침해를 받은 자가 삭제요청을 하면 정보통신서비스 제공자는 권리의 침해 여부를 판단하기 어렵거나 이해당사자 간에 다툼이 예상되는 경우에는 30일 이내에서 해당 정보에 대한 접근을 임시적으로 차단하는 조치를 하도록 하는 법률조항은 과잉금지원칙에 위배되지 않는다.

ㄹ. 공무원은 집단·연명으로 또는 단체의 명의를 사용하여 국가의 정책을 반대해서는 아니된다는 국가공무원 복무규정은 그러한 행위의 정치성이나 공정성 등을 불문하는 점, 그 적용대상이 되는 공무원의 범위가 제한적이지 않고 지나치게 광범위한 점, 그 행위가 근무시간 내에 행해지는지 근무시간 외에 행해지는지 여부를 불문하는 점에서 침해의 최소성 원칙에 위배되어, 공무원의 정치적 표현의 자유를 침해한다.

ㅁ. 방송사업자가 방송법 소정의 심의규정을 위반한 경우에는 방송통신위원회가 시청자에 대한 사과를 명할 수 있도록 한 방송법 규정은 심의규정을 위반한 방송사업자에게 '주의 또는 경고'만으로도 반성을 촉구하고 언론사로서의 공적 책무에 대한 인식을 제고할 수 있다는 점에서 보다 덜 제한적인 다른 수단이 존재하므로, 침해의 최소성 원칙에 위배된다.

① ㄱ, ㄴ
② ㄱ, ㄹ
③ ㄴ, ㄷ, ㄹ
④ ㄷ, ㅁ
⑤ ㄹ, ㅁ

26

정답 ②

핵심공략

- 법관 징계사유로서 '품위 손상', '위신 실추' 불명확한 개념 O
  ⇨ *But* 지나치게 광범위 또는 포괄적 ×
  ⇨ 과잉금지원칙 위배 ×
- '정보통신서비스 제공자에 대한 본인확인조치의무 부과' 과잉금지원칙 위배 O
  ⇨ 인터넷게시판 이용자의 표현의 자유 및 개인정보자기결정권 침해 O, 정보통신서비스 제공자의 언론의 자유 침해 O
- '정보통신망상 공개된 정보로 침해를 받은 자의 삭제요청이 있는 경우 정보통신서비스 제공자에게 30일 이내에서 해당 정보의 접근을 임시차단 조치하도록 의무 부과' 과잉금지원칙 위배 ×
  ⇨ 표현의 자유 침해 ×
- '공무원의 국가 또는 지자체 정책에 대한 반대·방해 행위를 금지' 과잉금지원칙 위배 ×
  ⇨ 정치적 표현의 자유 침해 ×
- '방송사업자의 의사에 반한 사과행위 강제' 과잉금지원칙 위배 O (침해의 최소성 및 법익의 균형성 결여)
  ⇨ 방송사업자의 인격권 침해 O

해설 ㄱ. [×]

구 법관징계법 제2조 제2호가 '품위 손상', '위신 실추'와 같은 추상적인 용어를 사용하고 있기는 하나, 수범자인 법관이 구체적으로 어떠한 행위가 이에 해당하는지를 충분히 예측할 수 없을 정도로 그 적용범위가 모호하다거나 불분명하다고 할 수 없고, 법관이 사법부 내부 혁신 등을 위한 표현행위를 하였다는 것 자체가 위 법률조항의 징계사유가 되는 것이 아니라, 표현행위가 이루어진 시기와 장소, 표현의 내용 및 방법, 행위의 상대방 등 제반 사정을 종합하여 볼 때 법관으로서의 품위를 손상하거나 법원의 위신을 실추시킨 행위에 해당하는 경우에 한하여 징계사유가 되는 것이므로, 구 법관징계법 제2조 제2호는 그 적용범위가 지나치게 광범위하거나 포괄적이어서 법관의 표현의 자유를 과도하게 제한한다고 볼 수 없어 과잉금지원칙에 위배되지 아니한다. (헌재 2012.2.23. 2009헌바34)

ㄴ. [O]

이 사건 법령조항들이 표방하는 건전한 인터넷 문화의 조성 등 입법목적은, 인터넷 주소 등의 추적 및 확인, 당해 정보의 삭제·임시조치, 손해배상, 형사처벌 등 인터넷 이용자의 표현의 자유나 개인정보자기결정권을 제약하지 않는 다른 수단에 의해서도 충분히 달성할 수 있음에도, 인터넷의 특성을 고려하지 아니한 채 본인확인제의 적용범위를 광범위하게 정하여 법집행자에게 자의적인 집행의 여지를 부여하고, 목적달성에 필요한 범위를 넘는 과도한 기본권 제한을 하고 있으므로 침해의 최소성이 인정되지 아니한다. … 본인확인제 시행 이후에 명예훼손, 모욕, 비방의 정보의 게시가 표현의 자유의 사전 제한을 정당화할 정도로 의미 있게 감소하였다는 증거를 찾아볼 수 없는 반면에, 게시판 이용자의 표현의 자유를 사전에 제한하여 의사표현 자체를 위축시킴으로써 자유로운 여론의 형성을 방해하고, 본인확인제의 적용을 받지 않는 정보통신망상의 새로운 의사소통수단과 경쟁하여야 하는 게시판 운영자에게 업무상 불리한 제한을 가하며, 게시판 이용자의 개인정보가 외부로 유출되거나 부당하게 이용될 가능성이 증가하게 되었는바, 이러한 인터넷게시판 이용자 및 정보통신서비스 제공자의 불이익은 본인확인제가 달성하려는 공익보다 결코 더 작다고 할 수 없으므로, 법익의 균형성도 인정되지 않는다. 따라서 본인확인제를 규율하는 이 사건 법령조항들은 과잉금지원칙에 위배하여 인터넷게시판 이용자의 표현의 자유, 개인정보자기결정권 및 인터넷게시판을 운영하는 정보통신서비스 제공자의 언론의 자유를 침해를 침해한다. (헌재 2012.8.23. 2010헌마47)

ㄷ. [○]
이 사건 법률조항은 … 타인의 권리를 침해하는 정보가 정보통신망을 통해 무분별하게 유통되는 것을 방지하기 위하여 권리침해 주장자의 삭제요청과 침해사실에 대한 소명에 의하여 정보통신서비스 제공자로 하여금 임시조치를 취하도록 함으로써 정보의 유통 및 확산을 일시적으로 차단하려는 것이므로, 그 입법목적이 정당하고 수단 또한 적절하다. … '30일 이내'라는 비교적 짧은 기간 동안의 정보 접근만을 차단할 뿐이라는 점, 임시조치 후 '30일 이내'에 정보게재자의 재게시 청구가 있을 경우라든가 임시조치기간이 종료한 경우 등 향후의 분쟁해결절차에 관하여는 정보통신서비스 제공자의 자율에 맡김으로써 정보의 불법성을 보다 정확히 확인하는 동시에 권리침해 주장자와 정보게재자 간의 자율적 분쟁 해결을 도모할 시간적 여유를 제공한다는 점 등에 비추어 볼 때, … 정보게재자의 표현의 자유를 필요최소한으로 제한하도록 설정되어 있다고 할 수 있다. 타인의 명예나 권리를 표현의 자유가 갖는 구체적 한계로까지 규정하여 보호하고 있는 헌법 제21조 제4항의 취지 등에 비추어 볼 때, 사생활 침해, 명예훼손 등 타인의 권리를 침해할 만한 정보가 무분별하게 유통됨으로써 타인의 인격적 법익 기타 권리에 대한 침해가 돌이킬 수 없는 상황에 이르게 될 가능성을 미연에 차단하려는 공익은 매우 절실한 반면, 이 사건 법률조항으로 말미암아 침해되는 정보게재자의 사익은 그리 크지 않으므로, 법익균형성 요건도 충족한다. (헌재 2012.5.31. 2010헌마88)

ㄹ. [×]
공무원의 신분과 지위의 특수성에 비추어 볼 때 공무원에 대해서는 일반 국민에 비해 보다 넓고 강한 기본권제한이 가능한바, 위 규정들은 공무원의 정치적 의사표현이 집단적인 행위가 아닌 개인적·개별적인 행위인 경우에는 허용하고 있고, 공무원의 행위는 그것이 직무 내의 것인지 직무 외의 것인지 구분하기 어려운 경우가 많으며, 설사 공무원이 직무 외에서 집단적인 정치적 표현 행위를 한다 하더라도 공무원의 정치적 중립성에 대한 국민의 신뢰는 유지되기 어려우므로 직무 내외를 불문하고 금지한다 하더라도 침해의 최소성원칙에 위배되지 아니한다. 만약 국가 또는 지방자치단체의 정책에 대한 공무원의 집단적인 반대·방해 행위가 허용된다면 원활한 정책의 수립과 집행이 불가능하게 되고 공무원의 정치적 중립성이 훼손될 수 있는바, 위 규정들이 달성하려는 공익은 그로 말미암아 제한받는 공무원의 정치적 표현의 자유에 비해 작다고 할 수 없으므로 법익의 균형성 또한 인정된다. 따라서 위 규정들은 과잉금지원칙에 반하여 공무원의 정치적 표현의 자유를 침해한다고 할 수 없다. (헌재 2012.5.31. 2009헌마705)

ㅁ. [○]
이 사건 심판대상조항은 … 입법목적의 정당성이 인정되고, … 방법의 적절성도 인정된다. 그러나 심의규정을 위반한 방송사업자에게 '주의 또는 경고'만으로도 반성을 촉구하고 언론사로서의 공적 책무에 대한 인식을 제고시킬 수 있고, 위 조치만으로도 심의규정에 위반하여 '주의 또는 경고'의 제재조치를 받은 사실을 공표하게 되어 이를 다른 방송사업자나 일반 국민에게 알리게 됨으로써 여론의 왜곡 형성 등을 방지하는 한편, 해당 방송사업자에게는 해당 프로그램의 신뢰도 하락에 따른 시청률 하락 등의 불이익을 줄 수 있다. 또한, '시청자에 대한 사과'에 대하여는 '명령'이 아닌 '권고'의 형태를 취할 수도 있다. 이와 같이 기본권을 보다 덜 제한하는 다른 수단에 의하더라도 이 사건 심판대상조항이 추구하는 목적을 달성할 수 있으므로 이 사건 심판대상조항은 침해의 최소성원칙에 위배된다. 또한 이 사건 심판대상조항은 시청자 등 국민들로 하여금 … 그 사회적 신용이나 명예를 저하시키고 법인격의 자유로운 발현을 저해하는 것인바, 방송사업자의 인격권에 대한 제한의 정도가 이 사건 심판대상조항이 추구하는 공익에 비해 결코 작다고 할 수 없으므로 이 사건 심판대상조항은 법익의 균형성원칙에도 위배된다. (헌재 2012.8.23. 2009헌가27)

27

언론·출판의 자유에 관한 설명 중 옳지 않은 것은? (다툼이 있는 경우 판례에 의함) [18 변호사]

① 표현의 특성이나 규제의 필요성에 따라 언론·출판의 자유의 보호를 받는 표현 중에서 사전검열금지원칙의 적용이 배제되는 영역을 따로 설정할 경우 그 기준에 대한 객관성을 담보할 수 없다는 점 등을 고려하면, 헌법상 사전검열은 예외 없이 금지되는 것으로 보아야 한다.

② 언론의 자유에 의하여 보호되는 것은 정보의 획득에서부터 뉴스와 의견의 전파에 이르기까지 언론의 기능과 본질적으로 연관되는 활동에 국한되므로, 인터넷언론사가 취재 인력 3명 이상을 포함하여 취재 및 편집 인력 5명 이상을 상시적으로 고용하도록 하는 것은 언론의 자유를 제한하는 것이 아니라 인터넷언론사의 직업의 자유를 제한하는 것이다.

③ 「옥외광고물 등 관리법」상 사전허가제도는 일정한 지역·장소 및 물건에 광고물 또는 게시시설을 표시하거나 설치하는 경우에 그 광고물 등의 종류·모양·크기·색깔, 표시 또는 설치의 방법 및 기간 등을 규제하고 있을 뿐, 광고물 등의 내용을 심사·선별하여 광고물을 사전에 통제하려는 제도가 아님은 명백하므로, 헌법 제21조 제2항이 정하는 사전허가·검열에 해당되지 아니한다.

④ 의료에 관한 광고는 표현의 자유의 보호영역에 속하지만 사상이나 지식에 관한 정치적·시민적 표현 행위와는 차이가 있고, 한편 직업수행의 자유의 보호영역에도 속하지만 인격발현과 개성신장에 미치는 효과가 중대한 것은 아니므로, 의료에 관한 광고의 규제에 대한 과잉금지원칙 위배 여부를 심사함에 있어 그 기준을 완화하는 것이 타당하다.

⑤ 「언론중재 및 피해구제 등에 관한 법률」은 언론이 사망한 사람의 인격권을 침해한 경우에 그 피해가 구제될 수 있도록 명문의 규정을 두고 있으며, 사망한 사람의 인격권을 침해하였거나 침해할 우려가 있는 경우의 구제절차는 유족이 수행하도록 하고 있다.

27

정답 ②

핵심공략

- 헌법 제21조 제2항 언론·출판에 대한 허가나 검열 금지
  ⇨ 헌법상 사전검열 절대적 금지
  - 여기에서의 '허가나 검열'은 행정권이 주체·사상이나 의견 등 발표 이전 예방적 조치로서 그 발표를 사전에 억제하는 것을 의미 O
    ⇨ 광고물 등의 내용이 아니라 종류·모양·크기·색깔, 표시 또는 설치방법 및 기간 등에 대한 규제는 사전허가·검열 ×
- 인터넷신문사업자의 5명 이상 상시 고용의무
  ⇨ 인터넷신문사업자의 언론의 자유 침해 O, 직업수행의 자유 침해 ×
  (▶ 반대의견: 5명 이상 상시 고용의무는 언론의 자유가 아니라 직업수행의 자유 침해 여부 중심 판단
  ⇨ 청구인의 직업수행의 자유 침해 ×)
- 상업광고도 표현의 자유 보호영역에 해당 O
  ⇨ 다만, 상업광고 규제에 대한 위헌심사에 있어 완화된 비례원칙에 따라 판단 O
- 사망한 사람의 인격권을 침해하였거나 침해할 우려가 있는 경우 그 구제절차를 유족이 수행 O

① [○]

해설 헌법이 특정한 표현에 대해 예외적으로 검열을 허용하는 규정을 두지 않은 점, 이러한 상황에서 표현의 특성이나 규제의 필요성에 따라 언론·출판의 자유의 보호를 받는 표현 중에서 사전검열금지원칙의 적용이 배제되는 영역을 따로 설정할 경우 그 기준에 대한 객관성을 담보할 수 없다는 점 등을 고려하면, 헌법상 사전검열은 예외 없이 금지되는 것으로 보아야 하므로 의료광고 역시 사전검열금지원칙의 적용대상이 된다. **(헌재 2015.12.23. 2015헌바75)**

② [×]

해설 언론의 자유에 의하여 보호되는 것은 정보의 획득에서부터 뉴스와 의견의 전파에 이르기까지 언론의 기능과 본질적으로 관련되는 모든 활동이다. 이런 측면에서 고용조항과 확인조항은 인터넷신문의 발행을 제한하는 효과를 가지고 있으므로 언론의 자유를 제한한다. … 고용조항은 취재 및 편집 역량을 갖춘 인터넷신문만 등록할 수 있도록 함으로써 인터넷신문의 언론으로서의 신뢰성 및 사회적 책임을 제고하기 위한 것이고, 확인조항은 인터넷신문의 고용 인원을 객관적으로 확인하기 위한 조항으로 입법목적의 정당성 및 수단의 적합성이 인정된다. 인터넷신문의 부정확한 보도로 인한 폐해를 규제할 필요가 있다고 하더라도 다른 덜 제약적인 방법들이 신문법, 언론중재법 등에 이미 충분히 존재한다. … 부정확한 보도로 인한 폐해를 막기 위하여 이미 마련되어 있는 여러 법적 장치 이외에 인터넷신문만을 위한 별도의 추가 장치를 마련할 필요성은 찾아보기 어렵다. 인터넷신문 독자를 다른 언론매체 독자보다 더 보호하여야 할 당위성도 찾기 어렵다. 또한, 인터넷신문 기사의 품질 저하 및 그로 인한 폐해가 인터넷신문의 취재 및 편집 인력이 부족하여 발생하는 문제라고 단정하기 어렵다. … 고용조항 및 확인조항은 소규모 인터넷신문이 언론으로서 활동할 수 있는 기회 자체를 원천적으로 봉쇄할 수 있음에 비하여, 인터넷신문의 신뢰도 제고라는 입법목적의 효과는 불확실하다는 점에서 법익의 균형성도 잃고 있다. 따라서 고용조항 및 확인조항은 과잉금지원칙에 위배되어 청구인들의 언론의 자유를 침해한다. **(헌재 2016.10.27. 2015헌마1206 등)**

③ [○]

해설 일정한 지역·장소 및 물건에 광고물 또는 게시시설을 표시하거나 설치하는 경우에 그 광고물 등의 종류·모양·크기·색깔, 표시 또는 설치의 방법 및 기간 등을 규제하고 있을 뿐, 광고물 등의 내용을 심사·선별하여 광고물을 사전에 통제하려는 제도가 아님은 명백하므로, 헌법 제21조 제2항이 정하는 사전허가·검열에 해당되지 아니한다. **(헌재 1998.2.27. 96헌바2)**

④ [○]

해설 상업광고에 대한 규제에 의한 표현의 자유 내지 직업수행의 자유의 제한은 헌법 제37조 제2항에서 도출되는 비례의 원칙(과잉금지원칙)을 준수하여야 하지만, 상업광고는 사상이나 지식에 관한 정치적·시민적 표현행위와는 차이가 있고, 인격발현과 개성신장에 미치는 효과가 중대한 것은 아니므로, 비례의 원칙 심사에 있어서 '피해의 최소성' 원칙은 '입법목적을 달성하기 위하여 필요한 범위 내의 것인지'를 심사하는 정도로 완화되는 것이 상당하다. **(헌재 2005.10.27. 2003헌가3)**

⑤ [○]

조문 **언론중재 및 피해구제 등에 관한 법률**

제5조의2(사망자의 인격권 보호) ① 제5조제1항의 타인에는 사망한 사람을 포함한다.

② 사망한 사람의 인격권을 침해하였거나 침해할 우려가 있는 경우에는 이에 따른 구제절차를 유족이 수행한다.

28

언론·출판의 자유에 관한 설명 중 옳은 것은? (다툼이 있는 경우 판례에 의함) [21 변호사]

① 사전허가금지의 대상은 어디까지나 언론·출판 자유의 내재적 본질인 표현의 내용을 보장하는 것을 말하는 것이지, 언론·출판을 위해 필요한 물적 시설이나 언론기업의 주체인 기업인으로서의 활동까지 포함되는 것으로 볼 수는 없다.

② 사전검열금지원칙은 의사표현의 발표 여부가 오로지 행정권의 허가에 달려있는 사전심사만을 금지하는 것이 아니라 모든 형태의 사전적인 규제를 금지하는 것이다.

③ 의료광고는 표현의 자유의 보호영역에 속하지만 사상이나 지식에 관한 정치적·시민적 표현 행위와는 차이가 있고, 직업수행의 자유의 보호영역에도 속하지만 인격발현과 개성신장에 미치는 효과가 중대한 것은 아니므로, 그 규제의 위헌 여부는 완화된 기준인 자의금지원칙에 따라 심사한다.

④ 사실적 주장에 관한 언론보도 등으로 인하여 피해를 입은 자는 그 보도 내용에 관한 반론보도를 언론사에 청구할 수 있는데, 이 청구에는 언론사의 고의·과실이나 위법성이 필요하지 않으나, 보도 내용이 진실인 경우에는 청구할 수 없다.

⑤ 의사의 자유로운 표명과 전파의 자유에는 책임이 따르므로 자신의 신원을 밝히지 아니한 채 익명 또는 가명으로 자신의 사상이나 견해를 표명하고 전파할 익명표현의 자유는 보장되지 않는다.

28

정답 ①

핵심공략

- 사전허가금지의 대상: 표현의 내용 보장 O, 물적 시설이나 언론기업의 주체인 기업인의 활동 ×
- 헌법상 사전검열금지 원칙: 의사표현의 발표 여부가 오로지 행정청의 허가에 달려있는 사전심사만을 금지 O
  cf) 표현내용에 대한 심사가 아닌 경우, 사전적 심사가 아닌 경우, 금지가능성과 결부되지 않은 신고의무 및 제출의무 부과의 경우, 사법권 등에 의한 사전제한 ⇨ 헌법상 금지되는 사전검열 ×
- 상업광고 규제에 관한 위헌심사 기준: 완화된 비례원칙 O, 자의금지원칙 ×
- 반론보도청구권: 언론사 등의 고의·과실이나 위법성 필요 ×, 보도 내용의 진실 여부와 무관 O
- 익명표현의 자유도 표현의 자유 보호영역에 포함 O

① [○]

해설 사전허가금지의 대상은 어디까지나 언론·출판 자유의 내재적 본질인 표현의 내용을 보장하는 것을 말하는 것이지, 언론·출판을 위해 필요한 물적 시설이나 언론기업의 주체인 기업인으로서의 활동까지 포함되는 것으로 볼 수는 없다. 즉, 언론·출판에 대한 허가·검열금지의 취지는 정부가 표현의 내용에 관한 가치판단에 입각해서 특정 표현의 자유로운 공개와 유통을 사전 봉쇄하는 것을 금지하는 데 있으므로, 내용 규제 그 자체가 아니거나 내용 규제 효과를 초래하는 것이 아니라면 헌법이 금지하는 "허가"에는 해당되지 않는다. **(헌재 1992.6.26. 90헌가23)**

② [×]

해설 사전검열금지의 원칙은 모든 형태의 사전적인 규제를 금지하는 것은 아니고, 의사표현의 발표 여부가 오로지 행정권의 허가에 달려있는 사전심사만을 금지하는 것으로, 일반적으로 허가를 받기 위한 표현물의 제출의무, 행정권이 주체가 된 사전심사절차, 허가를 받지 아니한 의사표현의 금지 및 심사절차를 관철할 수 있는 강제수단 등의 요건을 갖춘 경우에만 이에 해당한다. **(헌재 2007.10.4. 2004헌바36)**

③ [×]

해설 상업광고에 대한 규제에 의한 표현의 자유 내지 직업수행의 자유의 제한은 헌법 제37조 제2항에서 도출되는 비례의 원칙(과잉금지원칙)을 준수하여야 하지만, 상업광고는 사상이나 지식에 관한 정치적·시민적 표현행위와는 차이가 있고, 인격발현과 개성신장에 미치는 효과가 중대한 것은 아니므로, 비례의 원칙 심사에 있어서 '피해의 최소성' 원칙은 '입법목적을 달성하기 위하여 필요한 범위 내의 것인지'를 심사하는 정도로 완화되는 것이 상당하다. **(헌재 2005.10.27. 2003헌가3)**

④ [×]

조문 **언론중재 및 피해구제 등에 관한 법률**
제16조(반론보도청구권) ① 사실적 주장에 관한 언론보도등으로 인하여 피해를 입은 자는 그 보도 내용에 관한 반론보도를 언론사등에 청구할 수 있다.
② 제1항의 청구에는 언론사등의 고의·과실이나 위법성을 필요로 하지 아니하며, 보도 내용의 진실 여부와 상관없이 그 청구를 할 수 있다.

⑤ [×]

해설 '자유로운' 표명과 전파의 자유에는 자신의 신원을 누구에게도 밝히지 아니한 채 익명 또는 가명으로 자신의 사상이나 견해를 표명하고 전파할 익명표현의 자유도 그 보호영역에 포함된다고 할 것이다. **(헌재 2010.2.25. 2008헌마324 등)**

29

집회 및 결사의 자유에 관한 설명 중 옳은 것을 모두 고른 것은? (다툼이 있는 경우 헌법재판소 판례에 의함) [16 변호사]

ㄱ. 집회의 자유는 개성신장과 아울러 여론형성에 영향을 미칠 수 있게 하여 동화적 통합을 촉진하는 기능을 가지며, 나아가 정치·사회현상에 대한 불만과 비판을 공개적으로 표출케 함으로써 정치적 불만세력을 사회적으로 통합하여 정치적 안정에 기여하는 역할을 한다.
ㄴ. 노동조합을 설립할 때 행정관청에 설립신고서를 제출하게 하고 그 요건을 충족하지 못하는 경우 설립신고서를 반려하도록 하는 법률조항은 헌법상 금지된 결사에 대한 허가제에 해당하지 않는다.
ㄷ. 집회는 일정한 장소를 전제로 하여 특정 목적을 가진 다수인이 일시적으로 회합하는 것을 말하는 것으로, 여기서의 다수인이 가지는 공동의 목적은 '내적인 유대 관계'로 족하지 않고 공통의 의사형성과 의사표현이라는 공동의 목적이 포함되어야 한다.
ㄹ. 안마사들로 하여금 의무적으로 대한안마사협회의 회원이 되어 정관을 준수하도록 하는 법률조항은, 그들 사이에 정보를 교환하고 친목을 도모하며 직업활동을 효과적으로 수행하도록 하기 위하여 국가가 적극적으로 개입하는 것이 필요하므로 안마사들의 결사의 자유를 침해하지 않는다.

① ㄱ, ㄴ　　② ㄱ, ㄷ
③ ㄷ, ㄹ　　④ ㄱ, ㄴ, ㄹ
⑤ ㄱ, ㄴ, ㄷ, ㄹ

29

정답 ④

핵심공략

- 집회의 자유: 동화적 통합 촉진 기능, 정치적 안정 기여
- 행정관청의 노동조합 설립신고서 반려: 헌법상 금지되는 허가제 ×
- 집회의 목적적 요건: 최광의설(내적인 유대만 있어도) v. 광의설(공통 의사형성과 의사표현이라는 공동목적이 있어야) v. 협의설(그 공동목적이 공적인 사항에 한정되는 경우에만)
  - 공동의 목적은 '내적인 유대 관계'로 족함 ○ (2007헌바22)
- 안마사들의 대한안마사협회 의무적 가입
  ⇨ 결사의 자유 침해 ×

해설 ㄱ. [○]

인간으로서의 존엄과 가치를 보장하기 위하여 자유로운 인격발현을 최고가치 중의 하나로 삼는 우리 헌법질서 내에서, 집회의 자유는 국민들이 타인과 접촉하고 정보와 의견을 교환하며 공동의 목적을 위하여 집단적으로 의사표현을 할 수 있게 함으로써 개성신장과 아울러 여론형성에 영향을 미칠 수 있게 하여 동화적 통합을 촉진하는 기능을 가지며, 나아가 정치·사회현상에 대한 불만과 비판을 공개적으로 표출케 함으로써 정치적 불만세력을 사회적으로 통합하여 정치적 안정에 기여하는 역할을 한다. 또한 선거와 선거 사이의 기간에 유권자와 그 대표 사이의 의사를 연결하고, 대의기능이 약화된 경우에 그에 갈음하는 직접민주주의의 수단으로서 기능하며, 현대사회에서 의사표현의 통로가 봉쇄되거나 제한된 소수집단에게 의사표현의 수단을 제공한다는 점에서, 언론·출판의 자유와 더불어 대의제 자유민주국가에서는 필수적 구성요소가 되는 것이다. 이러한 의미에서 헌법이 집회의 자유를 보장한 것은 관용과 다양한 견해가 공존하는 다원적인 '열린사회'에 대한 헌법적 결단인 것이다. **(현재 2009.9.24. 2008헌가25)**

ㄴ. [○]

이 사건 법률조항은 노동조합 설립에 있어 노동조합법상의 요건 충족 여부를 사전에 심사하도록 하는 구조를 취하고 있으나, 이 경우 노동조합법상 요구되는 요건만 충족되면 그 설립이 자유롭다는 점에서 일반적인 금지를 특정한 경우에 해제하는 허가와는 개념적으로 구분되고, 더욱이 행정관청의 설립신고서 수리 여부에 대한 결정은 재량 사항이 아니라 의무 사항으로 그 요건 충족이 확인되면 설립신고서를 수리하고 그 신고증을 교부하여야 한다는 점에서 단체의 설립 여부 자체를 사전에 심사하여 특정한 경우에 한해서만 그 설립을 허용하는 '허가'와는 다르다. 따라서 이 사건 법률조항의 노동조합 설립신고서 반려제도가 헌법 제21조 제2항 후단에서 금지하는 결사에 대한 허가제라고 볼 수 없다. **(현재 2012.3.29. 2011헌바53)**

ㄷ. [×]

일반적으로 집회는, 일정한 장소를 전제로 하여 특정 목적을 가진 다수인이 일시적으로 회합하는 것을 말하는 것으로 일컬어지고 있고, 그 공동의 목적은 '내적인 유대 관계'로 족하다. **(현재 2009.5.28. 2007헌바22)**

ㄹ. [○]

안마사들은 시각장애로 말미암아 공동의 이익을 증진하기 위하여 개인적으로나 이익단체를 조직하여 활동하는 것이 용이하지 않고, 안마사들로 하여금 하나의 중앙회에 의무적으로 가입하도록 하여 전국적 차원의 단체를 존속시키는 것은 그들 사이에 정보를 교환하고 친목을 도모하며 직업수행 능력을 높일 수 있으며, 시각장애인으로 하여금 직업 활동을 효과적으로 수행하도록 하기 위하여 국가가 적극적으로 개입하는 것도 필요하므로, 위 조항이 안마사들의 결사의 자유를 침해한다고 볼 수 없다. **(현재 2008.10.30. 2006헌가15)**

30

「집회 및 시위에 관한 법률」에 대한 헌법재판소의 결정에 관한 설명 중 옳지 않은 것은? [19 변호사]

① 국무총리 공관의 출입이나 안전에 위협을 가할 위험성이 낮은 소규모 옥외집회·시위라고 하더라도 일반 대중의 합세로 인하여 대규모 집회·시위로 확대될 우려나 폭력집회·시위로 변질될 위험이 있으므로, 국무총리 공관 경계지점으로부터 100미터 이내의 장소에서 옥외집회·시위를 전면적으로 금지하는 것은 집회의 자유를 침해하지 않는다.

② 재판에 영향을 미칠 염려가 있거나 미치게 하기 위한 집회 또는 시위를 금지하고 이를 위반한 자를 형사처벌하는 것은 어떠한 집회·시위가 규제대상에 해당하는지를 판단할 수 있는 아무런 기준도 제시하지 아니함으로써 사실상 재판과 관련된 집단적 의견표명 일체가 불가능하게 되어 집회의 자유를 실질적으로 박탈하는 결과를 초래하므로 집회의 자유를 침해한다.

③ 민주적 기본질서에 위배되는 집회·시위를 금지하고 위반 시 형사처벌하는 것은 규율범위의 광범성으로 인하여, 집회·시위의 내용이나 목적이 민주적 기본질서에 조금이라도 위배되는 경우 처벌이 가능할 뿐 아니라 사실상 사회현실이나 정부정책에 비판적인 사람들의 집단적 의견표명 일체를 봉쇄하는 결과를 초래하므로 집회의 자유를 침해한다.

④ '일출시간 전, 일몰시간 후'라는 광범위하고 가변적인 시간대의 옥외집회 또는 시위를 금지하는 것은 오늘날 직장인이나 학생들의 근무·학업 시간, 도시화·산업화가 진행된 현대사회의 생활형태 등을 고려하지 아니하고 목적 달성을 위해 필요한 정도를 넘는 지나친 제한을 가하는 것이어서 집회의 자유를 침해한다.

⑤ 국회의사당의 경계지점으로부터 100미터 이내의 장소에서 옥외집회를 전면적으로 금지하는 것은 국회의원에 대한 물리적인 압력이나 위해를 가할 가능성이 없는 장소 및 국회의사당 등 국회시설에의 출입이나 안전에 지장이 없는 장소까지도 집회금지장소에 포함되게 하여 국회의 헌법적 기능에 대한 보호의 필요성을 고려하더라도 지나친 규제라고 할 것이다.

30

정답 ①

핵심공략

- '국무총리 공관', '국회의사당' 1백미터 이내 옥외집회·시위의 '전면적' 금지
  ⇨ 집회의 자유 침해 O
- '재판에 영향을 미칠 염려 있거나 미치게 하기 위한 집회·시위' 및 '민주적 기본질서에 위배되는 집회·시위'의 금지 과잉금지원칙 위배 O (목: O, 수: ×, 침: ×, 법: ×)
  ⇨ 집회의 자유 침해 O
- 해가 진 후부터 같은 날 24까지의 시위 금지
  ⇨ 집회의 자유 침해 O

① [×]

해설 이 사건 금지장소 조항은 국무총리 공관의 기능과 안녕을 직접 저해할 가능성이 거의 없는 '소규모 옥외집회·시위의 경우', '국무총리를 대상으로 하는 옥외집회·시위가 아닌 경우'까지도 예외 없이 옥외집회·시위를 금지하고 있는바, 이는 입법목적 달성에 필요한 범위를 넘는 과도한 제한이다. … 이 사건 금지장소 조항을 통한 국무총리 공관의 기능과 안녕 보장이라는 목적과 집회의 자유에 대한 제약 정도를 비교할 때, 이 사건 금지장소 조항으로 달성하려는 공익이 제한되는 집회의 자유 정도보다 크다고 단정할 수는 없으므로 이 사건 금지장소 조항은 법익의 균형성 원칙에도 위배된다. 따라서 이 사건 금지장소 조항은 과잉금지원칙을 위반하여 집회의 자유를 침해한다. **(헌재 2018.6.28. 2015헌가28 등)**

② [○]

해설 구 집시법의 옥외집회·시위에 관한 일반규정 및 형법에 의한 규제 및 처벌에 의하여 사법의 독립성을 확보할 수 있음에도 불구하고, 재판에 영향을 미칠 염려가 있거나 미치게 하기 위한 집회 또는 시위를 금지하고 이를 위반한 자를 형사처벌하는 구 '집회 및 시위에 관한 법률' 제3조 제1항 제2호 부분은 재판에 영향을 미칠 염려가 있거나 미치게 하기 위한 집회·시위를 사전적·전면적으로 금지하고 있을 뿐 아니라, 어떠한 집회·시위가 규제대상에 해당하는지를 판단할 수 있는 아무런 기준도 제시하지 아니함으로써 사실상 재판과 관련된 집단적 의견표명 일체가 불가능하게 되어 집회의 자유를 실질적으로 박탈하는 결과를 초래하므로 최소침해성 원칙에 반한다. … 따라서 이 사건 제2호 부분은 과잉금지원칙에 위배되어 집회의 자유를 침해한다. **(헌재 2016.9.29. 2014헌가3 등)**

③ [○]

해설 이 사건 제3호 부분은 규제대상인 집회·시위의 목적이나 내용을 구체적으로 적시하지 않은 채 헌법의 지배원리인 '민주적 기본질서'를 구성요건으로 규정하였을 뿐 기본권 제한의 한계를 설정할 수 있는 구체적 기준을 전혀 제시한 바 없다. 이와 같은 규율의 광범성으로 인하여 헌법이 규정한 민주주의의 세부적 내용과 상이한 주장을 하거나 집회·시위 과정에서 우발적으로 발생한 일이 민주적 기본질서에 조금이라도 위배되는 경우 처벌이 가능할 뿐 아니라 사실상 사회현실이나 정부정책에 비판적인 사람들의 집단적 의견표명 일체를 봉쇄하는 결과를 초래함으로써 침해의 최소성 및 법익의 균형성을 상실하였으므로, 이 사건 제3호 부분은 과잉금지원칙에 위배되어 집회의 자유를 침해한다. **(헌재 2016.9.29. 2014헌가3 등)**

④ [○]

해설 '일출시간 전, 일몰시간 후'라는 광범위하고 가변적인 시간대의 옥외집회 또는 시위를 금지하는 것은 오늘날 직장인이나 학생들의 근무·학업 시간, 도시화·산업화가 진행된 현대사회의 생활형태 등을 고려하지 아니하고 목적 달성을 위해 필요한 정도를 넘는 지나친 제한을 가하는 것이어서 최소침해성 및 법익균형성 원칙에 반한다. 헌법재판소는, 2010헌가2 결정으로 '집회 및 시위에 관한 법률' 제10조 중 '시위' 부분 등에 대하여 한정위헌결정을 한 바 있고, 이 사건에 있어서 가능한 한 심판대상조항들 중 위헌인 부분을 가려내야 할 필요성은 2010헌가2 결정에서와 마찬가지로 인정되므로, 심판대상조항들은 '일몰시간 후부터 같은 날 24시까지의 옥외집회 또는 시위'에 적용되는 한 헌법에 위반된다. **(헌재 2014.4.24. 2011헌가29)**

⑤ [○]

해설 국회의원은 국가이익을 우선하여 양심에 따라 직무를 수행해야 하므로, '민의의 수렴'이라는 국회의 기능을 고려할 때 국회가 특정인이나 일부 세력의 부당한 압력으로부터 보호될 필요성은 원칙적으로 국회의원에 대한 물리적인 압력이나 위해를 가할 가능성 및 국회의사당 등 국회 시설에의 출입이나 안전에 위협을 가할 위험성으로부터의 보호로 한정되어야 한다. 심판대상조항은 국회의사당 인근에서의 집회를 전면적으로 금지하면서도 '국회의사당'이라는 구체적인 공간의 범위를 명시적으로 정의하는 규정을 두고 있지 않고, 집시법과 국회법의 규정을 살펴보더라도 '국회의사당'의 의미를 구체적으로 설정하는 규정은 없다. … 결국 심판대상조항은 국회의사당 인근 일대를 광범위하게 집회금지장소로 설정함으로써, 국회의원에 대한 물리적인 압력이나 위해를 가할 가능성이 없는 장소 및 국회의사당 등 국회 시설에의 출입이나 안전에 지장이 없는 장소까지도 집회금지장소에 포함되게 한다. 더욱이 대한민국 국회는 국회 부지의 경계지점에 담장을 설치하고 있고, 국회의 담장으로부터 국회의사당 건물과 같은 국회 시설까지 상당한 공간이 확보되어 있으므로 국회의원 등의 자유로운 업무수행 및 국회 시설의 안전이 보장될 수 있다. 그럼에도 심판대상조항이 국회 부지 또는 담장을 기준으로 100미터 이내의 장소에서 옥외집회를 금지하는 것은 국회의 헌법적 기능에 대한 보호의 필요성을 고려하더라도 지나친 규제라고 할 것이다. … 심판대상조항은 과잉금지원칙을 위반하여 집회의 자유를 침해한다. **[헌재 2018.5.31. 2013헌바322, 2016헌바354, 2017헌바360·398·471, 2018헌가3·4·9(병합)]**

4. 경제생활영역의 자유

31

재산권에 관한 설명 중 옳지 않은 것은? (다툼이 있는 경우 판례에 의함) [15 변호사]

① 헌법 제23조의 재산권은 「민법」상의 소유권뿐만 아니라, 재산적 가치 있는 사법상의 물권, 채권 등 모든 권리를 포함하며, 국가로부터의 일방적인 급부가 아닌 자기 노력의 대가나 자본의 투자 등 특별한 희생을 통하여 얻은 공법상의 권리도 포함한다.

② 헌법재판소는 도로의 지표 지하 50미터 이내의 장소에서는 관할 관청의 허가나 소유자 또는 이해관계인의 승낙이 없으면 광물을 채굴할 수 없도록 규정한 구 「광업법」 조항에 대하여, 다른 권리와의 충돌가능성이 내재되어 있는 광업권의 특성을 감안하더라도 위와 같은 제한은 광업권자가 수인하여야 하는 사회적 제약의 범주를 벗어나 광업권자의 재산권을 침해한다고 판시하였다.

③ 「군인연금법」상 퇴역연금수급권과 같이 연금수급인 자신이 기여금의 납부를 통해 연금의 재원 형성에 일부 기여하는 경우에는 이러한 연금수급권은 사회적 기본권의 하나인 사회보장 수급권의 성격을 지니면서도 재산권으로서의 성격을 아울러 지닌다.

④ 헌법 제13조 제2항은 "모든 국민은 소급입법에 의하여 … 재산권을 박탈당하지 아니한다."라고 규정하고 있는바, 새로운 입법으로 이미 종료된 사실관계 또는 법률관계에 작용하도록 하는 진정소급입법은 개인의 신뢰보호와 법적 안정성을 내용으로 하는 법치국가원리에 의하여 특단의 사정이 없는 한 헌법상 허용되지 않는 것이 원칙이다.

⑤ 헌법재판소는 개인파산절차에서 면책을 받은 채무자가 악의로 채권자목록에 기재하지 않은 청구권에 대해서만 면책의 예외를 인정하고, 파산채권자에게 채무자의 악의를 입증하도록 규정한 「채무자 회생 및 파산에 관한 법률」 조항은 파산채권자의 재산권을 침해하지 않는다고 판시하였다.

31

정답 ②

핵심공략

- 공법상 권리도 헌법상 재산권 해당 O
  ⅰ) 사적유용성, ⅱ) 수급자의 상당한 자기기여, ⅲ) 수급자의 생존 확보에 기여, ⅳ) 구체적 개인적 주관적 공권의 형태 갖출 것
  ⇨ 군인의 퇴역연금수급권: 사회보장수급권의 성격 + 재산권으로서의 성격
- 광물 채굴의 제한: 사회적 제약 범위 내에서의 제한 O, 재산권 침해 ×
- 진정소급입법 예외적 허용: ⅰ) 소급입법을 예상할 수 있었거나 법적 상태가 불확실하고 혼란스러워 보호할 만한 신뢰이익이 적은 경우, ⅱ) 소급입법에 의한 당사자의 손실이 없거나 아주 경미한 경우, ⅲ) 신뢰보호의 요청에 우선하는 심히 중대한 공익상의 사유가 소급입법을 정당화하는 경우 등
- 면책의 예외에 대한 파산채권자의 입증책임: 재산권에 대한 과도한 제한 ×

① [○]

해설 재산권은 자유의 실현과 물질적 삶의 기초이고, 자유실현의 물질적 바탕을 보호하는 재산권의 자유보장적 기능으로 말미암아 자유와 재산권은 불가분의 관계이자 상호보완관계에 있다. 자본주의적 산업사회의 발전과 함께 개인의 경제적 생활기반이 더 이상 소유물이 아니라, 임금이나 그에서 파생하는 연금과 같이 사회보장적 성격의 권리 등이 되었고, 이로써 필연적으로 헌법 제23조의 재산권의 개념은 자유실현의 물질적 바탕이 될 수 있는 모든 권리로 점점 더 확대되었다. 따라서 헌법 제23조의 재산권은 민법상의 소유권뿐만 아니라, 재산적 가치있는 사법상의 물권, 채권 등 모든 권리를 포함하며, 또한 국가로부터의 일방적인 급부가 아닌 자기 노력의 대가나 자본의 투자 등 특별한 희생을 통하여 얻은 공법상의 권리도 포함한다. **(헌재 2000.6.29.99헌마289)**

② [×]

해설 심판대상조항은 광업권이 정당한 토지사용권 등 공익과 충돌하는 것을 조정하는 정당한 입법목적이 있고, 도로와 일정 거리 내에서는 허가 또는 승낙 하에서만 채굴할 수 있도록 하는 것은 적절한 수단이 되며, 정당한 이유 없이 허가 또는 승낙을 거부할 수 없도록 하여 광업권이 합리적인 이유 없이 제한되는 일이 없도록 하므로 최소침해성의 원칙에도 부합하고, 실현하고자 하는 공익과 광업권의 침해 정도를 비교형량할 때 적정한 비례관계가 성립하므로 법익균형성도 충족된다. 또한 광업권의 특성을 감안할 때 심판대상조항에 의한 제한은 광업권자가 수인하여야 하는 사회적 제약의 범주에 속하는 것이다. 따라서 심판대상조항은 광업권자의 재산권을 침해하지 아니한다. **(헌재 2014.2.27. 2010헌바483)**

③ [○]

해설 구 군인연금법상의 퇴역연금 수급권은 사회적 기본권의 하나인 사회보장 수급권의 성격을 지니면서도, 수급인 자신이 기여금의 납부를 통해 퇴역연금의 재원 형성에 일부 기여한다는 점에서 후불적 임금의 성격 또한 가미되어 있으므로 재산권으로서의 성격을 아울러 지니고 있다 할 것이다. 다시 말하여 퇴역연금 수급권은 사회보장 수급권과 재산권이라는 두 가지 성격이 불가분적으로 혼화되어, 전체적으로 재산권적인 보호의 대상이 되면서도 순수한 재산권만이 아닌 나름대로의 특성을 지니는 것이다. **(헌재 2007.10.25. 2005헌바68)**

④ [○]

해설 소급입법은 새로운 입법으로 이미 종료된 사실관계 또는 법률관계에 작용케 하는 진정소급입법과 현재 진행중인 사실관계 또는 법률관계에 작용케 하는 부진정소급입법으로 나눌 수 있는데, 부진정소급입법은 원칙적으로 허용되지만 소급효를 요구하는 공익상의 사유와 신뢰보호의 요청 사이의 교량과정에서 신뢰보호의 원칙이 입법자의 형성권에 제한을 가하게 되는데 반하여, 진정소급입법은 특단의 사정이 없는 한 개인의 신뢰보호와 법적 안정성을 내용으로 하는 법치국가원리에 의하여 헌법적으로 허용되지 아니하는 것이 원칙이고, 다만 일반적으로 국민이 소급입법을 예상할 수 있었거나 법적 상태가 불확실하고 혼란스러워 보호할 만한 신뢰이익이 적은 경우와 소급입법에 의한 당사자의 손실이 없거나 아주 경미한 경우 그리고 신뢰보호의 요청에 우선하는 심히 중대한 공익상의 사유가 소급입법을 정당화하는 경우 등에는 예외적으로 허용된다고 본다. **(헌재 1999.7.22. 97헌바76)**

⑤ [○]

해설 심판대상조항은 채권의 공평한 변제와 채무자의 경제적 재기를 목적으로 하면서도, 채권자목록에 기재되지 아니함으로 인하여 채권이 상실될 채권자를 보호하기 위한 것으로 목적의 정당성이 인정되고, 채무자가 악의로 채권자목록에서 누락한 채권을 면책 대상에서 제외하는 것은 위 목적달성을 위한 적합한 수단에 해당한다. 만약 채권자목록에 기재되지 않은 모든 채권을 면책의 대상에서 제외한다면, 파산 및 면책 본연의 기능을 수행하기 어렵고, 면책 여부가 채권자목록에 기재하였는지 여부에 좌우된다는 불합리한 점이 생길 수 있으며, 면책제도의 취지와 실제 면책이 이루어지는 채무자의 상황 등을 고려할 때, 입증책임을 채권자에게 부담시켰다 하더라도 재산권에 대한 과도한 제한으로 보기는 어렵다. **(헌재 2014.6.26. 2012헌가22)**

32

조세와 부담금에 관한 설명 중 옳지 않은 것은? (다툼이 있는 경우 판례에 의함) [12 변호사]

① 어떤 공적 과제에 관한 재정조달을 조세로 할 것인지 아니면 부담금으로 할 것인지는 원칙적으로 입법자의 자유로운 선택이 인정되는 정책재량 차원의 문제에 속한다.

② 국가가 조세저항을 회피하기 위한 수단으로 부담금의 형식을 남용해서는 안 되므로, 부담금을 국가의 일반적 재정수입에 포함시켜 일반적 국가과제를 수행하는 데 사용하는 것은 허용될 수 없다.

③ '먹는 샘물' 수입판매업자에게 수질개선부담금을 부과하는 것은, 수돗물 우선정책에 반하는 수입된 '먹는 샘물'의 보급 및 소비를 억제하도록 간접적으로 유도하기 위한 합리적인 이유가 있으므로 평등원칙에 위배되지 않는다.

④ 부담금 납부의무자는 재정조달 대상인 공적 과제에 대하여 일반국민에 비해 '특별히 밀접한 관련성'을 가져야 하며, 부담금이 장기적으로 유지되는 경우에 그 징수의 타당성이나 적정성이 입법자에 의해 지속적으로 심사될 것이 요구된다.

⑤ 공동주택의 수분양자들에게 학교용지부담금을 부과하는 것은 부담금의 헌법적 한계를 벗어난 것이지만, 그 개발사업자들에게 학교용지부담금을 부과하는 것은 부담금의 헌법적 한계를 벗어난 것이 아니다.

32

정답 ①

핵심공략

- 부담금은 조세에 대한 관계에서 어디까지나 예외적으로만 인정되어야 O, 입법자의 자유로운 선택권 허용하여서는 ×
- 부담금은 특정 과제 수행 목적 별도 관리·지출되어야 O, 일반 재정수입에 포함시켜서는 ×
- 먹는샘물 수입판매업자에게 수질개선부담금 부과
  ⇨ 합리적 근거가 있는 차별 O
  ⇨ 평등원칙 위배 ×
- 재정조달목적 부담금의 헌법적 정당화 요건
  ⅰ) 특수한 공적과제, ⅱ) 특별히 밀접한 관련성, ⅲ) 입법자의 지속적 심사
  ⇨ 특히 ⅱ)와 관련, 집단의 동질성, 객관적 근접성, 집단적 책임성, 집단적 효용성
- 공동주택 수분양자들에 대한 학교용지부담금 부과
  ⇨ 헌법상 의무교육 무상원칙 및 평등원칙 위배 O
  그 개발사업자들에 대한 학교용지부담금 부과
  ⇨ 헌법상 의무교육 무상원칙 및 평등원칙 위배 ×

① [×]

해설 부담금은 조세에 대한 관계에서 어디까지나 예외적으로만 인정되어야 하며, 어떤 공적 과제에 관한 재정조달을 조세로 할 것인지 아니면 부담금으로 할 것인지에 관하여 입법자의 자유로운 선택권을 허용하여서는 안 된다. 즉, 국가 등의 일반적 재정수입에 포함시켜 일반적 과제를 수행하는 데 사용할 목적이라면 반드시 조세의 형식으로 해야 하지, 거기에 부담금의 형식을 남용해서는 안 되는 것이다. **(헌재 2004.7.15. 2002헌바42)**

② [○]

해설 특별부담금은, 부담금의 부과를 통하여 수행하고자 하는 특정한 사회적·경제적 과제에 대하여 조세외적 부담을 지울만큼 특별하고 긴밀한 관계가 있는 특정집단에 국한하여 부과되어야 하고, 이와 같이 부과·징수된 부담금은 그 특정과제의 수행을 위하여 별도로 관리·지출되어야 하며 국가의 일반적 재정수입에 포함시켜 일반적 국가과제를 수행하는데 사용되어서는 아니된다. **(헌재 1999.5.27. 98헌바70)**

③ [○]

해설 먹는샘물 수입판매업자에게 수질개선부담금을 부과하는 것은 수돗물 우선정책에 반하는 수입 먹는샘물의 보급 및 소비를 억제하도록 간접적으로 유도함으로써 궁극적으로는 수돗물의 질을 개선하고 이를 국민에게 저렴하게 공급하려는 정당한 국가정책이 원활하게 실현될 수 있게 하기 위한 것으로서, 부과에 합리적인 이유가 있으므로 평등원칙에 위배되는 것이라 볼 수 없다. **(헌재 2004.7.15. 2002헌바42)**

④ [○]

해설 부담금 납부의무자는 재정조달 대상인 공적 과제에 대하여 일반국민에 비해 '특별히 밀접한 관련성'을 가져야 하며, 부담금이 장기적으로 유지되는 경우에 있어서는 그 징수의 타당성이나 적정성이 입법자에 의해 지속적으로 심사될 것이 요구된다. **(헌재 2004.7.15. 2002헌바42)**

⑤ [○]

해설 ㉠ 공동주택의 수분양자들에게 학교용지부담금을 부과하는 것: 의무교육에 필요한 학교시설은 국가의 일반적 과제이고, 학교용지는 의무교육을 시행하기 위한 물적 기반으로서 필수조건임은 말할 필요도 없으므로 이를 달성하기 위한 비용은 국가의 일반재정으로 충당하여야 한다. 따라서 적어도 의무교육에 관한 한 일반재정이 아닌 부담금과 같은 별도의 재정수단을 동원하여 특정한 집단으로부터 그 비용을 추가로 징수하여 충당하는 것은 의무교육의 무상성을 선언한 헌법에 반한다. … 이 사건 법률조항은 학교용지부담금 부과대상 개발사업을 신규 주택의 공급 여부가 아닌 단순히 주택 공급의 근거 법률이 무엇이냐에 따라 정하고 있는바, 이는 합리성이 없는 기준에 의하여 자의적으로 제청신청인들을 불리하게 대우하는 것이다. **(헌재 2005.3.31. 2003헌가20)**

㉡ 개발사업자들에게 학교용지부담금을 부과하는 것: 의무교육의 무상성에 관한 헌법상 규정은 교육을 받을 권리를 보다 실효성 있게 보장하기 위해 의무교육 비용을 학령아동 보호자의 부담으로부터 공동체 전체의 부담으로 이전하라는 명령일 뿐 의무교육의 모든 비용을 조세로 해결해야 함을 의미하는 것은 아니므로, 학교용지부담금의 부과대상을 수분양자가 아닌 개발사업자로 정하고 있는 이 사건 법률조항은 의무교육의 무상원칙에 위배되지 아니한다. … 개발사업자는 개발사업을 통해 이익을 얻었다는 점에서 개발사업 지역에서의 학교시설 확보라는 특별한 공익사업에 대해 밀접한 관련성을 가지고 있을 뿐만 아니라 이에 대해 일정한 부담을 져야 할 책임도 가지고 있는바, 개발사업자에 대한 학교용지부담금 부과는 평등원칙에 위배되지 아니한다. **(헌재 2008.9.25. 2007헌가1)**

33

재산권에 관한 설명 중 옳지 않은 것은? (다툼이 있는 경우 판례에 의함) [16 변호사]

① 헌법 제23조 제3항이 규정하는 '정당한 보상'이란 원칙적으로 피수용 재산의 객관적인 재산 가치를 완전하게 보상하는 완전보상을 의미한다.

② 중학교 학교환경위생 정화구역 안에서 여관영업을 금지하는 법률조항은, 구체적 · 개별적으로 형성된 재산권인 여관영업권을 사회적 수인한도를 넘어 박탈하거나 제한하면서 아무런 보상규정을 두지 아니하여 국민의 재산권을 침해한다.

③ 행정기관이 개발촉진지구 지역개발사업으로 실시계획을 승인하고 이를 고시하기만 하면 고급골프장 사업과 같이 공익성이 낮은 사업에 대해서까지도 시행자인 민간개발자에게 수용권한을 부여하는 법률조항은 헌법 제23조 제3항에 위반된다.

④ 공익사업을 수행하는 자는 동일한 토지소유자에 속하는 일단의 토지의 일부가 취득되거나 사용됨으로 인하여 잔여지의 가격이 감소하거나 그 밖의 손실이 있는 때에는 원칙적으로 국토교통부령으로 정하는 바에 따라 그 손실을 보상하여야 한다.

⑤ 개발제한구역 지정 당시의 상태대로 토지를 사용 · 수익 · 처분할 수 있는 이상, 구역지정에 따른 단순한 토지이용의 제한은 원칙적으로 재산권에 내재하는 사회적 제약의 범주를 넘지 않는다.

33

정답 ②

핵심공략

- 헌법 제23조 제3항 '정당한 보상': 완전보상 의미 O
- 중학교 학교환경위생정화구역 내 여관영업 금지: 직업수행의 자유 및 재산권 침해 ×
- 고급골프장, 고급리조트 등 공익적 필요성이 인정되기 어려운 사업에 대한 공공수용 허용 여지
  ⇨ 헌법 제23조 제3항 위반 O
- 잔여지에 대한 손실보상 O
- 구역지정 당시의 상태대로 토지를 사용·수익·처분 가능하다면, 원칙적으로 재산권에 내재하는 사회적 제약의 범주를 넘지 ×

① [○]

해설 헌법 제23조 제3항에 규정된 '정당한 보상'이란 원칙적으로 피수용재산의 객관적인 재산가치를 완전하게 보상하는 것이어야 한다는 완전보상을 뜻하는데, 토지의 경우에는 그 특성상 인근유사토지의 거래가격을 기준으로 하여 토지의 가격형성에 미치는 제 요소를 종합적으로 고려한 합리적 조정을 거쳐서 객관적인 가치를 평가할 수밖에 없다. (헌재 1995.4.20. 93헌바20등)

② [×]

해설 위 조항은 여관의 유해환경으로부터 중학교 학생들을 보호하여 중학교 교육의 능률화를 기하려는 것으로서 그 입법목적의 정당성이 인정되고, 유해환경으로서의 특성을 갖는 여관영업을 정화구역 안에서 금지한 것은 위와 같은 입법목적을 달성하기 위하여 효과적이고 적절한 방법의 하나라고 할 수 있어서 수단의 적정성도 인정된다. 또한, 학교환경위생정화위원회의 심의를 거쳐 학습과 학교보건위생에 나쁜 영향을 주지 않는다고 인정하는 경우에는 상대정화구역 안에서의 여관영업이 허용되며, 건물의 소유주로서는 건물을 "여관" 이외의 다른 용도로는 사용할 수 있고, 기존시설에 대하여 2회에 걸쳐 각각 5년 가량의 유예기간을 주는 규정이 있었음을 고려하면, 피해최소성의 원칙에도 부합될 뿐 아니라, 여관영업을 금지함으로써 건물소유자 내지 여관업자가 입게 될 불이익보다는 이를 허용함으로 인하여 중학교 교육의 능률화를 기할 수 없는 결과가 더 크다고 할 것이므로, 위 조항은 직업수행의 자유 및 재산권을 침해하지 않는다. (헌재 2011.10.25. 2010헌바384)

③ [○]

해설 이 사건에서 문제된 지구개발사업의 하나인 '관광휴양지 조성사업' 중에는 고급골프장, 고급리조트 등(이하 '고급골프장 등'이라 한다)의 사업과 같이 입법목적에 대한 기여도가 낮을 뿐만 아니라, 대중의 이용·접근가능성이 작아 공익성이 낮은 사업도 있다. 또한 고급골프장 등 사업은 그 특성상 사업 운영 과정에서 발생하는 지방세수 확보와 지역경제 활성화는 부수적인 공익일 뿐이고, 이 정도의 공익이 그 사업으로 인하여 강제수용 당하는 주민들의 기본권침해를 정당화할 정도로 우월하다고 볼 수는 없다. 따라서 이 사건 법률조항은 공익적 필요성이 인정되기 어려운 민간개발자의 지구개발사업을 위해서까지 공공수용이 허용될 수 있는 가능성을 열어두고 있어 헌법 제23조 제3항에 위반된다. 헌법재판소가 이 사건 법률조항에 대하여 위헌결정을 선고하면, 공공필요성이 있는 지구개발사업 시행을 위한 민간개발자의 공공수용까지 허용되지 않는 결과가 되어 입법목적을 달성하기 어려운 법적 공백과 혼란이 예상되므로, 헌법불합치결정을 하되 이 사건 법률조항은 입법자가 개정할 때까지 계속 적용하기로 한다. (헌재 2014.10.30. 2011헌바172)

④ [○]

조문 **공익사업을 위한 토지 등의 취득 및 보상에 관한 법률 제73조(잔여지의 손실과 공사비 보상)** ① 사업시행자는 동일한 소유자에게 속하는 일단의 토지의 일부가 취득되거나 사용됨으로 인하여 잔여지의 가격이 감소하거나 그 밖의 손실이 있을 때 또는 잔여지에 통로·도랑·담장 등의 신설이나 그 밖의 공사가 필요할 때에는 국토교통부령으로 정하는 바에 따라 그 손실이나 공사의 비용을 보상하여야 한다. 다만, 잔여지의 가격 감소분과 잔여지에 대한 공사의 비용을 합한 금액이 잔여지의 가격보다 큰 경우에는 사업시행자는 그 잔여지를 매수할 수 있다.

⑤ [○]

해설 개발제한구역의 지정으로 인한 개발가능성의 소멸과 그에 따른 지가의 하락이나 지가상승률의 상대적 감소는 토지소유자가 감수해야 하는 사회적 제약의 범주에 속하는 것으로 보아야 한다. 자신의 토지를 장래에 건축이나 개발목적으로 사용할 수 있으리라는 기대가능성이나 신뢰 및 이에 따른 지가상승의 기회는 원칙적으로 재산권의 보호범위에 속하지 않는다. 구역지정 당시의 상태대로 토지를 사용·수익·처분할 수 있는 이상, 구역지정에 따른 단순한 토지이용의 제한은 원칙적으로 재산권에 내재하는 사회적 제약의 범주를 넘지 않는다. 그러나 개발제한구역 지정으로 인하여 토지를 종래의 목적으로도 사용할 수 없거나 또는 더 이상 법적으로 허용된 토지이용의 방법이 없기 때문에 실질적으로 토지의 사용·수익의 길이 없는 경우에는 토지소유자가 수인해야 하는 사회적 제약의 한계를 넘는 것으로 보아야 한다. (헌재 1998.12.24. 89헌마214)

34

A도 甲군수는 「지역균형개발 및 지방중소기업 육성에 관한 법률」에 따라 지역개발사업을 실시하기로 결정하였다. 甲군수는 같은 법률에 따라 골프장 및 리조트 건설사업의 시행자로 주식회사 乙을 지정 · 고시하였다. 乙은 위 사업시행에 필요한 토지의 취득을 위하여 A도 지방토지수용위원회에 수용재결을 신청하였고, 동 위원회는 수용재결을 하였다. 이에 관한 설명 중 옳은 것은? (다툼이 있는 경우 판례에 의함) [18 변호사]

① 乙에 의한 공용수용은 헌법 제23조 제3항에 명시되어 있는 대로 국민의 재산권을 그 의사에 반하여 강제적으로라도 취득해야 할 공익적 필요성이 있을 것, 법률에 의거할 것, 정당한 보상을 지급할 것의 요건을 모두 갖추어야 한다.

② 헌법 제23조 제3항에서 규정된 '공공필요' 요건 중 '공익성'은 기본권 일반의 제한사유인 '공공복리'보다 넓은 개념이다.

③ 공용수용에서 공공성의 확보는 입법자가 입법을 할 때 공공성을 갖는가를 판단하면 족하고, 甲이 개별적·구체적으로 당해 사업에 대한 사업인정을 행할 때 별도로 판단할 필요가 없다.

④ 乙의 고급골프장, 고급리조트 건설을 위한 토지수용은 국토균형발전, 지역경제활성화 등의 공공 이익이 인정되는 것으로서 법익의 형량에 있어서 사인의 재산권 보호의 이익보다 월등하게 우월한 공익으로 판단되므로 공공필요에 의한 수용에 해당한다.

⑤ 헌법 제23조 제3항이 규정하는 정당한 보상이란 원칙적으로 피수용재산의 객관적인 재산가치를 완전하게 보상하는 완전보상을 의미하는바, 공시지가를 기준으로 수용된 토지에 대한 보상액을 산정하는 것은 정당보상원칙에 위배된다.

34

정답 ①

핵심공략

- 공용수용의 요건(헌법 제23조 제3항)
  ⅰ) 공익적 필요성 있을 것, ⅱ) 법률에 의거할 것, ⅲ) 정당한 보상을 지급할 것
- 헌법 제23조 제3항 '공공필요' 개념의 범위 < 헌법 제37조 제2항 '공공복리' 개념의 범위
- 공용수용에서의 공공성 판단: 입법자가 입법할 때 + 개별적·구체적 당해 사업에 대한 사업인정할 때
- 고급골프장, 고급리조트 등 공익적 필요성이 인정되기 어려운 사업에 대한 공공수용 허용 여지
  ⇨ 헌법 제23조 제3항 위반 O
- 개별공시지가가 아닌 표준지공시지가 기준 보상액 산정: 정당한 보상 O
  ⇨ 헌법 제23조 제3항 위반 ×

① [o]

해설 우리 헌법의 재산권 보장에 관한 규정의 근본취지에 비추어 볼 때, 공공필요에 의한 재산권의 공권력적, 강제적 박탈을 의미하는 공용수용은 헌법상의 재산권 보장의 요청상 불가피한 최소한에 그쳐야 한다. 즉 공용수용은 헌법 제23조 제3항에 명시되어 있는 대로 국민의 재산권을 그 의사에 반하여 강제적으로라도 취득해야 할 공익적 필요성이 있을 것, 법률에 의거할 것, 정당한 보상을 지급할 것의 요건을 모두 갖추어야 한다. (헌재 1996.4.25. 95헌바9)

② [×]

해설 '공공필요'의 요건에 관하여, 공익성은 추상적인 공익 일반 또는 국가의 이익 이상의 중대한 공익을 요구하므로 기본권 일반의 제한사유인 '공공복리'보다 좁게 보는 것이 타당하다. (헌재 2014.10.30. 2011헌바172)

③ [×]

해설 공익사업의 범위는 입법정책으로 결정될 문제라고 할 수 있다. 다만 법이 공용수용 할 수 있는 공익사업을 열거하고 있더라도, 이는 공공성 유무를 판단하는 기준을 제시한 것에 불과하므로, 사업인정의 단계에서 개별적·구체적으로 공공성에 관한 심사를 하여야한다. (헌재 2014.10.30. 2011헌바172 등)

④ [×]

해설 고급골프장, 고급리조트 등(이하 '고급골프장 등'이라 한다)의 사업과 같이 입법목적에 대한 기여도가 낮을 뿐만 아니라, 대중의 이용·접근가능성이 작아 공익성이 낮은 사업도 있다. 또한 고급골프장 등 사업은 그 특성상 사업 운영 과정에서 발생하는 지방세수 확보와 지역경제 활성화는 부수적인 공익일 뿐이고, 이 정도의 공익이 그 사업으로 인하여 강제수용 당하는 주민들의 기본권침해를 정당화할 정도로 우월하다고 볼 수는 없다. (헌재 2014.10.30. 2011헌바172 등)

⑤ [×]

해설 협의 또는 재결에 의하여 취득하는 토지에 대하여는 「부동산 가격공시에 관한 법률」에 의한 공시지가를 기준으로 하여 보상하도록 하고 있다(**공익사업을 위한 토지 등의 취득 및 보상에 관한 법률 제70조 제1항**). 여기에서 '공시지가'란 국가가 매년 1월 1일을 기초로 하여 정하는 전 국토 중 일부 표준지의 시가(표준지공시지가)를 말한다. 헌법재판소는 대량적이고 간이한 지가 결정·공시체계를 채택하고 있는 개별공시지가는 전문적 감정평가방식에 따른 표준시공시지가보다 정밀성이 떨어질 뿐 아니라 당해 토지의 시가나 실제 거래가격과 정확히 부합하지도 아니한다. 나아가 개별공시지가는 공시기준일 현재의 적정가액을 표시한다는 점에서 개발이익이 포함된 가격일 수밖에 없어 토지수용으로 인한 손실보상액의 산정의 기준으로 삼기에 부적합하다. 따라서 개별공시지가가 아닌 표준지공시지가를 기준으로 보상액을 산정하도록 한 것은 개발이익이 배제된 수용 당시 피수용 재산의 객관적인 재산가치를 가장 정당하게 보상하는 것이라고 할 것이므로, 헌법 제23조 제3항에 위반된다고 할 수 없다고 판시하였다 (헌재 2009.11.26.2009헌바141; 헌재 2011.8.30. 2009헌바245).

35

사회보장수급권에 관한 설명 중 옳지 않은 것은? (다툼이 있는 경우 판례에 의함) [18 변호사]

① 도보나 자기 소유 교통수단 또는 대중교통수단 등을 이용하여 통상의 출퇴근을 하는 산업재해보상보험 가입 근로자는 사업주가 제공하거나 그에 준하는 교통수단을 이용하여 출퇴근하는 산업재해보상보험 가입 근로자와 같은 근로자인데도 통상의 출퇴근 재해를 업무상 재해로 인정받지 못한다는 점에서 차별취급이 존재하며, 이러한 차별은 정당화될 수 있는 합리적 근거가 없다.

② 「군인연금법」상 퇴역연금수급권은 사회보장수급권과 재산권이라는 두 가지 성격이 불가분적으로 혼화되어, 전체적으로 재산권의 보호 대상이 되면서도 순수한 재산권만이 아닌 특성을 지니므로, 비록 퇴역연금수급권이 재산권으로서의 성격을 일부 지닌다고 하더라도 사회보장법리에 강하게 영향을 받을 수밖에 없다.

③ 국민연금이 근로관계로부터 독립하여 제3자인 보험자로 하여금 피보험자의 생활위험을 보호하도록 함으로써 순수한 사회정책적 차원에서 가입자의 노령보호를 주된 목적으로 하는 데 비하여, 공무원연금은 근무관계의 한 당사자인 국가가 다른 당사자인 공무원의 사회보장을 직접 담당함으로써 피보험자(공무원)에 대한 사회정책적 보호 외에 공무원근무관계의 기능유지라는 측면도 함께 도모하고 있다.

④ 헌법 제25조의 공무담임권은 공무원의 재임 기간 동안 충실한 공직 수행을 담보하기 위하여 공무원의 퇴직급여 및 공무상 재해보상 보장까지 그 보호영역으로 하고 있으므로, 「공무원연금법」이 선출직 지방자치단체의 장을 위한 별도의 퇴직급여제도를 마련하지 않은 것은 사회보장수급권을 침해한다.

⑤ 공무원연금제도와 산업재해보상보험제도는 사회보장 형태로서 사회보험이라는 점에 공통점이 있을 뿐, 보험가입자, 보험관계의 성립 및 소멸, 재정조성 주체 등에서 큰 차이가 있어, 「공무원연금법」상의 유족급여수급권자와 「산업재해보상보험법」상의 유족급여수급권자가 본질적으로 동일한 비교집단이라고 보기 어렵다.

35

정답 ④

핵심공략

- 통상의 출퇴근 중 발생한 사고에 따른 업무상 재해 미인정: 평등권 침해 O
- 군인의 퇴역연금수급권: 사회보장수급권의 성격 + 재산권으로서의 성격
  ⇨ 퇴역연금 수급권이 재산권으로서의 성격을 일부 지닌다고 하더라도 사회보장법리에 강하게 영향을 받을 수밖에 O
- 국민연금: 순수한 사회정책적 차원에서 가입자의 노령보호를 주된 목적 / 공무원연금: 피보험자(공무원)에 대한 사회정책적 보호 외에 공무원근무관계의 기능유지라는 측면도 함께 도모
- 지방자치단체장: 선출직 공무원
  ⇨ 헌법 제7조 제2항의 공무원에 해당 ×
  ⇨ 헌법 제7조의 해석상 지방자치단체장을 위한 퇴직급여제도를 마련하여야 할 입법적 의무가 도출 ×, 그 외에 헌법 제34조나 공무담임권 보장에 관한 헌법 제25조로부터 위와 같은 입법의무가 도출 ×
  ⇨ 사회보장수급권 침해 ×
- 공무원연금법상 유족급여수급권자와 산업재해보상보험법상 유족급여수급권자 본질적 동일 비교집단 ×

① [O]

해설 도보나 자기 소유 교통수단 또는 대중교통수단 등을 이용하여 출퇴근하는 산업재해보상보험(이하 '산재보험'이라 한다) 가입 근로자(이하 '비혜택근로자'라 한다)는 사업주가 제공하거나 그에 준하는 교통수단을 이용하여 출퇴근하는 산재보험 가입 근로자(이하 '혜택근로자'라 한다)와 같은 근로자인데도 사업주의 지배관리 아래 있다고 볼 수 없는 통상적 경로와 방법으로 출퇴근하던 중에 발생한 재해(이하 '통상의 출퇴근 재해'라 한다)를 업무상 재해로 인정받지 못한다는 점에서 차별취급이 존재한다. …사업장 규모나 재정여건의 부족 또는 사업주의 일방적 의사나 개인 사정 등으로 출퇴근용 차량을 제공받지 못하거나 그에 준하는 교통수단을 지원받지 못하는 비혜택근로자는 비록 산재보험에 가입되어 있다 하더라도 출퇴근 재해에 대하여 보상을 받을 수 없는데, 이러한 차별을 정당화할 수 있는 합리적 근거를 찾을 수 없다. **(헌재 2016. 9.29. 2014헌바254)**

② [O]

해설 군인연금법상 퇴역연금 수급권은 사회보장수급권과 재산권이라는 두 가지 성격이 불가분적으로 혼화되어, 전체적으로 재산권의 보호 대상이 되면서도 순수한 재산권만이 아닌 특성을 지니므로**(헌재 2007.10.25. 2005헌바68)**, 비록 퇴역연금 수급권이 재산권으로서의 성격을 일부 지닌다고 하더라도 사회보장법리에 강하게 영향을 받을 수밖에 없다. 입법자로서는 퇴역연금 수급권의 구체적 내용을 정할 때 재산권보

다 사회보장수급권적 요소에 중점을 둘 수 있고 이 점에 관하여 입법형성의 자유가 있다. 따라서 퇴역연금 수급자에게 소득이 있는 경우 어느 범위에서 퇴역연금 수급을 제한할 것인지에 대해서는 국가의 재정능력, 국민 전체 소득 및 생활수준, 그 밖에 여러 가지 사회·경제적 여건 등을 종합하여 합리적 수준에서 결정할 수 있고, 그 결정이 현저히 자의적이거나 사회적 기본권의 최소한 내용마저 보장하지 않은 경우에 한하여 헌법에 위반된다고 할 수 있다(헌재 1999.4.29. 97헌마333). (헌재 2015.7.30. 2014헌바371)

③ [○]

해설 공무원연금은 사회적 위험에 대한 보호방법과 급여의 제한에 있어서 국민연금과 상당한 부분 차이가 있다. 즉 국민연금이 근로관계로부터 독립하여 제3자인 보험자로 하여금 피보험자의 생활위험을 보호하도록 함으로써 순수한 사회정책적 차원에서 가입자의 노령보호를 주된 목적으로 하는 데 비하여, 공무원연금은 근무관계의 한 당사자인 국가가 다른 당사자인 공무원의 사회보장을 직접 담당함으로써 피보험자(공무원)에 대한 사회정책적 보호 외에 공무원근무관계의 기능유지라는 측면도 함께 도모하고 있다. …그렇다면 공무원연금제도가 국민연금이나 법정퇴직금과 비교하여 위와 같은 기본적인 차이가 있는 점, 공무원은 일정한 법령준수 및 충실의무 등을 지고 있는 점, 이 사건 감액조항은 구법조항과 달리 공무원 신분이나 직무와 관련 없는 과실범의 경우에는 감액 사유에서 제외하고, 감액의 수준도 국가부담분만큼의 급여에 불과하고, 공무원범죄를 사전에 예방하고 공직사회의 질서를 유지하는 데 목적이 있는 점 등에 비추어 볼 때, 이를 가리켜 공무원을 국민연금법상 사업장가입자나 근로기준법상 근로자에 비하여 합리적 이유 없이 차별적 취급을 하고 있다고 단정할 수 없다. (헌재 2013.8.29. 2010헌바354)

④ [×]

해설 헌법 제25조의 공무담임권이 공무원의 재임 기간 동안 충실한 공무 수행을 담보하기 위하여 공무원의 퇴직급여 및 공무상 재해보상을 보장할 것까지 그 보호영역으로 하고 있다고 보기 어렵고, … 지방자치단체장을 위한 별도의 퇴직급여제도를 마련하지 않은 것은 진정입법부작위에 해당하는데, 헌법상 지방자치단체장을 위한 퇴직급여제도에 관한 사항을 법률로 정하도록 위임하고 있는 조항은 존재하지 않는다. 나아가 지방자치단체장은 특정 정당을 정치적 기반으로 하여 선거에 입후보할 수 있고 선거에 의하여 선출되는 공무원이라는 점에서 헌법 제7조 제2항에 따라 신분보장이 필요하고 정치적 중립성이 요구되는 공무원에 해당한다고 보기 어려우므로 헌법 제7조의 해석상 지방자치단체장을 위한 퇴직급여제도를 마련하여야 할 입법적 의무가 도출된다고 볼 수 없고, 그 외에 헌법 제34조나 공무담임권 보장에 관한 헌법 제25조로부터 위와 같은 입법의무가 도출되지 않는다. 따라서 이 사건 입법부작위는 헌법소원의 대상이 될 수 없는 입법부작위를 그 심판대상으로 한 것으로 부적법하다. (헌재 2014.6.26. 2012헌마459)

⑤ [○]

해설 공무원연금제도와 산재보험제도는 사회보장 형태로서 사회보험이라는 점에 공통점이 있을 뿐, 보험가입자, 보험관계의 성립 및 소멸, 재정조성 주체 등에서 큰 차이가 있어, 공무원연금법상의 유족급여수급권자와 산재보험법상의 유족급여수급권자가 본질적으로 동일한 비교집단이라고 보기 어렵다. (헌재 2014.5.29. 2012헌마555)

36

직업의 자유에 관한 설명 중 옳지 않은 것은? (다툼이 있는 경우 판례에 의함) [17 변호사]

① 직업의 개념표지 가운데 '계속성'과 관련하여서는 주관적으로 활동의 주체가 어느 정도 계속적으로 해당 소득활동을 영위할 의사가 있고, 객관적으로도 그러한 활동이 계속성을 띨 수 있으면 족한 것으로 휴가기간 중에 하는 일, 수습직으로서의 활동 따위도 포함된다.

② 국가 정책에 따라 정부의 허가를 받은 외국인은 정부가 허가한 범위 내에서 소득활동을 할 수 있는 것이므로, 외국인이 국내에서 누리는 직업의 자유는 법률 이전에 헌법에 의해서 부여된 기본권이라고 할 수는 없고, 법률에 따른 정부의 허가에 의해 비로소 발생하는 권리이다.

③ 직업의 자유에는 '해당 직업에 합당한 보수를 받을 권리'까지 포함되어 있어서 노동자는 동일하거나 동급, 동질의 유사 다른 직업군에서 수령하는 보수에 상응하는 보수를 요구할 수 있다.

④ 의료인이 '치료효과를 보장하는 등 소비자를 현혹할 우려가 있는 내용의 광고'를 한 경우 형사처벌하도록 규정한 「의료법」 조항은 의료인의 표현의 자유뿐만 아니라 직업수행의 자유도 동시에 제한한다.

⑤ 성인 대상 성범죄로 형을 선고받아 확정된 자로 하여금 그 형의 집행을 종료한 날부터 10년 동안 의료기관에 취업할 수 없도록 한 것은, 일정한 직업을 선택함에 있어 기본권 주체의 능력과 자질에 따른 제한이므로 이른바 '주관적 요건에 의한 좁은 의미의 직업선택의 자유'에 대한 제한에 해당한다.

36

정답 ③

핵심공략

- 헌법 제15조상의 '직업': 생활의 기본적 수요를 충족하기 위한 계속적 소득활동
  ⇨ '계속성': 활동의 주체가 어느 정도 계속적으로 해당 소득활동을 영위할 의사가 있고(주관적 요소), 그러한 활동이 계속성을 띨 수 있으면(객관적 요소) 충분 O
  ⇨ 휴가기간 중에 하는 일, 수습직으로서의 활동 따위도 포함 O
- 국가 정책에 따라 정부 허가를 받은 외국인의 직업의 자유
  ⇨ 헌법상 기본권 ×, 법률에 따른 정부의 허가에 의해 비로소 발생하는 권리 O
- '해당 직업에 합당한 보수를 받을 권리': 직업의 자유 보호영역에 포함 ×
- 의료광고 규제: 해당 의료인의 표현의 자유 및 직업수행의 자유 동시 제한 O
- 성인 대상 성범죄자 10년 동안 의료기관 취업 금지: 주관적 요건에 의한 좁은 의미의 직업선택 자유 제한에 해당 O

① [○]

해설 우리 헌법 제15조는 "모든 국민은 직업선택의 자유를 가진다"고 규정하여 직업의 자유를 국민의 기본권의 하나로 보장하고 있는바, 직업의 자유에 의한 보호의 대상이 되는 '직업'은 '생활의 기본적 수요를 충족시키기 위한 계속적 소득활동'을 의미하며 그러한 내용의 활동인 한 그 종류나 성질을 묻지 아니한다. 이러한 직업의 개념표지들은 개방적 성질을 지녀 엄격하게 해석할 필요는 없는바, '계속성'과 관련하여서는 주관적으로 활동의 주체가 어느 정도 계속적으로 해당 소득활동을 영위할 의사가 있고, 객관적으로도 그러한 활동이 계속성을 띨 수 있으면 족하다고 해석되므로 휴가기간 중에 하는 일, 수습직으로서의 활동 따위도 이에 포함된다고 볼 것이고, 또 '생활수단성'과 관련하여서는 단순한 여가활동이나 취미활동은 직업의 개념에 포함되지 않으나 겸업이나 부업은 삶의 수요를 충족하기에 적합하므로 직업에 해당한다고 말할 수 있다. **(헌재 2003.9.25. 2002헌마519)**

② [○]

해설 직업의 자유는 국가자격제도정책과 국가의 경제상황에 따라 법률에 의하여 제한할 수 있고 인류보편적인 성격을 지니고 있지 아니하므로 국민의 권리에 해당한다. 이와 같이 헌법에서 인정하는 직업의 자유는 원칙적으로 대한민국 국민에게 인정되는 기본권이지, 외국인에게 인정되는 기본권은 아니다. 국가 정책에 따라 정부의 허가를 받은 외국인은 정부가 허가한 범위 내에서 소득활동을 할 수 있는 것이므로, 외국인이 국내에서 누리는 직업의 자유는 법률 이전에 헌법에 의해서 부여된 기본권이라고 할 수는 없고, 법률에 따른 정부의 허가에 의해 비로소 발생하는 권리이다. **(헌재 2014.8.28. 2013헌마359)**

③ [×]

해설 시행령이 제정되지 않아 법관, 검사와 같은 보수를 받지 못한다 하더라도, 직업의 자유에 '해당 직업에 합당한 보수를 받을 권리'까지 포함되어있다고 보기 어려우므로 청구인들의 직업선택이나 직업수행의 자유가 침해되었다고 할 수 없다. **(헌재 2004.2.26. 2001헌마718)**

④ [○]

해설 광고물은 사상·지식·정보 등을 불특정 다수인에게 전파하는 것으로서 헌법 제21조 제1항이 보장하는 언론·출판의 자유에 의해 보호받는 대상이 되므로, 의료광고를 규제하는 심판대상조항(의료법인·의료기관 또는 의료인이 '치료효과를 보장하는 등 소비자를 현혹할 우려가 있는 내용의 광고'를 한 경우 형사처벌하도록 규정한 의료법(2010.7.23. 법률 제10387호로 개정된 것) 제89조 중 제56조 제2항 제2호 부분)은 청구인의 표현의 자유를 제한한다. 또한, 헌법 제15조는 직업수행의 자유 내지 영업의 자유를 포함하는 직업의 자유를 보장하고 있는바, 의료인 등이 의료서비스를 판매하는 영업활동의 중요한 수단이 되는 의료광고를 규제하는 심판대상조항은 직업수행의 자유도 동시에 제한한다. **(헌재 2014.9.25. 2013헌바28 합헌)**

⑤ [○]

해설 성인대상 성범죄로 형을 선고받아 확정된 자로 하여금 그 형의 집행을 종료한 날부터 10년 동안 의료기관을 개설하거나 의료기관에 취업할 수 없도록 한 이 사건 법률조항은 일정한 직업을 선택함에 있어 기본권 주체의 능력과 자질에 따른 제한이므로 이른바 '주관적 요건에 의한 좁은 의미의 직업선택의 자유'에 대한 제한에 해당한다. **(헌재 2016.3.31. 2013헌마585)**

판례정리 헌재 2016.3.31. 2013헌마585 위헌, 기각

1. 구 '아동·청소년의 성보호에 관한 법률'(2012.2.1. 법률 제11287호로 개정되고, 2012.12.18. 법률 제11572호로 전부개정되기 전의 것) 제44조 제1항 제13호 중 '성인대상 성범죄로 형을 선고받아 확정된 자'에 관한 부분, '아동·청소년의 성보호에 관한 법률'(2012.12.18. 법률 제11572호로 전부개정된 것, 이하 구법과 신법을 모두 '청소년성보호법'이라 한다) 제56조 제1항 제12호 중 '성인대상 성범죄로 형을 선고받아 확정된 자'에 관한 부분(이하 위 두 조항을 합하여 '이 사건 법률조항'이라 한다)에서 "성인대상 성범죄" 부분이 명확성원칙에 위배되는지 여부(소극)
2. 성인대상 성범죄로 형을 선고받아 확정된 자로 하여금 그 형의 집행을 종료한 날부터 10년 동안 의료기관을 개설하거나 의료기관에 취업할 수 없도록 한 이 사건 법률조항이 청구인들의 직업선택의 자유를 침해하는지 여부(적극)
3. 위 취업제한제도를 법 시행 후 형이 확정된 자부터 적용하도록 하는 '아동·청소년의 성보호에 관한 법률' 부칙(2012.2.1. 법률 제11287호) 제3조(이하 '이 사건 부칙조항'이라 한다)가 청구인들의 기본권을 침해하는지 여부(소극)

37

직업의 자유에 관한 설명 중 옳은 것을 모두 고른 것은? (다툼이 있는 경우 판례에 의함) [20 변호사]

ㄱ. 직업의 자유에 의한 보호의 대상이 되는 직업은 생활의 기본적 수요를 충족시키기 위한 계속적 소득활동을 의미하며, 그 개념표지가 되는 '계속성'의 해석상 휴가기간 중에 하는 일, 수습직으로서의 활동 등은 이에 포함되지 않는다.

ㄴ. 직업의 자유에는 해당 직업에 합당한 보수를 받을 권리까지 포함되어 있다고 보기 어려우므로 자신이 원하는 수준보다 적은 보수를 법령에서 규정하고 있다고 하여 직업선택이나 직업수행의 자유가 침해된다고 할 수 없다.

ㄷ. 어떠한 직업분야에 관한 자격제도를 만들면서 그 자격요건을 어떻게 설정할 것인가에 관하여는 그 입법재량의 폭이 좁다 할 것이므로, 과잉금지원칙을 적용함에 있어서 다른 방법으로 직업선택의 자유를 제한하는 경우에 비하여 보다 엄격한 심사가 필요하다.

ㄹ. 직장선택의 자유는 원하는 직장을 제공하여 주거나 선택한 직장의 존속보호를 청구할 권리를 보장하지 않으나, 국가는 직업선택의 자유로부터 나오는 객관적 보호의무, 즉 사용자에 의한 해고로부터 근로자를 보호할 의무를 진다.

① ㄱ, ㄴ
② ㄱ, ㄹ
③ ㄴ, ㄷ
④ ㄴ, ㄹ
⑤ ㄷ, ㄹ

37 정답 ④

핵심공략

- 헌법 제15조상의 '직업': 생활의 기본적 수요를 충족하기 위한 계속적 소득활동
  ⇨ '계속성': 활동의 주체가 어느 정도 계속적으로 해당 소득활동을 영위할 의사가 있고(주관적 요소), 그러한 활동이 계속성을 띨 수 있으면(객관적 요소) 충분 O ⇨ 휴가기간 중에 하는 일, 수습직으로서의 활동 따위도 포함 O
- '해당 직업에 합당한 보수를 받을 권리': 직업의 자유 보호영역에 포함 ×
- 직업분야 자격제도 광범위한 입법재량권 O
  ⇨ 보다 유연하고 탄력적인 과잉금지원칙 적용 O
- 직장선택의 자유: 원하는 직장 제공청구권 ×, 한번 선택한 직장의 존속보호 청구권 ×, 사용자의 처분에 따른 직장 상실로부터 직접 보호청구권 ×, *But* 국가의 사용자에 의한 해고로부터 근로자 보호할 의무 有

해설 ㄱ. [×]

직업의 자유에 의한 보호의 대상이 되는 직업은 '생활의 기본적 수요를 충족시키기 위한 계속적 소득활동'을 의미하며 그 종류나 성질은 묻지 아니한다. 이러한 직업의 개념표지들은 개방적 성질을 지녀 엄격하게 해석할 필요는 없다. '계속성'에 관해서는 휴가기간 중에 하는 일, 수습직으로서의 활동 등도 이에 포함되고, '생활수단성'에 관해서는 단순한 여가활동이나 취미활동은 직업의 개념에 포함되지 않으나 겸업이나 부업은 삶의 수요를 충족하기에 적합하므로 직업에 해당한다고 본다. (헌재 2003.9.25. 2002헌마519)

ㄴ. [○]

직업의 자유에 '해당 직업에 합당한 보수를 받을 권리'까지 포함되어 있다고 보기 어려우므로 이 사건 법령조항이 청구인이 원하는 수준 보다 적은 봉급월액을 규정하고 있다고 하여 이로 인해 청구인의 직업선택이나 직업수행의 자유가 침해되었다고 할 수 없다. (헌재 2004.2.26. 2001헌마718)

ㄷ. [×]

과잉금지의 원칙을 적용함에 있어, 어떠한 직업분야에 관하여 자격제도를 만들면서 그 자격요건을 어떻게 설정할 것인가에 관하여는 국가에게 폭넓은 입법재량권이 부여되어 있으므로, 다른 방법으로 직업의 자유를 제한하는 경우에 비하여 보다 유연하고 탄력적인 심사가 필요하다 할 것이다. (헌재 2003.9.25. 2002헌마519)

ㄹ. [○]

직장선택의 자유는 개인이 그 선택한 직업분야에서 구체적인 취업의 기회를 가지거나, 이미 형성된 근로관계를 계속 유지하거나 포기하는 데에 있어 국가의 방해를 받지 않는 자유로운 선택·결정을 보호하는 것을 내용으로 한다. 그러나 이 기본권은 원하는 직장을 제공하여 줄 것을 청구하거나 한번 선택한 직장의 존속보호를 청구할 권리를 보장하지 않으며, 또한 사용자의 처분에 따른 직장 상실로부터 직접 보호하여 줄 것을 청구할 수도 없다. 다만 국가는 이 기본권에서 나오는 객관적 보호의무, 즉 사용자에 의한 해고로부터 근로자를 보호할 의무를 질 뿐이다. (헌재 2002.11.28. 2001헌바50)

Chapter

04 정치적 기본권

1. 정치적 자유권

2. 참정권

38

재외국민의 참정권에 관한 설명 중 옳은 것[○]과 옳지 않은 것[×]을 올바르게 조합한 것은? (다툼이 있는 경우 판례에 의함) [17 변호사]

ㄱ. 단지 주민등록이 되어 있는지 여부에 따라 선거인명부에 오를 자격을 결정하여 그에 따라 선거권 행사 여부가 결정되도록 함으로써 엄연히 대한민국의 국민임에도 불구하고 「주민등록법」상 주민등록을 할 수 없는 재외국민의 선거권 행사를 전면적으로 부정하고 있는 것은 재외국민의 선거권을 침해하고 보통선거원칙에도 위반된다.

ㄴ. '외국의 영주권을 취득한 재외국민'과 같이 법령의 규정상 주민등록이 불가능한 재외국민인 주민의 지방선거 피선거권을 부인하도록 한 규정은 국내거주 재외국민의 공무담임권을 침해한다.

ㄷ. 주민등록이 되어 있지 않고 국내거소신고도 하지 않은 재외국민에게 국회의원 재·보궐선거의 선거권을 인정하지 않은 「공직선거법」상 재외선거인 등록신청조항은, 선거제도를 현저히 불합리하거나 불공정하게 형성한 것이므로 그 재외국민의 선거권을 침해하고 보통선거원칙에도 위배된다.

ㄹ. 주권자인 국민의 지위에 아무런 영향을 미칠 수 없는 주민등록 여부만을 기준으로 하여 주민등록을 할 수 없는 재외국민의 국민투표권 행사를 전면적으로 배제하도록 한 규정은 주민등록이 되어 있지 않은 재외국민의 국민투표권을 침해한다.

ㅁ. 특정한 지역구의 국회의원선거에 투표하기 위해서는 국민이라는 자격만으로 충분하므로, 주민등록이 되어 있지 않고 국내거소신고도 하지 않은 재외국민에게 임기만료지역구국회의원선거권을 인정하지 않은 것은 그 재외국민의 선거권을 침해하고 보통선거원칙에도 위배된다.

① ㄱ[○], ㄴ[○], ㄷ[×], ㄹ[×], ㅁ[○]
② ㄱ[○], ㄴ[○], ㄷ[○], ㄹ[×], ㅁ[×]
③ ㄱ[×], ㄴ[×], ㄷ[○], ㄹ[×], ㅁ[○]
④ ㄱ[○], ㄴ[×], ㄷ[×], ㄹ[○], ㅁ[×]
⑤ ㄱ[○], ㄴ[○], ㄷ[×], ㄹ[○], ㅁ[×]

38 정답 ⑤

핵심공략

- 단지 주민등록 여부에 따라 선거인명부 오를 자격 결정
  ⇨ 주민등록 할 수 없는 재외국민 선거권 행사 전면적 부정
  ⇨ 재외국민의 선거권과 평등권 침해 O, 보통선거원칙 위배 O
- 주민등록 불가능한 재외국민인 주민의 지방선거 피선거권 부인
  ⇨ 공무담임권 침해 O
- 재외선거인에게 국회의원 재·보궐선거의 선거권을 인정하지 않은 재외선거인 등록신청조항: 재외선거인의 선거권 침해 X, 보통선거원칙에 위배 X
- 단지 주민등록 여부에 따라 주민등록 할 수 없는 재외국민의 국민투표권 행사 전면적 부정
  ⇨ 재외국민의 국민투표권 침해 O
- 특정한 지역구의 국회의원선거에 투표하기 위해서는 '해당 지역과의 관련성'이 인정되어야 O
  ⇨ 재외선거인의 임기만료 지역구 국회의원 선거권을 인정하지 않은 것 재외국민의 선거권 침해 X, 보통선거원칙에 위배 X

해설 ㄱ. [○]
단지 주민등록이 되어 있는지 여부에 따라 선거인명부에 오를 자격을 결정하여 그에 따라 선거권 행사 여부가 결정되도록 함으로써 엄연히 대한민국의 국민임에도 불구하고 주민등록법상 주민등록을 할 수 없는 재외국민의 선거권 행사를 전면적으로 부정하고 있는 공직선거법 제37조 제1항은 어떠한 정당한 목적도 찾기 어려우므로 헌법 제37조 제2항에 위반하여 재외국민의 선거권과 평등권을 침해하고 보통선거원칙에도 위반된다. (헌재 2007.6.28. 2004헌마644등 헌법불합치)

ㄴ. [○]
'외국의 영주권을 취득한 재외국민'과 같이 주민등록을 하는 것이 법령의 규정상 아예 불가능한 자들이라도 지방자치단체의 주민으로서 오랜 기간 생활해 오면서 그 지방자치단체의 사무와 얼마든지 밀접한 이해관계를 형성할 수 있고, 주민등

록이 아니더라도 그와 같은 거주 사실을 공적으로 확인할 수 있는 방법은 존재한다는 점, 나아가 위 조항이 국회의원 선거에 있어서는 주민등록 여부와 관계없이 25세 이상의 국민이라면 누구든지 피선거권을 가지는 것으로 규정함으로써 국내거주 여부를 불문하고 재외국민도 국회의원 선거의 피선거권을 가진다는 사실에 비추어, 주민등록만을 기준으로 함으로써 주민등록이 불가능한 재외국민인 주민의 지방선거 피선거권을 부인하는 위 조항은 헌법 제37조 제2항에 위반하여 국내거주 재외국민의 공무담임권을 침해한다. **(헌재 2007.6.28. 2004헌마644등 헌법불합치)**

ㄷ. [×]

재외선거인에게 국회의원 재·보궐선거의 선거권을 인정하지 않은 재외선거인 등록신청조항이 재외선거인의 선거권을 침해하거나 보통선거원칙에 위배되는지 여부(소극) – 입법자는 재외선거제도를 형성하면서, 잦은 재·보궐선거는 재외국민으로 하여금 상시적인 선거체제에 직면하게 하는 점, 재외 재·보궐선거의 투표율이 높지 않을 것으로 예상되는 점, 재·보궐선거 사유가 확정될 때마다 전 세계 해외 공관을 가동하여야 하는 등 많은 비용과 시간이 소요된다는 점을 종합적으로 고려하여 재외선거인에게 국회의원의 재·보궐선거권을 부여하지 않았다고 할 것이고, 이와 같은 선거제도의 형성이 현저히 불합리하거나 불공정하다고 볼 수 없다. 따라서 재외선거인 등록신청조항은 재외선거인의 선거권을 침해하거나 보통선거원칙에 위배된다고 볼 수 없다. **(헌재 2014.7.24. 2009헌마256 기각)**

ㄹ. [○]

헌법 제72조의 중요정책 국민투표와 헌법 제130조의 헌법개정안 국민투표는 대의기관인 국회와 대통령의 의사결정에 대한 국민의 승인절차에 해당한다. 대의기관의 선출주체가 곧 대의기관의 의사결정에 대한 승인주체가 되는 것은 당연한 논리적 귀결이다. 재외선거인은 대의기관을 선출할 권리가 있는 국민으로서 대의기관의 의사결정에 대해 승인할 권리가 있으므로, 국민투표권자에는 재외선거인이 포함된다고 보아야 한다. 또한, 국민투표는 선거와 달리 국민이 직접 국가의 정치에 참여하는 절차이므로, 국민투표권은 대한민국 국민의 자격이 있는 사람에게 반드시 인정되어야 하는 권리이다. 이처럼 국민의 본질적 지위에서 도출되는 국민투표권을 추상적 위험 내지 선거기술상의 사유로 배제하는 것은 헌법이 부여한 참정권을 사실상 박탈한 것과 다름없다. 따라서 국민투표법조항(재외선거인이 대한민국 국민임에도 불구하고 주민등록이나 국내거소신고가 되어 있지 않다는 이유로 국민투표권을 행사할 수 없도록 규정)은 재외선거인의 국민투표권을 침해한다. **(헌재 2014.7.24. 2009헌마256 헌법불합치)**

ㅁ. [×]

지역구국회의원은 국민의 대표임과 동시에 소속지역구의 이해관계를 대변하는 역할을 하고 있다. 전국을 단위로 선거를 실시하는 대통령선거와 비례대표국회의원선거에 투표하기 위해서는 국민이라는 자격만으로 충분한 데 반해, 특정한 지역구의 국회의원선거에 투표하기 위해서는 '해당 지역과의 관련성'이 인정되어야 한다. 주민등록과 국내거소신고를 기준으로 지역구국회의원선거권을 인정하는 것은 해당 국민의 지역적 관련성을 확인하는 합리적인 방법이다. 따라서 선거권조항과 재외선거인 등록신청조항이 재외선거인의 임기만료지역구국회의원선거권을 인정하지 않은 것이 재외선거인의 선거권을 침해하거나 보통선거원칙에 위배된다고 볼 수 없다. **(헌재 2014.7.24. 2009헌마256 기각)**

판례정리 헌재 2014.7.24. 2009헌마256 헌법불합치, 기각, 각하

1. 주민등록이 되어 있지 않고 국내거소신고도 하지 않은 재외국민(이하 '재외선거인'이라고 한다)에게 임기만료지역구국회의원선거권을 인정하지 않은 공직선거법(2014.1.17. 법률 제12267호로 개정된 것) 제15조 제1항 단서 부분(이하 '선거권조항'이라 한다) 및 공직선거법(2012.10.2. 법률 제11485호로 개정된 것) 제218조의5 제1항 중 '임기만료에 따른 비례대표국회의원선거를 실시하는 때마다 재외선거인 등록신청을 하여야 한다' 부분(이하 '재외선거인 등록신청조항'이라 한다)이 재외선거인의 선거권을 침해하거나 보통선거원칙에 위배되는지 여부(소극)
2. 재외선거인에게 국회의원 재·보궐선거의 선거권을 인정하지 않은 재외선거인 등록신청조항이 재외선거인의 선거권을 침해하거나 보통선거원칙에 위배되는지 여부(소극)
3. 재외선거인으로 하여금 선거를 실시할 때마다 재외선거인 등록신청을 하도록 한 재외선거인 등록신청조항이 재외선거인의 선거권을 침해하는지 여부(소극)
4. 인터넷투표방법이나 우편투표방법을 채택하지 아니하고 원칙적으로 공관에 설치된 재외투표소에 직접 방문하여 투표하는 방법을 채택한 공직선거법(2012.10.2. 법률 제11485호로 개정된 것) 제218조의19 제1항 및 제2항 중 재외선거인이 재외투표소에 직접 방문하여 투표하도록 한 부분(이하 '재외선거 투표절차조항'이라 한다)이 재외선거인의 선거권을 침해하는지 여부(소극)
5. 재외선거인의 국민투표권을 제한한 국민투표법(2009.2.12. 법률 제9467호로 개정된 것) 제14조 제1항 중 '그 관할 구역 안에 주민등록이 되어 있는 투표권자 및 「재외동포의 출입국과 법적 지위에 관한 법률」 제2조에 따른 재외국민으로서 같은 법 제6조에 따른 국내거소신고가 되어 있는 투표권자' 부분(이하 '국민투표법조항'이라 한다)이 재외선거인의 국민투표권을 침해하는지 여부(적극)
6. 국민투표법조항에 대하여 헌법불합치결정을 한 사례

39

공무담임권에 관한 설명 중 옳은 것[○]과 옳지 않은 것[×]을 올바르게 조합한 것은? (다툼이 있는 경우 판례에 의함)

[14 변호사]

ㄱ. 공무담임권의 보호영역에는 공직취임 기회의 자의적인 배제뿐 아니라, 공무원 신분의 부당한 박탈이나 권한의 부당한 정지도 포함된다.

ㄴ. 직업공무원으로의 공직취임권은 임용지원자의 능력·전문성·적성·품성을 기준으로 하는 능력주의 또는 성과주의를 바탕으로 하여야 하므로 공직자 선발에 있어 직무수행능력과 무관한 요소를 기준으로 삼아서는 안 된다. 따라서 헌법 제32조 제4항에서 여자의 근로에 대한 특별한 보호를 규정하고 있다 하더라도 이를 이유로 공직자 선발에 있어 능력주의의 예외가 인정될 수 있는 것은 아니다.

ㄷ. 공무원이 특정의 장소에서 근무하는 것 또는 특정의 보직을 받아 근무하는 것은 공무담임권의 보호영역에 포함된다고 보기 어려우므로, 지방공무원의 의사와 관계없이 지방자치단체의 장 사이의 동의만으로 지방공무원을 소속 지방자치단체에서 다른 지방자치단체로 전출시킬 수 있다 하더라도 공무원의 신분보장이라는 헌법적 요청에 위반되지 않는다.

ㄹ. 금고 이상의 형의 집행유예 판결을 받은 것을 공무원의 당연퇴직사유로 규정한 법률조항이 입법자의 재량을 일탈하여 공무담임권을 침해한 것으로 볼 수 없다.

ㅁ. 임용권자로 하여금 형사사건으로 기소된 공무원을 직위해제할 수 있도록 규정한 것은 그러한 공무원을 직무담당으로부터 배제함으로써 공직 및 직무수행의 공정성과 그에 대한 국민의 신뢰를 유지하기 위한 것으로서 입법목적이 정당하지만, 직무와 전혀 관련이 없는 범죄나 지극히 경미한 범죄로 기소된 경우까지 임용권자의 임의적인 판단에 따라 직위해제를 할 수 있게 허용하므로 공무담임권을 침해한다.

① ㄱ[○], ㄴ[○], ㄷ[×], ㄹ[×], ㅁ[○]
② ㄱ[×], ㄴ[×], ㄷ[○], ㄹ[○], ㅁ[○]
③ ㄱ[○], ㄴ[×], ㄷ[×], ㄹ[○], ㅁ[×]
④ ㄱ[○], ㄴ[○], ㄷ[○], ㄹ[×], ㅁ[×]
⑤ ㄱ[○], ㄴ[×], ㄷ[×], ㄹ[○], ㅁ[○]

39

정답 ③

핵심공략

- 공무담임권의 보호영역에 공직취임 기회의 자의적 배제뿐만 아니라 공무원 신분의 부당한 박탈, 권한의 부당한 정지까지 포함 O
- 직업공무원으로의 공직취임권 능력주의 또는 성과주의를 바탕으로 하여야 O, 해당 공직의 직무수행능력과 무관한 요소를 기준으로 삼는 것 공직취임권 침해 O, *But* 헌법 기본원리나 특정조항에 비추어 능력주의 원칙 예외 인정 可
- 공무원이 특정의 장소에서 근무하는 것 또는 특정의 보직을 받아 근무하는 것을 포함하는 일종의 '공무수행의 자유'까지 그 보호영역에 포함 ×, *But* 헌법 제7조 및 제15조에 비추어 볼 때, 해당 지방공무원의 동의가 있을 것을 당연한 전제로 그 공무원이 소속된 지방자치단체의 장의 동의를 얻어서만 그 공무원을 전입할 수 있음 O
- 금고 이상의 형의 집행유예 판결을 받은 것을 공무원의 당연퇴직사유로 한 규정: 공무담임권 및 행복추구권 침해 ×
- 임용권자로 하여금 형사사건으로 기소된 공무원을 직위해제할 수 있도록 한 규정: 공무담임권 침해 ×

해설 ㄱ. [O]

우리 헌법 제25조는 "모든 국민은 법률이 정하는 바에 의하여 공무담임권을 가진다."고 규정하여 공무담임권을 기본권으로 보장하고 있고, 공무담임권의 보호영역에는 공직취임 기회의 자의적인 배제뿐 아니라 공무원 신분의 부당한 박탈이나 권한(직무)의 부당한 정지도 포함된다. **(헌재 2005.5.26. 2002헌마699등)**

ㄴ. [×]

직업공무원으로의 공직취임권에 관하여 규율함에 있어서는 임용희망자의 능력·전문성·적성·품성을 기준으로 하는 이른바 능력주의 또는 성과주의를 바탕으로 하여야 한다. 헌법은 이 점을 명시적으로 밝히고 있지 아니하지만, 헌법 제7조에서 보장하는 직업공무원제도의 기본적 요소에 능력주의가 포함되는 점에 비추어 헌법 제25조의 공무담임권 조항은 모든 국민이 누구나 그 능력과 적성에 따라 공직에 취임할 수 있는 균등한 기회를 보장함을 내용으로 한다고 할 것이다. … 따라서 공직자선발에 관하여 능력주의에 바탕한 선발기준을 마련하지 아니하고 해당 공직이 요구하는 직무수행능력과 무관한 요소, 예컨대 성별·종교·사회적 신분·출신지역 등을 기준으로 삼는 것은 국민의 공직취임권을 침해하는 것이 된다. 다만, 헌법의 기본원리나 특정조항에 비추어 능력주의원칙에 대한 예외를 인정할 수 있는 경우가 있다. 그러한 헌법원리로는 우리 헌법의 기본원리인 사회국가원리를 들 수 있고, 헌법조항으로는 여자·연소자근로의 보호, 국가유공자·상이군경 및 전몰군경의 유가족에 대한 우선적 근로기회의 보장을 규정하고 있는 헌법 제32조 제4항 내지 제6항, 여자·노인·신체장애자 등에 대한 사회보장의무를 규정하고 있는 헌법 제34조 제2항 내지 제5항 등을 들 수 있다. 이와 같은 헌법적 요청이 있는 경우에는 합리적 범위안에서 능력주의가 제한될 수 있다. (헌재 1999.12.23. 98헌바33)

ㄷ. [×]
전단과 관련해서 헌법재판소는 "**공무담임권의 보호영역**에는 일반적으로 공직취임의 기회보장, 신분박탈, 직무의 정지가 포함되는 것일 뿐, 여기서 더 나아가 **공무원이 특정의 장소에서 근무하는 것 또는 특정의 보직을 받아 근무하는 것을 포함하는 일종의 '공무수행의 자유'까지 그 보호영역에 포함된다고 보기는 어렵다**(헌재 2008.6.26. 2005헌마1275)" 고 보므로 옳은 내용이나, 후단과 관련해서는 "지방공무원법 제29조의3은 "지방자치단체의 장은 다른 지방자치단체의 장의 동의를 얻어 그 소속 공무원을 전입할 수 있다"라고만 규정하고 있어, 이러한 전입에 있어 지방공무원 본인의 동의가 필요한지에 관하여 다툼의 여지없이 명백한 것은 아니나, 위 법률조항을, 해당 지방공무원의 동의 없이도 지방자치단체의 장 사이의 동의만으로 지방공무원에 대한 전출 및 전입명령이 가능하다고 풀이하는 것은 헌법적으로 용인되지 아니하며, 헌법 제7조에 규정된 공무원의 신분보장 및 헌법 제15조에서 보장하는 직업선택의 자유의 의미와 효력에 비추어 볼 때 위 법률조항은 해당 지방공무원의 동의가 있을 것을 당연한 전제로 하여 그 공무원이 소속된 지방자치단체의 장의 동의를 얻어서만 그 공무원을 전입할 수 있음을 규정하고 있는 것으로 해석하는 것이 타당하고, 이렇게 본다면 인사교류를 통한 행정의 능률성이라는 입법목적도 적절히 달성할 수 있을 뿐만 아니라 지방공무원의 신분보장이라는 헌법적 요청도 충족할 수 있게 된다. 따라서 위 법률조항은 헌법에 위반되지 아니한다(**헌재 2002.11.28. 98헌바101**)." 판시하고 있으므로 옳지 않은 내용이다.

ㄹ. [○]
공무원에게 부과되는 신분상 불이익과 보호하려는 공익이 합리적 균형을 이루는 한 법원이 범죄의 모든 정황을 고려하여 금고 이상의 형의 집행유예 판결을 하였다면 그 범죄행위가 직무와 직접적 관련이 없거나 과실에 의한 것이라 하더라도 공무원의 품위를 손상하는 것으로 당해 공무원에 대한 사회적 비난가능성이 결코 적지 아니함을 의미하므로 이를 공무원의 당연퇴직사유로 규정한 법률조항이 입법자의 재량을 일탈 한 것이라고 볼 수 없다. …그렇다면 공무원에게 가해지는 신분상 불이익과 보호하려는 공익을 비교할 때 금고 이상의 형의 집행유예 판결을 받은 것을 공무원의 당연퇴직사유로 규정한 이 사건 법률조항이 공무담임권 및 행복추구권을 침해하여 헌법에 위반된다고 할 수 없다. (헌재 2011.6.30. 2010헌바478)

ㅁ. [×]
이 사건 법률조항의 입법목적은 형사소추를 받은 공무원이 계속 직무를 집행함으로써 발생할 수 있는 공직 및 공무집행의 공정성과 그에 대한 국민의 신뢰를 해할 위험을 예방하기 위한 것으로 정당하고, 직위해제는 이러한 입법목적을 달성하기에 적합한 수단이다. 이 사건 법률조항이 임용권자로 하여금 구체적인 경우에 따라 개별성과 특수성을 판단하여 직위해제 여부를 결정하도록 한 것이지 직무와 전혀 관련이 없는 범죄나 지극히 경미한 범죄로 기소된 경우까지 임용권자의 자의적인 판단에 따라 직위해제를 할 수 있도록 허용하는 것은 아니고, 기소된 범죄의 법정형이나 범죄의 성질에 따라 그 요건을 보다 한정적, 제한적으로 규정하는 방법을 찾기 어렵다는 점에서 이 사건 법률조항이 필요최소한도를 넘어 공무담임권을 제한하였다고 보기 어렵다. (헌재 2006.5.25. 2004헌바12)

40

공무원제도 및 공무담임권에 관한 설명 중 옳지 않은 것은? (다툼이 있는 경우 판례에 의함) [16 변호사]

① 원칙적으로 공직자선발에 있어 해당 공직이 요구하는 직무수행능력과 무관한 요소인 성별·종교·사회적 신분·출신지역 등을 이유로 하는 차별은 허용되지 않는다고 할 것이므로, 우리 헌법의 기본원리인 사회국가원리도 능력주의 원칙에 대한 예외로 작용할 수 없다.

② 부사관으로 최초로 임용되는 사람의 최고연령을 27세로 정한 법률조항은 부사관이라는 공직 취임의 기회를 제한하고 있으나, 군 조직의 특수성, 군 조직 내에서 부사관의 상대적 지위 및 역할 등을 고려할 때 공무담임권을 침해한다고 볼 수 없다.

③ 지방자치단체의 장이 공소 제기된 후 구금상태에 있는 경우 일시적으로 부단체장이 그 권한을 대행하도록 규정한 법률조항은 해당 지방자치단체장의 공무담임권을 침해한다고 볼 수 없다.

④ 향토예비군 지휘관이 금고 이상 형의 선고유예를 받은 경우에는 그 직에서 당연해임되도록 규정하고 있는 법률조항은, 범죄의 종류와 내용을 가리지 않고 모두 당연퇴직사유로 정함으로써 공무담임권을 침해한다.

⑤ 공무원의 기부금 모집을 금지하고 있는 법률조항은 선거의 공정성을 확보하고 공무원의 정치적 중립성을 보장하기 위한 것이므로, 정치적 의사표현의 자유를 침해하지 않는다.

40

정답 ①

핵심공략

- 직업공무원으로의 공직취임권 능력주의 또는 성과주의를 바탕으로 하여야 O, 해당 공직의 직무수행능력과 무관한 요소를 기준으로 삼는 것 공직취임권 침해 O, *But* 헌법 기본원리나 특정조항에 비추어 능력주의 원칙 예외 인정 可
- 부사관의 임용연령상한 제한: 공무담임권 침해 ×
- 지방자치단체의 장이 공소 제기된 후 '구금상태에 있는 경우' 일시적으로 부단체장이 그 권한을 대행하도록 한 규정: 공무담임권 침해 ×
- 향토예비군 지휘관이 금고 이상의 형의 '선고유예를 받은 경우' 그 직에서 당연해임하도록 한 규정: 공무담임권 침해 O
- 공무원의 기부금 모집 금지: 선거운동의 자유 및 정치적 의사 표현의 자유 침해 ×

① [×]

해설 공직자선발에 관하여 직무수행능력과 무관한 요소, 예컨대 성별·종교·사회적 신분·출신지역 등을 기준으로 삼는 것은 국민의 공직취임권을 침해하는 것이 된다. 다만, 헌법의 기본원리나 특정조항에 비추어 능력주의원칙에 대한 예외를 인정할 수 있는 경우가 있다. 그러한 헌법원리로는 우리 헌법의 기본원리인 사회국가원리를 들 수 있고, 헌법조항으로는 여자·연소자근로의 보호, 국가유공자·상이군경 및 전몰군경의 유가족에 대한 우선적 근로기회의 보장을 규정하고 있는 헌법 제32조 제4항 내지 제6항, 여자·노인·신체장애자 등에 대한 사회보장의무를 규정하고 있는 헌법 제34조 제2항 내지 제5항 등을 들 수 있다. 이와 같은 헌법적 요청이 있는 경우에는 합리적 범위안에서 능력주의가 제한될 수 있다. (헌재 1999.12.23. 98헌바33)

② [○]

해설 국가의 안전보장과 국토방위의 의무를 수행하기 위하여 군인은 강인한 체력과 정신력을 바탕으로 한 전투력을 유지할 필요가 있고, 이를 위해 군 조직은 위계질서의 확립과 기강확보가 어느 조직보다 중요시된다. 이러한 군의 특수성을 고려할 때 부사관의 임용연령상한을 제한하는 심판대상조항은 그 입법목적이 정당하고, … 연령과 체력의 보편적 상관관계 등을 고려할 때 수단의 적합성도 인정된다. … 심판대상조항에서 정한 부사관의 최초 임용연령상한이 지나치게 낮아 부사관 임용을 원하는 사람의 응시기회를 실질적으로 차단한다거나 제한할 정도에 이르렀다고 보기 어렵다. 나아가 심판대상조항으로 인하여 입는 불이익은 부사관 임용지원기회가 27세 이후에 제한되는 것임에 반하여, 이를 통해 달성할 수 있는 공익은 군의 전투력 등 헌법적 요구에 부응하는 적절한 무력의 유지, 궁극적으로 국가안위의 보장과 국민의 생명·재산 보호로서 매우 중대하므로, 법익의 균형성 원칙에도 위배되지 아니한다. 따라서 심판대상조항이 과잉금지의 원칙을 위반하여 청구인들의 공무담임권을 침해한다고 볼 수 없다. (헌재 2014.9.25. 2011헌마414)

③ [○]

해설 이 사건 법률조항의 입법목적은 주민의 복리와 자치단체행정의 원활하고 효율적인 운영에 초래될 것으로 예상되는 위험을 미연에 방지하려는 것으로, 자치단체장이 '공소 제기된 후 구금상태'에 있는 경우 자치단체행정의 계속성과 융통성을 보장하고 주민의 복리를 위한 최선의 정책집행을 도모하기 위해서는 해당 자치단체장을 직무에서 배제시키는 방법 외에는 달리 의미있는 대안을 찾을 수 없고, 범죄의 죄질이나 사안의 경중에 따라 직무정지의 필요성을 달리 판단할 여지가 없으며, 소명의 기회를 부여하는 등 직무정지라는 제재를 가함에 있어 추가적인 요건을 설정할 필요도 없다. 나아가 정식 형사재판절차를 앞두고 있는 '공소 제기된 후'부터 시작하여 '구금상태에 있는' 동안만 직무를 정지시키고 있어 그 침해가 최소한에 그치도록 하고 있고, 이 사건 법률조항이 달성하려는 공익은 매우 중대한 반면, 일시적·잠정적으로 직무를 정지당할 뿐 신분을 박탈당하지도 않는 자치단체장의 사익에 대한 침해는 가혹하다고 볼 수 없으므로 과잉금지원칙에 위반되지 않는다. (헌재 2011.4.28. 2010헌마474)

④ [○]

해설 향토예비군 지휘관이 금고 이상의 형의 선고유예를 받은 경우에는 그 직에서 당연해임하도록 규정하고 있는 이 사건 법률조항은 금고 이상의 선고유예의 판결을 받은 모든 범죄를 포괄하여 규정하고 있을 뿐 아니라, 심지어 오늘날 누구에게나 위험이 상존하는 교통사고 관련 범죄 등 과실범의 경우마저 당연해임의 사유에서 제외하지 않고 있으므로 최소침해성의 원칙에 반한다. 오늘날 사회구조의 변화로 인하여 '모든 범죄로부터 순결한 공직자 집단'이라는 신뢰를 요구하는 것은 지나치게 공익만을 우선한 것이며, 오늘날 사회국가원리에 입각한 공직제도의 중요성이 강조되면서 개개 공무원의 공무담임권 보장의 중요성이 더욱 큰 의미를 가지고 있다. 일단 공무원으로 채용된 공무원을 퇴직시키는 것은 공무원이 장기간 쌓은 지위를 박탈해 버리는 것이므로 같은 입법목적을 위한 것이라고 하여도 당연퇴직 또는 당연해임사유를 임용결격사유와 동일하게 취급하는 것은 타당하다고 할 수 없다. 따라서 이 사건 법률조항은 과잉금지원칙에 위배하여 공무담임권을 침해하는 조항이라고 할 것이다. (헌재 2005.12.22. 2004헌마947)

⑤ [○]

해설 이 사건 국가공무원법 조항들은 공무원의 정치적 중립성에 정면으로 반하는 행위를 금지함으로써 선거의 공정성과 형평성을 확보하고 공무원의 정치적 중립성을 보장하기 위한 것인바, 그 입법목적이 정당할 뿐 아니라 방법이 적절하고, 공무원이 국가사무를 담당하며 국민의 이익을 위하여 존재하는 이상 그 직급이나 직렬 등에 상관없이 공무원의 정치운동을 금지하는 것이 부득이하고 불가피하며, 법익 균형성도 갖추었다고 할 것이므로, 과잉금지원칙을 위배하여 선거운동의 자유 및 정치적 의사표현의 자유를 침해한다고 볼 수 없다. (헌재 2012.7.26. 2009헌바298)

41

A국립대학교는 '추천위원회에서 총장후보자를 선정'하는 간선제 방식에 따라 총장후보자를 선출하려고 한다. 'A국립대학교 총장임용후보자 선정에 관한 규정'(이하 '규정'이라 함)에서는 총장후보자에 지원하려는 사람에게 1,000만 원의 기탁금을 납부하고, 지원서 접수 시 기탁금 납입 영수증을 제출하도록 하고 있다. 甲은 A국립대학교의 교수로서 총장후보자에 지원하고자 한다. 乙은 A국립대학교의 교수로서 총장후보자 선출에 참여하고자 한다. 다음 설명 중 옳은 것은? (다툼이 있는 경우 판례에 의함) [19 변호사]

① 공무담임권은 국민이 공직에 취임하기 이전의 문제이므로 이미 공직에 취임하여 공무원이 된 甲이 헌법상의 공무담임권 침해를 이유로 한 헌법소원심판을 청구하는 것은 허용되지 않는다.

② 乙이 대학총장 후보자 선출에 참여할 권리는 헌법상 기본권으로 인정할 수 없다.

③ 헌법상 대학의 자율은 대학에게 대학의 장 후보자 선정과 관련하여 반드시 직접선출 방식을 보장하여야 하는 것은 아니다.

④ 총장후보자 지원자들에게 1,000만 원의 기탁금을 납부하게 하는 것은 지원자가 무분별하게 총장후보자에 지원하는 것을 예방하는 데 기여할 수 있고, 그 액수가 과다하다고도 볼 수 없어 헌법에 위반된다고 할 수 없다.

⑤ 위 규정의 위헌성에 대해 다투고자 할 경우 먼저 위 규정에 대해 항고소송을 제기하여야만 하고 직접 헌법소원심판을 청구하는 것은 허용되지 않는다.

41

정답 ③

핵심공략

- 공무담임권 보호영역에 공무원 신분의 부당한 박탈도 포함 O
  ∴ 甲이 교육공무원인 국립대학교 총장후보자 선출의 기회를 보장받는 것도 공무담임권의 보호영역에 포함 O
- 국립대학교의 총장 후보자 선출에 참여할 권리는 공무담임권으로서 헌법상 기본권에 해당 O
- 대학의 장 후보자 선정과 관련하여 대학에게 반드시 직접 선출 방식을 보장하여야 ×, *But* 대학교원들의 합의된 방식으로 그 선출방식을 정할 수 있는 기회를 제공하면 충분 O
- 총장후보자 지원자들의 1,000만 원의 기탁금을 납부
  ⇨ 총장후보자 지원 의사를 단념토록 할 수 있을 정도로 과다한 액수 O
  ⇨ 공무담임권 침해 O
- 총장임용후보자 선정에 관하여 필요한 사항을 규정하는 법령보충적 행정규칙(훈령)으로서 일반적·추상적 규율에 해당 O
  ⇨ 행정소송의 대상 ×
  ⇨ 직접 헌법소원 청구 허용 O

① [×]

해설 헌법 제25조는 "모든 국민은 법률이 정하는 바에 의하여 공무담임권을 가진다."고 하여 공무담임권을 보장하고 있고, 공무담임권의 보호영역에는 공직취임의 기회의 자의적인 배제뿐 아니라, 공무원 신분의 부당한 박탈도 포함되는 것이다. (헌재 2002.08.29. 2001헌마788)

▶ 甲은 A국립대학교의 교수로서 교육공무원의 신분을 가지고 있지만, 甲이 교육공무원인 국립대학교 총장후보자 선출의 기회를 보장받는 것도 공무담임권의 보호영역에 속한다.

② [×]

해설 국립대학교 총장은 교육공무원으로서 국가공무원의 신분을 가진다. 이 사건 기탁금조항은 국립대학교인 전북대학교 총장후보자 선정과정에서 후보자에 지원하려는 사람에게 기탁금을 납부하도록 하고, 기탁금을 납입하지 않을 경우 총장후보자에 지원하는 기회가 주어지지 않도록 하고 있다. 따라서 이 사건 기탁금조항은 기탁금을 납입할 수 없거나 그 납입을 거부하는 사람들의 공무담임권을 제한한다. (헌재 2018.4.26. 2014헌마274)

▶ 乙이 국립대학교의 총장 후보자 선출에 참여할 권리는 공무담임권으로서 헌법상 기본권에 해당한다.

③ [○]

해설 대학의장임용추천위원회(이하'위원회'라 한다)에서의 선정은 원칙적인 방식이 아닌 교원의 합의된 방식과 선택적이거나 혹은 실제로는 보충적인 방식으로 규정되어 있는 점, 대학의 장 후보자 선정과 관련하여 대학에게 반드시 직접선출 방식을 보장하여야 하는 것은 아니며, 다만 대학교원들의 합의된

방식으로 그 선출방식을 정할 수 있는 기회를 제공하면 족하다고 할 것인데, 교육공무원법 제24조 제4항은 대학의 장 후보자 선정을 위원회에서 할 것인지, 아니면 교원의 합의된 방식에 의할 것인지를 대학에서 우선적으로 결정하도록 하여 이를 충분히 보장하고 있는 점, 또한 이 규정은 개정 전 교육공무원임용령(1991.8.8. 대통령령 제13448호로 개정되고, 2005.9.14. 대통령령 제19043호로 개정되기 전의 것) 제12조의3 제4항과 동일한 내용으로서 청구인들이 속한 각 대학은 개정 전 위 시행령에 근거하여 직선제의 방식으로 대학의 장 후보자를 선출해 온 점을 고려하면, 이전의 시행령의 내용을 그대로 담고 있는 교육공무원법 제24조 제4항이 대학에게 총장 후보자 선출에 있어서 새로운 제한을 추가하거나 가중한 것이라고 볼 수 없으므로 위 규정이 매우 자의적인 것으로서 합리적인 입법한계를 일탈하였거나 대학의 자율의 본질적인 부분을 침해하였다고 볼 수 없다. **(헌재 2006.4.27. 2005헌마1047 등)**

④ [×]

해설 이 사건 기탁금조항은 총장후보자 지원자들의 무분별한 난립을 방지하고 그 책임성과 성실성을 확보함으로써 선거의 과열을 예방하기 위한 것이므로 목적의 정당성은 인정된다. 총장후보자 지원자들에게 1,000만 원의 기탁금을 납부하게 하는 것은 지원자가 무분별하게 총장후보자에 지원하는 것을 예방하는 데 기여할 수 있으므로 수단의 적합성도 인정된다. … 이 사건 기탁금조항의 1,000만 원이라는 액수는 자력이 부족한 교원 등 학내 인사와 일반 국민으로 하여금 총장후보자에 지원하려는 의사를 단념토록 할 수 있을 정도로 과다한 액수라고 할 수 있다. 이러한 사정들을 종합하면 이 사건 기탁금조항은 침해의 최소성에 반한다. 현행 총장후보자 선정규정에 따른 간선제 방식에서는 이 사건 기탁금조항으로 달성하려는 공익은 제한적이다. 반면 이 사건 기탁금조항으로 인하여 기탁금을 납입할 자력이 없는 교원 등 학내 인사 및 일반 국민들은 총장후보자에 지원하는 것 자체를 단념하게 되므로, 이 사건 기탁금조항으로 제약되는 공무담임권의 정도는 결코 과소평가될 수 없다. 이 사건 기탁금조항으로 달성하려는 공익이 제한되는 공무담임권 정도보다 크다고 단정할 수 없으므로, 이 사건 기탁금조항은 법익의 균형성에도 반한다. 따라서 이 사건 기탁금조항은 과잉금지원칙에 반하여 청구인의 공무담임권을 침해한다. **(헌재 2018.4.26. 2014헌마274)**

⑤ [×]

해설 행정소송의 대상이 될 수 있는 것은 구체적인 권리의무에 관한 분쟁이어야 하고 일반적·추상적인 법령 그 자체로서 국민의 구체적인 권리의무에 직접적인 변동을 초래하는 것이 아닌 것은 그 대상이 될 수 없으므로 구체적인 권리의무에 관한 분쟁을 떠나서 재무부령 자체의 무효확인을 구하는 청구는 행정소송의 대상이 아닌 사항에 대한 것으로서 부적법하다. **(대판 1987.3.24. 86누656)**

▶ 이 사건 심판대상 조항인 전북대학교 총장임용후보자 선정에 관한 규정(2014.8.22. 훈령 제1768호로 개정된 것) 제15조 제1항은 「교육공무원법」 제24조, 「교육공무원 임용령」 제12조의2 및 제12조의3, 「전북대학교 학칙」(이하 "학칙"이라 한다) 제4조에서 규정하는 전북대학교 총장임용후보자 선정에 관하여 필요한 사항을 규정하는 법령보충적 행정규칙(훈령)으로서 일반적·추상적 규율에 해당하므로 행정소송의 대상이 될 수 없다. 그러나 법령의 직접적인 위임에 따라 수임행정기관이 그 법령을 시행하는 데 필요한 구체적 사항을 정한 것이면, 그 제정형식이 고시, 훈령, 예규 등과 같은 행정규칙이더라도 상위법령과 결합하여 대외적인 구속력을 갖는 법규명령으로 기능하게 되므로 이를 대상으로 하여 곧바로 헌법소원을 청구하는 것은 가능하다**(헌재 1992.6.26. 91헌마25; 헌재 2003.12.18. 2001헌마543; 헌재 2010.9.30. 2008헌마758)**. 헌법재판소는 청소년유해매체물의 표시방법에 관한 정보통신부고시**(헌재 2004.1.29. 2001헌마894)**, 문화부장관이 공고한 외국인전용 카지노업 신규허가계획**(헌재 2006.7.27. 2004헌마924)**, 의약품 중복처방시 요양급여의 인정기준을 정하고 있는 보건복지가족부고시**(헌재 2010.9.30. 2008헌마758)**에 대해 상위법령과 결합된 법규명령적 성격의 행정규칙으로서 항고소송의 대상이 되기 어렵다는 등의 이유로 보충성 요건의 충족을 요구하지 않았다(헌법재판실제요, 314-315면).

42

공무원의 연금청구권에 관한 설명 중 옳지 않은 것은? (다툼이 있는 경우 판례에 의함) [20 변호사]

① 공무원연금제도는 공무원을 대상으로 퇴직 또는 사망과 공무로 인한 부상·질병 등에 대하여 적절한 급여를 실시함으로써 공무원 및 그 유족의 생활안정과 복리향상에 기여하는 데 그 목적이 있으며, 사회적 위험이 발생한 때에 국가의 책임 아래 보험기술을 통하여 공무원의 구제를 도모하는 사회보험제도의 일종이다.

② 「공무원연금법」상의 퇴직급여 등 각종 급여를 받을 권리, 즉 연금수급권은 재산권의 성격과 사회보장수급권의 성격이 불가분적으로 혼재되어 있는데, 입법자로서는 연금수급권의 구체적 내용을 정함에 있어 어느 한 쪽의 요소에 보다 중점을 둘 수 있다.

③ 공무원의 범죄행위로 인해 형사처벌이 부과된 경우에는 그로 인하여 공직을 상실하게 되므로, 이에 더하여 공무원의 퇴직급여청구권까지 박탈하는 것은 이중처벌금지의 원칙에 위반된다.

④ 공무원 또는 공무원이었던 자가 재직 중의 사유로 금고 이상의 형을 받은 때 퇴직급여 및 퇴직수당의 일부를 감액하여 지급하도록 한 「공무원연금법」 조항은 공무원의 신분이나 직무상 의무와 관련 없는 범죄인지 여부 등과 관계없이 일률적·필요적으로 퇴직급여를 감액하는 것으로서 재산권을 침해한다.

⑤ 공무원의 직무와 관련이 없는 범죄라 할지라도 고의범의 경우에는 공무원의 법령준수의무, 청렴의무, 품위유지의무 등을 위반한 것으로 볼 수 있으므로 이를 퇴직급여의 감액사유에서 제외하지 아니하더라도 헌법에 위반되지 않는다.

42

정답 ③

핵심공략

- 공무원연금제도 사회보험제도의 일종 O
- 입법자로서는 연금수급권의 구체적 내용을 정함에 있어 재산권의 성격과 사회보장수급권의 성격 중 어느 한 쪽의 요소에 보다 중점을 둘 수 O
- 헌법 제13조 제1항 후단 '이중처벌금지원칙': 원칙적 범죄에 대한 국가의 형벌권 실행으로서의 과벌을 의미 O, 국가가 행하는 일체의 제재나 불이익처분이 모두 그에 포함 ×
- 공무원의 신분이나 직무상 의무와 관련이 없는 범죄의 경우에도 퇴직급여 등을 제한: 재산권 침해 O
- 공무원의 직무와 관련이 없는 범죄라 할지라도 고의범의 경우 퇴직급여 감액사유에서 제외하지 아니한 것: 합헌 O

① [○]

해설 공무원연금제도는 공무원을 대상으로 퇴직 또는 사망과 공무로 인한 부상·질병·폐질에 대하여 적절한 급여를 실시함으로써 공무원 및 그 유족의 생활안정과 복리향상에 기여하는 데에 그 목적이 있는 것으로서(**법 제1조**) 위의 사유와 같은 사회적 위험이 발생한 때에 국가의 책임 아래 보험기술을 통하여 공무원의 구제를 도모하는 사회보험제도의 일종이다. **(헌재 2003.9.25. 2001헌마93 등)**

② [○]

해설 공무원연금법상의 퇴직급여, 유족급여 등 각종 급여를 받을 권리, 즉 연금수급권은 일부 재산권으로서의 성격을 지니는 것으로 파악되고 있으나 이는 앞서 본 바와 같이 사회보장수급권의 성격과 불가분적으로 혼재되어 있으므로, 비록 연금수급권에 재산권의 성격이 일부 있다 하더라도 그것은 이미 사회보장법리의 강한 영향을 받지 않을 수 없다 할 것이고, 입법자로서는 연금수급권의 구체적 내용을 정함에 있어 이를 전체로서 파악하여 어느 한 쪽의 요소에 보다 중점을 둘 수 있다 할 것이다. **(헌재 2013.9.26. 2011헌바272)**

③ [×]

해설 청구인은 이 사건 법률조항이 공무원 또는 공무원이었던 자의 범죄행위에 대하여 형벌을 과하는 외에 다시 급여를 제한함으로써 헌법정신에 반하여 이중적으로 처벌하는 것이라고 주장하는바, 이 사건 법률조항이 일정한 범죄를 범한 공무원에 대하여 형벌이나 공무원법상의 징계 외에 추가적인 경제적 불이익을 부과하는 것이기는 하나, 헌법 제13조 제1항 후단에 규정된 일사부재리 또는 이중처벌금지의 원칙에 있어서 처벌이라고 함은 원칙적으로 범죄에 대한 국가의 형벌권 실행으로서의 과벌을 의미하는 것이고 국가가 행하는 일체의 제재나 불이익처분이 모두 그에 포함된다고는 할 수 없으므로 이 사건 법률조항에 의하여 급여를 제한한다고 하더라도 그것이 헌법이 금하고 있는 이중적인 처벌에 해당하는 것은 아니라고 할 것이다. **(헌재 2002.7.18. 2000헌바57)**

④ [○]

해설 공무원의 신분이나 직무상 의무와 관련이 없는 범죄의 경우에도 퇴직급여 등을 제한하는 것은, 공무원범죄를 예방하고 공무원이 재직중 성실히 근무하도록 유도하는 입법목적을 달성하는 데 적합한 수단이라고 볼 수 없다. 그리고 특히 과실범의 경우에는 공무원이기 때문에 더 강한 주의의무 내지 결과발생에 대한 가중된 비난가능성이 있다고 보기 어려우므로, 퇴직급여 등의 제한이 공무원으로서의 직무상 의무를 위반하지 않도록 유도 또는 강제하는 수단으로서 작용한다고 보기 어렵다. … 재직 중의 사유로 금고 이상의 형을 선고받아 처벌받음으로써 기본적 죗값을 받은 공무원에게 다시 당연퇴직이란 공무원의 신분상실의 치명적인 법익박탈을 가하고, 이로부터 더 나아가 다른 특별한 사정도 없이 범죄의 종류에 상관 않고, 직무상 저지른 범죄인지 여부와도 관계없이, 누적되어 온 퇴직급여 등을 누적 이후의 사정을 이유로 일률적·필요적으로 감액하는 것은 과도한 재산권의 제한으로서 심히 부당하며 공무원의 퇴직 후 노후생활보장이라는 공무원연금제도의 기본적인 입법목적에도 부합하지 않는다. 또 가사 이 사건 법률조항이 그 입법 목적 달성을 위하여 필요한 수단이라고 하더라도 당해 공무원에게 지나치게 가혹한 불이익을 주는 것으로서 그로 인하여 달성되는 공익과 당해 공무원이 입는 불이익 사이에 현저한 불균형을 초래하여 법익의 최소침해성의 요건 및 법익균형성의 요건을 충족시키지 못한다 할 것이다. **(헌재 2007.3.29. 2005헌바33)**

⑤ [○]

해설 헌법재판소는 2007.3.29. 2005헌바33 사건에서 구 공무원연금법(1995.12.29. 법률 제5117호로 개정되고, 2009.12.31. 법률 제9905호로 개정되기 전의 것) 제64조 제1항 제1호(이하 '구법조항'이라 한다)가 공무원의 '신분이나 직무상 의무'와 관련이 없는 범죄에 대해서도 퇴직급여의 감액사유로 삼는 것이 퇴직공무원들의 기본권을 침해한다는 이유로 헌법불합치결정을 하였고, 이 사건 감액조항은 그에 따른 개선입법이다. 공무원의 직무와 관련이 없는 범죄라 할지라도 고의범의 경우에는 공무원의 법령준수의무, 청렴의무, 품위유지의무 등을 위반한 것으로 볼 수 있으므로 이를 퇴직급여의 감액사유에서 제외하지 아니하더라도 위 헌법불합치결정의 취지에 반한다고 볼 수 없다. **(헌재 2013.8 29. 2010헌바354 등)**

Chapter 05

청구권적 기본권

1. 청원권

2. 재판청구권

43

재판청구권에 관한 설명 중 옳은 것을 모두 고른 것은? (다툼이 있는 경우 판례에 의함) [21 변호사]

ㄱ. 재판청구권에는 민사재판, 형사재판, 행정재판뿐만 아니라 헌법재판을 받을 권리도 포함되므로, 헌법상 보장되는 기본권인 '공정한 재판을 받을 권리'에는 '공정한 헌법재판을 받을 권리'도 포함된다.

ㄴ. 심급제도는 하급심에서 잘못된 재판을 하였을 때 상소심으로 하여금 이를 바로잡게 하는 것이 재판청구권을 실질적으로 보장하는 방법이 된다는 의미에서 재판청구권을 보장하기 위한 하나의 수단이며, 사법에 의한 권리보호에 관하여 한정된 사법자원의 합리적인 분배의 문제인 동시에 재판의 적정과 신속이라는 상반되는 요청을 어떻게 조화시키느냐의 문제에 속한다.

ㄷ. '국민참여재판을 받을 권리'는 법률상의 권리가 아니라 헌법상의 권리로 재판청구권으로부터 도출된다.

ㄹ. 법관에 대한 징계처분 취소청구소송을 대법원의 단심재판에 의하도록 한 「법관징계법」 조항은 재판청구권을 침해한다고 볼 수 없다.

ㅁ. 형사보상의 청구에 대한 보상 결정에 불복을 신청할 수 없도록 하여 형사보상의 결정을 단심재판으로 하는 것은 형사보상 청구인의 재판청구권을 침해한다.

① ㄱ, ㄴ, ㄷ ② ㄱ, ㄷ, ㄹ
③ ㄴ, ㄹ, ㅁ ④ ㄷ, ㄹ, ㅁ
⑤ ㄱ, ㄴ, ㄹ, ㅁ

43

정답 ⑤

핵심공략

- 재판청구권에 민사재판, 형사재판, 행정재판뿐만 아니라 헌법재판을 받을 권리도 포함 O
  ⇨ '공정한 헌법재판을 받을 권리'도 포함 O
- 심급제도: 사법자원의 합리적 분배 문제인 동시에 재판의 적정과 신속 조화의 문제
  ⇨ 원칙적 입법자의 형성의 자유에 속함 O
- 국민참여재판을 받을 권리는 헌법상 재판을 받을 권리의 보호영역에 포함 ×
- 법관에 대한 대법원장의 징계처분 취소청구소송을 대법원에 의한 단심재판에 의하도록 한 규정: 재판청구권 침해 ×
- 형사보상의 청구에 대한 보상 결정에 불복을 신청할 수 없도록 형사보상의 결정을 단심재판으로 하는 것: 재판청구권 침해 O

해설 ㄱ. [○]

헌법 제27조는 국민의 재판청구권을 보장하고 있는데, 여기에는 공정한 재판을 받을 권리가 포함되어 있다(헌재 2006.7.27. 2005헌바58). 그런데 재판청구권에는 민사재판, 형사재판, 행정재판뿐만 아니라 헌법재판을 받을 권리도 포함되므로, 헌법상 보장되는 기본권인 '공정한 재판을 받을 권리'에는 '공정한 헌법재판을 받을 권리'도 포함된다. **(헌재 2014.4.24. 2012헌마2)**

ㄴ. [○]

심급제도는 사법에 의한 권리보호에 관하여 한정된 법 발견 자원의 합리적인 분배의 문제인 동시에 재판의 적정과 신속이라는 서로 상반되는 두 가지의 요청을 어떻게 조화시키느냐의 문제로 돌아가므로 원칙적으로 입법자의 형성의 자유에 속하는 사항이다. **(헌재 1995.1.20. 90헌바1)**

ㄷ. [×]

헌법과 법률이 정한 법관에 의한 재판을 받을 권리는 직업법관에 의한 재판을 주된 내용으로 하는 것이므로, 국민참여재판을 받을 권리가 헌법 제27조 제1항에서 규정한 재판을 받을 권리의 보호범위에 속한다고 볼 수 없다. **(헌재 2015.7.30. 2014헌바447)**

ㄹ. [○]

구 법관징계법 제27조는 법관에 대한 대법원장의 징계처분 취소청구소송을 대법원에 의한 단심재판에 의하도록 규정하고 있는바, 이는 독립적으로 사법권을 행사하는 법관이라는 지위의 특수성과 법관에 대한 징계절차의 특수성을 감안하여 재판의 신속을 도모하기 위한 것으로 그 합리성을 인정할 수 있고, 대법원이 법관에 대한 징계처분 취소청구소송을 단심으로 재판하는 경우에는 사실확정도 대법원의 권한에 속하여 법관에 의한 사실확정의 기회가 박탈되었다고 볼 수 없으므로, 헌법 제27조 제1항의 재판청구권을 침해하지 아니한다. **(헌재 2012.2.23. 2009헌바34)**

ㅁ. [○]

보상액의 산정에 기초되는 사실인정이나 보상액에 관한 판단에서 오류나 불합리성이 발견되는 경우에도 그 시정을 구하는 불복신청을 할 수 없도록 하는 것은 형사보상청구권 및 그 실현을 위한 기본권으로서의 재판청구권의 본질적 내용을 침해하는 것이라 할 것이고, 나아가 법적안정성만을 지나치게 강조함으로써 재판의 적정성과 정의를 추구하는 사법제도의 본질에 부합하지 아니하는 것이다. 또한, 불복을 허용하더라도 즉시항고는 절차가 신속히 진행될 수 있고 사건수도 과다하지 아니한데다 그 재판내용도 비교적 단순하므로 불복을 허용한다고 하여 상급심에 과도한 부담을 줄 가능성은 별로 없다고 할 것이어서, 이 사건 불복금지조항은 형사보상청구권 및 재판청구권을 침해한다고 할 것이다. **(헌재 2010.10.28. 2008헌마514 등)**

3. 국가배상청구권

44

청구권적 기본권에 관한 설명 중 옳은 것을 모두 고른 것은? (다툼이 있는 경우 판례에 의함) [21 변호사]

ㄱ. 국회에 청원을 하려는 자는 국회의원의 소개를 받지 않더라도 청원할 수 있다.

ㄴ. 무죄판결이 확정된 피고인이 구금 여부와 상관없이 재판에 들어간 비용의 보상을 법원에 청구할 수 있도록 하는 내용의 비용보상청구권의 제척기간을 무죄판결이 확정된 날부터 6개월로 규정한 법률조항은 형사보상청구권을 제한한다.

ㄷ. 헌법상 범죄피해자 구조청구권은 1987년 개정헌법에서 도입되었다.

ㄹ. 법관이 행하는 재판사무의 특수성과 그 재판과정의 잘못에 대하여는 따로 불복절차에 의하여 시정될 수 있는 제도적 장치가 마련되어 있는 점 등에 비추어 보면, 특별한 경우가 아닌 한 법관의 재판에 법령의 규정을 따르지 아니한 잘못이 있다 하더라도 이로써 바로 그 재판상 직무행위가 「국가배상법」 제2조 제1항에서 말하는 위법한 행위로 되어 국가의 손해배상책임이 발생하는 것은 아니다.

ㅁ. 국가배상청구권의 성립요건으로서 공무원의 고의 또는 과실을 규정한 것은 법률로 이미 형성된 국가배상청구권의 행사 및 존속을 제한한다기보다는 국가배상청구권의 내용을 형성하는 것이다.

① ㄱ, ㄴ, ㄷ　　② ㄱ, ㄴ, ㄹ, ㅁ
③ ㄱ, ㄷ, ㄹ, ㅁ　　④ ㄴ, ㄷ, ㄹ, ㅁ
⑤ ㄱ, ㄴ, ㄷ, ㄹ, ㅁ

4. 형사보상청구권

5. 범죄피해자구조청구권

44

정답 ③

핵심공략

- 국회에 청원하려는 자: 국회의원 소개 불필요
  cf) 지방의회에 청원하려는 자: 지방의원 소개 필요
- 무죄판결 확정된 후 피고인이 비용보상청구권을 재판상 행사할 수 있는 기간 제한: 기본적으로 재판청구권을 제한 O
- 범죄피해자 구조청구권 1987년 제9차 개정헌법(현행헌법)에서 도입
- 법관의 재판에 잘못 있더라도 이로써 바로 국가의 손해배상책임이 발생 ×
  당해 법관이 위법 또는 부당한 목적을 가지고 재판을 하는 등 법관이 그에게 부여된 권한의 취지에 명백히 어긋나게 이를 행사하였다고 인정할 만한 특별한 사정이 있어야 O
- 국가배상법상 국가배상청구권 성립요건 규정: 법률로 이미 형성된 국가배상청구권의 행사 및 존속을 제한한다고 보기 보다는 국가배상청구권의 내용을 형성하는 것

해설 ㄱ. [○]

조문 **국회법 제123조(청원서의 제출)** ① 국회에 청원을 하려는 자는 의원의 소개를 받거나 국회규칙으로 정하는 기간 동안 국회규칙으로 정하는 일정한 수 이상의 국민의 동의를 받아 청원서를 제출하여야 한다.

ㄴ. [×]

비용보상청구권의 제척기간을 무죄판결이 확정된 날부터 6개월로 규정한 구 형사소송법(2007.6.1. 법률 제8496호로 개정되고 2014.12.30. 법률 제12899호로 개정되기 전의 것) 제194조의3 제2항(이하 '이 사건 법률조항'이라 한다)은 무죄판결이 확정된 경우 피고인이 비용보상청구권을 재판상 행사할 수 있는 기간을 제한하는 규정이므로 기본적으로 청구권자의 재판청구권을 제한한다. 한편, 심판대상조항은 재산적 가치가 있는 비용보상청구권의 행사를 제한함으로써 비용보상청구권자의 재산권을 침해하고, 형사보상청구권이나 국가배상청구권과 비교할 때 청구기간이 지나치게 짧아 평등원칙에 위배된다고 볼 수 있다. 그런데 재산권이나 평등원칙 침해 여부는 재판청구권 침해 여부에 대한 판단에서 함께 다루어질 것이므로, 이 사건에서는 심판대상조항이 비용보상청구권자의 재판청구권을 침해하는지 여부를 중심으로 판단한다. **(헌재 2015.4.30. 2014헌바408 등 참조)**

ㄷ. [○]

조문 **헌법 제30조** 타인의 범죄행위로 인하여 생명 · 신체에 대한 피해를 받은 국민은 법률이 정하는 바에 의하여 국가로부터 구조를 받을 수 있다.

▶ 제9차개정(1987년) 헌법에 신설되었다.

ㄹ. [○]

법관이 행하는 재판사무의 특수성과 그 재판과정의 잘못에 대하여는 따로 불복절차에 의하여 시정될 수 있는 제도적 장치가 마련되어 있는 점 등에 비추어 보면, … 법관의 재판에 잘못이 있다 하더라도 이로써 바로 그 재판상 직무행위가 국가배상법 제2조 제1항에서 말하는 위법한 행위로 되어 국가의 손해배상책임이 발생하는 것은 아니고, 그 국가배상책임이 인정되려면 당해 법관이 위법 또는 부당한 목적을 가지고 재판을 하는 등 법관이 그에게 부여된 권한의 취지에 명백히 어긋나게 이를 행사하였다고 인정할 만한 특별한 사정이 있어야 한다. **(대판 2001.4.24. 2000다16114; 2003.7.11. 99다24218)**

ㅁ. [○]

국가배상법 조항이 국가배상청구권의 성립요건으로서 공무원의 고의 또는 과실을 규정한 것은 법률로 이미 형성된 국가배상청구권의 행사 및 존속을 제한한다고 보기 보다는 국가배상청구권의 내용을 형성하는 것이라고 할 것이므로, 헌법상 국가배상제도의 정신에 부합하게 국가배상청구권을 형성하였는지의 관점에서 심사하여야 한다. **(헌재 2015.4.30. 2013헌바395)**

Chapter

06 사회적 기본권

1. 사회적 기본권의 개관

45

사회적 기본권에 관한 설명 중 옳은 것을 모두 고른 것은? (다툼이 있는 경우 판례에 의함) [20 변호사]

ㄱ. 보건복지부장관이 고시한 생활보호사업지침상의 생계보호급여의 수준이 일반 최저생계비에 못미친다고 하더라도 그 사실만으로 국민의 인간다운 생활을 보장하기 위하여 국가가 실현해야 할 객관적 내용의 최소한도의 보장에 이르지 못하였다거나 헌법상 용인될 수 있는 재량의 범위를 명백히 일탈하였다고 볼 수 없다.

ㄴ. 이름(성명)은 개인의 정체성과 개별성을 나타내는 인격의 상징으로서 개인이 사회 속에서 자신의 생활영역을 형성하고 발현하는 기초가 되므로, 부모가 자녀의 이름을 지을 자유는 혼인과 가족생활을 보장하는 헌법 제36조 제1항이 아니라 일반적 인격권 및 행복추구권을 보장하는 헌법 제10조에 의하여 보호받는다.

ㄷ. 헌법 제119조 제2항은 국가가 경제영역에서 실현하여야 할 목표의 하나로서 '적정한 소득의 분배'를 들고 있으므로, 이로부터 소득에 대하여 누진세율에 따른 종합과세를 시행하여야 할 구체적인 헌법적 의무가 입법자에게 부과된다.

ㄹ. 부모의 자녀에 대한 교육권은 비록 헌법에 명문으로 규정되어 있지는 않지만, 모든 인간이 누리는 불가침의 인권으로서 혼인과 가족생활을 보장하는 헌법 제36조 제1항, 행복추구권을 보장하는 헌법 제10조 및 "국민의 자유와 권리는 헌법에 열거되지 아니한 이유로 경시되지 아니한다."고 규정하는 헌법 제37조 제1항에서 도출되는 중요한 기본권이다.

ㅁ. 자녀의 양육과 교육에 있어서 부모의 교육권은 교육의 모든 영역에서 존중되어야 하며, 다만, 학교교육의 범주 내에서는 국가의 교육권한이 헌법적으로 독자적인 지위를 부여받음으로써 부모의 교육권과 함께 자녀의 교육을 담당하지만, 학교 밖의 교육영역에서는 원칙적으로 부모의 교육권이 우위를 차지한다.

① ㄱ, ㄴ
② ㄱ, ㅁ
③ ㄱ, ㄹ, ㅁ
④ ㄴ, ㄷ, ㄹ
⑤ ㄷ, ㄹ, ㅁ

45

정답 ③

핵심공략

- 생계보호의 수준이 일반 최저생계비에 못 미친다는 사실만으로 곧 그것이 헌법에 위반된다거나 청구인들의 행복추구권이나 인간다운 생활을 할 권리를 침해하는 것은 ×
- '부모가 자녀의 이름을 지을 자유': 헌법 제36조 제1항과 헌법 제10조에 의하여 보호 O
- 헌법 제119조 제2항을 통해 누진세율 종합과세 시행에 대한 구체적 작위의무 도출 ×
- '부모의 자녀에 대한 교육권'은 헌법 제36조 제1항, 헌법 제10조 및 헌법 제37조 제1항을 통해 도출 O
- 학교교육의 범주내에서는 국가의 교육권한이 부모의 교육권과 함께 자녀의 교육을 담당 O, 학교 밖의 교육영역에서는 원칙적으로 부모의 교육권이 우위를 차지 O

해설 ㄱ. [O]

국가가 행하는 생계보호의 수준이 그 재량의 범위를 명백히 일탈하였는지의 여부, 즉 인간다운 생활을 보장하기 위한 객관적 내용의 최소한을 보장하고 있는지의 여부는 생활보호법에 의한 생계보호급여만을 가지고 판단하여서는 아니되고 그 외의 법령에 의거하여 국가가 생계보호를 위하여 지급하는 각종 급여나 각종 부담의 감면등을 총괄한 수준을 가지고 판단하여야 하는바, 1994년도를 기준으로 생활보호대상자에 대한 생계보호급여와 그 밖의 각종 급여 및 각종 부담감면의 액수를 고려할 때, 이 사건 생계보호기준이 청구인들의 인간다운 생활을 보장하기 위하여 국가가 실현해야 할 객관적 내용의 최소한도의 보장에도 이르지 못하였다거나 헌법상 용인될 수 있는 재량의 범위를 명백히 일탈하였다고는 보기 어렵고, 따라서 비록 위와 같은 생계보호의 수준이 일반 최저생계비에 못미친다고 하더라도 그 사실만으로 곧 그것이 헌법에 위반된다거나 청구인들의 행복추구권이나 인간다운 생활을 할 권리를 침해한 것이라고는 볼 수 없다. **(헌재 1997.5.29. 94헌마33)**

ㄴ. [×]

부모가 자녀의 이름을 지어주는 것은 자녀의 양육과 가족생활을 위하여 필수적인 것이고, 가족생활의 핵심적 요소라 할 수 있으므로, '부모가 자녀의 이름을 지을 자유'는 혼인과 가족생활을 보장하는 헌법 제36조 제1항과 행복추구권을 보장하는 헌법 제10조에 의하여 보호받는다. **(헌재 2016.7.28. 2015헌마964)**

ㄷ. [×]

헌법 제119조 제2항은 국가가 경제영역에서 실현하여야 할 목표의 하나로서 "적정한 소득의 분배"를 들고 있지만, 이로부터 반드시 소득에 대하여 누진세율에 따른 종합과세를 시행하여야 할 구체적인 헌법적 의무가 조세입법자에게 부과되는 것이라고 할 수 없다. 오히려 입법자는 사회·경제정책을 시행함에 있어서 소득의 재분배라는 관점만이 아니라 서로 경쟁하고 충돌하는 여러 목표, 예컨대 "균형있는 국민경제의 성장 및 안정", "고용의 안정" 등을 함께 고려하여 서로 조화시키려고 시도하여야 하고, 끊임없이 변화하는 사회·경제상황에 적응하기 위하여 정책의 우선순위를 정할 수도 있다. 그러므로 "적정한 소득의 분배"를 무조건적으로 실현할 것을 요구한다거나 정책적으로 항상 최우선적인 배려를 하도록 요구하는 것은 아니라 할 것이다. **(헌재 1999.11.25. 98헌마55)**

ㄹ. [O]

자녀의 양육과 교육은 일차적으로 부모의 천부적인 권리인 동시에 부모에게 부과된 의무이기도 하다. '부모의 자녀에 대한 교육권'은 비록 헌법에 명문으로 규정되어 있지는 아니하지만, 이는 모든 인간이 누리는 불가침의 인권으로서 혼인과 가족생활을 보장하는 헌법 제36조 제1항, 행복추구권을 보장하는 헌법 제10조 및 "국민의 자유와 권리는 헌법에 열거되지 아니한 이유로 경시되지 아니한다"고 규정하는 헌법 제37조 제1항에서 나오는 중요한 기본권이다. **(헌재 2000.4.27. 98헌가16 등)**

ㅁ. [O]

자녀에 대한 교육의 책임과 결과는 궁극적으로 그 부모에게 귀속된다는 점에서, 국가는 제2차적인 교육의 주체로서 교육을 위한 기본조건을 형성하고 교육시설을 제공하는 기관일 뿐이다. 따라서 국가는 자녀의 전반적인 성장과정을 모두 규율하려고 해서는 아니되며, 재정적으로 가능한 범위내에서 피교육자의 다양한 성향과 능력이 자유롭게 발현될 수 있는 학교제도를 마련하여야 한다. 따라서 자녀의 양육과 교육에 있어서 부모의 교육권은 교육의 모든 영역에서 존중되어야 하며, 다만, 학교교육의 범주내에서는 국가의 교육권한이 헌법적으로 독자적인 지위를 부여받음으로써 부모의 교육권과 함께 자녀의 교육을 담당하지만, 학교 밖의 교육영역에서는 원칙적으로 부모의 교육권이 우위를 차지한다. **(헌재 2000.4.27. 98헌가16 등)**

2. 인간다운 생활을 할 권리

3. 교육을 받을 권리

46

아동의 교육에 관한 국가와 부모 및 교사의 권리 등에 대한 설명 중 옳지 않은 것은? (다툼이 있는 경우 판례에 의함)

[13 변호사]

① 부모는 자녀의 교육에 관하여 전반적인 계획을 세우고 자신의 인생관·사회관·교육관에 따라 자녀의 교육을 자유롭게 형성할 권리를 가지며, 부모의 교육권은 다른 교육 주체와의 관계에서 원칙적인 우위를 가진다.

② 부모가 자녀의 이익을 가장 잘 보호할 수 있다는 점에 비추어 자녀가 의무교육을 받아야 할지 여부를 부모가 자유롭게 결정할 수 없도록 하는 것은 부모의 교육권에 대한 침해이다.

③ 학교교육에 있어서 교사의 가르치는 권리를 수업권이라고 한다면, 그것은 자연법적으로는 학부모에게 속하는 자녀에 대한 교육권을 신탁받은 것이고, 실정법상으로는 공교육에 책임이 있는 국가의 위임에 의한 것이다.

④ 헌법은 국가의 교육권한과 부모의 교육권의 범주 내에서 학생에게도 자신의 교육에 관하여 스스로 결정할 권리를 부여하고 있으므로, 학생은 국가의 간섭을 받지 아니하고 자신의 능력과 개성, 적성에 맞는 학교를 자유롭게 선택할 권리를 가진다.

⑤ 학교교육에 관한 한, 국가는 헌법 제31조에 의하여 부모의 교육권으로부터 원칙적으로 독립된 독자적인 교육권한을 부여받음으로써 부모의 교육권과 함께 자녀의 교육을 담당한다.

46

정답 ②

핵심공략

- ‘부모의 자녀에 대한 교육권’ 헌법 제36조 제1항, 헌법 제10조 및 헌법 제37조 제1항으로부터 도출 O
  ⇨ 부모의 교육권 다른 교육의 주체와의 관계에서 원칙적인 우위 O
- 자녀가 의무교육을 받아야 할지의 여부 및 그의 취학연령을 부모가 자유롭게 결정할 수 없다는 것: 부모의 교육권에 대한 과도한 제한 ×
- 교사의 수업권: 자연법적으로는 학부모에게 속하는 자녀에 대한 교육권을 신탁받은 것 O, 실정법상으로는 공교육의 책임이 있은 국가의 위임에 의한 것 O
- 학생은 교육을 받음에 있어서 자신의 인격, 특히 성향이나 능력을 자유롭게 발현할 수 있는 권리 有
- 부모의 교육권은 교육의 모든 영역에서 존중되어야 O, *But* 학교교육에 관한 한, 국가는 헌법 제31조에 의하여 부모의 교육권으로부터 원칙적으로 독립된 독자적인 교육권한을 부여받은 것 O

① [○]

해설 자녀의 양육과 교육은 일차적으로 부모의 천부적인 권리인 동시에 부모에게 부과된 의무이기도 하다. ‘부모의 자녀에 대한 교육권’은 비록 헌법에 명문으로 규정되어 있지는 아니하지만, 이는 모든 인간이 누리는 불가침의 인권으로서 혼인과 가족생활을 보장하는 헌법 제36조 제1항, 행복추구권을 보장하는 헌법 제10조 및 “국민의 자유와 권리는 헌법에 열거되지 아니한 이유로 경시되지 아니한다.”고 규정하는 헌법 제37조 제1항에서 나오는 중요한 기본권이다. 부모는 자녀의 교육에 관하여 전반적인 계획을 세우고 자신의 인생관·사회관·교육관에 따라 자녀의 교육을 자유롭게 형성할 권리를 가지며, 부모의 교육권은 다른 교육의 주체와의 관계에서 원칙적인 우위를 가진다. **(헌재 2000.4.27. 98헌가16)**

② [×]

해설 학교교육에 관한 한, 국가는 헌법 제31조에 의하여 부모의 교육권으로부터 원칙적으로 독립된 독자적인 교육권한을 부여받았고, 따라서 학교교육에 관한 광범위한 형성권을 가지고 있다. 그러므로 국가에 의한 의무교육의 도입이나 취학연령의 결정은 헌법적으로 하자가 없다. 학교제도에 관한 국가의 규율권한과 부모의 교육권이 서로 충돌하는 경우, 어떠한 법익이 우선하는가의 문제는 구체적인 경우마다 법익형량을 통하여 판단해야 하는데, 자녀가 의무교육을 받아야 할지의 여부와 그의 취학연령을 부모가 자유롭게 결정할 수 없다는 것은 부모의 교육권에 대한 과도한 제한이 아니다. 마찬가지로 국가는 교육목표, 학습계획, 학습방법, 학교제도의 조직 등을 통하여 학교교육의 내용과 목표를 정할 수 있는 포괄적인 규율권한을 가지고 있다. **(헌재 2000.4.27. 98헌가16)**

③ [○]

해설 학교교육에 있어서 교사의 가르치는 권리를 수업권이라고 한다면 그것은 자연법적으로는 학부모에게 속하는 자녀에 대한 교육권을 신탁받은 것이고, 실정법상으로는 공교육의 책임이 있는 국가의 위임에 의한 것이다. 그것은 교사의 지위에서 생기는 학생에 대한 일차적인 교육상의 직무권한(직권)이지만, 학생의 수학권의 실현을 위하여 인정되는 것으로서 양자는 상호협력관계에 있다고 하겠으나, 수학권은 헌법상 보장된 기본권의 하나로서 보다 존중되어야 하며, 그것이 왜곡되지 않고 올바로 행사될 수 있게 하기 위한 범위내에서는 수업권도 어느 정도의 범위내에서 제약을 받지 않으면 안될 것이다. **(헌재 1992.11.12. 89헌마88)**

④ [○]

해설 헌법 제10조에 의하여 보장되는 행복추구권은 일반적인 행동의 자유와 인격의 자유로운 발현권을 포함하는바, 학생은 교육을 받음에 있어서 자신의 인격, 특히 성향이나 능력을 자유롭게 발현할 수 있는 권리가 있다. 학생은 인격의 발전을 위하여 어느 정도는 부모와 학교의 교사 등 타인에 의한 결정을 필요로 하는 아직 성숙하지 못한 인격체이지만, 부모와 국가에 의한 교육의 단순한 대상이 아닌 독자적인 인격체이며, 그의 인격은 성인과 마찬가지로 보호되어야 하기 때문이다. 따라서 헌법은 국가의 교육권한과 부모의 교육권의 범주 내에서 학생에게도 자신의 교육에 관하여 스스로 결정할 권리, 즉 자유롭게 교육을 받을 권리를 부여하고, 학생은 국가의 간섭을 받지 아니하고 자신의 능력과 개성, 적성에 맞는 학교를 자유롭게 선택할 권리를 가진다. **(헌재 2012.11.29. 2011헌마827)**

⑤ [○]

해설 자녀의 양육과 교육에 있어서 부모의 교육권은 교육의 모든 영역에서 존중되어야 하며, 다만, 학교교육에 관한 한, 국가는 헌법 제31조에 의하여 부모의 교육권으로부터 원칙적으로 독립된 독자적인 교육권한을 부여받음으로써 부모의 교육권과 함께 자녀의 교육을 담당하지만, 학교 밖의 교육영역에서는 원칙적으로 부모의 교육권이 우위를 차지한다. **(헌재 2000.4.27. 98헌가16)**

47

교육기본권에 관한 설명 중 옳은 것은? (다툼이 있는 경우 판례에 의함) [16 변호사]

① 고등학교 졸업학력 검정고시 응시자격을 제한하는 것은, 국민의 교육받을 권리 중 그 의사와 능력에 따라 균등하게 교육받을 것을 국가로부터 방해받지 않을 권리, 즉 자유권적 기본권을 제한하는 것이므로, 그 제한에 대하여는 헌법 제37조 제2항의 과잉금지원칙에 의한 심사를 받아야 한다.

② 2년제 전문대학의 졸업자에게만 대학·산업대학 또는 원격대학의 편입학 자격을 부여하고, 3년제 전문대학의 2년 이상 과정 이수자에게는 편입학 자격을 부여하지 아니한 것은 교육을 받을 권리를 침해한다.

③ 학교운영지원비는 기본적으로 학부모의 자율적 협찬금의 성격을 갖고 있으며, 그 지출에 대한 내용도 충분하게 통제되고 있으므로 이를 중학교 학생으로부터 징수하도록 하는 법률조항은 의무교육의 무상원칙에 위배되지 아니한다.

④ 지능이나 수학능력 등 일정한 능력이 있음에도 법률에 따라 아동의 입학연령을 제한하여 초등학교 입학을 허용하지 않는 것은 능력에 따라 균등한 교육을 받을 권리를 침해한다.

⑤ 교육의 기회균등에는 교육시설에 균등하게 참여할 수 있는 권리가 포함된다 하더라도, 편입학조치로 인하여 기존의 재학생들의 교육환경이 상대적으로 열악해지는 경우에는 새로운 편입학 자체를 금지할 수 있다.

47

정답 ①

핵심공략

- 검정고시응시자격을 제한: 자유권적 기본권을 제한하는 것 ⇨ 과잉금지원칙에 따른 심사를 받아야 O
- 3년제 전문대학의 2년 이상의 이수자에게 의무교육기관이 아닌 대학에의 일반 편입학을 허용하지 않는 것: 교육을 받을 권리나 평생교육을 받을 권리를 본질적 침해 ×
- 중학교 학생으로부터 학교운영비 징수토록 한 규정: 헌법 제31조 제3항 의무교육의 무상원칙 위배 O
- 헌법 제31조 제1항 "능력에 따라 균등하게 교육을 받을 권리": 법률이 정하는 일정한 교육을 받을 전제조건으로서의 능력을 갖추었을 경우 차별 없이 균 등하게 교육을 받을 기회가 보장된다는 것 O
  ⇔ 일정한 능력, 예컨대 지능이나 수학능력 등이 있다고 하여 제한 없이 다른 사람과 차별하여 어떠한 내용과 종류와 기간의 교육을 받을 권리가 보장된다는 것 ×
- 교육을 받을 권리: 자신의 교육환경을 최상 혹은 최적으로 만들기 위해 타인의 교육시설 참여 기회를 제한할 것을 청구할 수 있는 기본권 ×

① [○]

해설 헌법 제31조 제1항의 교육을 받을 권리는, 국민이 능력에 따라 균등하게 교육받을 것을 공권력에 의하여 부당하게 침해받지 않을 권리와, 국민이 능력에 따라 균등하게 교육받을 수 있도록 국가가 적극적으로 배려하여 줄 것을 요구할 수 있는 권리로 구성되는바, 전자는 자유권적 기본권의 성격이, 후자는 사회권적 기본권의 성격이 강하다고 할 수 있다. 그런데 이 사건 규칙조항과 같이 검정고시응시자격을 제한하는 것은, 국민의 교육받을 권리 중 그 의사와 능력에 따라 균등하게 교육받을 것을 국가로부터 방해받지 않을 권리, 즉 자유권적 기본권을 제한하는 것이므로, 그 제한에 대하여는 헌법 제37조 제2항의 비례원칙에 의한 심사, 즉 과잉금지원칙에 따른 심사를 받아야 할 것이다. **(헌재 2008.4.24. 2007헌마1456)**

② [×]

해설 이 사건 법률조항은 대학에 편입학하기 위하여는 전문대학을 졸업할 것을 요구하고 있어, '3년제 전문대학의 2년 이상 과정을 이수한 자'는 편입학을 할 수 없다. 우선 '3년제 전문대학의 2년 이상 과정을 이수한 자'를 '2년제 전문대학을 졸업한 자'와 비교하여 보면 객관적인 과정인 졸업이라는 요건을 갖추지 못하였다. 또한, '4년제 대학에서 2년 이상 과정을 이수한 자'와 비교하여 보면, 고등교육법이 그 목적과 운영방법에서 전문대학과 대학을 구별하고 있는 이상, 전문대학 과정의 이수와 대학과정의 이수를 반드시 동일하다고 볼 수 없어, 3년제 전문대학의 2년 이상 과정을 이수한 자에게 편입학 자격을 부여하지 아니한 것이 현저하게 불합리한 자의적인 차별이라고 볼 수 없다. 나아가 평생교육을 포함한 교육시설의 입학자격에 관하여는 입법자에게 광범위한 형성의 자유가 있다고 할 것이어서, 3년제 전문대학의 2년 이상의 이수자에게 의무교육기관이 아닌 대학에의 일반 편입학을 허용하지 않는 것이 교육을 받을 권리나 평생교육을 받을 권리를 본질적으로 침해하지 않는다. **(헌재 2010.11.25. 2010헌마144)**

③ [×]

해설 헌법 제31조 제3항에 규정된 의무교육 무상의 원칙에 있어서 무상의 범위는 헌법상 교육의 기회균등을 실현하기 위해 필수불가결한 비용, 즉 모든 학생이 의무교육을 받음에 있어서 경제적인 차별 없이 수학하는 데 반드시 필요한 비용에 한한다고 할 것이며, 수업료나 입학금의 면제, 학교와 교사 등 인적·물적 기반 및 그 기반을 유지하기 위한 인건비와 시설유지비, 신규시설투자비 등의 재원마련 및 의무교육의 실질적인 균등보장을 위해 필수불가결한 비용은 무상의 범위에 포함된다. 그런데 학교운영지원비는 그 운영상 교원연구비와 같은 교사의 인건비 일부와 학교회계직원의 인건비 일부 등 의무교육과정의 인적기반을 유지하기 위한 비용을 충당하는 데 사용되고 있다는 점, 학교회계의 세입상 현재 의무교육기관에서는 국고지원을 받고 있는 입학금, 수업료와 함께 같은 항에 속하여 분류되고 있음에도 불구하고 학교운영지원비에 대해서만 학생과 학부모의 부담으로 남아있다는 점, 학교운영지원비는 기본적으로 학부모의 자율적 협찬금의 외양을 갖고 있음에도 그 조성이나 징수의 자율성이 완전히 보장되지 않아 기본적이고 필수적인 학교 교육에 필요한 비용에 가깝게 운영되고 있다는 점 등을 고려해보면 이 사건 세입조항은 헌법 제31조 제3항에 규정되어 있는 의무교육의 무상원칙에 위배되어 헌법에 위반된다. **(헌재 2012.8.23. 2010헌바220)**

④ [×]

해설 헌법 제31조 제1항에서 말하는 "능력에 따라 균등하게 교육을 받을 권리"란 법률이 정하는 일정한 교육을 받을 전제조건으로서의 능력을 갖추었을 경우 차별 없이 균등하게 교육을 받을 기회가 보장된다는 것이지 일정한 능력, 예컨대 지능이나 수학능력 등이 있다고 하여 제한 없이 다른 사람과 차별하여 어떠한 내용과 종류와 기간의 교육을 받을 권리가 보장된다는 것은 아니다. 따라서 의무취학 시기를 만 6세가 된 다음날 이후의 학년초로 규정하고 있는 교육법 제96조 제1항은 의무교육제도 실시를 위해 불가피한 것이며 이와 같은 아동들에 대하여 만 6세가 되기 전에 앞당겨서 입학을 허용하지 않는다고 해서 헌법 제31조 제1항의 능력에 따라 균등하게 교육 받을 권리를 본질적으로 침해한 것으로 볼 수 없다. **(헌재 1994.2.24. 93헌마192)**

⑤ [×]

해설 헌법 제31조 제1항에 의해서 보장되는 교육을 받을 권리는 교육영역에서의 기회균등을 내용으로 하는 것이지, 자신의 교육환경을 최상 혹은 최적으로 만들기 위해 타인의 교육시설 참여 기회를 제한할 것을 청구할 수 있는 기본권은 아니므로, 기존의 재학생들에 대한 교육환경이 상대적으로 열악해질 수 있음을 이유로 새로운 편입학 자체를 하지 말도록 요구하는 것은 교육을 받을 권리의 내용으로는 포섭할 수 없다. **(헌재 2003.9.25. 2001헌마814)**

48

교육기본권과 교육제도에 관한 설명 중 옳지 않은 것은? (다툼이 있는 경우 판례에 의함) [21 변호사]

① 헌법 제31조 제6항의 교육제도 법정주의는 교육제도에 관한 기본방침을 제외한 나머지 세부적인 사항까지 반드시 형식적 의미의 법률만으로 정하여야 한다는 것은 아니고, 입법자가 정한 기본방침을 구체화하거나 이를 집행하기 위한 세부 시행 사항은 하위법령에 위임하는 것이 가능하다.

② 검정고시로 고등학교 졸업학력을 취득한 사람들의 수시모집 지원을 제한하는 국립교육대학교의 '신입생 수시모집 입시요강'이, 기초생활수급자 및 차상위계층, 장애인 등을 대상으로 하는 일부 특별전형에만 검정고시 출신자의 지원을 허용하고 있을 뿐 수시모집에서의 검정고시 출신자의 지원을 일률적으로 제한한다면, 검정고시로 고등학교 졸업학력을 취득한 사람들의 균등하게 교육을 받을 권리를 침해한다.

③ 부모는 자녀의 교육에 관하여 전반적인 계획을 세우고 자신의 인생관·사회관·교육관에 따라 자녀의 교육을 자유롭게 형성할 권리를 가지므로 학부모의 학교선택권에는 종교학교 선택권도 포함된다.

④ 임시이사가 선임된 학교법인의 정상화를 위한 이사 선임에 관하여 사학분쟁조정위원회의 심의를 거치도록 하는 것은, 사학분쟁조정위원회 구성에 공정성과 전문성이 갖추어진 점, 학교법인의 정체성 및 정상화 심의과정에서 사학분쟁조정위원회가 종전이사 등의 의견을 청취할 수 있는 점 등을 고려할 때, 학교법인과 종전이사의 사학의 자유를 침해하지 않는다.

⑤ 학교폭력과 관련하여 학교가 가해학생에 대해 일정한 조치를 내렸을 경우, 그 조치가 적절하였는지 여부에 대해 가해학생의 학부모가 의견을 제시할 권리는 법률상의 권리에 불과하여 학부모의 자녀교육권에 포함되지 않는다.

48

정답 ⑤

핵심공략

- 입법자가 정한 기본방침을 구체화하거나 이를 집행하기 위한 세부시행 사항은 하위법령에 위임이 가능 O
- 수시모집에서 검정고시 출신자에게 수학능력이 있는지 여부를 평가받을 기회를 부여하지 아니하고 이를 박탈한다는 것: 균등하게 교육을 받을 권리를 침해 O
- 학부모의 학교선택권에는 종교학교선택권도 포함 O
- 임시이사가 선임된 학교법인의 정상화를 위한 이사 선임에 관하여 사학분쟁조정위원회의 심의를 거치도록 하는 것: 학교법인과 종전이사의 사학의 자유 침해 ×
- 가해학생에 대해 일정한 조치가 적절하였는지 여부에 대해 의견을 제시할 수 있는 권리: 학부모의 자녀교육권에 포함 O

① [○]

해설 헌법 제31조 제6항 소정의 교육제도 법정주의는 교육제도에 관한 기본방침을 제외한 나머지 세부적인 사항까지 반드시 형식적 의미의 법률만으로 정하여야 한다는 의미는 아니다. 그러므로 입법자가 정한 기본방침을 구체화하거나 이를 집행하기 위한 세부시행 사항은 하위법령에 위임이 가능하다. (헌재 2016.2.25. 2013헌마838)

② [○]

해설 수시모집의 학생선발방법이 정시모집과 동일할 수는 없으나, 이는 수시모집에서 응시자의 수학능력이나 그 정도를 평가하는 방법이 정시모집과 다른 것을 의미할 뿐, 수학능력이 있는 자들에게 동등한 기회를 주고 합리적인 선발 기준에 따라 학생을 선발하여야 한다는 점은 정시모집과 다르지 않다. 따라서 수시모집에서 검정고시 출신자에게 수학능력이 있는지 여부를 평가받을 기회를 부여하지 아니하고 이를 박탈한다는 것은 수학능력에 따른 합리적인 차별이라고 보기 어렵다. 피청구인들은 정규 고등학교 학교생활기록부가 있는지 여부, 공교육 정상화, 비교내신 문제 등을 차별의 이유로 제시하고 있으나 이러한 사유가 차별취급에 대한 합리적인 이유가 된다고 보기 어렵다. 그렇다면 이 사건 수시모집요강은 검정고시 출신자인 청구인들을 합리적인 이유 없이 차별함으로써 청구인들의 균등하게 교육을 받을 권리를 침해한다. (헌재 2017.12.28. 2016헌마649)

③ [○]

해설 부모는 자녀의 교육에 관하여 전반적인 계획을 세우고 자신의 인생관·사회관·교육관에 따라 자녀의 교육을 자유롭게 형성할 권리를 가지므로 학부모의 학교선택권에는 종교학교 선택권도 포함된다. 그런데 이 사건 조항은 추첨에 의하여 신입생을 배정함으로써 특정 종교학교에 진학하거나 특정 종교학교를 회피할 수 있는 학부모의 종교학교선택권을 제한하고 있다. (헌재 2009.4.30. 2005헌마514)

④ [○]

해설 임시이사의 임기에 관한 사립학교법 제25조 제3항은, 비록 임시이사 체제의 존속기한을 명시하고 있지는 않으나, 임시이사는 그 선임사유가 해소될 때까지 재임하는 것이고, 임시이사 체제가 부당히 장기화되는 것을 방지하기 위한 법적 수단들이 마련되어 있으므로 학교법인과 종전이사 등의 사학의 자유를 침해한다고 볼 수 없다. (헌재 2013.11.28. 2007헌마1189 등)

⑤ [×]

해설 학교가 학생에 대해 불이익 조치를 할 경우 해당 학생의 학부모가 의견을 제시할 권리는 자녀교육권의 일환으로 보호된다. 학교폭력예방법 제17조 제5항이 학교폭력 가해학생에 대한 조치 전에 자녀교육권의 일환으로 그 보호자에게 의견진술의 기회를 부여하는 것처럼, 가해학생에 대해 일정한 조치가 내려졌을 경우 그 조치가 적절하였는지 여부에 대해 의견을 제시할 수 있는 권리 또한 그 연장선상에서 학부모의 자녀교육권의 내용에 포함된다. (헌재 2013.10.24. 2012헌마832)

49

교육을 받을 권리에 관한 설명 중 옳지 않은 것은? (다툼이 있는 경우 판례에 의함) [22 변호사]

① 대학 입학전형자료의 하나인 수능시험은 고등학교 교육과정에 대한 최종적이고 종합적인 평가로서 학교교육 제도와 밀접한 관계가 있기 때문에, 수능시험의 출제 방향이나 원칙을 어떻게 정할 것인지에 대하여 국가는 폭넓은 재량권을 갖는다.

② 의무교육 무상의 원칙은 의무교육을 위탁받은 사립학교를 설치·운영하는 학교법인이 관련 법령에 의하여 이미 부담하도록 규정되어 있는 경비까지 종국적으로 국가나 지방자치단체의 부담으로 한다는 취지는 아니다.

③ 국민의 수학권과 교사의 수업의 자유는 다 같이 보호되어야 하겠지만, 그 중에서도 국민의 수학권이 더 우선적으로 보호되어야 한다.

④ 헌법은 국가의 교육권한과 부모의 교육권의 범주 내에서 학생에게도 자신의 교육에 관하여 스스로 결정할 권리, 즉 자유롭게 교육을 받을 권리를 부여하고, 학생은 국가의 간섭을 받지 아니하고 자신의 능력과 개성, 적성에 맞는 학교를 자유롭게 선택할 권리를 가진다.

⑤ 검정고시로 고등학교 졸업학력을 취득한 사람들에게는 정규 고등학교 학교생활기록부가 없어 초등교사로서의 품성과 자질 등을 다방면으로 평가할 자료가 부족하므로, 국립 교육대학교 수시모집요강에서 이들에게 수시모집에 응시할 수 있는 기회를 부여하지 않았더라도 검정고시로 고등학교 졸업학력을 취득한 사람들의 교육을 받을 권리를 침해한 것은 아니다.

4. 근로의 권리

5. 근로3권

6. 환경권

49

정답 ⑤

핵심공략

- 국가는 수능시험의 출제 방향이나 원칙을 어떻게 정할 것인지에 대해서 폭넓은 재량권 有
- 의무교육 무상의 원칙
  ⇨ 관련 법령에 의하여 이미 학교법인이 부담하도록 규정되어 있는 경비까지 종국적으로 국가나 지방자치단체의 부담으로 한다는 취지 ×
- (교사의 수업권보다) 국민의 수학권이 더 우선적으로 보호되어야 ○
- 국가의 교육권한과 부모의 교육권의 범주 내에서, 학생은 자신의 교육에 관하여 스스로 결정할 권리, 즉 자유롭게 교육을 받을 권리 및 국가의 간섭을 받지 아니하고 자신의 능력과 개성, 적성에 맞는 학교를 자유롭게 선택할 권리 有
- 수시모집에서 검정고시 출신자에게 수학능력이 있는지 여부를 평가받을 기회를 부여하지 아니하고 이를 박탈한다는 것: 균등하게 교육을 받을 권리를 침해 ○

① [○]

해설 국가는 학교에서의 교육목표, 학습계획, 학습방법, 학교조직 등 교육제도를 정하는 데 포괄적 규율권한과 폭넓은 입법형성권을 갖는다(헌재 2009.5.28. 2006헌마618; 헌재 2016.11.24. 2012헌마854 참조). 대학 입학전형자료의 하나인 수능시험은 대학 진학을 위해 필요한 것이지만, 고등학교 교육과정에 대한 최종적이고 종합적인 평가로서 학교교육 제도와 밀접한 관계에 있다. 따라서 국가는 수능시험의 출제 방향이나 원칙을 어떻게 정할 것인지에 대해서도 폭넓은 재량권을 갖는다. (헌재 2018.2.22. 2017헌마691)

② [○]

해설 … (전략) … 헌법 제31조 제3항의 의무교육 무상의 원칙이 의무교육을 위탁받은 사립학교를 설치·운영하는 학교법인 등과의 관계에서 관련 법령에 의하여 이미 학교법인이 부담하도록 규정되어 있는 경비까지 종국적으로 국가나 지방자치단체의 부담으로 한다는 취지로 볼 수는 없다. 따라서 사립학교를 설치·경영하는 학교법인이 공유재산을 점유하는 목적이 의무교육 실시라는 공공 부문과 연결되어 있다는 점만으로 그 점유자를 변상금 부과대상에서 제외하여야 한다고 할 수 없고, 심판대상조항이 공익 목적 내지 공적 용도로 무단점유한 경우와 사익추구의 목적으로 무단점유한 경우를 달리 취급하지 않았다 하더라도 평등원칙에 위반되지 아니한다. (헌재 2017.7.27. 2016헌바374)

③ [○]

해설 국민의 수학권(헌법 제31조 제1항의 교육을 받을 권리)과 교사의 수업의 자유는 다 같이 보호되어야 하겠지만 그 중에서도 국민의 수학권이 더 우선적으로 보호되어야 한다. (헌재 1992.11.12. 89헌마88)

④ [○]

해설 헌법 제10조에 의하여 보장되는 행복추구권은 일반적인 행동의 자유와 인격의 자유로운 발현권을 포함하는바, 학생은 교육을 받음에 있어서 자신의 인격, 특히 성향이나 능력을 자유롭게 발현할 수 있는 권리가 있다. 학생은 인격의 발전을 위하여 어느 정도는 부모와 학교의 교사 등 타인에 의한 결정을 필요로 하는 아직 성숙하지 못한 인격체이지만, 부모와 국가에 의한 교육의 단순한 대상이 아닌 독자적인 인격체이며, 그의 인격은 성인과 마찬가지로 보호되어야 하기 때문이다. 따라서 헌법은 국가의 교육권한과 부모의 교육권의 범주 내에서 학생에게도 자신의 교육에 관하여 스스로 결정할 권리, 즉 자유롭게 교육을 받을 권리를 부여하고, 학생은 국가의 간섭을 받지 아니하고 자신의 능력과 개성, 적성에 맞는 학교를 자유롭게 선택할 권리를 가진다. (헌재 2012.11.29. 2011헌마827)

⑤ [×]

해설 이 사건 수시모집요강은 기초생활수급자·차상위계층, 장애인 등을 대상으로 하는 일부 특별전형에만 검정고시 출신자의 지원을 허용하고 있을 뿐 수시모집에서의 검정고시 출신자의 지원을 일률적으로 제한함으로써 실질적으로 검정고시 출신자의 대학입학 기회의 박탈이라는 결과를 초래하고 있다. 수시모집의 학생선발방법이 정시모집과 동일할 수는 없으나, 이는 수시모집에서 응시자의 수학능력이나 그 정도를 평가하는 방법이 정시모집과 다른 것을 의미할 뿐, 수학능력이 있는 자들에게 동등한 기회를 주고 합리적인 선발 기준에 따라 학생을 선발하여야 한다는 점은 정시모집과 다르지 않다. 따라서 수시모집에서 검정고시 출신자에게 수학능력이 있는지 여부를 평가받을 기회를 부여하지 아니하고 이를 박탈한다는 것은 수학능력에 따른 합리적인 차별이라고 보기 어렵다. 피청구인들은 정규 고등학교 학교생활기록부가 있는지 여부, 공교육 정상화, 비교내신 문제 등을 차별의 이유로 제시하고 있으나 이러한 사유가 차별취급에 대한 합리적인 이유가 된다고 보기 어렵다. 그렇다면 이 사건 수시모집요강은 검정고시 출신자인 청구인들을 합리적인 이유 없이 차별함으로써 청구인들의 균등하게 교육을 받을 권리를 침해한다. (헌재 2017.12.28. 2016헌마649)

7. 혼인과 가족생활의 보장

50

혼인과 가족생활에 대하여 규정하고 있는 헌법 제36조 제1항에 관한 설명 중 옳지 않은 것은? (다툼이 있는 경우 판례에 의함) [17 변호사]

① 헌법 제36조 제1항은 혼인과 가족생활을 스스로 결정하고 형성할 수 있는 자유를 기본권으로서 보장하며, 친양자 입양의 경우에도 친양자로 될 사람이 그의 의사에 따라 스스로 입양의 대상이 될 것인지 여부를 결정할 수 있는 자유를 보장한다.

② 친양자로 될 자와 마찬가지로 친생부모 역시 그로부터 출생한 자와의 가족 및 친족관계의 유지에 관하여 헌법 제36조 제1항에 의하여 인정되는 혼인과 가정생활의 자유로운 형성에 대한 기본권을 가진다.

③ 헌법 제36조 제1항에서 규정하는 '혼인'이란 양성이 평등하고 존엄한 개인으로서 자유로운 의사의 합치에 의하여 생활공동체를 이루는 것을 말하므로, 법적으로 승인되지 아니한 사실혼도 헌법 제36조 제1항의 보호범위에 포함된다.

④ 부모가 자녀의 이름을 지어주는 것은 자녀의 양육과 가족생활을 위하여 필수적인 것이고, 가족생활의 핵심적 요소라 할 수 있으므로, '부모가 자녀의 이름을 지을 자유'는 혼인과 가족생활을 보장하는 헌법 제36조 제1항과 행복추구권을 보장하는 헌법 제10조에 의하여 보호받는다.

⑤ 부모의 자녀에 대한 교육권은 비록 헌법에 명문으로 규정되어 있지는 아니하지만, 혼인과 가족생활을 보장하는 헌법 제36조 제1항, 행복추구권을 보장하는 헌법 제10조 및 "국민의 자유와 권리는 헌법에 열거되지 아니한 이유로 경시되지 아니한다."라고 규정하는 헌법 제37조 제1항에서 나오는 중요한 기본권이며, 이러한 부모의 자녀교육권이 학교영역에서는 자녀의 교육진로에 관한 결정권 내지는 자녀가 다닐 학교를 선택하는 권리로 구체화된다.

50

정답 ③

핵심공략

- 헌법 제36조 제1항에 의하여,
  - 친양자로 될 사람이 그의 의사에 따라 스스로 입양의 대상이 될 것인지 여부를 결정할 수 있는 자유가 보장 O
    - ⇨ 친양자로 될 사람은 자신의 양육에 보다 적합한 가정환경에서 양육받을 것을 선택할 권리 有
  - 친생부모 역시 그로부터 출생한 자와의 가족 및 친족관계의 유지에 관하여 혼인과 가정생활의 자유로운 형성에 대한 기본권 有
- 사실혼은 헌법 제36조 제1항의 보호범위에 포함 ×
- '부모가 자녀의 이름을 지을 자유' 헌법 제36조 제1항 및 헌법 제10조에 의하여 보호 O
- 부모의 자녀교육권이 학교영역에서는 자녀의 교육진로에 관한 결정권 내지는 자녀가 다닐 학교를 선택하는 권리로 구체화 O

① [○]

해설 헌법 제36조 제1항은 혼인과 가족생활을 스스로 결정하고 형성할 수 있는 자유를 기본권으로서 보장한다. 친양자 입양의 경우에도 친양자로 될 사람이 그의 의사에 따라 스스로 입양의 대상이 될 것인지 여부를 결정할 수 있는 자유가 보장되므로, 친양자로 될 사람은 자신의 양육에 보다 적합한 가정환경에서 양육받을 것을 선택할 권리를 가진다. **(헌재 2013.9.26. 2011헌가42)**

② [○]

해설 친양자로 될 자와 마찬가지로, 친생부모 역시 그로부터 출생한 자와의 가족 및 친족관계의 '유지'에 관하여 헌법 제10조에 의하여 인정되는 가정생활과 신분관계에 대한 인격권 및 행복추구권 및 헌법 제36조 제1항에 의하여 인정되는 혼인과 가정생활의 자유로운 형성에 대한 기본권을 가진다는 점에 대해서는 별다른 의문이 없다. **(헌재 2012.5.31. 2010헌바87)**

③ [×]

해설 헌법 제36조 제1항에서 규정하는 '혼인'이란 양성이 평등하고 존엄한 개인으로서 자유로운 의사의 합치에 의하여 생활공동체를 이루는 것으로서 법적으로 승인받은 것을 말하므로, 법적으로 승인되지 아니한 사실혼은 헌법 제36조 제1항의 보호범위에 포함된다고 보기 어렵다. **(헌재 2014.8.28. 2013헌바119)**

④ [○]

해설 '부모가 자녀의 이름을 지을 자유'가 헌법상 보호받는지 여부(적극) - 부모가 자녀의 이름을 지어주는 것은 자녀의 양육과 가족생활을 위하여 필수적인 것이고, 가족생활의 핵심적 요소라 할 수 있으므로, '부모가 자녀의 이름을 지을 자유'는 혼인과 가족생활을 보장하는 헌법 제36조 제1항과 행복추구권을 보장하는 헌법 제10조에 의하여 보호받는다. **(헌재 2016.7.28. 2015헌마964)**

⑤ [○]

해설 학부모의 학교선택권의 헌법적 근거와 의의: 부모의 자녀에 대한 교육권은 비록 헌법에 명문으로 규정되어 있지는 아니하지만, 혼인과 가족생활을 보장하는 헌법 제36조 제1항, 행복추구권을 보장하는 헌법 제10조 및 헌법 제37조 제1항에서 나오는 중요한 기본권이며, 이러한 부모의 자녀교육권이 학교영역에서는 자녀의 교육진로에 관한 결정권 내지는 자녀가 다닐 학교를 선택하는 권리로 구체화된다. **(헌재 2009.4.30. 2005헌마514)**

헌법

PART 2

헌법소송

Chapter

1~2 제1장 헌법재판소·제2장 일반심판절차

51

대법원과 헌법재판소의 관할에 관한 설명 중 옳지 않은 것은? (다툼이 있는 경우 판례에 의함) [12 변호사]

① 헌법재판소법 제68조 제1항은 법원의 재판을 헌법소원의 대상에서 제외하고 있으나, 법원이 헌법재판소가 위헌으로 결정하여 그 효력을 전부 또는 일부 상실한 법률을 적용함으로써 국민의 기본권을 침해한 재판의 경우에도 헌법소원이 허용되지 않는 것이라고 동 조항을 해석한다면 그러한 한도 내에서 헌법에 위반된다.

② 헌법재판소는, 헌법 제107조 제2항에 따른 대법원의 명령·규칙에 대한 최종심사권은 구체적인 소송 사건에서 명령·규칙의 위헌 여부가 재판의 전제가 되었을 경우 대법원이 최종적으로 심사할 수 있다는 것을 의미하고, 명령·규칙 그 자체에 의하여 직접 기본권이 침해된 경우에는 헌법재판소법 제68조 제1항에 의한 헌법소원심판을 청구하는 것이 허용된다고 판시하였다.

③ 헌법재판소는, 행정처분의 취소를 구하는 행정소송을 제기하였으나 그 기각의 판결이 확정된 경우 당해 행정처분 자체의 위헌성을 주장하면서 그 취소를 구하는 헌법소원심판청구는 당해 법원의 재판이 예외적으로 헌법소원심판의 대상이 되어 그 재판 자체가 취소되는 경우를 제외하고는 허용되지 아니한다고 판시하였다.

④ 대법원은, 유신헌법에 근거한 긴급조치는 사전적으로는 물론 사후적으로도 국회의 동의 내지 승인 등을 얻도록 하는 조치가 취하여진 바가 없어 국회의 입법권 행사라는 실질을 전혀 가지지 못한 것이기 때문에 헌법재판소의 위헌심판대상이 되는 '법률'에 해당한다고 할 수 없고, 따라서 그 위헌 여부에 대한 심사권은 최종적으로 대법원에 속한다고 판시하였다.

⑤ 헌법재판소는, 대법원이 사법권의 독립을 위하여 규칙제정권을 가지므로 헌법재판소가 대법원규칙에 대하여 그 위헌 여부를 심사할 수 없다고 판시하였다.

51

정답 ⑤

핵심공략

- 법원이 헌법재판소가 위헌으로 결정하여 그 효력을 전부 또는 일부 상실하거나 위헌으로 확인된 법률을 적용함으로써 국민의 기본권을 침해한 경우
  ⇨ 예외적 재판헌법소원 可
- 명령·규칙 또는 처분이 헌법이나 법률에 위반되는 여부가 재판의 전제가 된 경우에는 대법원은 이를 최종적으로 심사할 권한 有
  But 명령·규칙 그 자체에 의하여 직접 기본권이 침해되었음을 이유로 하여 헌법소원심판을 청구 可
- 원행정처분은 이를 심판의 대상으로 삼았던 법원의 재판이 예외적으로 헌법소원심판의 대상이 되어 그 재판 자체까지 취소되는 경우에 한하여 헌법소원 대상 O
- 긴급조치는 위헌심판대상이 되는 '법률' ×, 긴급조치의 위헌 여부에 대한 심사권은 최종적으로 대법원에 有 (대법원의 입장)
- 규칙 등은 그것들이 별도의 집행행위를 기다리지 않고 직접 기본권을 침해하는 것일 때에는 모두 헌법소원심판의 대상이 될 수 있는 것 O

① [○]

해설 헌법재판소법 제68조 제1항이 원칙적으로 헌법에 위반되지 아니한다고 하더라도, 법원이 헌법재판소가 위헌으로 결정하여 그 효력을 전부 또는 일부 상실하거나 위헌으로 확인된 법률을 적용함으로써 국민의 기본권을 침해한 경우에도 법원의 재판에 대한 헌법소원이 허용되지 않는 것으로 해석한다면, 위 법률조항은 그러한 한도내에서 헌법에 위반된다. **(헌재 1997.12.24. 96헌마172)**

② [○]

해설 헌법 제107조 제2항이 규정한 명령·규칙에 대한 대법원의 최종심사권이란 구체적인 소송사건에서 명령·규칙의 위헌여부가 재판의 전제가 되었을 경우 법률의 경우와는 달리 헌법재판소에 제청할 것 없이 대법원의 최종적으로 심사할 수 있다는 의미이며, 헌법 제111조 제1항 제1호에서 법률의 위헌여부심사권을 헌법재판소에 부여한 이상 통일적인 헌법해석과 규범통제를 위하여 공권력에 의한 기본권침해를 이유로 하는 헌법소원심판청구사건에 있어서 법률의 하위법규인 명령·규칙의 위헌여부심사권이 헌법재판소의 관할에 속함은 당연한 것으로서 헌법 제107조 제2항의 규정이 이를 배제한 것이라고는 볼 수 없다. 그러므로 법률의 경우와 마찬가지로 명령·규칙 그 자체에 의하여 직접 기본권이 침해되었음을 이유로 하여 헌법소원심판을 청구하는 것은 위 헌법 규정과는 아무런 상관이 없는 문제이다. **(헌재 1990.10.15. 89헌마178)**

③ [○]

해설 원행정처분에 대한 헌법소원심판청구를 받아들여 이를 취소하는 것은, 원행정처분을 심판의 대상으로 삼았던 법원의 재판이 예외적으로 헌법소원심판의 대상이 되어 그 재판 자체까지 취소되는 경우에 한하여, 국민의 기본권을 신속하고 효율적으로 구제하기 위하여 가능한 것이고, 이와는 달리 법원의 재판이 취소되지 아니하는 경우에는 확정판결의 기판력으로 인하여 원행정처분은 헌법소원심판의 대상이 되지 아니한다고 할 것이다. 원행정처분에 대하여 법원에 행정소송을 제기하여 패소판결을 받고 그 판결이 확정된 경우에는 당사자는 그 판결의 기판력에 의한 기속을 받게 되므로, 별도의 절차에 의하여 위 판결의 기판력이 제거되지 아니하는 한, 행정처분의 위법성을 주장하는 것은 확정판결의 기판력에 어긋나기 때문이다. **(헌재 1998.5.28. 91헌마98)**

④ [○]

해설 구 대한민국헌법(유신헌법) 제53조 제3항은 대통령이 긴급조치를 한 때에는 지체 없이 국회에 통고하여야 한다고 규정하고 있을 뿐, 사전적으로는 물론이거니와 사후적으로도 긴급조치가 그 효력을 발생 또는 유지하는 데 국회의 동의 내지 승인 등을 얻도록 하는 규정을 두고 있지 아니하고, 실제로 국회에서 긴급조치를 승인하는 등의 조치가 취하여진 바도 없다. 따라서 유신헌법에 근거한 긴급조치는 국회의 입법권 행사라는 실질을 전혀 가지지 못한 것으로서, 헌법재판소의 위헌심판대상이 되는 '법률'에 해당한다고 할 수 없고, 긴급조치의 위헌 여부에 대한 심사권은 최종적으로 대법원에 속한다. **(대판 2010.12.16. 2010도5986)**

⑤ [×]

해설 헌법재판소법 제68조 제1항이 규정하고 있는 헌법소원심판의 대상으로서의 "공권력"이란 입법·사법·행정 등 모든 공권력을 말하는 것이므로 입법부에서 제정한 법률, 행정부에서 제정한 시행령이나 시행규칙 및 사법부에서 제정한 규칙 등은 그것들이 별도의 집행행위를 기다리지 않고 직접 기본권을 침해하는 것일 때에는 모두 헌법소원심판의 대상이 될 수 있는 것이다. **(헌재 1990.10.15. 89헌마178)**

52

헌법재판소 위헌결정의 효력 등에 관한 설명 중 옳은 것을 모두 고른 것은? (다툼이 있는 경우 판례에 의함) [22 변호사]

ㄱ. 형사재판 유죄확정판결이 있은 후 당해 처벌 근거조항에 대해 위헌결정이 내려진 경우 유죄판결을 받은 자는 재심청구를 통하여 유죄의 확정판결을 다툴 수 있다.
ㄴ. 헌법재판소가 「공직선거법」의 국회의원 지역선거구 구역표에 대하여 계속적용 헌법불합치 결정을 하면서 입법개선시한을 부여한 경우, 그 시한까지 국회가 아무런 조치를 취하지 않으면 헌법불합치 선언된 위 선거구 구역표의 효력은 상실되고, 입법자가 국회의원선거에 관한 사항을 법률로 규정함에 있어서 폭넓은 입법형성의 자유를 가진다고 하여도 선거구에 관한 입법을 할 것인지 여부에 대해서는 입법자에게 어떤 형성의 자유가 존재한다고 할 수 없다.
ㄷ. 설령 헌법재판소 위헌결정의 결정이유에까지 기속력을 인정한다고 하더라도, 결정이유의 기속력을 인정하기 위해서는 결정주문을 뒷받침하는 결정이유에 대하여 적어도 위헌결정의 정족수인 재판관 6인 이상의 찬성이 있어야 할 것이고, 이에 미달할 경우에는 결정이유에 대하여 기속력을 인정할 여지가 없다.
ㄹ. 「헌법재판소법」은 법률의 위헌결정, 권한쟁의심판의 결정, 헌법소원의 인용결정에 대한 기속력을 명문으로 규정하고 있다.

① ㄱ
② ㄱ, ㄹ
③ ㄴ, ㄷ
④ ㄴ, ㄷ, ㄹ
⑤ ㄱ, ㄴ, ㄷ, ㄹ

52

정답 ⑤

핵심공략

- 형사재판 유죄확정판결이 있은 후 당해 처벌 근거조항에 대해 위헌결정
  ⇨ 그 확정판결에 대하여 재심 청구 可
- 선거구에 관한 입법을 할 것인지 여부에 대해서는 입법자에게 어떤 형성의 자유가 존재 ×
- 설령 결정이유에까지 기속력을 인정한다고 하더라도, 결정주문을 뒷받침하는 결정이유에 대하여 적어도 위헌결정의 정족수인 재판관 6인 이상의 찬성이 있어야 O
- 위헌법률심판에서의 위헌결정, 권한쟁의심판의 결정, 헌법소원에서의 인용결정의 기속력에 대하여 명문 규정 有

해설 ㄱ. [○]

형벌에 관한 법률 또는 법률조항이 위헌으로 선언되는 경우에 그 결정은 헌재법 제47조 제2항의 단서에 의하여 원칙적으로 소급효를 갖는다. 따라서 위헌결정 이전에 공소가 제기되어 법원에 계속중인 사건에서는 면소판결을 할 것이 아니라 무죄를 선고하여야 하고(**대판 1992.5.28. 91도2825**), 법원의 판결 후 확정되기 이전에 헌법재판소의 위헌결정이 있으면 판결에 영향을 미친 헌법·법률의 위반이 있는 때에 해당하여 항소와 상고의 이유가 된다(**형사소송법 제361조의5, 제383조**). 그리고 유죄판결이 확정된 때에는 재심을 청구하여 유죄의 확정판결을 다툴 수 있다(**헌재법 제47조 제3항**).

ㄴ. [○]

헌법은 입법자인 피청구인에게 국회의원선거의 선거구를 입법하도록 명시적으로 위임하고 있다. 즉 헌법 제41조는 제1항에서 "국회는 국민의 보통·평등·직접·비밀선거에 의하여 선출된다"고 하여 국회의원선거에서의 선거원칙을 규정하고, 제2항에서는 국회의원 수의 하한을 규정한 다음, 제3항에서 "국회의원의 선거구와 비례대표제 기타 선거에 관한 사항은 법률로 정한다."라고 규정하여, 국회의원선거에 관한 사항에 대한 법률유보를 규정하고 있다. 그 중에서도 특히, 국회의원 선거에 있어 필수적인 요소라고 할 수 있는 선거구에 관하여는 헌법에서 직접적으로 법률로 정하도록 위임하고 있다. 따라서 입법자가 국회의원선거에 관한 사항을 법률로 규정함에 있어서 폭넓은 입법형성의 자유를 가진다고 하여도, 선거구에 관한 입법을 할 것인지 여부에 대해서는 입법자에게 어떤 형성의 자유가 존재한다고 할 수 없으므로, 피청구인에게는 국회의원의 선거구를 입법할 명시적인 헌법상 입법의무가 존재한다 할 것이다. 나아가 헌법 해석상으로도 피청구인에게 국회의원의 선거구를 입법할 의무가 인정된다. (2016.4.28. 2015헌마1177)

ㄷ. [○]

헌법재판소법 제47조 제1항 및 제75조 제1항에 규정된 법률의 위헌결정 및 헌법소원 인용결정의 기속력과 관련하여, 입법자인 국회에게 기속력이 미치는지 여부, 나아가 결정주문뿐 아니라 결정이유에까지 기속력을 인정할지 여부는 헌법재판소의 헌법재판권 내지 사법권의 범위와 한계, 국회의 입법권의 범위와 한계 등을 고려하여 신중하게 접근할 필요가 있다. 설령 결정이유에까지 기속력을 인정한다고 하더라도, 결정주문을 뒷받침하는 결정이유에 대하여 적어도 위헌결정의 정족수인 재판관 6인 이상의 찬성이 있어야 할 것이고(헌법 제113조 제1항 및 헌법재판소법 제23조 제2항 참조), 이에 미달할 경우에는 결정이유에 대하여 기속력을 인정할 여지가 없다. (**헌재 2008.10.30. 2006헌마1098 등**)

ㄹ. [○]

조문 **헌법재판소법**

제47조(위헌결정의 효력) ① 법률의 위헌결정은 법원과 그 밖의 국가기관 및 지방자치단체를 기속(羈束)한다.

제67조(결정의 효력) ① 헌법재판소의 권한쟁의심판의 결정은 모든 국가기관과 지방자치단체를 기속한다.

제75조(인용결정) ① 헌법소원의 인용결정은 모든 국가기관과 지방자치단체를 기속한다.

▶ 「헌법재판소법」은 법률의 위헌결정, 권한쟁의심판의 결정, 헌법소원의 인용결정에 대한 기속력을 명문으로 규정하고 있다.

53

헌법재판에서의 가처분에 관한 설명 중 옳지 않은 것은? (다툼이 있는 경우 판례에 의함) [18 변호사]

① 「군사법원법」에 따라 재판을 받는 미결수용자의 면회 횟수를 주 2회로 정한 「군행형법 시행령」 조항의 효력을 정지시키는 가처분을 신청한 사건에서, 헌법재판소는 국방에 관한 국가기밀이 누설될 우려가 있고 미결수용자의 접견을 교도관이 참여하여 감시할 수도 없다는 이유로 가처분 신청을 기각하였다.

② 「헌법재판소법」 제68조 제1항에 의한 헌법소원심판의 가처분에서는 현상유지로 인한 회복하기 어려운 손해 예방의 필요성, 효력정지의 긴급성 요건이 충족되어야 하며, 가처분을 인용한 뒤 본안심판이 기각되었을 때 발생하게 될 불이익과 가처분을 기각한 뒤 본안심판이 인용되었을 때 발생하게 될 불이익을 비교형량하여 인용 여부를 결정한다.

③ 탄핵소추의결을 받은 자의 직무집행을 정지하기 위한 가처분은 인정될 여지가 없다.

④ 입국불허결정을 받은 외국인이 인천공항출입국관리사무소장을 상대로 난민인정심사불회부결정취소의 소를 제기한 후 그 소송수행을 위하여 변호인 접견신청을 하였으나 거부되자, 변호인접견 거부의 효력정지를 구하는 가처분 신청을 한 사건에서, 헌법재판소는 변호인 접견을 허가하여야 한다는 가처분 인용결정을 하였다.

⑤ 현재 시행되고 있는 법령의 효력을 정지시키는 가처분은 그 효력의 정지로 인하여 파급적으로 발생되는 효과가 클 수 있으므로, 일반적인 보전의 필요성이 인정된다고 하더라도 공공복리에 중대한 영향을 미칠 우려가 있을 때에는 인용되어서는 안 된다고 보아야 한다.

53

정답 ①

핵심공략

- 면회의 횟수를 제한하고 있는 이 사건 규정에 관한 이 사건 가처분 신청 인용 O
- 가처분의 요건: 회복하기 어려운 손해를 예방할 필요가 있어야 O, 그 효력을 정지시켜야 할 긴급한 필요가 있어야 O
- 탄핵소추의결을 받은 자에 대한 직무집행정지 가처분은 인정 여지 ×
- 입국불허결정을 받은 외국인에 대한 변호사접견 거부의 효력을 구하는 가처분 신청 인용 O
- 현재 시행 중인 법령의 효력을 정지시키는 가처분의 경우, 비록 일반적인 보전의 필요성이 인정된다고 하더라도 공공복리에 중대한 영향을 미칠 우려가 있을 때에는 인용되어서는 ×

① [×]

해설 군사법원법에 따라 재판을 받는 미결수용자의 면회 횟수를 주 2회로 정하고 있는 군행형법 시행령 제43조 제2항 본문 중 전단부분의 효력을 가처분으로 정지시켜야할 필요성이 있는지 여부(적극) - … 이 사건 규정에 대한 가처분신청이 인용된다면 군인의 신분이거나 군형법의 적용을 받는 미결수용자가 외부인과의 잦은 접촉을 통해 공소제기나 유지에 필요한 증거를 인멸하거나 국가방위와 관련된 중요한 국가기밀을 누설할 우려가 있을 수 있다. 그러나 수용기관은 면회에 교도관을 참여시켜 감시를 철저히 한다거나(**군행형법 시행령 제46조 제3항**), 필요한 경우에는 면회를 일시 불허(**군행형법 제15조 제2항**)함으로써 증거인멸이나 국가기밀누설을 방지할 수 있으므로 이 사건 가처분을 인용한다 하여 공공복리에 중대한 영향을 미칠 우려는 없다고 할 것이다. 그러므로 면회의 횟수를 제한하고 있는 이 사건 규정에 관한 이 사건 가처분 신청은 인용되어야 할 것이다. **(헌재 2002.4.25. 2002헌사129)**

② [○]

해설 [1] 헌법재판소법은 명문의 규정을 두고 있지는 않으나, 같은 법 제68조 제1항 헌법소원심판절차에서도 가처분의 필요성이 있을 수 있고 또 이를 허용하지 아니할 상당한 이유를 찾아볼 수 없으므로, 가처분이 허용된다. [2] 위 가처분의 요건은 헌법소원심판에서 다투어지는 '공권력 행사 또는 불행사'의 현상을 그대로 유지시킴으로 인하여 생길 회복하기 어려운 손해를 예방할 필요가 있어야 한다는 것과 그 효력을 정지시켜야 할 긴급한 필요가 있어야 한다는 것 등이 된다. 따라서 본안심판이 부적법하거나 이유없음이 명백하지 않는 한, 위와 같은 가처분의 요건을 갖춘 것으로 인정되면, 가처분을 인용한 뒤 종국결정에서 청구가 기각되었을 때 발생하게 될 불이익과 가처분을 기각한 뒤 청구가 인용되었을 때 발생하게 될 불이익을 비교형량하여 후자가 전자보다 큰 경우에, 가처분을 인용할 수 있다. **(헌재 2000.12.8. 2000헌사471)**

③ [○]

해설 헌법 제65조 제3항에서는 "탄핵소추의 의결을 받은 자는 탄핵심판이 있을 때까지 그 권한행사가 정지된다"고 규정하고 있다. 따라서 탄핵소추의결을 받은 자의 직무집행을 정지하기 위한 가처분은 인정할 여지가 없다.

④ [○]

해설 입국불허결정을 받은 외국인이 인천공항출입국관리사무소장(이하 '피신청인'이라 한다)을 상대로 인신보호청구의 소 및 난민인정심사불회부결정취소의 소를 제기한 후 그 소송수행을 위하여 변호인 접견신청을 하였으나 피신청인이 이를 거부한 사안에서, 헌법재판소가 피신청인으로 하여금 변호인접견을 허가하도록 임시의 지위를 정하기 위한 가처분을 인용한 사례 **(헌재 2014.06.05 2014헌사592)**

⑤ [○]

해설 헌법재판소법 제40조 제1항에 따라 준용되는 행정소송법 제23조 제2항의 집행정지규정과 민사소송법 제714조의 가처분규정에 의하면, 법령의 위헌확인을 청구하는 헌법소원심판에서의 가처분은 위헌이라고 다투어지는 법령의 효력을 그대로 유지시킬 경우 회복하기 어려운 손해가 발생할 우려가 있어 가처분에 의하여 임시로 그 법령의 효력을 정지시키지 아니하면 안될 필요가 있을 때 허용되고, 다만 현재 시행되고 있는 법령의 효력을 정지시키는 것일 때에는 그 효력의 정지로 인하여 파급적으로 발생되는 효과가 클 수 있으므로 비록 일반적인 보전의 필요성이 인정된다고 하더라도 공공복리에 중대한 영향을 미칠 우려가 있을 때에는 인용되어서는 안될 것이다. **(헌재 2002.4.25. 2002헌사129)**

Chapter
03 위헌법률심판

1. 위헌법률심판의 요건

54

「헌법재판소법」 제68조 제2항에 따른 헌법소원심판의 적법요건에 관한 설명 중 옳은 것을 모두 고른 것은? (다툼이 있는 경우 판례에 의함) [19 변호사]

ㄱ. 제1심인 당해사건에서 헌법소원심판을 청구하였는데, 당해사건의 항소심에서 항소를 취하하는 경우 당해사건이 종결되어 심판대상조항이 당해사건에 적용될 여지가 없으므로 재판의 전제성이 인정되지 않는다.
ㄴ. 폐지된 법률도 재판의 전제성이 인정될 수 있다.
ㄷ. 제1심인 당해사건에서 헌법소원심판을 청구하였는데, 당해사건의 항소심에서 당사자들 간에 임의조정이 성립되어 소송이 종결되었더라도 심판대상조항이 당해사건인 제1심 판결에 적용되었다면 재판의 전제성이 인정된다.
ㄹ. 청구인이 당해사건인 형사사건에서 무죄의 확정판결을 받은 때에는 원칙적으로 재판의 전제성이 인정되지 아니하나, 예외적으로 객관적인 헌법질서의 수호·유지 및 관련 당사자의 권리구제를 위하여 심판의 필요성이 인정되는 경우에는 재판의 전제성을 인정할 수 있다.
ㅁ. 제1심인 당해사건에서 헌법소원심판을 청구하였는데, 당해사건의 항소심에서 소를 취하하는 경우 당해사건이 종결되어 심판대상조항이 당해사건에 적용될 여지가 없으므로 재판의 전제성이 인정되지 않는다.

① ㄱ, ㄴ
② ㄱ, ㄷ, ㄹ
③ ㄴ, ㄷ, ㄹ
④ ㄴ, ㄹ, ㅁ
⑤ ㄱ, ㄴ, ㄹ, ㅁ

54 정답 ④

핵심공략

- 당해사건에 적용되는 법률이 위헌으로 결정되면 확정된 원심판결에 대하여 재심청구를 함으로써 원심판결의 주문이 달라질 수 있으므로 재판의 전제성이 인정 O
- 폐지된 법률이라 하더라도 당해 소송사건에 적용될 수 있어 재판의 전제가 있는 경우에는 예외적으로 대상 O
- 항소심에서 당사자들 간에 임의조정이 성립되어 소송이 종결된 경우, 1심 판결에 적용된 법률조항에 대해서 재판의 전제성 인정 ×
- 당해 사건에서 무죄판결이 선고되거나 재심청구가 기각된 경우, 원칙적 재판의 전제성 인정 ×, 예외적 헌법질서의 수호·유지 및 관련 당사자의 권리구제를 위하여 재판의 전제성 인정 O
- 헌법소원심판을 청구한 후 당해 사건의 항소심에서 소취하: 재판의 전제성 인정 ×

해설 ㄱ. [×]

제1심인 당해사건에서 헌법재판소법 제68조 제2항의 헌법소원을 제기한 청구인들이 당해사건의 항소심에서 항소를 취하하여 원고 패소의 원심판결이 확정된 경우, 당해사건에 적용되는 법률이 위헌으로 결정되면 확정된 원심판결에 대하여 재심청구를 함으로써 원심판결의 주문이 달라질 수 있으므로 재판의 전제성이 인정된다. **(헌재 2015.10.21. 2014헌바170)**

ㄴ. [○]

위헌제청의 대상이 될 수 있는 법률은 헌법재판소의 위헌심판시에 "유효한 법률"이어야 함이 원칙이다. 따라서 폐지된 법률에 대한 위헌심판제청은 원칙적으로 부적법하다. 그러나 폐지된 법률이라 하더라도 당해 소송사건에 적용될 수 있어 재판의 전제가 있는 경우에는 예외적으로 위헌제청의 대상이 될 수 있다.**(헌재 1989.12.18. 89헌마32등 참조)**.

ㄷ. [×]

항소심에서 당사자들 간에 임의조정이 성립되어 소송이 종결된 경우 1심 판결에 적용된 법률조항에 대해서 재판의 전제성을 인정할 수 있는지 여부(소극) - 항소심에서 당해 사건의 당사자들에 의해 소송이 종결되었다면 구체적인 사건이 법원에 계속 중인 경우라 할 수 없을 뿐 아니라, 조정의 성립에 1심판결에 적용된 법률조항이 적용된 바도 없으므로 위 법률조항에 대하여 위헌 결정이 있다 하더라도 청구인으로서는 당해 사건에 대하여 재심을 청구할 수 없어 종국적으로 당해 사건의 결과에 대하여 이를 다툴 수 없게 되었다 할 것이므로, 위 법률조항이 헌법에 위반되는지 여부는 당해 사건과의 관계에서 재판의 전제가 되지 못한다. **(헌재 2010.2.25. 2007헌바34)**

ㄹ. [○]

당해 사건에서 무죄판결이 선고되거나 재심청구가 기각되어 원칙적으로는 재판의 전제성이 인정되지 아니할 것이나, 긴급조치의 위헌 여부를 심사할 권한은 본래 헌법재판소의 전속적 관할 사항인 점, 법률과 같은 효력이 있는 규범인 긴급조치의 위헌 여부에 대한 헌법적 해명의 필요성이 있는 점, 당해 사건의 대법원판결은 대세적 효력이 없는 데 비하여 형벌조항에 대한 헌법재판소의 위헌결정은 대세적 기속력을 가지고 유죄 확정판결에 대한 재심사유가 되는 점, 유신헌법 당시 긴급조치 위반으로 처벌을 받게 된 사람은 재판절차에서 긴급조치의 위헌성을 다툴 수조차 없는 규범적 장애가 있었던 점 등에 비추어 볼 때, 예외적으로 헌법질서의 수호·유지 및 관련 당사자의 권리구제를 위하여 재판의 전제성을 인정함이 상당하다. **(헌재 2013.3.21. 2010헌바70)**

ㅁ. [○]

헌법소원심판을 청구한 후 당해 사건의 항소심에서 소를 취하하여 당해 사건이 종결된 이상 이 사건 법률조항 등은 당해 사건에 적용될 여지가 없어 그 위헌 여부가 재판의 전제가 되지 않으므로 재판의 전제성을 갖추지 못하여 부적법하다. **(헌재 2010.5.27. 2008헌바110)**

55

부작위에 관한 설명 중 옳은 것[○]과 옳지 않은 것[×]을 올바르게 조합한 것은? (다툼이 있는 경우 판례에 의함) [21 변호사]

ㄱ. 「국군포로의 송환 및 대우 등에 관한 법률」 조항이 등록포로 등의 예우의 신청, 기준, 방법 등에 필요한 사항을 대통령령으로 정한다고 규정하고 있어 대통령령을 제정할 의무가 있음에도, 그 의무가 상당기간 동안 불이행되고 있고 이를 정당화할 이유도 찾아보기 어려운 경우, 이러한 행정입법부작위는 헌법에 위반된다.

ㄴ. 「주민등록법」에서 주민등록번호의 부여에 관한 규정을 두고 있으나 주민등록번호의 잘못된 이용에 대비한 '주민등록번호 변경'에 대하여 아무런 규정을 두고 있지 않은 것이 헌법에 위반된다는 이유로 그 위헌확인을 구하는 「헌법재판소법」 제68조 제1항의 헌법소원심판청구는 진정입법부작위를 다투는 청구이다.

ㄷ. 「의료법」에서 치과의사로서 전문의의 자격인정 및 전문과목에 관하여 필요한 사항은 대통령령으로 위임하고 있고, 대통령령은 전문의자격시험의 방법 등 필요한 사항을 보건복지부령으로 정하도록 위임하고 있음에도 위 대통령령에 따른 시행규칙의 입법을 하지 않고 있는 것은 진정입법부작위에 해당하므로, 이 부분에 대한 「헌법재판소법」 제68조 제1항의 헌법소원심판청구는 청구기간의 제한을 받지 않는다.

ㄹ. 일본국에 대한 일본군위안부의 배상청구권이 한일청구권협정에 의하여 소멸되었는지 여부에 관한 한·일 양국 간 해석상 분쟁을 위 협정이 정한 절차에 따라 해결하지 아니하고 있는 행정권력의 부작위가 위헌인지 여부와 관련하여, 헌법 제10조의 국민의 인권을 보장할 의무, 제2조 제2항의 재외국민 보호의무, 헌법 전문은 국가의 국민에 대한 일반적·추상적 의무를 선언한 것이거나 국가의 기본적 가치질서를 선언한 것일 뿐이어서, 이들 조항 자체로부터 국가의 국민에 대한 구체적인 작위의무가 나올 수 없다고 할 것이다.

ㅁ. 「산업재해보상보험법」 및 「근로기준법 시행령」은 「근로기준법」과 같은 법 시행령에 의하여 근로자의 평균임금을 산정할 수 없는 경우 노동부장관으로 하여금 평균임금을 정하여 고시하도록 하고 있는데, 노동부장관은 그 취지에 따라 평균임금을 정하여 고시할 행정입법의무가 있으며, 이는 헌법적 의무라고 보아야 한다.

① ㄱ[○], ㄴ[○], ㄷ[×], ㄹ[○], ㅁ[○]
② ㄱ[○], ㄴ[×], ㄷ[○], ㄹ[×], ㅁ[○]
③ ㄱ[○], ㄴ[○], ㄷ[×], ㄹ[○], ㅁ[×]
④ ㄱ[×], ㄴ[×], ㄷ[○], ㄹ[×], ㅁ[×]
⑤ ㄱ[×], ㄴ[×], ㄷ[○], ㄹ[×], ㅁ[○]

2. 위헌법률심판의 결정

55

정답 ②

핵심공략

- 「국군포로의 송환 및 대우 등에 관한 법률」에 따라 대통령령을 제정할 의무가 있음에도, 그 의무는 상당 기간 동안 불이행되고 있고, 이를 정당화할 이유도 없는 경우, 행정입법부작위는 위헌 O
- 주민등록번호의 변경에 대하여는 아무런 규정을 두지 아니한 것은 부진정입법부작위에 해당 O
- 대통령령이 전문의자격시험의 방법 등 필요한 사항을 보건복지부령으로 정하도록 위임하고 있음에도 위 대통령령에 따른 시행규칙의 입법을 하지 않고 있는 것은 진정입법부작위에 해당 O

  ⇨ 청구기간의 제한 ×
- 일본국에 대한 일본군위안부의 배상청구권이 한일청구권협정에 의하여 소멸되었는지 여부에 관한 행정권력의 부작위가 위헌인지 여부와 관련, 국가의 구체적 작위의무 인정 O
- 근로기준법과 같은법 시행령에 의하여 근로자의 평균임금을 산정할 수 없는 경우에 노동부장관으로 하여금 평균임금을 정하여 고시하도록 규정: 노동부장관의 행정입법 작위의무는 헌법적 의무 O

해설 ㄱ. [○]

국군포로법 제15조의5 제1항이 국방부장관으로 하여금 예우 여부를 재량으로 정할 수 있도록 하고 있으나, 이것은 예우 여부를 재량으로 한다는 의미이지, 대통령령 제정 여부를 재량으로 한다는 의미는 아니다. 이처럼 피청구인에게는 대통령령을 제정할 의무가 있음에도, 그 의무는 상당 기간 동안 불이행되고 있고, 이를 정당화할 이유도 찾아보기 어렵다. 그렇다면 이 사건 행정입법부작위는 등록포로 등의 가족인 청구인의 명예권을 침해하는 것으로서 헌법에 위반된다. **(헌재 2018.5.31. 2016헌마626)**

ㄴ. [×]

청구인들이 주장하는 것은 위 조항들의 내용이 위헌이라는 것이 아니라, 주민등록번호의 잘못된 이용에 대비한 '주민등록번호 변경'에 대하여 아무런 규정을 두고 있지 않은 것이 헌법에 위반된다는 것이므로, 이는 주민등록번호 부여제도에 대하여 입법을 하였으나 주민등록번호의 변경에 대하여는 아무런 규정을 두지 아니한 부진정 입법부작위가 위헌이라는 것이다. 따라서 청구인들의 이러한 주장과 가장 밀접하게 관련되는 조항인 주민등록법 제7조 전체를 심판대상으로 삼고, 나머지 조항들은 심판대상에서 제외하기로 한다. **(헌재 2015.12.23. 2013헌바68 등)**

즉, 이 사건 심판이 위헌심사형 헌법소원인 점, 헌법재판소가 주민등록법 제7조가 과잉금지원칙에 위배하여 청구인의 개인정보자기결정권을 침해한다고 판시한 점에 비추어 볼 때, 주민등록변경에 관한 규정을 두지 아니한 입법부작위가 부진정입법부작위라고 전제한 것으로 보인다.

ㄷ. [○]

치과의사로서 전문의가 되고자 하는 자는 대통령령이 정하는 수련을 거쳐 보건복지부장관의 자격인정을 받아야 하고(의료법 제55조 제1항) 전문의의 자격인정 및 전문과목에 관하여 필요한 사항은 대통령령으로 정하는바(동조 제3항), 위 대통령령인 '규정' 제2조의2 제2호(개정 1995.1.28)는 치과전문의의 전문과목을 "구강악안면외과·치과보철과·치과교정과·소아치과·치주과·치과보존과·구강내과·구강악안면방사선과·구강병리과 및 예방치과"로 정하고, 제17조(개정 1994.12.23)에서는 전문의자격의 인정에 관하여 "일정한 수련과정을 이수한 자로서 전문의자격시험에 합격"할 것을 요구하고 있는데도, '시행규칙'이 위 규정에 따른 개정입법 및 새로운 입법을 하지 않고 있는 것은 진정입법부작위에 해당하므로 이 부분에 대한 심판청구는 청구기간의 제한을 받지 않는다. **(헌재 1998.7.16. 96헌마246)**

ㄹ. [×]

헌법 전문, 제2조 제2항, 제10조와 이 사건 협정 제3조의 문언에 비추어 볼 때, 피청구인이 이 사건 협정 제3조에 따라 분쟁해결의 절차로 나아갈 의무는 일본국에 의해 자행된 조직적이고 지속적인 불법행위에 의하여 인간의 존엄과 가치를 심각하게 훼손당한 자국민들이 청구권을 실현하도록 협력하고 보호하여야 할 헌법적 요청에 의한 것으로서, 그 의무의 이행이 없으면 청구인들의 기본권이 중대하게 침해될 가능성이 있으므로, 피청구인의 작위의무는 헌법에서 유래하는 작위의무로서 그것이 법령에 구체적으로 규정되어 있는 경우라고 할 것이다. 특히, 우리 정부가 직접 청구인들의 기본권을 침해하는 행위를 한 것은 아니지만, 일본에 대한 청구권의 실현 및 인간으로서의 존엄과 가치의 회복에 대한 장애상태가 초래된 것은 우리 정부가 청구권의 내용을 명확히 하지 않고 '모든 청구권'이라는 포괄적인 개념을 사용하여 이 사건 협정을 체결한 것에도 책임이 있다는 점에 주목한다면, 그 장애상태를 제거하는 행위로 나아가야 할 구체적 의무가 있음을 부인하기 어렵다. **(헌재 2019.12.27. 2012헌마939)**

ㅁ. [○]

산업재해보상보험법 제4조 제2호 단서 및 근로기준법시행령 제4조는 근로기준법과 같은법시행령에 의하여 근로자의 평균임금을 산정할 수 없는 경우에 노동부장관으로 하여금 평균임금을 정하여 고시하도록 규정하고 있으므로, 노동부장관으로서는 그 취지에 따라 평균임금을 정하여 고시하는 내용의 행정입법을 하여야 할 의무가 있다고 할 것인바, 노동부장관의 그러한 작위의무는 직접 헌법에 의하여 부여된 것은 아니나, 법률이 행정입법을 당연한 전제로 규정하고 있음에도 불구하고 행정권이 그 취지에 따라 행정입법을 하지 아니함으로써 법령의 공백상태를 방치하고 있는 경우에는 행정권에 의하여 입법권이 침해되는 결과가 되는 것이므로, 노동부장관의 그러한 행정입법 작위의무는 헌법적 의무라고 보아야 한다. **(헌재 2002.7.18. 2000헌마707)**

Chapter

04 헌법소원심판

1. 위헌심사형 헌법소원

56

「헌법재판소법」 제68조 제2항에 따른 헌법소원심판의 재판의 전제성에 관한 설명 중 옳은 것을 모두 고른 것은? (다툼이 있는 경우 판례에 의함) [20 변호사]

ㄱ. 헌법소원심판의 청구인이 당해 사건에서 무죄의 확정판결을 받은 때에는 처벌조항의 위헌확인을 구하는 헌법소원이 인용되더라도 재심을 청구할 수 없어 재판의 전제성이 인정되지 않으나, 예외적으로 객관적인 헌법질서의 수호·유지 및 관련 당사자의 권리구제를 위하여 심판의 필요성을 인정하여 재판의 전제성을 인정한 사례가 있다.

ㄴ. 행정처분의 근거 법률이 헌법에 위반된다는 사정은 헌법재판소의 위헌결정이 있기 전에는 객관적으로 명백한 것이라고 할 수 없으므로 특별한 사정이 없는 한 그러한 하자는 행정처분의 취소사유에 해당할 뿐 당연무효사유는 아니어서, 제소기간이 경과한 뒤에는 행정처분의 근거 법률이 위헌임을 이유로 무효확인소송 등을 제기하더라도 행정처분의 효력에는 영향이 없음이 원칙이다. 따라서 행정처분의 근거가 된 법률조항은 당해 행정처분의 무효확인을 구하는 당해 사건에서 재판의 전제가 되지 않는다.

ㄷ. 확정된 유죄판결에서 처벌의 근거가 된 법률조항은 원칙적으로 '재심의 청구에 대한 심판', 즉 재심의 개시 여부를 결정하는 재판에서는 재판의 전제성이 인정되지만, 재심 개시결정 이후의 '본안사건에 대한 심판'에 있어서는 재판의 전제성이 인정되지 않는다.

ㄹ. 병역의 종류를 규정한 「병역법」 조항이 대체복무제를 포함하고 있지 않다는 이유로 위헌으로 결정된다면, 양심적 병역거부자가 현역입영 또는 소집 통지서를 받은 후 3일 내에 입영하지 아니하거나 소집에 불응하더라도 대체복무의 기회를 부여받지 않는 한 당해 사건인 형사재판을 담당하는 법원이 무죄를 선고할 가능성이 있으므로, 위 「병역법」 조항은 재판의 전제성이 인정된다.

① ㄱ, ㄴ
② ㄱ, ㄷ
③ ㄷ, ㄹ
④ ㄱ, ㄴ, ㄹ
⑤ ㄴ, ㄷ, ㄹ

56

정답 ④

핵심공략

- 당해 사건에서 무죄판결이 선고되거나 재심청구가 기각된 경우, 원칙적 재판의 전제성 인정 ×, 예외적 헌법질서의 수호·유지 및 관련 당사자의 권리구제를 위하여 재판의 전제성 인정 O
- 제소기간이 경과한 뒤에는 행정처분의 근거 법률이 위헌임을 이유로 무효확인소송 등을 제기하더라도 행정처분의 효력에는 영향이 없음이 원칙
- 확정된 유죄판결에서 처벌의 근거가 된 법률조항은 '재심의 청구에 대한 심판', 즉 재심의 개시 여부를 결정하는 재판에서는 재판의 전제성이 인정 ×, 재심의 개시결정 이후의 '본안사건에 대한 심판'에 있어서만 재판의 전제성이 인정됨이 원칙
- 병역종류조항의 위헌여부: 양심적 병역거부자에 대한 형사재판의 전제성 인정 O

해설 ㄱ. [○]

헌법재판소법 제68조 제2항에 의한 헌법소원심판 청구인이 당해 사건인 형사사건에서 무죄의 확정판결을 받은 때에는 처벌조항의 위헌확인을 구하는 헌법소원이 인용되더라도 재심을 청구할 수 없고, 청구인에 대한 무죄판결은 종국적으로 다툴 수 없게 되므로 법률의 위헌 여부에 따라 당해 사건 재판의 주문이 달라지거나 재판의 내용과 효력에 관한 법률적 의미가 달라지는 경우에 해당한다고 볼 수 없으므로, 원칙적으로 더 이상 재판의 전제성이 인정되지 아니한다. 그러나 긴급조치의 위헌 여부를 심사할 권한은 본래 헌법재판소의 전속적 관할 사항인 점, 법률과 같은 효력이 있는 규범인 긴급조치의 위헌 여부에 대한 헌법적 해명의 필요성이 있는 점, 당해 사건의 대법원판결은 대세적 효력이 없는 데 비하여 형벌조항에 대한 헌법재판소의 위헌결정은 대세적 기속력을 가지고 유죄 확정판결에 대한 재심사유가 되는 점, 유신헌법 당시 긴급조치 위반으로 처벌을 받게 된 사람은 재판절차에서 긴급조치의 위헌성을 다툴 수조차 없는 규범적 장애가 있었던 점 등에 비추어 볼 때, 예외적으로 헌법질서의 수호·유지 및 관련 당사자의 권리구제를 위하여 재판의 전제성을 인정함이 상당하다. (헌재 2013.3.21. 2010헌바132 등)

ㄴ. [○]

행정처분의 근거법률이 헌법에 위반된다는 사정은 헌법재판소의 위헌결정이 있기 전에는 객관적으로 명백한 것이라고 할 수는 없으므로 특별한 사정이 없는 한 그러한 하자는 행정처분의 취소사유에 해당할 뿐 당연무효사유는 아니어서, 제소기간이 경과한 뒤에는 행정처분의 근거 법률이 위헌임을 이유로 무효확인소송 등을 제기하더라도 행정처분의 효력에는 영향이 없음이 원칙이다. 따라서 행정처분의 근거가 된 법률조항의 위헌 여부에 따라 당해 행정처분의 무효확인을 구하는 당해 사건 재판의 주문이 달라지거나 재판의 내용과 효력에 관한 법률적 의미가 달라지는 것은 아니므로 재판의 전제성이 인정되지 아니한다. (헌재 2014.3.27. 2011헌바232)

ㄷ. [×]

확정된 유죄판결에서 처벌의 근거가 된 법률조항은 '재심의 청구에 대한 심판', 즉 재심의 개시 여부를 결정하는 재판에서는 재판의 전제성이 인정되지 않고, 재심의 개시결정 이후의 '본안사건에 대한 심판'에 있어서만 재판의 전제성이 인정됨이 원칙이다. 다만 재심대상사건의 재판절차에서 그 처벌조항의 위헌성을 다툴 수 없는 규범적 장애가 있는 특수한 상황인 경우에는 예외적으로 재판의 전제성이 인정된다. (헌재 2016.3.31. 2015헌가2)

ㄹ. [○]

병역종류조항의 위헌여부가 양심적 병역거부자에 대한 형사재판의 전제가 되는지 여부(적극) - 병역종류조항이 대체복무제를 포함하고 있지 않다는 이유로 위헌으로 결정된다면, 양심적 병역거부자가 현역입영 또는 소집 통지서를 받은 후 3일 내에 입영하지 아니하거나 소집에 불응하더라도 대체복무의 기회를 부여받지 않는 한 당해 형사사건을 담당하는 법원이 무죄를 선고할 가능성이 있으므로, 병역종류조항은 재판의 전제성이 인정된다. (헌재 2018.6.28. 2011헌바379 등)

2. 권리구제형 헌법소원

57

「헌법재판소법」 제68조 제1항에 의한 헌법소원심판청구의 적법요건에 관한 설명 중 옳지 않은 것은? (다툼이 있는 경우 판례에 의함) [22 변호사]

① 심판청구를 교환적으로 변경하였다면 변경에 의한 신청구는 원칙적으로 그 청구변경서를 제출한 때에 제기한 것이라 볼 것이고, 이 시점을 기준으로 하여 청구기간의 준수 여부를 가려야 한다.

② 법학전문대학원의 총 입학정원이 한정되어 있는 상태에서 여성만이 진학할 수 있는 법학전문대학원의 설치를 인가한 것은 남성들이 진학할 수 있는 법학전문대학원의 정원에 영향을 미치므로, 법학전문대학원 입학을 준비 중인 남성들은, 교육부장관이 여성만이 진학할 수 있는 대학에 법학전문대학원 설치를 인가한 처분의 직접적인 상대방이 아니더라도 기본권침해의 자기관련성이 인정된다.

③ 아직 기본권의 침해는 없으나 장래에 확실히 기본권침해가 예측되는 경우에는 미리 헌법소원심판청구가 가능하고, 이 때 별도로 청구기간 도과에 관한 문제는 발생하지 않는다.

④ 구성요건조항과 구성요건조항 위반에 대한 벌칙·과태료 조항이 별도로 규정되어 있는 경우, 청구인이 벌칙·과태료 조항에 대하여 그 법정형이나 액수가 과다하여 그 자체가 위헌임을 주장하였더라도 그 벌칙·과태료 조항에 대해서는 기본권침해의 직접성을 인정할 수 없다.

⑤ 헌법소원심판청구 후 심판대상이 되었던 법령조항이 개정되어 더 이상 청구인에게 적용될 여지가 없게 된 경우에는 심판대상인 구법 조항에 대하여 위헌결정을 받을 주관적 권리보호이익이 소멸된다.

57

정답 ④

핵심공략

- 헌법소원심판청구를 교환적으로 변경한 경우, 신청구의 청구변경서 제출한 때를 기준으로 청구기간 준수여부 가려야 O
- 교육부장관의 여성만이 진학할 수 있는 대학에 법학전문대학원 설치를 인가한 처분에 대하여, 법학전문대학원 입학을 준비 중인 남성들은 직접적인 상대방이 아니더라도 자기관련성이 인정 O
- 장래에 확실히 기본권침해가 예측되는 경우, 청구기간 도과에 관한 문제 발생 ×
- 그 법정형이나 액수가 과다하여 그 자체가 위헌임을 주장한 경우, 그 벌칙·과태료 조항에 대해서는 기본권침해의 직접성 인정 O
- 헌법소원심판청구 후 심판대상이 되었던 법령조항이 개정되어 더 이상 청구인에게 적용될 여지가 없게 된 경우, 원칙적으로 구법 조항에 대한 위헌확인을 청구할 주관적 권리보호의 이익 ×

① [○]

해설 헌법소원심판청구를 교환적으로 변경한 경우 변경에 의한 신청구는 그 청구변경서를 제출한 때에 제기한 것이라 볼 것이고 따라서 이 시점을 기준으로 청구기간의 준수여부를 가려야 한다. **(헌재 1992.6.26. 91헌마134)**

② [○]

해설 전체 법학전문대학원의 총 입학정원이 한정되어 있는 상태에서 이 사건 인가처분이 여성만이 진학할 수 있는 여자대학에 법학전문대학원 설치를 인가한 것은, 결국 청구인들과 같은 남성들이 진학할 수 있는 법학전문대학원의 정원이 여성에 비하여 적어지는 결과를 초래하여 청구인들의 직업선택의 자유, 평등권을 침해할 가능성이 있으므로, 이 사건 인가처분의 직접적인 상대방이 아닌 제3자인 청구인들에게도 기본권 침해의 자기관련성이 인정된다. **(헌재 2013.5.30. 2009헌마514)**

③ [○]

해설 청구인들은 이 사건 헌법소원을 제기할 당시에는 법무사시험이 아직 시행되지 않은 상황이었으나, 이 사건 법률조항에 의한 청구인들의 기본권침해 여부가 문제되는 상황이 장래에 발생할 것이 확실히 예측되기 때문에 기본권침해를 예방하기 위해서는 청구인들이 미리 헌법소원을 제기하는 것을 허용할 필요가 있으므로, 청구기간의 준수여부는 문제되지 않는다. **(헌재 2001.11.29. 2000헌마84)**

④ [×]

해설 벌칙·과태료 조항의 전제가 되는 구성요건조항이 별도로 규정되어 있는 경우에, 벌칙·과태료 조항에 대하여는 청구인들이 그 법정형이 체계정당성에 어긋난다거나 과다하다는 등 그 자체가 위헌임을 주장하지 않는 한 직접성을 인정할 수 없다. **(헌재 2006.6.29. 2005헌마165)**

⑤ [○]

해설 제정 게임법 제33조 제2항 및 제정 게임법 시행령 제19조는 각 개정됨으로써, ㉠ 위 조항들과 이를 기초로 하는 제정 게임법 제32조 제1항 제6호는 더 이상 적용될 여지가 없어졌고, ㉡ 제정 게임법 시행규칙 제20조 [별표 4]는 개정되면서 삭제됨으로써, 위 조항과 그 시행시기를 규정한 제정 게임법 시행규칙 부칙 제4조는 더 이상 적용될 여지가 없어졌으며, ㉢ 제정 게임법 시행규칙 제7조 제1항 [별표 3]은 개정되면서 삭제됨으로써 더 이상 적용될 여지가 없어졌다. 따라서 청구인들이 위 조항들로 인하여 기본권을 현실적으로 제한당하고 있다거나 향후 기본권제한이 예상된다고 보기 어려우므로, 청구인들에게 위 조항들의 위헌확인을 청구할 주관적 권리보호의 이익이 있다고 볼 수 없다 **(헌재 2009.4.30. 2007헌마103)**

58

「헌법재판소법」 제68조 제1항의 헌법소원심판에 관한 설명 중 옳은 것[○]과 옳지 않은 것[×]을 올바르게 조합한 것은? (다툼이 있는 경우 판례에 의함) [17 변호사]

ㄱ. 유치장 수용자에 대한 신체수색은 유치장의 관리주체인 경찰이 우월적 지위에서 피의자 등에게 일방적으로 강제하는 성격을 가진다고 보기 어려우므로 「헌법재판소법」 제68조 제1항의 공권력의 행사에 포함되지 아니한다.

ㄴ. 미국산 쇠고기를 수입하는 자에게 적용할 수입위생조건을 정하고 있는 농림수산식품부 고시인 「미국산 쇠고기 수입위생조건」의 경우 쇠고기 소비자는 직접적인 수범자가 아니고, 위 고시로 인해 소비자들이 자신도 모르게 미국산 쇠고기를 섭취하게 될 가능성이 있다고 할지라도 이는 단순히 사실적이고 추상적인 이해관계에 불과한 것이므로, 쇠고기 소비자들은 위 고시와 관련하여 기본권침해의 자기관련성이 인정되지 아니한다.

ㄷ. 법률안이 거부권 행사에 의하여 최종적으로 폐기되었다면 모르되, 그렇지 아니하고 공포되었다면 법률안은 그 동일성을 유지하여 법률로 확정되는 것이라고 보아야 하므로 청구 당시의 공포 여부를 문제삼아 헌법소원의 대상성을 부인할 수는 없다.

ㄹ. 언론인이 직무관련 여부 및 기부·후원·증여 등 그 명목에 관계없이 동일인으로부터 일정 금액을 초과하는 금품 등을 받거나 요구 또는 약속하는 것을 금지하는 「부정청탁 및 금품등 수수의 금지에 관한 법률」 조항은 자연인을 수범자로 하고 있을 뿐이어서, 사단법인 한국기자협회가 위 조항으로 인하여 자기의 기본권을 직접 침해당할 가능성은 없다고 할 것이나, 법인은 그 구성원을 위하여 또는 구성원을 대신하여 헌법소원심판을 청구할 수 있으므로, 사단법인 한국기자협회는 위 조항과 관련하여 기본권침해의 자기관련성이 인정된다.

① ㄱ[×], ㄴ[○], ㄷ[×], ㄹ[×]
② ㄱ[×], ㄴ[○], ㄷ[○], ㄹ[○]
③ ㄱ[○], ㄴ[○], ㄷ[○], ㄹ[×]
④ ㄱ[○], ㄴ[×], ㄷ[○], ㄹ[×]
⑤ ㄱ[×], ㄴ[×], ㄷ[○], ㄹ[×]

58

정답 ⑤

핵심공략

- 유치장 수용자에 대한 신체수색: 권력적 사실행위로서 헌법소원의 대상 O
- 일반소비자는 미국산 쇠고기 수입위생조건에 대한 직접적 수범자가 아니더라도 자기관련성 인정 O
- 법률안이 거부권 행사에 의하여 최종적으로 폐기되었다면 모르되, 그렇지 아니하고 공포된 법률안에 대한 헌법소원은 적법 O (대상성 인정 O)
- 자연인을 수범자로 하는 법률조항에 대한 민법상 비영리 사단법인의 심판청구가 기본권 침해의 자기관련성 인정 ×

해설 ㄱ. [×]

현행범으로 체포된 청구인들을 경찰서 유치장에 수용하는 과정에서 흉기 등 위험물 및 반입금지물품의 소지·은닉 여부를 확인하기 위하여 실시한 피청구인의 청구인들에 대한 정밀신체수색이 헌법재판소법 제68조 제1항의 공권력의 행사에 해당하는지 여부(적극) - 유치장 수용자에 대한 신체수색은 유치장의 관리주체인 경찰이 피의자 등을 유치함에 있어 피의자 등의 생명·신체에 대한 위해를 방지하고, 유치장 내의 안전과 질서유지를 위하여 실시하는 것으로서 그 우월적 지위에서 피의자 등에게 일방적으로 강제하는 성격을 가진 것이므로 권력적 사실행위라 할 것이며, 이는 헌법소원심판청구의 대상의 되는 헌법재판소법 제68조 제1항의 공권력의 행사에 포함된다. **(헌재 2002.7.18. 2000헌마327)**

ㄴ. [×]

일반소비자인 청구인이 이 사건 고시(2008.6.26. 농림수산식품부 고시 제2008-15호 '미국산 쇠고기 수입위생조건')에 대하여 위헌확인을 구할 기본권 침해의 자기관련성을 갖는지 여부(적극) - 이 사건 고시는 소비자의 생명·신체의 안전을 보호하기 위한 조치의 일환으로 행하여진 것이어서 실질적인 규율 목적 및 대상이 쇠고기 소비자와 관련을 맺고 있으므로 쇠고기 소비자는 이에 대한 구체적인 이해관계를 가진다 할 것인바, 일반소비자인 청구인들에 대해서는 이 사건 고시가 생명·신체의 안전에 대한 보호의무를 위반함으로 인하여 초래되는 기본권 침해와의 자기관련성을 인정할 수 있고, 또한 이 사건 고시의 위생조건에 따라 수입검역을 통과한 미국산 쇠고기는 별다른 행정조치 없이 유통·소비될 것이 예상되므로, 청구인들에게 이 사건 고시가 생명·신체의 안전에 대한 보호의무에 위반함으로 인하여 초래되는 기본권 침해와의 현재관련성 및 직접관련성도 인정할 수 있다. **(헌재 2008.12.26. 2008헌마419)**

ㄷ. [○]

법률안이 거부권 행사에 의하여 최종적으로 폐기되었다면 모르되, 그렇지 아니하고 공포되었다면 법률안은 그 동일성을 유지하여 법률로 확정되는 것이라고 보아야 한다. 나아가, 우리 재판소가 위헌제청 당시 존재하지 아니하였던 신법의 경과규정까지 심판대상을 확장하였던 선례**(헌재 2000.8.31. 97헌가12, 판례집 12-2, 167, 172)**에 비추어 보면, 심판청구 후에 유효하게 공포·시행되었고 그 법률로 인하여 평등권 등 기본권을 침해받게 되었다고 주장하는 이상 청구 당시의 공포 여부를 문제삼아 헌법소원의 대상성을 부인할 수는 없다. **(헌재 2001.11.29. 99헌마494)**

ㄹ. [×]

자연인을 수범자로 하는 법률조항에 대한 민법상 비영리 사단법인의 심판청구가 기본권 침해의 자기관련성 요건을 갖추었는지 여부(소극) - 청구인 사단법인 한국기자협회는 전국의 신문·방송·통신사 소속 현직 기자들을 회원으로 두고 있는 민법상 비영리 사단법인으로서, '언론중재 및 피해구제에 관한 법률' 제2조 제12호에 따른 언론사에는 해당한다. 그런데 심판대상조항은 언론인 등 자연인을 수범자로 하고 있을 뿐이어서 청구인 사단법인 한국기자협회는 심판대상조항으로 인하여 자신의 기본권을 직접 침해당할 가능성이 없다. 또 사단법인 한국기자협회가 그 구성원인 기자들을 대신하여 헌법소원을 청구할 수도 없으므로, 위 청구인의 심판청구는 기본권 침해의 자기관련성을 인정할 수 없어 부적법하다. **(헌재 2016.7.28. 2015헌마236)**

59

「헌법재판소법」 제68조 제1항 헌법소원심판의 청구기간에 관한 설명 중 옳지 않은 것은? (다툼이 있는 경우 판례에 의함)

[16 변호사]

① 헌법소원심판청구를 추가적으로 변경한 경우 변경에 의한 신청구는 그 청구변경서를 제출한 때에 제기한 것으로 볼 것이므로, 이 시점을 기준으로 하여 청구기간의 준수여부를 가려야 한다.

② 기간의 계산은 「민사소송법」과 「민법」에 의하는바, 헌법소원심판 청구기간의 마지막 날이 공휴일에 해당한 때에는 그 다음 날이 청구기간의 종료일이 된다.

③ 헌법소원심판을 청구하고자 하는 자가 변호사를 대리인으로 선임할 자력이 없어 헌법재판소에 국선대리인을 선임하여 줄 것을 신청하는 경우에는 국선대리인의 선임신청이 있는 날을 기준으로 청구기간을 정한다.

④ 교육공무원의 정년을 65세에서 62세로 단축하는 개정법률이 공포되어 같은 날 시행된 경우, 개정법 시행 당시 60세인 중등교원에게 위 개정법으로 인한 기본권 침해가 발생한 시점은 그가 62세에 달하여 실제 정년퇴직에 이르렀을 때가 아니라 위 개정법이 공포되고 시행된 날이다.

⑤ 법령에 대한 헌법소원에 있어서 아직 그 법령에 의해 기본권 침해가 발생하지 않았으나 장래 그 침해가 확실히 예상되어 기본권침해의 현재성 요건을 예외적으로 충족한 경우에는 기본권 침해가 없더라도 청구기간의 도과문제가 발생할 수 있다.

59

정답 ⑤

핵심공략

- 헌법소원심판청구를 교환적으로 변경한 경우, 신청구의 청구변경서 제출한 때를 기준으로 청구기간 준수여부 가려야 O
- 기간의 말일이 토요일 또는 공휴일에 해당한 때에는 기간은 그 익일에 만료 O
- 국선대리인 선임 신청한 경우, 국선대리인의 선임신청이 있는 날을 기준으로 청구기간 준수여부 판단
- 정년을 단축하는 개정법률이 시행됨으로써 청구인은 그 즉시 정년이 62세로 단축된 중등교원의 지위를 갖게 된 것, 청구기간의 기산점은 이 사건 법률조항의 공포일(시행일) O
- 미리 앞당겨 현재의 법적 관련성을 인정하는 경우, 청구기간 도과의 문제가 발생할 여지 X

① [○]

해설 헌법재판소법 제68조 제1항 소정의 헌법소원심판청구를 추가적으로 변경하였다면 변경에 의한 신청구는 그 청구변경서를 제출한 때에 제기한 것이라 볼 것이므로, 이 시점을 기준으로 하여 청구기간의 준수 여부를 가려야 한다. **(헌재 1998. 9.30. 96헌바88)**

② [○]

조문 **헌법재판소법 제40조(준용규정)** ① 헌법재판소의 심판절차에 관하여는 이 법에 특별한 규정이 있는 경우를 제외하고는 헌법재판의 성질에 반하지 아니하는 한도에서 민사소송에 관한 법령을 준용한다. 이 경우 탄핵심판의 경우에는 형사소송에 관한 법령을 준용하고, 권한쟁의심판 및 헌법소원심판의 경우에는 「행정소송법」을 함께 준용한다.

민사소송법 제170조(기간의 계산) 기간의 계산은 민법에 따른다.

민법 제161조(공휴일 등과 기간의 만료점) 기간의 말일이 토요일 또는 공휴일에 해당한 때에는 기간은 그 익일로 만료한다.

③ [○]

해설 헌법재판소법 제70조 제1항에 의하면, 헌법소원심판을 청구하고자 하는 자가 무자력을 이유로 국선대리인의 선임신청을 한 경우에는 헌법소원심판의 청구기간은 국선대리인의 선임신청이 있는 날을 기준으로 정하도록 하고 있다. **(헌재 2002. 6.4. 2002헌사236)**

④ [○]

해설 법령에 대한 헌법소원의 청구기간은 법령이 시행된 후에 비로소 그 법령에 해당하는 사유가 발생한 경우에는 언제나 법령시행일이 아닌 해당사유발생일로부터 기산하여야 한다는 것이 아니라, 법령시행일을 청구기간 기산일로 하는 것이 기본권구제의 측면에서 부당하게 청구기간을 단축하는 결과가 되거나, 침해가 확실히 예상되는 때로부터 기산한다면 오히려 기산일을 불확실하게 하여 청구권의 유무를 불안정하게 하는 결과를 가져올 경우 등에는, 법령시행일이 아닌 법령이 적용될 해당사유가 발생하여 기본권침해가 비로소 현실화된 날부터 기산함이 상당하다는 취지이다. 청구인은 이 사건 법률조항의 시행으로 인하여 그 즉시 정년이 62세로 단축된 중등교원의 지위를 갖게 된 것이지, 이후 62세에 달하여 실제 정년퇴직에 이르러서야 비로소 기본권의 제한을 받게 되었다고 할 것은 아니므로, 청구기간의 기산점은 이 사건 법률조항의 공포일(시행일)로 보는 것이 타당하다. **(헌재 2002.1.31. 2000헌마274)**

⑤ [×]

해설 청구기간의 기산점을 판단함에 있어서, 일반인을 수범자로 하는 금지규정과 형벌규정을 둔 법이 시행되는 경우 법시행과 동시에 모든 사람에 대하여 바로 법률에 해당하는 사유가 발생하였다고 볼 것은 아니며, 심판청구인에 대한 구체적·현실적인 침해사유가 있어야 비로소 법률에 해당하는 사유가 발생하였다고 할 것이다. 다만, 기본권 보장의 실효성을 높이기 위해서 구체적 기본권의 침해가 있기 전이라도 그 침해가 확실히 예상될 때에는 미리 헌법소원을 청구할 수 있다고 본다. 즉, 현재성이 인정될 수 있다. 이러한 경우 청구기간은 도과하지 않았다고 볼 수 있다. 청구기간을 준수하였는지 여부는 이미 기본권침해가 발생한 경우에 비로소 문제될 수 있는 것인데, 이 사건의 경우와 같이 아직 기본권의 침해는 없으나 장래 확실히 기본권침해가 예측되므로 미리 앞당겨 현재의 법적 관련성을 인정하는 경우에는 청구기간 도과의 문제가 발생할 여지가 없다. **(헌재 1999.12.23. 98헌마363)**

60

헌법소원심판의 '직접성' 요건에 관한 설명 중 옳지 않은 것은? (다툼이 있는 경우 판례에 의함) [18 변호사]

① 헌법소원심판청구에 있어서 직접성 요건의 불비는 사후에 치유될 수 없다.

② 법령에 근거한 구체적인 집행행위가 재량행위인 경우 기본권 침해는 집행기관의 의사에 따른 집행행위, 즉 재량권의 행사에 의하여 비로소 현실화되므로 이러한 경우에는 법령에 의한 기본권 침해의 직접성이 인정되지 않는다.

③ 형벌조항의 경우 국민이 그 형벌조항을 위반하기 전이라면, 그 위헌성을 다투기 위해 그 형벌조항을 실제로 위반하여 재판을 통한 형벌의 부과를 받게 되는 위험을 감수할 것을 국민에게 요구할 수 없다.

④ 벌칙·과태료 조항의 전제가 되는 구성요건 조항이 벌칙·과태료 조항과 별도로 규정되어 있는 경우, 벌칙·과태료 조항에 대하여 그 법정형 또는 행정질서벌이 체계정당성에 어긋난다거나 과다하다는 등 그 자체가 위헌임을 주장하지 않는 한 직접성을 인정할 수 없다.

⑤ 형벌조항을 위반하여 기소되었다면, 그 집행행위인 형벌부과를 대상으로 한 구제절차가 없거나 있다고 하더라도 권리구제의 기대가능성이 없는 경우에 해당하므로, 형벌조항에 대하여 예외적으로 직접성을 인정할 수 있다.

60

정답 ⑤

핵심공략

- 직접성 요건의 불비는 사후에 치유될 수 ×
- 법령에 근거한 구체적인 집행행위가 재량행위인 경우, 법령에 의한 기본권침해의 직접성 인정될 여지 ×
- 법규범을 다투기 위하여 국민이 이를 실제로 위반하여 재판을 통한 형벌이나 벌금부과를 받게되는 위험을 감수할 것을 국민에게 요구할 수 ×
- 그 법정형이나 액수가 과다하여 그 자체가 위헌임을 주장한 경우, 그 벌칙·과태료 조항에 대해서는 기본권침해의 직접성 인정 ○
- 검사의 기소와 법원의 재판을 통한 형벌의 부과라는 구체적 집행행위가 예정되어 있으므로, 원칙적으로 기본권 침해의 직접성을 인정할 수 ×

① [○]

해설 청구인은 자신이 반민규명위원회를 상대로 이 사건 결정의 취소를 구하는 행정소송을 제기하여 그 소송계속 중 당해 사건을 담당하는 법원으로부터 위헌제청신청기각결정까지 받은 만큼, 직접성의 요건을 충족하지 못한 하자는 사후에 치유된 것이라고 주장하나, 헌법재판소법 제68조 제1항에 의한 헌법소원심판청구에 있어서 직접성 요건의 불비는 사후에 치유될 수 있는 성질의 것이라 볼 수 없다. **(헌재 2009.9.24 2006헌마1298)**

② [○]

해설 법령에 근거한 구체적인 집행행위가 재량행위인 경우에는 법령은 집행관청에게 기본권침해의 가능성만을 부여할 뿐 법령 스스로가 기본권의 침해행위를 규정하고 행정청이 이에 따르도록 구속하는 것이 아니고, 이때의 기본권의 침해는 집행기관의 의사에 따른 집행행위, 즉 재량권의 행사에 의하여 비로소 이루어지고 현실화되므로 이러한 경우에는 법령에 의한 기본권침해의 직접성이 인정될 여지가 없다. **(헌재 1998. 4.30. 97헌마141)**

③ [○]

해설 법률 또는 법률조항 자체가 헌법소원의 대상이 될 수 있으려면 일반적으로 구체적인 집행행위를 기다리지 아니하고 그 법률 또는 법률조항에 의하여 직접 기본권을 침해받아야 한다. …그러나 국민에게 일정한 행위의무 또는 행위금지의무를 부과하는 법규정을 정한 후 이를 위반할 경우 제재수단으로서 형벌 또는 행정벌 등을 부과할 것을 정한 경우에, 그 형벌이나 행정벌의 부과를 위 직접성에서 말하는 집행행위라고는 할 수 없다. 국민은 별도의 집행행위를 기다릴 필요 없이 제재의 근거가 되는 법률의 시행 자체로 행위의무 또는 행위금지의무를 직접 부담하는 것이기 때문이다**(헌재 1996.2. 29. 94헌마213)**. … 설령 형벌의 부과를 구체적인 집행행위라고 보더라도, 이러한 법규범을 다투기 위하여 국민이 이 법규범을 실제로 위반하여 재판을 통한 형벌이나 벌금부과를 받게되는 위험을 감수할 것을 국민에게 요구할 수 없기 때문이다. **(헌재 1998.3.26. 97헌마194)**

④ [○]

해설 벌칙·과태료 조항의 전제가 되는 구성요건 조항이 별도로 규정되어 있는 경우에, 벌칙·과태료 조항에 대하여는 청구인들이 그 법정형이 체계정당성에 어긋난다거나 과다하다는 등 그 자체가 위헌임을 주장하지 않는 한 직접성을 인정할 수 없다. **(헌재 2008.11.27. 2007헌마860)**

⑤ [×]

해설 이 사건 시행령조항은 형벌조항의 구성요건 일부를 규정하고 있는 조항으로서, 검사의 기소와 법원의 재판을 통한 형벌의 부과라는 구체적 집행행위가 예정되어 있으므로, 원칙적으로 기본권 침해의 직접성을 인정할 수 없다. 나아가 집행기관인 검사나 법원이 이 사건 시행령만을 적용하여 기소나 재판을 할 수 없고 형벌조항인 '특정범죄 가중처벌 등에 관한 법률' 제4조, 형법 제129조 등을 함께 적용하여 기소 또는 재판을 하여야 할 것이므로, '법령이 일의적이고 명백한 것이어서 집행기관의 심사와 재량의 여지없이 법령에 따라 집행행위를 하여야 하는 경우'에 해당하지 아니하고, 청구인이 이 사건 시행령조항을 위반하여 기소된 이상 재판과정에서 곧바로 법원에 이 사건 시행령조항의 위헌 여부에 관한 판단을 구할 수 있었을 것이므로, '구제절차가 없거나 있다고 하더라도 권리구제의 기대가능성이 없는 경우'라고 볼 수도 없어, 이 사건 시행령조항은 기본권 침해의 직접성을 인정할 수 있는 예외적인 경우에 해당하지 않는다. **(헌재 2016.11.24. 2013헌마403)**

61

기본권 침해의 자기관련성에 관한 설명 중 옳지 않은 것을 모두 고른 것은? (다툼이 있는 경우 판례에 의함) [19 변호사]

ㄱ. 이동통신단말장치 구매 지원금 상한제에 관한 조항은 이동통신사업자, 대리점 및 판매점뿐만 아니라 이들을 통하여 이동통신단말장치를 구입하고자 하는 이용자들도 실질적 규율대상으로 삼고 있다고 할 수 있으므로, 이용자들도 자기관련성이 인정된다.
ㄴ. 요양급여비용의 액수를 인하하는 조치를 내용으로 하는 조항의 직접적인 수범자는 요양기관이나, 요양기관의 피고용자인 의사도 유사한 정도의 직업적 불이익을 받게 된다고 볼 수 있으므로 자기관련성이 인정된다.
ㄷ. 언론사와 언론보도로 인한 피해자 사이의 분쟁 해결에 관한 조항, 편집권보호에 관한 조항은 신문사를 규율대상으로 하지만, 신문사의 기자들도 그 실질적인 규율대상에 해당한다고 할 수 있으므로 자기관련성이 인정된다.
ㄹ. 정보통신망을 통하여 공개된 정보로 말미암아 사생활 등을 침해받은 자가 삭제요청을 하면 정보통신서비스 제공자는 임시조치를 하여야 한다고 정한 조항은 직접적 수범자를 정보통신서비스 제공자로 하나, 위 임시조치로 정보게재자가 게재한 정보는 접근이 차단되므로, 정보게재자에 대해서도 자기관련성이 인정된다.
ㅁ. 식품접객업소에서 배달 등의 경우에 합성수지 재질의 도시락 용기의 사용을 금지하는 조항의 직접적인 수범자는 식품접객업주이나, 위 조항으로 인해 합성수지 도시락 용기의 생산업자들도 직업수행의 자유를 제한받으므로 자기관련성이 인정된다.

① ㄷ
② ㄴ, ㄷ
③ ㄴ, ㅁ
④ ㄷ, ㅁ
⑤ ㄱ, ㄴ, ㄹ

61

정답 ④

핵심공략

- 이동통신단말장치 구매 지원금 상한제에 대하여 이용자들의 자기관련성 인정 O
- 요양급여비용의 액수를 인하하는 조치를 내용으로 하는 조항에 대하여 요양기관의 피고용자인 의사의 자기관련성 인정 O
- 언론사와 언론보도로 인한 피해자 사이의 분쟁 해결에 관한 조항, 편집권보호에 관한 조항에 대하여 신문사의 기자들 자기관련성 인정 ×
- 정보통신망법상 정보통신서비스 제공자의 임시조치 조항에 대하여 정보게재자의 자기관련성 인정 O
- 식품접객업소에서의 합성수지 재질의 도시락 용기 사용 금지 조항에 대하여 그 생산업자들의 자기관련성 인정 ×

해설 ㄱ. [O]

단말기유통법 제4조 제1항은 방송통신위원회를, 단말기유통법 제4조 제2항 본문 및 제5항은 이동통신사업자 등을 직접적인 수범자로 정하고 있다. 따라서 이동통신사업자 등으로부터 이동통신단말장치를 구입하여 이동통신서비스를 이용하고자 하는 청구인들은 지원금 상한 조항의 직접적인 수범자가 아니라 제3자에 해당하는바, 청구인들에게 기본권 침해의 자기관련성이 인정되는지가 문제된다. … 이동통신사업자, 대리점 및 판매점(이하 '이동통신사업자 등'이라 한다) 뿐만 아니라 이용자들 역시 지원금 상한 조항의 실질적인 규율대상에 포함되고, 지원금 상한 조항은 지원금 상한액의 기준과 한도를 제한함으로써 이용자들이 이동통신단말장치를 구입하는 가격에 직접 영향을 미치므로, 이동통신사업자 등으로부터 이동통신단말장치를 구입하여 이동통신서비스를 이용하고자 하는 청구인들은 지원금 상한 조항에 대해 헌법소원심판을 청구할 자기관련성이 인정된다. (헌재 2017.5.25. 2014헌마844)

ㄴ. [O]

요양급여비용의 액수를 인하하는 조치를 내용상 포함한 이 사건 개정고시에 의하여 그 직접적인 수규자가 이에 상응한 수입감소의 불이익을 받게 될 뿐만 아니라 요양기관 피고용자인 청구인들도, 동인들이 의사로 근무하고 있는 이상, 유사한 정도의 직업적 불이익을 받게 된다. 이 사건 개정고시는 의사로서 전문적 의료행위를 제공한 데 대한 대가인 진료비의 수가를 일괄적으로 감소시키는 것을 내용으로 하기 때문에 청구인들에게는 단순한 경제적 이해를 넘어서는 진지한 직업적 손실효과가 초래된다. 그렇다면 이 사건 개정고시는 요양기관의 개설자가 아닌 일반의사인 위 청구인들에게도 단순히 간접적·사실적 또는 경제적 이해관계만으로 관련된 것이 아니며 그 수규자에 대한 것과 거의 동일한 정도의 심각성을 지니는 법적 효과를 미치고 있으므로 청구인들의 자기관련성은 인정된다. (헌재 2003.12.18. 2001헌마543)

ㄷ. [×]

신문법은 정기간행물사업자, 즉 일간신문을 경영하는 법인으로서의 신문사를 규율대상으로 하고 있고, 언론중재법도 언론사와 언론보도로 인한 피해자 사이의 분쟁을 해결하고자 규율하는 법률로서, 그 규율의 대상이 되는 주체는 언론사에 소속되어 있는 기자가 아니라 언론사 자체이다. 따라서 신문사의 기자인 청구인들은 심판대상조항에 대하여 자기관련성이 인정되지 않는다. … 신문법 제3조 제3항, 제6조 제3항은 편집인 또는 기자들에게 독점적으로 '편집권'이라는 법적 권리를 부여한 것이 아니라 편집활동 보호에 관한 선언적·권고적 규정이고, 신문법 제18조는 편집위원회를 둘 것인지 여부 및 편집규약의 제정 여부에 관하여 신문사의 임의에 맡기고 있으므로 이들 조항은 기본권침해의 가능성 내지 직접성이 없다. (헌재 2006.6.29. 2005헌마165 등)

ㄹ. [O]

정보통신망을 통하여 일반에게 공개된 정보로 말미암아 사생활 침해나 명예훼손 등 타인의 권리가 침해된 경우 그 침해를 받은 자가 삭제요청을 하면 정보통신서비스 제공자는 권리의 침해 여부를 판단하기 어렵거나 이해당사자 간에 다툼이 예상되는 경우에는 30일 이내에서 해당 정보에 대한 접근을 임시적으로 차단하는 조치를 하여야 한다고 규정하고 있는 '정보통신망 이용촉진 및 정보보호 등에 관한 법률'제44조의2 제2항 중 '임시조치'에 관한 부분(이하 '이 사건 법률조항'이라 한다)의 문언상 직접적인 수범자는 '정보통신서비스 제공자'이고, 정보게재자인 청구인은 제3자에 해당하나, 사생활이나 명예 등 자기의 권리가 침해되었다고 주장하는 자로부터 침해사실의 소명과 더불어 그 정보의 삭제 등을 요청받으면 정보통신서비스 제공자는 지체 없이 임시조치를 하도록 규정하고 있는 이상, 위 임시조치로 청구인이 게재한 정보는 접근이 차단되는 불이익을 받게 되었으므로, 이 사건 법률조항의 입법목적, 실질적인 규율대상, 제한이나 금지가 제3자에게 미치는 효과나 진지성의 정도를 종합적으로 고려할 때, 이 사건 법률조항으로 인한 기본권침해와 관련하여 청구인의 자기관련성을 인정할 수 있다. (헌재 2012.5.31. 2010헌마88)

ㅁ. [×]

이 사건 심판대상 규정은 식품접객업소에서의 2003.7.1.부터 합성수지 도시락 용기의 사용을 금지하는 것으로서 그 직접적인 수범자는 식품접객업주이므로 청구인들 중 합성수지 도시락 용기의 생산업자들은 원칙적으로 제3자에 불과하며, 또한 합성수지 도시락 용기의 사용제한으로 인하여 입게 되는 영업매출의 감소 위험은 직접적·법률적인 이해관계로 보기는 어렵고 간접적, 사실적 혹은 경제적인 이해관계라고 볼 것이므로 자기관련성을 인정하기 어렵다. [헌재 2007.2.22. 2003헌마428·600(병합)]

62

「헌법재판소법」 제68조 제1항의 헌법소원심판청구에 관한 설명 중 옳은 것[○]과 옳지 않은 것[×]을 올바르게 조합한 것은? (다툼이 있는 경우 판례에 의함) [21 변호사]

ㄱ. 청구인의 구체적인 기본권 침해와 무관하게 법률 등 공권력이 헌법에 합치하는지 여부를 추상적으로 심판하고 통제하는 절차이다.

ㄴ. 행정처분의 취소를 구하는 행정소송을 제기하였으나 청구기각의 판결이 확정되어 법원의 소송절차에 의하여서는 더 이상 이를 다툴 수 없게 된 경우에, 그 행정처분을 심판대상으로 삼았던 법원의 그 재판 자체가 취소되지 않더라도 당해 행정처분은 헌법소원심판의 대상이 된다.

ㄷ. 일반적으로 수혜적 법령의 경우에는 수혜범위에서 제외된 자가 자신이 평등원칙에 반하여 수혜대상에서 제외되었다는 주장을 하거나, 비교집단에게 혜택을 부여하는 법령이 위헌이라고 선고되어 그러한 혜택이 제거된다면 비교집단과의 관계에서 자신의 법적 지위가 상대적으로 향상된다고 볼 여지가 있는 때에는 자기관련성을 인정할 수 있다.

ㄹ. 기본권침해의 직접성이란 집행행위에 의하지 아니하고 법률 그 자체에 의하여 자유의 제한, 의무의 부과, 권리 또는 법적 지위의 박탈이 생긴 경우를 말하므로, 법규범이 정하고 있는 법률효과가 구체적으로 발생함에 있어 사인의 행위를 요건으로 하고 있다고 한다면 직접성이 인정되지 아니한다.

ㅁ. 권리보호이익은 소송제도에 필연적으로 내재하는 요청으로 헌법소원제도의 목적상 필수적인 요건이라고 할 것이어서, 헌법소원심판청구의 적법요건 중의 하나로 권리보호이익을 요구하는 것이 청구인의 재판을 받을 권리를 침해한다고 볼 수는 없다.

① ㄱ[○], ㄴ[×], ㄷ[○], ㄹ[×], ㅁ[○]
② ㄱ[×], ㄴ[×], ㄷ[○], ㄹ[○], ㅁ[×]
③ ㄱ[○], ㄴ[○], ㄷ[×], ㄹ[○], ㅁ[×]
④ ㄱ[×], ㄴ[×], ㄷ[○], ㄹ[×], ㅁ[○]
⑤ ㄱ[×], ㄴ[○], ㄷ[×], ㄹ[○], ㅁ[○]

3. 헌법소원심판의 결정

62

정답 ④

핵심공략

- 권리구제형 헌법소원심판은 헌법상 기본권을 침해받는 자가 제기 可 ⇨ 구체적 규범통제 O
- 원행정처분은 이를 심판의 대상으로 삼았던 법원의 재판이 예외적으로 헌법소원심판의 대상이 되어 그 재판 자체까지 취소되는 경우에 한하여 헌법소원 대상 O
- 수혜적 법령의 경우, 수혜범위에서 제외된 자가 ⅰ) 자신이 평등원칙에 반하여 수혜대상에서 제외되었다는 주장을 하거나, ⅱ) 비교집단에게 혜택을 부여하는 법령이 위헌이라고 선고되어 그러한 혜택이 제거된다면 비교집단과의 관계에서 자신의 법적 지위가 상대적으로 향상된다고 볼 여지가 있는 때에 자기관련성 인정 O
- '직접성'에서의 집행행위란 공권력행사로서의 집행행위 의미 O, 사인의 행위를 요건으로 하고 있는 경우 법규범의 직접성을 부인할 수 없는 것
- 권리보호이익을 요구하는 것이 청구인의 재판을 받을 권리를 침해 ×

해설 ㄱ. [×]

조문 **헌법재판소법 제68조 (청구 사유)** ① 공권력의 행사 또는 불행사로 인하여 헌법상 보장된 기본권을 침해받은 자는 법원의 재판을 제외하고는 헌법재판소에 헌법소원심판을 청구할 수 있다.

ㄴ. [×]

헌법재판소법 제68조 제1항의 헌법소원은 행정처분에 대하여도 청구할 수 있는 것이나 그것이 법원의 재판을 거쳐 확정된 행정처분인 경우에는 당해 행정처분을 심판의 대상으로 삼았던 법원의 재판이 예외적으로 헌법소원심판의 대상이 되어 그 재판 자체가 취소되는 경우에 한하여 심판이 가능한 것이고 이와 달리 법원의 재판이 취소될 수 없는 경우에는 당해 행정처분 역시 헌법소원심판의 대상이 되지 아니한다. **(헌재 1998.7.16. 95헌마77)**

ㄷ. [○]

일반적으로 침해적 법령에 있어서는 법령의 수규자가 당사자로서 자신의 기본권침해를 주장하게 되지만, 예술·체육 분야 특기자들에게 병역 혜택을 주는 이 사건 법령조항과 같은 수혜적 법령의 경우에는, 수혜범위에서 제외된 자가 자신이 평등원칙에 반하여 수혜대상에서 제외되었다는 주장을 하거나, 비교집단에게 혜택을 부여하는 법령이 위헌이라고 선고되어 그러한 혜택이 제거된다면 비교집단과의 관계에서 청구인의 법적 지위가 상대적으로 향상된다고 볼 여지가 있는 때에 비로소 청구인이 그 법령의 직접적인 적용을 받는 자가 아니라고 할지라도 자기관련성을 인정할 수 있다. **(헌재 2010.4.29. 2009헌마340)**

ㄹ. [×]

법규범이 구체적인 집행행위를 기다리지 아니하고 직접 기본권을 침해한다고 할 때의 집행행위란 공권력행사로서의 집행행위를 의미하는 것이므로 법규범이 정하고 있는 법률효과가 구체적으로 발생함에 있어 법무사의 해고행위와 같이 공권력이 아닌 사인의 행위를 요건으로 하고 있다고 할지라도 법규범의 직접성을 부인할 수 없는 것이다. **(헌재 1996.4.25. 95헌마331)**

ㅁ. [○]

권리보호이익은 소송제도에 필연적으로 내재하는 요청으로 헌법소원제도의 목적상 필수적인 요건이라고 할 것이어서 이로 인하여 본안판단을 받지 못한다고 하여도 재판을 받을 권리의 본질적인 부분에 대한 침해가 있다고 보기 어렵다. 다만 권리보호이익을 지나치게 좁게 인정하면 재판을 받을 권리를 부당하게 박탈하는 결과에 이르게 될 것이므로 신중히 판단하여야 할 것인바, 헌법재판소는 비록 권리보호이익이 없을 때에도 반복위험이나 헌법적 해명이 필요한 경우에는 본안판단을 할 수 있는 예외를 넓게 인정하고 있다. 따라서 헌법소원심판청구의 적법요건 중의 하나로 권리보호이익을 요구하는 것이 청구인의 재판을 받을 권리를 침해한다고 볼 수는 없다. **(헌재 2001.9.27. 2001헌마152)**

Chapter

05 권한쟁의심판

63

권한쟁의심판의 적법성에 관한 설명 중 옳지 않은 것은? (다툼이 있는 경우 판례에 의함) [13 변호사]

① 권한쟁의심판은 피청구인의 처분 또는 부작위가 헌법 또는 법률에 의하여 부여받은 청구인의 권한을 침해하였거나 침해할 현저한 위험이 있는 경우에만 청구할 수 있다.

② 권한쟁의심판을 청구하려면 피청구인의 처분 또는 부작위가 존재하여야 하고, 여기서 '처분'이란 법적 중요성을 지닌 것에 한하므로, 청구인의 법적 지위에 구체적으로 영향을 미칠 가능성이 없는 행위는 '처분'이라 할 수 없어 이를 대상으로 하는 권한쟁의심판청구는 허용되지 않는다.

③ 대통령이 국회의 동의 없이 조약을 체결·비준한 경우 국회의 체결·비준 동의권이 침해될 수는 있어도 국회의원의 심의·표결권이 침해될 가능성은 없어서 국회의원이 그 심의·표결권의 침해를 주장하는 권한쟁의심판을 청구할 수 없지만, 국회의원이 국회 구성원의 지위에서 국회가 가지는 조약에 대한 체결·비준 동의권의 침해를 주장하는 권한쟁의심판을 청구할 수는 있다.

④ 권한쟁의심판은 그 사유가 있음을 안 날부터 60일 이내에, 그 사유가 있은 날부터 180일 이내에 청구하여야 한다. 그러나 장래처분에 의한 권한침해 위험성이 있음을 이유로 예외적으로 허용되는 장래처분에 대한 권한쟁의심판청구는 아직 장래처분이 내려지지 않은 상태이므로 위와 같은 청구기간의 제한이 적용되지 않는다.

⑤ 권한쟁의심판은 주관적 권리구제뿐만 아니라 객관적인 헌법질서 보장의 기능도 겸하고 있으므로, 청구인에 대한 권한침해 상태가 이미 종료하여 이를 취소할 여지가 없어졌다 하더라도 같은 유형의 침해행위가 앞으로도 반복될 위험이 있고, 헌법질서의 수호·유지를 위하여 그에 대한 헌법적 해명이 긴요한 사항에 대하여는 심판청구의 이익을 인정할 수 있다.

63

정답 ③

핵심공략

- 권한쟁의심판은 피청구인의 처분 또는 부작위가 헌법 또는 법률에 의하여 부여받은 청구인의 권한을 침해하였거나 침해할 현저한 위험이 있는 경우에만 청구 可
- 권한쟁의심판에서의 '처분' 법적중요성을 지닌 것에 한함, 청구인의 법적 지위에 구체적으로 영향을 미칠 가능성이 없는 행위에 대한 권한쟁의심판청구는 不許
- 명문의 규정 없는 '제3자 소송담당' 不許
  ⇨ 국회의원이 국회의 조약에 대한 체결·비준 동의권의 침해를 주장하는 권한쟁의심판을 청구 不可
- 장래 처분에 의한 권한침해의 위험성이 발생하는 경우, 청구기간 제한 ×
- 권한침해 상태가 이미 종료하여 이를 취소할 여지가 없어졌다 하더라도, 같은 유형의 침해행위가 앞으로도 반복될 위험이 있고, 헌법질서의 수호·유지를 위하여 그에 대한 헌법적 해명이 긴요한 사항인 경우, 심판청구 이익을 인정 可

① [○]

해설 제1항의 심판청구는 피청구인의 처분 또는 부작위(불작위)가 헌법 또는 법률에 의하여 부여받은 청구인의 권한을 침해하였거나 침해할 현저한 위험이 있는 경우에만 할 수 있다. **(헌법재판소법 제61조 제2항)**

② [○]

해설 헌법재판소법 제61조 제2항에 따라 권한쟁의심판을 청구하려면 피청구인의 처분 또는 부작위가 존재하여야 하고, 여기서 "처분"이란 법적 중요성을 지닌 것에 한하므로, 청구인의 법적 지위에 구체적으로 영향을 미칠 가능성이 없는 행위는 "처분"이라 할 수 없어 이를 대상으로 하는 권한쟁의심판청구는 허용되지 않는다. 정부가 법률안을 제출하였다 하더라도 그것이 법률로 성립되기 위해서는 국회의 많은 절차를 거쳐야 하고, 법률안을 받아들일지 여부는 전적으로 헌법상 입법권을 독점하고 있는 의회의 권한이다. 따라서 정부가 법률안을 제출하는 행위는 입법을 위한 하나의 사전 준비행위에 불과하고, 권한쟁의심판의 독자적 대상이 되기 위한 법적 중요성을 지닌 행위로 볼 수 없다. **(헌재 2005.12.22. 2004헌라3)**

③ [×]

해설 국가기관의 부분 기관이 자신의 이름으로 소속기관의 권한을 주장할 수 있는 '제3자 소송담당'을 명시적으로 허용하는 법률의 규정이 없는 현행법 체계 하에서는 국회의 구성원인 국회의원이 국회의 조약에 대한 체결·비준 동의권의 침해를 주장하는 권한쟁의심판을 청구할 수 없다. 또한 국회의원의 심의·표결권은 국회의 대내적인 관계에서 행사되고 침해될 수 있을 뿐 다른 국가기관과의 대외적인 관계에서는 침해될 수 없는 것이므로, 국회의원들 상호간 또는 국회의원과 국회의장 사이와 같이 국회 내부적으로만 직접적인 법적 연관성을 발생시킬 수 있을 뿐이고 대통령 등 국회 이외의 국가기관과 사이에서는 권한침해의 직접적인 법적 효과를 발생시키지 아니한다. 따라서 피청구인인 대통령이 국회의 동의 없이 조약을 체결·비준하였다 하더라도 국회의원인 청구인들의 심의·표결권이 침해될 가능성은 없다. **(헌재 2007.7.26. 2005헌라8)**

④ [○]

해설 권한쟁의심판의 청구요건으로 피청구인의 처분 또는 부작위가 존재하지 아니하는 경우에는 이를 허용하지 않는 것이 원칙이라 할 것이나, 피청구인의 장래 처분이 확실하게 예정되어 있고, 피청구인의 장래 처분에 의해서 청구인의 권한이 침해될 위험성이 있어서 청구인의 권한을 사전에 보호해 주어야 할 필요성이 큰 예외적인 경우에는 피청구인의 장래 처분에 대해서도 권한쟁의심판을 청구할 수 있다 할 것이다. 위와 같이 장래 처분에 의한 권한침해의 위험성이 발생하는 경우에는 장래 처분이 내려지지 않은 상태로서 청구기간의 제한이 없다고 보아야 한다. **(헌재 2008.12.26. 2005헌라11)**

⑤ [○]

해설 헌법소원심판과 마찬가지로 권한쟁의심판도 주관적 권리구제뿐만 아니라 객관적인 헌법질서 보장의 기능도 겸하고 있으므로, 청구인에 대한 권한침해 상태가 이미 종료하여 이를 취소할 여지가 없어졌다 하더라도 같은 유형의 침해행위가 앞으로도 반복될 위험이 있고, 헌법질서의 수호·유지를 위하여 그에 대한 헌법적 해명이 긴요한 사항에 대하여는 심판청구의 이익을 인정할 수 있다고 할 것이다. **(헌재 2003.10.30. 2002헌라1)**

64

권한쟁의심판에 관한 설명 중 옳지 않은 것은? (다툼이 있는 경우에는 판례에 의함) [14 변호사]

① 국가인권위원회는 헌법에 의하여 설치되고 헌법과 법률에 의하여 독자적인 권한을 부여받은 국가기관이 아니라 오로지 법률에 설치근거를 둔 국가기관이므로 권한쟁의심판의 당사자능력이 인정되지 아니한다.

② 지방의회 의원과 그 지방의회 의장 간의 권한쟁의는 헌법 및 헌법재판소법에 의하여 헌법재판소가 관장하는 지방자치단체 상호간의 권한쟁의심판에 해당한다고 볼 수 없으므로 부적법하다.

③ 국회의원의 법률안에 대한 심의·표결권의 침해 여부를 다투는 권한쟁의심판은 국회의원의 객관적 권한을 보호함으로써 헌법적 가치질서를 수호·유지하기 위한 공익적 성격이 강하므로, 그러한 심판청구의 취하는 허용되지 아니한다.

④ 국가기관 상호간의 권한쟁의심판에 관하여 규정하고 있는 헌법재판소법 제62조 제1항 제1호의 "국회, 정부, 법원 및 중앙선거관리위원회 상호간의 권한쟁의심판"은 예시적인 조항으로 해석되므로, 국회의원이 국회의장을 상대로 제기한 권한쟁의심판은 적법하다.

⑤ 국회부의장이 국회의장의 직무를 대리하여 법률안 가결선포행위를 하면서 질의·토론의 기회를 봉쇄하여 국회의원의 법률안 심의·표결권을 침해한 경우, 국회의원은 자신의 법률안 심의·표결권을 침해받았다는 이유로 국회의장을 상대로 하여 권한쟁의심판을 청구하여야 한다.

64

정답 ③

핵심공략

- 법률에 의하여 설치된 국가인권위원회는 권한쟁의심판의 당사자능력 인정 ×
- 지방의회 의원과 그 지방의회의 대표자인 지방의회 의장 간의 권한쟁의심판은 헌법재판소 관장사항 ×
- 권한쟁의심판의 공익적 성격만을 이유로 심판청구의 취하가 배제되는 것은 ×
- 헌법재판소법 제62조 제1항 제1호에 규정된 국가기관은 예시적인 것으로 해석하여야 O
- 국회의장만이 그 가결선포행위의 법적인 주체 O
  ⇨ 국회의장을 상대로 권한쟁의심판을 청구하여야 O

① [○]

해설 국회가 제정한 국가인권위원회법에 의하여 비로소 설립된 청구인은 국회의 위 법률 개정행위에 의하여 존폐 및 권한범위 등이 좌우되므로 헌법 제111조 제1항 제4호 소정의 헌법에 의하여 설치된 국가기관에 해당한다고 할 수 없다. 결국, 권한쟁의심판의 당사자능력은 헌법에 의하여 설치된 국가기관에 한정하여 인정하는 것이 타당하므로, 법률에 의하여 설치된 청구인에게는 권한쟁의심판의 당사자능력이 인정되지 아니한다. **(헌재 2010.10.28. 2009헌라6)**

② [○]

해설 헌법 제111조 제1항 제4호는 지방자치단체 상호간의 권한쟁의에 관한 심판을 헌법재판소가 관장하도록 규정하고 있고, 헌법재판소법 제62조 제1항 제3호는 이를 구체화하여 헌법재판소가 관장하는 지방자치단체 상호간의 권한쟁의심판의 종류를 ㉠ 특별시·광역시 또는 도 상호간의 권한쟁의심판, ㉡ 시·군 또는 자치구 상호간의 권한쟁의심판, ㉢ 특별시·광역시 또는 도와 시·군 또는 자치구간의 권한쟁의심판 등으로 규정하고 있는바, 지방자치단체의 의결기관인 지방의회를 구성하는 지방의회 의원과 그 지방의회의 대표자인 지방의회 의장 간의 권한쟁의심판은 헌법 및 헌법재판소법에 의하여 헌법재판소가 관장하는 지방자치단체 상호간의 권한쟁의심판의 범위에 속한다고 볼 수 없으므로 부적법하다. **(헌재 2010.4.29. 2009헌라11)**

③ [×]

해설 비록 권한쟁의심판이 개인의 주관적 권리구제를 목적으로 삼는 것이 아니라 헌법적 가치질서를 보호하는 객관적 기능을 수행하는 것이고, 특히 국회의원의 법률안에 대한 심의·표결권의 침해 여부가 다투어진 이 사건 권한쟁의심판의 경우에는 국회의원의 객관적 권한을 보호함으로써 헌법적 가치질서를 수호·유지하기 위한 쟁송으로서 공익적 성격이 강하다고는 할 것이다. 그러나 법률안에 대한 심의·표결권의 행사 여부가 국회의원 스스로의 판단에 맡겨져 있는 사항일 뿐만 아니라, 그러한 심의·표결권이 침해당한 경우에 권한쟁의심판을 청구할 것인지 여부도 국회의원의 판단에 맡겨져 있어서 심판청구의 자유가 인정되고 있는 만큼, 권한쟁의심판의 공익적 성격만을 이유로 이미 제기한 심판청구를 스스로의 의사에 기하여 자유롭게 철회할 수 있는 심판청구의 취하를 배제하는 것은 타당하지 않다. **(헌재 2001.5.8. 2000헌라1)**

④ [○]

해설 헌법재판소법 제62조 제1항 제1호가 국가기관 상호간의 권한쟁의심판을 "국회, 정부, 법원 및 중앙선거관리위원회 상호간의 권한쟁의심판"이라고 규정하고 있더라도 이는 한정적·열거적인 조항이 아니라 예시적인 조항이라고 해석하는 것이 헌법에 합치되므로 이들 기관 외에는 권한쟁의심판의 당사자가 될 수 없다고 단정할 수 없다. … 이러한 의미에서 국회의원과 국회의장은 위 헌법조항 소정의 "국가기관"에 해당하므로 권한쟁의심판의 당사자가 될 수 있다. **(헌재 1997.7.16. 96헌라2)**

⑤ [○]

해설 권한쟁의심판에 있어서는 처분 또는 부작위를 야기한 기관으로서 법적 책임을 지는 기관만이 피청구인 적격을 가지므로, 권한쟁의심판청구는 이들 기관을 상대로 제기하여야 한다. 그런데 피청구인 국회의장은 헌법 제48조에 따라 국회에서 선출되는 헌법상의 국가기관으로서 헌법과 법률에 의하여 국회를 대표하고 의사를 정리하며, 질서를 유지하고 사무를 감독할 지위에 있고, 이러한 지위에서 의안의 상정, 의안의 가결선포 등의 권한(**국회법 제10조, 제110조, 제113조 등 참조**)을 갖는 주체이므로 피청구인 적격이 인정된다. 이와 달리, 피청구인 국회부의장은 국회의장의 위임에 따라 그 직무를 대리하여 법률안 가결선포행위를 할 수 있을 뿐(**국회법 제12조 제1항 참조**), 법률안 가결선포행위에 따른 법적 책임을 지는 주체가 될 수 없으므로 권한쟁의심판청구의 피청구인 적격이 인정되지 아니한다. 따라서 피청구인 국회부의장에 대한 이 사건 심판청구는 피청구인 적격이 인정되지 아니하는 자를 상대로 제기된 것으로 부적법하다. **(헌재 2009.10.29. 2009헌라8)**

65

권한쟁의심판에 관한 설명 중 옳은 것을 모두 고른 것은? (다툼이 있는 경우 판례에 의함) [21 변호사]

ㄱ. 국회 상임위원회 위원장은 권한쟁의심판의 당사자능력이 인정된다.
ㄴ. 국회 소위원회 위원장은 권한쟁의심판의 당사자능력이 인정된다.
ㄷ. 정당은 권한쟁의심판절차의 당사자가 될 수 없으나, 정당이 교섭단체가 될 경우 교섭단체는 권한쟁의심판의 당사자능력이 인정된다.
ㄹ. 권한쟁의심판을 청구한 국회의원이 심판절차 계속 중 의원직을 상실한 경우에는 심판절차가 종료된다.
ㅁ. 국회의원은 국회를 피청구인으로 하여 법률의 제·개정 행위를 다툴 수 있다.

① ㄱ, ㄹ
② ㄷ, ㅁ
③ ㄱ, ㄴ, ㄹ
④ ㄱ, ㄹ, ㅁ
⑤ ㄴ, ㄷ, ㄹ

65

정답 ④

핵심공략

- 권한쟁의심판 당사자능력 인정 O
  - 국회 상임위원회 위원장
- 권한쟁의심판 당사자능력 인정 ×
  - 국회 소위원회 위원장
  - 정당 내지 정당의 교섭단체
- 국회의원직 성질상 일신전속적
  ⇨ 권한쟁의심판 계속 중 청구인이 국회의원직 상실한 경우 당해 심판절차 당연 종료 O
- 국회의원은 국회를 피청구인으로 하여 법률의 제·개정 행위를 다툴 수 O

해설 ㄱ. [○]

국회 상임위원회 위원장이 위원회 전체회의 개의 직전부터 회의가 종료될 때까지 회의장 출입문을 폐쇄하여 회의의 주체인 소수당 소속 상임위원회 위원들의 출입을 봉쇄한 상태에서 상임위원회 전체회의를 개의하여 안건을 상정한 행위 및 소위원회로 안건심사를 회부한 행위가 회의에 참석하지 못한 소수당 소속 상임위원회 위원들의 조약비준동의안에 대한 심의권을 침해한 것인지 여부(적극)- 그러므로 피청구인이 청구인들의 출입을 봉쇄한 상태에서 이 사건 회의를 개의하여 한미 FTA 비준동의안을 상정한 행위 및 위 동의안을 법안심사소위원회에 심사회부한 행위는 헌법 제49조의 다수결의 원리, 헌법 제50조 제1항의 의사공개의 원칙과 이를 구체적으로 구현하는 국회법 제54조, 제75조 제1항에 반하는 위헌·위법한 행위라 할 것이고, 그 결과 청구인들은 이 사건 동의안 심의과정(대체토론)에 참여하지 못하게 됨으로써, 이 사건 상정·회부행위로 인하여 헌법에 의하여 부여받은 이 사건 동의안의 심의권을 침해당하였다 할 것이다. **(헌재 2010.12.28. 2008헌라7)**

ㄴ. [×]

헌법 제62조는 '국회의 소위원회'(이하 '소위원회'라 한다)를 명시하지 않고 있는 점, 국회법 제57조에 따르면 소위원회는 위원회의 의결에 따라 그 설치·폐지 및 권한이 결정될 뿐인 위원회의 부분기관에 불과한 점 등을 종합하면, 소위원회 및 그 위원장은 헌법에 의하여 설치된 국가기관에 해당한다고 볼 수 없다.…따라서 소위원회 위원장은 헌법 제111조 제1항 제4호 및 헌법재판소법 제62조 제1항 제1호의 '국가기관'에 해당한다고 볼 수 없고, 그렇다면 청구인 국회 행정안전위원회 제천화재관련평가소위원회 위원장이 제기한 이 사건 권한쟁의심판청구는 청구인능력이 없는 자가 제기한 것으로서 부적법하다. **(헌재 2020.5.27. 2019헌라4)**

ㄷ. [×]

정당은 국민의 자발적 조직으로, 그 법적 성격은 일반적으로 사적·정치적 결사 내지는 법인격 없는 사단으로서 공권력의 행사 주체로서 국가기관의 지위를 갖는다고 볼 수 없다. 정당이 국회 내에서 교섭단체를 구성하고 있다고 하더라도, 헌법은 권한쟁의심판청구의 당사자로서 국회의원들의 모임인 교섭단체에 대해서 규정하고 있지 않고, 교섭단체의 권한 침해는 교섭단체에 속한 국회의원 개개인의 심의·표결권 등 권한 침해로 이어질 가능성이 높아 그 분쟁을 해결할 적당한 기관이나 방법이 없다고 할 수 없다. 따라서 정당은 헌법 제111조 제1항 제4호 및 헌법재판소법 제62조 제1항 제1호의 '국가기관'에 해당한다고 볼 수 없으므로, 권한쟁의심판의 당사자능력이 인정되지 아니한다. **(헌재 2020.5.27. 2019헌라6 등)**

ㄹ. [○]

청구인 박○은은 권한쟁의심판절차가 계속중이던 2015.12.24. 국회의원직을 상실하였는바, 국회의원의 법률안 심의·표결권 등은 성질상 일신전속적인 것으로서 승계되거나 상속될 수 있는 것이 아니므로 이 사건 심판청구는 위 청구인의 국회의원직 상실과 동시에 당연히 그 심판절차가 종료되었다. **(헌재 2016.4.28. 2015헌라5)**

ㅁ. [○]

법률의 제·개정 행위를 다투는 권한쟁의심판의 경우에는 국회가 피청구인적격을 가진다. **(헌재 2016.5.26. 2015헌라1)**

헌법

PART 3
헌법총론

Chapter

01 헌법과 헌법학

1. 헌법의 의의와 특성

2. 헌법의 해석

66

헌법해석에 관한 설명 중 옳은 것을 모두 고른 것은? (다툼이 있는 경우 판례에 의함) [18 변호사]

ㄱ. 헌법의 제 규정 가운데는 헌법의 근본가치를 보다 추상적으로 선언한 것도 있고 이를 보다 구체적으로 표현한 것도 있으므로, 헌법의 어느 특정규정이 다른 규정의 효력을 전면 부인할 수 있는 정도로 개별적 헌법규정 상호간의 효력상의 차등을 인정할 수 있다.

ㄴ. 헌법의 기본원리는 헌법의 이념적 기초인 동시에 헌법을 지배하는 지도원리로서 입법이나 정책결정의 방향을 제시하며 공무원을 비롯한 모든 국민과 국가기관이 헌법을 존중하고 수호하도록 하는 지침이 되며, 구체적 기본권을 도출하는 근거로 될 수 있다.

ㄷ. 헌법해석상 특정인에게 구체적인 기본권이 생겨 이를 보장하기 위한 국가의 행위의무 내지 보호의무가 발생하였음이 명백함에도 불구하고 입법자가 아무런 입법조치를 취하지 아니한 경우에는 입법자에게 입법의무가 인정된다.

ㄹ. 헌법해석은 헌법이 담고 추구하는 이상과 이념에 따른 역사적·사회적 요구를 올바르게 수용하여 헌법적 방향을 제시하는 헌법의 창조적 기능을 수행하여 국민적 욕구와 의식에 알맞은 실질적 국민주권의 실현을 보장하는 것이어야 한다.

ㅁ. 국민의 기본권의 강화·확대라는 헌법의 역사성, 헌법재판소의 헌법해석은 헌법이 내포하고 있는 특정한 가치를 탐색·확인하고 이를 규범적으로 관철하는 작업인 점 등에 비추어, 헌법재판소가 행하는 구체적 규범통제의 심사기준은 원칙적으로 헌법재판을 할 당시에 규범적 효력을 가지는 헌법이다.

① ㄱ, ㄴ
② ㄱ, ㄹ, ㅁ
③ ㄴ, ㄷ, ㅁ
④ ㄷ, ㄹ, ㅁ
⑤ ㄴ, ㄷ, ㄹ, ㅁ

3. 헌법의 제정 · 개정

4. 헌법의 수호

66

정답 ④

핵심공략

- 헌법규범 상호 간의 우열 인정 여부: 이념적·논리적 우열 有, 효력상의 차등 의미 ×
- 헌법의 전문과 본문의 최고 이념
  ⇨ 모든 법령 해석의 기준, 입법형성권 행사의 한계, 정책결정의 방향 제시, 모든 국가기관과 국민이 준수해야 하는 최고의 가치규범, *But* 구체적 기본권의 도출 근거 ×
- 헌법상 입법자의 입법의무 발생 근거: 헌법에서 명시적으로 입법위임 또는 헌법해석상 입법의무 발생하였음이 명백함에도 입법자가 아무런 입법조치를 하지 않은 경우
- 헌법해석의 방향: 헌법이 추구하는 이상과 이념에 따른 역사적·사회적 요구를 수용, 헌법의 창조적 기능을 통한 실질적 국민주권 실현을 보장하는 것이어야 O
- 규범통제의 심사기준이 되는 헌법: 헌법재판소는 헌법의 동일성과 연속성에 의해 규범적 효력을 가지는 것은 오로지 현행 헌법일 뿐이라고 판시
  cf) 대법원의 경우, 긴급조치 제1호에 대한 위헌심사의 준거규범이 문제된 사안에서, 당시 헌법인 유신헌법과 현행 헌법을 모두 고려 O (2010도5986)

해설 ㄱ. [×]

헌법은 전문과 각 개별조항이 서로 밀접한 관련을 맺으면서 하나의 통일된 가치체계를 이루고 있는 것으로서, 헌법의 제 규정 가운데는 헌법의 근본가치를 보다 추상적으로 선언한 것도 있고, 이를 보다 구체적으로 표현한 것도 있으므로 이념적·논리적으로는 헌법규범상호간의 우열을 인정할 수 있는 것이 사실이다. 그러나 이때 인정되는 헌법규범상호간의 우열은 추상적 가치규범의 구체화에 따른 것으로서 헌법의 통일적 해석에 있어서는 유용할 것이지만, 그것이 헌법의 어느 특정규정이 다른 규정의 효력을 전면적으로 부인할 수 있을 정도의 개별적 헌법규정 상호간에 효력상의 차등을 의미하는 것이라고는 볼 수 없다. **(헌재 1996.6.13. 94헌바20)**

ㄴ. [×]

헌법의 기본원리는 헌법의 이념적 기초인 동시에 헌법을 지배하는 지도원리로서 입법이나 정책결정의 방향을 제시하며 공무원을 비롯한 모든 국민과 국가기관이 헌법을 존중하고 수호하도록 하는 지침이 되며, 구체적 기본권을 도출하는 근거로 될 수는 없으나 기본권의 해석 및 기본권제한입법의 합헌성 심사에 있어 해석기준의 하나로서 작용한다. **(헌재 1996.4.25. 92헌바47)**

ㄷ. [○]

입법부작위에 의해 기본권이 침해되기 위해서는 명시적인 헌법위임이나 또는 헌법해석을 통하여 입법의무가 있을 것을 전제로 한다. 이는 권력분립원칙과 민주주의원칙에 따라 입법자에게 입법형성의 자유를 보장하기 위해서이다. 우리 헌법재판소도 헌법에서 기본권보장을 위해 법령에 명시적으로 입법위임을 하였음에도 불구하고 입법자가 이를 이행하지 않고 있는 경우 또는 헌법 해석상 특정인의 기본권을 보호하기 위한 국가의 입법의무가 발생하였음이 명백함에도 불구하고 입법자가 전혀 아무런 입법조치를 취지 않고 있는 경우에 한하여 그 입법부작위가 헌법소원의 대상이 된다고 판시한바 있다. **(헌재 1996.10.31. 94헌마108)**

ㄹ. [○]

헌법의 해석은 헌법이 담고 추구하는 이상과 이념에 따른 역사적, 사회적 요구를 올바르게 수용하여 헌법적 방향을 제시하는 헌법의 창조적 기능을 수행하여 국민적 욕구와 의식에 알맞는 실질적 국민주권의 실현을 보장하는 것이어야 한다. 그러므로 헌법의 해석과 헌법의 적용이 우리 헌법이 지향하고 추구하는 방향에 부합하는 것이 아닐 때에는, 헌법적용의 방향제시와 헌법적 지도로써 정치적 불안과 사회적 혼란을 막는 가치관을 설정하여야 한다. **(헌재 1989.9.8. 88헌가6)**

ㅁ. [○]

유신헌법 일부 조항과 긴급조치 등이 기본권을 지나치게 침해하고 자유민주적 기본질서를 훼손하였다는 반성에 따른 헌법 개정사, 국민의 기본권의 강화·확대라는 헌법의 역사성, 헌법재판소의 헌법해석은 헌법이 내포하고 있는 특정한 가치를 탐색·확인하고 이를 규범적으로 관철하는 작업인 점에 비추어, 헌법재판소가 행하는 구체적 규범통제의 심사기준은 원칙적으로 헌법재판을 할 당시에 규범적 효력을 가지는 현행헌법이다. **(헌재 2013.3.21. 2010헌바132 등)**

Chapter

02 대한민국헌법총설

1. 한국헌법의 개정

2. 헌법의 적용범위

67

국적에 관한 설명 중 옳지 않은 것은? (다툼이 있는 경우 판례에 의함) [22 변호사]

① 외국인인 개인이 특정한 국가의 국적을 선택할 권리가 자연권으로서 또는 우리 헌법상 당연히 인정된다고 할 수 없다.

② 병역준비역에 편입된 사람이 그 이후 국적이탈이라는 방법을 통해서 병역의무에서 벗어날 수 없도록 국적이탈이 가능한 기간을 제한하는 것은 병역의무 이행의 공평성 확보라는 목적을 달성하는 데 적합한 수단이다.

③ 국적을 이탈하거나 변경하는 것은 헌법 제14조가 보장하는 거주·이전의 자유에 포함된다.

④ 복수국적자에 대하여 병역준비역에 편입된 날부터 3개월 이내에 대한민국 국적을 이탈하지 않으면 병역의무를 해소한 후에야 이를 가능하도록 한 「국적법」 조항은 국적선택제도를 통하여 병역의무를 면탈하지 못하게 하려는 것으로 복수국적자의 국적이탈의 자유를 침해한다고 볼 수 없다.

⑤ 외국인이 귀화허가를 받기 위해서는 '품행이 단정할 것'의 요건을 갖추도록 규정한 것은 명확성원칙에 위배되지 않는다.

67

정답 ④

핵심공략

- 외국인인 개인의 특정 국가의 국적을 선택할 권리
  ⇨ 헌법상 기본권 ×
  cf) 국적변경(국적이탈)의 자유는 거주·이전의 자유에 포함 O (2013헌마805)
- 대한민국 남성인 복수국적자에 대한 국적선택 기간 및 국적이탈 신고 제한 법률조항
  ⇨ 이 사건 법률조항: 과잉금지원칙 위배 O(목: O, 수: O, 침: ×, 법: ×)
  ⇨ '국적이탈의 자유'를 침해 O
  cf) 국적이탈 신고자에게 가족관계기록사항에 관한 증명서를 신고서에 첨부하여 제출토록 하는 시행규칙 조항: 명확성원칙 위배 ×, 과잉금지원칙 위배 ×
- 외국인 귀화 요건 중 '품행이 단정할 것'
  ⇨ 명확성원칙 위배 ×(∵ 사전적 의미 명백)

① [○]

해설 "이중국적자의 국적선택권"이라는 개념은 별론으로 하더라도, 일반적으로 외국인인 개인이 특정한 국가의 국적을 선택할 권리가 자연권으로서 또는 우리 헌법상 당연히 인정된다고는 할 수 없다고 할 것이다. **(헌재 2006.3.30. 2003헌마806)**

② [○]

해설 심판대상 법률조항은 위와 같이 국적이탈이 가능한 기간을 제한함으로써 병역준비역에 편입된 사람이 그 이후 국적이탈이라는 방법을 통해서는 병역의무에서 벗어날 수 없도록 하므로, 병역의무 이행의 공평성 확보라는 목적을 달성하는 데 적합한 수단이다. **(헌재 2020.9.24. 2016헌마889)**

③ [○]

해설 국적을 이탈하거나 변경하는 것은 헌법 제14조가 보장하는 거주·이전의 자유에 포함되고, 이 사건 법률조항들은 복수국적자인 남성이 제1국민역에 편입된 때에는 그때부터 3개월 이내에 외국 국적을 선택하지 않으면 국적법 제12조 제3항 각 호에 해당하는 때, 즉 현역·상근예비역 또는 보충역으로 복무를 마치거나, 제2국민역에 편입되거나, 또는 병역면제처분을 받은 때에야 외국 국적의 선택 및 대한민국 국적의 이탈을 할 수 있도록 하고 있으므로, 이 사건 법률조항들은 복수국적자인 청구인의 국적이탈의 자유를 제한한다. **(헌재 2015.11.26. 2013헌마805)**

④ [×]

해설 병역준비역에 편입된 복수국적자의 국적선택 기간이 지났다고 하더라도, 그 기간 내에 국적이탈 신고를 하지 못한 데 대하여 사회통념상 그에게 책임을 묻기 어려운 사정 즉, 정당한 사유가 존재하고, 병역의무 이행의 공평성 확보라는 입법목적을 훼손하지 않음이 객관적으로 인정되는 경우라면, 병역준비역에 편입된 복수국적자에게 국적선택 기간이 경과하였다고 하여 일률적으로 국적이탈을 할 수 없다고 할 것이 아니라, 예외적으로 국적이탈을 허가하는 방안을 마련할 여지가 있다. 심판대상 법률조항의 존재로 인하여 복수국적을 유지하게 됨으로써 대상자가 겪어야 하는 실질적 불이익은 구체적 사정에 따라 상당히 클 수 있다. 국가에 따라서는 복수국적자가 공직 또는 국가안보와 직결되는 업무나 다른 국적국과 이익충돌 여지가 있는 업무를 담당하는 것이 제한될 가능성이 있다. 현실적으로 이러한 제한이 존재하는 경우, 특정 직업의 선택이나 업무 담당이 제한되는 데 따르는 사익 침해를 가볍게 볼 수 없다. 심판대상 법률조항은 과잉금지원칙에 위배되어 청구인의 국적이탈의 자유를 침해한다. **(헌재 2020.9.24. 2016헌마889)**

⑤ [○]

해설 심판대상조항은 외국인에게 대한민국 국적을 부여하는 '귀화'의 요건을 정한 것인데, '품행', '단정' 등 용어의 사전적 의미가 명백하고, 심판대상조항의 입법취지와 용어의 사전적 의미 및 법원의 일반적인 해석 등을 종합해 보면, '품행이 단정할 것'은 '귀화신청자를 대한민국의 새로운 구성원으로서 받아들이는 데 지장이 없을 만한 품성과 행실을 갖춘 것'을 의미하고, 구체적으로 이는 귀화신청자의 성별, 연령, 직업, 가족, 경력, 전과관계 등 여러 사정을 종합적으로 고려하여 판단될 것임을 예측할 수 있다. 따라서 심판대상조항은 명확성원칙에 위배되지 아니한다. **(헌재 2016.7.28. 2014헌바421)**

3. 한국헌법의 전문(前文)

68

헌법전문(前文)에 관한 설명 중 옳은 것[○]과 옳지 않은 것 [×]을 올바르게 조합한 것은? (다툼이 있는 경우 판례에 의함) [22 변호사]

ㄱ. 태평양전쟁 전후 일제에 의한 강제동원으로 피해를 입은 자에 대한 위로금 지급에 있어 대한민국 국적을 갖고 있지 않은 유족을 위로금 지급대상에서 제외하는 것은 정의·인도와 동포애로써 민족의 단결을 공고히 할 것을 규정한 헌법 전문에 비추어 헌법에 위반된다.
ㄴ. 헌법전문이 규정하는 대한민국임시정부의 법통 계승은 선언적·추상적 의미에 불과하므로, 우리 헌법이 제정되기 전에 발생한 일제강점기 피해자들의 훼손된 인간의 존엄과 가치를 회복시켜야 할 의무는 지금의 정부가 국민에 대하여 부담하는 근본적 보호의무에 속한다고 볼 수 없다.
ㄷ. 헌법전문에 기재된 3·1 정신은 우리나라 헌법의 연혁적·이념적 기초로서 헌법이나 법률해석에서의 해석기준으로 작용할 수 있지만, 그에 기하여 곧바로 국민의 개별적 기본권성을 도출해낼 수는 없다.
ㄹ. 국가가 일제로부터 조국의 자주독립을 위하여 공헌한 독립유공자와 그 유족에 대하여는 응분의 예우를 하여야 할 헌법적 의무를 헌법전문으로부터 도출할 수 있다.

① ㄱ[○], ㄴ[○], ㄷ[○], ㄹ[×]
② ㄱ[○], ㄴ[×], ㄷ[×], ㄹ[×]
③ ㄱ[×], ㄴ[○], ㄷ[○], ㄹ[×]
④ ㄱ[×], ㄴ[×], ㄷ[○], ㄹ[○]
⑤ ㄱ[×], ㄴ[×], ㄷ[×], ㄹ[○]

68

정답 ④

핵심공략

- 헌법전문의 규범적 효력 인정 O, 단, 기본권성 도출 ×
  ⇨ 사할린 지역 강제동원 희생자 범위 제한 조항 헌법 전문에 위배 ×
  (∵ 달리 취급할 합리적 이유 有, 입법재량 범위 일탈 ×)
- 헌법전문 상 '3·1운동으로 건립된 대한민국임시정부의 법통 계승'의 의미
  ⇨ 오늘날 대한민국이 독립운동가의 공헌과 희생을 바탕으로 이룩되었다는 점, 대한민국임시정부의 정신을 헌법의 근간으로 하고 있다는 점을 뜻함
  ∴ 잘못된 과거사 청산을 통한 민족정기 바로 세우기, 사회정의 실현, 진정한 사회통합 추구, 독립유공자와 그 유족에 대한 응분의 예우는 국가의 헌법적 보호의무에 해당 O (2008헌바141등, 2004헌마859)

해설 ㄱ. [×]
사할린 지역 강제동원 희생자의 범위를 1990.9.30.까지 사망 또는 행방불명된 사람으로 제한하고, 대한민국 국적을 갖고 있지 않은 유족을 위로금 지급대상에서 제외한 것은 합리적 이유가 있어 입법재량의 범위를 벗어난 것으로 볼 수 없으므로, 심판대상조항이 '정의·인도와 동포애로써 민족의 단결을 공고히' 할 것을 규정한 헌법 전문의 정신에 위반된다고 볼 수 없다. **(헌재 2015.12.23. 2013헌바11)**

ㄴ. [×]
우리 헌법은 전문에서 "3·1운동으로 건립된 대한민국임시정부의 법통"의 계승을 천명하고 있는바, 비록 우리 헌법이 제정되기 전의 일이라 할지라도 국가가 국민의 안전과 생명을 보호하여야 할 가장 기본적인 의무를 수행하지 못한 일제강점기에 일본군위안부로 강제 동원되어 인간의 존엄과 가치가 말살된 상태에서 장기간 비극적인 삶을 영위하였던 피해자들의 훼손된 인간의 존엄과 가치를 회복시켜야 할 의무는 대한민국임시정부의 법통을 계승한 지금의 정부가 국민에 대하여 부담하는 가장 근본적인 보호의무에 속한다고 할 것이다. **(헌재 2011.8.30. 2006헌마788)**

ㄷ. [○]
"헌법전문에 기재된 3.1정신"은 우리나라 헌법의 연혁적·이념적 기초로서 헌법이나 법률해석에서의 해석기준으로 작용한다고 할 수 있지만, 그에 기하여 곧바로 국민의 개별적 기본권성을 도출해낼 수는 없다고 할 것이므로, 헌법소원의 대상인 "헌법상 보장된 기본권"에 해당하지 아니한다. **(헌재 2001.3.21. 99헌마139 등)**

ㄹ. [○]
헌법은 국가유공자 인정에 관하여 명문 규정을 두고 있지 않으나 전문(前文)에서 "3.1운동으로 건립된 대한민국임시정부의 법통을 계승"한다고 선언하고 있다. 이는 대한민국이 일제에 항거한 독립운동가의 공헌과 희생을 바탕으로 이룩된 것임을 선언한 것이고, 그렇다면 국가는 일제로부터 조국의 자주독립을 위하여 공헌한 독립유공자와 그 유족에 대하여는 응분의 예우를 하여야 할 헌법적 의무를 지닌다. **(헌재 2005.6.30. 2004헌마859)**

4. 국민주권의 원리

5. 민주주의의 원리

6. 법치국가의 원리

69

헌법상 기본원리에 관한 설명 중 옳은 것은? (다툼이 있는 경우 판례에 의함) [16 변호사]

① '책임 없는 자에게 형벌을 부과할 수 없다'는 형벌에 관한 책임주의는 형사법의 기본원리로서, 헌법상 법치국가의 원리에 내재하는 원리인 동시에 헌법 제10조의 취지로부터 도출되는 원리이고, 법인의 경우도 자연인과 마찬가지로 책임주의원칙이 적용된다.

② 헌법 제34조 제5항의 '신체장애자'에 대한 국가보호의무 조항은 사회국가원리를 구체화한 것이므로, 이 조항으로부터 장애인을 위하여 저상버스를 도입해야 한다는 구체적 내용의 의무가 도출된다.

③ 사회환경이나 경제여건의 변화에 따른 필요성에 의하여 법률이 신축적으로 변할 수 있고, 변경된 새로운 법질서와 기존의 법질서 사이에 이해관계의 상충이 불가피하더라도 국민이 가지는 모든 기대 내지 신뢰는 헌법상 권리로서 보호되어야 한다.

④ 헌법의 기본원리는 헌법의 이념적 기초인 동시에 헌법을 지배하는 지도원리로서 구체적 기본권을 도출하는 근거가 될 뿐만 아니라 기본권의 해석 및 기본권제한입법의 합헌성 심사에 있어 해석기준의 하나로서 작용한다.

⑤ 문화국가원리와 밀접 불가분의 관계를 맺게 되는 국가의 문화정책은 국가의 문화국가 실현에 관한 적극적인 역할을 감안할 때, 문화풍토의 조성이 아니라 특정 문화 그 자체의 산출에 초점을 두어야 한다.

69 정답 ①

핵심공략

- 자기책임의 원리(책임주의 원칙)
  - 의의: 자기가 결정하지 않은 것이나 결정할 수 없는 것에 대해서는 책임을 지지 않으며, 책임부담의 범위도 스스로 결정한 결과 내지 상관관계 있는 부분에 국한된다는 원리
  - 법적근거: 자기결정권 내지 일반적행동자유권 등 헌법 제10조의 취지, 법치주의의 당연 전제 (2002헌가27)
    ⇨ 자연인 또는 법인 구별없이 모두 책임주의 원칙이 적용 O
- 사회적 기본권의 법적 성격: 프로그램규정설 v. 추상적 권리설 v. 구체적 권리설
  ⇨ 최소한의 물질적 생활 유지에 필요한 급부의 범위에서 사회권의 구체적 권리성 인정 O
  ⇨ 그 이상의 물질적 생활수준 이상의 급부요구에 대해서는 국회의 광범위한 입법재량권 인정 O (이 경우 구체적 권리로서 인정 ×) (94헌마33)
  예 장애인을 위한 저상버스 도입에 대한 구체적 내용의 헌법상 의무 ×
- 국가 공권력에 대한 국민의 모든 기대 내지 신뢰가 절대적으로 보호되는 것은 ×
- 헌법의 전문과 본문의 최고 이념
  ⇨ 모든 법령 해석의 기준, 입법형성권 행사의 한계, 정책결정의 방향 제시, 모든 국가기관과 국민이 준수해야 하는 최고의 가치규범, *But* 구체적 기본권의 도출 근거 ×
- 문화국가원리에 따른 국가의 문화정책의 초점은 문화풍토의 조성에 두어야 O, 특정 문화 그 자체의 산출이 아니라 모두를 위한 문화정책을 추진해야 O

① [○]

해설 '책임 없는 자에게 형벌을 부과할 수 없다'는 형벌에 관한 책임주의는 형사법의 기본원리로서, 헌법상 법치국가의 원리에 내재하는 원리인 동시에 헌법 제10조의 취지로부터 도출되는 원리이고, 법인의 경우도 자연인과 마찬가지로 책임주의 원칙이 적용된다. **(헌재 2012.10.25. 2012헌가18)**

② [×]

해설 헌법은 제34조 제1항에서 모든 국민의 "인간다운 생활을 할 권리"를 사회적 기본권으로 규정하면서, 제2항 내지 제6항에서 특정한 사회적 약자와 관련하여 "인간다운 생활을 할 권리"의 내용을 다양한 국가의 의무를 통하여 구체화하고 있다. 헌법이 제34조에서 여자(**제3항**), 노인·청소년(**제4항**), 신체장애자(**제5항**) 등 특정 사회적 약자의 보호를 명시적으로 규정한 것은, '장애인과 같은 사회적 약자의 경우에는 개인 스스로가 자유행사의 실질적 조건을 갖추는 데 어려움이 많으므로, 국가가 특히 이들에 대하여 자유를 실질적으로 행사할 수 있는 조건을 형성하고 유지해야 한다'는 점을 강조하고자 하는 것이다. … 장애인의 복지를 향상해야 할 국가의 의무가 다른 다양한 국가과제에 대하여 최우선적인 배려를 요청할 수 없을 뿐 아니라, 나아가 헌법의 규범으로부터는 '장애인을 위한 저상버스의 도입'과 같은 구체적인 국가의 행위의무를 도출할 수 없는 것이다. 국가에게 헌법 제34조에 의하여 장애인의 복지를 위하여 노력을 해야 할 의무가 있다는 것은, 장애인도 인간다운 생활을 누릴 수 있는 정의로운 사회질서를 형성해야 할 국가의 일반적인 의무를 뜻하는 것이지, 장애인을 위하여 저상버스를 도입해야 한다는 구체적 내용의 의무가 헌법으로부터 나오는 것은 아니다. **(헌재 2002.12.18. 2002헌마52)**

③ [×]

해설 신뢰보호의 원칙은 법치국가원리에 근거를 두고 있는 헌법상의 원칙으로서 특정한 법률에 의하여 발생한 법률관계는 그 법에 따라 파악되고 판단되어야 하고, 과거의 사실관계가 그 뒤에 생긴 새로운 법률의 기준에 따라 판단되지 않는다는 국민의 신뢰를 보호하기 위한 것이나, 사회환경이나 경제여건의 변화에 따른 정책적인 필요에 의하여 공권력행사의 내용은 신축적으로 바뀔 수 밖에 없고, 그 바뀐 공권력행사에 의하여 발생된 새로운 법질서와 기존의 법질서와의 사이에는 어느 정도 이해관계의 상충이 불가피하므로 국민들의 국가의 공권력행사에 관하여 가지는 모든 기대 내지 신뢰가 절대적인 권리로서 보호되는 것은 아니라고 할 것이다. **(헌재 1993.5.13. 92헌가10)**

④ [×]

해설 헌법의 기본원리는 헌법의 이념적 기초인 동시에 헌법을 지배하는 지도원리로서 입법이나 정책결정의 방향을 제시하며 공무원을 비롯한 모든 국민·국가기관이 헌법을 존중하고 수호하도록 하는 지침이 되며, 구체적 기본권을 도출하는 근거로 될 수는 없으나 기본권의 해석 및 기본권제한입법의 합헌성 심사에 있어 해석기준의 하나로서 작용한다. **(헌재 1996.4.25. 92헌바47)**

⑤ [×]

해설 문화국가원리는 국가의 문화국가실현에 관한 과제 또는 책임을 통하여 실현되는바, 국가의 문화정책과 밀접 불가분의 관계를 맺고 있다. 과거 국가절대주의사상의 국가관이 지배하던 시대에는 국가의 적극적인 문화간섭정책이 당연한 것으로 여겨졌다. 그러나 오늘날에 와서는 국가가 어떤 문화현상에 대하여도 이를 선호하거나, 우대하는 경향을 보이지 않는 불편부당의 원칙이 가장 바람직한 정책으로 평가받고 있다. 오늘날 문화국가에서의 문화정책은 그 초점이 문화 그 자체에 있는 것이 아니라 문화가 생겨날 수 있는 문화풍토를 조성하는 데 두어야 한다. 문화국가원리의 이러한 특성은 문화의 개방성 내지 다원성의 표지와 연결되는데, 국가의 문화육성의 대상에는 원칙적으로 모든 사람에게 문화창조의 기회를 부여한다는 의미에서 모든 문화가 포함된다. 따라서 엘리트문화뿐만 아니라 서민문화, 대중문화도 그 가치를 인정하고 정책적인 배려의 대상으로 하여야 한다. **(헌재 2004.5.27. 2003헌가1)**

70

소급입법에 관한 설명 중 옳은 것[○]과 옳지 않은 것[×]을 올바르게 조합한 것은? (다툼이 있는 경우 판례에 의함)

[18 변호사]

ㄱ. 친일재산을 그 취득·증여 등 원인행위시에 국가의 소유로 하도록 규정한 「친일반민족행위자 재산의 국가귀속에 관한 특별법」 조항은 진정소급입법에 해당하며, 친일반민족행위자의 재산권을 일률적·소급적으로 박탈하는 것을 정당화할 수 있는 특단의 사정이 존재한다고 볼 수 없으므로 소급입법금지원칙에 위배된다.

ㄴ. 위치추적 전자장치 부착의 목적과 의도는 단순히 재범의 방지뿐만 아니라 중대한 범죄를 저지른 자에 대하여 그 책임에 상응하는 강력한 처벌을 가하고 일반국민에 대하여 일반예방적 효과를 위한 강력한 경고를 하려는 것이므로, 구 「특정 범죄자에 대한 위치추적 전자장치 부착 등에 관한 법률」 시행 이전에 범죄를 저지른 자에 대해서도 소급하여 전자장치 부착을 명할 수 있도록 하는 동법 부칙조항은 헌법 제13조 제1항의 형벌불소급의 원칙에 위배된다.

ㄷ. 법 시행일 이후에 이행기가 도래하는 퇴직연금에 대하여 소득과 연계하여 그 일부의 지급을 정지할 수 있도록 한 「공무원연금법」 조항을 이미 확정적으로 연금수급권을 취득한 자에게도 적용하도록 한 것은, 이미 종료된 과거의 사실관계 또는 법률관계에 새로운 법률이 소급적으로 적용되어 과거를 법적으로 새로이 평가하는 진정소급입법에 해당한다.

ㄹ. 보안처분이라 하더라도 형벌적 성격이 강하여 신체의 자유를 박탈하거나 박탈에 준하는 정도로 신체의 자유를 제한하는 경우에는 소급입법금지원칙이 적용된다.

① ㄱ[○], ㄴ[×], ㄷ[○], ㄹ[×]
② ㄱ[×], ㄴ[×], ㄷ[○], ㄹ[○]
③ ㄱ[×], ㄴ[×], ㄷ[×], ㄹ[○]
④ ㄱ[○], ㄴ[○], ㄷ[○], ㄹ[×]
⑤ ㄱ[×], ㄴ[×], ㄷ[×], ㄹ[×]

7. 사회국가의 원리

8. 문화국가의 원리

9. 국제평화주의

70

정답 ③

핵심공략

- 친일재산 국가귀속조항: 진정소급입법에 해당 O, *But* 소급입법 예상 可, 침해되는 법적 신뢰에 비해 달성되는 공익의 중대성이 압도적 O ∴ 진정소급입법 허용되는 경우로서 헌법 제13조 제2항 위반 ×
- 헌법 제13조 제1항 가벌성 관련 범죄구성요건과 형벌 영역에서의 절대적 소급효 금지 O (96헌가2)
  ⇨ '전자장치 부착명령' 장래 재범의 위험성을 방지하기 위한 보안처분 O
  ⇨ 형벌적 성격이 강하여 신체의 자유를 박탈 또는 박탈에 준하는 제한하는 예외적 경우에 해당 × ∴ 형벌불소급원칙 위배 ×
- 부진정소급입법: 과거에 이미 개시되었으나 아직 완결되지 않은 사실 또는 법률관계 및 그 법적효과에 장래적 개입하여 법적지위를 사후로 침해하는 것
  ⇨ '법 시행일 이후 이행기 도래하는 퇴직연금에 소득과 연계하여 그 일부의 지급을 정지할 수 있도록 한 조항을 이미 연금수급권을 취득한 자에게도 적용하는 것'은 부진정소급입법에 해당 O

해설 ㄱ. [×]

친일재산의 국가귀속이 해방 이후 오랜 시간이 경과한 상황에서 이루어지고 있어서 친일재산 여부를 국가측이 일일이 입증하는 것은 곤란한 반면, 일반적으로 재산의 취득자측은 취득내역을 잘 알고 있을 개연성이 높다. 또한 이 사건 추정조항이 친일반민족행위자측에 전적으로 입증책임을 전가한 것도 아니고, 행정소송을 통해 추정을 번복할 수 있는 방도도 마련되어 있으며, 가사 처분청 또는 법원이 이러한 추정의 번복을 쉽게 인정하지 않는다 할지라도 이는 처분청 또는 법원이 추정조항의 취지를 충분히 실현하지 못한 결과이지 추정조항을 활용한 입법적 재량이 일탈·남용되었다고 보기 어렵다. 따라서 이 사건 추정조항이 재판청구권을 침해한다거나 적법절차원칙에 반한다고 할 수 없다. 이 사건 귀속조항은 진정소급입법에 해당하지만, 진정소급입법이라 할지라도 예외적으로 국민이 소급입법을 예상할 수 있었던 경우와 같이 소급입법이 정당화되는 경우에는 허용될 수 있다. 친일재산의 취득 경위에 내포된 민족배반적 성격, 대한민국임시정부의 법통 계승을 선언한 헌법 전문 등에 비추어 친일반민족행위자측으로서는 친일재산의 소급적 박탈을 충분히 예상할 수 있었고, 친일재산 환수 문제는 그 시대적 배경에 비추어 역사적으로 매우 이례적인 공동체적 과업이므로 이러한 소급입법의 합헌성을 인정한다고 하더라도 이를 계기로 진정소급입법이 빈번하게 발생할 것이라는 우려는 충분히 불식될 수 있다. 따라서 이 사건 귀속조항은 진정소급입법에 해당하나 헌법 제13조 제2항에 반하지 않는다. (헌재 2011.3.31. 2008헌바141)

ㄴ. [×]

전자장치 부착명령은 전통적 의미의 형벌이 아닐 뿐 아니라, 성폭력범죄자의 성행교정과 재범방지를 도모하고 국민을 성폭력범죄로부터 보호한다고 하는 공익을 목적으로 하며, 의무적 노동의 부과나 여가시간의 박탈을 내용으로 하지 않고 전자장치의 부착을 통해서 피부착자의 행동 자체를 통제하는 것도 아니라는 점에서 처벌적인 효과를 나타낸다고 보기 어렵다. 또한 부착명령에 따른 피부착자의 기본권 침해를 최소화하기 위하여 피부착자에 관한 수신자료의 이용을 엄격하게 제한하고, 재범의 위험성이 없다고 인정되는 경우에는 부착명령을 가해제할 수 있도록 하고 있다. 그러므로 이 사건 부착 명령은 형벌과 구별되는 비형벌적 보안처분으로서 소급효금지원칙이 적용되지 아니한다. (헌재 2012.12.27. 2010헌가82)

ㄷ. [×]

이 사건 심판대상조항은 법 시행일 이후에 이행기가 도래하는 퇴직연금 수급권의 내용을 변경함에 불과하고, 이미 종료된 과거의 사실관계 또는 법률관계에 새로운 법률이 소급적으로 적용되어 과거를 법적으로 새로이 평가하는 진정소급입법에는 해당하지 아니하므로 소급입법에 의한 재산권 침해는 문제될 여지가 없다. (헌재 2009.07.30. 2007헌바113)

ㄹ. [○]

보안처분은 형벌과는 달리 행위자의 장래 재범위험성에 근거하는 것으로서, 행위시가 아닌 재판시의 재범위험성 여부에 대한 판단에 따라 보안처분 선고를 결정하므로 원칙적으로 재판 당시 현행법을 소급적용할 수 있다고 보는 것이 타당하고 합리적이다. 그러나 보안처분의 범주가 넓고 그 모습이 다양한 이상, 보안처분에 속한다는 이유만으로 일률적으로 소급입법금지원칙이 적용된다거나 그렇지 않다고 단정해서는 안되고, 보안처분이라는 우회적인 방법으로 형벌불소급의 원칙을 유명무실하게 하는 것을 허용해서도 안된다. 따라서 보안처분이라 하더라도 형벌적 성격이 강하여 신체의 자유를 박탈하거나 박탈에 준하는 정도로 신체의 자유를 제한하는 경우에는 소급입법금지원칙을 적용하는 것이 법치주의 및 죄형법정주의에 부합한다. (헌재 2014.8.28. 2011헌마28 등)

헌법

PART 4
통치구조

Chapter

01 통치구조의 구성원리

1. 대의제의 원리

2. 권력분립의 원리

71

권력분립원칙에 관한 설명 중 옳지 않은 것은? (다툼이 있는 경우 판례에 의함) [22 변호사]

① 특정한 국가기관을 구성함에 있어 입법부, 행정부, 사법부가 그 권한을 나누어 가지거나 기능적인 분담을 하는 것은 권력분립의 원칙에 반하는 것이 아니라 권력분립의 원칙을 실현하는 것으로 볼 수 있다.

② 지방의회 사무직원의 임용권을 지방자치단체의 장에게 부여하도록 규정한 것은 지방의회와 지방자치단체의 장 사이의 상호견제와 균형의 원리에 비추어 헌법상 권력분립원칙에 위반된다.

③ 정치적 사건을 담당하게 될 특별검사의 임명에 대법원장을 관여시키는 것이 헌법상 권력분립의 원칙에 어긋난다거나 입법재량의 범위에 속하지 않는다고는 할 수 없다.

④ 권력분립원칙이란 국가권력의 기계적 분립과 엄격한 절연을 의미하는 것이 아니라 권력상호간의 견제와 균형을 통한 국가권력의 통제를 의미한다.

⑤ 고위공직자범죄수사처를 독립된 형태로 설치하도록 규정한 것은 고위공직자범죄수사처가 행정부 소속의 중앙행정기관으로서 여러 기관에 의한 통제가 충실히 이루어질 수 있으므로 권력분립의 원칙에 위배되지 않는다.

71 정답 ②

> **핵심공략**
> - 특정한 국가기관을 구성함에 있어 입법부, 행정부, 사법부가 그 권한을 나누어 가지거나 기능적인 분담을 하는 것: 권력분립의 원칙에 반하는 것이 아니라 권력분립의 원칙을 실현하는 것
> - 지방자치단체의 장에게 지방의회 사무직원의 임용권 있다 하더라도, 곧바로 지방의회와 집행기관 사이의 상호견제와 균형의 원리를 침해할 우려로 확대된다거나 또는 지방자치 제도의 본질적 내용을 침해한다고 볼 수는 없다.
> - 특별검사 임명에 관한 권한을 헌법기관 간에 분산시키는 것: 권력분립원칙 위배 ×
> - 권력분립원칙: 국가권력간 기계적 분립과 엄격한 절연을 의미 ×, 상호간의 견제와 균형을 통한 국가권력의 통제를 의미 ○
>   ⇨ 수사처에 대하여는 행정부 내부에서뿐만 아니라 외부에서도 다양한 방법으로 통제 ○
>   ⇨ 권력분립원칙 위배 ×

① [○]

해설 헌법상 권력분립의 원칙이란 국가권력의 기계적 분립과 엄격한 절연을 의미하는 것이 아니라, 권력 상호간의 견제와 균형을 통한 국가권력의 통제를 의미하는 것이다. 따라서 특정한 국가기관을 구성함에 있어 입법부, 행정부, 사법부가 그 권한을 나누어 가지거나 기능적인 분담을 하는 것은 권력분립의 원칙에 반하는 것이 아니라 권력분립의 원칙을 실현하는 것으로 볼 수 있다. 이러한 원리에 따라 우리 헌법은 대통령이 국무총리, 대법원장, 헌법재판소장을 임명할 때에 국회의 동의를 얻도록 하고 있고(헌법 제86조 제1항, 제104조 제1항, 제111조 제4항), 헌법재판소와 중앙선거관리위원회의 구성에 대통령, 국회 및 대법원장이 공동으로 관여하도록 하고 있는 것이다(**헌법 제111조 제3항, 제114조 제2항**). **(헌재 2008.1.10. 2007헌마1468)**

② [×]

해설 지방자치단체의 장에게 지방의회 사무직원의 임용권을 부여하고 있는 심판대상조항은 구 지방자치법 제101조, 제105조 등에서 규정하고 있는 지방자치단체의 장의 일반적 권한의 구체화로서 우리 지방자치의 현황과 실상에 근거하여 지방의회 사무직원의 인력수급 및 운영 방법을 최대한 효율적으로 규율하고 있다고 할 것이다. 심판대상조항에 따른 지방의회 의장의 추천권이 적극적이고 실질적으로 발휘된다면 지방의회 사무직원의 임용권이 지방자치단체의 장에게 있다고 하더라도 그것이 곧바로 지방의회와 집행기관 사이의 상호견제와 균형의 원리를 침해할 우려로 확대된다거나 또는 지방자치제도의 본질적 내용을 침해한다고 볼 수는 없다. **(헌재 2014.1.28. 2012헌바216)**

③ [○]

해설 본질적으로 권력통제의 기능을 가진 특별검사제도의 취지와 기능에 비추어 볼 때, 특별검사제도의 도입 여부를 입법부가 독자적으로 결정하고 특별검사 임명에 관한 권한을 헌법기관 간에 분산시키는 것이 권력분립원칙에 반한다고 볼 수 없다. **(헌재 2008.1.10. 2007헌마1468)**

④ [○]

해설 헌법상 권력분립원칙이란 국가권력의 기계적 분립과 엄격한 절연을 의미하는 것이 아니라 권력 상호간의 견제와 균형을 통한 국가권력의 통제를 의미한다. **(헌재 2008.1.10. 2007헌마1468 참조)**

⑤ [○]

해설 수사처가 수행하는 수사와 공소제기 및 유지는 우리 헌법상 본질적으로 행정에 속하는 사무에 해당하는 점, 수사처의 구성에 대통령의 실질적인 인사권이 인정되고, 수사처장은 소관 사무와 관련된 안건이 상정될 경우 국무회의에 출석하여 발언할 수 있으며 그 소관 사무에 관하여 독자적으로 의안을 제출할 권한이 있는 것이 아니라 법무부장관에게 의안의 제출을 건의할 수 있는 점 등을 종합하면, 수사처는 직제상 대통령 또는 국무총리 직속기관 내지 국무총리의 통할을 받는 행정각부에 속하지 않는다고 하더라도 대통령을 수반으로 하는 행정부에 소속되고 그 관할권의 범위가 전국에 미치는 중앙행정기관으로 보는 것이 타당하다.

법률에 근거하여 수사처라는 행정기관을 설치하는 것이 헌법상 금지되지 않는바, 검찰의 기소독점주의 및 기소편의주의를 견제할 별도의 수사기관을 설치할지 여부는 국민을 대표하는 국회가 검찰 기소독점주의의 적절성, 검찰권 행사의 통제 필요성, 별도의 수사기관 설치의 장단점, 고위공직자범죄 수사 등에 대한 국민적 관심과 요구 등 제반 사정을 고려하여 결정할 문제로서, 그 판단에는 본질적으로 국회의 폭넓은 재량이 인정된다. 또한 수사처의 설치로 말미암아 수사처와 기존의 다른 수사기관과의 관계가 문제된다 하더라도 동일하게 행정부 소속인 수사처와 다른 수사기관 사이의 권한 배분의 문제는 헌법상 권력분립원칙의 문제라고 볼 수 없다. … 구 공수처법 제2조 및 공수처법 제3조 제1항은 권력분립원칙에 반하여 청구인들의 평등권, 신체의 자유 등을 침해하지 않는다. **(헌재 2021.1.28. 2020헌마264 등)**

3. 정부형태

4. 정당제도

72

정당해산심판에 관한 설명 중 옳지 않은 것을 모두 고른 것은? (다툼이 있는 경우 판례에 의함) [21 변호사]

ㄱ. 헌법 제8조 제4항의 정당해산심판제도는 정치적 반대세력을 제거하고자 하는 정부의 일방적인 행정처분에 의해서 유력한 진보적 야당이 등록취소되어 사라지고 말았던 우리 현대사에 대한 반성의 산물로서 1960년 제3차 헌법 개정을 통해 헌법에 도입된 것이다.

ㄴ. 헌법 제8조 제4항의 민주적 기본질서 개념은 정당해산결정의 가능성과 긴밀히 결부되어 있다. 이 민주적 기본질서의 외연이 확장될수록 정당해산결정의 가능성은 축소되고, 이와 동시에 정당활동의 자유는 확대될 것이다. 따라서 민주적 기본질서를 현행 헌법이 채택한 민주주의의 구체적 모습과 동일하게 보아서는 안 된다.

ㄷ. 헌법재판소는 정당해산심판의 청구를 받은 때에는 직권 또는 청구인의 신청에 의하여 종국결정의 선고 시까지 피청구인의 활동을 정지하는 결정을 할 수 있다.

ㄹ. 비례원칙 준수 여부는 법률이나 기타 공권력 행사의 위헌 여부를 판단할 때 사용하는 위헌심사의 척도에 해당하므로, 헌법재판소가 정당해산결정을 내리기 위해서는 그 해산결정이 비례원칙에 부합하는지를 판단할 필요가 없다.

ㅁ. 대통령은 국무회의의 의장으로서 회의를 소집하고 이를 주재하지만 대통령이 사고로 직무를 수행할 수 없을 경우에는 국무총리가 그 직무를 대행할 수 있고, 대통령이 해외 순방 중인 경우는 '사고'에 해당되므로, 대통령의 직무상 해외 순방 중 국무총리가 주재한 국무회의에서 이루어진 정당해산심판청구서 제출안에 대한 의결은 위법하지 아니한다.

① ㄱ, ㅁ
② ㄴ, ㄹ
③ ㄱ, ㄷ, ㅁ
④ ㄱ, ㄹ, ㅁ
⑤ ㄴ, ㄷ, ㄹ

72

정답 ②

핵심공략

- 정당해산심판제도 제3차 개정헌법(1960년 6월)에 도입
- 민주적 기본질서의 외연이 확장될수록 정당해산결정의 가능성은 확대되고 정당활동의 자유는 축소될 것
  ⇨ 헌법 제8조 제4항의 민주적 기본질서는 최대한 엄격하고 협소한 의미로 이해해야 O
- 헌법재판 중 정당해산심판과 권한쟁의심판에 관하여는 가처분 규정 有 (헌법재판소법 제57조, 제65조)
- 헌법재판소가 정당해산결정을 내리기 위해서는 그 해산결정이 비례원칙에 부합하는지를 숙고해야 O
- 대통령이 해외 순방 중인 경우는 '사고'에 해당 O
  ⇨ 대통령의 직무상 해외 순방 중 국무총리가 주재한 국무회의에서 이루어진 정당해산심판청구서 제출안에 대한 의결은 위법 ×

해설 ㄱ. [○]
정당해산심판제도는 정부의 일방적인 행정처분에 의해 진보적 야당이 등록취소되어 사라지고 말았던 우리 현대사에 대한 반성의 산물로서 제3차 헌법 개정을 통해 헌법에 도입된 것이다. **(헌재 2014.12.19. 2013헌다1)**

ㄴ. [×]
헌법 제8조 제4항이 의미하는 '민주적 기본질서'는, 개인의 자율적 이성을 신뢰하고 모든 정치적 견해들이 각각 상대적 진리성과 합리성을 지닌다고 전제하는 다원적 세계관에 입각한 것으로서, 모든 폭력적·자의적 지배를 배제하고, 다수를 존중하면서도 소수를 배려하는 민주적 의사결정과 자유·평등을 기본원리로 하여 구성되고 운영되는 정치적 질서를 말하며, 구체적으로는 국민주권의 원리, 기본적 인권의 존중, 권력분립제도, 복수정당제도 등이 현행 헌법상 주요한 요소라고 볼 수 있다. 이 민주적 기본질서의 외연이 확장될수록 정당해산결정의 가능성은 확대되고 이와 동시에 정당활동의 자유는 축소될 것이므로, 헌법 제8조 제4항의 민주적 기본질서는 최대한 엄격하고 협소한 의미로 이해해야 한다. **(헌재 2014.12.19. 2013헌다1)**

ㄷ. [○]
조문 **헌법재판소법 제57조(가처분)** 헌법재판소는 정당해산심판의 청구를 받은 때에는 직권 또는 청구인의 신청에 의하여 종국결정의 선고 시까지 피청구인의 활동을 정지하는 결정을 할 수 있다.

ㄹ. [×]
정당해산심판제도에서는 헌법재판소의 정당해산결정이 정당의 자유를 침해할 수 있는 국가권력에 해당하므로 헌법재판소가 정당해산결정을 내리기 위해서는 그 해산결정이 비례원칙에 부합하는지를 숙고해야 하는바, 이 경우의 비례원칙 준수 여부는 그것이 통상적으로 기능하는 위헌심사의 척도가 아니라 헌법재판소의 정당해산결정이 충족해야 할 일종의 헌법적 요건 혹은 헌법적 정당화 사유에 해당한다. **(헌재 2014.12.19. 2013헌다1)**

ㅁ. [○]
대통령은 국무회의의 의장으로서 회의를 소집하고 이를 주재하지만 대통령이 사고로 직무를 수행할 수 없는 경우에는 국무총리가 그 직무를 대행할 수 있고, 대통령이 해외 순방 중인 경우는 '사고'에 해당되므로, 대통령의 직무상 해외 순방 중 국무총리가 주재한 국무회의에서 이루어진 정당해산심판청구서 제출안에 대한 의결은 위법하지 아니하다. **(헌재 2014.12.19. 2013헌다1)**

5. 선거제도

73

선거 또는 투표에 관한 헌법재판소 결정에 부합하지 않는 것은? [15 변호사]

① 시각장애선거인을 위한 점자형 선거공보의 작성 여부를 후보자의 임의사항으로 규정하고 그 면수를 책자형 선거공보의 면수 이내로 한정한 「공직선거법」 조항은 시각장애인의 선거권과 평등권을 침해한다.

② 대한민국 국외의 구역을 항해하는 선박에 장기 기거하는 선원들이 선거권을 행사할 수 있는 방법을 마련하지 않은 「공직선거법」 조항은 위와 같은 선원들의 선거권을 침해한다.

③ 대통령선거경선후보자가 당내경선 후보자로 등록을 하고 당내경선 과정에서 탈퇴함으로써 후원회를 둘 수 있는 자격을 상실한 때에는 후원회로부터 후원받은 후원금 전액을 국고에 귀속하도록 하는 것은 경선에 참여하여 낙선한 대통령선거경선후보자와의 관계에서 합리적인 이유가 있는 차별이라고 하기 어렵다.

④ 주민투표권 행사를 위한 요건으로 그 지방자치단체의 관할 구역에 주민등록이 되어 있을 것을 요구함으로써 국내거소신고만 할 수 있고 주민등록을 할 수 없는 국내거주 재외국민에 대하여 주민투표권을 인정하지 않은 「주민투표법」 조항은 위와 같은 국내거주 재외국민의 평등권을 침해한다.

⑤ 유기징역 또는 유기금고의 선고를 받고 그 집행유예기간 중인 자에 대하여 전면적·획일적으로 선거권을 제한한 「공직선거법」 조항은 위와 같이 집행유예기간 중인 자의 선거권을 침해하고 보통선거원칙에 위반된다.

73

정답 ①

핵심공략

- 시각장애인은 의무적으로 시행되는 여러 선거방송을 통하여 선거에 관한 정보를 충분히 얻을 수 있으므로, 시각장애인의 선거권과 평등권을 침해 ×
- 선원들이 선거권을 행사할 수 있는 방법을 마련하지 않은 것은 선원들의 선거권을 침해 O
- 경선에 참여하지 아니하고 포기 시 후원회로부터 지원받은 후원금 총액을 회수 ⇨ 경선에 참여한 대통령선거경선후보자와 차별 ⇨ 합리적 이유 있는 차별 ×
- 주민등록만을 요건으로 주민투표권의 행사 여부가 결정 ⇨ 국내거주 재외국민의 평등권 침해 O
- 집행유예자의 선거권 전면적·획일적 제한 ⇨ 선거권을 침해 O, 보통선거원칙 위반 O, 평등원칙 위반 O

① [×]

해설 시각장애인은 의무적으로 시행되는 여러 선거방송을 통하여 선거에 관한 정보를 충분히 얻을 수 있다. 인터넷을 이용한 음성정보전송 방식의 선거운동이 특별한 제한 없이 허용되고 있고, 음성을 이용한 인터넷 정보 검색이 가능하며, 인터넷상의 문자정보를 음성으로 전환하는 기술이 빠르게 발전하고 있는 현실에 비추어 보면, 선거공보는 다양한 선거정보제공 수단 중 하나에 불과하다. 시각장애인 중 상당수는 점자를 해독하지 못한다는 사정까지 감안하면 책자형 선거공보와 달리 점자형 선거공보의 작성을 의무사항으로 하는 것은 후보자의 선거운동의 자유에 대한 지나친 간섭이 될 수 있다. 따라서 심판대상조항이 점자형 선거공보의 작성 여부를 후보자의 임의사항으로 규정하고 그 면수를 책자형 선거공보의 면수 이내로 한정하고 있더라도, 시각장애인의 선거권과 평등권을 침해한다고 볼 수 없다. (헌재 2014.5.29. 2012헌마913)

② [○]

해설 오늘날에는 발달된 위성설비를 이용하여 … 현대적인 과학기술 장비를 효율적으로 활용한다면 선원들의 투표권 행사는 얼마든지 가능하다. … 그러므로 이 사건 법률조항이 대한민국 국외의 구역을 항해하는 선박에서 장기 기거하는 선원들이 선거권을 행사할 수 있도록 하는 효과적이고 기술적인 방법이 존재함에도 불구하고, 선거의 공정성이나 선거기술상의 이유만을 들어 선거권 행사를 위한 아무런 법적 장치도 마련하지 않고 있는 것은, 그 입법목적이 국민들의 선거권 행사를 부인할만한 '불가피한 예외적인 사유'에 해당하는 것이라 볼 수 없고, 나아가 기술적인 대체수단이 있음에도 불구하고 선거권을 과도하게 제한하고 있어 '피해의 최소성' 원칙에 위배되며, 원양의 해상업무에 종사하는 선원들은 아무런 귀책사유도 없이 헌법상의 선거권을 행사할 수 없게 되는 반면, 이와 관련하여 추구되는 공익은 불분명한 것이어서 '법익의 균형성' 원칙에도 위배된다. (헌재 2007.6.28. 2005헌마772)

③ [○]

해설 대통령선거경선후보자가 후보자가 될 의사를 갖고 당내경선 후보자로 등록을 하고 선거운동을 한 경우라고 한다면, 비록 경선에 참여하지 아니하고 포기하였다고 하여도 대의민주주의의 실현에 중요한 의미를 가지는 정치과정이라는 점을 부인할 수 없다. 따라서 경선을 포기한 대통령선거경선후보자에 대하여도 정치자금의 적정한 제공이라는 입법목적을 실현할 필요가 있는 것이며, 이들에 대하여 후원회로부터 지원받은 후원금 총액을 회수함으로써 경선에 참여한 대통령선거경선후보자와 차별하는 이 사건 법률조항의 차별은 합리적인 이유가 있는 차별이라고 하기 어렵다. (헌재 2009.12.29. 2007헌마1412)

④ [○]

해설 주민에게 과도한 부담을 주거나 중대한 영향을 미치는 당해 지방자치단체의 주요결정사항에 대한 주민투표의 결과는 주민등록이 가능한 국민인 주민은 물론 주민등록을 할 수 없는 국내거주 재외국민에게도 그 미치는 영향에 있어 다르다고 보기 어렵다. … 이 사건 법률조항 부분은 주민등록만을 요건으로 주민투표권의 행사 여부가 결정되도록 함으로써 '주민등록을 할 수 없는 국내거주 재외국민'을 '주민등록이 된 국민인 주민'에 비해 차별하고 있고, 나아가 '주민투표권이 인정되는 외국인'과의 관계에서도 차별을 행하고 있는바, 그와 같은 차별에 아무런 합리적 근거도 인정될 수 없으므로 국내거주 재외국민의 헌법상 기본권인 평등권을 침해하는 것으로 위헌이다. (헌재 2007.6.28. 2004헌마643)

⑤ [○]

해설 심판대상조항은 집행유예자와 수형자에 대하여 전면적·획일적으로 선거권을 제한하고 있다. 심판대상조항의 입법목적에 비추어 보더라도, 구체적인 범죄의 종류나 내용 및 불법성의 정도 등과 관계없이 일률적으로 선거권을 제한하여야 할 필요성이 있다고 보기는 어렵다. 범죄자가 저지른 범죄의 경중을 전혀 고려하지 않고 수형자와 집행유예자 모두의 선거권을 제한하는 것은 침해의 최소성원칙에 어긋난다. 특히 집행유예자는 집행유예 선고가 실효되거나 취소되지 않는 한 교정시설에 구금되지 않고 일반인과 동일한 사회생활을 하고 있으므로, 그들의 선거권을 제한해야 할 필요성이 크지 않다. 따라서 심판대상조항은 청구인들의 선거권을 침해하고, 보통선거원칙에 위반하여 집행유예자와 수형자를 차별취급하는 것이므로 평등원칙에도 어긋난다. … 심판대상조항 중 집행유예자에 관한 부분은 위헌선언을 통하여 선거권에 대한 침해를 제거함으로써 합헌성이 회복될 수 있으므로, 단순위헌결정을 선언한다. 하지만 심판대상조항 중 수형자에 관한 부분의 위헌성은 지나치게 전면적·획일적으로 수형자의 선거권을 제한한다는 데 있다. 그런데 그 위헌성을 제거하고 수형자에게 헌법합치적으로 선거권을 부여하는 것은 입법자의 형성재량에 속한다. … 심판대상조항 중 수형자에 관한 부분에 대하여 헌법불합치 결정을 선고 … (헌재 2014.1.28. 2012헌마409)

74

선거권과 선거제도에 관한 설명 중 옳지 않은 것은? (다툼이 있는 경우 판례에 의함) [21 변호사]

① 대의기관의 선출주체가 곧 대의기관의 의사결정에 대한 승인주체가 되는 것은 당연한 논리적 귀결이므로, 국민투표권자의 범위는 대통령선거권자·국회의원선거권자와 일치하여야 한다.

② 임기만료에 따른 비례대표국회의원선거에서 정당에 배분된 비례대표국회의원의석수가 그 정당이 추천한 비례대표국회의원후보자수를 넘는 때에는 그 넘는 의석은 공석으로 한다.

③ 국립대학의 장 후보자 선정을 직접선거의 방법으로 실시하기로 해당 대학 교원의 합의가 있는 경우 그 선거관리를 선거관리위원회에 의무적으로 위탁시키는 「교육공무원법」 조항은, 선거의 공정성과 선거에 관한 모든 사항을 선거관리위원회에 위탁하는 것이 아니라 선거관리만을 위탁하는 것이고 그 외 선거권·피선거권·선출방식 등은 여전히 대학이 자율적으로 정할 수 있는 점 등을 고려할 때 대학의 자율의 본질적인 부분을 침해하였다고 볼 수 없다.

④ 사법적인 성격을 지니는 농업협동조합의 조합장선거에서 조합장을 선출하거나 조합장으로 선출될 권리, 조합장선거에서 선거운동을 하는 것은 헌법에 의하여 보호되는 선거권의 범위에 포함되지 않는다.

⑤ 헌법재판소는 대통령선거와 국회의원선거에서 확성장치의 사용과 관련하여 확성장치의 수만 규정하고 있을 뿐 확성장치의 소음규제기준을 마련하고 있지 아니한 「공직선거법」 조항은 과잉금지원칙에 위배되어 건강하고 쾌적한 환경에서 생활할 권리를 침해한다고 하였다.

74 정답 ⑤

핵심공략

- 국민투표권자의 범위는 대통령선거권자·국회의원선거권자와 일치되어야 O
- 정당에 배분된 비례대표국회의원의석수가 그 정당이 추천한 비례대표국회의원후보자수를 넘는 때에는 그 넘는 의석은 공석으로 함 O
- 국립대학의 장 후보자 선정을 직접선거의 방법으로 실시하기로 해당 대학 교원의 합의가 있는 경우 그 선거관리를 선거관리위원회에 의무적으로 위탁: 대학 자율의 본질적 부분 침해 ×
- 농협의 조합장선거
  ⇨ 헌법에 의하여 보호되는 선거권의 범위에 포함 ×
- 정온한 생활환경이 보장되어야 할 주거지역에서 출근 또는 등교 이전 및 퇴근 또는 하교 이후 시간대에 확성장치의 최고출력 내지 소음을 제한하는 등 사용시간과 사용지역에 따른 수인한도 내에서 확성장치의 최고출력 내지 소음 규제기준에 관한 규정을 두지 아니한 것은 헌법 제35조 제3항에 따른 국가의 기본권보호의무를 위반한 것에 해당 O

① [O]

해설 헌법 제72조의 중요정책 국민투표와 헌법 제130조의 헌법개정안 국민투표는 대의기관인 국회와 대통령의 의사결정에 대한 국민의 승인절차에 해당한다. 대의기관의 선출주체가 곧 대의기관의 의사결정에 대한 승인주체가 되는 것은 당연한 논리적 귀결이므로, 국민투표권자의 범위는 대통령선거권자·국회의원선거권자와 일치되어야 한다. 공직선거법 제15조 제1항은 19세 이상의 국민에게 대통령 및 국회의원의 선거권을 인정하고 있는바(현행 공직선거법 제15조 제1항에서는 선거권자의 연령 18세로 규정), 재외선거인에게도 대통령선거권과 국회의원선거권이 인정되고 있다. 따라서 재외선거인은 대의기관을 선출할 권리가 있는 국민으로서 대의기관의 의사결정에 대해 승인할 권리가 있고, 국민투표권자에는 재외선거인이 포함된다고 보아야 한다. **(헌재 2014.7.24. 2009헌마256 등)**

② [O]

조문 **공직선거법 제189조(비례대표국회의원의석의 배분과 당선인의 결정·공고·통지)** ⑤ 정당에 배분된 비례대표국회의원의석수가 그 정당이 추천한 비례대표국회의원후보자수를 넘는 때에는 그 넘는 의석은 공석으로 한다.

③ [O]

해설 국가의 예산과 공무원이라는 인적조직에 의하여 운용되는 국립대학에서 선거관리를 공정하게 하기 위하여 중립적 기구인 선거관리위원회에 선거관리를 위탁하는 것은 선거의 공정성을 확보하기 위한 적절한 방법인 점, 선거관리위원회에 위탁하는 경우는 대학의 장 후보자를 선정함에 있어서 교원의 합의된 방식과 절차에 따라 직접선거에 의하는 경우로 한정되어 있는 점, 선거에 관한 모든 사항을 선거관리위원회에 위탁하는 것이 아니라 선거관리만을 위탁하는 것이고 그 외 선거권, 피선거권, 선출방식 등은 여전히 대학이 자율적으로 정할 수 있는 점, 중앙선거관리위원회에서 위 선거관리와 관련한 규칙을 제정하고자 하는 경우 대학들은 교육인적자원부장관을 통하여 그 의견을 개진할 수 있는 점, 선거관리위원회는 공공단체의 직접선거와 관련하여 조합원이 직접투표로 선출하는 조합장선거와 교육위원 및 교육감선거의 경우에도 그 선거사무를 관리하고 있는 점을 고려하면, 교육공무원법 제24조의3 제1항이 매우 자의적인 것으로서 합리적인 입법한계를 일탈하였거나 대학의 자율의 본질적인 부분을 침해하였다고 볼 수 없다. **(헌재 2006.4.27. 2005헌마1047)**

④ [O]

해설 사법적인 성격을 지니는 농협의 조합장선거에서 조합장을 선출하거나 조합장으로 선출될 권리, 조합장선거에서 선거운동을 하는 것은 헌법에 의하여 보호되는 선거권의 범위에 포함되지 않는다. **(헌재 2012.2.23. 2011헌바154)**

⑤ [×]

해설 심판대상조항이 선거운동의 자유를 감안하여 선거운동을 위한 확성장치를 허용할 공익적 필요성이 인정된다고 하더라도 정온한 생활환경이 보장되어야 할 주거지역에서 출근 또는 등교 이전 및 퇴근 또는 하교 이후 시간대에 확성장치의 최고출력 내지 소음을 제한하는 등 사용시간과 사용지역에 따른 수인한도 내에서 확성장치의 최고출력 내지 소음 규제기준에 관한 규정을 두지 아니한 것은, 국민이 건강하고 쾌적하게 생활할 수 있는 양호한 주거환경을 위하여 노력하여야 할 국가의 의무를 부과한 헌법 제35조 제3항에 비추어 보면, 적절하고 효율적인 최소한의 보호조치를 취하지 아니하여 국가의 기본권 보호의무를 과소하게 이행한 것이다. **(헌재 2019.12.27. 2018헌마730)**

6. 공무원제도

75

공무원의 정당가입과 집단 행위 금지 등에 관한 설명 중 옳은 것[○]과 옳지 않은 것[×]을 올바르게 조합한 것은? (다툼이 있는 경우 판례에 의함) [21 변호사]

ㄱ. 초·중등 교원인 교육공무원에 대하여 정당의 결성에 관여하거나 이에 가입하는 것을 전면적으로 금지함으로써 얻어지는 공무원의 정치적 중립성 또는 교육의 정치적 중립성은 명백하거나 구체적이지 못한 반면, 그로 인하여 초·중등 교원인 교육공무원이 받게 되는 정당설립의 자유, 정당가입의 자유에 대한 제약과 민주적 의사형성과정의 개방성 및 이를 통한 민주주의의 발전이라는 공익에 발생하는 피해는 매우 크므로, 법익의 균형성을 인정할 수 없다.

ㄴ. 「국가공무원법」 제65조 제1항에서 초·중등 교원인 교육공무원의 가입 등이 금지되는 '정치단체'는 '특정 정당이나 특정 정치인을 지지·반대하는 단체로서 그 결성에 관여하거나 가입하는 경우 공무원의 정치적 중립성 및 교육의 정치적 중립성을 훼손할 가능성이 높은 단체'로 한정할 수 있으므로, '정치단체'의 의미 내지 범위가 지나치게 광범위하다거나 법관의 해석에 의하여 무한히 확대될 위험이 있다고 보기 어렵다.

ㄷ. 공무원의 집단 행위를 금지하고 있는 「국가공무원법」 제66조 제1항 본문의 '공무 외의 일을 위한 집단 행위' 부분은, 특정 정당을 지지하거나 반대하는 등 정파성을 강하게 띤 표현행위 등을 한정적으로 규제하는 것이 아니라 헌법질서의 수호유지를 위한 정치적 의사표현까지도 집단적으로 이루어지기만 하면 공익에 반하는 행위로 전제하고 이를 모두 금지하므로, 과잉금지원칙에 위배된다.

ㄹ. 공무원의 정당가입이 허용된다면, 공무원의 정치적 행위가 직무 내의 것인지 직무 외의 것인지 구분하기 어려운 경우가 많고, 설사 공무원이 근무시간 외에 혹은 직무와 관련 없이 정당과 관련된 정치적 표현행위를 한다 하더라도 공무원의 정치적 중립성에 대한 국민의 기대와 신뢰는 유지되기 어렵다.

① ㄱ. [○], ㄴ. [○], ㄷ. [×], ㄹ. [×]
② ㄱ. [○], ㄴ. [×], ㄷ. [×], ㄹ. [○]
③ ㄱ. [×], ㄴ. [○], ㄷ. [×], ㄹ. [×]
④ ㄱ. [×], ㄴ. [×], ㄷ. [○], ㄹ. [×]
⑤ ㄱ. [×], ㄴ. [×], ㄷ. [×], ㄹ. [○]

75

정답 ⑤

핵심공략

- 초·중등 교원의 정당의 결성에 관여 및 가입 전면적 금지: 과잉금지원칙 위배 ×
- 국가공무원법조항 중 '그 밖의 정치단체'에 관한 부분은 명확성원칙 위배 O
- 공무원의 집단적 정치적 의사표현 금지: 과잉금지원칙 위배 ×
- 공무원 정당가입의 자유를 원천적 금지: 합헌 O

해설 ㄱ. [×]

공무원의 정치적 행위가 직무 내의 것인지 직무 외의 것인지 구분하기 어려운 경우가 많고, 공무원의 행위는 근무시간 내외를 불문하고 국민에게 중대한 영향을 미치므로, 직무 내의 정당 활동에 대한 규제만으로는 입법목적을 달성하기 어렵다. 또한 정당에 대한 지지를 선거와 무관하게 개인적인 자리에서 밝히거나 선거에서 투표를 하는 등 일정한 범위 내의 정당관련 활동은 공무원에게도 허용되므로 이 사건 정당가입 금지조항은 침해의 최소성 원칙에 반하지 않는다. 정치적 중립성, 초·중등학교 학생들에 대한 교육기본권 보장이라는 공익은 공무원들이 제한받는 사익에 비해 중대하므로 법익의 균형성 또한 인정된다. 따라서 이 사건 정당가입 금지조항은 과잉금지원칙에 위배되지 않는다. **(헌재 2020.4.23. 2018헌마551)**

ㄴ. [×]

국가공무원법조항 중 '그 밖의 정치단체'에 관한 부분은, '그 밖의 정치단체'라는 불명확한 개념을 사용하고 있어, 표현의 자유를 규제하는 법률조항, 형벌의 구성요건을 규정하는 법률조항에 대하여 헌법이 요구하는 명확성원칙의 엄격한 기준을 충족하지 못하였다. **(헌재 2020.4.23. 2018헌마551)**

ㄷ. [×]

이 사건 국가공무원법 규정에서 공무원의 정치적 의사표현이 집단적으로 이루어지는 것을 금지하는 것은, 다수의 집단행동은 그 행위의 속성상 개인행동보다 공공의 안녕질서나 법적 평화와 마찰을 빚을 가능성이 크고, 공무원이 집단적으로 정치적 의사표현을 하는 경우에는 이것이 공무원이라는 집단의 이익을 대변하기 위한 것으로 비춰질 수 있으며, 정치적 중립성의 훼손으로 공무의 공정성과 객관성에 대한 신뢰를 저하시킬 수 있기 때문이다. 특히 우리나라의 정치 현실에서는 집단적으로 이루어지는 정부 정책에 대한 비판이나 반대가 특정 정당이나 정파 등을 지지하는 형태의 의사표시로 나타나지 않더라도 그러한 주장 자체로 현실정치에 개입하려 한다거나, 정파적 또는 당파적인 것으로 오해 받을 소지가 크다. 따라서 공무원의 집단적인 의사표현을 제한하는 것은 불가피하고 이것이 과잉금지원칙에 위반된다고 볼 수 없다. **(헌재 2014.8.28. 2011헌바32 등)**

ㄹ. [○]

이 사건 정당가입 금지조항은 공무원의 정당가입의 자유를 원천적으로 금지하고 있다. 그러나 공무원의 정당가입이 허용된다면, 공무원의 정치적 행위가 직무 내의 것인지 직무 외의 것인지 구분하기 어려운 경우가 많고, 설사 공무원이 근무시간 외에 혹은 직무와 관련 없이 정당과 관련한 정치적 표현행위를 한다 하더라도 공무원의 정치적 중립성에 대한 국민의 기대와 신뢰는 유지되기 어렵다. 나아가 공무원의 행위는 근무시간 내외를 불문하고 국민에게 중대한 영향을 미친다고 할 것이므로, 직무 내의 정당 활동에 대한 규제만으로 공무원의 근무기강을 확립하고 정치적 중립성을 확보하는 데 충분하다고 할 수 없다. **(헌재 2020.4.23. 2018헌마551)**

7. 지방자치제도

76

지방자치제도에 관한 설명 중 옳지 않은 것을 모두 고른 것은? (다툼이 있는 경우 헌법재판소 판례에 의함) [17 변호사]

ㄱ. 최초의 지방의회가 구성된 것은 제1공화국 기간이었던 1950년이었고, 지방의회를 조국통일이 이루어질 때까지 구성하지 아니한다는 것을 헌법 부칙에 규정한 것은 1980년 제8차 개정 헌법에서였다.

ㄴ. 지방의회가 선거를 통해서 그 지역적인 민주적 정당성을 지니고 있는 주민의 대표기관이라 하더라도 조례를 통하여 주민의 권리의무에 관한 사항을 규율하는 경우에는 법률의 위임이 있어야 하고 조례에 대한 법률의 위임은 법규명령에 대한 법률의 위임과 같이 반드시 구체적으로 범위를 정하여야 한다.

ㄷ. 「지방자치법」 제4조 제1항에 규정된 지방자치단체의 구역은 주민·자치권과 함께 자치단체의 구성요소이고, 자치권이 미치는 관할구역의 범위에는 육지는 물론 바다도 포함되므로, 공유수면에 대해서도 지방자치단체의 자치권한이 미친다.

ㄹ. 지방자치단체장은 선거로 취임하는 공무원이지만 그 신분이나 직무수행상 다른 일반공무원과 차이가 없고, 해당 지방자치단체를 통합·대표하고 국가사무를 위임받아 처리하는 등 일반직 공무원에 비하여 중요한 업무를 수행하므로 헌법 제7조 제2항에 따라 신분보장이 필요하고 정치적 중립성이 요구되는 공무원에 해당한다.

ㅁ. 주민자치제를 본질로 하는 민주적 지방자치제도가 안정적으로 뿌리내린 현 시점에서 지방자치단체의 장 선거권을 지방의회의원 선거권, 나아가 국회의원 선거권 및 대통령 선거권과 구별하여 하나는 법률상의 권리로, 나머지는 헌법상의 권리로 이원화하는 것은 허용될 수 없으므로 지방자치단체의 장 선거권 역시 다른 선거권과 마찬가지로 헌법 제24조에 의해 보호되는 기본권으로 인정하여야 한다.

① ㄱ, ㄴ, ㄷ
② ㄱ, ㄴ, ㄹ
③ ㄱ, ㄷ, ㄹ
④ ㄴ, ㄷ, ㅁ
⑤ ㄴ, ㄹ, ㅁ

76 정답 ②

핵심공략

- 최초 지방의회 구성: 제1공화국(1950년)
  조국통일 이뤄질 때까지 구성하지 아니한다는 부칙 규정: 제4공화국 유신헌법(1970년)
- 조례에 대한 법률의 위임 ⇨ 포괄적인 것으로도 충분 O
- 공유수면에 대해서도 지방자치단체의 자치권한 O
- 지방자치단체의 장: 헌법 제7조 제2항에 따른 신분보장이 요구되는 공무원 ×, 다만, 정치적 중립성이 요구 O
- 지방자치단체의 장 선거권 역시 다른 선거권과 마찬가지로 헌법 제24조에 의해 보호되는 기본권으로 인정하여야 O

해설 ㄱ. [×]

제1공화국	• 제헌헌법에서는 현행헌법과 동일한 내용의 지방자치제도를 도입 • 6·25의 발발로 그 시행이 지연되다가 1952년에 와서 비로소 최초의 지방의회가 구성되기에 이르렀다.
제2공화국	• 서울특별시장·도지사, 시·읍·면장, 동·이장을 임명제에서 직선제로 바꾸는 등 지방자치법을 개정하여 명실상부한 지방자치제를 실시
제3공화국	• 제3공화국 헌법 부칙에서는 이 헌법에 의한 최초의 지방의회 구성시기에 관하여는 법률로 정한다고 규정하였으나, 국회에서 법률을 제정하지 않음으로써 지방자치실시가 무산됨
제4공화국	• 유신헌법 부칙에서는 이 헌법에 의한 지방의회는 조국통일이 이루어질 때까지 구성하지 아니한다고 규정
제5공화국	• 제5공화국헌법 부칙에서는 이 헌법에 의한 지방의회는 지방자치단체의 재정자립도를 감안하여 순차적으로 구성하되, 그 구성시기는 법률로 정한다고 규정. 그러나 법률이 제정되지 아니함
제6공화국	• 제6공화국 헌법에 와서 지방의회의 구성에 관한 유예규정이 철폐되고 1988년에는 지방자치법이 전면 개정됨으로써 이에 따라 1991년 상반기에는 각급 지방의회가 구성됨

ㄴ. [×]

조례의 제정권자인 지방의회는 선거를 통해서 그 지역적인 민주적 정당성을 지니고 있는 주민의 대표기관이고 헌법이 지방자치단체에 포괄적인 자치권을 보장하고 있는 취지로 볼 때, 조례에 대한 법률의 위임은 법규명령에 대한 법률의 위임과 같이 반드시 구체적으로 범위를 정하여 할 필요가 없으며 포괄적인 것으로 족하다. **(헌재 1995.4.20. 92헌마264등)**

ㄷ. [○]

공유수면에 대한 지방자치단체의 관할구역과 자치권한 인정 여부(적극) - 구 지방자치법 제4조 제1항에 규정된 지방자치단체의 구역은 주민·자치권과 함께 자치단체의 구성요소이고, 자치권이 미치는 관할구역의 범위에는 육지는 물론 바다도 포함되므로, 공유수면에 대해서도 지방자치단체의 자치권한이 미친다. **(헌재 2015.7.30. 2010헌라2)**

ㄹ. [×]

공선법 제9조의 선거에서의 중립의무가 요구되는 공무원이란 원칙적으로 국가와 지방자치단체의 모든 공무원 즉, 좁은 의미의 직업공무원은 물론이고, 적극적인 정치활동을 통하여 국가에 봉사하는 정치적 공무원(예 대통령, 국무총리, 국무위원, 도지사, 시장, 군수, 구청장 등 지방자치단체의 장)을 포함한다. 특히 직무의 기능이나 영향력을 이용하여 선거에서 국민의 자유로운 의사형성과정에 영향을 미치고 정당간의 경쟁관계를 왜곡할 가능성은 정부나 지방자치단체의 집행기관에 있어서 더욱 크다고 판단되므로, 대통령, 지방자치단체의 장 등에게는 다른 공무원보다도 선거에서의 정치적 중립성이 특히 요구된다. … 정당의 대표자이자 선거운동의 주체로서의 지위로 말미암아, 선거에서의 정치적 중립성이 요구될 수 없는 국회의원과 지방의회의원은 공선법 제9조의 '공무원'에 해당하지 않는다. **(헌재 2004.5.14. 2004헌나1)**

ㅁ. [○]

지방자치단체의 장 선거권이 헌법상 보장되는 기본권인지 여부(적극) -헌법에서 지방자치제를 제도적으로 보장하고 있고, 지방자치는 지방자치단체가 독자적인 자치기구를 설치해서 그 자치단체의 고유사무를 국가기관의 간섭 없이 스스로의 책임 아래 처리하는 것이라는 점에서 지방자치단체의 대표인 단체장은 지방의회의원과 마찬가지로 주민의 자발적 지지에 기초를 둔 선거를 통해 선출되어야 한다. 공직선거 관련 법상 지방자치단체의 장 선임방법은 '선거'로 규정되어 왔고, 지방자치단체의 장을 선거로 선출하여 온 우리 지방자치제의 역사에 비추어 볼 때, 지방자치단체의 장에 대한 주민직선제 이외의 다른 선출방법을 허용할 수 없다는 관행과 이에 대한 국민적 인식이 광범위하게 존재한다고 볼 수 있다. 주민자치제를 본질로 하는 민주적 지방자치제도가 안정적으로 뿌리내린 현 시점에서 지방자치단체의 장 선거권을 지방의회의원 선거권, 나아가 국회의원 선거권 및 대통령 선거권과 구별하여 하나는 법률상의 권리로, 나머지는 헌법상의 권리로 이원화하는 것은 허용될 수 없다. 그러므로 지방자치단체의 장 선거권 역시 다른 선거권과 마찬가지로 헌법 제24조에 의해 보호되는 기본권으로 인정하여야 한다. **(헌재 2016.10.27. 2014헌마797)**

Chapter

02 국회

1. 국회의 구성과 조직

2. 국회의 운영과 의사절차

77

「국회법」 제85조에 관한 설명 중 옳은 것[○]과 옳지 않은 것[×]을 올바르게 조합한 것은? (다툼이 있는 경우 판례에 의함) [17 변호사]

> 국회법
> 제85조(심사기간) ① 의장은 다음 각 호의 어느 하나에 해당하는 경우에는 위원회에 회부하는 안건 또는 회부된 안건에 대하여 심사기간을 지정할 수 있다. 이 경우 제1호 또는 제2호에 해당하는 때에는 의장이 각 교섭단체대표의원과 협의하여 해당 호와 관련된 안건에 대하여만 심사기간을 지정할 수 있다.
> 1. 천재지변의 경우
> 2. 전시·사변 또는 이에 준하는 국가비상사태의 경우
> 3. 의장이 각 교섭단체대표의원과 합의하는 경우
> ② 제1항의 경우 위원회가 이유없이 그 기간 내에 심사를 마치지 아니한 때에는 의장은 중간보고를 들은 후 다른 위원회에 회부하거나 바로 본회의에 부의할 수 있다.

> ㄱ. 국회의장의 직권상정권한은 국회의 수장이 국회의 비상적인 헌법적 장애상태를 회복하기 위하여 가지는 권한으로 국회의장의 의사정리권에 속하고, 의안 심사에 관하여 위원회 중심주의를 채택하고 있는 우리 국회에서는 비상적·예외적 의사절차에 해당한다.
> ㄴ. 「국회법」 제85조 제1항에 국회 재적의원 과반수가 의안에 대하여 심사기간 지정을 요청하는 경우 국회의장이 그 의안에 대하여 의무적으로 심사기간을 지정하도록 규정하지 아니한 것은 법률의 내용이 불완전·불충분한 '부진정입법부작위'에 해당한다.
> ㄷ. 「국회법」 제85조 제1항 각 호의 심사기간 지정사유는 국회의장의 직권상정권한을 제한하는 역할을 할 뿐 국회의원의 국회 본회의에서의 법안에 대한 심의·표결권을 제한하는 내용을 담고 있지는 않다.
> ㄹ. 헌법의 명문규정 및 해석상 국회 재적의원 과반수의 요구가 있는 경우 국회의장이 심사기간을 지정하고 본회의에 부의해야 한다는 헌법상 의무가 도출된다.

① ㄱ[○], ㄴ[○], ㄷ[○], ㄹ[×]
② ㄱ[○], ㄴ[×], ㄷ[○], ㄹ[×]
③ ㄱ[×], ㄴ[○], ㄷ[×], ㄹ[○]
④ ㄱ[×], ㄴ[○], ㄷ[○], ㄹ[○]
⑤ ㄱ[○], ㄴ[×], ㄷ[×], ㄹ[×]

77

정답 ②

핵심공략

- 국회의장의 직권상정권한: 국회의장의 의사정리권의 일환, 위원회 중심주의를 채택하고 있는 우리 국회에서는 비상적·예외적 절차에 해당 O
- 국회 재적의원 과반수가 의안에 대하여 심사기간 지정을 요청하는 경우 국회의장이 그 의안에 대하여 의무적으로 심사기간을 지정하도록 규정하지 아니한 입법부작위: 진정입법부작위에 해당 O
  ⇨ 헌법의 명문규정이나 해석상 재적의원 과반수의 요구가 있는 경우 국회의장이 심사기간을 지정하고 본회의에 부의해야 한다는 의무 도출 ×
- 국회법 제85조 제1항 각 호의 심사기간 지정사유: 국회의장의 직권상정권한 제한 O, 국회의원의 법안에 대한 심의·표결권 제한 ×

해설 ㄱ. [○]

국회법 제85조 제1항의 직권상정권한은 국회의 수장이 국회의 비상적인 헌법적 장애상태를 회복하기 위하여 가지는 권한으로 국회의장의 의사정리권에 속하고, 의안 심사에 관하여 위원회 중심주의를 채택하고 있는 우리 국회에서는 비상적·예외적 의사절차에 해당한다. (헌재 2016.5.26. 2015헌라1)

ㄴ. [×]

국회법 제85조 제1항에 국회 재적의원 과반수가 의안에 대하여 심사기간 지정을 요청하는 경우 국회의장이 그 의안에 대하여 의무적으로 심사기간을 지정하도록 규정하지 아니한 입법부작위(이하 '이 사건 입법부작위'라 한다)는 입법자가 재적의원 과반수의 요구에 의해 위원회의 심사를 배제할 수 있는 비상입법절차와 관련하여 아무런 입법을 하지 않음으로써 입법의 공백이 발생한 '진정입법부작위'에 해당한다. 따라서 이 사건 입법부작위의 위헌 여부와 국회법 제85조 제1항은 아무런 관련이 없고, 그 위헌 여부가 이 사건 심사기간 지정 거부행위에 어떠한 영향도 미칠 수 없다. 나아가 헌법실현에 관한 1차적 형성권을 갖고 있는 정치적·민주적 기관인 국회와의 관계에서 헌법재판소가 가지는 기능적 한계에 비추어 보더라도, 헌법재판소가 근거규범도 아닌 이 사건 입법부작위의 위헌 여부에 대한 심사에까지 나아가는 것은 부적절하므로 그 심사를 최대한 자제하여 의사절차에 관한 국회의 자율성을 존중하는 것이 바람직하다. (헌재 2016.5.26. 2015헌라1)

ㄷ. [○]

국회법 제85조 제1항 각 호의 심사기간 지정사유는 국회의장의 직권상정권한을 제한하는 역할을 할 뿐 국회의원의 법안에 대한 심의·표결권을 제한하는 내용을 담고 있지는 않다. 국회법 제85조 제1항의 지정사유가 있다 하더라도 국회의장은 직권상정권한을 행사하지 않을 수 있으므로, 청구인들의 법안 심의·표결권에 대한 침해위험성은 해당안건이 본회의에 상정되어야만 비로소 현실화된다. 따라서 이 사건 심사기간 지정 거부행위로 말미암아 청구인들의 법률안 심의·표결권이 직접 침해당할 가능성은 없다. (헌재 2016.5.26. 2015헌라1)

조문 **국회법 제85조(심사기간)** ① 의장은 다음 각 호의 어느 하나에 해당하는 경우에는 위원회에 회부하는 안건 또는 회부된 안건에 대하여 심사기간을 지정할 수 있다. 이 경우 제1호 또는 제2호에 해당할 때에는 의장이 각 교섭단체 대표의원과 협의하여 해당 호와 관련된 안건에 대해서만 심사기간을 지정할 수 있다.

1. 천재지변의 경우
2. 전시·사변 또는 이에 준하는 국가비상사태의 경우
3. 의장이 각 교섭단체 대표의원과 합의하는 경우

ㄹ. [×]

헌법상 또는 헌법해석상 유래하는 입법의무의 부존재 - 가사 이 사건 입법부작위의 위헌 여부를 선결문제로 판단하더라도, 헌법의 명문규정이나 해석상 재적의원 과반수의 요구가 있는 경우 국회의장이 심사기간을 지정하고 본회의에 부의해야 한다는 의무는 도출되지 아니한다. (헌재 2016.5.26. 2015헌라1)

3. 국회의 권한

78

국회의 입법절차에 관한 설명 중 옳지 않은 것은? (다툼이 있는 경우 판례에 의함) [18 변호사]

① 법률안 가결 선포는 국회 본회의에서 이루어지는 법률안 의결절차의 종결행위로서 이를 권한쟁의의 심판대상으로 삼아 이에 이르기까지 일련의 심의·표결 절차상의 하자들을 다툴 수 있는 이상, 하나의 법률안 의결과정에서 국회의장이 행한 중간처분에 불과한 반대토론 불허행위를 별도의 판단대상으로 삼을 필요가 없다.

② 국회부의장이 법률안들에 대한 표결절차 등을 진행하였다 하더라도 국회부의장은 국회의장의 위임에 따라 그 직무를 대리하여 법률안 가결 선포행위를 할 수 있을 뿐, 법률안 가결 선포행위에 따른 법적 책임을 지는 주체가 될 수 없다.

③ 어떠한 의안으로 인하여 원안이 본래의 취지를 잃고 전혀 다른 의미로 변경되는 정도에까지 이르지 않는다면 이를 「국회법」상의 수정안에 해당하는 것으로 보아 의안을 처리할 수 있다는 해석이 가능하므로, 헌법상 보장된 국회의 자율권을 근거로 개별적인 수정안에 대한 평가와 그 처리에 대한 국회의장의 판단은 명백히 법에 위반되지 않는 한 존중되어야 한다.

④ 국회의 의결을 요하는 안건에 대하여 국회의장이 본회의 의결에 앞서 소관위원회에 안건을 회부하는 것은 국회의 심의권을 위원회에 위양하는 것이므로, 국회 상임위원회 위원장이 위원회를 대표해서 의안을 심사하는 권한은 국회의장으로부터 위임된 것이다.

⑤ 의사진행 방해로 의안상정·제안설명 등 의사진행이 정상적으로 이루어지지 못하고 질의신청을 하는 의원도 없는 상황에서 국회의장이 '질의신청 유무'에 대한 언급 없이 단지 '토론신청이 없으므로 바로 표결하겠다'고 한 행위가, 위원회 심의를 거치지 않은 안건에 대하여 질의, 토론을 거치도록 정한 「국회법」 제93조에 위반하여 국회의원들의 심의·표결권을 침해할 정도에 이르렀다고는 보기 어렵다.

78

정답 ④

핵심공략

- 법률안의 가결 선포를 심판대상으로 삼아 이에 이르기까지 일련의 심의·표결 절차상의 하자들을 다툴 수 있는 이상, 하나의 법률안 의결과정에서 피청구인이 행한 중간처분에 불과한 반대토론 불허행위를 별도의 판단대상으로 삼을 필요 ×
- 국회의장만이 그 가결선포행위의 법적인 주체 O
- 국회의 의사와 내부규율 등 국회운영에 관하여 폭넓은 자율권 원칙적으로 존중되어야 O
  ⇨ 개별적인 수정안에 대한 평가와 그 처리에 대한 국회의장의 판단은 명백히 법에 위반되지 않는 한 존중되어야 O
- 국회 상임위원회의 그 소관에 속하는 의안, 청원 등을 심사하는 권한은 법률상 부여된 위원회의 고유한 권한 ⇨ 국회의장으로부터 위임된 것 ×
- 의사진행 방해로 의안상정·제안설명 등 의사진행이 정상적으로 이루어지지 못하고 질의신청을 하는 의원도 없는 상황에서 피청구인이 '질의신청 유무'에 대한 언급 없이 단지 '토론신청이 없으므로 바로 표결하겠다'라고 한 행위: 국회의원들의 심의·표결권을 침해 ×

① [○]

해설 청구인은 피청구인이 이사건 법률안들에 대한 청구인의 반대토론을 허가하지 않은 것에 따른 권한침해의 확인도 구하고 있으나, 법률안의 가결 선포는 국회 본회의에서 이루어지는 법률안 의결절차의 종결행위로서 이를 심판대상으로 삼아 이에 이르기까지 일련의 심의·표결 절차상의 하자들을 다툴 수 있는 이상, 하나의 법률안 의결과정에서 피청구인이 행한 중간처분에 불과한 반대토론 불허행위를 별도의 판단대상으로 삼을 필요가 없으므로, 이 사건 법률안들과 관련하여 문제되는 피청구인의 처분은 위 각 가결 선포행위로 한정하기로 한다. (헌재 2011.8.30. 2009헌라7)

② [○]

해설 각 의안에 대한 상정 및 심의 절차를 진행하고 가결을 선포한 자는 국회부의장이나, 국회부의장은 국회의장의 위임에 따라 그 직무를 대리한 것에 지나지 않아(국회법 제 12조 참조) 가결선포행위에 따른 법적 책임을 지는 주체가 될 수 없고, 다만 헌법 제48조에 따라 국회에서 선출되는 국가기관으로서 헌법과 법률에 의하여 국회를 대표하고 의사를 정리하며 질서를 유지하고 사무를 감독하는 지위에서 의안의 상정, 가결선포 등의 권한을 갖는 국회의장만이 그 가결선포행위의 법적인 주체가 된다 할 것이다. (헌재 2012.02.23. 2010헌라5)

③ [○]

해설 국회법상 수정안의 범위에 대한 어떠한 제한도 규정되어 있지 않은 점과 국회법 규정에 따른 문언의 의미상 수정이란 원안에 대하여 다른 의사를 가하는 것으로 새로 추가, 삭제, 또는 변경하는 것을 모두 포함하는 개념이라는 점에 비추어, 어떠한 의안으로 인하여 원안이 본래의 취지를 잃고 전혀 다른 의미로 변경되는 정도에까지 이르지 않는다면 이를 국회법상의 수정안에 해당하는 것으로 보아 의안을 처리할 수 있는 것으로 볼 수 있다. … 위와 같이 국회법 제95조상의 수정의 개념을 폭넓게 보는 해석이 가능하다면 복수차관제와 일부 청의 차관급 격상을 내용으로 하는 정부조직법 개정안에 대한 수정안인 국회의장이 방위사업청 신설을 내용으로 하는 의안(이하 '이 사건 수정안'이라 한다)을 적법한 수정안에 해당하는 것으로 보고 의안을 처리하였다 하더라도 이를 명백히 법률에 위반된다고 할 수는 없다. (헌재 2006.2.23. 2005헌라6)

④ [×]

해설 국회 상임위원회가 그 소관에 속하는 의안, 청원 등을 심사하는 권한은 법률상 부여된 위원회의 고유한 권한이므로, 국회 상임위원회 위원장이 위원회를 대표해서 의안을 심사하는 권한이 국회의장으로부터 위임된 것임을 전제로 한 국회의장에 대한 이 사건 심판청구는 피청구인적격이 없는 자를 상대로 한 청구로서 부적법하다. (헌재 2010.12.28. 2008헌라7)

⑤ [○]

해설 국회법 제93조는 '위원회의 심의를 거치지 아니한 안건에 대해서는 제안자가 그 취지를 설명하도록' 정하고 있으나, 그러한 취지설명의 방식에는 제한이 없고 제안자가 발언대에서 구두설명을 하지않더라도 서면이나 컴퓨터 단말기에 의한 설명 등으로 이를 대체할 수 있으므로, 발언대의 마이크를 사용하기 어려울 만큼 소란스러운 상황에서 피청구인이 제안자의 취지설명을 컴퓨터 단말기로 대체하도록 한 것이 국회법 제93조를 위반하였다고 할 수 없다. 또한, 의사진행 방해로 의안상정·제안설명 등 의사진행이 정상적으로 이루어지지 못하고 질의신청을 하는 의원도 없는 상황에서 피청구인이 '질의신청 유무'에 대한 언급 없이 단지 '토론신청이 없으므로 바로 표결하겠다'라고 한 행위가 위원회 심의를 거치지 않은 안건에 대하여 질의, 토론을 거치도록 정한 국회법 제93조에 위반하여 청구인 국회의원들의 심의·표결권을 침해할 정도에 이르렀다고는 보기 어렵다. (헌재 2008.4.24. 2006헌라2)

79

국회의 입법권과 입법절차에 관한 설명 중 옳은 것을 모두 고른 것은? (다툼이 있는 경우 판례에 의함) [20 변호사]

ㄱ. 법률이 행정부에 속하지 않는 공법적 단체의 자치법적 사항을 그 정관으로 정하도록 위임한 경우에는 원칙적으로 포괄 위임입법금지의 원칙은 적용되지 않는다.
ㄴ. 법규정립행위는 그것이 국회입법이든 행정입법이든 막론하고 일종의 법률행위이므로, 그 행위의 속성상 행위 자체는 한번에 끝나는 것이고, 그러한 입법행위의 결과인 권리침해상태가 계속될 수 있을 뿐이다.
ㄷ. 법률안 제출은 국가기관 상호간의 행위이며, 이로써 국민에 대하여 직접적인 법률효과를 발생시키는 것이므로, 정부가 법률안을 제출하지 아니하는 것은 헌법소원의 대상이 되는 공권력의 불행사에 해당한다.
ㄹ. 국회의원은 국회의장의 가결선포행위에 대하여 심의·표결권 침해를 이유로 권한쟁의심판을 청구할 수 있을 뿐, 질의권·토론권 및 표결권의 침해를 이유로 헌법소원심판을 청구할 수 없다.
ㅁ. 국회의장이 본회의의 위임 없이 법률안을 정리한 경우, 그러한 정리가 본회의에서 의결된 법률안의 실질적 내용에 변경을 초래하지 아니하였더라도, 본회의의 명시적인 위임이 없는 것이므로 헌법이나 「국회법」상의 입법절차에 위반된다.

① ㄱ, ㄴ, ㄹ
② ㄱ, ㄴ, ㅁ
③ ㄱ, ㄷ, ㄹ
④ ㄴ, ㄷ, ㅁ
⑤ ㄷ, ㄹ, ㅁ

79

정답 ①

핵심공략

- 법률이 정관에 자치법적 사항을 위임한 경우 포괄적인 위임입법의 금지는 원칙적으로 적용 ×
- 법규정립행위(입법행위)는 속성상 행위자체는 한번에 끝나는 것 ○ 그러한 입법행위의 결과인 권리침해상태가 계속될 수 있을 뿐 ○
- 정부의 법률안 제출권의 행사는 국가기관간의 내부적 행위에 불과 ○, 국민에 대하여 직접적인 법률효과를 발생시키는 행위 ×
  ⇨ 헌법소원의 대상 ×
- 국회의원의 질의권·토론권 및 표결권 등은 국회의원에게 부여된 권한 ○, 국회의원 개인에게 헌법이 보장하는 권리 즉 기본권으로 인정된 것 ×
  ⇨ 헌법소원 청구 ×
- 국회의장이 국회의 위임 없이 법률안을 정리한 것이 국회에서 의결된 법률안의 실질적 내용에 변경을 초래하는 것이 아닌 한, 헌법이나 국회법상의 입법절차에 위반 ×

해설 ㄱ. [○]

헌법 제75조, 제95조의 문리해석상 및 법리해석상 포괄적인 위임입법의 금지는 법규적 효력을 가지는 행정입법의 제정을 그 주된 대상으로 하고 있다. 위임입법을 엄격한 헌법적 한계 내에 두는 이유는 무엇보다도 권력분립의 원칙에 따라 국민의 자유와 권리에 관계되는 사항은 국민의 대표기관이 정하는 것이 원칙이라는 법리에 기인한 것이다. 즉, 행정부에 의한 법규사항의 제정은 입법부의 권한 내지 의무를 침해하고 자의적인 시행령 제정으로 국민들의 자유와 권리를 침해할 수 있기 때문에 엄격한 헌법적 기속을 받게 하는 것이다. 그런데 법률이 행정부가 아니거나 행정부에 속하지 않는 공법적 기관의 정관에 특정 사항을 정할 수 있다고 위임하는 경우에는 그러한 권력분립의 원칙을 훼손할 여지가 없다. 이는 자치입법에 해당되는 영역이므로 자치적으로 정하는 것이 바람직하다. 따라서 법률이 정관에 자치법적 사항을 위임한 경우에는 헌법 제75조, 제95조가 정하는 포괄적인 위임입법의 금지는 원칙적으로 적용되지 않는다고 봄이 상당하다. **(헌재 2006.3.30. 2005헌바31)**

ㄴ. [○]

법규정립행위(입법행위)는 그것이 국회입법이든 행정입법이든 막론하고 일종의 법률행위이므로, 그 행위의 속성상 행위자체는 한번에 끝나는 것이고, 그러한 입법행위의 결과인 권리침해상태가 계속될 수 있을 뿐이라고 보아야 한다. 다시 말하자면, 기본권침해의 행위가 계속되는 것이 아니라, 기본권침해의 결과가 계속 남을 수 있을 뿐인 것이다. 그렇다면 기본권침해행위는 한번에 끝났음에도 불구하고 그 결과가 계속 남아 있다고 하여 청구기간의 제한을 전면적으로 배제하여야 한다는 주장은, 법적 안정성의 확보를 위한 청구기간의 설정취지에 반하는 것으로서 부당하다. **(헌재 1992.6.26. 91헌마25)**

ㄷ. [×]

공권력의 행사에 대하여 헌법소원심판을 청구하기 위하여는, 공권력의 주체에 의한 권력의 발동으로서 국민의 권리의무에 대하여 직접적인 법률효과를 발생시키는 행위가 있어야 한다. … 정부의 법률안 제출권의 행사는 그 성격 자체는 공권력성을 갖추었다고 볼 수 있다. 그러나 그와 같이 제출된 법률안이 법률로써 확정되기 위하여서는 국회의 의결과 대통령의 공포절차를 거쳐야 하므로, 그러한 법률안의 제출은 국가기관간의 내부적 행위에 불과하고 국민에 대하여 직접적인 법률효과를 발생시키는 행위가 아니다. **(헌재 1994.8.31. 92헌마174)**

ㄹ. [○]

입법권은 헌법 제40조에 의하여 국가기관으로서의 국회에 속하는 것이고, 국회의원이 국회 내에서 행사하는 질의권·토론권 및 표결권등은 입법권 등 공권력을 행사하는 국가기관인 국회의 구성원의 지위에 있는 국회의원에게 부여된 권한으로서 국회의원 개인에게 헌법이 보장하는 권리 즉 기본권으로 인정된 것이라고 할 수는 없다. 따라서 국회의 구성원인 지위에서 공권력작용의 주체가 되어 오히려 국민의 기본권을 보호 내지 실현할 책임과 의무를 지는 국회의원이 국회의 의안처리과정에서 위와 같은 권한을 침해당하였다고 하더라도 이는 헌법재판소법 제68조 제1항에서 말하는 "기본권의 침해"에는 해당하지 않으므로, 이러한 경우 국회의원은 개인의 권리 구제수단인 헌법소원을 청구할 수 없다. **(헌재 1995.2.23. 91헌마231)**

ㅁ. [×]

국회의 위임 의결이 없더라도 국회의장은 국회에서 의결된 법률안의 조문이나 자구·숫자, 법률안의 체계나 형식 등의 정비가 필요한 경우 의결된 내용이나 취지를 변경하지 않는 범위 안에서 이를 정리할 수 있다고 봄이 상당하고, 이렇듯 국회의장이 국회의 위임 없이 법률안을 정리하더라도 그러한 정리가 국회에서 의결된 법률안의 실질적 내용에 변경을 초래하는 것이 아닌 한 헌법이나 국회법상의 입법절차에 위반된다고 볼 수 없다. **(헌재 2009.6.25. 2007헌마451)**

80

조세입법에 대한 헌법적 통제에 관한 설명 중 옳지 않은 것은? (다툼이 있는 경우 판례에 의함) [14 변호사]

① 조세평등주의가 요구하는 담세능력에 따른 과세의 원칙(응능부담의 원칙)은 한편으로 동일한 소득은 원칙적으로 동일하게 과세될 것을 요청하며(수평적 조세정의), 다른 한편으로 소득이 다른 사람들 간의 공평한 조세부담의 배분을 요청한다(수직적 조세정의).

② 담세능력에 따른 과세의 원칙은 담세능력이 큰 자는 담세능력이 작은 자에 비하여 더 많은 세금을 낼 것과, 최저생계를 위하여 필요한 경비는 과세로부터 제외되어야 한다는 최저생계를 위한 공제를 요청할 뿐, 입법자로 하여금 소득세법에 있어서 반드시 누진세율을 도입할 것까지 요구하는 것은 아니다.

③ 부부자산소득 합산과세제도에 따라 부부(夫婦)가 합산과세로 인하여 개인과세되는 독신자 등 다른 사람들보다 더 많은 조세를 부담하게 하는 것은 부부간의 인위적인 자산 명의의 분산과 같은 가장행위(假裝行爲)를 방지한다는 사회적 공익이 혼인한 부부에게 가하는 조세부담의 증가라는 불이익보다 크지 않기 때문에 혼인과 가족생활을 보장하는 헌법 제36조 제1항에 위반된다.

④ 28년 간의 혼인생활 끝에 협의이혼하면서 재산분할을 청구하여 받은 재산액 중 상속세의 배우자 인적공제액을 초과하는 부분에 대하여 증여세를 부과하는 것은, 증여세제의 본질에 반하여 증여라는 과세원인이 없음에도 불구하고 증여세를 부과하는 것이어서 실질적 조세법률주의에 위배된다.

⑤ 지방세법이 사치성재산에 대해 중과세를 하면서 '고급오락장용 건축물'을 과세대상으로 규정한 경우, '오락'의 개념이 추상적이기는 하지만 '고급'이라는 한정적 수식어가 있을 뿐만 아니라 어느 정도의 규모와 설비를 갖춘 오락장이 위 개념에 포섭되는지를 법관의 보충적 해석을 통해 확인할 수 있으므로 과세요건명확주의를 내용으로 하는 조세법률주의에 위배되지 않는다.

80

정답 ⑤

핵심공략

- 조세평등주의: 수평적 조세정의 + 수직적 조세정의
- 소득계층에 관계없이 동일한 세율을 적용한다고 하여 담세능력의 원칙에 어긋 ×
- 자산소득합산과세의 대상이 되는 혼인한 부부를 혼인하지 않은 부부나 독신자에 비하여 차별취급하는 것은 헌법 제36조 제1항에 위반 ○
- 이혼재산분할에 따른 재산에 대하여 증여세 부과 ⇨ 증여라는 과세원인 없음에도 증여세를 부과하는 것 ⇨ 조세법률주의 위배 ○
- '고급오락장'의 개념은 과세요건명확주의를 내용으로 하는 조세법률주의 위배 ○

① [○]

해설 조세평등주의가 요구하는 이러한 담세능력에 따른 과세의 원칙(또는 응능부담의 원칙)은 한편으로 동일한 소득은 원칙적으로 동일하게 과세될 것을 요청하며(이른바 '수평적 조세정의'), 다른 한편으로 소득이 다른 사람들간의 공평한 조세부담의 배분을 요청한다(이른바 '수직적 조세정의'). 그러나 이러한 담세능력에 따른 과세의 원칙이라 하여 예외없이 절대적으로 관철되어야 한다고 할 수 없고, 합리적 이유가 있는 경우라면 납세자간의 차별취급도 예외적으로 허용된다 할 것이다. **(헌재 1999.11.25. 98헌마55)**

② [○]

해설 담세능력의 원칙은 소득이 많으면 그에 상응하여 많이 과세되어야 한다는 것, 즉 담세능력이 큰 자는 담세능력이 작은 자에 비하여 더 많은 세금을 낼 것과, 최저생계를 위하여 필요한 경비는 과세로부터 제외되어야 한다는 최저생계를 위한 공제를 요청할 뿐 입법자로 하여금 소득세법에 있어서 반드시 누진세율을 도입할 것까지 요구하는 것은 아니다. 소득에 단순비례하여 과세할 것인지 아니면 누진적으로 과세할 것인지는 입법자의 정책적 결정에 맡겨져 있다. 그러므로 이 사건 법률조항이 소득계층에 관계없이 동일한 세율을 적용한다고 하여 담세능력의 원칙에 어긋나는 것이라 할 수 없다. **(헌재 1999.11.25. 98헌마55)**

③ [○]

해설 자산소득이 있는 모든 납세의무자 중에서 혼인한 부부가 혼인하였다는 이유만으로 혼인하지 않은 자산소득자보다 더 많은 조세부담을 하여 소득을 재분배하도록 강요받는 것은 부당하며, 부부 자산소득 합산과세를 통해서 혼인한 부부에게 가하는 조세부담의 증가라는 불이익이 자산소득합산과세를 통하여 달성하는 사회적 공익보다 크다고 할 것이므로, 소득세법 제61조 제1항이 자산소득합산과세의 대상이 되는 혼인한 부부를 혼인하지 않은 부부나 독신자에 비하여 차별취급하는 것은 헌법상 정당화되지 아니하기 때문에 헌법 제36조 제1항에 위반된다. **(헌재 2002.8.29. 2001헌바82)**

④ [○]

해설 이혼시의 재산분할제도는 본질적으로 혼인 중 쌍방의 협력으로 형성된 공동재산의 청산이라는 성격에, 경제적으로 곤궁한 상대방에 대한 부양적 성격이 보충적으로 가미된 제도라 할 것이어서, 이에 대하여 재산의 무상취득을 과세원인으로 하는 증여세를 부과할 여지가 없으며, …그러므로 이혼시 재산분할을 청구하여 상속세 인적공제액을 초과하는 재산을 취득한 경우 그 초과부분에 대하여 증여세를 부과하는 것은, 증여세제의 본질에 반하여 증여라는 과세원인 없음에도 불구하고 증여세를 부과하는 것이어서 현저히 불합리하고 자의적이며 재산권보장의 헌법이념에 부합하지 않으므로 실질적 조세법률주의에 위배된다. **(헌재 1997.10.30. 96헌바14)**

⑤ [×]

해설 지방세법 제188조 제1항 제2호 (2)목 중 "고급오락장용 건축물" 부분은 "고급오락장"의 개념이 지나치게 추상적이고 불명확하여 고급오락장용 건축물이 무엇인지를 예측하기가 어렵고, 과세관청의 자의적인 해석과 집행을 초래할 염려가 있으므로 헌법 제38조, 제59조에 규정된 조세법률주의에 위배된다. **(헌재 1999.3.25. 98헌가11)**

81

헌법상 조세법률주의와 조세평등주의에 관한 설명 중 옳은 것[○]과 옳지 않은 것[×]을 올바르게 조합한 것은? (다툼이 있는 경우 판례에 의함) [15 변호사]

> ㄱ. 헌법재판소는 유사석유제품 제조자와 석유제품 제조자 모두에게 교통·에너지·환경세를 부과하면서 동일하게 제조량을 과세표준으로 삼은 것은 조세평등주의에 위반되지 않는다고 판시하였다.
> ㄴ. 특정인이나 특정계층에 대하여 조세감면조치를 취하는 것은 국민의 재산권에 대한 제한이 아니기 때문에 법률로 규정하지 않더라도 언제나 가능하다.
> ㄷ. 헌법재판소는 사회보험료인 구 「국민건강보험법」상의 보험료는 특정의 반대급부 없이 금전납부의무를 부담하는 세금과는 달리, 반대급부인 보험급여를 전제로 하고 있고, 부과주체가 국가 또는 지방자치단체가 아니며, 그 징수절차가 조세와 다르므로 조세법률주의가 적용되지 않는다고 판시하였다.
> ㄹ. 어떤 공적 과제에 관한 재정조달을 조세로 할 것인지 아니면 부담금으로 할 것인지에 관하여 입법자의 자유로운 선택권이 허용된다.

① ㄱ[○], ㄴ[○], ㄷ[○], ㄹ[×]
② ㄱ[○], ㄴ[×], ㄷ[○], ㄹ[×]
③ ㄱ[×], ㄴ[○], ㄷ[×], ㄹ[○]
④ ㄱ[×], ㄴ[×], ㄷ[○], ㄹ[○]
⑤ ㄱ[○], ㄴ[×], ㄷ[×], ㄹ[×]

81

정답 ②

핵심공략

- 유사석유제품 제조자와 석유제품 제조자 모두에게 교통·에너지·환경세를 과세하면서 동일하게 제조량을 과세표준으로 삼은 것은 조세평등주의에 위배 ×
- 특정인이나 특정계층에 대하여 정당한 이유없이 조세감면의 우대조치를 하는 것 허용 ×
- 「국민건강보험법」상의 보험료에 대하여 조세법률주의 적용 ×
- 부담금은 조세에 대한 관계에서 어디까지나 예외적으로만 인정되어야 ○, 입법자의 자유로운 선택권 허용하여서는 ×

해설 ㄱ. [○]

환경오염원이자 교통혼잡의 원인인 자동차등의 연료를 제조·판매하여 이익을 얻는 자에게 과세하고자 하는 입법취지에 비추어 보면, 유사석유제품 제조자는 자동차등의 연료를 제조·판매하여 수익을 얻고 있으므로 석유제품 제조자와 본질적으로 동일한 집단이다. 따라서 과세물품조항과 납세의무자조항이 유사석유제품 제조자와 석유제품 제조자 모두에게 교통·에너지·환경세를 과세하면서 동일하게 제조량을 과세표준으로 삼은 것은 조세평등주의에 위배되지 아니한다. (헌재 2014.7.24. 2013헌바177)

ㄴ. [×]

조세의 감면에 관한 규정은 조세의 부과·징수의 요건이나 절차와 직접 관련되는 것은 아니지만, 조세란 공공경비를 국민에게 강제적으로 배분하는 것으로서 납세의무자 상호간에는 조세의 전가관계가 있으므로 특정인이나 특정계층에 대하여 정당한 이유없이 조세감면의 우대조치를 하는 것은 특정한 납세자군이 조세의 부담을 다른 납세자군의 부담으로 떠맡기는 것에 다름아니므로 '조세감면의 근거 역시 법률로 정하여야만' 하는 것이 국민주권주의나 법치주의의 원리에 부응하는 것이다. (헌재 1996.6.26. 93헌바2)

ㄷ. [○]

사회보험의 주된 재원은 보험료이며, 세금에 의한 국가의 지원은 단지 보충적으로 사회보험재정의 보조적인 역할을 수행한다. 사회보험료는 기존의 공과금체계에 편입시킬 수 없는 독자적 성격을 가진 공과금이다. 특정의 반대급부 없이 금전납부의무를 부담하는 세금과는 달리, 보험료는 반대급부인 보험급여를 전제로 하고 있으며, 한편으로는 특정 이익의 혜택이나 특정 시설의 사용가능성에 대한 금전적 급부인 수익자부담금과는 달리, 급여혜택을 받지 못하는 제3자인 사용자에게도 보험료 납부의무가 부과된다는 점에서 수익자부담금과 그 성격을 달리 한다. … 이 사건 법률조항이 조세법률주의에 위반된다고 주장하나, 보험료는 특정의 반대급부 없이 금전납부의무를 부담하는 세금과는 달리, 반대급부인 보험급여를 전제로 하고 있고, 부과주체가 국가 또는 지방자치단체가 아니며, 그 징수절차가 조세와 다르므로 … 조세법률주의가 적용되지 않는다고 할 것이다. (헌재 2007.4.26. 2005헌바51)

ㄹ. [×]

부담금은 조세에 대한 관계에서 어디까지나 예외적으로만 인정되어야 하며, 어떤 공적 과제에 관한 재정조달을 조세로 할 것인지 아니면 부담금으로 할 것인지에 관하여 입법자의 자유로운 선택권을 허용하여서는 안 된다. 부담금 납부의무자는 재정조달 대상인 공적 과제에 대하여 일반국민에 비해 '특별히 밀접한 관련성'을 가져야 하며, 부담금이 장기적으로 유지되는 경우에 있어서는 그 징수의 타당성이나 적정성이 입법자에 의해 지속적으로 심사될 것이 요구된다. 다만, 부담금이 재정조달목적뿐 아니라 정책실현목적도 함께 가지는 경우에는 위 요건들 중 일부가 완화된다. (헌재 2004.7.15. 2002헌바42)

82

탄핵심판에 관한 설명 중 옳은 것[○]과 옳지 않은 것[×]을 올바르게 조합한 것은? (다툼이 있는 경우 판례에 의함)

[22 변호사]

ㄱ. 탄핵심판은 고위공직자가 권한을 남용하여 헌법이나 법률을 위반하는 경우 그 권한을 박탈함으로써 헌법질서를 지키는 헌법재판이고, 탄핵결정은 대상자를 공직으로부터 파면함에 그치고 형사상 책임을 면제하지 아니한다는 점에서 탄핵심판절차는 형사절차나 일반 징계절차와는 성격을 달리한다.
ㄴ. 「국회법」에 탄핵소추안에 대하여 표결 전에 반드시 토론을 거쳐야 한다는 명문 규정이 있다.
ㄷ. 탄핵심판절차에서는 법적인 관점에서 탄핵사유의 존부만을 판단하는 것이므로, 직책수행의 성실성 여부는 그 자체로서 소추사유가 될 수 없어 탄핵심판절차의 판단대상이 되지 아니한다.
ㄹ. 탄핵소추의결서에서 그 위반을 주장하는 '법규정의 판단'에 관하여 헌법재판소는 원칙적으로 구속을 받지 않으므로, 청구인이 그 위반을 주장하는 법규정 외에 다른 관련 법규정에 근거하여 탄핵의 원인이 된 사실관계를 판단할 수 있다.
ㅁ. 헌법재판소는 탄핵소추의결서에 기재되지 아니한 소추사유도 판단의 대상으로 삼을 수 있다.

① ㄱ. [○], ㄴ. [○], ㄷ. [×], ㄹ. [○], ㅁ. [○]
② ㄱ. [○], ㄴ. [×], ㄷ. [○], ㄹ. [○], ㅁ. [×]
③ ㄱ. [○], ㄴ. [×], ㄷ. [×], ㄹ. [×], ㅁ. [×]
④ ㄱ. [×], ㄴ. [○], ㄷ. [×], ㄹ. [○], ㅁ. [○]
⑤ ㄱ. [×], ㄴ. [×], ㄷ. [○], ㄹ. [×], ㅁ. [×]

82 정답 ②

> **핵심공략**
> - 탄핵심판절차는 형사절차나 일반 징계절차와는 성격이 다름 O
> - 「국회법」에 탄핵소추안에 대하여 표결 전에 반드시 토론을 거쳐야 한다는 명문 규정 ×
> - 직책수행의 성실성여부는 그 자체로서 소추사유가 될 수 없어, 탄핵심판절차의 판단대상 ×
> - 헌법재판소는 탄핵소추의결서에 기재되지 아니한 소추사유를 판단의 대상으로 삼을 수 ×
>
> *But* 탄핵소추의결서에서 그 위반을 주장하는 '법규정의 판단'에 관하여 헌법재판소는 주장된 법규정 외에 다른 관련 법규정에 근거하여 탄핵의 원인이 된 사실관계를 판단 可

해설 ㄱ. [○]

탄핵심판은 고위공직자가 권한을 남용하여 헌법이나 법률을 위반하는 경우 그 권한을 박탈함으로써 헌법질서를 지키는 헌법재판이고(헌재 2004.5.14. 2004헌나1), 탄핵결정은 대상자를 공직으로부터 파면함에 그치고 형사상 책임을 면제하지 아니한다(헌법 제65조 제4항)는 점에서 탄핵심판절차는 형사절차나 일반 징계절차와는 성격을 달리 한다. **(헌재 2017.3.10. 2016헌나1)**

ㄴ. [×]

다음으로 질의 및 토론절차를 생략한 것에 관하여 본다. 국회법 제93조는 '본회의는 안건을 심의함에 있어서 질의·토론을 거쳐 표결할 것'을 규정하고 있으므로 탄핵소추의 중대성에 비추어 국회 내의 충분한 질의와 토론을 거치는 것이 바람직하다. 그러나 법제사법위원회에 회부되지 않은 탄핵소추안에 대하여 "본회의에 보고된 때로부터 24시간 이후 72시간 이내에 탄핵소추의 여부를 무기명투표로 표결한다."고 규정하고 있는 국회법 제130조 제2항을 탄핵소추에 관한 특별규정인 것으로 보아, '탄핵소추의 경우에는 질의와 토론 없이 표결할 것을 규정한 것'으로 해석할 여지가 있기 때문에, 국회의 자율권과 법해석을 존중한다면, 이러한 법해석이 자의적이거나 잘못되었다고 볼 수 없다. **(헌재 2004.5.14. 2004헌나1)**

▶ 「국회법」에 탄핵소추안에 대하여 표결 전에 반드시 토론을 거쳐야 한다는 명문 규정은 없다.

ㄷ. [○]

헌법 제65조 제1항은 탄핵사유를 '헌법이나 법률에 위배한 때'로 제한하고 있고, 헌법재판소의 탄핵심판절차는 법적인 관점에서 단지 탄핵사유의 존부만을 판단하는 것이므로, 이 사건에서 청구인이 주장하는 바와 같은 정치적 무능력이나 정책결정상의 잘못 등 직책수행의 성실성여부는 그 자체로서 소추사유가 될 수 없어, 탄핵심판절차의 판단대상이 되지 아니한다. **(헌재 2004.5.14. 2004헌나1)**

ㄹ. [○], ㅁ. [×]

헌법재판소는 사법기관으로서 원칙적으로 탄핵소추기관인 국회의 탄핵소추의결서에 기재된 소추사유에 의하여 구속을 받는다. 따라서 헌법재판소는 탄핵소추의결서에 기재되지 아니한 소추사유를 판단의 대상으로 삼을 수 없다. 그러나 탄핵소추의결서에서 그 위반을 주장하는 '법규정의 판단'에 관하여 헌법재판소는 원칙적으로 구속을 받지 않으므로, 청구인이 그 위반을 주장한 법규정 외에 다른 관련 법규정에 근거하여 탄핵의 원인이 된 사실관계를 판단할 수 있다. **(헌재 2004.5.14. 2004헌나1)**

4. 국회의원의 헌법상 지위와 특권

83

다음 설명 중 옳은 것[○]과 옳지 않은 것[×]을 올바르게 조합한 것은? (다툼이 있는 경우 판례에 의함) [14 변호사]

ㄱ. 국회 상임위원회 위원장이 조약비준동의안을 심의함에 있어서 야당 소속 상임위원회 위원들의 출입을 봉쇄한 상태에서 상임위원회 전체회의를 개의하여 안건을 상정하고 소위원회로 안건심사를 회부한 행위는 야당 소속 상임위원회 위원들의 조약비준동의안에 대한 심의권을 침해한 것으로 무효이다.

ㄴ. 헌법 제41조 제1항의 "국회는 국민의 보통·평등·직접·비밀선거에 의하여 선출된 국회의원으로 구성한다."라는 규정은 단순히 국회의원을 국민의 직접선거에 의하여 선출한다는 의미를 넘어 국민의 직접선거에 의하여 무소속을 포함한 국회의 정당 간의 의석분포를 결정하는 권리까지 포함한다.

ㄷ. 대기업으로부터 이른바 떡값 명목의 금품을 수수하였다는 검사들의 실명이 게재된 보도자료를 국회의원이 작성하여 국회 법제사법위원회 개의 당일 국회의원회관에서 기자들에게 배포한 행위는 면책특권의 대상이 된다.

ㄹ. 국회의원이 보유한 직무관련성 있는 주식의 매각 또는 백지신탁을 명하고 있는 구 공직자윤리법 조항은 과잉금지원칙에 위반되어 국회의원의 재산권을 침해하는 것이다.

ㅁ. 비례대표국회의원 당선인이 선거범죄로 비례대표국회의원직을 상실하여 비례대표국회의원에 결원이 생긴 경우에 소속 정당의 비례대표국회의원 후보자명부상 차순위자의 의원직 승계를 인정하지 않는 공직선거법 조항은 과잉금지원칙에 위반되지 않아 그 정당의 비례대표국회의원 후보자명부상의 차순위 후보자의 공무담임권을 침해하지 않는다.

① ㄱ[×], ㄴ[○], ㄷ[×], ㄹ[○], ㅁ[○]
② ㄱ[×], ㄴ[×], ㄷ[○], ㄹ[×], ㅁ[○]
③ ㄱ[○], ㄴ[×], ㄷ[×], ㄹ[○], ㅁ[×]
④ ㄱ[○], ㄴ[○], ㄷ[○], ㄹ[×], ㅁ[×]
⑤ ㄱ[×], ㄴ[×], ㄷ[○], ㄹ[×], ㅁ[×]

83

정답 ⑤

핵심공략

- 소속 상임위원회 위원들의 출입을 봉쇄한 상태에서 상임위원회 전체회의를 개의하여 안건을 상정한 행위 및 소위원회로 안건심사를 회부한 행위: 소속 상임위원회위원들의 조약비준동의안에 대한 심의권 침해 O, 당연무효는 ×
- '국회구성권'은 대의제도의 본질에 반하는 것이어서 헌법상 인정될 여지 ×
- 국회 법제사법위원회에서 발언할 내용이 담긴 위 보도자료를 사전에 배포한 행위: 국회의원 면책특권의 대상이 되는 직무부수행위에 해당 O
- 국회의원으로 하여금 직무관련성이 인정되는 주식을 매각 또는 백지신탁하도록 한 규정: 재산권 침해 ×
- 비례대표국회의원 후보자명부상의 차순위 후보자의 승계까지 부인: 그 정당의 비례대표국회의원 후보자명부상의 차순위 후보자의 공무담임권 침해 O

해설 ㄱ. [×]

헌법재판소는 '국회 상임위원회 위원장이 위원회 전체회의 개의 직전부터 회의가 종료될 때까지 회의장 출입문을 폐쇄하여 회의의 주체인 소수당 소속 상임위원회 위원들의 출입을 봉쇄한 상태에서 상임위원회 전체회의를 개의하여 안건을 상정한 행위 및 소위원회로 안건심사를 회부한 행위가 회의에 참석하지 못한 소수당 소속 상임위원회위원들의 조약비준동의안에 대한 심의권을 침해한 것인지 여부'에 관하여 헌법에 의하여 부여받은 이 사건 동의안의 심의권을 침해당하였다 하여 적극적으로 판단하였으나, 위 안건 상정·소위원회 회부행위가 무효인지 여부와 관련하여서는 재판관 6인이 기각의견을 제시하여 소극적으로 판단하였다. **(헌재 2010. 12.28. 2008헌라7)**

ㄴ. [×]

대의제 민주주의하에서 국민의 국회의원 선거권이란 국회의원을 보통·평등·직접·비밀선거에 의하여 국민의 대표자로 선출하는 권리에 그치며, 국민과 국회의원은 명령적 위임관계에 있는 것이 아니라 자유위임관계에 있으므로, 유권자가 설정한 국회의석분포에 국회의원들을 기속시키고자 하는 내용의 "국회구성권"이라는 기본권은 오늘날 이해되고 있는 대의제도의 본질에 반하는 것이어서 헌법상 인정될 여지가 없고, 청구인들 주장과 같은 대통령에 의한 여야 의석분포의 인위적 조작행위로 국민주권주의라든지 복수정당제도가 훼손될 수 있는지의 여부는 별론으로 하고 그로 인하여 바로 헌법상 보장된 청구인들의 구체적 기본권이 침해당하는 것은 아니다. **(헌재 1998.10.29. 96헌마186)**

ㄷ. [○]

국회의원인 피고인이, 구 국가안전기획부 내 정보수집팀이 대기업 고위관계자와 중앙일간지 사주 간의 사적 대화를 불법 녹음한 자료를 입수한 후 그 대화 내용과, 전직 검찰간부인 피해자가 위 대기업으로부터 이른바 떡값 명목의 금품을 수수하였다는 내용이 게재된 보도자료를 작성하여 국회 법제사법위원회 개의 당일 국회 의원회관에서 기자들에게 배포한 사안에서, 피고인이 국회 법제사법위원회에서 발언할 내용이 담긴 위 보도자료를 사전에 배포한 행위는 국회의원 면책특권의 대상이 되는 직무부수행위에 해당하므로, 피고인에 대한 허위사실적시 명예훼손 및 통신비밀보호법 위반의 점에 대한 공소를 기각하여야 한다. **(대판 2011.5.13. 2009도14442)**

ㄹ. [×]

이 사건 법률조항은 국회의원으로 하여금 직무관련성이 인정되는 주식을 매각 또는 백지신탁하도록 하여 그 직무와 보유주식 간의 이해충돌을 원천적으로 방지하고 있는바, 헌법상 국회의원의 국가이익 우선의무, 지위남용 금지의무 조항 등에 비추어 볼 때 이는 정당한 입법목적을 달성하기 위한 적절한 수단이다. 나아가 …보다 완화된 사전적 이해충돌회피수단이라 할 수 있는 직무회피나 단순보관신탁만으로는 이 사건 법률조항과 같은 수준의 입법목적 달성효과를 가져올 수 있을지 단정할 수 없다는 점에 비추어 최소침해성원칙에 반한다고 볼 수 없고, 국회의원의 공정한 직무수행에 대한 국민의 신뢰확보는 가히 돈으로 환산할 수 없는 가치를 지니는 점 등을 고려해 볼 때, 이 사건 법률조항으로 인한 사익의 침해가 그로 인해 확보되는 공익보다 반드시 크다고는 볼 수 없으므로 법익균형성원칙 역시 준수하고 있다. 따라서 이 사건 법률조항은 당해사건 원고의 재산권을 침해하지 아니한다. **(헌재 2012.8.23. 2010헌가65)**

ㅁ. [×]

심판대상조항은 비례대표국회의원 후보자명부상의 차순위 후보자의 승계까지 부인함으로써 선거를 통하여 표출된 선거권자들의 정치적 의사표명을 무시·왜곡하는 결과를 초래하고, 선거범죄에 관하여 귀책사유도 없는 정당이나 차순위 후보자에게 불이익을 주는 것은 필요 이상의 지나친 제재를 규정한 것이라고 보지 않을 수 없으므로, 과잉금지원칙에 위배하여 청구인들의 공무담임권을 침해한 것이다. **(헌재 2009. 10.29. 2009헌마350)**

84

국회의원에 관한 설명 중 옳은 것은? (다툼이 있는 경우 판례에 의함) [20 변호사]

① 국회의원이 자신의 발언 내용이 허위라는 점을 인식하지 못하여 발언 내용에 다소 근거가 부족하거나 진위 여부를 확인하기 위한 조사를 제대로 하지 않았다면, 발언이 직무수행의 일환으로 이루어졌더라도 면책특권의 대상이 되지 않는다.

② 대통령이 국회의 동의 절차를 거치지 아니한 채 입법사항에 관한 조약을 체결·비준한 경우, 국회의 조약에 대한 체결·비준 동의권이 침해되었을 뿐 아니라 국회의원 개인의 심의·표결권이 침해되었으므로 국회의원은 대통령을 피청구인으로 하여 권한쟁의심판을 청구할 수 있다.

③ 사립대학 교원이 국회의원으로 당선된 경우 임기개시일 전까지 그 직을 사직하도록 강제하는 것은, 당선된 사립학교 교원으로 하여금 그 직을 휴직하게 하는 것만으로도 충분히 국회의원으로서의 공정성과 직무전념성을 확보할 수 있으므로 사립학교 교원의 공무담임권을 침해한다.

④ 국회의장이 적법한 반대토론 신청이 있었음에도 반대토론을 허가하지 않고 토론절차를 생략하기 위한 의결을 거치지도 않은 채 법률안들에 대한 표결절차를 진행한 것은 국회의원의 법률안 심의·표결권을 침해한 것이며, 국회의원의 법률안 심의·표결권 침해가 확인된 이상 그 법률안의 가결선포 행위는 무효이다.

⑤ 국회의원의 법률안 심의·표결권은 국민에 의하여 선출된 국가기관으로서 국회의원이 그 본질적 임무인 입법에 관한 직무를 수행하기 위해서 보유하는 권한으로서의 성격을 갖고 있으므로 국회의원의 개별적인 의사에 따라 포기할 수 있는 것은 아니다.

84 정답 ⑤

핵심공략

- 발언 내용이 허위라는 점을 인식하지 못하였다면 비록 발언 내용에 다소 근거가 부족하거나 진위 여부를 확인하기 위한 조사를 제대로 하지 않았다고 하더라도, 그것이 직무수행의 일환으로 이루어진 것인 이상 면책특권의 대상 O
- 국회의원의 심의·표결권은 국회의 대내적인 관계에서 행사되고 침해될 수 있을 뿐, 다른 국가기관과의 대외적인 관계에서는 침해될 수 없는 것
- 사립대학 교원이 국회의원으로 당선된 경우 임기개시일 전까지 그 직을 사직하도록 한 규정: 사립학교 교원의 공무담임권을 침해 ×
- 국회의원의 의안에 대한 심의·표결권: 국회의원의 개별적인 의사에 따라 포기 不可

① [×]

해설 헌법 제45조에서 규정하는 국회의원의 면책특권은 국회의원이 국민의 대표자로서 국회 내에서 자유롭게 발언하고 표결할 수 있도록 보장함으로써 국회가 입법 및 국정통제 등 헌법에 의하여 부여된 권한을 적정하게 행사하고 그 기능을 원활하게 수행할 수 있도록 보장하는 데 그 취지가 있다. 이러한 면책특권의 목적 및 취지 등에 비추어 볼 때, 발언 내용 자체에 의하더라도 직무와는 아무런 관련이 없음이 분명하거나, 명백히 허위임을 알면서도 허위의 사실을 적시하여 타인의 명예를 훼손하는 경우 등까지 면책특권의 대상이 될 수는 없지만, 발언 내용이 허위라는 점을 인식하지 못하였다면 비록 발언 내용에 다소 근거가 부족하거나 진위 여부를 확인하기 위한 조사를 제대로 하지 않았다고 하더라도, 그것이 직무 수행의 일환으로 이루어진 것인 이상 이는 면책특권의 대상이 된다. **(대판 2007.1.12. 2005다57752)**

② [×]

해설 국회의원의 심의·표결권은 국회의 대내적인 관계에서 행사되고 침해될 수 있을 뿐 다른 국가기관과의 대외적인 관계에서는 침해될 수 없는 것이므로, 국회의원들 상호간 또는 국회의원과 국회의장 사이와 같이 국회 내부적으로만 직접적인 법적 연관성을 발생시킬 수 있을 뿐이고 대통령 등 국회 이외의 국가기관과 사이에서는 권한침해의 직접적인 법적 효과를 발생시키지 아니한다. 따라서 피청구인인 대통령이 국회의 동의 없이 조약을 체결·비준하였다 하더라도 국회의원인 청구인들의 심의·표결권이 침해될 가능성은 없다. **(헌재 2007.7.26. 2005헌라8)**

③ [×]

해설 사립대학 교원이 국회의원으로 당선된 경우 임기개시일 전까지 그 직을 사직하도록 규정한 심판대상조항은 국회의원의 직을 수행하는 동안 업무수행에 있어서 공정성을 확보하고 국회의원의 성실한 의정활동을 보장함과 동시에 국회의원으로 당선된 교원의 공백이 장기간 계속되어 학생들의 충실한 수업을 받을 권리가 침해되는 것을 방지하고자 함에 그 목적이 있고, 위 조항은 이러한 목적을 달성하기 위한 적절한 수단이다. 국회의원 임기동안 사립대학 교원의 직을 휴직하는 것만으로는 직무의 공정성이 훼손될 가능성이 여전히 존재하고, 사립대학 교원의 휴직이 장기화될 경우에는 학생들의 수업권이 적절히 보장되지 않을 우려도 적지 않다. … 심판대상조항은 국회의원의 직무수행에 있어 공정성과 전념성을 확보하여 국회가 본연의 기능을 충실히 수행하도록 하는 동시에 대학교육을 정상화하기 위한 것이므로, 입법자가 이를 심판대상조항으로 인해 발생하는 공무담임권 및 직업선택의 자유에 대한 제한보다 중시한다고 해서 법익의 균형성 원칙에도 위반된다고 보기 어렵다. **(헌재 2015.4.30. 2014헌마621)**

④ [×]

해설 [1] '한국정책금융공사법안' 및 '신용정보의 이용 및 보호에 관한 법률 전부개정법률안(대안)'은 위원회의 심사를 거친 안건이지만 청구인으로부터 적법한 반대토론 신청이 있었으므로 원칙적으로 피청구인이 그 반대토론 절차를 생략하기 위해서는 반드시 본회의 의결을 거쳐야 할 것인데(국회법 제93조 단서), 피청구인(국회의장)은 청구인의 반대토론 신청이 적법하게 이루어졌음에도 이를 허가하지 않고 나아가 토론절차를 생략하기 위한 의결을 거치지도 않은 채 이 사건 법률안들에 대한 표결절차를 진행하였으므로, 이는 국회법 제93조 단서를 위반하여 청구인의 법률안 심의·표결권을 침해하였다. [2] 국회의 입법과 관련하여 일부 국회의원들의 권한이 침해되었다 하더라도 그것이 다수결의 원칙**(헌법 제49조)**과 회의공개의 원칙**(헌법 제50조)**과 같은 입법절차에 관한 헌법의 규정을 명백히 위반한 흠에 해당하는 것이 아니라면 그 법률안의 가결 선포행위를 곧바로 무효로 볼 것은 아닌데, 피청구인의 이 사건 법률안들에 대한 가결 선포행위는 그것이 입법절차에 관한 헌법규정을 위반하였다는 등 가결 선포행위를 취소 또는 무효로 할 정도의 하자에 해당한다고 보기는 어렵다. **(헌재 2011.8.30. 2009헌라7)**

⑤ [○]

해설 국회의원의 의안에 대한 심의·표결권은 국민에 의하여 선출된 국가기관인 국회의원이 그 본연의 업무를 수행하기 위하여 가지고 있는 본질적 권한이라고 할 것이므로, 국회의원의 개별적인 의사에 따라 포기할 수 있는 성질의 것이 아니라 할 것이다. **(헌재 2010.12.28. 2008헌라7 등)**

Chapter

03 대통령과 정부

1. 대통령

85

통치행위에 관한 판례의 내용 중 옳지 않은 것은? [14 변호사]

① 대통령의 비상계엄의 선포나 확대 행위는 고도의 정치적·군사적 성격을 지니고 있는 행위라 할 것이므로, 그것이 누구에게도 일견하여 헌법이나 법률에 위반되는 것으로서 명백하게 인정될 수 있는 경우라면 몰라도, 그러하지 아니한 이상 그 계엄선포의 요건 구비 여부나 선포의 당·부당을 판단할 권한이 사법부에는 없다고 할 것이나, 비상계엄의 선포나 확대가 국헌문란의 목적을 달성하기 위하여 행하여진 경우에는 법원은 그 자체가 범죄행위에 해당하는지의 여부에 관하여 심사할 수 있다.

② 헌법재판소는 대통령의 긴급재정경제명령은 국가긴급권의 일종으로서 고도의 정치적 결단에 의하여 발동되는 행위이고, 그 결단을 존중하여야 할 필요성이 있는 행위라는 의미에서 이른바 통치행위에 속한다고 판시하였다.

③ 헌법재판소는 고도의 정치적 결단에 의하여 행해지는 국가작용이라고 할지라도 그것이 국민의 기본권 침해와 직접 관련되는 경우에는 헌법재판소의 심판대상이 된다고 판시하였다.

④ 헌법재판소는 대통령이 국군을 이라크에 파견하기로 한 결정은 그 성격상 국방 및 외교에 관련된 고도의 정치적 결단을 요하는 문제로서, 헌법과 법률이 정한 절차를 지켜 이루어진 것임이 명백하므로, 대통령과 국회의 판단은 존중되어야 하고 헌법재판소가 사법적 기준만으로 이를 심판하는 것은 자제되어야 한다고 판시하였다.

⑤ 대법원은 남북정상회담의 개최 및 이 과정에서 정부의 승인을 얻지 아니한 채 북한 측에 사업권의 대가 명목으로 송금한 행위 등은 고도의 정치적 성격을 지니고 있는 행위라 할 것이므로 특별한 사정이 없는 한 그 당부를 심판하는 것은 사법권의 내재적·본질적 한계를 넘어서는 것으로서 사법심사의 대상이 될 수 없다고 보았다.

85

정답 ⑤

> **핵심공략**
>
> ▪ 비상계엄의 선포나 확대가 국헌문란의 목적을 달성하기 위하여 행하여진 경우, 법원은 그 자체가 범죄행위에 해당하는지의 여부에 관하여 심사 可
>
> ▪ 대통령의 긴급재정경제명령은 국가긴급권의 일종으로서 고도의 정치적 결단에 의하여 발동되는 행위(통치행위)에 해당 O
>
> ⇨ 국민의 기본권 침해와 직접 관련되는 경우에는 당연히 헌법재판소의 심판대상 O
>
> ▪ 외국에의 국군의 파견결정은 고도의 정치적 결단이 요구되는 사안에 해당 O
>
> ⇨ 대의기관인 대통령과 국회의 그와 같은 고도의 정치적 결단은 가급적 존중되어야 O
>
> ▪ 남북정상회담의 개최과정에서 재정경제부장관에게 신고하지 아니하거나 통일부장관의 협력사업 승인을 얻지 아니한 채 북한측에 사업권의 대가 명목으로 송금한 행위 자체는 사법심사의 대상 O

① [ㅇ]

해설 대판 1997.4.17. 96도3376(全)

②, ③ [ㅇ]

해설 대통령의 긴급재정경제명령은 국가긴급권의 일종으로서 고도의 정치적 결단에 의하여 발동되는 행위이고 그 결단을 존중하여야 할 필요성이 있는 행위라는 의미에서 이른바 통치행위에 속한다고 할 수 있으나, 통치행위를 포함하여 모든 국가작용은 국민의 기본권적 가치를 실현하기 위한 수단이라는 한계를 반드시 지켜야 하는 것이고, 헌법재판소는 헌법의 수호와 국민의 기본권 보장을 사명으로 하는 국가기관이므로 비록 고도의 정치적 결단에 의하여 행해지는 국가작용이라고 할지라도 그것이 국민의 기본권 침해와 직접 관련되는 경우에는 당연히 헌법재판소의 심판대상이 된다. (헌재 1996.2.29. 93헌마186)

④ [ㅇ]

해설 외국에의 국군의 파견결정은 파견군인의 생명과 신체의 안전뿐만 아니라 국제사회에서의 우리나라의 지위와 역할, 동맹국과의 관계, 국가안보문제 등 궁극적으로 국민 내지 국익에 영향을 미치는 복잡하고도 중요한 문제로서 국내 및 국제정치관계 등 제반상황을 고려하여 미래를 예측하고 목표를 설정하는 등 고도의 정치적 결단이 요구되는 사안이다. 따라서 그와 같은 결정은 그 문제에 대해 정치적 책임을 질 수 있는 국민의 대의기관이 관계분야의 전문가들과 광범위하고 심도 있는 논의를 거쳐 신중히 결정하는 것이 바람직하며 우리 헌법도 그 권한을 국민으로부터 직접 선출되고 국민에게 직접 책임을 지는 대통령에게 부여하고 그 권한행사에 신중을 기하도록 하기 위해 국회로 하여금 파병에 대한 동의여부를 결정할 수 있도록 하고 있는바, 현행 헌법이 채택하고 있는 대의민주제 통치구조 하에서 대의기관인 대통령과 국회의 그와 같은 고도의 정치적 결단은 가급적 존중되어야 한다. (헌재 2004.4.29. 2003헌마814)

⑤ [×]

해설 남북정상회담의 개최는 고도의 정치적 성격을 지니고 있는 행위라 할 것이므로 특별한 사정이 없는 한 그 당부를 심판하는 것은 사법권의 내재적·본질적 한계를 넘어서는 것이 되어 적절하지 못하지만, 남북정상회담의 개최과정에서 재정경제부장관에게 신고하지 아니하거나 통일부장관의 협력사업 승인을 얻지 아니한 채 북한측에 사업권의 대가 명목으로 송금한 행위 자체는 헌법상 법치국가의 원리와 법 앞에 평등원칙 등에 비추어 볼 때 사법심사의 대상이 된다. (대판 2004.3.26. 2003도7878)

86

대통령의 권한행사에 관한 설명 중 옳지 않은 것은? (다툼이 있는 경우 판례에 의함) [19 변호사]

① 사면은 형의 선고의 효력 또는 공소권을 상실시키거나, 형의 집행을 면제시키는 국가원수의 고유한 권한을 의미하며, 사법부의 판단을 변경하는 제도로서 권력분립의 원리에 대한 예외가 된다.

② 일반사병 이라크 파병결정은 그 성격상 국방 및 외교에 관련된 고도의 정치적 결단을 요하는 문제로서, 헌법과 법률이 정한 절차를 지켜 이루어진 것임이 명백하다면, 대통령과 국회의 판단은 존중되어야 하고 헌법재판소가 사법적 기준만으로 이를 심판하는 것은 자제되어야 한다.

③ 대통령은 전시·사변 또는 이에 준하는 국가비상사태에 있어서 병력으로써 군사상의 필요에 응하거나 공공의 안녕질서를 유지할 필요가 있을 때에는 법률이 정하는 바에 의하여 계엄을 선포할 수 있다.

④ 대통령은 행정부의 수반으로서 국가가 국민의 생명과 신체의 안전 보호의무를 충실하게 이행할 수 있도록 권한을 행사하고 직책을 수행하여야 하는 의무를 부담하지만, 국민의 생명이 위협받는 재난상황이 발생하였다고 하여 대통령이 직접 구조 활동에 참여하여야 하는 등 구체적이고 특정한 행위의무까지 바로 발생한다고 보기는 어렵다.

⑤ 대통령이 국회 본회의에서 행한 시정연설에서 정책과 결부하지 않고 단순히 대통령의 신임 여부만을 묻는 국민투표를 실시하고자 한다고 밝힌 것은 「헌법재판소법」 제68조 제1항의 헌법소원의 대상이 되는 "공권력의 행사"에 해당한다.

86

정답 ⑤

핵심공략

- 사면은 국가원수의 고유한 권한으로서 사법부의 판단을 변경하는 제도
  ⇨ 권력분립의 원리에 대한 예외 O
- 외국에의 국군의 파견결정은 고도의 정치적 결단이 요구되는 사안에 해당 O
  ⇨ 대의기관인 대통령과 국회의 그와 같은 고도의 정치적 결단은 가급적 존중되어야 O
- 대통령은 전시·사변 또는 이에 준하는 국가비상사태에 있어서 병력으로써 군사상의 필요에 응하거나 공공의 안녕질서를 유지할 필요가 있을 때에는 법률이 정하는 바에 의하여 계엄 선포 可能
- 대통령에게 국민의 생명이 위협받는 재난상황이 발생하였다고 하여 피청구인이 직접 구조 활동에 참여하여야 하는 등 구체적이고 특정한 행위의무까지 바로 발생 ×
- 대통령이 국회 본회의에서 행한 시정연설에서 정책과 결부하지 않고 단순히 대통령의 신임 여부만을 묻는 국민투표를 실시하고자 한다고 밝힌 것은 단순한 정치적 제안의 피력에 불과
  ⇨ 헌법소원의 대상이 되는 "공권력의 행사" 해당 ×

① [○]

해설 사면은 형의 선고의 효력 또는 공소권을 상실시키거나, 형의 집행을 면제시키는 국가원수의 고유한 권한을 의미하며, 사법부의 판단을 변경하는 제도로서 권력분립의 원리에 대한 예외가 된다. 사면제도는 역사적으로 절대군주인 국왕의 은사권(恩赦權)에서 유래하였으며, 대부분의 근대국가에서도 유지되어 왔고, 대통령제국가에서는 미국을 효시로 대통령에게 사면권이 부여되어 있다. 사면권은 전통적으로 국가원수에게 부여된 고유한 은사권이며, 국가원수가 이를 시혜적으로 행사한다. 현대에 이르러서는 법 이념과 다른 이념과의 갈등을 조정하고, 법의 이념인 정의와 합목적성을 조화시키기 위한 제도로도 파악되고 있다. **(헌재 2000.6.1. 97헌바74)**

② [○]

해설 이라크전쟁이 … 침략전쟁인지 여부 등에 대한 판단은 대의기관인 대통령과 국회의 몫이고, 성질상 한정된 자료만을 가지고 있는 우리 재판소가 판단하는 것은 바람직하지 않다고 할 것이며, … 이 사건 파견결정은 그 성격상 국방 및 외교에 관련된 고도의 정치적 결단을 요하는 문제로서, 헌법과 법률이 정한 절차를 지켜 이루어진 것임이 명백하므로, 대통령과 국회의 판단은 존중되어야 하고 우리 재판소가 사법적 기준만으로 이를 심판하는 것은 자제되어야 한다. **(헌재 2004.4.29. 2003헌마814)**

③ [○]

조문 **헌법 제77조** ① 대통령은 전시·사변 또는 이에 준하는 국가비상사태에 있어서 병력으로써 군사상의 필요에 응하거나 공공의 안녕질서를 유지할 필요가 있을 때에는 법률이 정하는 바에 의하여 계엄을 선포할 수 있다.

④ [○]

해설 피청구인(대통령)은 행정부의 수반으로서 국가가 국민의 생명과 신체의 안전 보호의무를 충실하게 이행할 수 있도록 권한을 행사하고 직책을 수행하여야 하는 의무를 부담한다. 하지만 국민의 생명이 위협받는 재난상황이 발생하였다고 하여 피청구인이 직접 구조 활동에 참여하여야 하는 등 구체적이고 특정한 행위의무까지 바로 발생한다고 보기는 어렵다. 세월호 참사에 대한 피청구인의 대응조치에 미흡하고 부적절한 면이 있었다고 하여 곧바로 피청구인이 생명권 보호의무를 위반하였다고 인정하기는 어렵다. **(헌재 2017.3.10. 2016헌나1)**

⑤ [×]

해설 피청구인이 대통령으로서 국회 본회의의 시정연설에서 자신에 대한 신임국민투표를 실시하고자 한다고 밝혔다 하더라도, 그것이 공고와 같이 법적인 효력이 있는 행위가 아니라 단순한 정치적 제안의 피력에 불과하다고 인정되는 이상 이를 두고 헌법소원의 대상이 되는 "공권력의 행사"라고 할 수는 없으므로, 이에 대한 취소 또는 위헌확인을 구하는 청구인들의 심판청구는 모두 부적법하다. **(헌재 2003.11.27. 2003헌마694)**

87

대통령의 긴급재정경제명령권에 관한 설명 중 옳은 것[○]과 옳지 않은 것[×]을 올바르게 조합한 것은? (다툼이 있는 경우 판례에 의함) [22 변호사]

ㄱ. 긴급재정경제명령은 내우·외환·천재지변 또는 중대한 재정·경제상의 위기가 현실적으로 발생한 경우뿐만 아니라 그러한 위기가 발생할 우려가 있는 경우 사전적·예방적으로 발할 수 있다.
ㄴ. 대통령은 긴급재정경제명령을 한 때에는 지체 없이 국회에 보고하여 승인을 얻어야 하며, 승인을 얻지 못한 때에는 그 명령은 그때부터 효력을 상실한다.
ㄷ. 긴급재정경제명령이 헌법상 소정의 요건과 한계에 부합하는 것이라면 그 자체로 목적의 정당성, 수단의 적정성, 피해의 최소성, 법익의 균형성이라는 기본권 제한의 한계로서의 과잉금지원칙을 준수하는 것이 된다.
ㄹ. 긴급재정경제명령은 국가의 안전보장이나 공공의 안녕질서라는 소극적 목적뿐만 아니라 공공복지의 증진과 같은 적극적 목적을 위해서도 발할 수 있다.

① ㄱ[○], ㄴ[×], ㄷ[○], ㄹ[○]
② ㄱ[○], ㄴ[×], ㄷ[×], ㄹ[×]
③ ㄱ[×], ㄴ[○], ㄷ[○], ㄹ[×]
④ ㄱ[×], ㄴ[○], ㄷ[×], ㄹ[×]
⑤ ㄱ[×], ㄴ[×], ㄷ[×], ㄹ[○]

87

정답 ③

핵심공략

- 긴급재정경제명령 사전적·예방적으로 발할 수 ×, 공복지의 증진과 같은 적극적 목적을 위하여는 발할 수 ×
- 긴급재정경제명령 국회의 승인을 얻지 못한 때 그 때부터 효력 상실 (소급 상실 ×)
- 긴급재정경제명령이 헌법 제76조 소정의 요건과 한계에 부합
  ⇨ 과잉금지원칙 준수한 것 O

ㄱ. [×], ㄹ. [×]

해설 긴급재정경제명령은 정상적인 재정운용·경제운용이 불가능한 중대한 재정·경제상의 위기가 현실적으로 발생하여(그러므로 위기가 발생할 우려가 있다는 이유로 사전적·예방적으로 발할 수는 없다) 긴급한 조치가 필요함에도 국회의 폐회 등으로 국회가 현실적으로 집회될 수 없고 국회의 집회를 기다려서는 그 목적을 달할 수 없는 경우에 이를 사후적으로 수습함으로써 기존질서를 유지·회복하기 위하여(그러므로 공공복지의 증진과 같은 적극적 목적을 위하여는 발할 수 없다) 위기의 직접적 원인의 제거에 필수불가결한 최소의 한도 내에서 헌법이 정한 절차에 따라 행사되어야 한다. **(헌재 1996.2.29. 93헌마186)**

ㄴ. [O]

조문 **헌법 제76조** ③ 대통령은 제1항과 제2항의 처분 또는 명령을 한 때에는 지체없이 국회에 보고하여 그 승인을 얻어야 한다.

④ 제3항의 승인을 얻지 못한 때에는 그 처분 또는 명령은 그때부터 효력을 상실한다. 이 경우 그 명령에 의하여 개정 또는 폐지되었던 법률은 그 명령이 승인을 얻지 못한 때부터 당연히 효력을 회복한다.

ㄷ. [O]

해설 긴급재정경제명령이 위에서 보는 바와 같은 헌법 제76조 소정의 요건과 한계에 부합하는 것이라면 그 자체로 목적의 정당성, 수단의 적정성, 피해의 최소성, 법익의 균형성이라는 기본권제한의 한계로서의 과잉금지원칙을 준수하는 것이 되는 것이다. **(헌재 1996.2.29. 93헌마186)**

88

헌법 제72조의 국민투표부의권에 관한 설명 중 옳지 않은 것은? (다툼이 있는 경우 판례에 의함) [22 변호사]

① 헌법상 국민에게 특정 국가정책에 관하여 국민투표에 회부할 것을 요구할 권리가 인정된다고 할 수 없다.

② 대통령이 자신에 대한 재신임 국민투표를 국민들에게 제안한 것은 그 자체로서 헌법 제72조에 반하는 것으로 헌법을 실현하고 수호하여야 할 대통령의 의무를 위반한 것이다.

③ 특정 정책을 국민투표에 부치면서 자신의 신임을 결부시키는 대통령의 행위는 헌법에 위반되지 않는다.

④ 국민투표의 가능성은 국민주권주의나 민주주의원칙과 같은 일반적인 헌법원칙에 근거하여 인정될 수 없으며, 헌법에 명문으로 규정되지 않는 한 허용되지 않는다.

⑤ 대통령의 국민투표부의권은 대통령에 의한 국민투표의 정치적 남용을 방지할 수 있도록 엄격하고 축소적으로 해석되어야 한다.

88

정답 ③

핵심공략

- 국민에게 특정의 국가정책에 관하여 국민투표에 회부할 것을 요구할 권리 인정 ×
- 대통령이 자신에 대한 재신임을 국민투표의 형태로 묻고자 하는 것은 헌법 제72조에 의하여 부여받은 국민투표부의권을 위헌적으로 행사하는 경우에 해당 O
  ⇨ 헌법상 허용되지 않는 재신임 국민투표를 국민들에게 제안한 것은 그 자체로 헌법을 실현하고 수호해야 할 대통령의 의무를 위반한 것 O
- 헌법상 명시적으로 규정된 국민투표 외에 다른 형태의 국민투표 허용 ×
- 대통령의 부의권을 부여하는 헌법 제72조는 대통령에 의한 국민투표의 정치적 남용을 방지할 수 있도록 엄격하고 축소적으로 해석되어야 O

① [○]

해설 헌법 제72조는 국민투표에 부쳐질 중요정책인지 여부를 대통령이 재량에 의하여 결정하도록 명문으로 규정하고 있고 헌법재판소 역시 위 규정은 대통령에게 국민투표의 실시 여부, 시기, 구체적 부의사항, 설문내용 등을 결정할 수 있는 임의적인 국민투표발의권을 독점적으로 부여하였다고 하여 이를 확인하고 있다. 따라서 특정의 국가정책에 대하여 다수의 국민들이 국민투표를 원하고 있음에도 불구하고 대통령이 이러한 희망과는 달리 국민투표에 회부하지 아니한다고 하여도 이를 헌법에 위반된다고 할 수 없고 국민에게 특정의 국가정책에 관하여 국민투표에 회부할 것을 요구할 권리가 인정된다고 할 수도 없다. **(헌재 2005.11.24. 2005헌마579 등)**

② [○]

해설 대통령이 자신에 대한 재신임을 국민투표의 형태로 묻고자 하는 것은 헌법 제72조에 의하여 부여받은 국민투표부의권을 위헌적으로 행사하는 경우에 해당하는 것으로, 국민투표제도를 자신의 정치적 입지를 강화하기 위한 정치적 도구로 남용해서는 안 된다는 헌법적 의무를 위반한 것이다. 물론, 대통령이 위헌적인 재신임 국민투표를 단지 제안만 하였을 뿐 강행하지는 않았으나, 헌법상 허용되지 않는 재신임 국민투표를 국민들에게 제안한 것은 그 자체로서 헌법 제72조에 반하는 것으로 헌법을 실현하고 수호해야 할 대통령의 의무를 위반한 것이다. **(헌재 2004.5.14. 2004헌나1)**

③ [×]

해설 대통령은 헌법상 국민에게 자신에 대한 신임을 국민투표의 형식으로 물을 수 없을 뿐만 아니라, 특정 정책을 국민투표에 부치면서 이에 자신의 신임을 결부시키는 대통령의 행위도 위헌적인 행위로서 헌법적으로 허용되지 않는다. **(헌재 2004.5.14. 2004헌나1)**

④ [○]

해설 헌법은 명시적으로 규정된 국민투표 외에 다른 형태의 재신임 국민투표를 허용하지 않는다. 이는 주권자인 국민이 원하거나 또는 국민의 이름으로 실시하더라도 마찬가지이다. 국민은 선거와 국민투표를 통하여 국가권력을 직접 행사하게 되며, 국민투표는 국민에 의한 국가권력의 행사방법의 하나로서 명시적인 헌법적 근거를 필요로 한다. 따라서 국민투표의 가능성은 국민주권주의나 민주주의원칙과 같은 일반적인 헌법원칙에 근거하여 인정될 수 없으며, 헌법에 명문으로 규정되지 않는 한 허용되지 않는다. **(헌재 2004.5.14. 2004헌나1)**

⑤ [○]

해설 헌법 제72조는 대통령에게 국민투표의 실시 여부, 시기, 구체적 부의사항, 설문내용 등을 결정할 수 있는 임의적인 국민투표발의권을 독점적으로 부여함으로써, 대통령이 단순히 특정 정책에 대한 국민의 의사를 확인하는 것을 넘어서 자신의 정책에 대한 추가적인 정당성을 확보하거나 정치적 입지를 강화하는 등, 국민투표를 정치적 무기화하고 정치적으로 남용할 수 있는 위험성을 안고 있다. 이러한 점을 고려할 때, 대통령의 부의권을 부여하는 헌법 제72조는 가능하면 대통령에 의한 국민투표의 정치적 남용을 방지할 수 있도록 엄격하고 축소적으로 해석되어야 한다. **(헌재 2004.5.14. 2004헌나1)**

89

포괄위임금지원칙에 관한 설명 중 옳은 것[○]과 옳지 않은 것 [×]을 올바르게 조합한 것은? (다툼이 있는 경우 판례에 의함)

[21 변호사]

ㄱ. 국회입법에 대한 헌법 제40조와 행정입법에 대한 헌법 제75조 및 제95조의 의미를 체계적으로 살펴보면, 포괄위임금지원칙은 입법부와 행정부 사이의 권력배분의 문제이므로 법률이 대법원규칙에 입법을 위임할 경우 포괄위임금지원칙은 적용되지 않는다.

ㄴ. 행정각부의 장은 소관사무에 관하여 법률이나 대통령령의 위임 또는 직권으로 부령을 발할 수 있는데, 법률이 부령에 입법을 위임하는 경우 대통령령에 위임하는 경우와 마찬가지로 '구체적으로 범위를 정하여' 하여야 한다.

ㄷ. 지방의회는 민주적 정당성을 지니고 있는 주민의 대표기관이고, 헌법이 지방자치단체에 대해 포괄적인 자치권을 보장하고 있는 취지로 볼 때, 조례에 대한 법률의 위임은 법규명령에 대한 법률의 위임과 같이 반드시 구체적으로 범위를 정하여 할 필요가 없으며 포괄적인 것으로 족하다.

ㄹ. 행정규칙은 법규명령과 같은 엄격한 제정 및 개정절차를 요하지 아니하므로 위임입법이 제한적으로 인정되지만, 위임이 불가피하게 인정되는 경우 법률의 위임은 반드시 구체적·개별적으로 한정된 사항에 대하여 행해져야 하는 것은 아니다.

① ㄱ. [×], ㄴ. [×], ㄷ. [○], ㄹ. [×]
② ㄱ. [○], ㄴ. [×], ㄷ. [×], ㄹ. [○]
③ ㄱ. [×], ㄴ. [○], ㄷ. [○], ㄹ. [○]
④ ㄱ. [×], ㄴ. [○], ㄷ. [○], ㄹ. [×]
⑤ ㄱ. [○], ㄴ. [×], ㄷ. [○], ㄹ. [×]

89

정답 ④

핵심공략

- 위임입법이 대법원규칙인 경우에도 수권법률에서 포괄위임금지원칙을 준수하여야 O
- 법률이 부령에 위임하는 경우에도 대통령령에 위임하는 경우와 마찬가지로 '구체적으로 범위를 정하여' 하여야 O
- 조례에 대한 법률의 위임
  ⇨ 포괄적인 것으로도 충분 O
- 법률이 행정규칙에 위임하는 경우에도 포괄위임금지의 원칙상 법률의 위임은 반드시 구체적·개별적으로 한정된 사항에 대하여 행하여져야 O

해설 ㄱ. [×]

헌법 제75조는 "대통령은 법률에서 구체적인 범위를 정하여 위임받은 사항과 법률을 집행하기 위하여 필요한 사항에 관하여 대통령령을 발할 수 있다."고 규정하여 위임입법의 근거와 아울러 그 범위와 한계를 제시하고 있다. 헌법 제75조에 근거한 포괄위임금지원칙은 법률에 이미 대통령령 등 하위법규에 규정될 내용 및 범위의 기본사항이 구체적으로 규정되어 있어서 누구라도 당해 법률로부터 하위법규에 규정될 내용의 대강을 예측할 수 있어야 함을 의미하므로, 위임입법이 대법원규칙인 경우에도 수권법률에서 이 원칙을 준수하여야 하는 것은 마찬가지이다. 다만, 대법원규칙으로 규율될 내용들은 소송에 관한 절차와 같이 법원의 전문적이고 기술적인 사무에 관한 것이 대부분일 것인바, 법원의 축적된 지식과 실제적 경험의 활용, 규칙의 현실적 적응성과 적시성의 확보라는 측면에서 수권법률에서의 위임의 구체성·명확성의 정도는 다른 규율 영역에 비해 완화될 수 있을 것이다. (헌재 2016.6.30. 2013헌바370)

ㄴ. [○]

헌법 제95조는 부령에의 위임근거를 마련하면서 헌법 제75조와 같이 '구체적으로 범위를 정하여'라는 문구를 사용하고 있지는 않지만, 법률의 위임에 의한 대통령령에 가해지는 헌법상의 제한은 당연히 법률의 위임에 의한 부령의 경우에도 적용된다. 따라서 법률로 부령에 위임을 하는 경우라도 적어도 법률의 규정에 의하여 부령으로 규정될 내용 및 범위의 기본사항을 구체적으로 규정함으로써 누구라도 당해 법률로부터 부령에 규정될 내용의 대강을 예측할 수 있도록 하여야 한다. (헌재 2013.2.28. 2012헌가3)

ㄷ. [○]

조례의 제정권자인 지방의회는 선거를 통해서 그 지역적인 민주적 정당성을 지니고 있는 주민의 대표기관이고, 헌법이 지방자치단체에 대해 포괄적인 자치권을 보장하고 있는 취지로 볼 때 조례제정권에 대한 지나친 제약은 바람직하지 않으므로 조례에 대한 법률의 위임은 법규명령에 대한 법률의 위임과 같이 반드시 구체적으로 범위를 정하여 할 필요가 없으며 포괄적인 것으로 족하다고 할 것이다. (헌재 1995.4.20. 92헌마264 등)

ㄹ. [×]

행정규칙은 법규명령과 같은 엄격한 제정 및 개정절차를 요하지 아니하므로, 기본권을 제한하는 작용을 하는 법률이 입법위임을 할 때에는 대통령령, 총리령, 부령 등 법규명령에 위임함이 바람직하고, 고시와 같은 형식으로 입법위임을 할 때에는 적어도 행정규제기본법 제4조 제2항 단서에서 정한 바와 같이 법령이 전문적·기술적 사항이나 경미한 사항으로서 업무의 성질상 위임이 불가피한 사항에 한정된다 할 것이고, 그러한 사항이라 하더라도 포괄위임금지의 원칙상 법률의 위임은 반드시 구체적·개별적으로 한정된 사항에 대하여 행하여져야 한다. (헌재 2008.7.31. 2005헌마667 등)

90

입법부작위에 관한 설명 중 옳지 않은 것은? (다툼이 있는 경우 판례에 의함) [20 변호사]

① 입법부가 법률로써 행정부에게 특정한 사항을 위임했음에도 불구하고 행정부가 정당한 이유 없이 이를 이행하지 않는다면 권력분립의 원칙과 법치국가 내지 법치행정의 원칙에 위배되는 것으로서 위법함과 동시에 위헌적인 것이 된다.

② 행정부가 위임입법에 따른 시행령을 제정하지 않거나 개정하지 않은 것에 대한 정당한 이유가 있음을 주장하기 위해서는 그 위임입법 자체가 헌법에 위반된다는 것이 누가 보아도 명백하거나, 위임입법에 따른 행정입법의 제정이나 개정이 당시 실시되고 있는 전체적인 법질서 체계와 조화되지 아니하여 그 위임입법에 따른 행정입법 의무의 이행이 오히려 헌법질서를 파괴하는 결과를 가져옴이 명백할 정도는 되어야 한다.

③ 입법자가 불충분하게 규율한 이른바 부진정입법부작위에 대하여 헌법소원을 제기하려면 그것이 평등의 원칙에 위배된다는 등 헌법위반을 내세워 적극적인 헌법소원을 제기하여야 하며, 이 경우에는 기본권 침해 상태가 계속되고 있으므로 「헌법재판소법」 소정의 제소기간을 준수할 필요는 없다.

④ 행정소송은 구체적 사건에 대한 법률상 분쟁을 법에 의하여 해결함으로써 법적 안정을 기하자는 것이므로, 추상적인 법령에 관한 제정의 여부 등은 부작위위법확인소송의 대상이 될 수 없다.

⑤ 상위 법령이 행정입법에 위임하고 있더라도, 하위 행정입법의 제정 없이 상위 법령의 규정만으로도 법률의 집행이 이루어질 수 있는 경우라면 하위 행정입법을 하여야 할 헌법적 작위의무는 인정되지 아니한다.

90

정답 ③

핵심공략

- 입법부가 법률로써 행정부에게 특정한 사항을 위임했음에도 불구하고 행정부가 정당한 이유 없이 이를 이행하지 않는다면 권력분립의 원칙과 법치국가 내지 법치행정의 원칙에 위배되는 것으로서 위법함과 동시에 위헌적인 것 O
- 행정부가 위임입법에 따른 시행명령을 제정하지 않거나 개정하지 않은 것에 '정당한 이유' 인정요건: 그 위임입법 자체가 헌법에 위반된다는 것이 명백하거나, 행정입법 의무의 이행이 오히려 헌법질서를 파괴하는 결과를 가져옴이 명백할 정도는 되어야 O
- 부진정 입법부작위의 경우, 결함이 있는 당해 입법규정 그 자체를 대상으로 하여 그것이 평등의 원칙에 위배된다는 등 헌법위반을 내세워 적극적인 헌법소원을 제기하여야 O, 청구기간을 준수하여야 O
- 추상적인 법령에 관하여 제정의 여부 등은 그 자체로서 행정소송의 대상 ×
- 하위 행정입법의 제정 없이 상위 법령의 규정만으로도 집행이 이루어질 수 있는 경우, 하위 행정입법을 하여야 할 헌법적 작위의무는 인정 ×

① [○]

해설 입법부가 법률로써 행정부에게 특정한 사항을 위임했음에도 불구하고 행정부가 정당한 이유 없이 이를 이행하지 않는다면 권력분립의 원칙과 법치국가 내지 법치행정의 원칙에 위배되는 것으로서 위법함과 동시에 위헌적인 것이 되는바, 구 군법무관임용법 제5조 제3항과 군법무관임용 등에 관한 법률 제6조가 군법무관의 보수를 법관 및 검사의 예에 준하도록 규정하면서 그 구체적 내용을 시행령에 위임하고 있는 이상, 위 법률의 규정들은 군법무관의 보수의 내용을 법률로써 일차적으로 형성한 것이고, 위 법률들에 의해 상당한 수준의 보수청구권이 인정되는 것이므로, 위 보수청구권은 단순한 기대이익을 넘어서는 것으로서 법률의 규정에 의해 인정된 재산권의 한 내용이 되는 것으로 봄이 상당하고, 따라서 행정부가 정당한 이유 없이 시행령을 제정하지 않은 것은 위 보수청구권을 침해하는 불법행위에 해당한다. **(대판 2007.11.29. 2006다3561)**

② [○]

해설 행정부가 위임 입법에 따른 시행명령을 제정하지 않거나 개정하지 않은 것에 정당한 이유가 있었다면 그런 경우에는 헌법재판소가 위헌확인을 할 수는 없다. 그러한 '정당한 이유'가 인정되기 위해서는 그 위임입법 자체가 헌법에 위반된다는 것이 명백하거나, 행정입법 의무의 이행이 오히려 헌법질서를 파괴하는 결과를 가져옴이 명백할 정도는 되어야 한다. **(헌재 2004.2.26. 2001헌마718)**

③ [×]

해설 행정입법의 경우에도 "부진정 입법부작위"를 대상으로 헌법소원을 제기하려면 그 입법부작위를 헌법소원의 대상으로 삼을 수는 없고, 결함이 있는 당해 입법규정 그 자체를 대상으로 하여 그것이 평등의 원칙에 위배된다는 등 헌법위반을 내세워 적극적인 헌법소원을 제기하여야 하며, 이 경우에는 법령에 의하여 직접 기본권이 침해되는 경우라고 볼 수 있으므로 헌법재판소법 제69조 제1항 소정의 청구기간을 준수하여야 한다. **(헌재 2009.7.14. 2009헌마349)**

④ [○]

해설 행정입법부작위에 대해서 법원에 부작위위법확인소송을 제기할 수 있는지가 문제되는데, 대법원은 행정소송은 구체적 사건에 대한 법률상 분쟁을 법에 의하여 해결함으로써 법적 안정을 기하자는 것이므로 부작위위법확인소송의 대상이 될 수 있는 것은 구체적 권리의무에 관한 분쟁이어야 하고, 추상적인 법령에 관하여 제정의 여부 등은 그 자체로서 국민의 구체적인 권리의무에 직접적 변동을 초래하는 것이 아니어서 행정소송의 대상이 될 수 없다고 하여**(대판 1992.5.8. 91누11261)**, 행정입법부작위에 대한 부작위위법확인소송을 인정하지 않는다.

⑤ [○]

해설 삼권분립의 원칙, 법치행정의 원칙을 당연한 전제로 하고 있는 우리 헌법 하에서 행정권의 행정입법 등 법집행의무는 헌법적 의무라고 보아야 할 것이다. 그런데 이는 행정입법의 제정이 법률의 집행에 필수불가결한 경우로서 행정입법을 제정하지 아니하는 것이 곧 행정권에 의한 입법권 침해의 결과를 초래하는 경우를 말하는 것이므로, 만일 하위 행정입법의 제정 없이 상위 법령의 규정만으로도 집행이 이루어질 수 있는 경우라면 하위 행정입법을 하여야 할 헌법적 작위의무는 인정되지 아니한다. **(헌재 2005.12.22. 2004헌마66)**

▶ 사법시험법과 동법시행령이 '성적의 세부산출방법 그 밖에 합격결정에 필요한 사항'에 대하여 법무부령에 의한 규율을 예정하고 있지만, 사법시험법과 동법시행령이 사법시험의 성적을 산출하여 합격자를 결정하는데 지장이 없을 정도로 충분한 규정을 두고 있기 때문에, '성적의 세부산출방법 그 밖에 합격결정에 필요한 사항'에 관한 법무부령의 제정이 사법시험법의 집행에 필수불가결한 것이라고 보기 어렵다. 따라서 법무부장관이 사법시험의 '성적의 세부산출방법'에 관한 법무부령을 제정하여야 할 헌법적 작위의무가 있다고 보기 어렵다고 한 사례.

91

행정입법에 관한 설명 중 옳지 않은 것을 모두 고른 것은? (다툼이 있는 경우 판례에 의함) [17 변호사]

ㄱ. 삼권분립의 원칙, 법치행정의 원칙을 당연한 전제로 하고 있는 우리 헌법 하에서 행정권의 행정입법 등 법집행의무는 헌법적 의무라고 보아야 할 것이므로, 하위 행정입법의 제정 없이 상위 법령의 규정만으로 집행이 이루어질 수 있는 경우라도 하위 행정입법을 하여야 할 헌법적 작위의무는 인정된다.

ㄴ. 법령의 직접적인 위임에 따라 수임행정기관이 그 법령을 시행하는데 필요한 구체적 사항을 정한 것이면, 그 제정형식이 고시, 훈령, 예규 등과 같은 행정규칙이더라도 그것이 상위법령의 위임한계를 벗어나지 아니하는 한, 상위법령과 결합하여 대외적인 구속력을 갖는 법규명령으로서 기능하고 있는 것으로 볼 수 있으므로 「헌법재판소법」 제68조 제1항에 의한 헌법소원의 대상이 되는 공권력 행사에 해당한다.

ㄷ. 헌법이 인정하고 있는 위임입법의 형식은 예시적인 것으로 보아야 하고, 법률이 일정한 사항을 행정규칙에 위임하더라도 그 행정규칙은 위임된 사항만을 규율할 수 있으므로 국회입법의 원칙과 상치된다고 할 수 없다.

ㄹ. 법령에서 행정처분의 요건 중 일부 사항을 부령으로 정할 것을 위임한 데 따라 시행규칙 등 부령에서 이를 정한 경우에 그 부령의 규정은 국민에 대해서도 구속력이 있는 법규명령에 해당한다고 할 것이지만, 법령의 위임이 없음에도 법령에 규정된 처분 요건에 해당하는 사항을 부령에서 변경하여 규정한 경우에는 그 부령의 규정은 행정청 내부의 사무처리 기준 등을 정한 것으로서 행정조직 내에서 적용되는 행정명령의 성격을 지닐 뿐 국민에 대한 대외적 구속력은 없다.

① ㄱ
② ㄱ, ㄴ
③ ㄴ, ㄹ
④ ㄷ, ㄹ
⑤ ㄱ, ㄷ, ㄹ

91 정답 ①

핵심공략

- 하위 행정입법의 제정 없이 상위 법령의 규정만으로도 집행이 이루어질 수 있는 경우, 하위 행정입법을 하여야 할 헌법적 작위의무는 인정 ×
- 법령의 직접적인 위임에 따라 수임행정기관이 그 법령을 시행하는 데 필요한 구체적 사항을 법규명령이 아닌 고시, 훈령, 예규 등과 같은 행정규칙으로 정한 경우, 그것이 상위법령의 위임한계를 벗어나지 아니하는 한, 상위법령과 결합하여 대외적 구속력을 갖는 법규명령으로서 기능 O
- 헌법이 인정하고 있는 위임입법의 형식은 예시적인 것 O, 법률이 행정규칙에 위임하더라도 그 행정규칙은 위임된 사항만을 규율할 수 있으므로, 국회입법의 원칙과 상치되지도 ×
- 법령의 위임이 없음에도 법령에 규정된 처분 요건에 해당하는 사항을 부령에서 변경하여 규정한 경우, 그 부령의 규정은 행정명령의 성격을 지닐 뿐 국민에 대한 대외적 구속력은 ×

해설 ㄱ. [×]

삼권분립의 원칙, 법치행정의 원칙을 당연한 전제로 하고 있는 우리 헌법 하에서 행정권의 행정입법 등 법집행의무는 헌법적 의무라고 보아야 할 것이다. 그런데 이는 행정입법의 제정이 법률의 집행에 필수불가결한 경우로서 행정입법을 제정하지 아니하는 것이 곧 행정권에 의한 입법권 침해의 결과를 초래하는 경우를 말하는 것이므로, 만일 하위 행정입법의 제정 없이 상위 법령의 규정만으로도 집행이 이루어질 수 있는 경우라면 하위 행정입법을 하여야 할 헌법적 작위의무는 인정되지 아니한다고 할 것이다. (헌재 2005.12.22. 2004헌마66; 헌재 2013.5.30. 2011헌마198)

ㄴ. [○]

법령의 직접적인 위임에 따라 수임행정기관이 그 법령을 시행하는 데 필요한 구체적 사항을 정한 것이면, 그 제정형식은 비록 법규명령이 아닌 고시, 훈령, 예규 등과 같은 행정규칙이더라도, 그것이 상위법령의 위임한계를 벗어나지 아니하는 한, 상위법령과 결합하여 대외적 구속력을 갖는 법규명령으로서 기능하게 된다. (헌재 2010.10.28. 2008헌마408 참조) 이 사건 고시조항은 뒤에서 보는 것처럼 '품질경영 및공산품안전관리법'(이하'공산품안전법'이라한다) 제22조 제1항, 제36조 제1항, 같은 법 시행령 제19조 제1항 제23호, 같은 법 시행규칙 제2조 제3항이 위임하는 바에 따라 PVC관 안전기준의 적용범위에 관하여 규정하고 있다.

따라서 이 사건 고시조항은 그 제정형식이 국가기술표준원장의 고시라는 행정규칙에 불과하지만, 상위법령이 위임한 내용을 구체적으로 보충하거나 세부적인 사항을 규율함으로써 상위법령인 공산품안전법령과 결합하여 대외적인 구속력을 갖는 법규명령의 성격을 가지므로, 헌법소원의 대상이 되는 공권력 행사에 해당한다. (헌재 2015.3.26. 2014헌마372)

ㄷ. [○]

헌법이 인정하고 있는 위임입법의 형식은 예시적인 것으로 보아야 할 것이고, 그것은 법률이 행정규칙에 위임하더라도 그 행정규칙은 위임된 사항만을 규율할 수 있으므로, 국회입법의 원칙과 상치되지도 않는다. 다만, 형식의 선택에 있어서 규율의 밀도와 규율영역의 특성이 개별적으로 고찰되어야 할 것이고, 그에 따라 입법자에게 상세한 규율이 불가능한 것으로 보이는 영역이라면 행정부에게 필요한 보충을 할 책임이 인정되고 극히 전문적인 식견에 좌우되는 영역에서는 행정기관에 의한 구체화의 우위가 불가피하게 있을 수 있다. 그러한 영역에서 행정규칙에 대한 위임입법이 제한적으로 인정될 수 있다. (헌재 2004.10.28. 99헌바91)

ㄹ. [○]

법령의 위임이 없음에도 법령에 규정된 처분 요건에 해당하는 사항을 부령에서 변경하여 규정한 경우, 부령 규정의 법적 성격 및 처분의 적법 여부를 판단하는 기준: 법령에서 행정처분의 요건 중 일부 사항을 부령으로 정할 것을 위임한 데 따라 시행규칙 등 부령에서 이를 정한 경우에 그 부령의 규정은 국민에 대해서도 구속력이 있는 법규명령에 해당한다고 할 것이지만, 법령의 위임이 없음에도 법령에 규정된 처분 요건에 해당하는 사항을 부령에서 변경하여 규정한 경우에는 그 부령의 규정은 행정청 내부의 사무처리 기준 등을 정한 것으로서 행정조직 내에서 적용되는 행정명령의 성격을 지닐 뿐 국민에 대한 대외적 구속력은 없다고 보아야 한다. 따라서 어떤 행정처분이 그와 같이 법규성이 없는 시행규칙 등의 규정에 위배된다고 하더라도 그 이유만으로 처분이 위법하게 되는 것은 아니라 할 것이고, 또 그 규칙 등에서 정한 요건에 부합한다고 하여 반드시 그 처분이 적법한 것이라고 할 수도 없다. 이 경우 처분의 적법 여부는 그러한 규칙 등에서 정한 요건에 합치하는지 여부가 아니라 일반 국민에 대하여 구속력을 가지는 법률 등 법규성이 있는 관계 법령의 규정을 기준으로 판단하여야 한다. (대판 2013.9.12. 2011두10584)

92

위임입법에 관한 설명 중 옳지 않은 것은? (다툼이 있는 경우 판례에 의함) [20 변호사]

① 헌법이 인정하고 있는 위임입법의 형식은 예시적인 것으로 보아야 할 것이고, 법률이 입법사항을 고시와 같은 행정규칙의 형식으로 위임하더라도 그 행정규칙은 위임된 사항만을 규율할 수 있으므로, 국회입법원칙과 상치되지 않는다.

② 국가전문자격시험을 운영함에 있어 시험과목 및 시험실시에 관한 구체적인 사항을 어떻게 정할 것인가는 법률에서 반드시 직접 정하여야 하는 사항이라고 보기 어렵고, 전문자격시험에서 요구되는 기량을 갖추었는지 여부를 어떠한 방법으로 평가할 것인지 정하는 것뿐만 아니라 평가 그 자체도 전문적·기술적인 영역에 해당하므로, 시험과목 및 시험실시 등에 관한 사항을 대통령령에 위임할 필요성이 인정된다.

③ '식품접객영업자 등 대통령령으로 정하는 영업자'는 '영업의 위생관리와 질서유지, 국민의 보건위생 증진을 위하여 총리령으로 정하는 사항'을 지켜야 한다고 규정한 구 「식품위생법」 조항은, 수범자와 준수사항을 모두 하위법령에 위임하면서도 위임될 내용에 대해 구체화하고 있지 아니하여 그 내용들을 전혀 예측할 수 없게 하고 있으므로 포괄위임금지원칙에 위반된다.

④ 상시 4명 이하의 근로자를 사용하는 사업 또는 사업장에 대하여 대통령령으로 정하는 바에 따라 「근로기준법」의 일부 규정을 적용할 수 있도록 위임한 「근로기준법」 조항은, 종전에는 「근로기준법」을 전혀 적용하지 않던 4인 이하 사업장에 대하여 「근로기준법」을 일부나마 적용하는 것으로 범위를 점차 확대해 나간 동법 시행령의 연혁 등을 종합적으로 고려하여 볼 때, 사용자의 부담이 그다지 문제되지 않으면서 동시에 근로자의 보호필요성의 측면에서 우선적으로 적용될 수 있는 「근로기준법」의 범위를 선별하여 적용할 것을 대통령령에 위임한 것으로 볼 수 있고, 그러한 「근로기준법」 조항들이 4인 이하 사업장에 적용되리라 예측할 수 있다.

⑤ 운전면허를 받은 사람이 자동차등을 이용하여 살인 또는 강간 등 행정안전부령이 정하는 범죄행위를 한 때 운전면허를 취소하도록 하는 구 「도로교통법」 조항은 필요적 운전면허 취소 대상범죄를 자동차등을 이용하여 살인·강간 및 이에 준하는 범죄로 정하고 있으나, 위 조항에 의하더라도 하위법령에 규정될 자동차등을 이용한 범죄행위의 유형을 충분히 예측할 수 없으므로 포괄위임금지원칙에 위배된다.

92

정답 ⑤

핵심공략

- 헌법이 인정하고 있는 위임입법의 형식은 예시적인 것 O, 법률이 행정규칙에 위임하더라도 그 행정규칙은 위임된 사항만을 규율할 수 있으므로, 국회입법의 원칙과 상치되지도 X
- 국가전문자격시험을 운영함에 있어 시험과목을 포함한 시험실시에 관한 사항 및 평가 그 자체도 전문적·기술적인 영역에 해당 O
  ⇨ 대통령령에 위임할 필요성이 인정 O
- '식품접객영업자 등 대통령령으로 정하는 영업자'는 '영업의 위생관리와 질서유지, 국민의 보건위생 증진을 위하여 총리령으로 정하는 사항'을 지켜야 한다고 한 규정: 수범자와 준수사항을 모두 하위법령에 위임하면서도 위임될 내용에 대해 구체화 X
  ⇨ 그 내용들을 전혀 예측할 수 없어 포괄위임금지원칙에 위배 O
- 상시 4명 이하의 근로자를 사용하는 사업 또는 사업장에 대하여 대통령령으로 정하는 바에 따라 근로기준법의 일부 규정을 적용할 수 있도록 위임한 것: 포괄위임금지원칙 위배 X
- 운전면허를 받은 사람이 자동차등을 이용하여 살인 또는 강간 등 행정안전부령이 정하는 범죄행위를 한 때 운전면허를 취소하도록 하는 규정: '고의로 국민의 생명과 재산에 큰 위협을 초래할 수 있는 중대한 범죄'가 될 것임을 충분히 예측할 수 있으므로, 포괄위임금지원칙에 위배 X

① [O]

해설 헌법이 인정하고 있는 위임입법의 형식은 예시적인 것으로 보아야 할 것이고, 그것은 법률이 행정규칙에 위임하더라도 그 행정규칙은 위임된 사항만을 규율할 수 있으므로, 국회입법의 원칙과 상치되지도 않는다. 다만, 형식의 선택에 있어서 규율의 밀도와 규율영역의 특성이 개별적으로 고찰되어야 할 것이고, 그에 따라 입법자에게 상세한 규율이 불가능한 것으로 보이는 영역이라면 행정부에게 필요한 보충을 할 책임이 인정되고 극히 전문적인 식견에 좌우되는 영역에서는 행정기관에 의한 구체화의 우위가 불가피하게 있을 수 있다. 그러한 영역에서 행정규칙에 대한 위임입법이 제한적으로 인정될 수 있다. (헌재 2004.10.28. 99헌바91)

② [O]

해설 국가전문자격시험을 운영함에 있어 시험과목 및 시험실시에 관한 구체적인 사항을 어떻게 정할 것인가는 법률에서 반드시 직접 정하여야만 하는 사항이라고 보기 어렵고, 입법자는 시험과목 및 시험실시에 관한 내용을 직접 법률에서 정할지 이를 대통령령에 위임할 것인지를 자유롭게 선택할 수 있다고 봄이 상당하다. 한편, 입법자가 국가전문자격시험의 운영 권한을 행정부에 위임한 이상, 행정부로 하여금 해당 자격에서 필요로 하는 자질과 능력을 갖추었는지를 효과적으로 검증할 수 있는 시험제도를 운영·시행할 수 있도록 할 필요가 있는데, 시험과목을 포함한 시험실시에 관한 사항은 시험제도의 구체적 운영·시행과 관련한 전문적·기술적인 사항을 포함하고 있으며, 전문자격시험에서 요구되는 기량을 갖추었는지 여부를 어떠한 방법으로 평가할 것인지 정하는 것뿐만 아니라 평가 그 자체도 전문적·기술적인 영역에 해당하므로, 이러한 사항을 법률로 일일이 세부적인 것까지 규정하는 것은 입법기술상 적절하지 않다. 따라서 시험과목 및 시험실시 등에 관한 사항을 대통령령에 위임할 필요성이 인정된다. (헌재 2019.5.30. 2018헌마1208 등)

③ [○]

해설 '식품접객영업자 등 대통령령으로 정하는 영업자'는 '영업의 위생관리와 질서유지, 국민의 보건위생 증진을 위하여 총리령으로 정하는 사항'을 지켜야 한다고 규정한 심판대상조항은 식품접객업자를 제외한 어떠한 영업자가 하위법령에서 수범자로 규정될 것인지에 대하여 아무런 기준을 정하고 있지 않다. 비록 수범자 부분이 다소 광범위하더라도 준수사항이 구체화되어 있다면 준수사항의 내용을 통해 수범자 부분을 예측하는 것이 가능할 수 있는데, '영업의 위생관리와 질서유지', '국민의 보건위생 증진'은 매우 추상적이고 포괄적인 개념이어서 이를 위하여 준수하여야 할 사항이 구체적으로 어떠한 것인지 그 행위태양이나 내용을 예측하기 어렵다. 또한 '영업의 위생관리와 국민의 보건위생 증진'은 식품위생법 전체의 입법목적과 크게 다를 바 없고, '질서유지'는 식품위생법의 입법목적에도 포함되어 있지 않은 일반적이고 추상적인 공익의 전체를 의미함에 불과하므로, 이러한 목적의 나열만으로는 식품 관련 영업자에게 행위기준을 제공해주지 못한다. 결국 심판대상조항은 수범자와 준수사항을 모두 하위법령에 위임하면서도 위임될 내용에 대해 구체화하고 있지 아니하여 그 내용들을 전혀 예측할 수 없게 하고 있으므로, 포괄위임금지원칙에 위반된다. (헌재 2016.11.24. 2014헌가6 등)

④ [○]

해설 비록 심판대상조항이 근로기준법의 어떤 규정을 4인 이하 사업장에 적용할지에 관한 기준을 명시적으로 두고 있지 않은 것은 사실이나, 심판대상조항의 포괄위임금지원칙 위배 여부를 판단할 때에는 근로기준법이 제정된 이래로 근로기준법의 법규범성을 실질적으로 관철하기 위하여 5인 이상 사용 사업장까지 근로기준법 전부 적용사업장의 범위를 확대하고, 종전에는 근로기준법을 전혀 적용하지 않던 4인 이하 사업장에 대하여 근로기준법을 일부나마 적용하는 것으로 범위를 점차 확대해 나간 근로기준법 시행령의 연혁 및 심판대상조항의 입법취지와, 근로기준법 조항의 적용 여부를 둘러싼 근로자 보호의 필요성과 사용자의 법 준수능력 간의 조화 등을 종합적으로 고려하여야 한다. 심판대상조항은 사용자의 부담이 그다지 문제되지 않으면서 동시에 근로자의 보호필요성의 측면에서 우선적으로 적용될 수 있는 근로기준법의 범위를 선별하여 적용할 것을 대통령령에 위임한 것으로 볼 수 있고, 그러한 근로기준법 조항들이 4인 이하 사업장에 적용되리라 예측할 수 있다. 따라서 상시 4명 이하의 근로자를 사용하는 사업 또는 사업장에 대하여 대통령령으로 정하는 바에 따라 근로기준법의 일부 규정을 적용할 수 있도록 위임한 심판대상조항은 포괄위임금지원칙에 위배되지 아니한다. (헌재 2019.4.11. 2013헌바112)

⑤ [×]

해설 안전하고 원활한 교통의 확보와 자동차 이용 범죄의 예방이라는 심판대상조항의 입법목적, 필요적 운전면허취소 대상범죄를 자동차등을 이용하여 살인·강간 및 이에 준하는 정도의 흉악 범죄나 법익에 중대한 침해를 야기하는 범죄로 한정하고 있는 점, 자동차 운행으로 인한 범죄에 대한 처벌의 특례를 규정한 관련 법조항 등을 유기적·체계적으로 종합하여 보면, 결국 운전면허를 받은 사람이 자동차등을 이용하여 살인 또는 강간 등 행정안전부령이 정하는 범죄행위를 한 때 운전면허를 취소하도록 하는 심판대상조항에 의하여 하위법령에 규정될 자동차등을 이용한 범죄행위의 유형은 '범죄의 실행행위 수단으로 자동차등을 이용하여 살인 또는 강간 등과 같이 고의로 국민의 생명과 재산에 큰 위협을 초래할 수 있는 중대한 범죄'가 될 것임을 충분히 예측할 수 있으므로, 심판대상조항은 포괄위임금지원칙에 위배되지 아니한다. (헌재 2015.5.28. 2013헌가6)

93

사면에 관한 설명 중 옳지 않은 것은? (다툼이 있는 경우 판례에 의함) [14 변호사]

① 기소유예처분의 대상인 피의사실에 대하여 일반사면이 있은 경우 그 처분의 취소를 구하는 헌법소원의 경우에는 권리보호의 이익이 있다고 볼 수 없으므로 헌법소원심판청구는 적법하지 않다.

② 사립학교교원에 대한 해임처분이 무효인 경우, 해임처분을 받아 복직되지 아니한 기간 동안 법률상 당연퇴직사유인 금고 이상의 형을 선고받았으나 그 후 특별사면에 의하여 형의 선고의 효력이 상실되었다 하더라도 당연퇴직으로 말미암아 상실된 교원의 지위가 다시 회복되는 것은 아니다.

③ 현역 군인에 대하여 징계처분의 효력을 상실시키는 특별사면이 있었다고 하더라도 징계처분의 기초되는 비위사실이 현역복무부적합사유에 해당하는 경우에는 이를 이유로 현역복무부적합조사위원회에 회부하거나 전역심사위원회의 심의를 거쳐 전역명령을 할 수 있다.

④ 여러 개의 형이 병과된 사람에 대하여 그 병과형 중 일부의 집행을 면제하거나 그에 대한 형의 선고의 효력을 상실케 하는 특별사면이 있은 경우, 그 특별사면의 효력이 병과된 나머지 형에까지 미치는 것은 아니므로 징역형의 집행유예와 벌금형이 병과된 사람에 대하여 징역형의 집행유예의 효력을 상실케 하는 내용의 특별사면이 그 벌금형의 선고의 효력까지 상실케 하는 것은 아니다.

⑤ 금고 이상의 형의 선고를 받은 후 특별사면된 마주(馬主)에 대하여 경마시행규정에서 정한 필요적 등록취소사유인 '금고 이상의 형의 선고를 받은 때'에 해당된다고 보아 마주 등록을 취소할 수는 없지만, 그 기초되는 범죄사실을 들어 같은 규정에서 정한 임의적 등록취소사유인 '마주로서 품위를 손상시켰을 때'에 해당된다고 보아 마주 등록을 취소할 수 있다.

93

정답 ①

핵심공략

- 기소유예처분의 대상인 피의사실에 대하여 일반사면이 있은 경우 그 처분의 취소를 구하는 헌법소원의 경우, 일반사면이 있었다고 하더라도 권리보호의 이익 인정 O
- 사면의 효과 소급 ×
  ⇨ 교원이 복직되지 아니한 기간 동안 당연퇴직 사유인 금고 이상의 형을 받았다면, 그 후 특별사면에 의하여 위 금고 이상의 형의 선고의 효력이 상실되었다 할지라도 상실된 교원의 지위가 다시 회복 ×
- 현역복무부적합자 전역제도는 징계제도와 차이가 있으므로, 징계처분의 효력을 상실시키는 특별사면이 있었다고 하더라도 징계처분의 기초되는 비위사실이 현역복무부적합사유에 해당하는 경우 전역명령 可能
- 징역형의 집행유예와 벌금형이 병과된 자에 대한 징역형의 집행유예의 효력을 상실케 하는 내용의 특별사면이 그 벌금형의 선고의 효력까지 상실케 ×
- 금고 이상의 형의 선고를 받은 후 특별사면된 마주(馬主)에 대하여, 임의적 등록취소사유인 '마주로서 품위를 손상시켰을 때'에 해당된다고 보아 마주 등록을 취소 可能

① [×]

해설 1995.12.2. 대통령령 제14818호로 공포·시행된 일반사면령 제1조 제1항 제11호에 의하면 청구인의 이 사건 도로교통법위반 범행은 사면되었는 바, 만약 우리 재판소가 이 사건 심판청구를 받아들여 "기소유예" 처분을 취소하면 피청구인은 "공소권없음"의 결정을 할 것으로 짐작되는데, "기소유예" 처분은 피의사실은 인정되나 정상을 참작하여 단지 그 소추를 유예하는 처분임에 반하여, "공소권없음" 처분은 검사에게 피의사실에 대한 공소권이 없음을 선언하는 형식적 판단으로서 피의자의 범죄 혐의 유무에 관하여 실체적 판단을 하는 것이 아니다. 그렇다면 비록 청구인의 이 사건 음주운전 소위에 대하여 일반사면이 있었다고 하더라도 이 사건 심판청구는 권리보호의 이익이 있다. **(헌재 1996.10.4. 95헌마318)**

② [○]

해설 사립학교교원에 대한 징계해임처분이 무효라면 학교경영자가 해임처분의 유효를 주장하여 교원의 근무를 사실상 거부한다고 하더라도 해임된 교원은 해임처분시부터 여전히 계속하여 교원의 지위를 유지하고 있는 것이라 할 것이고, 그 교원이 복직되지 아니한 기간 동안 금고 이상의 형을 받았다면 사립학교법 제57조, 교육법 제77조 제1호, 국가공무원법 제33조 제1항 제3호, 제4호, 제5호에 의하여 당연퇴직된다 할 것이며, 그 후 특별사면에 의하여 위 금고 이상의 형의 선고의 효력이 상실되었다 할지라도 사면법 제5조 제2항에 의하면 형의 선고에 관한 기성의 효과는 사면으로 인하여 변경되지 않는다고 되어 있고 이는 사면의 효과가 소급하지 아니함을 의미하는 것이므로, 당연퇴직으로 말미암아 상실된 교원의 지위가 다시 회복되는 것은 아니다. **(대판 1993.6.8. 93다852)**

③ [○]

해설 구 군인사법(2011.5.24. 법률 제10703호로 개정되기 전의 것) 제37조, 군인사법 시행령 제49조에 의한 현역복무부적합자 전역제도란 대통령령으로 정하는 일정한 사유로 인하여 현역복무에 적합하지 아니한 자를 전역심사위원회 심의를 거쳐 현역에서 전역시키는 제도로서 징계제도와는 규정 취지와 사유, 위원회 구성 및 주체 등에서 차이가 있으므로, 현역 군인에 대하여 징계처분의 효력을 상실시키는 특별사면이 있었다고 하더라도 징계처분의 기초되는 비위사실이 현역복무부적합사유에 해당하는 경우에는 이를 이유로 현역복무부적합조사위원회에 회부하거나 전역심사위원회의 심의를 거쳐 전역명령을 할 수 있다. **(대판 2012.1.12. 2011두18649)**

④ [○]

해설 형법 제41조, 사면법 제5조 제1항 제2호, 제7조 등의 규정의 내용 및 취지에 비추어 보면, 여러 개의 형이 병과된 사람에 대하여 그 병과형 중 일부의 집행을 면제하거나 그에 대한 형의 선고의 효력을 상실케 하는 특별사면이 있은 경우, 그 특별사면의 효력이 병과된 나머지 형에까지 미치는 것은 아니므로 징역형의 집행유예와 벌금형이 병과된 신청인에 대하여 징역형의 집행유예의 효력을 상실케 하는 내용의 특별사면이 그 벌금형의 선고의 효력까지 상실케 하는 것은 아니다. **(대결 1997.10.13. 96모33)**

⑤ [○]

해설 경마시행규정 제7조 제2항 제4호에서 규정한 '마주로서 품위를 손상시켰을 때'란 경마의 공정성을 담보하기 위하여 마주로서 갖추어야 할 도덕성을 훼손하는 비리나 비행 등을 저지름으로써 더 이상 마주자격을 유지하는 것이 부적절한 때를 의미하는 것으로서, 이는 같은 규정 제7조 제1항 제4호에서 규정한 '금고 이상의 형의 선고를 받은 때'와 요건을 달리하는 것이고, 마주가 금고 이상 형의 선고를 받은 후 그 형 선고의 효력을 상실시키는 특별사면을 받았다고 할지라도 그 기초되는 범죄사실이 경마의 공정성을 담보하는 데에 큰 흠이 되는 경우라면 마주자격을 박탈해야 할 필요성도 있으므로, 특별사면으로 인하여 같은 규정 제7조 제1항 제4호의 사유에 해당하지 않게 되었다고 하여 그 기초되는 범죄사실을 들어 같은 규정 제7조 제2항 제4호의 '마주로서 품위를 손상한 때'에 해당하는 사유로 삼을 수 없는 것은 아니다. **(대판 2002.8.23. 2000다64298)**

2. 행정부

94

대통령과 행정부에 관한 설명 중 옳지 않은 것은? (다툼이 있는 경우 판례에 의함) [13 변호사]

① 중앙행정기관의 장은 법률에서 위임한 사항이나 법률을 집행하기 위하여 필요한 사항을 규정한 대통령령·총리령·부령·훈령·예규·고시 등이 제정·개정 또는 폐지된 때에는 10일 이내에 이를 국회 소관상임위원회에 제출하여야 한다.

② 대통령이 자신에 대한 재신임을 국민투표의 형태로 묻고자 하는 것은 헌법 제72조에 의하여 부여받은 국민투표 부의권을 위헌적으로 행사하는 경우에 해당하는 것으로, 국민투표제도를 자신의 정치적 입지를 강화하기 위한 정치적 도구로 남용해서는 안 된다는 헌법적 의무를 위반한 것이다.

③ 우리 헌법에서 국무총리는 국무위원 및 행정각부의 장 임명제청권, 대통령의 국법상 행위에 관한 문서에의 부서권 등 실질적인 행정부 통할권을 가지므로, 대통령의 보좌기관이 아니며 대통령과의 관계에서 독자적인 권한을 행사한다.

④ 위헌적인 법률을 법질서로부터 제거하는 권한은 헌법상 단지 헌법재판소에 부여되어 있으므로, 설사 행정부가 특정 법률에 대하여 위헌의 의심이 있다 하더라도 헌법재판소에 의하여 법률의 위헌성이 확인될 때까지는 법을 존중하고 집행하기 위한 모든 노력을 기울여야 한다.

⑤ 위임입법에 관한 헌법 제75조는 처벌법규에도 적용되는 것이지만 처벌법규의 위임은 특히 긴급한 필요가 있거나 미리 법률로써 자세히 정할 수 없는 부득이한 사정이 있는 경우에 한정되어야 하고, 이 경우에도 법률에서 범죄의 구성요건은 처벌대상인 행위가 어떠한 것일지를 예측할 수 있을 정도로 구체적으로 정하고 형벌의 종류 및 그 상한의 폭을 명백히 규정하여야 한다.

94 정답 ③

핵심공략

- 중앙행정기관의 장은 법률에서 위임한 사항이나 법률을 집행하기 위하여 필요한 사항을 규정한 대통령령·총리령·부령·훈령·예규·고시 등이 제정·개정 또는 폐지되었을 때에는 10일 이내에 국회 소관 상임위원회에 제출하여야 O
- 대통령이 자신에 대한 재신임을 국민투표의 형태로 묻고자 하는 것은 헌법 제72조에 의하여 부여받은 국민투표부의권을 위헌적으로 행사하는 경우에 해당 O
  ⇨ 헌법상 허용되지 않는 재신임 국민투표를 국민들에게 제안한 것은 그 자체로 헌법을 실현하고 수호해야 할 대통령의 의무를 위반한 것 O
- 국무총리의 헌법상 지위: 행정부의 수반인 대통령의 단순한 보좌기관, 행정에 관하여 독자적인 권한을 가지지 못하고 대통령의 명을 받아 행정각부를 통할하는 기관
- 헌법재판소에 의하여 법률의 위헌성이 확인될 때까지는 법을 존중하고 집행하기 위한 모든 노력을 기울여야 O
- 법률에서 범죄의 구성요건은 처벌대상인 행위가 어떠한 것일 것이라고 이를 예측할 수 있을 정도로 구체적으로 정하고, 형벌의 종류 및 그 상한과 폭을 명백히 규정하여야 O

① [○]

조문 **국회법 제98조의2(대통령령등의 제출등)** ① 중앙행정기관의 장은 법률에서 위임한 사항이나 법률을 집행하기 위하여 필요한 사항을 규정한 대통령령·총리령·부령·훈령·예규·고시 등이 제정·개정 또는 폐지되었을 때에는 10일 이내에 이를 국회 소관 상임위원회에 제출하여야 한다. 다만, 대통령령의 경우에는 입법예고를 할 때(입법예고를 생략하는 경우에는 법제처장에게 심사를 요청할 때를 말한다)에도 그 입법예고안을 10일 이내에 제출하여야 한다.

② [○]

해설 국민투표는 직접민주주의를 실현하기 위한 수단으로서 '사안에 대한 결정' 즉, 특정한 국가정책이나 법안을 그 대상으로 한다. 따라서 국민투표의 본질상 '대표자에 대한 신임'은 국민투표의 대상이 될 수 없으며, 우리 헌법에서 대표자의 선출과 그에 대한 신임은 단지 선거의 형태로써 이루어져야 한다. 대통령이 자신에 대한 재신임을 국민투표의 형태로 묻고자 하는 것은 헌법 제72조에 의하여 부여받은 국민투표부의권을 위헌적으로 행사하는 경우에 해당하는 것으로, 국민투표제도를 자신의 정치적 입지를 강화하기 위한 정치적 도구로 남용해서는 안 된다는 헌법적 의무를 위반한 것이다. **(헌재 2004. 5.14. 2004헌나1)**

③ [×]

해설 헌법 제86조 제1항은 "국무총리는 국회의 동의를 얻어 대통령이 임명한다"라고, 같은 조 제2항은 "국무총리는 대통령을 보좌하며 행정에 관하여 대통령의 명을 받아 행정각부를 통할한다."라고 각 규정하고 있는바, 헌법상의 국무총리는 내각책임제하의 수상과는 달리 부통령제를 두는 대신에 설치한 행정부의 수반인 대통령의 단순한 보좌기관으로서 행정에 관하여 독자적인 권한을 가지지 못하고 대통령의 명을 받아 행정각부를 통할하는 기관이라는 점에 그 특색이 있다 할 것인바, 이와 같은 헌법상의 대통령과 국무총리의 지위에 비추어 볼 때 국무총리의 통할을 받는 "행정각부"에 모든 행정기관이 포함된다고 볼 수는 없다 할 것이다. **(헌재 1994.4.28. 89헌마221)**

④ [○]

해설 대통령은 헌법을 수호하고 실현하기 위한 모든 노력을 기울여야 할 뿐만 아니라, 법을 준수하여 현행법에 반하는 행위를 해서는 안 되며, 나아가 입법자의 객관적 의사를 실현하기 위한 모든 행위를 해야 한다. 행정부의 법존중 의무와 법집행 의무는 행정부가 위헌적인 것으로 간주하는 법률에 대해서도 마찬가지로 적용된다. 위헌적인 법률을 법질서로부터 제거하는 권한은 헌법상 단지 헌법재판소에 부여되어 있으므로, 설사 행정부가 특정 법률에 대하여 위헌의 의심이 있다 하더라도, 헌법재판소에 의하여 법률의 위헌성이 확인될 때까지는 법을 존중하고 집행하기 위한 모든 노력을 기울여야 한다. **(헌재 2004.5.14. 2004헌나1)**

⑤ [○]

해설 위임입법에 관한 헌법 제75조는 처벌법규에도 적용되는 것이지만 처벌법규의 위임은 특히 긴급한 필요가 있거나 미리 법률로써 자세히 정할 수 없는 부득이한 사정이 있는 경우에 한정되어야 하고 이 경우에도 법률에서 범죄의 구성요건은 처벌대상인 행위가 어떠한 것일 것이라고 이를 예측할 수 있을 정도로 구체적으로 정하고 형벌의 종류 및 그 상한과 폭을 명백히 규정하여야 한다. **(헌재 1991.7.8. 91헌가4)**

95

대통령과 행정부에 관한 설명 중 옳지 않은 것은? (다툼이 있는 경우 판례에 의함) [21 변호사]

① 국무총리는 헌법상 대통령의 보좌기관으로서 행정각부를 통할한다는 점 등을 고려할 때, 국무총리의 소재지는 헌법적으로 중요한 기본적 사항이라 보아야 하고, 국무총리가 서울에 소재해야 한다는 규범에 대한 국민적 의식이 형성되었다고 할 수 있으므로 이러한 관습헌법의 존재를 인정할 수 있다.

② 중앙행정기관의 장은 법률에서 위임한 사항이나 법률을 집행하기 위하여 필요한 사항을 규정한 대통령령·총리령·부령·훈령·예규·고시 등이 제정·개정 또는 폐지되었을 때에는 10일 이내에 이를 국회 소관 상임위원회에 제출하여야 한다.

③ 성질상 정부의 구성단위인 중앙행정기관이라 할지라도 법률상 그 기관의 장이 국무위원이 아니라든가 또는 국무위원이라 하더라도 그 소관사무에 관하여 부령을 발할 권한이 없다면, 그 기관은 헌법이 규정하는 실정법적 의미의 행정각부로 볼 수 없다.

④ 대통령이 계엄을 선포하였을 때에는 지체 없이 국회에 통고하여야 하며, 국회가 폐회 중일 때에는 대통령은 지체 없이 국회에 집회를 요구하여야 한다.

⑤ 헌법이 감사원을 독립된 외부감사기관으로 정하고 있는 취지, 국가기능의 총체적 극대화를 위하여 중앙정부와 지방자치단체는 서로 행정기능과 행정책임을 분담하면서 중앙행정의 효율성과 지방행정의 자주성을 조화시켜 국민과 주민의 복리증진이라는 공동목표를 추구하는 협력관계에 있다는 점에 비추어 보면, 감사원은 지방자치단체의 자치사무에 대해 합법성 감사뿐만 아니라 합목적성 감사도 실시할 수 있다.

95

정답 ①

> **핵심공략**
>
> - 국무총리의 소재지는 헌법적으로 중요한 기본적 사항 ×
> - 중앙행정기관의 장은 법률에서 위임한 사항이나 법률을 집행하기 위하여 필요한 사항을 규정한 대통령령·총리령·부령·훈령·예규·고시 등이 제정·개정 또는 폐지되었을 때에는 10일 이내에 국회 소관 상임위원회에 제출하여야 O
> - 그 소관사무에 관하여 부령을 발할 권한이 없는 경우, 그 기관은 우리 헌법이 규정하는 실정법적 의미의 행정각부로는 볼 수 ×
> - 대통령이 계엄을 선포하였을 때에는 지체 없이 국회에 통고하여야 O, 국회가 폐회 중일 때에는 지체 없이 국회에 집회를 요구하여야 O
> - 감사원의 지방자치단체 자치사무에 대한 합법성 감사 O, 합목적성 감사 O

① [×]

해설 국무총리의 소재지는 헌법적으로 중요한 기본적 사항이라 보기 어렵고 나아가 이러한 규범이 존재한다는 국민적 의식이 형성되었는지 조차 명확하지 않으므로 이러한 관습헌법의 존재를 인정할 수 없다. **(헌재 2005.11.24. 2005헌마579 등)**

② [○]

조문 **국회법 제98조의2(대통령령 등의 제출 등)** ① 중앙행정기관의 장은 법률에서 위임한 사항이나 법률을 집행하기 위하여 필요한 사항을 규정한 대통령령·총리령·부령·훈령·예규·고시 등이 제정·개정 또는 폐지되었을 때에는 10일 이내에 이를 국회 소관 상임위원회에 제출하여야 한다. 다만, 대통령령의 경우에는 입법예고를 할 때(입법예고를 생략하는 경우에는 법제처장에게 심사를 요청할 때를 말한다)에도 그 입법예고안을 10일 이내에 제출하여야 한다.

③ [○]

해설 헌법이 "행정각부"의 의의에 관하여는 아무런 규정도 두고 있지 않지만, "행정각부의 장(長)"에 관하여는 "제3관 행정각부"의 관(款)에서 행정각부의 장은 국무위원 중에서 임명되며(헌법 제94조) 그 소관사무에 관하여 법률이나 대통령령의 위임 또는 직권으로 부령을 발할 수 있다(헌법 제95조)고 규정하고 있는바, 이는 헌법이 "행정각부"의 의의에 관하여 간접적으로 그 개념범위를 제한한 것으로 볼 수 있다. 즉, 성질상 정부의 구성단위인 중앙행정기관이라 할지라도, 법률상 그 기관의 장(長)이 국무위원이 아니라든가 또는 국무위원이라 하더라도 그 소관사무에 관하여 부령을 발할 권한이 없는 경우에는, 그 기관은 우리 헌법이 규정하는 실정법적(實定法的) 의미의 행정각부로는 볼 수 없다는 헌법상의 간접적인 개념제한이 있음을 알 수 있다. **(헌재 1994.4.28. 89헌마221)**

④ [○]

조문 **헌법 제77조** ④ 계엄을 선포한 때에는 대통령은 지체없이 국회에 통고하여야 한다.

계엄법 제4조(계엄 선포의 통고) ① 대통령이 계엄을 선포하였을 때에는 지체 없이 국회에 통고(通告)하여야 한다.
② 제1항의 경우에 국회가 폐회 중일 때에는 대통령은 지체 없이 국회에 집회(集會)를 요구하여야 한다.

⑤ [○]

해설 헌법이 감사원을 독립된 외부감사기관으로 정하고 있는 취지, 중앙정부와 지방자치단체는 서로 행정기능과 행정책임을 분담하면서 중앙행정의 효율성과 지방행정의 자주성을 조화시켜 국민과 주민의 복리증진이라는 공동목표를 추구하는 협력관계에 있다는 점을 고려하면 지방자치단체의 자치사무에 대한 합목적성 감사의 근거가 되는 이 사건 관련규정은 그 목적의 정당성과 합리성을 인정할 수 있다. **(헌재 2008.5.29. 2005헌라3)**

96

국무총리 및 국무위원에 관한 설명 중 옳지 않은 것은? (다툼이 있는 경우 판례에 의함) [18 변호사]

① 국회는 국무총리나 국무위원에 대한 해임을 건의할 수 있으나, 국회의 해임건의는 대통령을 기속하는 해임결의권이 아니라, 아무런 법적 구속력이 없는 단순한 해임건의권에 불과하다.

② 국회는 국무총리나 국무위원이 그 직무집행에 있어서 헌법이나 법률을 위배한 때에는 탄핵의 소추를 의결할 수 있고, 그 탄핵소추는 국회재적의원 3분의 1 이상의 발의가 있어야 하며, 그 의결은 국회재적의원 과반수의 찬성이 있어야 한다.

③ 행정권은 헌법상 대통령에게 귀속되고, 국무총리는 단지 대통령의 첫째가는 보좌기관으로서 행정에 관하여 독자적인 권한을 가지지 못하고 대통령의 명을 받아 행정각부를 통할하는 기관으로서의 지위만을 가지며, 행정권 행사에 대한 최후의 결정권자는 대통령이라고 해석하는 것이 타당하다.

④ 국무총리제도는 1954년 제2차 개정 헌법에서 폐지된 바 있고, 이때 국무위원에 대한 개별적 불신임제를 채택하였다.

⑤ 대통령의 궐위시 국무총리가 대통령의 권한을 대행하고, 국무총리도 궐위된 경우에는 법률이 정한 국무위원의 순서로 대통령 권한을 대행하지만, 국무총리가 사고로 직무를 수행할 수 없는 경우에는 대통령의 지명을 받은 국무위원이 우선적으로 국무총리의 직무를 대행한다.

96 정답 ⑤

> **핵심공략**
> - 국회의 해임건의는 아무런 법적 구속력이 없는 단순한 해임건의권에 불과
> - 국회는 국무총리나 국무위원에 대한 탄핵소추
> 국회재적의원 3분의 1이상의 발의 + 국회재적의원 과반수의 찬성 있어야 O
> - 행정권 행사에 대한 최후의 결정권자: 대통령
> - 1954년 제2차 개정헌법: 국무총리제도 폐지, 국무위원에 대한 개별적 불신임제 채택
> - 대통령 권한대행 순서: 국무총리 - 법률이 정한 국무위원의 순서(정부조직법 제12조, 제26조)

① [○]

해설 국회는 국무총리나 국무위원의 해임을 건의할 수 있으나(**헌법 제63조**), 국회의 해임건의는 대통령을 기속하는 해임결의권이 아니라, 아무런 법적 구속력이 없는 단순한 해임건의에 불과하다. 우리 헌법 내에서 '해임건의권'의 의미는, 임기 중 아무런 정치적 책임을 물을 수 없는 대통령 대신에 그를 보좌하는 국무총리·국무위원에 대하여 정치적 책임을 추궁함으로써 대통령을 간접적이나마 견제하고자 하는 것에 지나지 않는다. 헌법 제63조의 해임건의권을 법적 구속력 있는 해임결의권으로 해석하는 것은 법문과 부합할 수 없을 뿐만 아니라, 대통령에게 국회해산권을 부여하고 있지 않는 현행 헌법상의 권력분립질서와도 조화될 수 없다. **(헌재 2004.5.14. 2004헌나1)**

② [○]

조문 **헌법 제65조** ① 대통령·국무총리·국무위원·행정각부의 장·헌법재판소 재판관·법관·중앙선거관리위원회위원·감사원장·감사위원 기타 법률이 정한 공무원이 그 직무집행에 있어서 헌법이나 법률을 위배한 때에는 국회는 탄핵의 소추를 의결할 수 있다.
② 제1항의 탄핵소추는 국회재적의원 3분의 1 이상의 발의가 있어야 하며, 그 의결은 국회재적의원 과반수의 찬성이 있어야 한다. 다만, 대통령에 대한 탄핵소추는 국회재적의원 과반수의 발의와 국회재적의원 3분의2 이상의 찬성이 있어야 한다.

③ [○]

해설 국무총리에 관한 헌법상 위의 제 규정을 종합하면 국무총리의 지위가 대통령의 권한행사에 위의 제 규정을 종합하면 국무총리의 지위가 대통령의 권한행사에 다소의 견제적 기능을 할 수 있다고 보여지는 것이 있기는 하나, 우리 헌법이 대통령중심제의 정부형태를 취하면서도 국무총리제도를 두게 된 주된 이유가 부통령제를 두지 않았기 때문에 대통령 유고시에 그 권한대행자가 필요하고 또 대통령제의 기능과 능률을 높이기 위하여 대통령을 보좌하고 그 의견을 받들어 정부를 통할·조정하는 보좌기관이 필요하다는 데 있었던 점과 대통령에게 법적 제한 없이 국무총리해임권이 있는 점(**헌법 제78조, 제86조 제1항 참조**)등을 고려하여 총체적으로 보면 내각책임제 밑에서의 행정권이 수상에게 귀속되는 것과는 달리 우리 나라의 행정권은 헌법상 대통령에게 귀속되고, 국무총리는 단지 대통령의 첫째 가는 보좌기관으로서 행정에 관하여 독자적인 권한을 가지지 못하고 대통령의 명을 받아 행정각부를 통할하는 기관으로서의 지위만을 가지며, 행정권 행사에 대한 최후의 결정권자는 대통령이라고 해석하는 것이 타당하다고 할 것이다. **(헌재 1994.4.28. 89헌마221)**

④ [○]

해설

제2차 개헌 (1954)	• 1954.5.20.에 실시된 국회의원선거에서 여당인 자유당이 과반수를 차지하자, 대통령의 3선을 가능하게 하기 위한 개헌안을 제출. 표결결과 국회재적의원 3분의 2에서 1표가 부족하여 부결이 선포되었다(203명 중 135명 찬성). 그런데 자유당의원만이 참석한 가운데 사사오입의 원칙을 주장하며 부결선포를 취소하고 가결을 선포하였다. • 절차상 의결정족수에 미달하는 위헌적인 헌법개정이었다. 초대대통령에 한하여 3선제한을 철폐함으로써 평등원칙에 반함	• 초대대통령에 한해 3선제한을 철폐 • 중요정책 국민투표제를 최초로 도입 - 주권의 제약 또는 영토변경의 경우에는 국민투표를 실시 • 중요정책·헌법개정안에 대한 국민발안제 도입 • 헌법개정의 한계에 관한 명문규정을 신설(민주공화국가·국민주권·국민투표에 관한 규정) • 국무총리제를 폐지 • 국무위원에 대한 개별적 불신임제를 채택 • 대통령궐위시 부통령이 지위를 승계하도록 명문화 • 특별법원(군법회의)의 헌법적 근거를 신설 • 경제체제를 자유시장경제체제로 전환

⑤ [×]

조문 **헌법 제71조** 대통령이 궐위되거나 사고로 인하여 직무를 수행할 수 없을 때에는 국무총리, 법률이 정한 국무위원의 순서로 그 권한을 대행한다.

정부조직법 제12조 (국무회의) ② 의장이 사고로 직무를 수행할 수 없는 경우에는 부의장인 국무총리가 그 직무를 대행하고, 의장과 부의장이 모두 사고로 직무를 수행할 수 없는 경우에는 기획재정부장관이 겸임하는 부총리, 교육부장관이 겸임하는 부총리 및 제 26조제1항에 규정된 순서에 따라 국무위원이 그 직무를 대행한다.

정부조직법 제26조 (행정각부) ① 대통령의 통할 하에 다음의 행정각부를 둔다.
1.기획재정부 2.교육부 3.과학기술정보통신부 4.외교부 5.통일부 6.법무부 7.국방부 8.행정안전부 ~ 17. 해양수산부 18. 중소벤처기업부

97

감사원에 관한 설명 중 옳지 않은 것은? [18 변호사]

① 19세 이상의 국민은 공공기관의 사무처리가 법령위반 또는 부패행위로 인하여 공익을 현저히 해하는 경우 대통령령으로 정하는 일정한 수 이상의 국민의 연서로 감사원에 감사를 청구할 수 있으나, 사적인 권리관계 또는 개인의 사생활에 관한 사항은 감사청구의 대상에서 제외된다.

② 감사원은 법령에 따라 국가 또는 지방자치단체가 위탁하거나 대행하게 한 사무에 대해서도 감찰한다.

③ 감사원장은 국회의 동의를 얻어 감사위원 중에서 대통령이 임명하고, 감사원장의 임기는 4년으로 하며, 중임할 수 없다.

④ 1948년 제헌헌법에서는 국가의 수입지출의 결산을 검사하는 기관으로 심계원을 두었다.

⑤ 감사원은 대통령에 소속하되, 직무에 관하여는 독립의 지위를 가진다. 감사원 소속 공무원의 임면, 조직 및 예산의 편성에 있어서는 감사원의 독립성이 최대한 존중되어야 한다.

3. 선거관리위원회

97 정답 ③

핵심공략

- 국민의 감사청구권: 만 19세 이상인 일정한 수 이상의 국민이 연서로 감사원에 감사청구 可, 단, 사적 권리관계나 개인 사생활에 관한 사항에 대해서는 청구 不可
- 감사원은 법령에 따라 국가 또는 지방자치단체가 위탁하거나 대행하게 한 사무에 대해서도 감찰 O
- 감사원장: 국회의 동의 얻어 대통령이 임명, 임기 4년, 1차에 한하여 중임 可
- 1948년 제헌헌법: 심계원(국가의 수입지출 결산을 검사) 1962년 제5차 개정헌법: 감사원에서 최초로 회계검사·결산검사·직무감찰기능을 통합·수행
- 감사원은 조직적으로는 대통령에 소속, 기능적으로는 독립해서 활동

① [○]

조문 **부패방지 및 국민권익위원회의 설치와 운영에 관한 법률 제72조 (감사청구권)** ① 19세 이상(18세 이상으로 개정. 시행일: 2022.7.5)의 국민은 공공기관의 사무처리가 법령위반 또는 부패행위로 인하여 공익을 현저히 해하는 경우 대통령령이 정하는 일정한 수 이상의 국민의 연서로 감사원에 감사를 청구할 수 있다. (단서생략)

② 제1항의 규정에 불구하고 다음 각 호의 1에 해당하는 사항은 감사청구의 대상에서 제외한다.

3. 사적인 권리관계 또는 개인의 사생활에 관한 사항

② [○]

조문 **감사원법 제24조(감찰 사항)** ① 감사원은 다음 각 호의 사항을 감찰한다.

4. 법령에 따라 국가 또는 지방자치단체가 위탁하거나 대행하게 한 사무와 그 밖의 법령에 따라 공무원의 신분을 가지거나 공무원에 준하는 자의 직무

③ [×]

조문 **헌법 제98조** ① 감사원은 원장을 포함한 5인 이상 11인 이하의 감사위원으로 구성한다.

② 원장은 국회의 동의를 얻어 대통령이 임명하고, 그 임기는 4년으로 하며, 1차에 한하여 중임할 수 있다.

④ [○]

해설 제헌헌법과 제2공헌법(1960)은 결산검사를 심계원에서 담당한다고 규정하였다.

⑤ [○]

조문 **감사원법 제2조** ① 감사원은 대통령에 소속하되, 직무에 관하여는 독립의 지위를 가진다.

② 감사원 소속 공무원의 임면, 조직 및 예산의 편성에 있어서는 감사원의 독립성이 최대한 존중되어야 한다.

Chapter 04

법원

1. 사법권의 독립

98

사법권의 독립에 관한 설명 중 옳지 않은 것은? (다툼이 있는 경우 판례에 의함) [19 변호사]

① 법관에 대한 대법원장의 징계처분 취소청구소송을 대법원의 단심재판에 의하도록 하는 것은, 독립적으로 사법권을 행사하는 법관이라는 지위의 특수성과 법관에 대한 징계절차의 특수성을 감안하여 재판의 신속을 도모하기 위한 것이므로 헌법에 합치된다.

② 부보(附保)금융기관 파산 시 법원으로 하여금 예금보험공사나 그 임직원을 의무적으로 파산관재인으로 선임하도록 하고, 예금보험공사가 파산관재인으로 선임된 경우 「파산법」상의 파산관재인에 대한 법원의 해임권과 허가권 등 법원의 감독을 배제하는 법 조항은 법원의 사법권 내지 사법권 독립을 침해하는 것이다.

③ 약식절차에서 정식재판을 청구하는 경우 약식명령의 형보다 중한 형을 선고하지 못하도록 하는 구 「형사소송법」 조항은 법관의 양형결정권을 침해하지 않는다.

④ 회사정리절차의 개시와 진행여부에 관한 법관의 판단을 금융기관 내지 성업공사 등 이해당사자의 의사에 실질적으로 종속시키는 법 조항은 사법권을 형해화하는 것이고 사법권의 독립을 위협할 소지가 있다.

⑤ 강도상해죄의 법정형의 하한을 '7년 이상의 징역'으로 정하고 있는 「형법」 조항은 법정형의 하한을 살인죄의 그것보다 높였다고 해서 사법권의 독립 및 법관의 양형판단권을 침해하는 것은 아니다.

98 정답 ②

핵심공략

- 법관에 대한 대법원장의 징계처분 취소청구소송을 대법원에 의한 단심재판에 의하도록 한 규정: 독립적으로 사법권을 행사하는 법관이라는 지위의 특수성과 법관에 대한 징계절차의 특수성을 감안하여 재판의 신속을 도모하기 위한 것으로 그 합리성을 인정 O
  ⇨ 재판청구권 침해 ×
- 부보금융기관 파산 시 예금보험공사가 파산관재인으로 선임된 경우 파산관재인에 대한 법원의 감독을 배제하는 규정: 법원의 사법권 내지 사법권 독립 침해 ×
- 약식절차에서 정식재판을 청구하는 경우 약식명령의 형보다 중한 형을 선고하지 못하도록 하는 규정: 법관의 양형결정권 침해 ×
- 회사정리절차의 개시와 진행의 여부를 실질적으로 금융기관의 의사에 종속시키도록 한 규정: 사법권 독립 위협할 소지 有
- 강도상해죄의 법정형의 하한을 '7년 이상의 징역'으로 정하고 있는 규정: 사법권의 독립 및 법관의 양형판단권 침해 ×

① [O]

해설 구 법관징계법 제27조는 법관에 대한 대법원장의 징계처분 취소청구소송을 대법원에 의한 단심재판에 의하도록 규정하고 있는바, 이는 독립적으로 사법권을 행사하는 법관이라는 지위의 특수성과 법관에 대한 징계절차의 특수성을 감안하여 재판의 신속을 도모하기 위한 것으로 그 합리성을 인정할 수 있고, 대법원이 법관에 대한 징계처분 취소청구소송을 단심으로 재판하는 경우에는 사실확정도 대법원의 권한에 속하여 법관에 의한 사실확정의 기회가 박탈되었다고 볼 수 없으므로, 헌법 제27조 제1항의 재판청구권을 침해하지 아니한다. **(헌재 2012.2.23. 2009헌바34)**

② [×]

해설 부보(附保)금융기관 파산시 법원으로 하여금 예금보험공사나 그 임직원을 의무적으로 파산관재인으로 선임하도록 하고, 예금보험공사가 파산관재인으로 선임된 경우 파산법상의 파산관재인에 대한 법원의 해임권 법원의 허가권 등 법원의 감독권을 배제하도록 한 공적자금관리특별법 제20조의 파산관재인 부분이 사법권을 침해하는 여부 (소극) – '파산관재인의 선임 및 직무감독에 관한 사항'은 대립당사자간의 법적 분쟁을 사법적 절차를 통하여 해결하는 전형적인 사법권의 본질에 속하는 사항이 아니며, 따라서 입법자에 의한 개입여지가 넓으므로, 그러한 입법형성권 행사가 자의적이거나 비합리적이 아닌 한 사법권을 침해한다고 할 수 없다. 또한 이 사건 조항이 예보가 파산관재인이 될 경우 파산법상의 법원의 해임권 등을 배제하고 있으나, 예금자보호법상 예보의 의사결정과정, 파산관리절차에 관한 지휘체계, 예보에 대한 국가기관의 감독장치, 이 사건 조항의 입법목적과 내용 등을 고려할 때, 그러한 감독권 배제가 자의적이거나 불합리하게 법원의 사법권을 제한한 것이라 보기 어렵다. (헌재 2001.3.15. 2001헌가1등)

③ [○]

해설 약식절차에서 정식재판을 청구하는 경우 약식명령의 형보다 중한 형을 선고하지 못하도록 하는 형사소송법 제457조의2가 양형결정권을 침해하는지 여부(소극): 형사재판에서 법관의 양형결정이 법률에 기속되는 것은 법률에 따라 심판한다는 헌법 제103조에 의한 것으로 법치국가원리의 당연한 귀결이다. 헌법상 어떠한 행위가 범죄에 해당하고 이를 어떻게 처벌할 것인지 여부를 정할 권한은 국회에 부여되어 있고 그에 대하여는 광범위한 입법재량 내지 형성의 자유가 인정되고 있으므로 형벌에 대한 입법자의 입법정책적 결단은 기본적으로 존중되어야 한다. 따라서 형사법상 법관에게 주어진 양형권한도 입법자가 만든 법률에 규정되어 있는 내용과 방법에 따라 그 한도내에서 재판을 통해 형벌을 구체화하는 것으로 볼 수 있다. 또한 검사의 약식명령청구사안이 적당하지 않다고 판단될 경우 법원은 직권으로 통상의 재판절차로 사건을 넘겨 재판절차를 진행시킬 수 있고 이 재판절차에서 법관이 자유롭게 형량을 결정할 수 있으므로 이러한 점들을 종합해보면 이 사건 법률조항에 의하여 법관의 양형결정권이 침해된다고 볼 수 없다. (헌재 2005.3.31. 2004헌가27등)

④ [○]

해설 회사정리절차의 개시와 진행의 여부를 실질적으로 금융기관의 의사에 종속시키는 '금융기관의 연체대출금에 관한 특별조치법' 제7조의3은, 회사의 갱생가능성 및 정리계획의 수행가능성의 판단을 오로지 법관에게 맡기고 있는 회사정리법의 체계에 위반하여 사법권을 형해화시키는 것으로서, 지시로부터의 독립도 역시 그 내용으로 하는 사법권의 독립에 위협의 소지가 있다. (헌재 1990.6.25.89헌가98)

⑤ [○]

해설 강도상해죄 또는 강도치상죄(형법 제337조)는 그 법정형의 하한이 7년 이상의 유기징역으로 한정되어 있어, 법률상 다른 감경사유가 없는 한 작량감경을 하여도 집행유예의 선고를 할 수 없도록 되어 있다고 하나, 이는 입법재량의 범위를 일탈하지 아니한 것이다. … 또한 법관이 형사재판의 양형에 있어 법률에 기속되는 것은, 법률에 따라 심판한다고 하는 헌법규정(제103조)에 따른 것으로 헌법이 요구하는 법치국가원리의 당연한 귀결이며, 법관의 양형판단재량권 특히 집행유예 여부에 관한 재량권은 어떠한 경우에도 제한될 수 없다고 볼 성질의 것은 아니다. … 위와 같은 이유로, 형법 제337조(강도상해죄 및 강도치상죄)의 법정형은 현저히 형벌체계상의 정당성과 균형을 잃은 것으로서 헌법상의 평등원칙에 반한다거나 인간의 존엄과 가치를 규정한 헌법 제10조와 기본권제한입법의 한계를 규정한 헌법 제37조 제2항에 위반된다거나 또는 사법권의 독립 및 법관의 양형판단권을 침해한 위헌법률조항이라 할 수 없다.(헌재 1997.8.21. 93헌바60; 헌재 2016.9.29. 2014헌바183)

99

사법권에 관한 설명 중 옳지 않은 것은? (다툼이 있는 경우 판례에 의함) [20 변호사]

① 수뢰액이 5천만 원 이상인 때에는 무기 또는 10년 이상의 징역에 처하도록 한 「특정범죄 가중처벌 등에 관한 법률」 조항은 별도의 법률상 감경사유가 없는 한 집행유예의 선고를 할 수 없도록 그 법정형의 하한을 높였다고 하더라도 법관의 양형결정권을 침해하였다거나 법관독립의 원칙에 위배된다고 할 수 없다.

② 근무성적이 현저히 불량하여 판사로서 정상적인 직무를 수행할 수 없는 경우에 연임발령을 하지 않도록 규정한 구 「법원조직법」은 사법의 독립을 침해한다고 볼 수 없다.

③ 비안마사들의 안마시술소 개설행위금지 규정을 위반한 자를 처벌하는 구 「의료법」 조항이 벌금형과 징역형을 모두 규정하고 있으나, 그 하한에는 제한을 두지 않고 그 상한만 5년 이하의 징역형 또는 2천만 원 이하의 벌금형으로 제한하면서 죄질에 따라 벌금형이나 선고유예까지 선고할 수 있도록 하는 것은 법관의 양형재량권을 침해하고 비례의 원칙에 위배된다.

④ 약식절차에서 피고인이 정식재판을 청구한 경우 약식명령보다 더 중한 형을 선고할 수 없도록 한 「형사소송법」 조항은 법관의 양형결정권을 침해하지 않는다.

⑤ 정신적인 장애로 항거불능·항거곤란 상태에 있음을 이용하여 사람을 간음한 자를 처벌하는 「성폭력범죄의 처벌 등에 관한 특례법」 조항은, 유기징역형의 하한을 7년으로 정하여 별도의 법률상 감경사유가 없는 한 작량감경을 하더라도 집행유예를 선고할 수 없도록 하였으나 책임과 형벌의 비례원칙에 반한다고 할 수 없다.

99

정답 ③

핵심공략

- 수뢰액이 5천만 원 이상인 때에는 무기 또는 10년 이상의 징역에 처하도록 한 규정: 법관의 양형결정권 침해 ×, 법관 독립의 원칙 위배 ×
- 근무성적이 현저히 불량하여 판사로서 정상적인 직무를 수행할 수 없는 경우에 연임발령을 하지 않도록 한 규정: 사법의 독립 위배 ×
- 죄질에 따라 벌금형이나 선고유예까지 선고할 수 있도록 하는 것: 법관의 양형재량권 침해 ×, 비례의 원칙에 위배 ×
- 약식절차에서 정식재판을 청구하는 경우 약식명령의 형보다 중한 형을 선고하지 못하도록 하는 규정: 법관의 양형결정권 침해 ×
- 별도의 법률상 감경사유가 없는 한 작량감경을 하더라도 집행유예를 선고할 수 없도록 한 경우라도, 책임과 형벌의 비례원칙에 위배 ×

① [○]

해설 입법자가 법정형 책정에 관한 여러 가지 요소의 종합적 고려에 따라 법률 그 자체로 법관에 의한 양형재량의 범위를 좁혀 놓았다고 하더라도 그것이 당해 범죄의 보호법익과 죄질에 비추어 범죄와 형벌 간의 비례의 원칙상 수긍할 수 있는 정도의 합리성이 있다면 이러한 법률을 위헌이라고 할 수 없다. 수뢰액이 5천만 원 이상인 때에는 무기 또는 10년 이상의 징역에 처하도록 한 이 사건 법률조항이 작량감경을 하더라도 별도의 법률상 감경사유가 없는 한 집행유예의 선고를 할 수 없도록 그 법정형의 하한을 높여 놓았다 하여 곧 그것이 법관의 양형결정권을 침해하였다거나 법관독립의 원칙에 위배된다고 할 수 없고 법관에 의한 재판을 받을 권리를 침해하는 것이라고도 할 수 없다. (헌재 2006.12.28. 2005헌바35)

② [○]

해설 근무성적이 현저히 불량하여 판사로서 정상적인 직무를 수행할 수 없는 경우에 연임발령을 하지 않도록 규정한 이 사건 연임결격조항은 직무를 제대로 수행하지 못하는 판사를 그 직에서 배제하여 사법부 조직의 효율성을 유지하기 위한 것으로 그 정당성이 인정된다. 판사의 근무성적은 공정한 기준에 따를 경우 판사의 사법운영능력을 판단함에 있어 다른 요소에 비하여 보다 객관적인 기준으로 작용할 수 있고, 이를 통해 국민의 재판청구권의 실질적 보장에도 기여할 수 있다. 나아가 연임심사에 반영되는 판사의 근무성적에 대한 평가는 10년이라는 장기간 동안 반복적으로 실시되어 누적된 것이므로, 특정 가치관을 가진 판사를 연임에서 배제하는 수단으로 남용될 가능성이 크다고 볼 수 없다. 근무성적평정을 실제로 운용함에 있어서는 재판의 독립성을 해칠 우려가 있는 사항을 평정사항에서 제외하는 등 평정사항을 한정하고 있으며, 연임 심사과정에서 해당 판사에게 의견진술권 및 자료제출권이 보장되고, 연임하지 않기로 한 결정에 불복하여 행정소송을 제기할 수 있는 점 등을 고려할 때, 판사의 신분보장과 관련한 예측가능성이나 절차상의 보장이 현저히 미흡하다고 볼 수도 없으므로, 이 사건 연임결격조항은 사법의 독립을 침해한다고 볼 수 없다. (헌재 2016.9.29. 2015헌바331)

③ [×]

해설 시각장애인들에 대한 실질적인 보호를 위하여 비안마사들의 안마시술소 개설행위를 실효적으로 규제하는 것이 필요하고, 이 사건 처벌조항은 벌금형과 징역형을 모두 규정하고 있으나, 그 하한에는 제한을 두지 않고 그 상한만 5년 이하의 징역형 또는 2천만 원 이하의 벌금형으로 제한하여 법관의 양형재량권을 폭넓게 인정하고 있으며, 죄질에 따라 벌금형이나 선고유예까지 선고할 수 있으므로, 이러한 법정형이 위와 같은 입법목적에 비추어 지나치게 가혹한 형벌이라고 보기 어렵다. 따라서 안마사 자격인정을 받지 아니한 자의 안마시술소 또는 안마원 개설을 금지하는 규정을 위반한 자를 처벌하는 이 사건 처벌조항이 책임과 형벌 사이의 비례원칙에 위반되어 헌법에 위반된다고 볼 수 없다. (헌재 2017.12.28. 2017헌가15)

④ [○]

해설 형사재판에서 법관의 양형결정이 법률에 기속되는 것은 법률에 따라 심판한다는 헌법 제103조에 의한 것으로 법치국가 원리의 당연한 귀결이다. 헌법상 어떠한 행위가 범죄에 해당하고 이를 어떻게 처벌할 것인지 여부를 정할 권한은 국회에 부여되어 있고 그에 대하여는 광범위한 입법재량 내지 형성의 자유가 인정되고 있으므로 형벌에 대한 입법자의 입법정책적 결단은 기본적으로 존중되어야 한다. 따라서 형사법상 법관에게 주어진 양형권한도 입법자가 만든 법률에 규정되어 있는 내용과 방법에 따라 그 한도내에서 재판을 통해 형벌을 구체화하는 것으로 볼 수 있다. 또한 검사의 약식명령청구사안이 적당하지 않다고 판단될 경우 법원은 직권으로 통상의 재판절차로 사건을 넘겨 재판절차를 진행시킬 수 있고 이 재판절차에서 법관이 자유롭게 형량을 결정할 수 있으므로 이러한 점들을 종합해보면, 약식절차에서 피고인이 정식재판을 청구한 경우 약식명령보다 더 중한 형을 선고할 수 없도록 한 이 사건 법률조항에 의하여 법관의 양형결정권이 침해된다고 볼 수 없다. (헌재 2005.3.31. 2004헌가27 등)

⑤ [○]

해설 장애인준강간죄의 보호법익의 중요성, 죄질, 행위자 책임의 정도 및 일반예방이라는 형사정책의 측면 등 여러 요소를 고려하여 본다면, 입법자가 형법상 준강간죄나 장애인위계등간음죄(성폭력처벌법 제6조 제5항)의 법정형보다 무거운 '무기 또는 7년 이상의 징역'이라는 비교적 중한 법정형을 정하여, 법관의 작량감경만으로는 집행유예를 선고하지 못하도록 입법적 결단을 내린 것에는 나름대로 수긍할 만한 합리적인 이유가 있는 것이고, 그것이 범죄의 죄질 및 행위자의 책임에 비하여 지나치게 가혹하다고 할 수 없다. 따라서 '정신적인 장애로 항거불능 또는 항거곤란 상태에 있음을 이용하여 사람을 간음한 사람을 무기징역 또는 7년 이상의 징역에 처하도록 규정한심판대상조항은 책임과 형벌의 비례원칙에 위배되지 아니한다. (헌재 2016.11.24. 2015헌바136)

2. 법원의 조직 · 운영

100

법원에 관한 설명 중 옳은 것은? (다툼이 있는 경우 판례에 의함) [21 변호사]

① 헌법은 "대법원은 법령에 저촉되지 아니하는 범위 안에서 소송에 관한 절차, 법원의 내부규율과 사무처리에 관한 규칙을 제정할 수 있다."라고 규정하고 있다.

② 대법관후보추천위원회는 선임대법관·법원행정처장·대한변호사협회장 등으로 구성되는데, 사법부의 독립을 위하여 행정부 소속 공무원은 대법관후보추천위원회의 위원이 될 수 없다.

③ 단독판사와 합의부의 심판권을 어떻게 분배할 것인지 등에 관한 문제는 기본적으로 입법형성권을 가진 입법자가 사법정책을 고려하여 결정할 사항으로, 입법자는 국민의 권리가 효율적으로 보호되고 재판제도가 적정하게 운용되도록 법원조직에 따른 재판사무 범위를 배분·확정하여야 한다.

④ 「범죄인인도법」은 법원의 인도심사결정 시 그 성질에 반하지 않는 한도에서 관련 「형사소송법」 규정을 준용하고 있으며 인도대상이 된 자에게 변호인의 조력을 받을 수 있게 하고 의견진술기회를 부여하고 있으므로, 법원에 의한 범죄인 인도심사는 전형적인 사법절차의 대상에 해당되고 그 심사절차는 성질상 국가형벌권의 확정을 목적으로 하는 형사절차와 동일하다고 할 수 있다.

⑤ 명령이 법률에 위반되는 여부가 재판의 전제가 된 경우에는 대법원이 이를 최종적으로 심사할 권한을 가지고, 명령이 헌법에 위반되는 여부가 재판의 전제가 된 경우에는 헌법재판소가 이를 최종적으로 심사할 권한을 가진다.

3. 법원의 권한

100

정답 ③

핵심공략

- 소송에 관한 절차, 법원의 내부규율과 사무처리에 관한 '대법원규칙 법률에 저촉되지 아니하는 범위 안'에서 제정 可
- 대법관후보추천위원회의 위원에 행정부 소속 공무원인 법무부장관 포함 O
- 재판권 및 심판권 분배의 문제는 입법자가 사법정책을 고려하여 결정할 사항 O
- 법원에 의한 범죄인인도심사 국가형벌권의 확정을 목적으로 하는 형사절차와 같은 전형적인 사법절차의 대상에 해당 ×
- 명령·규칙 또는 처분이 헌법이나 법률에 위반되는 여부가 재판의 전제가 된 경우에는 대법원은 이를 최종적으로 심사할 권한 有

① [×]

조문 **헌법 제108조** 대법원은 법률에 저촉되지 아니하는 범위 안에서 소송에 관한 절차, 법원의 내부규율과 사무처리에 관한 규칙을 제정할 수 있다.

② [×]

조문 **법원조직법 제41조의2(대법관후보추천위원회)** ① 대법원장이 제청할 대법관 후보자의 추천을 위하여 대법원에 대법관후보추천위원회(이하 "추천위원회"라 한다)를 둔다.
② 추천위원회는 대법원장이 대법관 후보자를 제청할 때마다 위원장 1명을 포함한 10명의 위원으로 구성한다.
③ 위원은 다음 각 호에 해당하는 사람을 대법원장이 임명하거나 위촉한다.
1. 선임대법관 / 2. 법원행정처장 / 3. 법무부장관 / 4. 대한변호사협회장 / 5. 사단법인 한국법학교수회 회장 / 6. 사단법인 법학전문대학원협의회 이사장 / 7. 대법관이 아닌 법관 1명 / 8. 학식과 덕망이 있고 각계 전문 분야에서 경험이 풍부한 사람으로서 변호사 자격을 가지지 아니한 사람 3명. 이 경우 1명 이상은 여성이어야 한다.

③ [○]

해설 여러 법원 사이에 재판권을 어떻게 나누어 행사시킬 것인지, 단독판사와 합의부의 관할을 어떻게 나누어 행사할 것인지 등에 관한 문제는 기본적으로 입법형성권을 가진 입법자가 사법정책을 고려하여 결정할 사항이므로, 입법자는 국민의 권리가 효율적으로 보호되고 재판제도가 적정하게 운용되도록 관할이나 그 관할구역 안의 법원조직에 따른 재판사무 범위를 배분·확정하여야 한다. **(헌재 2007.10.25. 2006헌바39)**

④ [×]

해설 법원의 범죄인인도결정은 신체의 자유에 밀접하게 관련된 문제이므로 범죄인인도심사에 있어서 적법절차가 준수되어야 한다. 그런데 심급제도는 사법에 의한 권리보호에 관하여 한정된 법발견, 자원의 합리적인 분배의 문제인 동시에 재판의 적정과 신속이라는 서로 상반되는 두 가지의 요청을 어떻게 조화시키느냐의 문제이므로 기본적으로 입법자의 형성의 자유에 속하는 사항이다. 한편 법원에 의한 범죄인인도심사는 국가형벌권의 확정을 목적으로 하는 형사절차와 같은 전형적인 사법절차의 대상에 해당되는 것은 아니며, 법률(범죄인인도법)에 의하여 인정된 특별한 절차라 볼 것이다. **(헌재 2003.1.30. 2001헌바95)**

⑤ [×]

해설 헌법 제107조 제2항은 "명령·규칙 또는 처분이 헌법이나 법률에 위반되는 여부가 재판의 전제가 된 경우에는 대법원은 이를 최종적으로 심사할 권한을 가진다"고 규정하고 있다. 위 규정에 따른 대법원의 명령·규칙에 대한 최종심사권은 구체적인 소송사건에서 명령·규칙의 위헌 여부가 재판의 전제가 되었을 경우 법률과는 달리 헌법재판소에 제청할 것 없이 대법원이 최종적으로 심사할 수 있다는 것을 의미하고, 명령·규칙 그 자체에 의하여 직접 기본권이 침해된 경우에는 헌법 제111조 제1항 제5호, 헌법재판소법 제68조 제1항에 근거하여 헌법소원심판을 청구하는 것이 허용된다고 할 것이다. **(헌재 1996.4.25. 95헌마331)**

행정법

행정법

PART 1

행정법총칙

Chapter 01 행정법의 기초적 이해

Chapter 02 행접법의 법원(法源)

Chapter 03 공법관계와 사법관계

Chapter

01 행정법의 기초적 이해

1. 법치행정의 원칙

01

법률유보의 원칙에 관한 설명 중 옳지 않은 것은? (다툼이 있는 경우 판례에 의함) [21 변호사]

① 기본권 제한에 관한 법률유보의 원칙은 '법률에 근거한 규율'뿐만 아니라 '법률에 의한 규율'을 요청하는 것이므로, 기본권의 제한에는 법률의 근거가 필요할 뿐만 아니라 기본권 제한의 형식도 법률의 형식일 것을 요한다.

② 법률유보의 원칙은 단순히 행정작용이 법률에 근거를 두기만 하면 충분한 것이 아니라, 국가공동체와 그 구성원에게 기본적이고도 중요한 의미를 갖는 영역에 있어서는 행정에 맡길 것이 아니라 국민의 대표자인 입법자 스스로 그 본질적 사항에 대하여 결정하여야 한다는 요구까지 내포한다.

③ 위임입법에 있어 급부행정 영역에서는 기본권침해 영역보다는 위임의 구체성의 요구가 다소 약화되어도 무방하며, 다양한 사실관계를 규율하거나 사실관계가 수시로 변화될 것이 예상될 때에는 위임의 명확성의 요건이 완화된다.

④ 법률이 행정부가 아니거나 행정부에 속하지 않는 공법적 기관의 정관에 자치법적 사항을 위임한 경우에는 포괄적인 위임입법의 금지는 원칙적으로 적용되지 않는다.

⑤ 시행령은 모법인 법률에 의하여 위임받은 사항이나 법률이 규정한 범위 내에서 법률을 현실적으로 집행하는 데 필요한 세부적인 사항만을 규정할 수 있을 뿐, 법률에 의한 위임이 없는 한 법률이 규정한 개인의 권리·의무에 관한 내용을 변경·보충하거나 법률에 규정되지 아니한 새로운 내용을 규정할 수는 없다.

2. 법치행정의 원칙의 한계

01 정답 ①

> **핵심공략**
> - 기본권 제한에 관한 법률유보원칙은 '법률에 근거한 규율'을 요청하는 것
> - 국민의 기본권실현에 관련된 영역에 있어서는 국민의 대표자인 입법자 스스로 그 본질적 사항 결정하여야 O
> - 급부행정 영역에서는 기본권침해 영역보다 구체성 약화, 다양한 사실관계를 규율하거나 사실관계가 수시로 변화될 것이 예상될 때에는 위임의 명확성 요건이 완화
> - 법률이 정관에 자치법적 사항을 위임한 경우, 원칙적 포괄위임금지원칙 적용 X
> - 법률에 의한 위임이 없는 한 법률이 규정한 개인의 권리·의무에 관한 내용을 변경 보충하거나 법률에 규정되지 아니한 새로운 내용을 시행령에서 규정 不可

① [×]

해설 기본권 제한에 관한 법률유보원칙은 '법률에 근거한 규율'을 요청하는 것이므로, 그 형식이 반드시 법률일 필요는 없다 하더라도 법률상의 근거는 있어야 한다 할 것이다. (헌재 2010.4.29. 2007헌마910)

② [○]

해설 오늘날 법률유보원칙은 단순히 행정작용이 법률에 근거를 두기만 하면 충분한 것이 아니라, 국가공동체와 그 구성원에게 기본적이고도 중요한 의미를 갖는 영역, 특히 국민의 기본권 실현에 관련된 영역에 있어서는 행정에 맡길 것이 아니라 국민의 대표자인 입법자 스스로 그 본질적 사항에 대하여 결정하여야 한다는 요구까지 내포하는 것으로 이해하여야 한다. (헌재 1999.5.27. 98헌바70)

③ [○]

해설 위임입법에 있어서 위임의 구체성·명확성의 요구 정도는 규제대상의 종류와 성격에 따라서 달라진다. 즉 급부행정 영역에서는 기본권침해 영역보다는 구체성의 요구가 다소 약화되어도 무방하다고 해석되며, 다양한 사실관계를 규율하거나 사실관계가 수시로 변화될 것이 예상될 때에는 위임의 명확성의 요건이 완화된다. (헌재 1997.12.24. 95헌마390)

④ [○]

해설 법률이 행정부가 아니거나 행정부에 속하지 않는 공법적 기관의 정관에 특정 사항을 정할 수 있다고 위임하는 경우에는 그러한 권력분립의 원칙을 훼손할 여지가 없다. 이는 자치입법에 해당되는 영역이므로 자치적으로 정하는 것이 바람직하다. 따라서 법률이 정관에 자치법적 사항을 위임한 경우에는 헌법 제75조, 제95조가 정하는 포괄적인 위임입법의 금지는 원칙적으로 적용되지 않는다고 봄이 상당하다. (헌재 2006.3.30. 2005헌바31)

⑤ [○]

해설 법률의 시행령은 모법인 법률에 의하여 위임받은 사항이나 법률이 규정한 범위 내에서 법률을 현실적으로 집행하는 데 필요한 세부적인 사항만을 규정할 수 있을 뿐, 법률에 의한 위임이 없는 한 법률이 규정한 개인의 권리·의무에 관한 내용을 변경 보충하거나 법률에 규정되지 아니한 새로운 내용을 규정할 수 없다. (대판 1995.10.13. 95누8454)

Chapter

02 행정법의 법원(法源)

1. 성문법원

02

헌법과 행정법의 관계 및 적용과 관련된 설명 중 옳지 않은 것은? (다툼이 있는 경우 판례에 의함) [14 변호사]

① 행정처분이 헌법에 위반된다는 등의 이유로 그 취소를 구하는 행정소송을 제기하였으나 그 청구가 받아들여지지 아니하는 판결이 확정되어 법원의 소송절차에 의하여서는 더 이상 이를 다툴 수 없게 된 경우에, 별도의 절차에 의하여 위 판결의 기판력이 제거되지 아니하더라도, 당해 행정처분 자체의 위헌성 또는 그 근거법규의 위헌성을 주장하면서 당해 행정처분만의 취소를 구하는 헌법소원심판을 청구하는 것은 허용된다.

② 도시계획시설결정의 집행이 지연되는 경우, 토지재산권의 강화된 사회적 의무와 도시계획의 필요성이란 공익에 비추어 일정한 기간까지는 토지소유자가 도시계획시설결정의 집행지연으로 인한 재산권의 제한을 수인해야 하지만, 일정 기간이 지난 뒤에는 입법자가 보상규정의 제정을 통하여 과도한 부담에 대한 보상을 하도록 함으로써 도시계획시설결정에 관한 집행계획은 비로소 헌법상의 재산권 보장과 조화될 수 있다.

③ '헌법의 구체화법으로서의 행정법'이라는 말은 오늘날의 행정법이 헌법형성적 가치나 기본이념과 무관하게 존재하는 것이 아니고, 이러한 가치나 기본이념은 일정한 실정법원리로 구체화되어 행정을 구속하는 행정법의 기본원리를 구성한다는 의미로 해석할 수 있다.

④ 사회적 기본권의 성격을 가지는 의료보험수급권은 국가에 대하여 적극적으로 급부를 요구하는 것이므로 헌법규정만으로는 이를 실현할 수 없고 법률에 의한 형성을 필요로 하므로 의료보험수급권의 구체적 내용 즉, 수급요건·수급권자의 범위·급여금액 등은 법률에 의하여 비로소 확정된다.

⑤ 국세청장의 납세병마개 제조자 지정행위의 근거가 되는 법령의 조항들이 단지 공익만을 추구할 뿐 개인의 이익을 보호하려는 것이 아니라는 이유로 취소소송을 제기할 법률상 이익을 부정한다고 하더라도, 위 지정행위가 병마개 제조업자들 사이에 특혜에 따른 차별을 통하여 사경제 주체간의 경쟁조건에 영향을 미치고 이로써 기업의 경쟁의 자유를 제한하는 것임이 명백한 경우에는 국세청장의 지정행위로 말미암아 기업의 경쟁의 자유를 제한받게 된 자들에게는 일반법규에서 경쟁자를 보호하는 규정을 별도로 두고 있지 않은 경우에도 기본권인 경쟁의 자유가 바로 행정청의 지정행위의 취소를 구할 법률상의 이익이 된다.

02

정답 ①

> **핵심공략**
>
> - 원행정처분은 이를 심판의 대상으로 삼았던 법원의 재판이 예외적으로 헌법소원심판의 대상이 되어 그 재판 자체까지 취소되는 경우에 한하여 헌법소원 대상 O
> - 토지재산권의 강화된 사회적 의무와 도시계획의 필요성이란 공익에 비추어 일정한 기간까지는 토지소유자가 도시계획시설결정의 집행지연으로 인한 재산권의 제한을 수인해야 O *But* 일정 기간이 지난 뒤에는 입법자가 보상규정의 제정을 통하여 과도한 부담에 대한 보상을 하도록 함으로써 도시계획시설결정에 관한 집행계획은 비로소 헌법상의 재산권 보장과 조화될 수 O
> - '헌법의 구체화법으로서의 행정법': 행정법이 헌법형성적 가치나 기본이념과 무관하게 존재 ×, 일정한 실정법원리로 구체화되어 행정을 구속하는 행정법의 기본원리를 구성한다는 의미 O
> - 의료보험수급권 구체적 내용은 법률에 의하여 비로소 확정 O
> - 일반법규에서 경쟁자를 보호하는 규정을 별도로 두고 있지 않은 경우에도 기본권인 경쟁의 자유가 바로 행정청의 지정행위의 취소를 구할 법률상의 이익 O

① [×]

해설 원행정처분에 대하여 법원에 행정소송을 제기하여 패소판결을 받고 그 판결이 확정된 경우에는 당사자는 그 판결의 기판력에 의한 기속을 받게 되므로, 별도의 절차에 의하여 위 판결의 기판력이 제거되지 아니하는 한, 행정처분의 위법성을 주장하는 것은 확정판결의 기판력에 어긋나므로 원행정처분은 헌법소원심판의 대상이 되지 아니한다고 할 것이며, 뿐만 아니라 원행정처분에 대한 헌법소원심판청구를 허용하는 것은, "명령·규칙 또는 처분이 헌법이나 법률에 위반되는 여부가 재판의 전제가 된 경우에는 대법원은 이를 최종적으로 심사할 권한을 가진다."고 규정한 헌법 제107조 제2항이나, 원칙적으로 헌법소원심판의 대상에서 법원의 재판을 제외하고 있는 헌법재판소법 제68조 제1항의 취지에도 어긋난다. **(헌재 1998.5.28. 91헌마98)**

② [○]

해설 입법자는 도시계획사업도 가능하게 하면서 국민의 재산권 또한 존중하는 방향으로, 재산권의 사회적 제약이 보상을 요하는 수용적 효과로 전환되는 시점, 즉 보상의무가 발생하는 시점을 확정하여 보상규정을 두어야 한다. 토지재산권의 강화된 사회적 의무와 도시계획의 필요성이란 공익에 비추어 일정한 기간까지는 토지소유자가 도시계획시설결정의 집행지연으로 인한 재산권의 제한을 수인해야 하지만, 일정 기간이 지난 뒤에는 입법자가 보상규정의 제정을 통하여 과도한 부담에 대한 보상을 하도록 함으로써 도시계획시설결정에 관한 집행계획은 비로소 헌법상의 재산권 보장과 조화될 수 있다. **(헌재 1999.10.21. 97헌바26)**

③ [○]

해설 실질적 법치주의를 취하고 헌법재판제도가 인정되어 헌법의 규범력이 강화되고 있는 오늘날의 헌법 하에서 행정법은 '헌법의 구체화법'이라는 명제가 타당하다. '헌법의 구체화법으로서의 행정법'이라는 말은 오늘날의 행정법이 헌법형성적 가치나 기본이념과 무관하게 존재하는 것은 것이 아니고, 이러한 가치나 기본이념은 일정한 실정법원리로 구체화되어 행정을 구속하는 행정법의 기본원리를 구성한다는 의미로 해석할 수 있다.

④ [○]

해설 사회적 기본권의 성격을 가지는 의료보험수급권은 국가에 대하여 적극적으로 급부를 요구하는 것이므로 헌법규정만으로는 이를 실현할 수 없고 법률에 의한 형성을 필요로 한다. 의료보험수급권의 구체적 내용 즉, 수급요건·수급권자의 범위·급여금액 등은 법률에 의하여 비로소 확정된다. **(헌재 2003.12.18. 2002헌바1)**

⑤ [○]

해설 국세청장의 지정행위(납세병마개 제조자 지정행위)의 근거규범인 이 사건 조항들이 단지 공익만을 추구할 뿐 청구인 개인의 이익을 보호하려는 것이 아니라는 이유로 청구인(지정행위의 상대방이 아닌 제3자)에게 취소소송을 제기할 법률상 이익을 부정한다고 하더라도, 국세청장의 지정행위는 행정청이 병마개 제조업자들 사이에 특혜에 따른 차별을 통하여 사경제 주체간의 경쟁조건에 영향을 미치고 이로써 기업의 경쟁의 자유를 제한하는 것임이 명백한 경우에는 국세청장의 지정행위로 말미암아 기업의 경쟁의 자유를 제한받게 된 자들은 적어도 보충적으로 기본권에 의한 보호가 필요하다. 따라서 일반법규에서 경쟁자를 보호하는 규정을 별도로 두고 있지 않은 경우에도 **기본권인 경쟁의 자유가 바로 행정청의 지정행위의 취소를 구할 법률상의 이익이 된다** 할 것이다. **(헌재 1998.4.30. 97헌마141)**

2. 불문법원

03

행정법의 법원(法源)에 관한 다음 설명 중 옳은 것은? (다툼이 있는 경우 판례에 의함) [13 변호사]

① 인간다운 생활을 할 권리에 관한 헌법상의 규정은 입법부와 행정부에 대하여 가능한 한 모든 국민이 인간의 존엄성에 맞는 건강하고 문화적인 생활을 누릴 수 있도록 하여야 한다는 행위규범으로 작용하지만, 입법부나 행정부의 행위의 합헌성을 심사하기 위한 통제규범으로 작용하는 것은 아니다.

② 위법한 행정처분이라도 수차례에 걸쳐 반복적으로 행해져 행정관행이 된 경우에는 행정청에 대하여 자기구속력을 갖게 된다.

③ 같은 정도의 비위를 저지른 자들임에도 불구하고 그 직무의 특성 등에 비추어 개전의 정이 있는지 여부에 따라 징계 종류의 선택과 양정에서 다르게 취급하는 것은 평등의 원칙에 위반된다.

④ 행정청의 행위에 대한 신뢰보호 원칙의 적용 요건 중 하나인 '행정청의 견해표명이 정당하다고 신뢰한 데에 대하여 그 개인에게 귀책사유가 없을 것'을 판단함에 있어, 귀책사유의 유무는 상대방과 그로부터 신청행위를 위임받은 수임인 등 관계자 모두를 기준으로 하여야 한다.

⑤ 재량권 행사의 준칙인 행정규칙이 그 정한 바에 따라 되풀이 시행되어 행정관행이 이루어지고 평등의 원칙에 따라 행정기관이 그 규칙에 따라야 할 자기구속을 받게 된 경우에는, 특별한 사정이 있는 경우에도 해당 규칙에 따라야 할 절대적 구속력이 발생한다.

03

정답 ④

핵심공략

- 인간다운 생활을 할 권리에 관한 헌법의 규정: **입법부나 행정부에 대하여는** 행위규범으로서 작용, **헌법재판에 있어서는** 통제규범으로 작용
- 위법한 행정처분이 수차례에 걸쳐 반복적으로 행하여진 경우, 행정청에 자기구속력 발생 ×
- 같은 정도의 비위를 저지른 자들임에도 불구하고 그 직무의 특성 등에 비추어 개전의 정이 있는지 여부에 따라 징계종류의 선택과 양정에서 다르게 취급하는 것: 평등원칙 위배 ×
- 행정청의 행위에 대한 신뢰보호원칙 요건 중 **귀책사유의 유무는 상대방과 그로부터 신청행위를 위임받은 수임인 등 관계자 모두를 기준**으로 판단하여야 ○
- 행정관행이 성립된 경우에도 행정관행과 다른 처분을 할 '특별한 사정'이 있는 경우에는 행정의 자기구속의 원칙이 적용되지 않을 수 ○

① [×]

해설 인간다운 생활을 할 권리에 관한 헌법의 규정은 모든 국가기관을 기속하지만, 그 기속의 의미는 적극적·형성적 활동을 하는 입법부 또는 행정부의 경우와 헌법재판에 의한 사법적 통제기능을 하는 헌법재판소에 있어서 동일하지 아니하다. 위와 같은 헌법의 규정이, **입법부나 행정부에 대하여는** 국민소득, 국가의 재정능력과 정책 등을 고려하여 가능한 범위안에서 최대한으로 모든 국민이 물질적인 최저생활을 넘어서 인간의 존엄성에 맞는 건강하고 문화적인 생활을 누릴 수 있도록 하여야 한다는 행위의 지침 즉 행위규범으로서 작용하지만, **헌법재판에 있어서는** 다른 국가기관 즉 입법부나 행정부가 국민으로 하여금 인간다운 생활을 영위하도록 하기 위하여 객관적으로 필요한 최소한의 조치를 취할 의무를 다하였는지를 기준으로 국가기관의 행위의 합헌성을 심사하여야 한다는 통제규범으로 작용하는 것이다. **(헌재 1999.12.23. 98헌바33; 헌재 1997.5.29. 94헌마33)**

② [×]

해설 평등의 원칙은 본질적으로 같은 것을 자의적으로 다르게 취급함을 금지하는 것이고, 위법한 행정처분이 수차례에 걸쳐 반복적으로 행하여졌다 하더라도 **그러한 처분이 위법한 것인 때에는** 행정청에 대하여 자기구속력을 갖게 된다고 할 수 없다. **(대판 2009.6.25. 2008두13132)**

③ [×]

해설 같은 정도의 비위를 저지른 자들 사이에 있어서도 그 직무의 특성 등에 비추어, **개전의 정이 있는지 여부에 따라** 징계의 종류의 선택과 양정에 있어서 차별적으로 취급하는 것은, **사안의 성질에 따른 합리적 차별**로서 이를 자의적 취급이라고 할 수 없는 것이어서 평등원칙 내지 형평에 반하지 아니한다. **(대판 1999.8.20. 99두2611)**

④ [○]

해설 일반적으로 행정상의 법률관계에 있어서 행정청의 행위에 대하여 신뢰보호의 원칙이 적용되기 위하여는, 첫째 행정청이 개인에 대하여 신뢰의 대상이 되는 공적인 견해표명을 하여야 하고, 둘째 행정청의 견해표명이 정당하다고 신뢰한 데에 대하여 그 개인에게 귀책사유가 없어야 하며, 셋째 그 개인이 그 견해표명을 신뢰하고 이에 상응하는 어떠한 행위를 하였어야 하고, 넷째 행정청이 그 견해표명에 반하는 처분을 함으로써 그 견해표명을 신뢰한 개인의 이익이 침해되는 결과가 초래되어야 하며, 마지막으로 위 견해표명에 따른 행정처분을 할 경우 이로 인하여 공익 또는 제3자의 정당한 이익을 현저히 해할 우려가 있는 경우가 아니어야 하는바, 둘째 요건에서 말하는 **귀책사유**라 함은 행정청의 견해표명의 하자가 상대방 등 관계자의 **사실은폐나 기타 사위의 방법**에 의한 신청행위 등 부정행위에 기인한 것이거나 그러한 부정행위가 없다고 하더라도 **하자가 있음을 알았거나 중대한 과실로 알지 못한 경우** 등을 의미한다고 해석함이 상당하고, **귀책사유의 유무는 상대방과 그로부터 신청행위를 위임받은 수임인 등 관계자 모두를 기준**으로 판단하여야 한다. **(대판 2002.11.8. 2001두1512)**

⑤ [×]

해설 재량권 행사의 준칙인 행정규칙이 그 정한 바에 따라 되풀이 시행되어 행정관행이 이루어지게 되면 **평등의 원칙이나 신뢰보호의 원칙에 따라** 행정기관은 그 상대방에 대한 관계에서 그 규칙에 따라야 할 자기구속을 받게 된다**(대판 2009.12.24. 2009두7967; 헌재 1990.9.3. 90헌마13)**. 그러나 행정관행이 성립된 경우에도 행정관행과 다른 처분을 할 '특별한 사정'이 있는 경우에는 행정의 자기구속의 원칙이 적용되지 않을 수 있다**(대판 2009.12.24. 2009두7967)**.

04

신뢰보호의 원칙에 관한 설명 중 옳지 않은 것은? (다툼이 있는 경우 판례에 의함) [22 변호사]

① 행정청은 공익 또는 제3자의 이익을 현저히 해칠 우려가 있는 경우를 제외하고는 행정에 대한 국민의 정당하고 합리적인 신뢰를 보호하여야 한다.

② 정책의 주무 부처인 중앙행정기관이 그 소관 사항에 대하여 입안한 법령안은 법제처 심사 등의 절차를 거쳐 공포함으로써 확정되므로 입법예고를 통해 법령안의 내용을 국민에게 예고하였다면 국가가 이해관계자들에게 입법예고된 사항에 관하여 신뢰를 부여하였다고 볼 수 있다.

③ 건축주가 건축허가 내용대로 공사를 상당한 정도로 진행하였는데, 나중에 「건축법」에 위반되는 하자가 발견되었다는 이유로 행정청이 그 일부분의 철거를 명할 수 있기 위하여는 그 건축허가를 기초로 하여 형성된 사실관계 및 법률관계를 고려하여 건축주가 입게 될 불이익과 건축행정상의 공익, 제3자의 이익, 「건축법」 위반의 정도를 비교·교량하여 건축주의 이익을 희생시켜도 부득이하다고 인정되는 경우라야 한다.

④ 수익적 행정처분에 하자가 있다고 하더라도 이를 취소하여야 할 필요성에 관한 증명책임은 행정처분의 상대방이 아니라 처분청에 있다.

⑤ 개정 법령이 기존의 사실 또는 법률관계를 적용대상으로 하면서 국민의 재산권과 관련하여 종전보다 불리한 법률효과를 규정하고 있는 경우 그러한 사실 또는 법률관계가 개정 법령이 시행되기 이전에 이미 완성 또는 종결된 것이 아니라면 개정 법령을 적용하는 것이 헌법상 금지되는 소급입법에 의한 재산권 침해라고 할 수는 없다.

04

정답 ②

핵심공략

- 행정청은 공익 또는 제3자의 이익을 현저히 해칠 우려가 있는 경우를 제외하고는 행정에 대한 국민의 정당하고 합리적인 신뢰를 보호하여야 O
- 법령안의 내용을 입법예고한 사정만으로 행정청이 어떠한 신뢰를 부여하였다고 볼 수 ×
- 건축주가 건축허가 내용대로 공사를 상당 정도 진척한 경우, 이후에 당해 허가에 하자가 발견되었다는 이유로 그 일부분의 철거를 명할 수 있기 위해서는, 건축주가 입게 될 불이익과 공익 등을 비교형량하여 후자가 더 큰 경우여야 O
- 하자나 취소해야 할 필요성에 관한 증명책임은 처분을 한 행정청에게 有
- 사실 또는 법률관계가 개정 법령이 시행되기 이전에 이미 완성 또는 종결된 것이 아니라면 이를 헌법상 금지되는 소급입법에 의한 재산권 침해라고 할 수 ×

① [○]

해설 일반적으로 행정상의 법률관계에 있어서 행정청의 행위에 대하여 신뢰보호의 원칙이 적용되기 위하여는, 첫째 행정청이 개인에 대하여 신뢰의 대상이 되는 공적인 견해표명을 하여야 하고, 둘째 행정청의 견해표명이 정당하다고 신뢰한 데에 대하여 그 개인에게 귀책사유가 없어야 하며, 셋째 그 개인이 그 견해표명을 신뢰하고 이에 어떠한 행위를 하였어야 하고, 넷째 행정청이 위 견해표명에 반하는 처분을 함으로써 그 견해표명을 신뢰한 개인의 이익이 침해되는 결과가 초래되어야 하며, 어떠한 행정처분이 이러한 요건을 충족할 때에는 공익 또는 제3자의 정당한 이익을 현저히 해할 우려가 있는 경우가 아닌 한, 신뢰보호의 원칙에 반하는 행위로서 위법하게 된다고 할 것이다. **(대판 1999.5.25. 99두1052)**

② [×]

해설 정책의 주무 부처인 중앙행정기관이 그 소관 사항에 대하여 입안한 법령안은 법제처 심사 등의 절차를 거쳐 공포함으로써 확정되므로, 법령이 확정되기 이전에는 법적 효과가 발생할 수 없다. 따라서 입법예고를 통해 법령안의 내용을 국민에게 예고한 적이 있다고 하더라도 그것이 법령으로 확정되지 아니한 이상 국가가 이해관계자들에게 위 법령안에 관련된 사항을 약속하였다고 볼 수 없으며, 이러한 사정만으로 어떠한 신뢰를 부여하였다고 볼 수도 없다. **(대판 2008.5.29. 2004다33469 참조)**

③ [○]

해설 건축주가 건축허가 내용대로 공사를 상당한 정도로 진행하였는데, 나중에 건축법이나 도시계획법에 위반되는 하자가 발견되었다는 이유로 그 일부분의 철거를 명할 수 있기 위하여는 그 건축허가를 기초로 하여 형성된 사실관계 및 법률관계를 고려하여 건축주가 입게 될 불이익과 건축행정이나 도시계획행정상의 공익, 제3자의 이익, 건축법이나 도시계획법 위반의 정도를 비교·교량하여 건축주의 이익을 희생시켜도 부득이하다고 인정되는 경우라야 한다. **(대판 2002.11.8. 2001두1512)**

④ [○]

해설 행정처분에 하자가 있다고 하더라도 취소해야 할 공익상 필요와 취소로 당사자가 입게 될 기득권과 신뢰보호 및 법률생활안정의 침해 등 불이익을 비교·교량한 후 공익상 필요가 당사자가 입을 불이익을 정당화할 만큼 강한 경우에 한하여 취소할 수 있는 것이며, 하자나 취소해야 할 필요성에 관한 증명책임은 기존 이익과 권리를 침해하는 처분을 한 행정청에 있다. **(대판 2014.11.27. 2014두9226)**

⑤ [○]

해설 행정처분은 그 근거 법령이 개정된 경우에도 경과규정에서 달리 정함이 없는 한 처분 당시 시행되는 개정 법령과 그에 정한 기준에 의하는 것이 원칙이고, 그 개정 법령이 기존의 사실 또는 법률관계를 적용대상으로 하면서 국민의 재산권과 관련하여 종전보다 불리한 법률효과를 규정하고 있는 경우에도 그러한 사실 또는 법률관계가 개정 법령이 시행되기 이전에 이미 완성 또는 종결된 것이 아니라면 이를 헌법상 금지되는 소급입법에 의한 재산권 침해라고 할 수는 없으며, 그러한 개정 법령의 적용과 관련하여서는 개정 전 법령의 존속에 대한 국민의 신뢰가 개정 법령의 적용에 관한 공익상 요구보다 더 보호가치가 있다고 인정되는 경우에 그러한 국민의 신뢰를 보호하기 위하여 그 적용이 제한될 여지가 있을 따름이다. **(대판 2009.4.23. 2008두8918 등 참조)**

Chapter
03 공법관계와 사법관계

1. 공법관계와 사법관계의 구별

05

공법관계와 사법관계의 구별과 관련된 판례의 내용 중 옳지 않은 것은? [15 변호사]

① 국가나 지방자치단체에 근무하는 청원경찰에 대한 징계처분의 시정을 구하는 소송은 행정소송에 해당한다.

② 일반재산(구 잡종재산)인 국유림을 대부하는 행위는 법률이 대부계약의 취소사유나 대부료의 산정방법 등을 정하고 있고, 대부료의 징수에 관하여 「국세징수법」 중 체납처분에 관한 규정을 준용하도록 정하고 있더라도 사법관계로 파악된다.

③ 구 「공익사업을 위한 토지 등의 취득 및 보상에 관한 법률」상 환매권의 존부에 관한 확인을 구하는 소송 및 환매금액의 증감을 구하는 소송은 민사소송이다.

④ 국세환급금결정이나 이 결정을 구하는 신청에 대한 환급거부결정은 행정청의 공행정작용으로서 항고소송의 대상이 된다.

⑤ 서울특별시지하철공사 임원 및 직원에 대한 징계처분은 위 공사 사장이 공권력 발동주체로서 행정처분을 행한 것으로 볼 수 없으므로 이에 대한 불복절차는 민사소송절차에 의하여야 할 것이지 행정소송에 의할 수는 없는 것이다.

05 　　정답 ④

핵심공략

- 청원경찰에 대한 징계처분: 행정소송 대상 O, 민사소송 대상 ×
- 일반재산 대부행위 사법관계에 해당 O
- 공익사업을 위한 토지 등의 취득 및 보상에 관한 법률상 환매권 존부 확인의 소 및 환매금액 증감의 소는 민사소송에 해당 O
- 국세환급금결정이나 이에 대한 환급거부결정은 항고소송의 대상 ×
- 서울특별시지하철공사 임원 및 직원에 대한 징계처분에 대한 불복은 민사소송절차에 의하여야 O, 행정소송에 의할 것은 ×

① [○]

해설 **국가나 지방자치단체에 근무하는 청원경찰**은 국가공무원법이나 지방공무원법상의 공무원은 아니지만, 다른 청원경찰과는 달리 그 임용권자가 행정기관의 장이고, 국가나 지방자치단체로부터 보수를 받으며, 산업재해보상보험법이나 근로기준법이 아닌 공무원연금법에 따른 재해보상과 퇴직급여를 지급받고, 직무상의 불법행위에 대하여도 민법이 아닌 국가배상법이 적용되는 등의 특질이 있으며 그외 임용자격, 직무, 복무의무 내용 등을 종합하여 볼때, 그 근무관계를 사법상의 고용계약관계로 보기는 어려우므로 **그에 대한 징계처분의 시정을 구하는 소는 행정소송의 대상**이지 민사소송의 대상이 아니다. **(대판 1993.7.13. 92다47564)**

② [○]

해설 국유재산법 제31조, 제32조 제3항, 산림법 제75조 제1항의 규정 등에 의하여 **국유잡종재산에 관한 관리 처분의 권한을 위임받은 기관이 국유잡종재산을 대부하는 행위**는 국가가 사경제 주체로서 상대방과 대등한 위치에서 행하는 **사법상의 계약**이고, 행정청이 공권력의 주체로서 상대방의 의사 여하에 불구하고 일방적으로 행하는 행정처분이라고 볼 수 없으며, 국유잡종재산에 관한 대부료의 납부고지 역시 사법상의 이행청구에 해당하고, 이를 행정처분이라고 할 수 없다. 국유재산법 제38조, 제25조의 규정에 의하여 국세징수법의 체납처분에 관한 규정을 준용하여 대부료를 징수할 수 있다고 하더라도 이로 인하여 대부계약의 성질이 달라지는 것은 아니라 할 것이므로 대부계약에 있어서는 어느 경우에나 과세처분의 경우처럼 가산금이 부과된다고 할 수는 없다. **(대판 2000.2.11. 99다61675)**

③ [○]

해설 구 공익사업을 위한 토지 등의 취득 및 보상에 관한 법률 제91조에 규정된 환매권은 상대방에 대한 의사표시를 요하는 형성권의 일종으로서 재판상이든 재판 외이든 위 규정에 따른 기간 내에 행사하면 매매의 효력이 생기는 바, 이러한 **환매권의 존부에 관한 확인을 구하는 소송** 및 구 공익사업법 제91조 제4항에 따라 **환매금액의 증감을 구하는 소송** 역시 **민사소송에 해당**한다. **(대판 2013.2.28. 2010두22368)**

④ [×]

해설 국세기본법 제51조 및 제52조 국세환급금 및 국세가산금결정에 관한 규정은 이미 납세의무자의 환급청구권이 확정된 국세환급금 및 가산금에 대하여 내부적 사무처리절차로서 과세관청의 환급절차를 규정한 것에 지나지 않고 그 규정에 의한 국세환급금(가산금 포함)결정에 의하여 비로소 환급청구권이 확정되는 것은 아니므로, **국세환급금결정**이나 이 결정을 구하는 신청에 대한 **환급거부결정** 등은 납세의무자가 갖는 환급청구권의 존부나 범위에 구체적이고 직접적인 영향을 미치는 처분이 아니어서 **항고소송의 대상이 되는 처분이라고 볼 수 없다**. **(대판 1989.6.15. 88누6436 全)**

⑤ [○]

해설 **서울특별시지하철공사의 임원과 직원의 근무관계의 성질**은 지방공기업법의 모든 규정을 살펴보아도 공법상의 특별권력관계라고는 볼 수 없고 **사법관계에 속할 뿐만 아니라,** 위 지하철공사의 사장이 그 이사회의 결의를 거쳐 제정된 인사규정에 의거하여 **소속직원에 대한 징계처분을 한 경우** 위 사장은 행정소송법 제13조 제1항 본문과 제2조 제2항 소정의 행정청에 해당되지 않으므로 공권력발동주체로서 위 징계처분을 행한 것으로 볼 수 없고, 따라서 **이에 대한 불복절차는 민사소송에 의할 것**이지 행정소송에 의할 수는 없다. **(대판 1989.9.12. 89누2103)**

2. 행정법관계의 특질

06

행정행위의 효력과 관련된 설명 중 옳지 않은 것은? (다툼이 있는 경우 판례에 의함) [14 변호사]

① 연령미달의 결격자인 甲이 그의 형인 乙의 이름으로 운전면허시험에 응시·합격하여 운전면허를 취득하였다면 이는 도로교통법상 취소사유에 불과하다. 따라서 아직 그 면허가 취소되지 않고 있는 동안 운전을 하던 중 적발된 甲을 무면허운전으로 처벌할 수 없다.

② 개발제한구역 안에 건축되어 있던 비닐하우스를 매수한 자에게 구청장이 이를 철거하여 토지를 원상회복하라고 시정지시한 조치가 위법한 것으로 인정된다 하더라도 당연무효가 아니라면, 이러한 시정지시에는 일단 따라야 하므로 이에 따르지 아니한 행위는 위 조치의 근거법률에 규정된 조치명령 등 위반죄로 처벌할 수 있다.

③ 위법한 행정대집행이 완료되면 당해 계고처분의 무효확인 또는 취소를 구할 소의 이익은 없다 하더라도, 미리 그 행정처분의 취소판결이 있어야만, 그 행정처분의 위법임을 이유로 한 손해배상 청구를 할 수 있는 것은 아니다.

④ 지방공무원 甲이 그에 대한 임명권자를 달리하는 지방자치단체로의 전출명령이 동의 없이 이루어진 것으로서 위법하다고 주장하면서 전출 받은 근무지에 출근하지 아니하자 이에 대하여 감봉 3월의 징계처분이 내려진 경우, 위 전출명령은 위법한 것으로서 취소되어야 하므로, 위 전출명령이 적법함을 전제로 내려진 위 징계처분은 비록 위 전출명령이 공정력에 의하여 취소되기 전까지는 유효한 것으로 취급되어야 한다고 하더라도 징계양정에 있어서는 결과적으로 재량권을 일탈한 위법이 있다.

⑤ 조세의 과오납이 부당이득이 되기 위하여는 납세 또는 조세의 징수가 실체법적으로나 절차법적으로 전혀 법률상의 근거가 없거나 과세처분의 하자가 중대하고 명백하여 당연무효이어야 하고, 과세처분의 하자가 단지 취소할 수 있는 정도에 불과할 때에는 과세관청이 이를 스스로 취소하거나 항고소송절차에 의하여 취소되지 않는 한 그로 인한 조세의 납부가 부당이득이 된다고 할 수 없다.

06

정답 ②

핵심공략

- 연령 미달 결격자가 합격하여 교부받은 운전면허는 취소되지 않는 한 유효 ⇨ 무면허운전 ×
- 구청장의 시정조치가 당연무효 아니라도, 위법하다고 인정되는 경우 그 시정조치 위반죄 성립 ×
- 미리 그 행정처분의 취소판결이 있어야만, 그 행정처분의 위법임을 이유로 한 손해배상 청구를 할 수 있는 것은 아님
- **당해 공무원의 동의 없는 전출명령은 위법**하여 취소되어야 O, 다만, 그 **전출명령이 적법함을 전제로 내린 징계처분**은 그 전출명령이 공정력에 의하여 취소되기 전까지는 유효 ⇨ *But* **징계양정에 있어 재량권을 일탈하여 위법** O
- 과세처분의 하자가 단지 취소할 수 있는 정도에 불과할 때, 과세관청이 이를 스스로 취소하거나 항고소송절차에 의하여 취소되지 않는 한, 그로 인한 조세의 납부가 부당이득이 된다고 할 수 ×

① [○]

해설 연령 미달의 결격자인 피고인 甲이 자신의 형인 乙의 이름으로 운전면허시험에 응시하여 합격함으로써 교부받은 운전면허를 가지고 운전한 것에 대해 무면허운전으로 기소된 사건에서 당해 운전면허는 당연무효가 아니고 취소되지 않는 한 유효하므로 **무면허운전행위에 해당하지 않는다**고 판시한 사례. **(대판 1982.6.8. 80도2646)**

② [×]

해설 [1] 구 도시계획법(1991.12.14. 법률 제4427호로 개정되기 전의 것) 제92조 제4호, 제78조 제1호, 제4조 제1항 제1호의 각 규정을 종합하면 도시계획구역안에서 허가 없이 토지의 형질을 변경한 경우 행정청은 그 토지의 형질을 변경한 자에 대하여서만 같은 법 제78조 제1항에 의하여 처분이나 원상회복 등의 조치명령을 할 수 있다고 해석되고, 토지의 형질을 변경한 자도 아닌 자에 대하여 원상복구의 시정명령이 발하여진 경우 위 원상복구의 시정명령은 위법하다 할 것이다. [2] 구 도시계획법 제78조 제1항에 정한 처분이나 원상회복 등의 조치명령을 받은 자가 이에 위반한 경우 이로 인하여 같은 법 제92조에 정한 처벌을 하기 위하여는 그 처분이나 조치명령이 적법한 것이라야 하고, 그 처분이 당연무효가 아니라 하더라도 **그것이 위법한 처분으로 인정되는 한 같은 법 제92조 위반죄가 성립될 수 없다**. **(대판 1992.8.18. 90도1709)**

③ [○]

해설 위법한 행정대집행이 완료되면 그 처분의 무효확인 또는 취소를 구할 소의 이익은 없다 하더라도, 미리 그 행정처분의 취소판결이 있어야만, 그 행정처분의 위법임을 이유로 한 손해배상 청구를 할 수 있는 것은 아니다. **(대판 1972.4.28. 72다337)**

④ [○]

해설 [1] 지방공무원법 제29조의3은 지방자치단체의 장은 다른 지방자치단체의 장의 동의를 얻어 그 소속 공무원을 전입할 수 있다고 규정하고 있는바, 위 규정에 의하여 동의를 한 지방자치단체의 장이 소속 공무원을 전출하는 것은 임명권자를 달리하는 지방자치단체로의 이동인 점에 비추어 반드시 당해 공무원 본인의 동의를 전제로 하는 것이고, 위 법규정도 본인의 동의를 배제하는 취지의 규정은 아니어서 위헌·무효의 규정은 아니다. [2] **당해 공무원의 동의 없는** 지방공무원법 제29조의3의 규정에 의한 **전출명령은 위법**하여 취소되어야 하므로, **그 전출명령이 적법함을 전제로 내린 징계처분**은 그 전출명령이 공정력에 의하여 취소되기 전까지는 유효하다고 하더라도 **징계양정에 있어 재량권을 일탈하여 위법**하다고 한 사례. **(대판 2001.12.11. 99두1823)**

⑤ [○]

해설 [1] 행정처분이 아무리 위법하다고 하여도 그 하자가 중대하고 명백하여 당연무효라고 보아야 할 사유가 있는 경우를 제외하고는 아무도 그 하자를 이유로 무단히 그 효과를 부정하지 못하는 것으로, 이러한 행정행위의 공정력은 판결의 기판력과 같은 효력은 아니지만 그 공정력의 객관적 범위에 속하는 행정행위의 하자가 취소사유에 불과한 때에는 그 처분이 취소되지 않는 한 처분의 효력을 부정하여 그로 인한 이득을 법률상 원인 없는 이득이라고 말할 수 없는 것이다. [2] 조세의 과오납이 부당이득이 되기 위하여는 납세 또는 조세의 징수가 실체법적으로나 절차법적으로 전혀 법률상의 근거가 없거나 **과세처분의 하자가 중대하고 명백하여 당연무효이어야** 하고, 과세처분의 하자가 단지 취소할 수 있는 정도에 불과할 때에는 과세관청이 이를 스스로 취소하거나 항고소송절차에 의하여 취소되지 않는 한 그로 인한 조세의 납부가 부당이득이 된다고 할 수 없다. **(대판 1994.11.11. 94다28000)**

07

행정행위의 효력에 관한 설명 중 옳지 않은 것은? (다툼이 있는 경우 판례에 의함) [17 변호사]

① 민사소송에 있어서 어느 행정처분의 당연무효 여부가 선결문제로 되는 때에는 행정처분에 당연무효 사유가 있는지 여부를 판단하여 당연무효임을 전제로 판결할 수 있고 반드시 행정소송 등의 절차에 의하여 그 취소나 무효확인을 받아야 하는 것은 아니다.

② 행정처분이 불복기간의 경과로 확정된 경우에는 그 처분의 기초가 된 사실관계나 법률적 판단이 확정되고 당사자들이나 법원이 이에 기속되어 모순되는 주장이나 판단을 할 수 없다.

③ 과세처분에 관한 이의신청절차에서 과세관청이 이의신청 사유가 옳다고 인정하여 과세처분을 직권으로 취소한 이상 그 후 특별한 사유 없이 이를 번복하고 종전 처분을 되풀이하는 것은 허용되지 않는다.

④ 과세처분에 대한 쟁송이 진행 중에 과세관청이 그 과세처분의 납부고지 절차상의 하자를 발견한 경우에는 위 과세처분을 취소하고 절차상의 하자를 보완하여 다시 동일한 내용의 과세처분을 할 수 있고, 이와 같은 새로운 처분이 행정행위의 불가쟁력이나 불가변력에 저촉되는 것은 아니다.

⑤ 형사법원이 판결을 내리기 전에 영업허가취소처분이 행정쟁송절차에 의하여 취소되었다면, 그 영업허가취소처분 후의 영업행위는 무허가행위가 아닌 것이 되므로 형사법원은 그 영업허가취소처분 후의 영업행위에 대해 무죄를 선고하여야 한다.

07

정답 ②

핵심공략

- **민사소송에서 어느 행정처분의 당연무효 여부가 선결문제로 되는 때** 반드시 행정소송 등의 절차에 의하여 그 취소나 무효확인을 받아야 하는 것 ×
- **행정처분이나 행정심판 재결이 불복기간의 경과로 확정될 경우라도,** 당사자들이나 법원이 이에 기속되어 모순되는 주장이나 판단을 할 수 없게 되는 것 ×
- 과세관청이 납세자의 이의신청 사유가 옳다고 인정하여 과세처분을 직권으로 취소하였음에도, 특별한 사유 없이 이를 번복하고 종전 처분을 되풀이하여서 한 과세처분은 위법 O
- **과세처분에 대한 쟁송 진행 중에** 과세관청이 그 과세처분의 납부고지 절차상의 하자를 발견하여 위 과세처분을 취소하고 절차상의 하자를 보완하여 다시 동일한 내용의 과세처분을 할 수 O ⇨ 불가쟁력이나 불가변력에 저촉 ×
- 영업허가취소처분 자체가 나중에 행정쟁송절차에 의하여 취소되었다면 **그 처분시에 소급하여 효력 상실** ⇨ 그 영업허가취소처분 이후의 영업행위를 무허가영업이라고 볼 수 × ⇨ 무죄

① [○]

해설 **민사소송에 있어서 어느 행정처분의 당연무효 여부가 선결문제로 되는 때**에는 이를 판단하여 당연무효임을 전제로 판결할 수 있고 반드시 행정소송 등의 절차에 의하여 그 취소나 무효확인을 받아야 하는 것은 아니다**(대판 2010.4.8. 2009다90092)**. 구성요건적 효력(또는 공정력)은 행정행위가 무효인 경우에는 인정되지 않기 때문이다. 행정소송법 제11조도 처분 등의 효력 유무 또는 존재 여부가 민사소송의 선결문제인 경우 민사법원이 이를 심판할 수 있다고 하고 있다.

② [×]

해설 일반적으로 **행정처분이나 행정심판 재결이 불복기간의 경과로 확정될 경우 그 확정력은**, 처분으로 법률상 이익을 침해받은 자가 당해 처분이나 재결의 효력을 더 이상 다툴 수 없다는 의미일 뿐, 더 나아가 **판결과 같은 기판력이 인정되는 것은 아니어서** 그 처분의 기초가 된 사실관계나 법률적 판단이 확정되고 당사자들이나 법원이 이에 기속되어 모순되는 주장이나 판단을 할 수 없게 되는 것은 아니다. **(대판 2008.7.24. 2006두20808)**

③ [○]

해설 과세처분에 관한 불복절차과정에서 불복사유가 옳다고 인정하고 이에 따라 필요한 처분을 하였을 경우에는 불복제도와 이에 따른 시정방법을 인정하고 있는 법 취지에 비추어 동일 사항에 관하여 특별한 사유 없이 이를 번복하고 다시 종전의 처분을 되풀이할 수는 없다**(대판 2019.1.31. 2017두75873)**. 따라서 과세관청이 과세처분에 대한 이의신청절차에서 납세자의 이의신청 사유가 옳다고 인정하여 과세처분을 직권으로 취소하였음에도, 특별한 사유 없이 이를 번복하고 종전 처분을 되풀이하여서 한 과세처분은 위법하다**(대판 2014.7.24. 2011두14227)**.

▶ 판례는 과세처분에 관한 이의신청절차도 불복절차라는 점 등을 근거로 이의신청에 따른 직권취소에도 특별한 사정이 없는 한 번복할 수 없는 효력(불가변력)을 인정하고 있다.

④ [○]

해설 **과세처분에 대한 쟁송이 진행 중에** 과세관청이 그 과세처분의 납부고지 절차상의 하자를 발견한 경우에는 위 과세처분을 취소하고 절차상의 하자를 보완하여 다시 동일한 내용의 과세처분을 할 수 있고, 이와 같은 새로운 처분이 행정행위의 불가쟁력이나 불가변력에 저촉되는 것도 아니라고 할 것이다. **(대판 2005.11.25. 2004두3656)**

⑤ [○]

해설 영업의 금지를 명한 영업허가취소처분 자체가 나중에 행정쟁송절차에 의하여 취소되었다면 **그 영업허가취소처분은 그 처분시에 소급하여 효력을 잃게 되며,** 그 영업허가취소처분에 복종할 의무가 원래부터 없었음이 확정되었다고 봄이 타당하고, 영업허가취소처분이 장래에 향하여서만 효력을 잃게 된다고 볼 것은 아니므로 그 영업허가취소처분 이후의 영업행위를 무허가영업이라고 볼 수는 없다. 따라서 피고인의 영업행위는 죄로 되지 아니한다. **(대판 1993.6.25. 93도277)**

3. 개인적 공권

08

개인적 공권에 관한 설명 중 옳지 않은 것은? (다툼이 있는 경우 판례에 의함) [16 변호사]

① 지방자치단체장이 공장시설을 신축하는 회사에 대하여 사업승인 당시 부가하였던 조건을 이행할 때까지 신축공사를 중지하라는 명령을 한 경우, 위 회사에게는 중지명령의 원인사유가 해소되었다고 하여 이를 이유로 당해 공사중지명령의 해제를 요구할 수 있는 권리가 인정되는 것은 아니다.

② 법규가 일정한 행위의 발령에 대해 행정청에게 재량권을 부여한 경우, 재량의 일탈·남용 등 재량행사에 하자가 있다는 사정만으로 사인(私人)이 바로 행정청에 대하여 하자 없는 재량행사를 청구할 수 있는 권리가 인정되는 것은 아니다.

③ 기간제로 임용되어 임용기간이 만료된 국립대학 조교수는 심사기준에 부합되면 특별한 사정이 없는 한 재임용되리라는 기대를 가지고 재임용 여부에 관하여 합리적인 기준에 의한 공정한 심사를 요구할 법규상 또는 조리상 신청권을 가진다.

④ 경찰관에게 권한을 부여한 법규의 취지와 목적에 비추어 볼 때 구체적인 사정에 따라 경찰관이 그 권한을 행사하여 필요한 조치를 취하지 아니하는 것이 현저하게 불합리하다고 인정되는 경우에는 권한의 불행사는 직무상의 의무를 위반한 것이 되어 위법하게 된다.

⑤ 한의사들이 가지는 한약조제권을 한약조제시험을 통하여 약사에게도 인정함으로써 감소하게 되는 한의사들의 영업상 이익은 법률에 의하여 보호되는 이익이라 볼 수 없다.

08

정답 ①

핵심공략

- 공사중지명령의 상대방인 회사에게는 중지명령 원인사유 해소를 이유로 한 공사중지명령 해제 요구할 권리 인정 O
- 재량의 일탈·남용 등 재량행사에 하자가 있다는 사정만으로 사인이 바로 행정청에 대하여 하자 없는 재량행사를 청구할 수 ×
- 기간제로 임용되어 임용기간이 만료된 국·공립대학의 조교수는 재임용 여부에 관하여 합리적인 기준에 의한 공정한 심사를 요구할 **법규상 또는 조리상 신청권 有**
- 형식상 경찰관에게 재량에 의한 직무수행권한을 부여한 것처럼 되어 있더라도, 경찰관에게 그러한 권한을 부여한 취지와 목적에 비추어 구체적인 사정에 따라 **경찰관이 그 권한을 행사하여 필요한 조치를 취하지 아니하는 것이 현저하게 불합리하다고 인정되는 경우,** 그러한 권한의 불행사는 직무상의 의무를 위반한 것이 되어 위법 O
- 한의사들이 가지는 한약조제권을 한약조제시험을 통하여 약사에게도 인정함으로써 감소하게 되는 한의사들의 영업상 이익은 법률에 의하여 보호되는 이익 ×

① [×]

해설 지방자치단체장이 공장시설을 신축하는 회사에 대하여 사업승인 내지 건축허가 당시 부가하였던 조건을 이행할 때까지 신축공사를 중지하라는 명령을 한 경우, 위 회사에게는 중지명령의 원인사유가 해소되었음을 이유로 **당해 공사중지명령의 해제를 요구할 수 있는 권리가 조리상 인정**된다. **(대판 2007.5.11. 2007두1811)** ⇨ **[판결이유]** 공사중지명령 이후에 공사중지명령의 사유 중 중요한 상당 부분이 소멸하였다면, 원고가 이를 이유로 피고에 대하여 공사중지명령의 해제를 요구하고 피고가 이를 거부할 경우 그 거부처분에 대하여 취소를 청구할 수 있음은 별론으로 하고, 공사중지명령은 그 처분 당시의 법령과 사실상태를 기준으로 판단할 때 적법하다고 할 것이고, 이 사건 처분 이후의 원심판결에서 인정하고 있는 바와 같은 사실상태의 변동으로 인하여 처분 당시 적법하였던 공사중지명령이 다시 위법하게 되는 것은 아니라고 할 것이다.

② [○]

해설 무하자재량행사청구권도 공권이므로 무하자재량행사청구권이 인정되기 위하여는 공권의 성립요건이 충족되어야 한다. 즉, ㉠ 행정청에게 강행법규에 의해 재량권을 행사하여 어떠한 처분을 하여야 할 의무가 부과되어야 하고(처분의무), ㉡ 재량권을 부여하는 법규가 공익뿐만 아니라 개인의 이익도 보호하는 것을 목적으로 하여야 한다(사익보호성). 따라서 재량의 일탈·남용 등 재량행사에 하자가 있다는 사정만으로 사인(私人)이 바로 행정청에 대하여 하자 없는 재량행사를 청구할 수 있는 것은 아니다.

③ [○]

해설 기간제로 임용되어 임용기간이 만료된 국·공립대학의 조교수는 교원으로서의 능력과 자질에 관하여 합리적인 기준에 의한 공정한 심사를 받아 위 기준에 부합되면 특별한 사정이 없는 한 재임용되리라는 기대를 가지고 재임용 여부에 관하여 합리적인 기준에 의한 공정한 심사를 요구할 **법규상 또는 조리상 신청권을 가진다**고 할 것이니, 임용권자가 임용기간이 만료된 조교수에 대하여 재임용을 거부하는 취지로 한 임용기간만료의 통지는 위와 같은 대학교원의 법률관계에 영향을 주는 것으로서 행정소송의 대상이 되는 처분에 해당한다. **(대판 2004.4.22. 2000두7735 全)**

④ [○]

해설 [1] 경찰관직무집행법 제5조는 경찰관은 인명 또는 신체에 위해를 미치거나 재산에 중대한 손해를 끼칠 우려가 있는 위험한 사태가 있을 때에는 그 각 호의 조치를 취할 수 있다고 규정하여 형식상 경찰관에게 재량에 의한 직무수행권한을 부여한 것처럼 되어 있으나, 경찰관에게 그러한 권한을 부여한 취지와 목적에 비추어 볼 때 구체적인 사정에 따라 **경찰관이 그 권한을 행사하여 필요한 조치를 취하지 아니하는 것이 현저하게 불합리하다고 인정되는 경우**에는 그러한 권한의 불행사는 직무상의 의무를 위반한 것이 되어 위법하게 된다.
[2] 경찰관이 농민들의 시위를 진압하고 시위과정에 도로 상에 방치된 트랙터 1대에 대하여 이를 도로 밖으로 옮기거나 후방에 안전표지판을 설치하는 것과 같은 위험발생방지조치를 취하지 아니한 채 그대로 방치하고 철수하여 버린 결과, 야간에 그 도로를 진행하던 운전자가 위 방치된 트랙터를 피하려다가 다른 트랙터에 부딪혀 상해를 입은 사안에서 국가배상책임을 인정한 사례. **(대판 1998.8.25. 98다16890)**

⑤ [○]

해설 한의사 면허는 경찰금지를 해제하는 명령적 행위(강학상 허가)에 해당하고, 한약조제시험을 통하여 약사에게 한약조제권을 인정함으로써 한의사들의 영업상 이익이 감소되었다고 하더라도 이러한 이익은 사실상의 이익에 불과하고 약사법이나 의료법 등의 법률에 의하여 보호되는 이익이라고는 볼 수 없으므로, 한의사들이 한약조제시험을 통하여 한약조제권을 인정받은 약사들에 대한 합격처분의 무효확인을 구하는 당해 소는 원고적격이 없는 자들이 제기한 소로서 부적법하다. **(대판 1998.3.10. 97누4289)**

4. 행정법관계의 변동(발생 · 변경 · 소멸)

09

사인의 공법행위에 관한 설명 중 옳은 것은? (다툼이 있는 경우 판례에 의함) [22 변호사]

① 「행정절차법」에 따르면 행정청은 신청을 받았을 때에는 다른 법령등에 특별한 규정이 있는 경우를 제외하고는 그 접수를 보류 또는 거부하거나 부당하게 되돌려 보내서는 아니 되며, 그 신청에 구비서류의 미비 등 흠이 있는 경우에는 보완에 필요한 상당한 기간을 정하여 지체 없이 신청인에게 보완을 요구하여야 한다.

② 신청인이 신청서의 접수에 앞서 담당 공무원에게 신청서 및 그 구비서류의 내용검토를 부탁하였고, 공무원이 그 내용을 개략적으로 검토한 후 구비서류 내용을 보완하여야 한다는 취지로 말하자 신청인이 신청서를 접수시키지 않은 경우, 신청인이 검토를 부탁한 행위는 명시적이고 확정적인 신청의 의사표시로 볼 수 있고, 구비서류의 보완을 요청한 행위를 신청거부로 보아야 한다.

③ 서울대공원 시설을 기부채납한 자가 무상사용기간 만료 후 확약 사실에 근거하여 10년의 유상사용허가를 신청하였으나 서울대공원 관리사업소장이 신청서를 반려하고 대신에 1년의 임시사용허가처분을 통보하였다면, 이는 10년의 유상사용허가신청에 대한 거부처분이 아니라 부작위로 보아야 한다.

④ 구 「유통산업발전법」상 대규모점포의 개설 등록은 변형된 허가 또는 완화된 허가에 해당하며, 이른바 '수리를 요하는 신고'로 볼 수는 없다.

⑤ 타인 명의로 숙박업 신고가 되어 있는 시설에서 새로 숙박업을 하려는 자가 정당한 사용권한을 취득하여 법령에서 정한 요건을 갖추어 신고를 한 경우, 행정청은 해당 시설에 기존의 숙박업 신고가 외관상 남아있다는 이유로 신고의 수리를 거부할 수 있다.

09

정답 ①

핵심공략

- 행정절차법상 행정청은 신청을 받았을 때 원칙적으로 그 접수를 보류 또는 거부하거나 부당하게 되돌려 보내서는 ×, 그 신청에 구비서류 미비 등 흠이 있는 경우 보완에 필요한 상당 기간 정하여 지체없이 보완을 요구하여야 O
- 신청인이 신청에 앞서 행정청의 허가업무 담당자에게 신청서의 내용에 대한 검토를 요청한 것만으로는 다른 특별한 사정이 없는 한 명시적이고 확정적인 신청의 의사표시로 볼 수 ×
- 그 신청서를 반려하고 조건부 1년의 임시사용허가처분을 통보한 것은 사실상 거부처분에 해당 O
- 구 유통산업발전법에 따른 대규모점포의 개설등록은 수리를 요하는 신고에 해당 O
- 기존에 다른 사람이 숙박업 신고를 한 적이 있더라도 새로 숙박업을 하려는 자가 법령에서 정한 요건을 갖추어 신고한 경우, 행정청은 원칙적으로 이를 수리하여야 O

① [○]

해설 행정청은 신청을 받았을 때에는 다른 법령등에 특별한 규정이 있는 경우를 제외하고는 그 접수를 보류 또는 거부하거나 부당하게 되돌려 보내서는 아니 되며, 신청을 접수한 경우에는 신청인에게 접수증을 주어야 한다(행정절차법 제17조 제4항 본문). 행정청은 신청에 구비서류의 미비 등 흠이 있는 경우에는 보완에 필요한 상당한 기간을 정하여 지체 없이 신청인에게 보완을 요구하여야 한다(동법 동조 제5항).

② [×]

해설 구 행정절차법(2002.12.30. 법률 제6839호로 개정되기 전의 것) 제17조 제3항 본문은 "행정청은 신청이 있는 때에는 다른 법령 등에 특별한 규정이 있는 경우를 제외하고는 그 접수를 보류 또는 거부하거나 부당하게 되돌려 보내서는 아니 되며, 신청을 접수한 경우에는 신청인에게 접수증을 교부하여야 한다."고 규정하고 있는바, 여기에서의 신청인의 행정청에 대한 신청의 의사표시는 명시적이고 확정적인 것이어야 한다고 할 것이므로 신청인이 신청에 앞서 행정청의 허가업무 담당자에게 신청서의 내용에 대한 검토를 요청한 것만으로는 다른 특별한 사정이 없는 한 명시적이고 확정적인 신청의 의사표시가 있었다고 하기 어렵다. **(대판 2004.9.24. 2003두13236)**

③ [×]

해설 서울대공원 시설을 기부채납한 사람이 무상사용기간 만료 후 확약 사실에 근거하여 10년 유상사용 등의 허가를 구하는 확정적인 취지의 신청을 한 사안에서, 서울대공원 관리사업소장이 그 신청서를 반려하고 조건부 1년의 임시사용허가처분을 통보한 것은 사실상 거부처분에 해당한다. **(대판 2008.10.23. 2007두6212,6229)**

④ [×]

해설 구 유통산업발전법에 따른 대규모점포의 개설등록 및 구 재래시장법에 따른 시장관리자 지정은 행정청이 실체적 요건에 관한 심사를 한 후 수리하여야 하는 이른바 '수리를 요하는 신고'로서 행정처분에 해당한다. **(대판 2019.9.10. 2019다208953)**

⑤ [×]

해설 기존에 다른 사람이 숙박업 신고를 한 적이 있더라도 새로 숙박업을 하려는 자가 그 시설 등의 소유권 등 정당한 사용권한을 취득하여 법령에서 정한 요건을 갖추어 신고하였다면, 행정청으로서는 특별한 사정이 없는 한 이를 수리하여야 하고, 단지 해당 시설 등에 관한 기존의 숙박업 신고가 외관상 남아있다는 이유만으로 이를 거부할 수 없다. **(대판 2017.5.30. 2017두34087)**

10

사인의 공법행위로서 신청에 관한 설명 중 옳은 것은? (다툼이 있는 경우 판례에 의함) [20 변호사]

① 처분청이 직권취소를 할 수 있는 경우에는 이해관계인에게 처분청에 대하여 그 취소를 요구할 신청권이 부여된 것으로 보아야 한다.

② 신청에 대한 거부행위가 항고소송의 대상인 처분이 되기 위해서는 단순히 신청권의 존재 여부를 넘어서 구체적으로 그 신청이 인용될 수 있는 정도에 이르러야 한다.

③ 처분의 신청은 신청인이 직접 해야 하는 것이므로, 행정청의 허가 등을 목적으로 하는 신청행위를 대상으로 하는 위임계약은 허용되지 않는다.

④ 민원사항의 신청서류에 실질적인 요건에 관한 흠이 있더라도 그것이 민원인의 단순한 착오나 일시적인 사정 등에 기한 경우에는 행정청은 보완을 요구할 수 있다.

⑤ 신청한 내용의 일부를 행정청이 받아들일 수 없는 경우에는 신청내용 전체를 배척하여야 하며 일부에 대해서 인용하는 처분을 할 수는 없다.

10

정답 ④

핵심공략

- 행정청이 직권취소를 할 수 있다는 사정만으로 이해관계인에게 처분청에 대하여 그 취소를 요구할 신청권이 부여된 것으로 볼 수는 ×
- 거부처분의 처분성을 인정하기 위한 신청권의 존부는 추상적으로 결정되는 것 O, 구체적으로 그 신청이 인용될 수 있는가 하는 점은 고려 ×
- 행정청의 허가 등을 목적으로 하는 신청행위를 대상으로 하는 위임계약도 원칙적으로 허용 O
- 행정청은 실질적인 요건에 관한 흠이 있는 경우라도 그것이 민원인의 단순한 착오나 일시적인 사정 등에 기한 경우 등이라면 보완 요구 可
- 신청을 일부 받아들이는 처분을 할 수도 O

① [×]

해설 원래 행정처분을 한 처분청은 그 처분에 하자가 있는 경우에는 원칙적으로 별도의 법적 근거가 없더라도 스스로 이를 직권으로 취소할 수 있지만, 그와 같이 직권취소를 할 수 있다는 사정만으로 이해관계인에게 처분청에 대하여 그 취소를 요구할 신청권이 부여된 것으로 볼 수는 없다. **(대판 2006.6.30. 2004두701)**

② [×]

해설 거부처분의 처분성을 인정하기 위한 전제요건이 되는 신청권의 존부는 구체적 사건에서 신청인이 누구인가를 고려하지 않고 관계 법규의 해석에 의하여 일반 국민에게 그러한 신청권을 인정하고 있는가를 살펴 추상적으로 결정되는 것이고, 신청인이 그 신청에 따른 단순한 응답을 받을 권리를 넘어서 신청의 인용이라는 만족적 결과를 얻을 권리를 의미하는 것은 아니므로, 국민이 어떤 신청을 한 경우에 그 신청의 근거가 된 조항의 해석상 행정발동에 대한 개인의 신청권을 인정하고 있다고 보이면 그 거부행위는 항고소송의 대상이 되는 처분으로 보아야 하고, 구체적으로 그 신청이 인용될 수 있는가 하는 점은 본안에서 판단하여야 할 사항이다. **(대판 2009.9.10. 2007두20638)**

③ [×]

해설 행정청의 허가 등을 목적으로 하는 신청행위를 대상으로 하는 위임계약도 원칙적으로 허용된다**(민원 처리에 관한 법률 시행령 제5조 참조)**. 다만, 위임계약에 반사회질서적인 조건이 결부된 경우 그 위임계약은 민법 제103조에 따라 무효가 된다. **(대판 2016.2.18. 2015다35560)**

④ [○]

해설 구 민원사무 처리에 관한 법률 제4조 제2항, 같은법 시행령 제15조 제1항, 제2항, 제16조 제1항에 의하면, 행정기관은 민원사항의 신청이 있는 때에는 다른 법령에 특별한 규정이 있는 경우를 제외하고는 그 접수를 보류하거나 거부할 수 없으며, 민원서류에 흠이 있는 경우에는 보완에 필요한 상당한 기간을 정하여 지체 없이 민원인에게 보완을 요구하고 그 기간 내에 민원서류를 보완하지 아니할 때에는 7일의 기간 내에 다시 보완을 요구할 수 있으며, 위 기간 내에 민원서류를 보완하지 아니한 때에 비로소 접수된 민원서류를 되돌려 보낼 수 있도록 규정되어 있는바, 위 규정 소정의 보완의 대상이 되는 흠은 보완이 가능한 경우이어야 함은 물론이고, 그 내용 또한 형식적·절차적인 요건이거나, 실질적인 요건에 관한 흠이 있는 경우라도 그것이 민원인의 단순한 착오나 일시적인 사정 등에 기한 경우 등이라야 한다. **(대판 2004.10.15. 2003두6573)**

⑤ [×]

해설 처분을 구하는 신청행위에 대하여 행정기관은 신청에 따른 행정행위를 하거나 거부처분을 하여야 한다. 신청을 받아들이는 처분에는 신청을 전부 받아들이는 처분과 일부 받아들이는 처분이 있다. 판례는 처분청으로서는 국가유공자 등록신청에 대하여 단지 본인의 과실(자해행위)이 경합되어 있다는 등의 사유만이 문제가 된다면 등록신청 전체를 단순 배척할 것이 아니라 그 신청을 일부 받아들여 지원대상자로 등록하는 처분을 하여야 한다라고 판시하여**(대판 2013.7.11. 2013두2402)**, 신청을 일부 받아들이는 처분을 하여야 하는 경우도 있음을 인정하였다.

11

영업양도에 따른 지위승계에 관한 설명 중 옳은 것[○]과 옳지 않은 것[×]을 올바르게 조합한 것은? (다툼이 있는 경우 판례에 의함) [20 변호사]

ㄱ. 영업양도에 따른 지위승계신고를 수리하는 허가관청의 행위는 단순히 양수인이 그 영업을 승계하였다는 사실의 신고를 접수하는 행위에 그치는 것이 아니라, 실질에 있어서 양도인의 사업허가를 취소함과 아울러 양수인에게 적법하게 사업을 할 수 있는 권리를 설정하여 주는 행위로서 사업허가자의 변경이라는 법률효과를 발생시키는 행위이다.
ㄴ. 영업이 양도·양수되었지만 아직 지위승계신고가 있기 이전에는 여전히 종전의 영업자인 양도인이 영업허가자이고 양수인은 영업허가자가 아니므로, 행정제재처분의 사유가 있는지 여부는 양도인을 기준으로 판단하여야 한다.
ㄷ. 영업이 양도·양수되었지만 아직 지위승계신고 수리처분이 있기 이전에 관할 행정청이 양도인의 영업허가를 취소하는 처분을 하였다면, 양수인은 행정소송으로 그 취소처분의 취소를 구할 법률상 이익이 있다.
ㄹ. 영업양도·양수가 무효인 때에는 지위승계신고 수리처분을 하였다 하더라도 그 처분은 당연히 무효이고, 사업의 양도행위가 무효라고 주장하는 양도인은 민사쟁송으로 양도·양수행위의 무효를 구함이 없이 곧바로 허가관청을 상대로 하여 행정소송으로 위 신고수리처분의 무효확인을 구할 법률상 이익이 있다.

① ㄱ[○], ㄴ[○], ㄷ[○], ㄹ[○]
② ㄱ[×], ㄴ[○], ㄷ[×], ㄹ[○]
③ ㄱ[○], ㄴ[×], ㄷ[×], ㄹ[○]
④ ㄱ[○], ㄴ[×], ㄷ[○], ㄹ[○]
⑤ ㄱ[×], ㄴ[○], ㄷ[○], ㄹ[×]

11

정답 ①

핵심공략

- 허가관청의 영업양도 지위승계신고를 수리행위는 실질적으로 양도자의 사업허가 등을 취소함과 아울러 양수자에게 적법하게 사업을 할 수 있는 권리를 설정하여 주는 행위로서 사업허가자 등의 변경이라는 법률효과를 발생
- 아직 승계신고 및 그 수리처분이 있기 이전에는 여전히 종전의 영업자인 양도인이 영업허가자 O
  ⇨ 행정제재처분은 영업허가자인 양도인을 기준으로 판단하여 그 양도인에 대하여 행하여야 O
- 양도인의 영업허가가 유효하게 존속하고 있다는 것이 양수인의 지위승계신고의 전제
  ⇨ 행정청이 그 수리처분 이전에 양도인의 영업허가를 취소한 경우, 양수인은 그 취소처분의 취소를 구할 법률상 이익 有
- 수리대상인 사업양도·양수가 존재하지 아니하거나 무효인 경우, 수리를 하였다 하더라도 그 수리는 유효한 대상이 없는 것으로서 당연무효 ⇨ 양도자는 막바로 허가관청을 상대로 하여 행정소송으로 위 신고수리처분의 무효확인을 구할 법률상 이익 有

해설 ㄱ. [○]

구 식품위생법 제39조는 제1항에서 영업자가 영업을 양도하는 경우에는 양수인이 영업자의 지위를 승계한다고 규정하면서, 제3항에서 제1항에 따라 영업자의 지위를 승계한 자는 보건복지가족부령으로 정하는 바에 따라 1개월 이내에 그 사실을 관할 당국에 신고하도록 규정하고 있고, 위 영업양도에 따른 지위승계신고를 수리하는 허가관청의 행위는 단순히 양도인과 양수인 사이에 이미 발생한 사법상 사업양도의 법률효과에 의하여 양수인이 영업을 승계하였다는 사실의 신고를 접수하는 행위에 그치는 것이 아니라, 실질적으로 양도자의 사업허가 등을 취소함과 아울러 양수자에게 적법하게 사업을 할 수 있는 권리를 설정하여 주는 행위로서 사업허가자 등의 변경이라는 법률효과를 발생시키는 행위라고 할 것이다. **(대판 2012.1.12. 2011도6561)**

ㄴ. [○]

사실상 영업이 양도·양수되었지만 아직 승계신고 및 그 수리처분이 있기 이전에는 여전히 종전의 영업자인 양도인이 영업허가자이고, 양수인은 영업허가자가 되지 못한다 할 것이어서 행정제재처분의 사유가 있는지 여부 및 그 사유가 있다고 하여 행하는 행정제재처분은 영업허가자인 양도인을 기준으로 판단하여 그 양도인에 대하여 행하여야 할 것이고, 한편 양도인이 그의 의사에 따라 양수인에게 영업을 양도하면서 양수인으로 하여금 영업을 하도록 허락하였다면 그 양수인의 영업 중 발생한 위반행위에 대한 행정적인 책임은 영업허가자인 양도인에게 귀속된다고 보아야 할 것이다. **(대판 1995.2.24. 94누9146)**

ㄷ. [○]

산림법 제90조의2 제1항, 제118조 제1항, 같은법 시행규칙 제95조의2 등 산림법령이 수허가자의 명의변경제도를 두고 있는 취지는, 채석허가가 일반적·상대적 금지를 해제하여 줌으로써 채석행위를 자유롭게 할 수 있는 자유를 회복시켜 주는 것일 뿐 권리를 설정하는 것이 아니어서 관할 행정청과의 관계에서 수허가자의 지위의 승계를 직접 주장할 수는 없다 하더라도, 채석허가가 대물적 허가의 성질을 아울러 가지고 있고 수허가자의 지위가 사실상 양도·양수되는 점을 고려하여 수허가자의 지위를 사실상 양수한 양수인의 이익을 보호하고자 하는 데 있는 것으로 해석되므로, 수허가자의 지위를 양수받아 명의변경신고를 할 수 있는 양수인의 지위는 단순한 반사적 이익이나 사실상의 이익이 아니라 산림법령에 의하여 보호되는 직접적이고 구체적인 이익으로서 법률상 이익이라고 할 것이고, 채석허가가 유효하게 존속하고 있다는 것이 양수인의 명의변경신고의 전제가 된다는 의미에서 관할 행정청이 양도인에 대하여 채석허가를 취소하는 처분을 하였다면 이는 양수인의 지위에 대한 직접적 침해가 된다고 할 것이므로 양수인은 채석허가를 취소하는 처분의 취소를 구할 법률상 이익을 가진다. **(대판 2003.7.11. 2001두6289)**

▶ 채석허가의 지위승계에 관한 판례이나 영업허가의 지위승계에도 동일한 법리가 적용된다고 할 것이다.

ㄹ. [○]

사업양도·양수에 따른 허가관청의 지위승계신고의 수리는 적법한 사업의 양도·양수가 있었음을 전제로 하는 것이므로 그 수리대상인 사업양도·양수가 존재하지 아니하거나 무효인 때에는 수리를 하였다 하더라도 그 수리는 유효한 대상이 없는 것으로서 당연히 무효라 할 것이고, 사업의 양도행위가 무효라고 주장하는 양도자는 민사쟁송으로 양도·양수행위의 무효를 구함이 없이 막바로 허가관청을 상대로 하여 행정소송으로 위 신고수리처분의 무효확인을 구할 법률상 이익이 있다. **(대판 2005.12.23. 2005두3554)**

12

공법상 부당이득에 관한 설명 중 옳은 것을 모두 고른 것은? (다툼이 있는 경우 판례에 의함) [16 변호사]

ㄱ. 지방자치단체장의 변상금부과처분에 취소사유가 있는 경우 이 처분에 의하여 납부자가 납부하거나 징수당한 오납금에 대한 부당이득반환청구권은 변상금부과처분의 취소 여부에 상관없이 납부 또는 징수시에 발생하여 확정된다.

ㄴ. 환급가산금의 내용에 대한 세법상의 규정은 부당이득 반환범위에 관한 「민법」 규정에 대하여 특칙으로서의 성질을 가지므로 환급가산금은 수익자인 국가의 선의·악의를 불문하고 각각의 세법 규정에서 정한대로 확정된다.

ㄷ. 국세 과오납금의 환급 여부에 관한 과세관청의 결정은 항고소송의 대상이 되는 처분이 아니므로 설사 과세관청이 환급거부결정을 하더라도 거부처분취소소송으로 다툴 수 없다.

ㄹ. 토지수용의 재결에 대하여 불복절차를 취하지 아니함으로써 그 재결에 대하여 더 이상 다툴 수 없게 된 경우, 사업시행자는 그 재결이 당연무효이거나 취소되지 않는 한 이미 보상금을 지급받은 자에 대하여 그 보상금을 부당이득이라 하여 반환을 구할 수 없다.

① ㄱ, ㄴ
② ㄴ, ㄷ
③ ㄷ, ㄹ
④ ㄱ, ㄴ, ㄷ
⑤ ㄴ, ㄷ, ㄹ

12 정답 ⑤

핵심공략

- 변상금부과처분이 당연무효인 경우, 오납금에 대한 납부자의 부당이득반환청구권은 그 납부 또는 징수시에 발생 O
- 조세 환급가산금에 대한 세법 규정은 민법 제748조의 특칙
  ⇨ 환급가산금은 수익자인 국가의 선의·악의를 불문하고 그 가산금에 관한 각 규정에서 정한 기산일과 비율에 의하여 확정 O
- 과세관청의 환급거부결정은 항고소송 대상 ×
- 토지수용의 재결에 대하여 더 이상 다툴 수 없게 된 경우, 사업시행자는 그 재결이 당연무효이거나 취소되지 않는 한, 이미 보상금을 지급받은 자에 대하여 민사소송으로 그 보상금을 부당이득이라 하여 반환을 구할 수 ×

해설 ㄱ. [×]

지방재정법 제87조 제1항에 의한 **변상금부과처분이 당연무효인 경우**에 이 변상금부과처분에 의하여 납부자가 납부하거나 징수당한 오납금은 지방자치단체가 법률상 원인 없이 취득한 부당이득에 해당하고, 이러한 **오납금에 대한 납부자의 부당이득반환청구권은** 처음부터 법률상 원인이 없이 납부 또는 징수된 것이므로 **납부 또는 징수시에 발생하여 확정**되며, 그 때부터 소멸시효가 진행한다. **(대판 2005.1.27. 2004다50143)**

공유재산 및 물품 관리법상 변상금의 부과는 관리청이 공유재산 중 일반재산과 관련하여 사경제 주체로서 상대방과 대등한 위치에서 사법상 계약인 대부계약을 체결한 후 그 이행을 구하는 것과 달리 관리청이 공권력의 주체로서 상대방의 의사를 묻지 않고 일방적으로 행하는 행정처분에 해당한다. 그러므로 만일 무단으로 공유재산 등을 사용·수익·점유하는 자가 관리청의 변상금부과처분에 따라 그에 해당하는 돈을 납부한 경우라면 위 변상금부과처분이 당연무효이거나 행정소송을 통해 먼저 취소되기 전에는 사법상 **부당이득반환청구로써 위 납부액의 반환을 구할 수 없다**. **(대판 2013.1.24. 2012다79828)**

ㄴ. [○]

조세환급금은 조세채무가 처음부터 존재하지 않거나 그 후 소멸하였음에도 불구하고 국가가 법률상 원인 없이 수령하거나 보유하고 있는 부당이득에 해당하고, 환급가산금은 그 부당이득에 대한 법정이자로서의 성질을 가진다. 이 때 환급가산금의 내용에 대한 세법상의 규정은 **부당이득의 반환범위에 관한 민법 제748조에 대하여 그 특칙**으로서의 성질을 가진다고 할 것이므로, 환급가산금은 수익자인 **국가의 선의·악의를 불문하고** 그 가산금에 관한 각 규정에서 정한 기산일과 비율에 의하여 확정된다. **(대판 2009.9.10. 2009다11808)**

ㄷ. [○]

당연무효의 과세처분에 의하여 오납된 세액에 대하여는 당초부터 오납세액에 대응하는 조세채무가 존재하지 아니하므로 오납액에 대한 납세자의 국세환급금청구권은 **성질상 부당이득반환청구권**이며 따라서 이는 세무서장의 국세환급금결정에 의하여 비로소 그 권리가 성립되거나 그 내용이 확정되는 것이 아니라 오납과 동시에 그 권리가 발생하고 그 청구범위도 구체적으로 확정되는 것이므로 세무서장이 오납세액에 대한 납세자의 환급신청을 거절하였다 하여도 이는 단순한 금전채무의 이행거절에 불과하여 이를 **항고소송의 대상이 되는 행정처분으로 볼 수는 없다**. **(대판 1987.9.22. 86누619)**

ㄹ. [○]

토지수용의 재결에 대하여 불복절차를 취하지 아니함으로써 그 재결에 대하여 더 이상 다툴 수 없게 된 경우에는 기업자는 그 재결이 당연무효이거나 취소되지 않는 한, 이미 보상금을 지급받은 자에 대하여 민사소송으로 그 보상금을 부당이득이라 하여 반환을 구할 수 없다. **(대판 2001.4.27. 2000다50237)**

행정법

PART 2
일반행정작용법

Chapter 01

행정입법

1. 법규명령

13

행정입법에 관한 설명 중 옳은 것은? (다툼이 있는 경우 판례에 의함) [14 변호사]

① 의료기기 판매업자의 의료기기법 위반행위에 대하여 보건복지부령이 정하는 기간 이내의 범위에서 업무정지를 명할 수 있도록 한 의료기기법 조항은 포괄위임금지원칙에 위반되지 않는다.

② 헌법 제95조는 "국무총리 또는 행정각부의 장은 소관사무에 관하여 법률이나 대통령령의 위임 또는 직권으로 총리령 또는 부령을 발할 수 있다."라고 규정하여 재위임의 근거를 마련하고 있지만, 헌법 제75조에서 정하고 있는 대통령령의 경우와는 달리 '구체적으로 범위를 정하여'라는 제한을 규정하고 있지 아니하므로 대통령령으로 위임받은 사항을 그대로 재위임할 수 있다.

③ 헌법은 국회입법의 원칙을 천명하면서 법규명령인 대통령령, 총리령과 부령, 대법원규칙, 헌법재판소규칙, 중앙선거관리위원회규칙에 대한 위임입법을 한정적으로 열거하고 있으므로 행정기관의 고시 등과 같은 행정규칙에 입법사항을 위임할 수 없다.

④ 집행명령은 법률의 위임이 없더라도 직권으로 발할 수 있기 때문에 모법이 폐지되어도 집행명령은 실효되지 않으며, 모법에 규정되어 있지 않은 새로운 법률사항을 집행명령으로 규정할 수 있다.

⑤ 「국가유공자 등 단체설립에 관한 법률」의 조항이 상이군경회를 비롯한 각 국가유공자단체의 대의원 선출에 관한 사항을 정관에 위임하는 형식을 갖추었다 하더라도, 이는 본래 정관에서 자치적으로 규율하여야 할 사항을 정관규정사항으로 남겨둔 것에 불과하고, 헌법 또는 다른 법률에서 이를 법률규율사항으로 정한 바도 없기 때문에 그 위헌심사에는 헌법상 포괄위임입법금지원칙이 적용되지 않는다.

13

정답 ⑤

핵심공략

- '보건복지부령이 정하는 기간 이내의 범위에서 업무정지를 명할 수 있도록' 부분 포괄위임금지원칙에 위배 O
- 법률이 부령에 위임하는 경우에도 대통령령에 위임하는 경우와 마찬가지로 '구체적으로 범위를 정하여' 하여야 O
- 헌법이 인정하고 있는 위임입법의 형식은 예시적인 것 O, 법률이 행정규칙에 위임하더라도 그 행정규칙은 위임된 사항만을 규율할 수 있으므로, 국회입법의 원칙과 상치되지도 ×
- **집행명령에서 모법에 규정되어 있지 않은 새로운 법규사항(법률사항)을 정할 수 ×**
- 법률이 정관에 자치법적 사항을 위임한 경우 포괄적인 위임입법의 금지는 원칙적으로 적용 ×

① [×]

해설 업무정지기간은 국민의 직업의 자유와 관련된 중요한 사항으로서 업무정지의 사유 못지않게 업무정지처분의 핵심적·본질적 요소라 할 것이고, 비록 입법부가 복잡·다기한 행정영역에서 발생하는 상황의 변화에 따른 적절한 대처에 필요한 기술적·전문적 능력에 한계가 있어서 그 구체적 기준을 하위법령에 위임할 수밖에 없다 하더라도 최소한 그 상한만은 법률의 형식으로 이를 명확하게 규정하여야 할 것인데, 이 사건 법률조항은 업무정지기간의 범위에 관하여 아무런 규정을 두고 있지 아니하고, 나아가 의료기기법의 다른 규정이나 다른 관련 법률을 유기적·체계적으로 종합하여 보더라도 보건복지가족부령에 규정될 업무정지기간의 범위, 특히 상한이 어떠할지를 예측할 수 없으므로 헌법 제75조의 포괄위임금지원칙에 위배된다. **(헌재 2011.9.29. 2010헌가93)**

② [×]

해설 법률에서 위임받은 사항을 전혀 규정하지 않고 재위임하는 것은 복위임금지의 법리에 반할 뿐 아니라 수권법의 내용변경을 초래하는 것이 되고, 부령의 제정·개정절차가 대통령령에 비하여 보다 용이한 점을 고려할 때 **재위임에 의한 부령(部令)의 경우에도 위임에 의한 대통령령에 가해지는 헌법상의 제한이 당연히 적용되어야 할 것**이므로 법률에서 위임받은 사항을 전혀 규정하지 아니하고 그대로 재위임하는 것은 허용되지 않으며 위임받은 사항에 관하여 대강을 정하고 그 중의 특정사항을 범위를 정하여 하위법령에 다시 위임하는 경우에만 재위임이 허용된다. **(헌재 1996.2.29. 94헌마213)**

③ [×]

해설 사회적 변화에 대응한 입법수요의 급증과 종래의 형식적 권력분립주의로는 현대사회에 대응할 수 없다는 기능적 권력분립론을 감안하여 헌법 제40조·제75조·제95조의 의미를 살펴보면, 국회가 입법으로 행정기관에게 구체적인 범위를 정하여 위임한 사항에 관하여는 당해 행정기관이 법 정립의 권한을 갖게 되고, 입법자가 그 규율의 형식도 선택할 수 있다고 보아야 하므로, **헌법이 인정하고 있는 위임입법의 형식은 예시적인 것**으로 보아야 한다. 법률이 일정한 사항을 행정규칙에 위임하더라도 그 행정규칙은 위임된 사항만을 규율할 수 있으므로, 국회입법의 원칙과 상치되지 않는다. 다만, 행정규칙은 법규명령과 같은 엄격한 제정 및 개정절차를 필요로 하지 아니하므로, 기본권을 제한하는 내용의 입법을 위임할 때에는 법규명령에 위임하는 것이 원칙이고, **고시와 같은 형식으로 입법위임을 할 때**에는 법령이 전문적·기술적 사항이나 경미한 사항으로서 업무의 성질상 위임이 불가피한 사항에 한정된다. **(헌재 2014.7.24. 2013헌바183 등)**

④ [×]

해설 집행명령이라 함은 상위법령의 집행을 위하여 필요한 사항(신고서양식 등)을 법령의 위임(근거) 없이 직권으로 발하는 명령을 말한다. **집행명령에서는 모법에 규정되어 있지 않은 새로운 법규사항(법률사항)을 정할 수 없다.** 상위법령의 시행에 필요한 세부적 사항을 정하기 위하여 행정관청이 일반적 직권에 의하여 제정하는 이른바 **집행명령은 근거법령인 상위법령이 폐지되면 특별한 규정이 없는 이상 실효되는 것**이나, 상위법령이 개정됨에 그친 경우에는 개정법령과 성질상 모순, 저촉되지 아니하고 개정된 상위법령의 시행에 필요한 사항을 규정하고 있는 이상 그 집행명령은 상위법령의 개정에도 불구하고 당연히 실효되지 아니하고 개정법령의 시행을 위한 집행명령이 제정, 발효될 때까지는 여전히 그 효력을 유지한다. **(대판 1989.9.12. 88누6962)**

⑤ [○]

해설 헌법 제75조, 제95조의 문리해석상 및 법리해석상 포괄적인 위임입법의 금지는 법규적 효력을 가지는 행정입법의 제정을 그 주된 대상으로 하고 있다. 위임입법을 엄격한 헌법적 한계 내에 두는 이유는 무엇보다도 권력분립의 원칙에 따라 국민의 자유와 권리에 관계되는 사항은 국민의 대표기관이 정하는 것이 원칙이라는 법리에 기인한 것이다. 즉, 행정부에 의한 법규사항의 제정은 입법부의 권한 내지 의무를 침해하고 자의적인 시행령 제정으로 국민들의 자유와 권리를 침해할 수 있기 때문에 엄격한 헌법적 기속을 받게 하는 것이다. 그런데 법률이 행정부가 아니거나 행정부에 속하지 않는 공법적 기관의 정관에 특정 사항을 정할 수 있다고 위임하는 경우에는 그러한 권력분립의 원칙을 훼손할 여지가 없다. 이는 자치입법에 해당되는 영역이므로 자치적으로 정하는 것이 바람직하다. 따라서 **법률이 정관에 자치법적 사항을 위임한 경우**에는 헌법 제75조, 제95조가 정하는 **포괄적인 위임입법의 금지는 원칙적으로 적용되지 않는다**고 봄이 상당하다. **(헌재 2006.3.30. 2005헌바31)**

14

행정입법에 대한 사법적 통제에 관한 설명 중 옳지 않은 것은? (다툼이 있는 경우 판례에 의함) [19 변호사]

① 헌법 제107조 제2항에 규정된 '명령·규칙'은 지방자치단체의 조례와 규칙을 모두 포함한다.

② 조례가 집행행위의 개입 없이도 그 자체로서 직접 국민의 구체적인 권리의무나 법적 이익에 영향을 미치는 등의 법률상 효과를 발생하는 경우 그 조례는 항고소송의 대상이 된다.

③ 행정규칙이 법령의 규정에 의하여 행정관청에 법령의 구체적 내용을 보충할 권한을 부여한 경우나, 재량권행사의 준칙인 규칙이 그 정한 바에 따라 되풀이 시행되어 행정관행이 형성되어 행정기관이 그 상대방에 대한 관계에서 그 규칙에 따라야 할 자기구속을 당하게 되는 경우에는 헌법소원의 대상이 될 수도 있다.

④ 행정청이 법률의 시행에 필요한 행정입법을 하지 아니하여 법률이 시행되지 못하게 하는 것은 행정입법을 통해 구체화되는 권리를 개별적·구체적으로 향유할 개인의 권리를 침해하므로 항고소송의 대상이 된다.

⑤ 행정소송에 대한 대법원판결에 의하여 명령·규칙이 헌법 또는 법률에 위반된다는 것이 확정된 경우에는 대법원은 지체 없이 그 사유를 행정안전부장관에게 통보하여야 한다.

14

정답 ④

핵심공략

- 헌법 제107조 제2항의 '명령·규칙'에 지방자치단체의 조례와 규칙도 포함 O
- 처분적 조례의 경우, 항고소송 대상인 행정처분에 해당 O
- 행정규칙이 ⅰ) 법령의 규정에 의하여 행정관청에 법령의 구체적 내용을 보충할 권한을 부여한 경우나 ⅱ) 재량권행사의 준칙인 규칙이 그 정한 바에 따라 되풀이 시행되어 행정관행이 이룩되게 되면, 평등의 원칙이나 신뢰보호의 원칙에 따라 행정기관은 그 상대방에 대한 관계에서 그 규칙에 따라야 할 자기구속을 당하게 되는 경우, 대외적인 구속력을 가지게 되는바, 헌법소원의 대상 O
- 추상적인 법령에 관하여 제정의 여부 등은 그 자체로서 항고소송의 대상이 될 수 X
- 대법원 판결에 의하여 명령·규칙이 헌법 또는 법률에 위반된다는 것이 확정된 경우, 대법원은 지체없이 그 사유를 행정안전부장관에게 통보하여야 O

① [○]

해설 헌법 제107조 제2항은 "명령·규칙 또는 처분이 헌법이나 법률에 위반되는 여부가 재판의 전제가 된 경우에는 대법원은 이를 최종적으로 심사할 권한을 가진다"라고 규정하고 있다. 헌법 제107조 제2항에서 '명령'이란 법규명령을 의미한다. 위임명령과 집행명령 모두 통제의 대상이 된다. '규칙'이란 중앙선거관리위원회규칙, 대법원규칙, 헌법재판소규칙, 국회규칙과 같이 법규명령인 규칙을 의미한다. 그리고 헌법 제107조 제2항에 규정된 '명령·규칙'은 자치법규인 지방자치단체의 조례와 규칙을 모두 포함한다(**대판 1995.8.22, 94누5694 全**).

② [○]

해설 조례가 집행행위의 개입 없이도 그 자체로서 직접 국민의 구체적인 권리의무나 법적 이익에 영향을 미치는 등의 법률상 효과를 발생하는 경우 그 조례는 항고소송의 대상이 되는 행정처분에 해당하고, 이러한 조례에 대한 무효확인소송을 제기함에 있어서 행정소송법 제38조 제1항, 제13조에 의하여 피고적격이 있는 처분 등을 행한 행정청은, 행정주체인 지방자치단체 또는 지방자치단체의 내부적 의결기관으로서 지방자치단체의 의사를 외부에 표시한 권한이 없는 지방의회가 아니라, 구 지방자치법 제19조 제2항, 제92조에 의하여 지방자치단체의 집행기관으로서 조례로서의 효력을 발생시키는 공포권이 있는 지방자치단체의 장이다. (**대판 1996.9.20. 95누8003**)

③ [○]

해설 행정규칙은 일반적으로 행정조직 내부에서만 효력을 가지는 것이나, 행정규칙이 법령의 규정에 의하여 행정관청에 법령의 구체적 내용을 보충할 권한을 부여한 경우나 재량권행사의 준칙인 규칙 이 그 정한 바에 따라 되풀이 시행되어 행정관행이 이룩되게 되면, 평등의 원칙이나 신뢰보호의 원칙에 따라 행정기관은 그 상대방에 대한 관계에서 그 규칙에 따라야 할 자기구속을 당하게 되는 경우에는 대외적인 구속력을 가지게 되는바, 이러한 경우에는 헌법소원의 대상이 될 수도 있다. (**헌재 2001.5.31. 99헌마413**)

④ [×]

해설 행정소송은 구체적 사건에 대한 법률상 분쟁을 법에 의하여 해결함으로써 법적 안정을 기하자는 것이므로 부작위위법확인소송의 대상이 될 수 있는 것은 구체적 권리의무에 관한 분쟁이어야 하고 추상적인 법령에 관하여 제정의 여부 등은 그 자체로서 국민의 구체적인 권리의무에 직접적 변동을 초래하는 것이 아니어서 그 소송의 대상이 될 수 없다. (**대판 1992.5.8. 91누11261**)

▶ 대법원은 행정입법부작위에 대한 항고소송(부작위위법확인소송)을 인정하지 않는다.

⑤ [○]

조문 **행정소송법 제6조(명령·규칙의 위헌판결등 공고)** ① 행정소송에 대한 대법원판결에 의하여 명령·규칙이 헌법 또는 법률에 위반된다는 것이 확정된 경우에는 대법원은 지체없이 그 사유를 행정안전부장관에게 통보하여야 한다.
② 제1항의 규정에 의한 통보를 받은 행정안전부장관은 지체없이 이를 관보에 게재하여야 한다.

15

행정입법부작위에 관한 설명 중 옳지 않은 것은? (다툼이 있는 경우 판례에 의함) [16 변호사]

① 법률이 세부적인 사항을 대통령령으로 정하도록 위임하였으나 대통령령이 아직 제정되지 않은 경우 이러한 행정입법부작위는 행정소송의 대상이 되지 않으므로 헌법소원심판의 대상이 된다.

② 하위 행정입법의 제정 없이 상위법령의 규정만으로 집행이 이루어질 수 있는 경우라 하더라도 상위법령에서 세부적인 사항을 하위 행정입법에 위임하고 있다면 하위 행정입법을 제정할 헌법적 작위의무가 인정된다.

③ 행정입법의 제정이 법률의 집행에 필수불가결한 경우로서 행정입법을 제정하지 아니하는 것이 곧 행정권에 의한 입법권 침해의 결과를 초래하는 경우, 행정권의 행정입법 등 법집행의무는 헌법적 의무라고 할 수 있다.

④ 행정입법의 진정입법부작위에 대한 헌법소원은, 행정청에게 헌법에서 유래하는 행정입법의 작위의무가 있고 상당한 기간이 경과하였음에도 불구하고 행정입법의 제정권이 행사되지 않은 경우에 인정된다.

⑤ 입법부가 법률로써 행정부에게 특정한 사항을 위임했음에도 불구하고, 행정부가 정당한 이유 없이 법률에서 위임한 시행령을 제정하지 않은 것은 그 법률에서 인정된 권리를 침해하는 불법행위가 될 수 있다.

15

정답 ②

핵심공략

- 추상적인 법령에 관하여 제정의 여부 등은 그 자체로서 항고소송의 대상이 될 수 ×
  ⇨ 이 경우 그 행정입법부작위는 헌법소원의 대상 O
- 하위 행정입법의 제정 없이 상위 법령의 규정만으로도 집행이 이루어질 수 있는 경우, 하위 행정입법을 하여야 할 헌법적 작위의무는 인정 ×
- 삼권분립의 원칙, 법치행정의 원칙을 당연한 전제로 하고 있는 우리 헌법하에서 행정권의 행정입법 작위의무는 헌법적 의무 O
- 행정권력의 부작위에 대한 헌법소원은 공권력의 주체가 그 의무를 해태하는 경우에 허용 O
- 입법부가 법률로써 행정부에게 특정한 사항을 위임했음에도 불구하고 행정부가 정당한 이유 없이 이를 이행하지 않는다면 권력분립의 원칙과 법치국가 내지 법치행정의 원칙에 위배되는 것으로서 위법함과 동시에 위헌적인 것 O
  ⇨ 불법행위 성립 可能

① [○]

해설 시행명령을 제정할 법적 의무가 있는 경우에 명령제정의 거부나 입법부작위도 헌법재판소법 제68조 제1항의 '공권력의 불행사'에 해당하므로, 나머지 헌법소원의 요건을 충족하면 행정입법 부작위에 대해서도 헌법소원을 제기할 수 있다. (헌재 2004.2.26. 2001헌마718) 입법부작위에 대한 행정소송의 적법여부에 관하여 대법원은 "행정소송은 구체적 사건에 대한 법률상 분쟁을 법에 의하여 해결함으로써 법적 안정을 기하자는 것이므로 부작위위법확인소송의 대상이 될 수 있는 것은 구체적 권리의무에 관한 분쟁이어야 하고, 추상적인 법령에 관하여 제정의 여부 등은 그 자체로서 국민의 구체적인 권리의무에 직접적 변동을 초래하는 것이 아니어서 행정소송의 대상이 될 수 없다"고 판시하고 있으므로, 피청구인 보건복지부장관에 대한 청구 중 위 시행규칙에 대한 입법부작위 부분은 다른 구제절차가 없는 경우에 해당한다. (헌재 1998.7.16. 96헌마246)

② [×]

해설 행정입법의 부작위가 위헌·위법이라고 하기 위하여는 행정청에게 행정입법을 하여야 할 작위의무를 전제로 하는 것이고, 그 작위의무가 인정되기 위하여는 행정입법의 제정이 법률의 집행에 필수불가결한 것이어야 하는바, 만일 하위 행정입법의 제정 없이 상위 법령의 규정만으로도 집행이 이루어질 수 있는 경우라면 하위 행정입법을 제정하여야 할 작위의무는 인정되지 아니한다고 할 것이다. (대판 2007.1.11. 2004두10432)

③ [○]

해설 삼권분립의 원칙, 법치행정의 원칙을 당연한 전제로 하고 있는 우리 헌법하에서 행정권의 행정입법 등 법집행의무는 헌법적 의무라고 보아야 한다. 왜냐하면 행정입법이나 처분의 개입 없이도 법률이 집행될 수 있거나 법률의 시행여부나 시행시기까지 행정권에 위임된 경우는 별론으로 하고, 이 사건과 같이 치과전문의제도의 실시를 법률 및 대통령령이 규정하고 있고 그 실시를 위하여 시행규칙의 개정 등이 행해져야 함에도 불구하고 행정권이 법률의 시행에 필요한 행정입법을 하지 아니하는 경우에는 행정권에 의하여 입법권이 침해되는 결과가 되기 때문이다. 따라서 보건복지부장관에게는 헌법에서 유래하는 행정입법의 작위의무가 있다고 할 것이다. (헌재 1998.7.16. 96헌마246)

④ [○]

해설 행정권력의 부작위에 대한 헌법소원은 공권력의 주체에게 헌법에서 유래하는 작위의무가 특별히 구체적으로 규정되어 이에 의거하여 기본권의 주체가 행정행위를 청구할 수 있음에도 공권력의 주체가 그 의무를 해태하는 경우에 허용되고, 특히 행정명령의 제정 또는 개정의 지체가 위법으로 되어 그에 대한 법적 통제가 가능하기 위하여는 첫째, 행정청에게 시행명령을 제정(개정)할 법적 의무가 있어야 하고 둘째, 상당한 기간이 지났음에도 불구하고 셋째, 명령제정(개정)권이 행사되지 않아야 한다. (헌재 1998.7.16. 96헌마246)

⑤ [○]

해설 입법부가 법률로써 행정부에게 특정한 사항을 위임했음에도 불구하고 행정부가 정당한 이유 없이 이를 이행하지 않는다면 권력분립의 원칙과 법치국가 내지 법치행정의 원칙에 위배되는 것으로서 위법함과 동시에 위헌적인 것이 되는바, 구 군법무관임용법(1967.3.3. 법률 제1904호로 개정되어 2000.12.26. 법률 제6291호로 전문 개정되기 전의 것) 제5조 제3항과 군법무관임용 등에 관한 법률(2000.12.26. 법률 제6291호로 개정된 것) 제6조가 군법무관의 보수를 법관 및 검사의 예에 준하도록 규정하면서 그 구체적 내용을 시행령에 위임하고 있는 이상, 위 법률의 규정들은 군법무관의 보수의 내용을 법률로써 일차적으로 형성한 것이고, 위 법률들에 의해 상당한 수준의 보수청구권이 인정되는 것이므로, 위 보수청구권은 단순한 기대이익을 넘어서는 것으로서 법률의 규정에 의해 인정된 재산권의 한 내용이 되는 것으로 봄이 상당하고, 따라서 행정부가 정당한 이유 없이 시행령을 제정하지 않은 것은 위 보수청구권을 침해하는 불법행위에 해당한다. (대판 2007.11.29. 2006다3561)

2. 행정규칙

3. 법규명령형식의 행정규칙과 법규적 성질을 갖는 행정규칙

16

행정입법에 관한 설명 중 옳지 않은 것은? (다툼이 있는 경우 판례에 의함) [21 변호사]

① 위임명령이 법률에서 위임받은 사항에 관하여 대강을 정하고 그중 특정사항을 범위를 정하여 하위법령에 다시 위임하는 것은 허용된다.

② 명령·규칙 그 자체에 의하여 직접 기본권이 침해되었을 경우 그 명령·규칙은 「헌법재판소법」 제68조 제1항의 헌법소원심판의 대상이 된다는 것이 헌법재판소의 입장이다.

③ 법령의 위임이 없음에도 법령에 규정된 처분요건에 해당하는 사항을 부령에서 변경하여 규정하였다면 그 부령의 규정은 행정청 내부의 사무처리기준 등을 정한 행정명령(행정규칙)의 성격을 지닐 뿐이다.

④ 「검찰보존사무규칙」은 「검찰청법」 제11조에 기하여 제정된 법무부령이므로, 불기소사건기록의 열람·등사의 제한을 정하고 있는 「검찰보존사무규칙」 제22조는 법규명령으로서 효력을 가진다.

⑤ 비상계엄지역 내에서 계엄사령관이 군사상 필요할 때 행한 언론, 출판, 집회 또는 단체행동 등 기본권 제한과 관련한 특별한 조치는 법규명령으로서 효력을 가진다.

16

정답 ④

핵심공략

- 위임명령이 법률에서 위임받은 사항에 관하여 대강을 정하고 그중 특정사항을 범위를 정하여 하위법령에 재위임 허용 ○
- 명령·규칙 그 자체에 의하여 직접 기본권이 침해되었을 경우 그 명령·규칙은 헌법소원의 대상 ○
- 법령의 위임이 없음에도 법령에 규정된 처분요건에 해당하는 사항을 변경한 부령의 규정은 행정명령(행정규칙)의 성격을 지닐 뿐, 대외적 구속력은 ×
- 불기소사건기록의 열람·등사의 제한을 정하고 있는 「검찰보존사무규칙」 제22조는 행정규칙에 불과 ○
- 비상계엄지역 내에서 계엄사령관의 특별한 조치는 법규명령으로서의 효력 ○

① [○]

해설 법률에서 위임받은 사항을 전혀 규정하지 않고 재위임하는 것은 복위임금지의 법리에 반할 뿐 아니라 수권법의 내용변경을 초래하는 것이 되고, 부령의 제정·개정절차가 대통령령에 비하여 보다 용이한 점을 고려할 때 재위임에 의한 부령의 경우에도 위임에 의한 대통령령에 가해지는 헌법상의 제한이 당연히 적용되어야 할 것이므로 법률에서 위임받은 사항을 전혀 규정하지 아니하고 그대로 재위임하는 것은 허용되지 않으며 위임받은 사항에 관하여 대강을 정하고 그 중의 특정사항을 범위를 정하여 하위 법령에 다시 위임하는 경우에만 재위임이 허용된다. **(헌재 2008.4.24. 2007헌마1456)**

② [○]

해설 헌법 제107조 제2항이 규정한 명령·규칙에 대한 대법원의 최종심사권이란 구체적인 소송사건에서 명령·규칙의 위헌여부가 재판의 전제가 되었을 경우 법률의 경우와는 달리 헌법재판소에 제청할 것 없이 대법원이 최종적으로 심사할 수 있다는 의미이며, 헌법 제111조 제1항 제1호에서 법률의 위헌여부심사권을 헌법재판소에 부여한 이상 통일적인 헌법해석과 규범통제를 위하여 공권력에 의한 기본권침해를 이유로 하는 헌법소원심판청구사건에 있어서 법률의 하위법규인 명령·규칙의 위헌여부심사권이 헌법재판소의 관할에 속함은 당연한 것으로서 헌법 제107조 제2항의 규정이 이를 배제한 것이라고는 볼 수 없다. 그러므로 법률의 경우와 마찬가지로 명령·규칙 그 자체에 의하여 직접 기본권이 침해되었음을 이유로 하여 헌법소원심판을 청구하는 것은 위 헌법 규정과는 아무런 상관이 없는 문제이다. 그리고 헌법재판소법 제68조 제1항이 규정하고 있는 헌법소원심판의 대상으로서의 '공권력'이란 입법·사법·행정 등 모든 공권력을 말하는 것이므로 입법부에서 제정한 법률, 행정부에서 제정한 시행령이나 시행규칙 및 사법부에서 제정한 규칙 등은 그것들이 별도의 집행행위를 기다리지 않고 직접 기본권을 침해하는 것일 때에는 모두 헌법소원심판의 대상이 될 수 있는 것이다. **(헌재 1990.10.15. 89헌마178)**

③ [○]

해설 법령에서 행정처분의 요건 중 일부 사항을 부령으로 정할 것을 위임한 데 따라 시행규칙 등 부령에서 이를 정한 경우에 그 부령의 규정은 국민에 대해서도 구속력이 있는 법규명령에 해당한다고 할 것이지만, 법령의 위임이 없음에도 법령에 규정된 처분 요건에 해당하는 사항을 부령에서 변경하여 규정한 경우에는 그 부령의 규정은 행정청 내부의 사무처리 기준 등을 정한 것으로서 행정조직 내에서 적용되는 행정명령의 성격을 지닐 뿐 국민에 대한 대외적 구속력은 없다고 보아야 한다. **(대판 2013.9.12. 2011두10584)**

④ [×]

해설 검찰보존사무규칙이 검찰청법 제11조에 기하여 제정된 법무부령이기는 하지만, 그 중 불기소사건기록의 열람·등사의 제한을 정하고 있는 위 규칙 제22조는 법률상의 위임근거가 없는 행정기관 내부의 사무처리준칙으로서 행정규칙에 불과하므로, 위 규칙 제22조에 의한 열람·등사의 제한을 공공기관의 정보공개에 관한 법률(이하 '정보공개법'이라 한다) 제4조 제1항의 '정보의 공개에 관하여 다른 법률에 특별한 규정이 있는 경우' 또는 같은 법 제9조 제1항 제1호의 '다른 법률 또는 법률이 위임한 명령(국회규칙·대법원규칙·헌법재판소규칙·중앙선거관리위원회규칙·대통령령 및 조례에 한한다)에 의하여 비밀 또는 비공개 사항으로 규정된 경우'에 해당한다고 볼 수 없다**(대판 2004.5.28. 2001두3358, 대판 2006.5.25. 2006두3049 등 참조)**.

⑤ [○]

해설 구 계엄법 제15조에서 정하고 있는 '제13조의 규정에 의하여 취한 계엄사령관의 조치'는 구 헌법 제75조 제3항, 구 계엄법 제13조에서 계엄사령관에게 국민의 기본권 제한과 관련한 특별한 조치를 할 수 있는 권한을 부여한 데 따른 것으로서 구 계엄법 제13조, 제15조의 내용을 보충하는 기능을 하고 그와 결합하여 대외적으로 구속력이 있는 법규명령으로서 효력을 가진다. **(대판 2018.12.13. 2016도1397)**

17

식품접객업자인 甲은 전문 호객꾼을 고용하여 손님을 유치하였고, 업소 안에서 음란 비디오를 상영하였다는 이유로 식품위생법 관련 규정에 따라 영업정지 1개월의 행정처분을 받았다. 甲이 법원이나 헌법재판소에 재판을 청구하여 영업정지 처분의 위법성이나 관련 규정의 위헌성을 다툰다고 할 때, 다음 설명 중 옳은 것은? (다툼이 있는 경우 판례에 의함) [14 변호사]

【관련 규정】

식품위생법 제44조(영업자 등의 준수사항) ① 식품접객영업자 등 대통령령으로 정하는 영업자와 그 종업원은 영업의 위생관리와 질서유지, 국민의 보건위생 증진을 위하여 총리령으로 정하는 사항을 지켜야 한다.

식품위생법 시행규칙 제57조(식품접객영업자 등의 준수사항 등) 법 제44조 제1항에 따라 식품접객영업자 등이 지켜야 할 준수사항은 별표 17과 같다.

[별표 17] 식품접객업영업자 등의 준수사항(제57조 관련)

1. - 5. 〈생략〉

6. 식품접객업자(위탁급식 영업자는 제외한다)의 준수사항

가. - 파. 〈생략〉

하. 손님을 꾀어서 끌어들이는 행위를 하여서는 아니된다.

거. 업소 안에서 선량한 미풍양속을 해치는 공연, 영화, 비디오 또는 음반을 상영하거나 사용하여서는 아니된다.

식품위생법 제75조(허가취소 등) ① 식품의약품안전처장 또는 특별자치도지사·시장·군수·구청장은 영업자가 다음 각 호의 어느 하나에 해당하는 경우에는 대통령령으로 정하는 바에 따라 영업허가 또는 등록을 취소하거나 6개월 이내의 기간을 정하여 그 영업의 전부 또는 일부를 정지하거나 영업소 폐쇄(제37조 제4항에 따라 신고한 영업만 해당한다. 이하 이 조에서 같다)를 명할 수 있다.

1. - 12. 〈생략〉

13. 제44조 제1항·제2항 및 제4항을 위반한 경우

14. - 18. 〈생략〉

②, ③ 〈생략〉

④ 제1항 및 제2항에 따른 행정처분의 세부기준은 그 위반 행위의 유형과 위반 정도 등을 고려하여 총리령으로 정한다.

식품위생법 시행규칙 제89조(행정처분의 기준) 법 제71조, 법 제72조, 법 제74조부터 법 제76조까지 및 법 제80조에 따른 행정처분의 기준은 별표 23과 같다.

[별표 23] 행정처분 기준(제89조 관련)

Ⅰ. 〈생략〉

Ⅱ. 개별기준

1. - 2. 〈생략〉

3. 식품접객업

영 제21조 제8호의 식품접객업을 말한다.

1. - 9. 〈생략〉

10. 법 제44조 제1항을 위반한 경우

가. 식품접객업자의 준수사항(별표 17 제6호 자목·파목·머목 및 별도의 개별처분기준이 있는 경우는 제외한다)의 위반으로서

1) - 2) 〈생략〉

3) 별표 17 제6호 타목 2)·거목 또는 서목을 1차 위반한 경우 영업정지 1개월

4) 별표 17 제6호 나목, 카목, 타목 3)·4), 하목 또는 어목을 1차 위반한 경우 영업정지 15일

① 대법원은 시행규칙에 의해 행정처분의 기준이 마련된 경우라 하더라도 총리령의 형식을 갖춘 경우에는 법규성을 갖는 것이 당연하므로 국민과 법원을 직접적으로 구속하는 대외적 효력이 있다고 보아, 「식품위생법 시행규칙」 제89조 [별표 23]에 규정된 행정처분의 기준은 당연히 대외적 구속력을 갖는다고 판시하였다.

② 식품위생법 제44조 제1항에서 규정하고 있는 '영업의 위생관리와 질서유지', '국민의 보건위생 증진'이라는 기준은 지나치게 추상적이어서 당해 법률로부터 하위법령에 규정될 내용의 대강을 예측할 수 있는 것이 아니므로 포괄위임입법금지원칙에 위배된다.

③ 「식품위생법 시행규칙」 제57조 [별표 17] 제6호 하목 및 거목은 식품접객업자의 정당한 광고 및 홍보활동을 '손님을 꾀어서 끌어들이는 행위'로 보아 금지하고, 성(性)·혼인·가족제도에 관한 민감한 표현이 담긴 비디오 등도 '선량한 미풍양속'을 해친다는 이유로 규제할 가능성이 있어, 식품접객업자의 영업의 자유와 표현의 자유를 지나치게 침해한다. 따라서 그 수권법률인 식품위생법 제44조 제1항은, 정당하고 적법하게 입법권을 위임하였다 하더라도 헌법에 위배된다.

④ 헌법재판소 판례에 따르면, 식품위생법은 다른 법률에 비해 전문적이고 기술적일 뿐 아니라, 영업형태와 고객의 이용형태 등 현실의 변화에 따른 신속하고 탄력적인 입법적 대응이 필요한 분야의 법률이므로, 그 세부적이고 기술적인 규율을 국회에 맡기기 보다는 전체적인 기준 및 개요를 법률에 대강만 정한 뒤 구체적이고 세부적인 사항은 전문적·기술적 능력을 갖춘 행정부에서 상황의 변동에 따라 탄력적으로 대응할 수 있도록 하위 법령에 위임할 필요가 있다.

⑤ 甲은 영업정지처분의 취소를 구하는 행정소송 계속 중에 처분의 근거 법령인 「식품위생법 시행규칙」 제57조 [별표 17] 제6호 하목과 거목의 위헌성 또는 위법성을 들어 처분의 위법성을 주장할 수 있을 뿐만 아니라, 그러한 행정소송을 제기함이 없이 곧바로 위 시행규칙 조항에 대한 위헌확인을 목적으로 하는 독립된 소송을 법원에 제소하는 것도 허용된다.

17 정답 ②,④(출제 후 판례변경으로 복수정답)

핵심공략

- 대법원은 부령(시행규칙) 형식의 행정규칙에 대하여 대외적 구속력 가지지 않는다고 봄.
  다만, 대통령령(시행령)의 형식으로 정해진 제재처분의 기준은 대외적 구속력 있는 법규명령으로 봄 (97누15418)
- '식품접객영업자 등 대통령령으로 정하는 영업자'는 '영업의 위생관리와 질서유지, 국민의 보건위생 증진을 위하여 총리령으로 정하는 사항'을 지켜야 한다고 한 규정
  ⇨ 위임의 필요성 인정 O, 예측가능성 × ⇨ 포괄위임금지원칙에 위배 O
- 대통령령으로 규정한 내용이 헌법에 위반될 경우라도 **그로 인하여 정당하고 적법하게 입법권을 위임한 수권법률조항까지 위헌으로 되는 것** ×
- 식품 관련 영업은 식품산업의 발전 및 관련 정책의 변화에 따라 수시로 변화하는 특성이 있으므로 **하위법령에 위임할 필요성** O
- 처분적 법규명령에 해당하지 않는 시행규칙 조항에 대한 위헌확인을 목적으로 하는 독립된 소송을 곧바로 법원에 제소하는 것은 허용 ×

① [×]

해설 구 식품위생법 시행규칙(2013.3.23. 총리령 제1010호로 개정되기 전의 것, 이하 같다) 제89조에서 [별표 23]으로 구 식품위생법(2013.3.23. 법률 제11690호로 개정되기 전의 것, 이하 같다) 제75조에 따른 행정처분의 기준을 정하였다 하더라도, 이는 행정기관 내부의 사무처리준칙을 규정한 것에 불과한 것으로서 보건복지부장관이 관계행정기관 및 직원에 대하여 직무권한행사의 지침을 정하여 주기 위하여 발한 **행정명령의 성질**을 가지는 것이지 같은 법 제75조 제1항의 규정에 의하여 보장된 재량권을 기속하는 것이라고 할 수 없고, 대외적으로 국민이나 법원을 기속하는 힘이 있는 것은 아니다(**대판 1993.6.29. 93누5635; 대판 2014.6.12. 2014두2157**).

▶ 구 식품위생법 시행규칙은 보건복지부령으로 규정된 것이었으나 2013.3.23. 정부조직법 개정으로 국무총리 산하 기관인 식품의약품안전처로 조직개편이 되면서 식품위생법 시행규칙은 총리령의 형식의 법규명령이 되었다. **총리령 형식의 행정처분 기준의 법적 성질에 관하여 대법원 판례는 없다**. 다만, 판례에 따를 때 부령의 경우와 마찬가지로 대외적인 구속력이 없는 행정명령(행정규칙)의 성질을 갖는 것으로 보는 것이 타당하다고 생각된다.

② [○]

해설 식품접객영업자 등 대통령령으로 정하는 영업자'는 '영업의 위생관리와 질서유지, 국민의 보건위생 증진을 위하여 총리령으로 정하는 사항'을 지켜야 한다고 규정한 구 식품위생법 제44조 제1항 및 제97조 제6호 중 "제44조 제1항" 부분이 포괄위임금지원칙에 위배되는지 여부(적극): 식품 관련 영업은 식품산업의 발전 및 관련 정책의 변화에 따라 수시로 변화하는 특성이 있으므로 수범자인 영업자의 범위나 영업 형태를 하위법령에 위임할 필요성이 있다. 식품 관련 영업자가 준수하여야 할 사항 역시 각 영업의 종류와 특성, 주된 업무 태양에 따라 달라질 수밖에 없으므로 하위 법령에 위임할 필요가 있다. 그러나 심판대상조항은 식품접객업자를 제외한 어떠한 영업자가 하위법령에서 수범자로 규정될 것인지에 대하여 아무런 기준을 정하고 있지 않다. 비록 수범자 부분이 다소 광범위하더라도 준수사항이 구체화되어 있다면 준수사항의 내용을 통해 수범자 부분을 예측하는 것이 가능할 수 있는데, **'영업의 위생관리와 질서유지', '국민의 보건위생 증진'은 매우 추상적이고 포괄적인 개념**이어서 이를 위하여 준수하여야 할 사항이 구체적으로 어떠한 것인지 그 행위태양이나 내용을 예측하기 어렵다. 또한 '영업의 위생관리와 국민의 보건위생 증진'은 식품위생법 전체의 입법목적과 크게 다를 바 없고, '질서유지'는 식품위생법의 입법목적에도 포함되어 있지 않은 일반적이고 추상적인 공익의 전체를 의미함에 불과하므로, 이러한 목적의 나열만으로는 식품 관련 영업자에게 행위기준을 제공해주지 못한다. 결국 심판대상조항은 수범자와 준수사항을 모두 하위법령에 위임하면서도 위임될 내용에 대해 구체화하고 있지 아니하여 그 내용들을 전혀 예측할 수 없게 하고 있으므로, **포괄위임금지원칙에 위반**된다. **(헌재 2016.11.24. 2014헌가6, 위헌)**

▶ 출제 당시에는 헌재 2010.3.25. 2008헌가5로 인하여 틀린 지문이었으나, 헌재 2016.11.24. 2014헌가6에서 포괄위임금지원칙 위반을 이유로 위헌결정을 하였으므로 현재는 옳은 지문이 된다.

③ [×]

해설 상위법령(예 헌법, 법률)에 위반한 위임명령은 위법한 명령이 된다. 그러나 **위임명령이 위헌인 경우라고 해서 수권법률까지 위헌으로 되는 것은 아니다**. 헌법재판소도 위임입법의 법리는 헌법의 근본원리인 권력분립주의와 의회주의 내지 법치주의에 바탕을 두는 것이기 때문에 행정부에서 제정된 대통령령에서 규정한 내용이 정당한 것인지 여부와 위임의 적법성은 직접적인 관계가 없다. 따라서 대통령령으로 규정한 내용이 헌법에 위반될 경우라도 그 대통령령의 규정이 위헌으로 되는 것은 별론으로 하고 **그로 인하여 정당하고 적법하게 입법권을 위임한 수권법률조항까지 위헌으로 되는 것은 아니다**고 판시하였다(**헌재 1997.9.25. 96헌바18 등**).

④ [○]

해설 식품 관련 영업은 식품산업의 발전 및 관련 정책의 변화에 따라 수시로 변화하는 특성이 있으므로 **수범자인 영업자의 범위나 영업 형태를 하위법령에 위임할 필요성이 있다**. 식품 관련 영업자가 준수하여야 할 사항 역시 각 영업의 종류와 특성, 주된 업무 태양에 따라 달라질 수밖에 없으므로 하위 법령에 위임할 필요가 있다. **(헌재 2016.11.24. 2014헌가6)**

⑤ [×]

해설 「식품위생법 시행규칙」 제57조 [별표 17] 제6호 하목과 거목은 처분적 법규명령에 해당하지 않으므로 곧바로 위 시행규칙 조항에 대한 위헌확인을 목적으로 하는 독립된 소송을 법원에 제소하는 것은 허용되지 않는다. 판례도 헌법 제107조 제2항의 규정에 따르면 행정입법의 심사는 일반적인 재판절차에 의하여 구체적 규범통제의 방법에 의하도록 명시하고 있으므로, 당사자는 구체적 사건의 심판을 위한 선결문제로서 행정입법의 위법성을 주장하여 법원에 대하여 당해 사건에 대한 적용 여부의 판단을 구할 수 있을 뿐 **행정입법 자체의 합법성의 심사를 목적으로 하는 독립한 신청을 제기할 수는 없다**고 판시하였다. **(대결 1994.4.26. 93부32)**

18

乙구청장은 휴게음식점 영업자인 甲에 대해 「청소년보호법」 및 같은 법 시행령 [별표]의 위반행위의 종별에 따른 과징금 부과처분기준에 따라 1,000만 원의 과징금 부과처분을 하였고, 甲은 과징금 부과처분을 소송상 다투려고 한다. 이에 관한 설명 중 옳지 않은 것은? (다툼이 있는 경우 판례에 의함)

[16 변호사]

① 규정형식상 부령인 시행규칙으로 정한 과징금 부과처분의 기준은 행정청 내부의 사무처리준칙을 규정한 행정규칙에 지나지 않지만, 대통령령으로 정한 위 과징금 부과처분기준은 대외적 구속력이 있는 법규명령에 해당한다.

② 甲이 제기한 과징금 부과처분에 대한 취소소송에서 수소법원이 1,000만 원의 과징금 부과금액이 과도하다고 판단하는 경우, 수소법원은 적정하다고 인정하는 금액을 초과하는 부분만 취소할 수 있다.

③ 甲이 과징금 부과처분이 위법함을 이유로 국가배상청구소송을 제기하였다면, 수소법원은 과징금 부과처분의 취소판결이 없더라도 동 처분의 위법 여부를 판단할 수 있다.

④ 일정액으로 규정되어 있는 위 과징금 부과처분기준을 적용함에 있어서 모법의 위임규정의 내용과 취지, 헌법상 과잉금지의 원칙과 평등의 원칙 등에 비추어 여러 요소를 종합적으로 고려하여 사안에 따라 적정한 과징금의 액수를 정하여야 할 것이므로 과징금 부과처분기준 상의 금액은 정액이 아니라 최고한도액이라고 보아야 한다.

⑤ 행정소송에 대한 대법원판결에 의하여 과징금 부과처분기준이 위헌 또는 위법이라고 확정된 경우에는 대법원은 지체없이 그 사유를 행정안전부장관에게 통보하여야 한다.

18 정답 ②

> **핵심공략**
> - 대법원은 부령(시행규칙) 형식의 행정규칙에 대하여 대외적 구속력 가지지 않는다고 봄.
>   다만, 대통령령(시행령)의 형식으로 정해진 제재처분의 기준은 대외적 구속력 있는 법규명령으로 봄 (97누15418)
> - 과징금부과처분에 **재량권이 부여**되어 있고, 그 과징금부과처분이 위법할 경우 **법원으로서는 그 전부를 취소하여야** O
> - 수소법원은 과징금 부과처분의 취소판결이 없더라도 동 처분의 위법 여부를 판단 可
> - 대법원은 대통령령 형식의 제재처분의 기준을 법규명령으로 보면서, 재량권 행사 여지를 인정하기 위하여 과징금 처분기준을 최고한도액을 정한 것으로 봄
> - 대법원 판결에 의하여 명령·규칙이 헌법 또는 법률에 위반된다는 것이 확정된 경우, 대법원은 지체없이 그 사유를 행정안전부장관에게 통보하여야 O

① [○]

해설 판례는 제재적 처분기준을 정하는 재량준칙이 법규명령의 형식으로 제정된 경우에 당해 법규명령이 부령인 경우와 대통령령인 경우를 구별한다. 즉, ㉠ **부령의 형식(시행규칙)으로 정해진 제재적 처분의 기준**은 행정청 내의 사무처리기준을 규정한 것에 불과한 **행정규칙**으로 보고(**대판 1993.6.29. 93누5635**), ㉡ **대통령령(시행령)의 형식으로 정해진 제재적 처분의 기준**은 대외적으로 국민이나 법원을 구속하는 힘이 있는 **법규명령**으로 본다(**대판 1997.12.26. 97누15418**).

② [×]

해설 [1] 자동차운수사업면허조건 등을 위반한 사업자에 대하여 행정청이 행정제재수단으로 사업 정지를 명할 것인지, 과징금을 부과할 것인지, 과징금을 부과키로 한다면 그 금액은 얼마로 할 것인지에 관하여 **재량권이 부여**되었다 할 것이므로 과징금부과처분이 법이 정한 한도액을 초과하여 위법할 경우 **법원으로서는 그 전부를 취소할 수밖에 없고,** 그 한도액을 초과한 부분이나 법원이 적정하다고 인정되는 부분을 초과한 부분만을 취소할 수 없다. [2] 금 1,000,000원을 부과한 당해 처분 중 금 100,000원을 초과하는 부분은 재량권 일탈·남용으로 위법하다며 그 일부분만을 취소한 원심판결을 파기한 사례. (**대판 1998.4.10. 98두2270**)

③ [○]

해설 행정소송법 제11조는 처분 등의 효력 유무 또는 존재 여부가 민사소송의 선결문제로 되어 당해 민사소송의 수소법원이 이를 심리·판단할 수 있다고 규정한 반면, 처분 등의 위법성 여부가 민사소송(국가배상청구소송)의 선결문제가 된 경우에 민사법원이 이를 심리·판단할 수 있는지에 관하여는 명문의 규정이 없어 이에 관하여 견해의 대립이 있다. 판례는 미리 그 행정처분의 취소판결이 있어야만, 그 행정처분의 위법임을 이유로 한 손해배상 청구를 할 수 있는 것은 아니다 라고 판시하여(**대판 1972.4.28. 72다337**), 긍정설의 입장이다. 따라서 수소법원은 과징금 부과처분의 취소판결이 없더라도 동 처분의 위법 여부를 판단할 수 있다.

④ [○]

해설 구 청소년보호법(1999.2.5. 법률 제5817호로 개정되기 전의 것) 제49조 제1항, 제2항에 따른 같은법 시행령(1999.6.30. 대통령령 제16461호로 개정되기 전의 것) 제40조 **[별표 6]의 위반행위의 종별에 따른 과징금 처분기준은 법규명령이기는 하나** 모법의 위임규정의 내용과 취지 및 헌법상의 과잉금지의 원칙과 평등의 원칙 등에 비추어 같은 유형의 위반행위라 하더라도 그 규모나 기간·사회적 비난 정도·위반행위로 인하여 다른 법률에 의하여 처벌받은 다른 사정·행위자의 개인적 사정 및 위반행위로 얻은 불법이익의 규모 등 여러 요소를 종합적으로 고려하여 사안에 따라 적정한 과징금의 액수를 정하여야 할 것이므로 **그 수액은 정액이 아니라 최고한도액**이다. (**대판 2001.3.9. 99두5207**)

⑤ [○]

조문 **행정소송법 제6조(명령·규칙의 위헌판결등 공고)** ① 행정소송에 대한 **대법원판결**에 의하여 명령·규칙이 헌법 또는 법률에 위반된다는 것이 확정된 경우에는 대법원은 지체 없이 그 사유를 **행정안전부장관에게 통보**하여야 한다.
② 제1항의 규정에 의한 통보를 받은 행정안전부장관은 지체 없이 이를 관보에 게재하여야 한다.

19

행정입법에 관한 설명 중 옳지 않은 것은? (다툼이 있는 경우 판례에 의함) [22 변호사]

① 법률이 입법기관이 아닌 행정기관에게 구체적인 범위를 정하여 위임한 사항에 관하여는 당해 행정기관이 법정립의 권한을 갖게 되고, 입법자가 규율의 형식도 선택할 수 있으므로, 헌법이 인정하고 있는 위임입법의 형식은 예시적인 것으로 보아야 한다.

② 지방자치단체가 고유사무인 자치사무에 관하여 자치조례를 제정하는 경우에도 주민의 권리제한 또는 의무부과에 관한 사항에 해당하는 조례를 제정할 경우에는 법률의 위임이 있어야 하고 그러한 위임 없이 제정된 조례는 효력이 없다.

③ 법규명령의 위임근거가 되는 법률에 대하여 위헌결정이 선고되면 그 위임에 근거하여 제정된 법규명령도 특별한 규정이 없는 한 원칙적으로 효력을 상실한다.

④ 일반적으로 법률의 위임에 의하여 효력을 갖는 법규명령의 경우, 구법에 위임의 근거가 없어 무효였더라도 사후에 법개정으로 위임의 근거가 부여되면 그 때부터는 유효한 법규명령이 된다.

⑤ 상위법령에서 세부사항 등을 시행규칙으로 정하도록 위임하였으나 이를 고시의 형식으로 정하였더라도 규정 내용이 위임의 범위를 벗어나지 않았다면 그 고시는 대외적 구속력을 가지는 법규명령으로서 효력이 인정된다.

19

정답 ⑤

> **핵심공략**
>
> - 헌법이 인정하고 있는 위임입법의 형식은 예시적인 것 O
> - 주민의 권리제한 또는 의무부과에 관한 사항이나 벌칙에 해당하는 조례를 제정할 경우 그 조례의 성질을 묻지 아니하고 법률의 위임이 있어야 O, 위임 없는 경우 당해 조례는 무효 O
> - 법규명령 위임의 근거 법률에 위헌결정이 선고 ⇨ 그 법규명령도 원칙적 효력 상실
> - 법규명령이 구법에 위임의 근거가 없어 무효였더라도 사후에 법개정으로 위임의 근거가 부여되면 그때부터는 유효
> - 상위법령에서 시행규칙으로 정하도록 위임하였음에도 이를 행정규칙으로 정하였다면 법규명령으로서 효력이 인정될 수 ×

① [○]

해설 오늘날 의회의 입법독점주의에서 입법중심주의로 전환하여 일정한 범위 내에서 행정입법을 허용하게 된 동기가 사회적 변화에 대응한 입법수요의 급증과 종래의 형식적 권력분립주의로는 현대사회에 대응할 수 없다는 기능적 권력분립론에 있다는 점 등을 감안하여 헌법 제40조와 헌법 제75조, 제95조의 의미를 살펴보면, 국회입법에 의한 수권이 입법기관이 아닌 행정기관에게 법률 등으로 구체적인 범위를 정하여 위임한 사항에 관하여는 당해 행정기관에게 법정립의 권한을 갖게 되고, 입법자가 규율의 형식도 선택할 수도 있다 할 것이므로, 헌법이 인정하고 있는 위임입법의 형식은 예시적인 것으로 보아야 할 것이고, 그것은 법률이 행정규칙에 위임하더라도 그 행정규칙은 위임된 사항만을 규율할 수 있으므로, 국회입법의 원칙과 상치되지도 않는다. 다만, 형식의 선택에 있어서 규율의 밀도와 규율영역의 특성이 개별적으로 고찰되어야 할 것이고, 그에 따라 입법자에게 상세한 규율이 불가능한 것으로 보이는 영역이라면 행정부에게 필요한 보충을 할 책임이 인정되고 극히 전문적인 식견에 좌우되는 영역에서는 행정기관에 의한 구체화의 우위가 불가피하게 있을 수 있다. 그러한 영역에서 행정규칙에 대한 위임입법이 제한적으로 인정될 수 있다(**헌재 2004.10.28. 99헌바91 전원재판부**).

② [○]

해설 지방자치단체는 그 고유사무인 자치사무와 개별법령에 의하여 지방자치단체에 위임된 단체위임사무에 관하여 자치조례를 제정할 수 있지만 그 경우라도 주민의 권리제한 또는 의무부과에 관한 사항이나 벌칙은 법률의 위임이 있어야 하며, 기관위임사무에 관하여 제정되는 이른바 위임조례는 개별법령에서 일정한 사항을 조례로 정하도록 위임하고 있는 경우에 한하여 제정할 수 있으므로, 주민의 권리제한 또는 의무부과에 관한 사항이나 벌칙에 해당하는 조례를 제정할 경우에는 그 조례의 성질을 묻지 아니하고 법률의 위임이 있어야 하고 그러한 위임 없이 제정된 조례는 효력이 없다(**대판 2007.12.13. 2006추52**).

③ [○]

해설 법규명령의 위임의 근거가 되는 법률에 대하여 위헌결정이 선고되면 그 위임규정에 근거하여 제정된 법규명령도 원칙적으로 효력을 상실한다. 그러나 국회에서 헌법과 법률이 정한 절차에 의하여 제정·공포된 법률이 헌법에 위반된다는 사정은 헌법재판소의 위헌결정이 있기 전에는 객관적으로 명백한 것이라고 할 수는 없고, 특별한 사정이 없는 한 이러한 하자는 행정처분의 취소사유에 해당할 뿐 당연무효 사유는 아니라고 할 것이다[**헌재 1998.12.24. 98헌바30·41(병합) 전원재판부**].

④ [○]

해설 일반적으로 법률의 위임에 의하여 효력을 갖는 법규명령의 경우, 구법에 위임의 근거가 없어 무효였더라도 사후에 법개정으로 위임의 근거가 부여되면 그때부터는 유효한 법규명령이 되나, 반대로 구법의 위임에 의한 유효한 법규명령이 법개정으로 위임의 근거가 없어지게 되면 그때부터 무효인 법규명령이 되므로, 어떤 법령의 위임 근거 유무에 따른 유효 여부를 심사하려면 법개정의 전·후에 걸쳐 모두 심사하여야만 그 법규명령의 시기에 따른 유효·무효를 판단할 수 있다(**대판 1995.6.30. 93추83 등 참조**).

⑤ [×]

해설 법령의 규정이 특정 행정기관에게 법령 내용의 구체적 사항을 정할 수 있는 권한을 부여하면서 권한행사의 절차나 방법을 특정하지 아니한 경우에는 수임 행정기관은 행정규칙이나 규정 형식으로 법령 내용이 될 사항을 구체적으로 정할 수 있다. 이 경우 행정규칙 등은 당해 법령의 위임한계를 벗어나지 않는 한 대외적 구속력이 있는 법규명령으로서 효력을 가지게 되지만, 이는 행정규칙이 갖는 일반적 효력이 아니라 행정기관에 법령의 구체적 내용을 보충할 권한을 부여한 법령규정의 효력에 근거하여 예외적으로 인정되는 것이다. 따라서 그 행정규칙이나 규정이 상위법령의 위임범위를 벗어난 경우에는 법규명령으로서 대외적 구속력을 인정할 여지는 없다. 이는 행정규칙이나 규정 '내용'이 위임범위를 벗어난 경우뿐 아니라 상위법령의 위임규정에서 특정하여 정한 권한행사의 '절차'나 '방식'에 위배되는 경우도 마찬가지이므로, 상위법령에서 세부사항 등을 시행규칙으로 정하도록 위임하였음에도 이를 고시 등 행정규칙으로 정하였다면 그 역시 대외적 구속력을 가지는 법규명령으로서 효력이 인정될 수 없다(**대판 2012.7.5. 2010다72076**).

Chapter

02 행정계획

20

행정계획에 관한 설명 중 옳지 않은 것은? (다툼이 있는 경우 판례에 의함) [17 변호사]

① 행정계획에 있어서 관계법령에 추상적인 행정목표와 절차만 규정되어 있을 뿐 행정계획의 내용에 관하여는 별다른 규정을 두지 아니한 경우, 행정주체는 행정계획을 입안·결정함에 있어서 비교적 광범위한 형성의 자유를 가진다.

② 도시계획구역 내 토지 등을 소유하고 있는 주민으로서는 입안권자에게 도시관리계획입안을 요구할 수 있는 법규상 또는 조리상 신청권이 인정되나, 문화재보호구역 내의 토지소유자의 경우에는 위 보호구역의 해제를 요구할 수 있는 법규상 또는 조리상 신청권이 인정되지 않는다.

③ 「도시 및 주거환경정비법」에 따라 인가·고시된 관리처분계획은 구속적 행정계획으로서 처분성이 인정된다.

④ 행정주체가 행정계획을 입안·결정함에 있어서 이익형량을 전혀 행하지 아니하거나 이익형량의 고려대상에 마땅히 포함시켜야 할 사항을 누락한 경우 또는 이익형량을 하였으나 정당성과 객관성이 결여된 경우에는 그 행정계획결정은 형량에 하자가 있어 위법하게 된다.

⑤ 비구속적 행정계획안이나 행정지침이라도 국민의 기본권에 직접적으로 영향을 끼치고, 앞으로 법령의 뒷받침에 의하여 그대로 실시될 것이 틀림없을 것으로 예상될 수 있을 때에는, 공권력행위로서 예외적으로 헌법소원의 대상이 된다.

20

정답 ②

핵심공략

- 행정주체는 **행정계획을 입안·결정할 때 비교적 광범위한 형성의 자유 有**
- 도시계획시설결정에 이해관계가 있는 주민은 도시시설계획의 입안권자 내지 결정권자에게 **도시시설계획의 입안 내지 변경을 요구할 수 있는**, 문화재보호구역 내에 있는 토지 소유자도 위 보호구역의 지정해제를 요구할 수 있는, 법규상 또는 조리상의 신청권이 각 인정 O
- 인가·고시를 통해 확정된 관리처분계획은 구속적 행정계획으로서 처분성 O
- 재량권의 불행사 또는 재량의 해태의 경우에도 재량권의 일탈·남용에 해당 O
- **비구속적 행정계획안이나 행정지침**이라도 국민의 기본권에 직접적으로 영향을 끼치고, 앞으로 법령의 뒷받침에 의하여 그대로 실시될 것이 틀림없을 것으로 예상될 수 있을 때에는, **예외적으로 헌법소원의 대상** O

① [○]

해설 행정계획이란 행정에 관한 전문적·기술적 판단을 기초로 하여 특정한 행정목표를 달성하기 위하여 서로 관련되는 행정수단을 종합·조정함으로써 장래의 일정한 시점에 일정한 질서를 실현하기 위한 활동기준을 설정하는 것이다. 그런데 관계 법령에는 추상적인 행정목표와 절차만을 규정하고 있을 뿐 행정계획의 내용에 관하여는 별다른 규정을 두고 있지 아니하므로, 행정주체는 구체적인 **행정계획을 입안·결정할 때 비교적 광범위한 형성의 자유를 가진다**. **(대판 2011.2.24. 2010두21464)**

② [×]

해설 **도시계획구역 내 토지 등을 소유하고 있는 사람**과 같이 당해 도시계획시설결정에 이해관계가 있는 주민으로서는 도시시설계획의 입안권자 내지 결정권자에게 **도시시설계획의 입안 내지 변경을 요구할 수 있는 법규상 또는 조리상의 신청권이 있고**, 이러한 신청에 대한 거부행위는 항고소송의 대상이 되는 행정처분에 해당한다. **(대판 2015.3.26. 2014두42742)** 문화재보호구역 내에 있는 토지소유자도 위 보호구역의 지정해제를 요구할 수 있는 법규상 또는 조리상의 신청권이 있다. **(대판 2004.4.27. 2003두8821)**

③ [○]

해설 「도시 및 주거환경정비법」(이하 '도시정비법'이라 한다)에 기초하여 주택재개발정비사업조합(이하 '조합'이라 한다)이 수립한 관리처분계획은 그것이 인가·고시를 통해 확정되면 이해관계인에 대한 구속적 행정계획으로서 독립적인 행정처분에 해당한다. **(대판 2016.12.15. 선고 2015두51347)**

④ [○]

해설 행정주체는 구체적인 행정계획을 입안·결정함에 있어서 비교적 광범위한 형성의 자유를 가지는 것이지만, 행정주체가 가지는 이와 같은 형성의 자유는 무제한적인 것이 아니라 그 행정계획에 관련되는 자들의 이익을 공익과 사익 사이에서는 물론이고 공익 상호간과 사익 상호간에도 정당하게 비교교량하여야 한다는 제한이 있으므로, 행정주체가 행정계획을 입안·결정함에 있어서 이익형량을 전혀 행하지 아니하거나 이익형량의 고려 대상에 마땅히 포함시켜야 할 사항을 누락한 경우 또는 이익형량을 하였으나 정당성과 객관성이 결여된 경우에는 그 행정계획결정은 형량에 하자가 있어 위법하게 된다. **(대판 2007.4.12. 2005두1893)**

⑤ [○]

해설 [1] **비구속적 행정계획안이나 행정지침**이라도 국민의 기본권에 직접적으로 영향을 끼치고, 앞으로 법령의 뒷받침에 의하여 그대로 실시될 것이 틀림없을 것으로 예상될 수 있을 때에는, 공권력행위로서 **예외적으로 헌법소원의 대상**이 될 수 있다. [2] 1999.7.22. 발표한 개발제한구역제도개선방안은 건설교통부장관이 개발제한구역의 해제 내지 조정을 위한 일반적인 기준을 제시하고, 개발제한구역의 운용에 대한 국가의 기본방침을 천명하는 정책계획안으로서 비구속적 행정계획안에 불과하므로 공권력행위가 될 수 없으며, 이 사건 개선방안을 발표한 행위도 대내외적 효력이 없는 단순한 사실행위에 불과하므로 공권력의 행사라고 할 수 없다. **(헌재 2000.6.1. 99헌마538)**

Chapter

03 행정행위

1. 행정행위의 개념 및 분류

2. 재량권과 판단여지

21

재량권의 일탈·남용에 관한 설명 중 옳은 것을 모두 고른 것은? (다툼이 있는 경우 판례에 의함) [20 변호사]

ㄱ. 항고소송의 경우에는 처분의 적법성을 주장하는 행정청에게 그 적법사유에 대한 증명책임이 있으므로, 그 처분이 재량권의 일탈·남용이 없다는 점을 증명할 책임도 행정청이 부담한다.

ㄴ. 경찰공무원에 대한 징계위원회 심의과정에서 감경사유에 해당하는 공적(功績) 사항이 제시되지 아니한 경우에는 징계양정 결과가 적정한지 여부와 무관하게 징계처분은 위법하다.

ㄷ. 처분의 근거법령이 행정청에 처분의 요건과 효과 판단에 일정한 재량을 부여하였는데도, 행정청이 자신에게 재량권이 없다고 오인하여 처분으로 달성하려는 공익과 그로써 처분상대방이 입게 되는 불이익의 내용과 정도를 전혀 비교형량하지 않은 채 처분을 하였다면, 이는 재량권 불행사로서 그 자체로 재량권 일탈·남용에 해당된다.

ㄹ. 실권리자명의 등기의무를 위반한 명의신탁자에 대한 과징금 부과와 관련하여 임의적 감경규정이 존재하는 경우, 그 감경규정에 따른 감경사유가 존재하여 이를 고려하고도 과징금을 감경하지 않은 것을 위법하다고 단정할 수는 없으므로, 감경사유를 전혀 고려하지 않았거나 감경사유에 해당하지 않는다고 오인하여 과징금을 감경하지 않았다 해도 그 과징금 부과처분이 재량권을 일탈·남용한 위법한 처분이라고 할 수 없다.

① ㄱ, ㄴ ② ㄱ, ㄷ
③ ㄴ, ㄷ ④ ㄴ, ㄹ
⑤ ㄷ, ㄹ

21

정답 ③

핵심공략

- 처분에 재량권 일탈·남용이 있다는 점은 그 처분의 효력을 다투는 자(원고)가 입증하여야 O
- 징계위원회 심의과정에서 감경사유에 해당하는 공적사항 제시되지 않은 경우 그 징계처분은 위법 O
- 재량권의 불행사 또는 재량의 해태의 경우에도 재량권의 일탈·남용에 해당 O
  ⇨ 임의적 감경규정 있다면, 그 감정사유 반드시 고려하여야 O

해설 ㄱ. [×]

재량권의 일탈·남용에 대하여도 법률요건분류설의 입장에서 행정처분이 재량권의 일탈·남용으로 위법하다는 것은 법률상의 예외에 속하고 헌법 및 조리상의 재량통제 법리를 권리장애규정으로 해석하여 원고에게 입증책임이 있다는 것이 일반적인 견해이다. 판례도 재량권의 일탈·남용에 관하여는 행정행위의 효력을 다투는 사람(원고)이 주장·증명하여야 하고(대판 2017.10.12. 2017두48956), 처분청이 그 재량권의 행사가 정당한 것이었다는 점까지 주장·증명할 필요는 없다고 한다(대판 1987.12.8. 87누861).

ㄴ. [○]

공무원징계령 제7조 제6항 제3호에 의하면, 공무원에 대한 징계의결을 요구할 때는 징계사유의 증명에 필요한 관계 자료뿐 아니라 '감경대상 공적 유무' 등이 기재된 확인서를 징계위원회에 함께 제출하여야 하고, 경찰 공무원 징계양정 등에 관한 규칙 제9조 제1항 제2호 및 [별표 10]에 의하면 경찰청장의 표창을 받은 공적은 징계양정에서 감경할 수 있는 사유의 하나로 규정되어 있다. 위와 같은 관계 법령의 규정 및 기록에 비추어 보면, 징계위원회의 심의과정에 반드시 제출되어야 하는 공적(功績) 사항이 제시되지 않은 상태에서 결정한 징계처분은 징계양정이 결과적으로 적정한지 그렇지 않은지와 상관없이 법령이 정한 징계절차를 지키지 않은 것으로서 위법하다. (대판 2012.6.28. 2011두20505)

ㄷ. [○]

처분의 근거 법령이 행정청에 처분의 요건과 효과 판단에 일정한 재량을 부여하였는데도, 행정청이 자신에게 재량권이 없다고 오인한 나머지 처분으로 달성하려는 공익과 그로써 처분상대방이 입게 되는 불이익의 내용과 정도를 전혀 비교형량 하지 않은 채 처분을 하였다면, 이는 재량권 불행사로서 그 자체로 재량권 일탈·남용으로 해당 처분을 취소하여야 할 위법사유가 된다. (대판 2019.7.11. 2017두3874)

ㄹ. [×]

실권리자명의 등기의무를 위반한 명의신탁자에 대하여 부과하는 과징금의 감경에 관한 '부동산 실권리자명의 등기에 관한 법률 시행령' 제3조의2 단서는 임의적 감경규정임이 명백하므로, 그 감경사유가 존재하더라도 과징금 부과관청이 감경사유까지 고려하고도 과징금을 감경하지 않은 채 과징금 전액을 부과하는 처분을 한 경우에는 이를 위법하다고 단정할 수는 없으나, 위 감경사유가 있음에도 이를 전혀 고려하지 않았거나 감경사유에 해당하지 않는다고 오인한 나머지 과징금을 감경하지 않았다면 그 과징금 부과처분은 재량권을 일탈·남용한 위법한 처분이라고 할 수밖에 없다. (대판 2010.7.15. 2010두7031)

3. 법률행위적 행정행위와 준법률행위적 행정행위

22

甲은 한옥 여관건물을 신축하기 위하여 관할 A시장에게 건축허가를 신청하였다. 한편 「건축법」 제11조 제4항은 허가권자는 위락시설이나 숙박시설에 해당하는 건축물의 건축을 허가하는 경우 해당 대지에 건축하려는 건축물의 용도·규모 또는 형태가 주거환경이나 교육환경 등 주변 환경을 고려할 때 부적합하다고 인정되는 경우에는 건축위원회의 심의를 거쳐 건축허가를 하지 아니할 수 있다는 취지로 규정하고 있다. 그런데 A시장은 위 여관건물이 한옥이 아닌 일반 빌딩의 형태인 것으로 오인하여 위 제4항에 따라 "甲이 건축하고자 하는 여관건물이 주변 한옥마을 사이에 위치하게 되면 그 외관이 주변과 조화되지 않는다."는 이유로 건축허가를 거부하였다. 이에 관한 설명 중 옳지 않은 것은? (다툼이 있는 경우 판례에 의함)

[15 변호사]

① A시장의 건축허가거부처분은 사전통지의 대상이 아니므로, 허가거부에 앞서 미리 甲에게 그 내용을 통지하지 않았다고 하더라도 이로써 위 거부처분이 위법하게 되는 것은 아니다.

② 甲의 건축허가신청 후 건축허가기준에 관한 관계 법령의 규정이 개정된 경우, A시장은 새로이 개정된 법령의 경과규정에서 달리 정하는 경우 등을 제외하고는 처분 당시에 시행되는 개정 법령과 그에서 정한 기준에 의하여 허가 여부를 결정하는 것이 원칙이다.

③ 만일 A시장이 甲의 건축허가신청에 대한 거부에 앞서 건축위원회의 심의를 거치지 않았다면 이는 절차상 하자에 해당하므로 법원은 이를 이유로 건축허가거부처분을 취소할 수 있다.

④ 주변 환경에 대한 고려는 비대체적 결정영역 또는 예측결정으로서 판단여지가 인정되는 영역이므로, 주변 환경과 조화되지 않는다는 A시장의 판단에 대해서 법원은 사법심사를 할 수 없다.

⑤ 甲이 A시장의 건축허가거부처분에 대해 취소소송을 제기하여 인용판결을 받아 확정된 경우에도, A시장은 위 소송의 계속 중에 개정된 관계 법령에 따라 강화된 건축허가기준의 미비를 이유로 甲에게 재차 건축허가거부처분을 할 수 있다.

22

정답 ④

핵심공략

- 거부처분은 당사자의 권익을 제한하는 처분에 해당 ×
  ⇨ 처분의 사전통지 대상 ×
- 건축허가 신청 후 근거 법령이 개정된 경우, 특별한 사정이 없는 한 처분 당시 시행 법령 기준에 의하여야 ○
- 건축위원회 심의를 거치지 않은 것은 통상 취소사유에 해당하는 절차상 하자 ○
- 판단여지가 인정되는 경우에도 사법심사의 대상 ○
- 거부처분 후 근거법령이 개정·시행된 경우, 그 개정법령상의 허가기준을 새로운 사유로 들어 다시 이전 신청에 대한 거부처분 可

① [○]

해설 행정절차법 제21조 제1항은 행정청은 당사자에게 의무를 과하거나 권익을 제한하는 처분을 하는 경우에는 미리 처분의 제목, 당사자의 성명 또는 명칭과 주소, 처분하고자 하는 원인이 되는 사실과 처분의 내용 및 법적 근거, 그에 대하여 의견을 제출할 수 있다는 뜻과 의견을 제출하지 아니하는 경우의 처리방법, 의견제출기관의 명칭과 주소, 의견제출기한 등을 당사자 등에게 통지하도록 하고 있는바, 신청에 따른 처분이 이루어지지 아니한 경우에는 아직 당사자에게 권익이 부과되지 아니하였으므로 특별한 사정이 없는 한 신청에 대한 거부처분이라고 하더라도 직접 당사자의 권익을 제한하는 것은 아니어서 **신청에 대한 거부처분**을 여기에서 말하는 '당사자의 권익을 제한하는 처분'에 해당한다고 할 수 없는 것이어서 **처분의 사전통지대상이 된다고 할 수 없다**. (대판 2003.11.28. 2003두674)

▶ 따라서 A시장이 건축허가거부처분에 앞서 미리 甲에게 그 내용을 통지하지 않았다고 하더라도 이로써 위 거부처분이 위법하게 되는 것은 아니다.

② [○]

해설 행정처분은 그 근거 법령이 개정된 경우에도 경과 규정에서 달리 정함이 없는 한 **처분 당시 시행되는 개정 법령과 그에서 정한 기준에 의하는 것이 원칙**이고, 그 개정 법령이 기존의 사실 또는 법률관계를 적용대상으로 하면서 국민의 재산권과 관련하여 종전보다 불리한 법률효과를 규정하고 있는 경우에도 그러한 사실 또는 법률관계가 개정 법률이 시행되기 이전에 이미 완성 또는 종결된 것이 아니라면 이를 헌법상 금지되는 소급입법에 의한 재산권 침해라고 할 수는 없으며, 그러한 개정 법률의 적용과 관련하여서는 개정 전 법령의 존속에 대한 국민의 신뢰가 개정 법령의 적용에 관한 공익상의 요구보다 더 보호가치가 있다고 인정되는 경우에 그러한 국민의 신뢰보호를 보호하기 위하여 그 적용이 제한될 수 있는 여지가 있을 따름이다. (대판 2000.3.10. 97누13818)

③ [○]

해설 판례는 구속력이 인정되지 아니하는 다른 행정기관의 '협의'나 '자문'을 거치지 않은 것과 같은 절차의 하자를 통상 취소원인에 불과한 것으로 본다(대판 2000.10.13. 99두653; 2009.4.23. 2007두13159 등). 또한 구 건축법상 **건축위원회의 심의를 거치지 않은 경우**(대판 2007.10.11. 2007두1316)나 구 학교보건법상 학교환경위생정화위원회의 심의를 거치지 않은 경우(대판 2007.3.15. 2006두13806)에도 **취소사유에 해당**하는 것으로 본다.

④ [×]

해설 판단여지는 주로 비대체적 결정의 영역(예 주관식시험이나 면접시험의 평가), 구속적 가치평가의 영역(예 전문위원회에 의한 청소년 유해도서의 판단, 보호대상 문화재 해당 여부의 판단), 예측결정의 영역(예 환경상 위험의 예측평가, 경제여건의 변화예측), 정책적 결정의 영역(예 외국인의 체류갱신허가의 필요성 판단), 고도의 전문성이 요구되는 영역(예 위험의 과학적 불확실성의 판단) 등에서 인정된다. **판단여지가 인정되는 경우에도** 명확히 법을 위반(예 판단기관의 위법한 구성, 법의 일반 원칙 위반, 절차규정 위반 등)하거나 사실의 인정을 잘못했거나 객관적인 기준을 위반한 경우 **법원의 사법심사의 대상이 된다**. 한편 **판례는** 판단여지가 인정될 수 있는 경우에도 판단여지를 인정하는 대신 재량권을 인정하고, **재량권의 일탈·남용 여부를 심사**한다.

⑤ [○]

해설 행정처분의 적법 여부는 그 행정처분이 행하여 진 때의 법령과 사실을 기준으로 하여 판단하는 것이므로 **거부처분 후에 법령이 개정·시행된 경우**에는 개정된 법령 및 허가기준을 새로운 사유로 들어 다시 이전의 신청에 대한 거부처분을 할 수 있으며 그러한 처분도 **행정소송법 제30조 제2항에 규정된 재처분에 해당**된다. (대판 1998.1.7. 97두22)

▶ 위법판단기준시에 관하여 처분시설(판례)을 따르는 경우, 거부처분 이후의 사유(법령의 변경 또는 사실상황의 변경)를 이유로 다시 거부처분을 하는 것은 취소판결의 기속력에 반하지 않으며, 적법한 재처분의무를 이행한 것이 된다.

23

인가에 관한 설명 중 옳지 않은 것은? (다툼이 있는 경우 판례에 의함) [14 변호사]

① 기본행위가 적법·유효하고 보충행위인 인가처분 자체에만 하자가 있다면 그 인가처분의 무효나 취소를 주장할 수 있다고 할 것이지만, 인가처분에 하자가 없다면 기본행위에 하자가 있다 하더라도 따로 그 기본행위의 하자를 다투는 것은 별론으로 하고 기본행위의 무효를 내세워 바로 그에 대한 인가처분의 취소 또는 무효확인을 구할 수 없다.

② 「도시 및 주거환경정비법」상 관리처분계획에 대한 행정청의 인가는 관리처분계획의 법률상 효력을 완성시키는 보충행위로서의 성질을 갖는다.

③ 민법상 재단법인의 정관변경 허가는 그 성질에 있어 법률행위의 효력을 보충해 주는 것이지 일반적 금지를 해제하는 것이 아니므로, 그 법적 성격은 인가라고 보아야 한다.

④ 관할관청이 개인택시운송사업의 양도·양수에 대한 인가를 하였을 경우 거기에는 양도인과 양수인 간의 양도행위를 보충하여 그 법률효과를 완성시키는 의미에서의 인가처분뿐만 아니라 양수인에 대해 양도인이 가지고 있던 면허와 동일한 내용의 면허를 부여하는 처분이 포함되어 있다.

⑤ 「도시 및 주거환경정비법」 등 관련 법령에 근거하여 행하는 주택재건축사업조합 설립인가처분은 사인들의 조합설립행위에 대한 보충행위로서의 성질을 갖는 것에 그칠 뿐, 행정주체로서의 지위를 부여하는 설권적 처분의 성격을 갖는 것은 아니다.

23

정답 ⑤

핵심공략

- 인가처분 자체에 하자가 없다면, 기본행위의 하자를 이유로 그 인가처분의 취소 또는 무효확인 구할 법률상 이익 ×
- 주택개량재개발 조합의 관리처분계획에 대한 법률상의 효력을 완성시켜주는 보충행위로서의 인가에 해당 O
- 재단법인의 정관변경 허가의 법적성격은 인가에 해당 O
- 관할관청의 개인택시운송사업의 양도·양수에 대한 인가는 인가처분뿐만 아니라 양수인에 대한 면허를 부여하는 처분도 포함된 것 O
- 주택재건축사업조합 설립인가처분은 일종의 설권적 처분으로서의 성격도 O

① [○]

해설 [1] 민법 제45조와 제46조에서 말하는 **재단법인의 정관변경 "허가"**는 법률상의 표현이 허가로 되어 있기는 하나, 그 성질에 있어 법률행위의 효력을 보충해 주는 것이지 일반적 금지를 해제하는 것이 아니므로, **그 법적 성격은 인가라고 보아야** 한다. [2] 인가는 기본행위인 재단법인의 정관변경에 대한 법률상의 효력을 완성시키는 보충행위로서, 그 기본이 되는 정관변경 결의에 하자가 있을 때에는 그에 대한 인가가 있었다 하여도 기본행위인 정관변경 결의가 유효한 것으로 될 수 없으므로 기본행위인 정관변경 결의가 적법 유효하고 보충행위인 인가처분 자체에만 하자가 있다면 그 인가처분의 무효나 취소를 주장할 수 있지만, 인가처분에 하자가 없다면 **기본행위에 하자가 있다 하더라도** 따로 그 기본행위의 하자를 다투는 것은 별론으로 하고 **기본행위의 무효를 내세워 바로 그에 대한 행정청의 인가처분의 취소 또는 무효확인을 소구할 법률상의 이익이 없다**. **(대판 1996.5.16. 95누4810 全)**

② [○]

해설 도시재개발법 제34조에 의한 **행정청의 인가는** 주택개량재개발조합의 **관리처분계획에 대한 법률상의 효력을 완성시키는 보충행위**로서 그 기본 되는 관리처분계획에 하자가 있을 때에는 그에 대한 인가가 있었다 하여도 기본행위인 관리처분계획이 유효한 것으로 될 수 없으며, 다만 그 기본행위가 적법·유효하고 보충행위인 인가처분 자체에만 하자가 있다면 그 인가처분의 무효나 취소를 주장할 수 있다고 할 것이지만, 인가처분에 하자가 없다면 기본행위에 하자가 있다 하더라도 따로 그 기본행위의 하자를 다투는 것은 별론으로 하고 기본행위의 무효를 내세워 바로 그에 대한 행정청의 인가처분의 취소 또는 무효확인을 소구할 법률상의 이익이 있다고 할 수 없다. **(대판 2001.12.11. 2001두7541)**

▶ 도시재개발법 하에서의 판례이지만 「도시 및 주거환경정비법」상 관리처분계획에 대한 행정청의 인가의 성질에도 그대로 적용할 수 있을 것이다.

③ [○]

해설 민법 제45조와 제46조에서 말하는 **재단법인의 정관변경 "허가"**는 법률상의 표현이 허가로 되어 있기는 하나, 그 성질에 있어 법률행위의 효력을 보충해 주는 것이지 일반적 금지를 해제하는 것이 아니므로, **그 법적 성격은 인가라고 보아야** 한다. **(대판 1996.5.16. 95누4810 全)**

④ [○]

해설 구 여객자동차 운수사업법(2009.5.27. 법률 제9733호로 개정되기 이전의 것, 이하 같다) 제14조 제2항, 구 여객자동차 운수사업법 시행령(2008.10.8. 대통령령 제21077호로 전부 개정되기 이전의 것) 제10조는 개인택시운송사업의 양도·양수는 관할 관청의 인가를 받아야 한다고 규정하고 있고, 구 여객자동차 운수사업법 제14조 제4항은 위 인가를 받은 경우 양수인은 양도인의 운송사업자로서의 지위를 승계한다고 규정하고 있으며, 구 여객자동차 운수사업법 시행규칙(2008.11.6. 국토해양부령 제66호로 전부 개정되기 이전의 것) 제17조 제9항은 개인택시운송사업 양수인은 일정 기간 무사고 운전경력 등 동조 제1항 소정의 개인택시운송사업 면허의 자격요건을 갖추어야 한다고 규정하고 있다. 위 각 규정의 취지에 비추어 보면, 관할 관청이 **개인택시운송사업의 양도·양수에 대한 인가**를 하였을 경우 거기에는 양도인과 양수인 간의 양도행위를 보충하여 그 법률효과를 완성시키는 의미에서의 **인가처분뿐**만 아니라 **양수인에 대해 양도인이 가지고 있던 면허와 동일한 내용의 면허를 부여하는 처분이 포함**되어 있다. 또한 구 여객자동차 운수사업법 제14조 제4항에 의하면 개인택시운송사업을 양수한 사람은 양도인의 운송사업자로서의 지위를 승계하므로, 관할 관청은 개인택시운송사업의 양도·양수에 대한 인가를 한 후에도 그 양도·양수 이전에 있었던 양도인에 대한 운송사업면허 취소사유를 들어 양수인의 사업면허를 취소할 수 있다. **(대판 2010.11.11. 2009두14934)**

⑤ [×]

해설 행정청이 도시 및 주거환경정비법 등 관련 법령에 근거하여 행하는 **조합설립인가처분**은 단순히 사인들의 **조합설립행위에 대한 보충행위로서의 성질을 갖는 것에 그치는 것이 아니라** 법령상 요건을 갖출 경우 도시 및 주거환경정비법상 주택재건축사업을 시행할 수 있는 권한을 갖는 행정주체(공법인)로서의 지위를 부여하는 **일종의 설권적 처분의 성격을 갖는다**고 보아야 한다. **(대판 2009.9.24. 2008다60568)**

4. 부관

24

행정행위의 부관에 관한 대법원 판례의 내용 중 옳지 않은 것은? [12 변호사]

① 수익적 행정처분에 있어서는 법령에 특별한 근거규정이 없다고 하더라도 부담을 붙일 수 있는데, 그와 같은 부담은 행정청이 행정처분을 하면서 일방적으로 부가하여야 하는 것이지 부담을 부가하기 이전에 상대방과 협의하여 부담의 내용을 협약의 형식으로 미리 정한 다음 행정처분을 하면서 이를 부가할 수는 없다.

② 행정처분에 부담인 부관을 붙인 경우 부관의 무효화에 의하여 본체인 행정처분 자체의 효력에도 영향이 있게 될 수는 있지만, 그 처분을 받은 사람이 부담의 이행으로 사법상 매매 등의 법률행위를 한 경우에는 그 부관은 특별한 사정이 없는 한 법률행위를 하게 된 동기 내지 연유로 작용하였을 뿐이므로 이는 법률행위의 취소사유가 될 수 있음은 별론으로 하고 그 법률행위 자체를 당연히 무효화하는 것은 아니다.

③ 어업면허처분을 함에 있어 그 면허의 유효기간을 정한 경우, 위 면허의 유효기간은 행정청이 위 어업면허처분의 효력을 제한하기 위한 행정행위의 부관이라 할 것이고 이러한 행정행위의 부관은 독립하여 행정소송의 대상이 될 수 없는 것이므로 위 어업면허처분 중 그 면허유효기간만의 취소를 구하는 청구는 허용될 수 없다.

④ 행정처분에 이미 부담이 부가되어 있는 상태에서 그 의무의 범위 또는 내용 등을 변경하는 부관의 사후변경은 법률에 명문의 규정이 있거나 그 변경이 미리 유보되어 있는 경우 또는 상대방의 동의가 있는 경우에 한하여 허용되는 것이 원칙이지만, 사정변경으로 인하여 당초에 부담을 부가한 목적을 달성할 수 없게 된 경우에도 그 목적달성에 필요한 범위 내에서 예외적으로 허용된다.

⑤ 행정청이 사전에 교통영향평가를 거치지 아니한 채 '건축허가 전까지 교통영향평가 심의필증을 교부받을 것'을 내용으로 하는 부관을 붙여서 한 실시계획변경 및 공사시행변경 인가처분은 중대하고 명백한 흠이 있다고 할 수 없으므로 이를 무효로 보기는 어렵다.

24

정답 ①

핵심공략

- 상대방과 협의하여 부담의 내용을 협약 형식으로 미리 정한 다음 행정처분을 하면서 이를 부가할 수도 O
- 부담은 부담의 이행으로서 한 법률행위의 동기 내지 연유로 작용할 뿐이므로, 별개의 법률행위로 파악해야 O
- 어업면허의 유효기간은 부관 중 '기한'에 해당 O
  ⇨ 기한만의 취소를 구하는 청구 不許
- 부관의 사후변경은 사정변경으로 당초의 목적을 달성할 수 없는 경우에도 그 목적달성에 필요한 범위 내에서 예외적 허용 O
- '건축허가 전까지 교통영향평가 심의필증을 교부받을 것'을 내용으로 하는 부관을 붙여서 한 실시계획변경 및 공사시행변경 인가처분: 무효 ×

① [×]

해설 수익적 행정처분에 있어서는 법령에 특별한 근거규정이 없다고 하더라도 그 부관으로서 부담을 붙일 수 있고, 그와 같은 부담은 행정청이 행정처분을 하면서 일방적으로 부가할 수도 있지만 부담을 부가하기 이전에 상대방과 협의하여 **부담의 내용을 협약의 형식으로 미리 정한 다음** '행정처분'을 하면서 이를 부가할 수도 있다. (대판 2009.2.12. 2005다65500)

② [○]

해설 행정처분에 부담인 부관을 붙인 경우 부관의 무효화에 의하여 본체인 행정처분 자체의 효력에도 영향이 있게 될 수는 있지만, **그 처분을 받은 사람이 부담의 이행으로 사법상 매매 등의 법률행위를 한 경우**에는 그 부관은 특별한 사정이 없는 한 법률행위를 하게 된 동기 내지 연유로 작용하였을 뿐이므로 이는 법률행위의 취소사유가 될 수 있음은 별론으로 하고 그 **법률행위 자체를 당연히 무효화하는 것은 아니다**. 또한, 행정처분에 붙은 부담인 부관이 제소기간의 도과로 확정되어 이미 불가쟁력이 생겼다면 그 하자가 중대하고 명백하여 당연 무효로 보아야 할 경우 외에는 누구나 그 효력을 부인할 수 없을 것이지만, 부담의 이행으로서 하게 된 사법상 매매 등의 법률행위는 부담을 붙인 행정처분과는 어디까지나 별개의 법률행위이므로 그 부담의 불가쟁력의 문제와는 별도로 법률행위가 사회질서 위반이나 강행규정에 위반되는지 여부 등을 따져보아 그 법률행위의 유효 여부를 판단하여야 한다. (대판 2009.6.25. 2006다18174)

③ [○]

해설 어업면허처분을 함에 있어 그 면허의 유효기간을 1년으로 정한 경우, **위 면허의 유효기간**은 행정청이 위 어업면허처분의 효력을 제한하기 위한 행정행위의 부관이라 할 것이고 **이러한 행정행위의 부관은 독립하여 행정소송의 대상이 될 수 없는 것**이므로 위 어업면허처분 중 그 면허유효기간만의 취소를 구하는 청구는 허용될 수 없다. (대판 1986.8.19. 86누202)

④ [○]

해설 행정처분에 이미 부담이 부가되어 있는 상태에서 그 의무의 범위 또는 내용 등을 변경하는 **부관의 사후변경**은, 법률에 명문의 규정이 있거나 그 변경이 미리 유보되어 있는 경우 또는 상대방 의 동의가 있는 경우에 한하여 허용되는 것이 원칙이지만, **사정변경으로 인하여 당초에 부담을 부가한 목적을 달성할 수 없게 된 경우**에도 그 목적달성에 필요한 범위 내에서 **예외적으로 허용**된다. (대판 1997.5.30. 97누2627)

⑤ [○]

해설 교통영향평가는 환경영향평가와 그 취지 및 내용, 대상사업의 범위, 사전 주민의견수렴절차 생략 여부 등에 차이가 있고 그 후 교통영향평가가 교통영향분석·개선대책으로 대체된 점, 행정청은 교통영향평가를 배제한 것이 아니라 '건축허가 전까지 교통영향평가 심의필증을 교부받을 것'을 부관으로 하여 실시계획변경 및 공사시행변경 인가 처분을 한 점 등에 비추어, **행정청이 사전에 교통영향평가를 거치지 아니한 채 위와 같은 부관을 붙여서 한 위 처분**에 중대하고 명백한 흠이 있다고 할 수 없으므로 이를 **무효로 보기는 어렵다**고 한 사례. (대판 2010.2.25. 2009두102)

25

甲은 A시가 주민의 복리를 위하여 설치한 시립종합문화회관 내에 일반음식점을 운영하고자 「공유재산 및 물품 관리법」에 따라 행정재산에 대한 사용허가를 신청하였다. A시의 시장 乙은 甲에게 사용허가를 하면서 일반음식점 이용고객으로 인한 주차문제를 우려하여 인근에 소재한 甲의 소유 토지에 차량 10대 규모의 주차장을 설치할 것을 내용으로 하는 부담을 부관으로 붙였다. 이에 관한 설명 중 옳은 것은? (다툼이 있는 경우 판례에 의함) [22 변호사]

① 乙이 甲에게 한 사용허가의 법적 성질은 강학상 특허에 해당한다.

② 甲이 자신의 토지에 주차장을 설치하게 하는 부관이 재산권을 과도하게 침해하는 위법한 것임을 이유로 소송상 다투려는 경우, 부관부행정행위 전체에 대하여 취소를 구하여야 한다.

③ 사정변경으로 인하여 甲에게 부담을 부가한 목적을 달성할 수 없게 된 경우에도 법률에 명문의 규정이 있거나 그 변경이 미리 유보되어 있는 경우 또는 甲의 동의가 있는 경우가 아니라면 乙은 甲에게 부가된 부담을 사후적으로 변경할 수 없다.

④ 甲에 대한 사용허가 이후에 「공유재산 및 물품 관리법」이 개정되어 행정청이 더 이상 부관을 붙일 수 없게 되었다면, 甲에 대한 부관도 당연히 효력이 소멸한다.

⑤ 甲에 대한 부담이 재산권을 과도하게 침해하는 것이어서 부관으로 붙일 수 없는 경우라고 하더라도 乙이 甲과 사법상 계약의 형식을 통해 동일한 의무를 부과하는 것은 가능하다.

25

정답 ①

핵심공략

- 공유재산의 사용·수익에 대한 허가는 강학상 특허에 해당 O
- 부담 그 자체로 행정소송의 대상 O, 부관부행정행위 전체가 아니라 그 부담에 대하여 취소소송 구하여야 O
- 부관의 사후변경은 사정변경으로 당초의 목적을 달성할 수 없는 경우에도 그 목적달성에 필요한 범위 내에서 예외적 허용 O
- 부담이 처분 당시 법령을 기준으로 적법하다면 처분 후 부담의 전제가 된 주된 행정처분의 근거 법령의 개정으로 더 이상 부관을 붙일 수 없게 되었다 하더라도 곧바로 위법하게 되거나 그 효력이 소멸하게 되는 것은 ×
- 적법하게 부관을 부가할 수 없는 경우라면, 사법상 계약 형식을 통한 동일한 의무 부과 할 수 ×

① [○]

해설 공유재산의 관리청이 행정재산의 사용·수익에 대한 허가는 순전히 사경제주체로서 행하는 사법상의 행위가 아니라 관리청이 공권력을 가진 우월적 지위에서 행하는 행정처분으로서 특정인에게 행정재산을 사용할 수 있는 권리를 설정하여 주는 강학상 특허에 해당한다(**대판 1998.2.27. 97누1105**).

② [×]

해설 행정행위의 부관 중에서도 행정행위에 부수하여 그 행정행위의 상대방에게 일정한 의무를 부과하는 행정청의 의사표시인 부담인 경우에는 다른 부관과는 달리 행정행위의 불가분적인 요소가 아니고 그 존속이 본체인 행정행위의 존재를 전제로 하는 것일 뿐이므로 부담 그 자체로서 행정쟁송의 대상이 될 수 있다(**대판 1992.1.21. 91누1264**).

따라서 부관부행정행위 전체에 대하여 취소를 구하는 것이 아니라, 부담에 대하여 취소를 구하여야 한다(진정일부취소소송).

③ [×]

해설 행정처분에 이미 부담이 부가되어 있는 상태에서 그 의무의 범위 또는 내용 등을 변경하는 부관의 사후변경은, 법률에 명문의 규정이 있거나 그 변경이 미리 유보되어 있는 경우 또는 상대방의 동의가 있는 경우에 한하여 허용되는 것이 원칙이지만, 사정변경으로 인하여 당초에 부담을 부가한 목적을 달성할 수 없게 된 경우에도 그 목적달성에 필요한 범위 내에서 예외적으로 허용된다(**대판 1997.5.30. 97누2627 참조**).

④ [×]

해설 행정청이 재량행위인 수익적 행정처분을 하면서 부가한 부담 역시 처분 당시 법령을 기준으로 위법 여부를 판단하여야 하고, 부담이 처분 당시 법령을 기준으로 적법하다면 처분 후 부담의 전제가 된 주된 행정처분의 근거 법령이 개정됨으로써 행정청이 더 이상 부관을 붙일 수 없게 되었다 하더라도 곧바로 위법하게 되거나 그 효력이 소멸하게 되는 것은 아니라고 할 것이다(**대판 2009.2.12. 2008다56262**).

⑤ [×]

해설 부관은 해당 처분의 목적을 달성하기 위하여 필요한 최소한의 범위이어야 하므로(행정기본법 제17조 제4항 제3호), 부담을 당사자간 협의의 형식으로 부가할 수 있다고 하더라도, 그 부담이 상대방의 기본권 등을 과도하게 침해하는 것이어서 적법하게 부관을 부가할 수 없는 경우라면, 사법상 계약의 형식을 통해 동일한 의무를 부과하는 것도 불가능하다고 보아야 한다.

5. 행정행위의 하자(흠)와 그 효과

26

행정처분의 근거법령의 적용시점과 위법판단의 기준시점에 관한 설명 중 옳지 않은 것은? (다툼이 있는 경우 판례에 의함)

[14 변호사]

① 허가신청 후 처분 전에 관계 법령이 개정시행된 경우 신법령 부칙에 경과규정을 두지 아니한 이상 당연히 허가신청 당시의 법령에 의하여 허가 여부를 판단하여야 하는 것은 아니며, 소관 행정청이 허가신청을 수리하고도 정당한 이유 없이 처리를 늦추어 그 사이에 법령 및 허가기준이 변경된 것이 아닌 한 변경된 법령 및 허가기준에 따라서 한 불허가처분은 적법하다.

② 행정소송에서 행정처분의 위법 여부는 원칙적으로 행정처분이 행하여졌을 때의 법령과 사실상태를 기준으로 하여 판단하여야 하고, 처분 후 법령의 개폐나 사실상태의 변동에 의하여 영향을 받지는 않는다.

③ 개정 전 법령의 존속에 대한 국민의 신뢰가 개정 법령의 적용에 관한 공익상의 요구보다 더 보호가치가 있다고 인정되는 경우, 국민의 신뢰를 보호하기 위하여 개정 법령의 적용이 제한될 수 있는 여지가 있다.

④ 건설업자가 시공자격 없는 자에게 전문공사를 하도급한 행위에 대하여 과징금 부과처분을 하는 경우, 구체적인 부과기준에 대하여 처분시의 법령이 행위시의 법령보다 불리하게 개정되었고 어느 법령을 적용할 것인지에 대하여 특별한 규정이 없다면 처분시의 법령을 적용하여야 한다.

⑤ 조세법령이 일단 효력을 발생하였다가 폐지 또는 개정된 경우 조세법령이 정한 과세요건 사실이 폐지 또는 개정된 당시까지 완료된 때에는 다른 경과규정이 없는 한 그 과세요건 사실에 대하여는 종전의 조세법령이 계속 효력을 가지므로, 조세법령의 폐지 또는 개정 전에 종결된 과세요건 사실에 대하여 폐지 또는 개정 전의 조세법령을 적용하는 것이 조세법률주의의 원칙에 위배된다고 할 수 없다.

26

정답 ④

> **핵심공략**
> - 행정행위는 처분 당시에 시행 중인 법령 및 허가기준에 의하여 하는 것이 원칙 O
>   다만, 처분시의 시행령이 행위시의 시행령보다 불리하게 개정되었고 어느 시행령을 적용할 것인지에 대하여 특별한 규정이 없다면, 행위시의 시행령을 적용하여야 O
> - 행정소송에서 행정처분의 위법 여부 판단: 행정처분이 행하여졌을 때의 법령과 사실상태를 기준으로 O
> - 개정 전 법령의 존속에 대한 국민의 신뢰가 개정 법령의 적용에 관한 공익상의 요구보다 더 보호가치가 있다고 인정되는 경우에 그 적용이 제한될 수 O
> - 조세법령의 폐지 또는 개정 전에 종결된 과세요건 사실에 대하여 폐지 또는 개정 전의 조세법령을 적용하는 것은 조세법률주의의 원칙에 위배 ×

① [○]

해설 행정행위는 **처분 당시에 시행 중인 법령 및 허가기준에 의하여** 하는 것이 원칙이고, 인, 허가신청 후 처분 전에 관계 법령이 개정 시행된 경우 신법령 부칙에서 신법령 시행 전에 이미 허가신청이 있는 때에는 종전의 규정에 의한다는 취지의 경과규정을 두지 아니한 이상 당연히 허가신청 당시의 법령에 의하여 허가 여부를 판단하여야 하는 것은 아니며, 소관 행정청이 허가신청을 수리하고도 정당한 이유 없이 처리를 늦추어 그 사이에 법령 및 허가기준이 변경된 것이 아닌 한 새로운 법령 및 허가기준에 따라서 한 불허가처분이 위법하다고 할 수 없다. (대판 1992.12.8. 92누13813)

▶ 판례는 적극적 처분에 대한 취소소송과 마찬가지로 **거부처분 취소소송에서의 위법판단의 기준시에 관하여도 '처분시설'의 입장**이다. 반면, 부작위위법확인소송의 경우, 위법판단의 기준시는 판결시(사실심 변론종결시)로 보는 것이 통설과 판례이다(대판 1990.9.25. 89누4758).

② [○]

해설 행정소송에서 **행정처분의 위법 여부는 행정처분이 행하여졌을 때의 법령과 사실상태를 기준으로 하여 판단하여야** 하고, 처분 후 법령의 개폐나 사실상태의 변동에 의하여 영향을 받지는 않는다. (대판 2007.5.11. 2007두1811) 그리고 이는 거부처분의 경우에도 마찬가지이다(대판 2008.7.24. 2007두3930).

③ [○]

해설 **행정처분은 그 근거 법령이 개정된 경우에도 경과 규정에서 달리 정함이 없는 한 처분 당시 시행되는 개정 법령과 그에서 정한 기준에 의하는 것이 원칙**이고, 그 개정 법령이 기존의 사실 또는 법률관계를 적용대상으로 하면서 국민의 재산권과 관련하여 종전보다 불리한 법률효과를 규정하고 있는 경우에도 그러한 사실 또는 법률관계가 개정 법률이 시행되기 이전에 이미 완성 또는 종결된 것이 아니라면 이를 헌법상 금지되는 소급입법에 의한 재산권 침해라고 할 수는 없으며, 그러한 개정 법률의 적용과 관련하여서는 개정 전 법령의 존속에 대한 국민의 신뢰가 개정 법령의 적용에 관한 공익상의 요구보다 더 보호가치가 있다고 인정되는 경우에 그러한 국민의 신뢰보호를 보호하기 위하여 그 적용이 제한될 수 있는 여지가 있을 따름이다. (대판 2014.4.24. 2013두26552)

④ [×]

해설 시행 당시에 건설업자가 도급받은 건설공사 중 전문공사를 그 전문공사를 시공할 자격 없는 자에게 하도급한 행위에 대하여 건설산업기본법(1999.4.15. 법률 제5965호로 개정된 것) 시행 이후에 과징금 부과처분을 하는 경우, 과징금의 부과상한은 건설산업기본법 부칙(1999.4.15.) 제5조 제1항에 의하여 피적용자에게 유리하게 개정된 건설산업기본법 제82조 제2항에 따르되, 구체적인 부과기준에 대하여는 **처분시의 시행령이 행위시의 시행령보다 불리하게 개정되었고** 어느 시행령을 적용할 것인지에 대하여 특별한 규정이 없으므로, **행위시의 시행령을 적용하여야** 한다고 한 사례. (대판 2002.12.10. 2001두3228)

⑤ [○]

해설 조세법률주의의 원칙상 조세의무는 각 세법에 정한 과세요건이 완성된 때에 성립된다고 할 것이나, 조세법령이 일단 효력을 발생하였다가 폐지 또는 개정된 경우 조세법령이 정한 과세요건 사실이 폐지 또는 개정된 당시까지 완료된 때에는 다른 경과규정이 없는 한 **그 과세요건 사실에 대하여는 종전의 조세법령이 계속 효력을 가지며**, 조세법령의 폐지 또는 개정 후에 발생된 행위사실에 대하여만 효력을 잃는 것이라고 보아야 할 것이므로, 조세법령의 폐지 또는 개정 전에 종결된 과세요건 사실에 대하여 폐지 또는 개정 전의 조세법령을 적용하는 것이 조세법률주의의 원칙에 위배된다고 할 수 없다. (대판 1993.5.11. 92누18399)

27

개정 법령의 적용에 관한 설명 중 옳은 것을 모두 고른 것은? (다툼이 있는 경우 판례에 의함) [18 변호사]

ㄱ. 행정처분은 신청 후 그 근거 법령이 개정된 경우에도 경과규정에서 달리 정함이 없는 한 처분 당시 시행되는 개정 법령과 그에 정한 기준에 의하는 것이 원칙이다.

ㄴ. 개정 법령이 기존의 사실 또는 법률관계를 적용대상으로 하면서 국민의 재산권과 관련하여 종전보다 불리한 법률효과를 규정하고 있는 경우에도 그러한 사실 또는 법률관계가 개정 법령이 시행되기 이전에 이미 완성 또는 종결된 것이 아니라면 이를 헌법상 금지되는 소급입법에 의한 재산권 침해라고 할 수는 없다.

ㄷ. 개정 법령의 적용과 관련하여서는 개정 전 법령의 존속에 대한 국민의 신뢰가 개정 법령의 적용에 관한 공익상 요구보다 더 보호가치가 있다고 인정되는 경우에 그러한 국민의 신뢰를 보호하기 위하여 그 적용이 제한될 여지가 있다.

ㄹ. 구 「유료도로법」에 따라 통행료를 징수할 수 없게 된 도로라 하더라도 신법에 따른 유료도로의 요건을 갖추었다면 그 시행 이후 그 도로를 통행하는 차량에 대하여 통행료를 부과하여도 헌법상 소급입법에 의한 재산권 침해금지 원칙에 반한다고 볼 수 없다.

① ㄱ, ㄴ　② ㄱ, ㄷ
③ ㄱ, ㄴ, ㄷ　④ ㄴ, ㄷ, ㄹ
⑤ ㄱ, ㄴ, ㄷ, ㄹ

27

정답 ⑤

핵심공략

- 행정행위는 처분 당시에 시행 중인 법령 및 허가기준에 의하여 하는 것이 원칙 O
- 사실 또는 법률관계가 개정 법률이 시행되기 이전에 이미 완성 또는 종결된 것이 아니라면 개정 법령이 불리한 법률효과를 규정하고 있더라도, 헌법상 금지되는 소급입법에 의한 재산권 침해 X
- 개정 전 법령의 존속에 대한 국민의 신뢰가 개정 법령의 적용에 관한 공익상의 요구보다 더 보호가치가 있다고 인정되는 경우에 그 적용이 제한될 수 O
- 신법에 따른 유료도로의 요건을 갖추었다면 그 시행 이후 그 도로를 통행하는 차량에 대하여 통행료를 부과하여도 헌법상 금지되는 소급입법에 의한 재산권 침해 X

해설 ㄱ. [○]

행정행위는 처분 당시에 시행 중인 법령 및 허가기준에 의하여 하는 것이 원칙이고, 인, 허가신청 후 처분 전에 관계 법령이 개정 시행된 경우 신법령 부칙에서 신법령 시행 전에 이미 허가신청이 있는 때에는 종전의 규정에 의한다는 취지의 경과규정을 두지 아니한 이상 당연히 허가신청 당시의 법령에 의하여 허가 여부를 판단하여야 하는 것은 아니며, 소관 행정청이 허가신청을 수리하고도 정당한 이유 없이 처리를 늦추어 그 사이에 법령 및 허가기준이 변경된 것이 아닌 한 새로운 법령 및 허가기준에 따라서 한 불허가처분이 위법하다고 할 수 없다. (대판 1992.12.8. 92누13813)

ㄴ. [○]

행정처분은 그 근거 법령이 개정된 경우에도 경과 규정에서 달리 정함이 없는 한 처분 당시 시행되는 개정 법령과 그에서 정한 기준에 의하는 것이 원칙이고, 그 개정 법령이 기존의 사실 또는 법률관계를 적용대상으로 하면서 국민의 재산권과 관련하여 종전보다 불리한 법률효과를 규정하고 있는 경우에도 **그러한 사실 또는 법률관계가 개정 법률이 시행되기 이전에 이미 완성 또는 종결된 것이 아니라면** 이를 헌법상 금지되는 소급입법에 의한 재산권 침해라고 할 수는 없으며, 그러한 개정 법률의 적용과 관련하여서는 개정 전 법령의 존속에 대한 국민의 신뢰가 개정 법령의 적용에 관한 공익상의 요구보다 더 보호가치가 있다고 인정되는 경우에 그러한 국민의 신뢰보호를 보호하기 위하여 그 적용이 제한될 수 있는 여지가 있을 따름이다. (대판 2014.4.24. 2013두26552)

ㄷ. [○]

행정처분은 그 근거 법령이 개정된 경우에도 경과 규정에서 달리 정함이 없는 한 처분 당시 시행되는 개정 법령과 그에서 정한 기준에 의하는 것이 원칙이고, 그 개정 법령이 기존의 사실 또는 법률관계를 적용대상으로 하면서 국민의 재산권과 관련하여 종전보다 불리한 법률효과를 규정하고 있는 경우에도 **그러한 사실 또는 법률관계가 개정 법률이 시행되기 이전에 이미 완성 또는 종결된 것이 아니라면** 이를 헌법상 금지되는 소급입법에 의한 재산권 침해라고 할 수는 없으며, 그러한 개정 법률의 적용과 관련하여서는 개정 전 법령의 존속에 대한 국민의 신뢰가 개정 법령의 적용에 관한 공익상의 요구보다 더 보호가치가 있다고 인정되는 경우에 그러한 국민의 신뢰보호를 보호하기 위하여 그 적용이 제한될 수 있는 여지가 있을 따름이다. (대판 2014.4.24. 2013두26552)

ㄹ. [○]

1977년 유료도로법에 따라 통행료를 징수할 수 없게 된 고속국도라 하더라도 1980년 유료도로법 또는 2001년 유료도로법에 따른 유료도로의 요건을 갖추었다면 **그 시행 이후 도로를 통행하는 차량에 대하여 통행료를 부과할 수 있다**고 해석하는 것이 타당하고, 이러한 해석이 헌법상 소급입법에 의한 재산권 침해 금지 원칙에 반한다고 볼 수 없다. (대판 2015.10.15. 2013두2013)

28

위헌결정과 행정처분에 관한 설명 중 옳은 것을 모두 고른 것은? (다툼이 있는 경우 판례에 의함) [22 변호사]

ㄱ. 어느 처분에 대하여 제소기간이 도과하고 집행이 종료된 다음 그 처분의 근거가 된 법률조항이 위헌이라는 이유로 무효확인소송이 제기된 경우, 법원은 해당 법률조항이 위헌인지 여부를 심리하여 위헌이라고 판단되는 때에는 헌법재판소에 위헌법률심판을 제청하여야 한다.

ㄴ. 위헌법률심판 제청신청 기각결정을 받은 당사자는 「헌법재판소법」 제68조 제2항에 따른 헌법소원심판을 청구할 수 있으며, 취소소송에서 청구기각 판결이 확정되었더라도 헌법재판소가 헌법소원심판청구를 인용하여 해당 처분의 근거가 된 법률조항이 위헌이라는 결정을 한 경우에는 당사자가 위 확정판결에 대한 재심을 청구할 수 있다.

ㄷ. 위헌결정의 효력은 위헌제청이 이루어진 '당해사건', 동종의 위헌제청신청이 있었던 '동종사건', 따로 위헌제청신청을 하지 않았지만 해당 법률조항이 재판의 전제가 되어 위헌결정 당시에 법원에 계속 중인 '병행사건'에도 미친다.

ㄹ. 과세처분과 체납처분은 목적과 효과를 달리하는 별개의 처분이어서 과세처분의 하자가 체납처분에 승계된다고 볼 수는 없으므로, 과세처분에 대하여 제소기간이 도과하여 과세처분의 하자를 더 이상 다툴 수 없게 된 경우에는 그 후 위헌법률심판에서 과세처분의 근거가 된 법률조항에 대하여 위헌결정이 이루어졌다고 하더라도 과세관청은 확정된 세액을 체납처분을 통해 강제징수할 수 있다.

① ㄱ, ㄷ
② ㄴ, ㄷ
③ ㄴ, ㄹ
④ ㄱ, ㄴ, ㄷ
⑤ ㄱ, ㄷ, ㄹ

28

정답 ②

핵심공략

- 판결이 확정되지 않았더라도 당해 소송사건이 부적법하여 각하될 수밖에 없는 경우, 재판의 전제성 요건이 흠결되어 부적법
- 확정판결이 근거로 하고 있는 법률에 대한 헌법재판소의 위헌결정이 있을 때, 이미 확정된 당해 소송사건에 관하여 재심을 청구 可
- 위헌결정의 효력은 당해사건, 동종사건, 병행사건에 모두 미침 O
- 조세 부과의 근거가 되었던 법률규정이 위헌으로 선언된 경우, 그 조세채권의 집행을 위한 새로운 체납처분에 착수하거나 이를 속행하는 것은 더 이상 허용 ×

해설 ㄱ. [×]

판결이 확정되지 않았더라도 당해 소송사건이 부적법하여 각하될 수밖에 없는 경우에는 당해 소송사건에 관한 재판의 전제성 요건이 흠결되어 부적법하다. 그런데 이 사건 처분에 대한 취소청구 부분은 제소기간이 경과하였기 때문에 당해 사건에서 부적법하여 각하를 면할 수 없으므로, 이 사건 법률조항들에 대한 헌법소원은 재판의 전제성을 인정할 수 없다(**헌재 2007.10.4. 2005헌바71 전원재판부**). 따라서 행정처분에 대한 제소기간이 도과한 경우, 이에 대한 위헌법률심판의 적법요건을 충족하지 못하므로, 헌법재판소에 위헌법률심판을 제정할 수 없다.

ㄴ. [○]

법원이 법률의 위헌여부심판을 헌법재판소에 제청한 때에는 당해 소송사건의 재판은 헌법재판소의 위헌여부의 결정이 있을 때까지 정지된다(헌법재판소법 제42조 제1항). 그러나 법률의 위헌여부심판 제청신청이 기각된 때에는 그 신청을 한 당사자가 헌법소원심판을 청구하더라도 당해소송사건의 재판은 정지되지 아니한다(헌법재판소법 제68조 제2항). 따라서 당해소송사건은 헌법재판소의 위헌결정 이전에 확정될 수 있다. 심판대상법조항은 확정판결이 근거로 하고 있는 법률에 대한 헌법재판소의 위헌결정이 있을 때에는, 이미 확정된 당해 소송사건에 관하여 재심을 청구할 수 있도록 하였다. 여기서 심판대상법조항의 "당해 헌법소원과 관련된 소송사건"이란, 문면상 당해 헌법소원의 전제가 된 당해 소송사건만을 가리키는 것이라고 볼 수밖에 없다(**대판 1993.7.27. 92누13400 참조**). 따라서 제68조 제2항의 규정에 의한 헌법소원이 인용된 경우에 당해 헌법소원의 전제가 되는 확정된 당해 소송사건의 당사자에게만 재심을 청구할 수 있도록 한 심판대상법조항이 헌법에 위반된다고 할 수 없다.

ㄷ. [○]

헌법재판소의 위헌결정의 효력은, 그 위헌결정의 기초인 위헌제청이 된 이른바 '당해사건' 또는 동종의 위헌제청신청이 있었던 이른바 '동종사건'은 물론이고, 따로 위헌제청신청을 하지 아니하였지만 당해 법률 또는 법률조항이 재판의 전제가 되어 위헌결정 당시 법원에 계속중인 이른바 '병행사건'에도 미친다(**대판 2002.12.24. 2001두6111**).

ㄹ. [×]

위헌결정 전에 이미 형성된 법률관계에 기한 후속처분이라도 그것이 새로운 위헌적 법률관계를 생성·확대하는 경우라면 이를 허용할 수 없다. 따라서 조세 부과의 근거가 되었던 법률규정이 위헌으로 선언된 경우, 비록 그에 기한 과세처분이 위헌결정 전에 이루어졌고, 과세처분에 대한 제소기간이 이미 경과하여 조세채권이 확정되었으며, 조세채권의 집행을 위한 체납처분의 근거규정 자체에 대하여는 따로 위헌결정이 내려진 바 없다고 하더라도, 위와 같은 위헌결정 이후에 조세채권의 집행을 위한 새로운 체납처분에 착수하거나 이를 속행하는 것은 더 이상 허용되지 않고, 나아가 이러한 위헌결정의 효력에 위배하여 이루어진 체납처분은 그 사유만으로 하자가 중대하고 객관적으로 명백하여 당연무효라고 보아야 한다(**대판 2012.2.16. 2010두10907 全**).

29

판례에 의할 때 선행처분의 위법을 이유로 적법한 후행처분의 위법을 주장할 수 있는 경우에 관한 설명 중 옳지 않은 것은?

[15 변호사]

① 연속적으로 행하여진 선행처분과 후행처분이 서로 독립하여 별개의 법률효과를 목적으로 하고 선행처분에 불가쟁력이 생겨 그 효력을 다툴 수 없게 된 경우에는 선행처분이 당연무효가 아닌 한 원칙적으로 선행처분의 하자를 이유로 후행처분의 효력을 다툴 수 없다.

② 선행처분과 후행처분이 서로 독립하여 별개의 효과를 목적으로 하는 경우에도 선행처분의 불가쟁력이나 구속력이 그로 인하여 불이익을 입게 되는 자에게 수인한도를 넘는 가혹함을 가져오며, 그 결과가 당사자에게 예측가능한 것이 아닌 경우에는 국민의 재판받을 권리를 보장하고 있는 헌법의 이념에 비추어 선행처분의 후행처분에 대한 구속력은 인정될 수 없다.

③ 구 「토지수용법」상 사업인정과 수용재결은 서로 결합하여 하나의 효과를 발생시키는 것이므로 선행처분인 사업인정의 하자가 후행처분인 수용재결에 승계되어 사업인정의 위법을 이유로 수용재결의 위법을 주장할 수 있다.

④ 甲을 「일제강점하 반민족행위 진상규명에 관한 특별법」에 의하여 친일반민족행위자로 결정한 친일반민족행위진상규명위원회의 최종발표(선행처분)에 따라 지방보훈지청장이 「독립유공자예우에 관한 법률」의 적용 대상자로 보상금 등의 예우를 받던 甲의 유가족에 대하여 위 법률의 적용 배제자 결정(후행처분)을 한 경우, 유가족이 통지를 받지 못하여 그 존재를 알지 못한 선행처분에 대하여 위 특별법에 의한 이의신청절차를 밟거나 후행처분에 대한 것과 별개로 행정심판이나 행정소송을 제기하지 않았다고 하더라도, 이 경우 선행처분의 후행처분에 대한 구속력을 인정할 수 없으므로 선행처분의 위법을 이유로 후행처분의 효력을 다툴 수 있다.

⑤ 표준지로 선정된 토지의 공시지가에 대하여 불복하기 위하여는 처분청을 상대로 그 공시지가결정의 취소를 구하는 행정소송을 제기하여야 하고, 그러한 소송절차를 밟지 아니한 채 개별토지가격결정을 다투는 소송에서 그 개별토지가격 산정의 기초가 된 표준지공시지가의 위법성을 다툴 수는 없다.

29 정답 ③

핵심공략

- 선행처분과 후행처분이 서로 독립하여 별개의 법률효과를 목적으로 하는 때에는 선행처분의 하자를 이유로 후행처분의 효력을 다툴 수 없는 것이 원칙
  But 불이익을 입게 되는 자에게 수인한도를 넘는 가혹함을 가져오며, 그 결과가 당사자에게 예측가능한 것이 아닌 경우 선행처분의 후행처분에 대한 구속력 인정 ×
- 사업인정과 수용재결 사이 하자 승계 ×
- 친일반민족행위진상규명위원회의 최종발표와 지방보훈지청장의 독립유공자법 적용배제결정 사이 하자 승계 ○
- 개별토지가격결정 다투는 소송에서 표준지공시지가 위법성 다툴 수 ×

① [○]

해설 두 개 이상의 행정처분이 연속적으로 행하여지는 경우 ㉠ **선행처분과 후행처분이 서로 결합하여 1개의 법률효과를 완성하는 때**에는 선행처분에 하자가 있으면 그 하자는 후행처분에 승계되므로 선행처분에 불가쟁력이 생겨 그 효력을 다툴 수 없게 된 경우에도 선행처분의 하자를 이유로 후행처분의 효력을 다툴 수 있는 반면 ㉡ **선행처분과 후행처분이 서로 독립하여 별개의 법률효과를 목적으로 하는 때**에는 선행처분에 불가쟁력이 생겨 그 효력을 다툴 수 없게 된 경우에는 선행처분의 하자가 중대하고 명백하여 당연무효인 경우를 제외하고는 **선행처분의 하자를 이유로 후행처분의 효력을 다툴 수 없는 것이 원칙**이나 선행처분과 후행처분이 서로 독립하여 별개의 효과를 목적으로 하는 경우에도 선행처분의 불가쟁력이나 구속력이 그로 인하여 불이익을 입게 되는 자에게 수인한도를 넘는 가혹함을 가져오며, 그 결과가 당사자에게 예측가능한 것이 아닌 경우에는 국민의 재판받을 권리를 보장하고 있는 헌법의 이념에 비추어 선행처분의 후행처분에 대한 구속력은 인정될 수 없다. **(대판 1994.1.25. 93누8542)**

② [○]

해설 두 개 이상의 행정처분이 연속적으로 행하여지는 경우 선행처분과 후행처분이 서로 결합하여 1개의 법률효과를 완성하는 때에는 선행처분에 하자가 있으면 그 하자는 후행처분에 승계되므로 선행처분에 불가쟁력이 생겨 그 효력을 다툴 수 없게 된 경우에도 선행처분의 하자를 이유로 후행처분의 효력을 다툴 수 있는 반면 선행처분과 후행처분이 서로 독립하여 별개의 법률효과를 목적으로 하는 때에는 선행처분에 불가쟁력이 생겨 그 효력을 다툴 수 없게 된 경우에는 선행처분의 하자가 중대하고 명백하여 당연무효인 경우를 제외하고는 선행처분의 하자를 이유로 후행처분의 효력을 다툴 수 없는 것이 원칙이나 **선행처분과 후행처분이 서로 독립하여 별개의 효과를 목적으로 하는 경우에도** 선행처분의 불가쟁력이나 구속력이 그로 인하여 불이익을 입게 되는 자에게 수인한도를 넘는 가혹함을 가져오며, 그 결과가 당사자에게 예측가능한 것이 아닌 경우에는 국민의 재판받을 권리를 보장하고 있는 헌법의 이념에 비추어 **선행처분의 후행처분에 대한 구속력은 인정될 수 없다**. (대판 1994.1.25. 93누8542)

③ [×]

해설 건설부장관이 이 사건 택지개발계획을 승인함에 있어서 토지수용법 제15조에 의한 이해관계있는 자의 의견을 듣지 아니하였거나, 같은 법 제16조 제1항 소정의 토지소유자에 대한 통지를 하지 아니하였다고 하더라도, 위와 같은 하자는 중대하고 명백한 것이 아니므로 사업인정자체가 당연무효라고 할 수 없고, 이러한 하자는 이 사건 수용재결의 선행처분인 **사업인정단계에서 다투어야 할 것**이므로 그 쟁송기간이 이미 도과한 이후에 위와 같은 하자를 이유로 이 사건 **수용재결의 취소를 구할 수는 없는 것**이라고 할 것이다. **(대판 1993.6.29. 91누2342)**

④ [○]

해설 진상규명위원회가 甲의 **친일반민족행위자 결정** 사실을 통지하지 않아 乙은 후행처분이 있기 전까지 선행처분의 사실을 알지 못하였고, 후행처분인 지방보훈지청장의 **독립유공자법 적용배제결정**이 자신의 법률상 지위에 직접적인 영향을 미치는 행정처분이라고 생각했을 뿐, 통지를 받지도 않은 진상규명위원회의 친일반민족행위자 결정처분이 자신의 법률상 지위에 영향을 주는 독립된 행정처분이라고 생각하기는 쉽지 않았을 것으로 보여, 乙이 선행처분에 대하여 일제강점하 반민족행위 진상규명에 관한 특별법에 의한 이의신청절차를 밟거나 후행처분에 대한 것과 별개로 행정심판이나 행정소송을 제기하지 않았다고 하여 선행처분의 하자를 이유로 후행처분의 효력을 다툴 수 없게 하는 것은 乙에게 수인한도를 넘는 불이익을 주고 그 결과가 乙에게 예측가능한 것이라고 할 수 없어 **선행처분의 후행처분에 대한 구속력을 인정할 수 없으므로 선행처분의 위법을 이유로 후행처분의 효력을 다툴 수 있음**에도, 이와 달리 본 원심판결에 법리를 오해한 위법이 있다고 한 사례. **(대판 2013.3.14. 2012두6964)**

⑤ [○]

해설 표준지로 선정된 토지의 공시지가에 대하여 불복하기 위하여는 지가공시 및 토지 등의 평가에 관한 법률 제8조 제1항 소정의 이의절차를 거쳐 처분청을 상대로 그 공시지가결정의 취소를 구하는 행정소송을 제기하여야 하는 것이지, 그러한 절차를 밟지 아니한 채 **개별토지가격결정을 다투는 소송에서** 그 개별토지가격 산정의 기초가 된 **표준지 공시지가의 위법성을 다툴 수는 없다**. (대판 1995.3.28. 94누12920)

6. 행정행위의 취소와 철회 및 실효

30

수익적 행정처분의 취소에 관한 설명 중 옳은 것을 모두 고른 것은? (다툼이 있는 경우 판례에 의함) [22 변호사]

ㄱ. 행정행위를 한 처분청이 그 행위의 하자를 이유로 수익적 행정처분을 취소하려는 경우에는 별도의 법적 근거가 있어야 한다.
ㄴ. 당사자의 부정한 방법에 의한 신청행위를 이유로 수익적 행정처분을 직권취소하는 경우, 당사자는 처분에 관한 신뢰이익을 원용할 수 없음은 물론 행정청이 이를 고려하지 아니하였다고 하여도 재량권의 일탈·남용이 아니다.
ㄷ. 수익적 행정처분을 직권으로 취소하는 경우에는 비록 취소의 사유가 있다고 하더라도 그 취소권의 행사가 기득권의 침해를 정당화할 만한 중대한 공익상의 필요 또는 제3자의 이익보호의 필요가 있고, 이를 상대방이 받는 불이익과 비교·교량하여 볼 때 공익상의 필요 등이 상대방이 입을 불이익을 정당화할 만큼 강한 경우에 허용된다.
ㄹ. 수익적 행정처분을 직권으로 취소하는 경우, 행정청이 종전 처분과 양립할 수 없는 처분을 함으로써 묵시적으로 종전의 수익적 행정처분을 취소할 수는 없다.
ㅁ. 수익적 행정처분의 쟁송취소는 취소를 통한 기득권의 침해를 정당화할 만한 중대한 공익상의 필요 또는 제3자 이익보호의 필요가 있는 때에 한하여 허용된다.

① ㄴ, ㄷ
② ㄷ, ㅁ
③ ㄱ, ㄴ, ㄹ
④ ㄱ, ㄹ, ㅁ
⑤ ㄴ, ㄷ, ㄹ, ㅁ

30

정답 ①

핵심공략

- 처분청은 행정행위 하자를 이유로 별도 법적 근거 없더라도 직권취소 可
- 처분의 하자가 당사자의 사실은폐나 기타 사위의 방법에 기인한 것이라면, 그 당사자는 당해 처분에 대한 신뢰이익 원용 不可, 행정청이 이를 고려하지 않았더라도 재량권의 일탈·남용 ×
- 수익적 행정행위를 직권취소함에 있어, 그 처분으로 인하여 공익상의 필요보다 상대방이 받게 되는 불이익 등이 막대한 경우, 재량권의 한계를 일탈한 것으로서 직권취소 허용 × *But* 위의 법리는 쟁송취소의 경우에는 적용 ×
- 행정청은 종전 처분과 양립할 수 없는 처분을 함으로써 묵시적으로 종전 처분을 취소할 수도 ○

해설 ㄱ. [×]

행정행위를 한 처분청은 그 행위에 하자가 있는 경우에는 별도의 법적 근거가 없더라도 스스로 이를 취소할 수 있고, 다만 수익적 행정처분을 취소할 때에는 이를 취소하여야 할 공익상의 필요와 그 취소로 인하여 당사자가 입게 될 기득권과 신뢰보호 및 법률생활 안정의 침해 등 불이익을 비교·교량한 후 공익상의 필요가 당사자가 입을 불이익을 정당화할 만큼 강한 경우에 한하여 취소할 수 있다(**대판 2008.11.13. 2008두8628 등 참조**). 따라서 행정행위를 한 처분청이 직권취소하는 경우, 그 취소되는 행정행위가 수익적 행정처분이라 할지라도, 별도의 법적 근거가 있어야 하는 것은 아니며, 다만, 취소하여야 할 공익상 필요와 취소로 인한 당사자의 불이익을 비교형량하여 판단하면 충분하다.

ㄴ. [○]

더욱이 수익적 행정처분을 취소하는 경우, 그 처분의 하자가 당사자의 사실은폐나 기타 사위의 방법에 의한 신청행위에 기인한 것이라면 당사자는 그 처분에 의한 이익이 위법하게 취득되었음을 알아 그 취소가능성도 예상하고 있었다고 할 것이므로, 그 자신이 위 처분에 관한 신뢰의 이익을 원용할 수 없음은 물론이고 행정청이 이를 고려하지 아니하였다고 하여도 재량권의 일탈·남용이 되지 않는다(**대판 1991.4.12. 90누9520 등 참조**).

ㄷ. [○]

수익적 처분을 취소 또는 철회하는 경우에는 이미 부여된 국민의 기득권을 침해하는 것이 되므로, 비록 취소 등의 사유가 있더라도 취소권 등의 행사는 기득권의 침해를 정당화할 만한 중대한 공익상의 필요 또는 제3자의 이익보호의 필요가 있는 때에 한하여 상대방이 받는 불이익과 비교·형량하여 결정하여야 하고, 그 처분으로 인하여 공익상의 필요보다 상대방이 받게 되는 불이익 등이 막대한 경우에는 재량권의 한계를 일탈한 것으로서 허용되지 않는다(**대판 2020.4.29. 2017두31064**).

ㄹ. [×]

행정행위의 취소라 함은 일단 유효하게 성립한 행정처분이 위법 또는 부당함을 이유로 소급하여 그 효력을 소멸시키는 별도의 행정처분을 말하고, 행정청은 종전 처분과 양립할 수 없는 처분을 함으로써 묵시적으로 종전 처분을 취소할 수도 있다(**대판 1999.12.28. 98두1895 등 참조**).

ㅁ. [×]

수익적 행정처분에 대한 취소권 등의 행사는 기득권의 침해를 정당화할 만한 중대한 공익상의 필요 또는 제3자의 이익보호의 필요가 있는 때에 한하여 허용될 수 있다는 법리는, 처분청이 수익적 행정처분을 직권으로 취소·철회하는 경우에 적용되는 법리일 뿐 쟁송취소의 경우에는 적용되지 않는다(**대판 2019.10.17. 2018두104**).

7. 단계적 행정결정

31

행정청의 처분이 여러 단계의 행정결정을 통하여 이루어지는 경우에 관한 설명 중 옳은 것은? (다툼이 있는 경우 판례에 의함) [19 변호사]

① 공정거래위원회가 부당한 공동행위를 한 사업자에게 과징금 부과처분을 한 뒤 다시 자진신고 등을 이유로 과징금 감면처분을 하였다면, 선행 과징금 부과처분은 일종의 잠정적 처분으로서 후행 과징금 감면처분에 흡수되어 소멸한다.

② A시장이 감사원으로부터 「감사원법」에 따라 A시 소속 공무원에 대한 징계 요구를 받게 된 경우, 감사원의 징계 요구는 '징계 요구, 징계절차 회부, 징계'의 단계로 이어지는 독립된 처분의 일종으로서 항고소송의 대상이 된다.

③ 어업권면허에 선행하는 우선순위결정은 강학상 확약에 해당하는 행정처분이므로, 이에 대해서 공정력이나 불가쟁력이 인정된다.

④ 원자로시설의 부지사전승인처분은 건설부지를 확정하고 사전공사를 허용하는 법률효과를 지닌 행정처분이므로 나중에 건설허가처분이 있게 되더라도 부지사전승인처분만의 취소를 구하는 항고소송을 제기할 수 있다.

⑤ 폐기물처리업의 허가를 받기 위하여 먼저 허가권자로부터 사업계획에 대한 적정통보를 받아야 하고 그 적정통보를 받은 자만이 허가신청을 할 수 있다 하더라도, 그 적정여부 통보절차는 중간단계에 지나지 아니하므로 사업계획 부적정통보는 항고소송의 대상이 될 수 없다.

31

정답 ①

핵심공략

- 과징금 부과처분 후 자진신고 등 이유로 과징금 감면처분 한 경우, 선행처분은 후행처분에 흡수 소멸 O
- 감사원의 징계 요구와 재심의결정은 항고소송 대상이 되는 행정처분 ×
- 어업권면허에 선행하는 우선순위결정은 강학상 확약 O, 행정처분은 ×
- 원자로 및 관계 시설 부지사전승인처분은 그 자체로 독립한 행정처분 O, *But* 이후 건설허가처분 있게 되면 흡수 O
- 폐기물처리업 부적정통보는 허가신청 자체를 제한하는 등 개인의 권리 내지 법률상의 이익을 개별적이고 구체적으로 규제하고 있어 항고소송의 대상이 되는 행정처분에 해당 O

① [O]

해설 공정거래위원회가 부당한 공동행위를 행한 사업자로서 구 독점규제 및 공정거래에 관한 법률 제22조의2에서 정한 자진신고자나 조사협조자에 대하여 과징금 부과처분(이하 '선행처분'이라 한다)을 한 뒤, 독점규제 및 공정거래에 관한 법률 시행령 제35조 제3항에 따라 다시 자진신고자 등에 대한 사건을 분리하여 자진신고 등을 이유로 한 과징금 감면처분(이하 '후행처분'이라 한다)을 하였다면, 후행처분은 자진신고 감면까지 포함하여 처분 상대방이 실제로 납부하여야 할 최종적인 과징금액을 결정하는 종국적 처분이고, 선행처분은 이러한 종국적 처분을 예정하고 있는 일종의 잠정적 처분으로서 후행처분이 있을 경우 선행처분은 후행처분에 흡수되어 소멸한다. 따라서 위와 같은 경우에 선행처분의 취소를 구하는 소는 이미 효력을 잃은 처분의 취소를 구하는 것으로 부적법하다. **(대판 2015.2.12. 2013두987)**

② [×]

해설 A시장이 감사원으로부터 감사원법 제32조에 따라 乙에 대하여 징계의 종류를 정직으로 정한 징계 요구를 받게 되자 감사원법 제36조 제2항에 따라 감사원에 징계 요구에 대한 재심의를 청구하였고, 감사원이 재심의청구를 기각하자 乙이 감사원의 징계 요구와 그에 대한 재심의결정의 취소를 구하고 A시장이 감사원의 재심의결정 취소를 구하는 소를 제기한 사안에서, 징계 요구는 징계 요구를 받은 기관의 장이 요구받은 내용대로 처분하지 않더라도 불이익을 받는 규정도 없고, 징계 요구 내용대로 효과가 발생하는 것도 아니며, 징계 요구에 의하여 행정청이 일정한 행정처분을 하였을 때 비로소 이해관계인의 권리관계에 영향을 미칠 뿐, 징계 요구 자체만으로는 징계 요구 대상 공무원의 권리·의무에 직접적인 변동을 초래하지도 아니하므로, 행정청 사이의 내부적인 의사결정의 경로로서 '징계 요구, 징계 절차 회부, 징계'로 이어지는 과정에서의 중간처분에 불과하여, 감사원의 징계 요구와 재심의 결정이 항고소송의 대상이 되는 행정처분이라고 할 수 없고, 감사원법 제40조 제2항을 A시장에게 감사원을 상대로 한 기관소송을 허용하는 규정으로 볼 수는 없고 그 밖에 행정소송법을 비롯한 어떠한 법률에도 A시장에게 '감사원의 재심의 판결'에 대하여 기관소송을 허용하는 규정을 두고 있지 않으므로, A시장이 제기한 소송이 기관소송으로서 감사원법 제40조 제2항에 따라 허용된다고 볼 수 없다고 한 사례. **(대판 2016.12.27. 2014두5637)**

③ [×]

해설 어업권면허에 선행하는 우선순위결정은 행정청이 우선권자로 결정된 자의 신청이 있으면 어업권면허처분을 하겠다는 것을 약속하는 행위로서 강학상 확약에 불과하고 행정처분은 아니므로, 우선순위결정에 공정력이나 불가쟁력과 같은 효력은 인정되지 아니하며, 따라서 우선순위결정이 잘못되었다는 이유로 종전의 어업권면허처분이 취소되면 행정청은 종전의 우선순위결정을 무시하고 다시 우선순위를 결정한 다음 새로운 우선순위결정에 기하여 새로운 어업권면허를 할 수 있다. **(대판 1995.1.20. 94누6529)**

④ [×]

해설 원자로 및 관계 시설의 부지사전승인처분은 그 자체로서 건설부지를 확정하고 사전공사를 허용하는 법률효과를 지닌 독립한 행정처분이기는 하지만, 건설허가 전에 신청자의 편의를 위하여 미리 그 건설허가의 일부 요건을 심사하여 행하는 사전적 부분 건설허가처분의 성격을 갖고 있는 것이어서 나중에 건설허가처분이 있게 되면 그 건설허가처분에 흡수되어 독립된 존재가치를 상실함으로써 그 건설허가처분만이 쟁송의 대상이 되는 것이므로, 부지사전승인처분의 취소를 구하는 소는 소의 이익을 잃게 되고, 따라서 부지사전승인처분의 위법성은 나중에 내려진 건설허가처분의 취소를 구하는 소송에서 이를 다투면 된다. **(대판 1998.9.4. 97누19588)**

⑤ [×]

해설 폐기물관리법 관계 법령의 규정에 의하면 폐기물처리업의 허가를 받기 위하여는 먼저 사업계획서를 제출하여 허가권자로부터 사업계획에 대한 적정통보를 받아야 하고, 그 적정통보를 받은 자만이 일정기간 내에 시설, 장비, 기술능력, 자본금을 갖추어 허가신청을 할 수 있으므로, 결국 부적정통보는 허가신청 자체를 제한하는 등 개인의 권리 내지 법률상의 이익을 개별적이고 구체적으로 규제하고 있어 행정처분에 해당한다. **(대판 1998.4.28. 97누21086)**

32

한국수력원자력 주식회사(이하 '한수원' 이라 함)는 A시 관내에 원자력발전소 1 · 2호기를 건설하려는 계획을 갖고 있다. 관할 A시장은 「주민투표법」 제8조 제1항에 기한 산업통상자원부장관의 요구에 따라 원자력발전소 건설문제를 주민투표에 부쳐, 투표권자 과반수의 찬성표가 나왔다. 한수원은 산업통상자원부장관으로부터 「전원개발촉진법」에 의한 전원개발사업계획승인을 받은 후 「원자력안전법」 제10조 제3항에 따라 원자력안전위원회로부터 원자로 및 관계시설의 건설부지에 대해 사전공사를 실시하기 위해 부지사전승인을 받았다. 한수원은 기초공사 후 우선 제1호기 원자로의 건설허가를 신청하였다. 이에 관한 설명 중 옳지 않은 것은? (다툼이 있는 경우 판례에 의함) [18 변호사]

① 부지사전승인처분은 원자로 및 관계시설 건설허가의 사전적 부분허가의 성격을 가지고 있으므로, 원자로 및 관계시설의 건설허가기준에 관한 사항은 건설허가의 기준이 됨은 물론 부지사전승인의 기준이 된다.

② 원자로 및 관계시설의 부지사전승인처분은 그 자체로서 건설부지를 확정하고 사전공사를 허용하는 법률효과를 지닌 독립한 행정처분이다.

③ 지방자치단체의 장 및 지방의회는 주민투표의 결과 확정된 내용대로 행정 · 재정상의 필요한 조치를 하여야 한다.

④ 방사성물질 등에 의하여 직접적이고 중대한 피해를 입으리라고 예상되는 지역 내의 주민들에게는 방사성물질 등에 의한 생명 · 신체의 안전침해를 이유로 한 부지사전승인처분 취소소송의 원고적격이 인정된다.

⑤ 부지사전승인처분은 나중에 건설허가처분이 있게 되면 그 건설허가처분에 흡수되어 독립된 존재가치를 상실하므로 부지사전승인처분의 위법성은 나중에 내려진 건설허가처분의 취소를 구하는 소송에서 이를 다투면 된다.

32 정답 ③

> **핵심공략**
> - 원자로 및 관계 시설의 허가기준에 관한 사항은 건설허가처분의 기준이 됨은 물론 부지사전승인처분의 기준으로도 O
> - 원자로 및 관계 시설 부지사전승인처분은 그 자체로 독립한 행정처분 O, *But* 이후 건설허가처분 있게 되면 흡수 O
> - **국가정책에 관한 주민투표의 경우** 그 주민투표결과에 법적 구속력을 인정 ×, 단순한 자문적인 주민의견 수렴절차에 그침 O
> - 방사성물질 등에 의하여 직접적이고 중대한 피해를 입으리라고 예상되는 지역 내의 주민들은 부지사전승인처분 취소소송의 원고적격 O

① [○]

해설 원자로시설부지 사전승인처분의 근거 법률인 구 원자력법(1997.7.1.부터 시행되기 전의 것) 제11조 제3항에 근거한 **원자로 및 관계 시설의 부지사전승인처분**은 원자로 등의 건설허가 전에 그 원자로 등 건설예정지로 계획 중인 부지가 원자력법의 관계 규정에 비추어 적법성을 구비한 것인지 여부를 심사하여 행하는 **사전적 부분 건설허가처분의 성격**을 가지고 있는 것이므로, 원자력법 제12조 제2호, 제3호로 규정한 원자로 및 관계 시설의 허가기준에 관한 사항은 건설허가처분의 기준이 됨은 물론 부지사전승인처분의 기준으로도 된다. (대판 1998.9.4. 97누19588)

② [○]

해설 **원자로 및 관계 시설의 부지사전승인처분**은 그 자체로서 건설부지를 확정하고 사전공사를 허용하는 법률효과를 지닌 **독립한 행정처분**이기는 하지만, 건설허가 전에 신청자의 편의를 위하여 미리 그 건설허가의 일부 요건을 심사하여 행하는 사전적 부분 건설허가처분의 성격을 갖고 있는 것이어서 나중에 **건설허가처분이 있게 되면** 그 건설허가처분에 흡수되어 독립된 존재가치를 상실함으로써 그 건설허가처분만이 쟁송의 대상이 되는 것이므로, 부지사전승인처분의 취소를 구하는 소는 소의 이익을 잃게 된다고 할 것이다. 따라서 부지사전승인처분의 위법성은 나중에 내려진 건설허가처분의 취소를 구하는 소송에서 이를 다투면 될 것이다. **(대판 1998.9.4. 97누19588)**

③ [×]

해설 **지방자치단체의 결정사항에 대한 주민투표의 경우**, 지방자치단체장 및 지방의회는 주민투표결과에 구속되고, 주민투표결과에 의하여 확정된 내용대로 행정·재정상의 필요한 조치를 하여야 할 법적인 의무를 부담하며**(주민투표법 제24조 제5항)**, 주민투표로 확정된 사항에 대하여 2년 이내에는 이를 변경하거나 새로운 결정을 할 수 없다**(제24조 제6항 제1문)**. 반면 **국가정책에 관한 주민투표의 경우** 그 실시 여부 및 구체적 실시구역에 관하여 중앙행정기관의 장에게 상당한 범위의 재량을 인정하고**(주민투표법 제8조 제1항)**, 그 주민투표결과에 대해서도 법적 구속력을 인정하지 않고 단순한 자문적인 주민의견 수렴절차에 그치도록 하고 있다**(헌재 2009.3.26. 2006헌마99)**. 따라서 지방자치단체의 장 및 지방의회가 주민투표의 결과 확정된 내용대로 행정·재정상의 필요한 조치를 하여야 하는 것은 아니다(주민투표법 제8조 제4항에서 주민투표법 제24조 제5항의 적용을 배제하고 있음).

④ [○]

해설 원자력법 제12조 제2호(발전용 원자로 및 관계 시설의 위치·구조 및 설비가 대통령령이 정하는 기술수준에 적합하여 방사성물질 등에 의한 인체·물체·공공의 재해방지에 지장이 없을 것)의 취지는 원자로 등 건설사업이 방사성물질 및 그에 의하여 오염된 물질에 의한 인체·물체·공공의 재해를 발생시키지 아니하는 방법으로 시행되도록 함으로써 방사성물질 등에 의한 생명·건강상의 위해를 받지 아니할 이익을 일반적 공익으로서 보호하려는 데 그치는 것이 아니라 **방사성물질에 의하여 보다 직접적이고 중대한 피해를 입으리라고 예상되는 지역 내의 주민들**의 위와 같은 이익을 직접적·구체적 이익으로서도 보호하려는 데에 있다 할 것이므로, 위와 같은 지역 내의 주민들에게는 방사성물질 등에 의한 생명·신체의 안전침해를 이유로 **부지사전승인처분의 취소를 구할 원고적격이 있다**. (대판 1998.9.4. 97누19588)

⑤ [○]

해설 원자로 및 관계 시설의 **부지사전승인처분**은 그 자체로서 건설부지를 확정하고 사전공사를 허용하는 법률효과를 지닌 독립한 행정처분이기는 하지만, 건설허가 전에 신청자의 편의를 위하여 미리 그 건설허가의 일부 요건을 심사하여 행하는 사전적 부분 건설허가처분의 성격을 갖고 있는 것이어서 **나중에 건설허가처분이 있게 되면 그 건설허가처분에 흡수되어 독립된 존재가치를 상실함으로써 그 건설허가처분만이 쟁송의 대상이 되는 것**이므로, 부지사전승인처분의 취소를 구하는 소는 소의 이익을 잃게 되고, 따라서 **부지사전승인처분의 위법성은 나중에 내려진 건설허가처분의 취소를 구하는 소송에서 이를 다투면 된다**. (대판 1998.9.4. 97누19588)

Chapter

04 공법상 계약

33

공법상 계약에 관한 설명 중 옳지 않은 것은? (다툼이 있는 경우 판례에 의함) [14 변호사]

① 계약직공무원에 대한 계속적 계약은 당사자 상호간의 신뢰관계를 그 기초로 하는 것이므로, 당해 계약의 존속 중에 당사자의 일방이 그 계약상의 의무를 위반함으로써 그로 인하여 계약의 기초가 되는 신뢰관계가 파괴되어 계약관계를 그대로 유지하기 어려운 정도에 이르게 된 경우에는 상대방은 그 계약관계를 막바로 해지함으로써 그 효력을 장래에 향하여 소멸시킬 수 있다.

② 지방재정법에 따라 지방자치단체가 당사자가 되어 체결하는 계약은 사법상의 계약일 뿐, 공권력을 행사하는 것이거나 공권력 작용과 일체성을 가진 것은 아니라고 할 것이므로 이에 관한 분쟁은 행정소송의 대상이 될 수 없다.

③ 광주광역시문화예술회관장의 단원 위촉은 광주광역시문화예술회관장이 행정청으로서 공권력을 행사하여 행하는 행정처분이 아니라 공법상의 근무관계의 설정을 목적으로 하여 광주광역시와 단원이 되고자 하는 자 사이에 대등한 지위에서 의사가 합치되어 성립하는 공법상 근로계약에 해당한다.

④ 전문직공무원인 공중보건의사 채용계약 해지의 의사표시에 대하여는 대등한 당사자 간의 소송형식인 공법상의 당사자소송으로 그 의사표시의 무효확인을 청구할 수 있는 것이지, 이를 항고소송의 대상이 되는 행정처분이라는 전제하에서 그 취소를 구하는 항고소송을 제기할 수는 없다.

⑤ 공법상 계약에 의한 의무의 불이행에 대해서는 개별법에서 행정강제를 규정하는 명문의 규정이 없더라도 공익의 실현을 보장하기 위하여 행정대집행법에 의한 대집행이 허용된다.

33

정답 ⑤

핵심공략

- 계약 당사자 일방의 계약상 의무를 위반으로 계약의 기초가 되는 신뢰관계가 파괴된 경우, **상대방은 그 계약관계를 막바로 해지하여 그 효력을 장래에 향하여 소멸시킬 수** O
- 지방자치단체가 사경제 주체로서 상대방과 대등한 위치에서 체결한 사법상의 계약은 민사소송의 대상 O
- 광주광역시문화예술회관장의 단원 위촉은 공법상 근로계약에 해당 O
- 공중보건의사 채용계약의 해지는 항고소송의 대상이 되는 행정처분 ×
- 공법상 계약에 의한 의무의 불이행에 대해서는 원칙적 **행정대집행법이 적용** ×

① [○]

해설 [1] 계약직공무원에 관한 현행 법령의 규정에 비추어 볼 때, **계약직공무원 채용계약해지의 의사표시**는 일반공무원에 대한 징계처분과는 달라서 항고소송의 대상이 되는 처분 등의 성격을 가진 것으로 인정되지 아니하고, 일정한 사유가 있을 때에 국가 또는 지방자치단체가 채용계약 관계의 한쪽 당사자로서 대등한 지위에서 행하는 의사표시로 취급되는 것으로 이해되므로, 이를 징계해고 등에서와 같이 그 징계사유에 한하여 효력 유무를 판단하여야 하거나, 행정처분과 같이 행정절차법에 의하여 근거와 이유를 제시하여야 하는 것은 아니다. [2] 계속적 계약은 당사자 상호간의 신뢰관계를 그 기초로 하는 것이므로, 당해 계약의 존속 중에 당사자의 일방이 그 계약상의 의무를 위반함으로써 그로 인하여 계약의 기초가 되는 신뢰관계가 파괴되어 계약관계를 그대로 유지하기 어려운 정도에 이르게 된 경우에는 **상대방은 그 계약관계를 막바로 해지함으로써 그 효력을 장래에 향하여 소멸시킬 수 있다**고 봄이 타당하다. **(대판 2002.11.26. 2002두5948)**

② [○]

해설 지방재정법에 의하여 준용되는 국가를 당사자로 하는 계약에 관한 법률에 따라 **지방자치단체가 당사자가 되는 이른바 공공계약**은 사경제의 주체로서 상대방과 대등한 위치에서 체결하는 **사법상의 계약**으로서 그 본질적인 내용은 사인 간의 계약과 다를 바가 없으므로, 그에 관한 법령에 특별한 정함이 있는 경우를 제외하고는 사적자치와 계약자유의 원칙 등 사법의 원리가 그대로 적용된다 할 것이다. **(대판 2006.6.19. 2006마117)**

▶ 따라서 이에 관한 분쟁은 행정소송의 대상이 될 수 없고 민사소송의 대상이 된다.

③ [○]

해설 **광주광역시문화예술회관장의 단원 위촉**은 광주광역시문화예술회관장이 행정청으로서 공권력을 행사하여 행하는 **행정처분이 아니라** 공법상의 근무관계의 설정을 목적으로 하여 광주광역시와 단원이 되고자 하는 자 사이에 대등한 지위에서 의사가 합치되어 성립하는 **공법상 근로계약에 해당**한다고 보아야 할 것이므로, 광주광역시립합창단원으로서 위촉기간이 만료되는 자들의 재위촉 신청에 대하여 광주광역시문화예술회관장이 실기와 근무성적에 대한 평정을 실시하여 재위촉을 하지 아니한 것을 항고소송의 대상이 되는 불합격처분이라고 할 수는 없다. **(대판 2001.12.11. 2001두7794)**

④ [○]

해설 관계 법령의 규정내용에 미루어 보면 현행 실정법이 **전문직공무원인 공중보건의사의 채용계약 해지의 의사표시**는 일반공무원에 대한 징계처분과는 달라서 항고소송의 대상이 되는 처분 등의 성격을 가진 것으로 인정되지 아니하고, 일정한 사유가 있을 때에 관할 도지사가 채용계약 관계의 한쪽 당사자로서 대등한 지위에서 행하는 의사표시로 취급하고 있는 것으로 이해되므로, 공중보건의사 채용계약 해지의 의사표시에 대하여는 대등한 당사자 간의 소송형식인 **공법상의 당사자소송으로 그 의사표시의 무효확인을 청구할 수 있는 것**이지, 이를 항고소송의 대상이 되는 행정처분이라는 전제하에서 그 취소를 구하는 **항고소송을 제기할 수는 없다**. **(대판 1996.5.31. 95누10617)**

⑤ [×]

해설 공법상 계약에 의한 의무의 불이행에 대해서는 별도의 명문규정이 있는 경우 외에는 **행정대집행법이 적용되지 않는다**. 대집행의 대상이 되는 공법상 의무는 법령에 의하여 직접 명령되었거나 법령에 의거한 행정처분에 의해 명하여진 경우에 한하기 때문이다(**행정대집행법 제2조**). 별도의 명문의 규정이 없는 이상, 공법상 계약상의 의무불이행에 대해서는 법원의 판결을 받아 강제집행을 해야 한다.

Chapter

5~6 제5장 행정상 사실행위·제6장 행정지도

34

행정지도에 관한 설명 중 옳지 않은 것은? (다툼이 있는 경우 판례에 의함) [21 변호사]

① 행정지도가 말로 이루어지는 경우에 상대방이 그 행정지도의 취지 및 내용과 행정지도를 하는 자의 신분을 적은 서면의 교부를 요구하면 행정지도를 하는 자는 직무 수행에 특별한 지장이 없으면 이를 교부하여야 한다.

② 국가의 공권력이 헌법과 법률에 근거하지 아니하고 통상의 행정지도의 한계를 넘어 부실기업의 정리라는 명목하에 사기업의 매각을 지시하거나 그 해체에 개입하는 것은 허용되지 아니한다.

③ 성희롱 행위를 이유로 한 국가인권위원회의 인사조치권고에 대하여 성희롱 행위자로 결정된 자는 항고소송을 통해 다툴 수 있다.

④ 행정기관의 조언이 강제성을 띠지 않고 행정지도의 한계를 일탈하지 아니하였다면, 그 조언으로 인하여 상대방에게 어떤 손해가 발생하였다 하더라도 행정기관은 그에 대한 손해배상책임이 없다.

⑤ 행정기관의 조언에 따르지 않을 경우 일정한 불이익조치가 예정되어 있어 사실상 상대방에게 그에 따를 의무를 부과하는 것과 다를 바 없더라도 그 조언이 행정지도에 불과한 이상 이는 「헌법재판소법」 제68조 제1항의 헌법소원심판의 대상이 되는 공권력의 행사라 할 수 없다.

34

정답 ⑤

핵심공략

- 행정지도가 말로 이뤄지는 경우, 그 상대방이 요구하면 특별한 사정이 없는 한, 행정지도의 취지 및 내용과 신분을 적은 서면을 교부하여야 O
- 국가 공권력이 법률에 근거하지 아니하고 사기업 매각 지시 또는 그 해제에 개입하는 것 허용 ×
- 국가인권위원회의 결정과 그 시정조치권고는 항고소송의 대상이 되는 행정처분에 해당 O
- 행정지도의 한계를 일탈하지 않는 한, 행정청은 그로 인해 입게된 상대방의 손해에 대해 배상책임 ×
- 행정지도 불응 시 불이익한 조치가 예정되어 있는 경우, 그 행정지도는 헌법소원의 대상이 되는 공권력의 행사에 해당 O

① [○]

조문 **행정절차법 제49조(행정지도의 방식)** ① 행정지도를 하는 자는 그 상대방에게 그 행정지도의 취지 및 내용과 신분을 밝혀야 한다.

② [○]

해설 행정지도가 말로 이루어지는 경우에 상대방이 제1항의 사항을 적은 서면의 교부를 요구하면 그 행정지도를 하는 자는 직무 수행에 특별한 지장이 없으면 이를 교부하여야 한다.

② [○]

해설 국가의 공권력이 헌법과 법률에 근거하지 아니하고 통상의 행정지도의 한계를 넘어 부실기업의 정리라는 명목하에 사기업의 매각을 지시하거나 그 해체에 개입하는 것은 허용되지 아니하나, 원래 재무부장관은 금융기관의 불건전채권 정리에 관한 행정지도를 할 권한과 책임이 있고, 이를 위하여 중요한 사항은 대통령에게 보고하고 지시를 받을 수도 있으므로, 기업의 도산과 같이 국민경제에 심대한 영향을 미치는 중요한 사안에 대하여 재무부장관이 부실채권의 정리에 관하여 금융기관에 대하여 행정지도를 함에 있어 사전에 대통령에게 보고하여 지시를 받는다고 하여 위법하다고 할 수는 없으며, 다만 재무부장관이 대통령의 지시에 따라 정해진 정부의 방침을 행정지도라는 방법으로 금융기관에 전달함에 있어 실제에 있어서는 통상의 행정지도의 방법과는 달리 사실상 지시하는 방법으로 행한 경우에 그것이 헌법상의 법치주의의 원리, 시장경제의 원리에 반하게 되는 것일 뿐이다. **(대판 1999.7.23. 96다21706)**

③ [○]

해설 구 남녀차별금지및구제에관한법률 제28조에 의하면, 국가인권위원회의 성희롱결정과 이에 따른 시정조치의 권고는 불가분의 일체로 행하여지는 것인데 국가인권위원회의 이러한 결정과 시정조치의 권고는 성희롱 행위자로 결정된 자의 인격권에 영향을 미침과 동시에 공공기관의 장 또는 사용자에게 일정한 법률상의 의무를 부담시키는 것이므로 국가인권위원회의 성희롱결정 및 시정조치권고는 행정소송의 대상이 되는 행정처분에 해당한다고 보지 않을 수 없다. **(대판 2005.7.8. 2005두487)**

④ [○]

해설 행정지도가 강제성을 띠지 않은 비권력적 작용으로서 행정지도의 한계를 일탈하지 아니하였다면, 그로 인하여 상대방에게 어떤 손해가 발생하였다 하더라도 행정기관은 그에 대한 손해배상책임이 없다. **(대판 2008.9.25. 2006다18228)**

⑤ [×]

해설 교육인적자원부장관의 대학총장들에 대한 이 사건 학칙시정요구는 고등교육법 제6조 제2항, 동법시행령 제4조 제3항에 따른 것으로서 그 법적 성격은 대학총장의 임의적인 협력을 통하여 사실상의 효과를 발생시키는 행정지도의 일종이지만, 그에 따르지 않을 경우 일정한 불이익조치를 예정하고 있어 사실상 상대방에게 그에 따를 의무를 부과하는 것과 다를 바 없으므로 단순한 행정지도로서의 한계를 넘어 규제적·구속적 성격을 상당히 강하게 갖는 것으로서 헌법소원의 대상이 되는 공권력의 행사라고 볼 수 있다. **(헌재 2003.6.26. 2002헌마337등)**

1. 행정강제

35

원관리청 A는 불법으로 국립공원 내에 시설물을 설치한 甲에 대하여 자연공원법 제31조 제1항에 따라 철거명령을 하였으나, 甲이 이를 이행하지 않자 행정대집행법에 따라 대집행을 하고자 한다. 이에 관한 다음 설명 중 옳지 않은 것은? (다툼이 있는 경우 판례에 의함) [13 변호사]

① 급박한 위험이 있어 위 시설물을 급속히 철거하여야 하는데 계고절차를 거칠 여유가 없을 경우 계고 없이 대집행을 할 수 있다.

② 대집행계고를 함에 있어 대집행할 행위의 내용 및 범위는 대집행계고서에 의하여 특정되어야 하고, 계고처분 전후의 다른 문서의 송달로써는 불특정의 하자를 치유할 수 없다.

③ 공원관리청 A가 제1차 철거대집행 계고처분 후 다시 제2차 계고처분을 행한 경우 제2차 계고처분은 새로운 철거의무를 부과하는 것이 아니라 대집행을 하겠다는 기한의 연기 통지에 불과한 것이므로 甲은 제2차 계고처분을 항고소송으로 다툴 수 없다.

④ 계고처분을 거쳐 대집행 실행이 완료된 경우, 甲은 원칙적으로 계고처분의 취소를 구할 법률상 이익을 가지지 않는다.

⑤ 대집행비용은 국세징수법의 예에 따라 징수할 수 있다.

35

정답 ②

핵심공략

- 비상시 또는 위험이 절박한 경우, 급속한 실시를 요하여 여유가 없을 때에는 계고절차 거치지 않을 수 O
- 대집행계고에 있어 그 내용 및 범위는 구체적으로 특정되어야 O, 다만 반드시 대집행계고서에 의하여 특정될 필요는 ×
- 제2차 계고처분은 새로운 철거의무 부과 ×
  ⇨ 항고소송의 대상이 되는 처분 ×
- 대집행 실행이 완료된 경우, 대집행계고처분 취소를 구할 법률상 이익 ×
- 대집행비용은 국세징수법의 예에 따라 징수 可能

① [○]

조문 **행정대집행법 제3조(대집행의 절차)** ① 전조의 규정에 의한 처분(이하 대집행이라 한다)을 하려함에 있어서는 상당한 이행기한을 정하여 그 기한까지 이행되지 아니할 때에는 **대집행을 한다는 뜻을 미리 문서로써 계고하여야** 한다. 이 경우 행정청은 상당한 이행기한을 정함에 있어 의무의 성질·내용 등을 고려하여 사회통념상 해당 의무를 이행하는 데 필요한 기간이 확보되도록 하여야 한다.

② 의무자가 전항의 계고를 받고 지정기한까지 그 의무를 이행하지 아니할 때에는 당해 행정청은 대집행영장으로써 대집행을 할 시기, 대집행을 시키기 위하여 파견하는 집행책임자의 성명과 대집행에 요하는 비용의 개산에 의한 견적액을 의무자에게 통지하여야 한다.

③ 비상시 또는 위험이 절박한 경우에 있어서 당해 행위의 급속한 실시를 요하여 **전2항에 규정한 수속을 취할 여유가 없을 때**에는 **그 수속을 거치지 아니하고** 대집행을 할 수 있다.

② [×]

해설 행정청이 행정대집행법 제3조 제1항에 의한 대집행계고를 함에 있어서는 의무자가 스스로 이행하지 아니하는 경우에 대집행할 행위의 내용 및 범위가 구체적으로 특정되어야 하나, 그 행위의 내용 및 범위는 **반드시 대집행계고서에 의하여서만 특정되어야 하는 것이 아니고**, 계고처분 전후에 송달된 문서나 기타 사정을 종합하여 행위의 내용이 특정되거나 실제건물의 위치, 구조, 평수 등을 계고서의 표시와 대조·검토하여 대집행의무자가 그 이행의무의 범위를 알 수 있을 정도로 하면 족하다. **(대판 1996.10.11. 96누8086)**

③ [○]

해설 시장이 무허가건물소유자인 원고들에게 일정기간까지 철거할 것을 명함과 아울러 불이행할 때에는 대집행한다는 내용의 철거대집행계고처분을 고지한 후 원고들이 불응하자 다시 2차 계고서를 발송하여 일정기간까지의 자진철거를 촉구하고 불이행하면 대집행을 한다는 뜻을 고지하였다면 원고들의 행정대집행법상의 건물철거의무는 제1차 철거명령 및 계고처분으로서 발생하였고 **제2차의 계고처분**은 원고들에게 새로운 철거의무를 부과하는 것이 아니고 다만 대집행기한의 연기통지에 불과하므로 **행정처분이 아니다**. (대판 1991.1.25. 90누5962)

▶ 따라서 甲은 제2차 계고처분을 항고소송으로 다툴 수 없다.

④ [○]

해설 대집행계고처분 취소소송의 변론종결 전에 대집행영장에 의한 통지절차를 거쳐 **사실행위로서 대집행의 실행이 완료된 경우**에는 행위가 위법한 것이라는 이유로 손해배상이나 원상회복 등을 청구하는 것은 별론으로 하고 **처분의 취소를 구할 법률상 이익은 없다**. (대판 1993.6.8. 93누6164)

⑤ [○]

조문 **행정대집행법 제6조(비용징수)** ① 대집행에 요한 비용은 국세징수법의 예에 의하여 징수할 수 있다.

36

「건축법」상 이행강제금에 관한 설명 중 옳은 것은? (다툼이 있는 경우 판례에 의함) [22 변호사]

① 이행강제금은 일정한 기한까지 의무를 이행하지 않을 때에 일정한 금전적 부담을 과할 뜻을 미리 계고함으로써 의무자에게 심리적 압박을 주어 장래에 그 의무를 이행하게 하려는 행정상 간접적인 강제집행 수단의 하나이자 과거의 일정한 법률위반 행위에 대한 제재로서 형벌의 성격을 갖는다.

② 대체적 작위의무의 위반에 대하여 대집행이 가능한 경우에 대집행을 하지 않고 이행강제금을 부과하는 것은 위법하다.

③ 의무자가 이행기간을 도과하여 의무를 이행한 이상 행정청이 이행강제금을 부과하기 전에 그 의무를 이행한 것이라도 해당 이행강제금 부과처분은 위법하다고 볼 수 없다.

④ 건축주가 장기간 시정명령을 이행하지 아니하였더라도, 그 기간 중에는 시정명령의 이행 기회가 제공되지 아니하였다가 뒤늦게 시정명령의 이행 기회가 제공된 경우라면, 시정명령의 이행 기회 제공을 전제로 한 1회분의 이행강제금만을 부과할 수 있고, 시정명령의 이행 기회가 제공되지 아니한 과거의 기간에 대한 이행강제금까지 한꺼번에 부과할 수는 없다.

⑤ 시정명령을 받은 의무자가 그 시정명령의 취지에 부합하는 의무를 이행하기 위한 정당한 방법으로 신고를 하였으나 행정청이 위법하게 이를 반려함으로써 결국 반려처분이 취소되었더라도, 행정청은 이행강제금 제도의 취지상 이행강제금을 부과할 수 있다.

36

정답 ④

핵심공략

- 이행강제금은 과거의 법률위반 행위에 대한 제재로서의 과벌 ×
- 대체적 작위의무 위반에 대하여 대집행과 이행강제금 선택적 활용 可能
- 의무자가 이행강제금 부과 전에 의무 이행한 경우, 이행강제금 부과 不可
- 시정명령 이행 기회가 제공된 경우라야 이행강제금 부과 可能
- 시정명령 받은 의무자가 그 의무를 이행하기 위한 정당한 방법으로 신고하였으나 행정청이 위법하게 이를 반려함으로써 결국 그 처분이 취소된 경우, 이행강제금 부과 不可

① [×]

해설 이행강제금은 일정한 기한까지 의무를 이행하지 않을 때에는 일정한 금전적 부담을 과할 뜻을 미리 계고함으로써 의무자에게 심리적 압박을 주어 장래에 그 의무를 이행하게 하려는 행정상 간접적인 강제집행 수단의 하나로서 과거의 일정한 법률위반 행위에 대한 제재로서의 형벌이 아니라 장래의 의무이행의 확보를 위한 강제수단일 뿐이어서 범죄에 대하여 국가가 형벌권을 실행한다고 하는 과벌에 해당하지 아니한다 **(헌재 2011.10.25. 2009헌바140 전원재판부)**.

구 건축법상 이행강제금은 시정명령의 불이행이라는 과거의 위반행위에 대한 제재가 아니라, 시정명령을 이행하지 않고 있는 건축주·공사시공자·현장관리인·소유자·관리자 또는 점유자(이하 '건축주 등'이라 한다)에 대하여 다시 상당한 이행기한을 부여하고 기한 안에 시정명령을 이행하지 않으면 이행강제금이 부과된다는 사실을 고지함으로써 의무자에게 심리적 압박을 주어 시정명령에 따른 의무의 이행을 간접적으로 강제하는 행정상의 간접강제 수단에 해당한다. **(대판 2016.7.14. 2015두46598)**

② [×]

해설 행정대집행은 위반 행위자가 위법상태를 치유하지 않아 그 이행의 확보가 곤란하고 또한 이를 방치함이 심히 공익을 해할 것으로 인정될 때에 행정청 또는 제3자가 이를 치유하는 것인 반면, 이행강제금은 위반행위자 스스로가 이를 시정할 수 있는 기회를 부여하여 불필요한 행정력의 낭비를 억제하고 위반행위로 인한 경제적 이익을 환수하기 위한 제도로서 양 제도 각각의 장·단점이 있다. 따라서 개별사건에 있어서 위반내용, 위반자의 시정의지 등을 감안하여 허가권자는 행정대집행과 이행강제금을 선택적으로 활용할 수 있고, 행정대집행과 이행강제금 부과가 동시에 이루어지는 것이 아니라 허가권자의 합리적인 재량에 의해 선택하여 활용하는 이상 이를 중첩적인 제재에 해당한다고 볼 수 없다. **(헌재 2011.10.25. 2009헌바140 전원재판부)**

③ [×]

해설 이행강제금의 본질상 시정명령을 받은 의무자가 이행강제금이 부과되기 전에 그 의무를 이행한 경우에는 비록 시정명령에서 정한 기간을 지나서 이행한 경우라도 이행강제금을 부과할 수 없다. **(대판 2018.1.25. 2015두35116)**

④ [○]

해설 비록 건축주등이 장기간 시정명령을 이행하지 아니하였다 하더라도, 그 기간 중에는 시정명령의 이행 기회가 제공되지 아니하였다가 뒤늦게 시정명령의 이행 기회가 제공된 경우라면, 그 시정명령의 이행 기회 제공을 전제로 한 1회분의 이행강제금만을 부과할 수 있고, 시정명령의 이행 기회가 제공되지 아니한 과거의 기간에 대한 이행강제금까지 한꺼번에 부과할 수는 없다고 보아야 한다. **(대판 2016.7.14. 2015두46598)**

⑤ [×]

해설 시정명령을 받은 의무자가 그 시정명령의 취지에 부합하는 의무를 이행하기 위한 정당한 방법으로 행정청에 신청 또는 신고를 하였으나 행정청이 위법하게 이를 거부 또는 반려함으로써 결국 그 처분이 취소되기에 이르렀다면, 특별한 사정이 없는 한 그 시정명령의 불이행을 이유로 이행강제금을 부과할 수는 없다고 보는 것이 위와 같은 이행강제금 제도의 취지에 부합한다. **(대판 2018.1.25. 2015두35116)**

2. 행정벌

37

행정벌에 관한 설명 중 옳은 것을 모두 고른 것은? (다툼이 있는 경우 판례에 의함) [18 변호사]

ㄱ. 과태료는 행정형벌이 아닌 행정질서벌이므로 「질서위반행위규제법」은 행위자의 고의 또는 과실이 없더라도 과태료를 부과하도록 하고 있다.
ㄴ. 법인의 대표자, 법인 또는 개인의 대리인 · 사용인 및 그 밖의 종업원이 업무에 관하여 법인 또는 그 개인에게 부과된 법률상의 의무를 위반한 때에는 법인 또는 그 개인에게 과태료를 부과한다.
ㄷ. 양벌규정에 의한 영업주의 처벌은 금지위반행위자인 종업원의 처벌에 종속하는 것이 아니라 독립하여 그 자신의 종업원에 대한 선임감독상의 과실로 인하여 처벌되는 것이므로 종업원의 범죄성립이나 처벌이 영업주 처벌의 전제조건이 될 필요는 없다.
ㄹ. 지방자치단체 소속 공무원이 지방자치단체 고유의 자치사무를 수행하던 중 「도로법」 규정을 위반한 경우 지방자치단체는 「도로법」 상의 양벌규정에 따라 처벌대상이 되는 법인에 해당한다.
ㅁ. 과태료처분을 받고 이를 납부한 일이 있는데도 그 후에 형사처벌을 하면 일사부재리의 원칙에 위반된다.
ㅂ. 「여객자동차 운수사업법」 에서 정하는 과태료처분이나 감차처분 등은 형벌이 아니므로 같은 법이 정하고 있는 처분대상인 위반행위를 유추해석하거나 확대해석하는 것이 가능하다.

① ㄱ, ㄴ
② ㄴ, ㄷ, ㄹ
③ ㄷ, ㄹ, ㅂ
④ ㄱ, ㄴ, ㄷ, ㄹ
⑤ ㄴ, ㄷ, ㄹ, ㅁ

3. 새로운 행정의 실효성 확보수단

37

정답 ②

핵심공략

- 고의·과실 없는 질서위반행위에 과태료 부과 ×
- 법인의 대표자, 법인 또는 개인의 대리인 등이 법인 또는 그 개인에게 부과된 법률상 의무를 위반한 때에는 법인 또는 그 개인에게 과태료를 부과 O
- 양벌규정에 의한 영업주의 처벌은 그 자신의 종업원에 대한 선임감독상의 과실로 처벌되는 것 O
- 지방자치단체 소속 공무원이 그 자치사무 수행 중 법률위반 행위를 한 경우, 그 지방자치단체는 양벌규정에 따라 처벌되는 법인에 해당 O
- 행정질서벌인 과태료 부과처분과 형사처벌은 별개의 것이므로, 일사부재리의 원칙에 위배 ×
- 과태료처분 등에 대해서 처분대상인 위반행위를 함부로 유추해석하거나 확대해석하여서는 ×

해설 ㄱ. [×]

조문 **질서위반행위규제법 제7조(고의 또는 과실)** 고의 또는 과실이 없는 질서위반행위는 과태료를 부과하지 아니한다.

ㄴ. [○]

조문 **질서위반행위규제법 제11조(법인의 처리 등)** ① 법인의 대표자, 법인 또는 개인의 대리인·사용인 및 그 밖의 종업원이 업무에 관하여 법인 또는 그 개인에게 부과된 법률상의 의무를 위반한 때에는 법인 또는 그 개인에게 과태료를 부과한다.

ㄷ. [○]

양벌규정에 의한 영업주의 처벌은 금지위반행위자인 종업원의 처벌에 종속하는 것이 아니라 독립하여 **그 자신의 종업원에 대한 선임감독상의 과실로 인하여 처벌되는 것**이므로 종업원의 범죄성립이나 처벌이 영업주 처벌의 전제조건이 될 필요는 없다. **(대판 2006.2.24. 2005도7673)**

ㄹ. [○]

[1] 국가가 본래 그의 사무의 일부를 지방자치단체의 장에게 위임하여 그 사무를 처리하게 하는 기관위임사무의 경우에는 지방자치단체는 국가기관의 일부로 볼 수 있는 것이지만, 지방자치단체가 그 고유의 자치사무를 처리하는 경우에는 지방자치단체는 국가기관의 일부가 아니라 국가기관과는 별도의 독립한 공법인이므로, **지방자치단체 소속 공무원이 지방자치단체 고유의 자치사무를 수행하던 중 도로법 제81조 내지 제85조의 규정에 의한 위반행위를 한 경우**에는 **지방자치단체는** 도로법 제86조의 **양벌규정에 따라 처벌대상이 되는 법인에 해당**한다. [2] 지방자치단체 소속 공무원이 압축트럭 청소차를 운전하여 고속도로를 운행하던 중 제한축중을 초과 적재 운행함으로써 도로관리청의 차량운행제한을 위반한 사안에서, 해당 지방자치단체가 도로법 제86조의 양벌규정에 따른 처벌대상이 된다고 한 사례. **(대판 2005.11.10. 2004도2657)**

ㅁ. [×]

행정법상의 질서벌인 과태료의 부과처분과 형사처벌은 그 성질이나 목적을 달리하는 별개의 것이므로 행정법상의 질서벌인 과태료를 납부한 후에 형사처벌을 한다고 하여 이를 **일사부재리의 원칙에 반하는 것이라고 할 수는 없다**. **(대판 1996.4.12. 96도158)**

ㅂ. [×]

여객자동차 운수사업법 제76조, 제85조에서 정하는 **과태료처분이나 감차처분** 등은 규정 위반자에 대하여 처벌 또는 제재를 가하는 것이므로 같은 법이 정하고 있는 처분대상인 위반행위를 함부로 **유추해석하거나 확대해석하여서는 아니 된다**. **(대판 2007.3.30. 2004두7665)**

Chapter

09 행정절차

1. 처분절차

38

행정절차에 관한 설명 중 옳은 것을 모두 고른 것은? (다툼이 있는 경우 판례에 의함) [14 변호사]

ㄱ. 신청에 따른 처분이 이루어지지 아니한 경우에는 아직 당사자에게 권익이 부과되지 아니하였으므로 특별한 사정이 없는 한 신청에 대한 거부처분이라고 하더라도 직접 당사자의 권익을 제한하는 것은 아니어서 신청에 대한 거부처분은 행정절차법상의 사전통지대상이 된다고 할 수 없다.

ㄴ. 당사자에게 의무를 과하거나 당사자의 권익을 제한하는 처분을 함에 있어서, 행정청은 법령등에서 요구된 자격이 없어지게 되면 반드시 일정한 처분을 하여야 하는 경우에 그 자격이 없어지게 된 사실이 법원의 재판 등에 의하여 객관적으로 증명된 경우에도 행정절차법상의 사전통지를 하여야 한다.

ㄷ. 행정청은 처분을 하는 경우 원칙적으로 당사자에게 그 근거와 이유를 제시할 의무가 있으므로, 당사자가 근거규정 등을 명시하여 신청하는 인·허가 등을 거부하는 처분을 함에 있어 당사자가 그 근거를 알 수 있을 정도로 상당한 이유를 제시한 경우라 할지라도 당해 처분의 근거 및 이유로서 구체적 조항 및 내용까지 명시해야 하고 그러지 아니하면 그 처분은 위법하다.

ㄹ. 행정청이 당사자와 도시계획사업의 시행과 관련한 협약을 체결하면서 관계 법령 및 행정절차법에 규정된 청문의 실시 등 의견청취절차를 배제하는 조항을 두었다고 하더라도, 위와 같은 협약의 체결로 청문의 실시에 관한 규정의 적용을 배제할 수 있다고 볼 만한 법령상의 규정이 없는 한, 청문의 실시에 관한 규정의 적용이 배제된다거나 청문을 실시하지 않아도 되는 예외적인 경우에 해당한다고 할 수 없다.

① ㄱ, ㄴ
② ㄱ, ㄹ
③ ㄴ, ㄷ
④ ㄴ, ㄹ
⑤ ㄷ, ㄹ

38 정답 ②

핵심공략

- 거부처분은 당사자의 권익을 제한하는 처분에 해당 ×
  ⇨ 처분의 사전통지대상 ×
- 법령 등에서 요구된 자격이 없거나 없어지게 되면 반드시 일정한 처분을 하여야 하는 경우에 그 자격이 없거나 없어지게 된 사실이 법원의 재판 등에 의하여 객관적으로 증명된 경우라면, 사전통지를 아니할 수 ○
- **처분을 하면서 당사자가 그 근거를 알 수 있을 정도로 상당한 이유를 제시한 경우,** 당해 처분의 근거 및 이유를 구체적 조항 및 내용까지 명시하지 않았더라도 그 처분이 위법한 것은 ×
- 법령상 규정이 없는 한, **청문의 실시에 관한 규정의 적용이 배제된다거나 청문을 실시하지 않아도 되는 예외적인 경우에 해당 ×**

해설 ㄱ. [○]

행정절차법 제21조 제1항은 행정청은 당사자에게 의무를 과하거나 권익을 제한하는 처분을 하는 경우에는 미리 처분의 제목, 당사자의 성명 또는 명칭과 주소, 처분하고자 하는 원인이 되는 사실과 처분의 내용 및 법적 근거, 그에 대하여 의견을 제출할 수 있다는 뜻과 의견을 제출하지 아니하는 경우의 처리방법, 의견제출기관의 명칭과 주소, 의견제출기한 등을 당사자 등에게 통지하도록 하고 있는바, 신청에 따른 처분이 이루어지지 아니한 경우에는 아직 당사자에게 권익이 부과되지 아니하였으므로 특별한 사정이 없는 한 신청에 대한 거부처분이라고 하더라도 직접 당사자의 권익을 제한하는 것은 아니어서 **신청에 대한 거부처분**을 여기에서 말하는 **'당사자의 권익을 제한하는 처분'에 해당한다고 할 수 없는 것**이어서 **처분의 사전통지대상이 된다고 할 수 없다.** (대판 2003. 11.28. 2003두674)

▶ 거부처분이 사전통지의 대상이 되는지에 관하여 견해대립이 있으나, 판례는 신청에 대한 거부처분은 '당사자의 권익을 제한하는 처분'이 아니어서 사전통지의 대상이 아니라고 본다.

ㄴ. [×]

행정청이 당사자에게 의무를 부과하거나 권익을 제한하는 처분을 하는 경우에도, ① 공공의 안전 또는 복리를 위하여 긴급히 처분을 할 필요가 있는 경우(**제1호**), ② **법령등에서 요구된 자격이 없거나 없어지게 되면 반드시 일정한 처분을 하여야 하는 경우에 그 자격이 없거나 없어지게 된 사실이 법원의 재판 등에 의하여 객관적으로 증명된 경우**(**제2호**), ③ 해당 처분의 성질상 의견청취가 현저히 곤란하거나 명백히 불필요하다고 인정될 만한 상당한 이유가 있는 경우(**제3호**) 등에는 **처분의 사전통지를 아니할 수 있다**(**행정절차법 제21조 제4항**). 그리고 제21조 제4항에 따라 사전 통지를 하지 아니하는 경우 행정청은 처분을 할 때 당사자등에게 통지를 하지 아니한 사유를 알려야 한다. 다만, 신속한 처분이 필요한 경우에는 처분 후 그 사유를 알릴 수 있다(**제21조 제6항**).

ㄷ. [×]

[1] 행정절차법 제23조 제1항은 행정청은 처분을 하는 때에는 당사자에게 그 근거와 이유를 제시하여야 한다고 규정하고 있는바, 일반적으로 **당사자가 근거규정 등을 명시하여 신청하는 인·허가 등을 거부하는 처분을 함에 있어 당사자가 그 근거를 알 수 있을 정도로 상당한 이유를 제시한 경우**에는 당해 처분의 근거 및 이유를 구체적 조항 및 내용까지 명시하지 않았더라도 그로 말미암아 그 처분이 위법한 것이 된다고 할 수 없다. [2] 행정청이 토지형질변경허가신청을 불허하는 근거규정으로 '도시계획법시행령 제20조'를 명시하지 아니하고 '도시계획법'이라고만 기재하였으나, 신청인이 자신의 신청이 개발제한구역의 지정목적에 현저히 지장을 초래하는 것이라는 이유로 구 도시계획법시행령 제20조 제1항 제2호에 따라 불허된 것임을 알 수 있었던 경우, 그 불허처분이 위법하지 아니하다고 한 사례. (**대판 2002.5.17. 2000두8912**)

ㄹ. [○]

행정청이 당사자와 사이에 도시계획사업의 시행과 관련한 **협약을 체결하면서 관계 법령 및 행정절차법에 규정된 청문의 실시 등 의견청취절차를 배제하는 조항을 두었다고 하더라도**, 국민의 행정참여를 도모함으로써 행정의 공정성·투명성 및 신뢰성을 확보하고 국민의 권익을 보호한다는 행정절차법의 목적 및 청문제도의 취지 등에 비추어 볼 때, 위와 같은 협약의 체결로 청문의 실시에 관한 규정의 적용을 배제할 수 있다고 볼 만한 법령상의 규정이 없는 한, 이러한 협약이 체결되었다고 하여 **청문의 실시에 관한 규정의 적용이 배제된다거나 청문을 실시하지 않아도 되는 예외적인 경우에 해당한다고 할 수 없다.** (**대판 2004.7.8. 2002두8350**)

2. 복합민원절차

39

A군수는 甲에게 「중소기업창업 지원법」 관련규정에 따라 농지의 전용허가 등이 의제되는 사업계획을 승인하는 처분을 하였다. 이에 관한 설명 중 옳은 것은? (다툼이 있는 경우 판례에 의함) [20 변호사]

> 【참조】
> 「중소기업창업 지원법」
> 제33조(사업계획의 승인) ① 제조업을 영위하고자 하는 창업자는 대통령령으로 정하는 바에 따라 사업계획을 작성하고, 이에 대한 시장·군수 또는 구청장의 승인을 받아 사업을 할 수 있다.
> 제35조(다른 법률과의 관계) ① 제33조 제1항에 따라 사업계획을 승인할 때 다음 각 호의 허가, 승인, 신고(이하 "허가등"이라 한다)에 관하여 시장·군수 또는 구청장이 제4항에 따라 다른 행정기관의 장과 협의를 한 사항에 대하여는 그 허가등을 받은 것으로 본다.
> 1. 「산업집적활성화 및 공장설립에 관한 법률」 제13조 제1항에 따른 공장설립 등의 승인
> 2. 「도로법」 제61조 제1항에 따른 도로의 점용허가
> 3. 「산지관리법」 제14조 및 제15조에 따른 산지전용허가, 산지전용신고
> 4. 「농지법」 제34조 및 제35조에 따른 농지의 전용허가, 농지의 전용신고
>
> ④ 시장·군수 또는 구청장이 제33조에 따른 사업계획의 승인을 할 때 그 내용 중 제1항에 해당하는 사항이 다른 행정기관의 권한에 속하는 경우에는 그 행정기관의 장과 협의하여야 하며, 협의를 요청받은 행정기관의 장은 대통령령으로 정하는 기간에 의견을 제출하여야 한다.
>
> * 위 내용은 실제 법률과 다를 수 있음

① A군수가 甲에게 사업계획을 승인하려면 「중소기업창업 지원법」 제35조 제1항 제1호부터 제4호까지의 허가등 전부에 관하여 관계 행정기관의 장과 일괄하여 사전협의를 하여야 하며, 농지의 전용허가만이 의제되는 사업계획을 승인할 수는 없다.

② 사업계획의 승인을 받은 甲이 농지의 전용허가와 관련한 명령을 불이행하는 경우, 甲에 대해 사업계획에 대한 승인의 효력은 유지하면서 의제된 농지의 전용허가만을 철회할 수 있다.

③ 의제된 농지의 전용허가에 형식적 하자가 있는 경우에는 甲에 대한 사업계획승인처분도 절차적 하자가 있는 위법한 것이 된다.

④ 甲에 대해 농지의 전용허가가 취소되었고 이를 이유로 사업계획승인처분이 취소된 경우, 甲은 사업계획승인의 취소를 다투어야 하며 따로 농지의 전용허가의 취소를 다툴 수는 없다.

⑤ 甲에 대한 사업계획승인처분 이후에 「중소기업창업 지원법」 제35조에 따른 허가등 의제가 행정권한의 과도한 침해임을 이유로 헌법불합치결정이 내려진 경우라도, 위헌결정과 달리 헌법불합치결정은 당해사건에 대해서도 소급효가 미치지 않는다.

39

정답 ②

핵심공략

- 규정에서 미리 협의한 사항에 한하여 승인 시에 그 인허가가 의제될 뿐, 관련된 모든 사항에 관하여 일괄하여 사전협의 거쳐야 하는 것은 ×
- 의제된 인허가만 취소 내지 철회함으로써 해당 의제된 인허가의 효력만 소멸하는 것 可能
- 인허가 의제대상이 되는 처분의 공시방법상 하자로 인해 그 해당 인허가 등의 의제 효과가 발생하지 않을 여지가 있게 될 뿐 ○
- 의제된 인허가가 취소되었다는 이유로 주된 인허가 승인이 취소된 경우, 의제된 인허가의 취소를 다툴 수 ○
- 헌법불합치 결정도 위헌결정의 일종으로서, 헌법불합치 결정의 소급효 인정 ○

① [×]

해설 중소기업창업법 제35조 제1항의 인허가의제 조항은 창업자가 신속하게 공장을 설립하여 사업을 개시할 수 있도록 창구를 단일화하여 의제되는 인허가를 일괄 처리하는 데 입법 취지가 있다. 위 규정에 의하면 사업계획승인권자가 관계 행정기관의 장과 미리 협의한 사항에 한하여 승인 시에 그 인허가가 의제될 뿐이고, 해당 사업과 관련된 모든 인허가의제 사항에 관하여 일괄하여 사전 협의를 거쳐야 하는 것은 아니다. (대판 2018.7.12. 2017두48734)

② [○]

해설 구 중소기업창업 지원법(2017.7.26. 법률 제14839호로 개정되기 전의 것, 이하 '중소기업창업법'이라 한다) 제35조 제1항, 제33조 제4항, 중소기업창업 지원법 시행령 제24조 제1항, 중소기업청장이 고시한 '창업사업계획의 승인에 관한 통합업무처리지침'(이하 '업무처리지침'이라 한다)의 내용, 체계 및 취지 등에 비추어 보면 다음과 같은 이유로 중소기업창업법에 따른 사업계획승인의 경우 의제된 인허가만 취소 내지 철회함으로써 사업계획에 대한 승인의 효력은 유지하면서 해당 의제된 인허가의 효력만을 소멸시킬 수 있다. (대판 2018.7.12. 2017두48734)

③ [×]

해설 구 주택법(2016.1.19. 법률 제13805호로 전부 개정되기 전의 것) 제17조 제1항에 의하면, 주택건설사업계획 승인권자가 관계 행정기관의 장과 미리 협의한 사항에 한하여 승인처분을 할 때에 인허가 등이 의제될 뿐이고, 각호에 열거된 모든 인허가 등에 관하여 일괄하여 사전협의를 거칠 것을 승인처분의 요건으로 하고 있지는 않다. 따라서 인허가 의제대상이 되는 처분의 공시방법에 관한 하자가 있더라도, 그로써 해당 인허가 등 의제의 효과가 발생하지 않을 여지가 있게 될 뿐이고, 그러한 사정이 주택건설사업계획 승인처분 자체의 위법사유가 될 수는 없다. (대판 2017.9.12. 2017두45131)

④ [×]

해설 군수가 甲 주식회사에 구 중소기업창업 지원법 제35조에 따라 산지전용허가 등이 의제되는 사업계획을 승인하면서 산지전용허가와 관련하여 재해방지 등 명령을 이행하지 아니한 경우 산지전용허가를 취소할 수 있다는 조건을 첨부하였는데, 甲 회사가 재해방지 조치를 이행하지 않았다는 이유로 의제된 인허가 중의 하나인 산지전용허가 취소를 통보하고, 이어 토지의 형질변경 허가 등이 취소되어 공장설립 등이 불가능하게 되었다는 이유로 甲 회사에 주된 인허가인 사업계획승인을 취소한 사안에서, 산지전용허가 취소는 군수가 의제된 산지전용허가의 효력을 소멸시킴으로써 甲 회사의 구체적인 권리·의무에 직접적인 변동을 초래하는 행위로 보이는 점 등을 종합하면 의제된 산지전용허가 취소가 항고소송의 대상이 되는 처분에 해당하고, 산지전용허가 취소에 따라 사업계획승인은 산지전용허가를 제외한 나머지 인허가 사항만 의제하는 것이 되므로 사업계획승인 취소는 산지전용허가를 제외한 나머지 인허가 사항만 의제된 사업계획승인을 취소하는 것이어서 산지전용허가 취소와 사업계획승인 취소가 대상과 범위를 달리하는 이상, 甲 회사로서는 사업계획승인 취소와 별도로 산지전용허가 취소를 다툴 필요가 있다고 한 사례. (대판 2018.7.12. 2017두48734)

⑤ [×]

해설 헌법불합치결정의 경우, '적용중지 헌법불합치결정'이 원칙적인 모습이다. 적용중지 헌법 불합치결정의 소급효의 범위에 관하여, 헌법재판소는 "헌법불합치결정 당시 헌법재판소에 계속중인 이 사건 법률조항에 대한 청구 부분은 이 사건 법률조항의 위헌여부가 쟁점이 되어 '헌법재판소에 계속중인 사건(당해 사건)'으로서 위 헌법불합치결정의 소급효가 미친다"고 판시하였다(헌재 2011.8.30. 2008헌마343).

3. 절차의 하자

40

행정절차에 관한 설명 중 옳지 않은 것을 모두 고른 것은? (다툼이 있는 경우 판례에 의함) [22 변호사]

ㄱ. 퇴직연금의 환수결정은 당사자의 권익을 침해하는 처분이므로 관련 법령에 따라 당연히 환수금액이 정해지는 것이라 하더라도 행정청은 환수결정에 앞서 당사자에게 의견진술의 기회를 부여하여야 한다.
ㄴ. 행정청이 당사자와 협약을 체결하면서 관계 법령 및 「행정절차법」에 규정된 청문의 실시 등 의견청취절차를 배제하는 조항을 두었다면, 이를 금지하는 특별한 규정이 없는 한 법령상의 청문을 실시하지 않아도 되는 예외적인 경우에 해당한다.
ㄷ. 「행정절차법」이 처분의 처리기간을 정하는 것은 신청에 따른 사무를 가능한 한 조속히 처리하도록 하기 위한 것으로, 처리기간에 관한 규정은 훈시규정에 불과할 뿐 강행규정이라고 볼 수 없으므로, 행정청이 처리기간이 지나 처분을 하였더라도 이를 처분을 취소할 절차상 하자로 볼 수 없다.
ㄹ. 기속행위의 경우에는 실체적 내용에 하자가 없는 이상 절차적 하자만으로 독립된 위법사유가 되지 않는다.
ㅁ. 처분에 이유제시의 하자가 있는 경우 행정쟁송 계속 중에 이유제시를 보완하였다면 그 하자는 치유된다.

① ㄱ, ㄷ ② ㄴ, ㄹ
③ ㄱ, ㄴ, ㄷ ④ ㄷ, ㄹ, ㅁ
⑤ ㄱ, ㄴ, ㄹ, ㅁ

40 정답 ⑤

핵심공략

- 퇴직연금 환수결정은 관련 법령에 따른 것으로서, 환수결정에 앞서 당사자의 의견진술 기회 부여하지 아니할 수도 O
- 법령상 규정이 없는 한, **청문의 실시에 관한 규정의 적용이 배제된다거나 청문을 실시하지 않아도 되는 예외적인 경우에 해당** ×
- 처분이나 민원 처리기간에 관한 규정은 훈시규정에 불과 O
  ⇨ 그 처리기간 도과하여 처분하였더라도 처분의 절차상 하자 ×
- 기속행위에 있어서도 절차상 하자는 독립적으로 하자사유를 구성하며, 그 하자의 정도는 취소사유에 해당 O
- 하자의 치유는 행정쟁송 제기 전에 하여야 O

해설 ㄱ. [×]

퇴직연금의 환수결정은 당사자에게 의무를 과하는 처분이기는 하나, 관련 법령에 따라 당연히 환수금액이 정하여지는 것이므로, 퇴직연금의 환수결정에 앞서 당사자에게 의견진술의 기회를 주지 아니하여도 행정절차법 제22조 제3항이나 신의칙에 어긋나지 아니한다. **(대판 2000.11.28. 99두5443)**

ㄴ. [×]

행정청이 당사자와 사이에 도시계획사업의 시행과 관련한 협약을 체결하면서 관계 법령 및 행정절차법에 규정된 청문의 실시 등 의견청취절차를 배제하는 조항을 두었다고 하더라도, 국민의 행정참여를 도모함으로써 행정의 공정성·투명성 및 신뢰성을 확보하고 국민의 권익을 보호한다는 행정절차법의 목적 및 청문제도의 취지 등에 비추어 볼 때, 위와 같은 협약의 체결로 청문의 실시에 관한 규정의 적용을 배제할 수 있다고 볼 만한 법령상의 규정이 없는 한, 이러한 협약이 체결되었다고 하여 청문의 실시에 관한 규정의 적용이 배제된다거나 청문을 실시하지 않아도 되는 예외적인 경우에 해당한다고 할 수 없다. **(대판 2004.7.8. 2002두8350)**

ㄷ. [○]

처분이나 민원의 처리기간을 정하는 것은 신청에 따른 사무를 가능한 한 조속히 처리하도록 하기 위한 것이다. 처리기간에 관한 규정은 훈시규정에 불과할 뿐 강행규정이라고 볼 수 없다. 행정청이 처리기간이 지나 처분을 하였더라도 이를 처분을 취소할 절차상 하자로 볼 수 없다. **(대판 2019.12.13. 2018두41907)**

ㄹ. [×]

행정작용은 법률에 위반되어서는 아니 되며, 국민의 권리를 제한하거나 의무를 부과하는 경우와 그 밖에 국민생활에 중요한 영향을 미치는 경우에는 법률에 근거하여야 한다. **(행정기본법 제8조)** 따라서 행정행위가 기속행위인지 재량행위인지를 불문하고, 행정절차법의 적용예외 사유에 해당하지 않는 한, 행정절차법 상의 절차를 준수해야 하며, 이를 위반할 경우에는 절차상의 하자로서, 그 하자의 정도는 취소사유에 해당한다고 봄이 타당하다.

ㅁ. [×]

하자를 치유하려면 늦어도 처분에 대한 불복 여부의 결정 및 불복신청에 편의를 줄 수 있는 상당한 기간 내에 하여야 한다. **(대판 1993.7.13. 92누13981 참조)** 따라서 행정쟁송 계속 중에 처분에 존재하는 이유제시의 하자를 보완하였다고 하여 치유되는 것은 아니다.

41

행정상의 절차에 관한 설명 중 옳은 것을 모두 고른 것은? (다툼이 있는 경우 판례에 의함) [18 변호사]

ㄱ. 행정청이 침해적 행정처분을 하면서 당사자에게 「행정절차법」상의 사전통지를 하지 않았고 의견제출의 기회도 부여하지 않았다면 사전통지를 하지 아니하거나 의견제출의 기회를 주지 아니하여도 되는 예외적인 경우에 해당하지 아니하는 한 그 처분은 위법하다.
ㄴ. 「건축법」에서 인·허가의제 제도를 둔 취지는 인·허가의제사항 관련 법률에 따른 각각의 인·허가 요건에 관한 일체의 심사를 배제하여 건축허가의 관할 행정청으로 그 창구를 단일화하고 절차를 간소화하며 비용과 시간을 절감함으로써 국민의 권익을 보호하려는 것이다.
ㄷ. 일반적으로 당사자가 근거규정 등을 명시하여 신청하는 인·허가 등을 거부하는 처분을 함에 있어 당사자가 그 근거를 알 수 있을 정도로 상당한 이유를 제시한 경우에는 당해 처분의 근거 및 이유를 구체적 조항 및 내용까지 명시하지 않았더라도 그로 말미암아 처분이 위법한 것이 된다고 할 수 없다.
ㄹ. 「행정절차법」상 청문은 청문 주재자가 필요하다고 인정하는 경우 공개할 수 있으며, 당사자 또는 이해관계인은 청문의 공개를 신청할 수 없다.
ㅁ. 「행정절차법」상 공무원 인사관계 법령에 의한 처분에 관한 사항 전부에 대하여 「행정절차법」의 적용이 배제되는 것이 아니라 성질상 행정절차를 거치기 곤란하거나 불필요하다고 인정되는 처분이나 행정절차에 준하는 절차를 거치도록 하고 있는 처분의 경우에만 「행정절차법」의 적용이 배제된다.

① ㄱ, ㄴ, ㄷ
② ㄱ, ㄴ, ㅁ
③ ㄱ, ㄷ, ㄹ
④ ㄱ, ㄷ, ㅁ
⑤ ㄴ, ㄷ, ㄹ

41 정답 ④

핵심공략

- 침해적 행정처분에 있어 처분의 사전통지를 하지 않거나 의견 제출의 기회를 주지 않은 경우, 예외적인 경우에 해당하지 않는 한, 위법 O
- 인허가의제 제도의 취지: 창구 단일화 및 절차 간소화를 통한 국민의 권익 보호(절차집중설)
- **처분을 하면서 당사자가 그 근거를 알 수 있을 정도로 상당한 이유를 제시한 경우,** 당해 처분의 근거 및 이유를 구체적 조항 및 내용까지 명시하지 않았더라도 그 처분이 위법한 것은 ×
- 청문은 당사자가 공개를 신청하거나 청문 주재자가 필요하다고 인정하는 경우 원칙적으로 공개
- **공무원 인사관계 법령에 의한 처분에 관한 사항 중** 성질상 행정절차를 거치기 곤란하거나 불필요하다고 인정되는 처분이나 행정절차에 준하는 절차를 거치도록 하고 있는 처분의 경우에만 행정절차법의 적용 배제 O

해설 ㄱ. [O]

판례는 행정청이 **침해적 행정처분**을 함에 있어서 당사자에게 **처분의 사전통지를 하지 않거나 의견 제출의 기회를 주지 않은 경우**, 처분의 사전통지를 하지 않거나 의견제출의 기회를 주지 아니하여도 되는 예외적인 경우에 해당하지 않는 한, **그 처분은 위법하여 취소를 면할 수 없다**고 하여(대판 2000.11.14. 99두5870; 대판 2007.9.21. 2006두20631), 사전통지를 누락하거나 의견제출의 기회를 주지 않은 절차의 하자를 취소사유로 보고 있다.

ㄴ. [×]

건축법에서 인허가의제 제도를 둔 취지는, 인허가의제사항과 관련하여 건축허가의 관할 행정청으로 창구를 단일화하고 절차를 간소화하며 비용과 시간을 절감함으로써 국민의 권익을 보호하려는 것이지, **인허가의제사항 관련 법률에 따른 각각의 인허가 요건에 관한 일체의 심사를 배제하려는 것으로 보기는 어려우므로**, 도시계획시설인 주차장에 대한 건축허가 신청을 받은 행정청으로서는 건축법상 허가 요건뿐 아니라 국토의 계획 및 이용에 관한 법령이 정한 도시계획시설사업에 관한 실시계획인가 요건도 충족하는 경우에 한하여 이를 허가해야 한다. (대판 2015.7.9. 2015두39590)

ㄷ. [O]

행정절차법 제23조 제1항은 행정청은 처분을 하는 때에는 당사자에게 그 근거와 이유를 제시하여야 한다고 규정하고 있는바, 일반적으로 **당사자가 근거규정 등을 명시하여 신청하는 인·허가 등을 거부하는 처분을 함에 있어 당사자가 그 근거를 알 수 있을 정도로 상당한 이유를 제시한 경우**에는 당해 처분의 근거 및 이유를 구체적 조항 및 내용까지 명시하지 않았더라도 그로 말미암아 그 처분이 위법한 것이 된다고 할 수 없다. (대판 2002.5.17. 2000두8912)

ㄹ. [×]

조문 **행정절차법 제30조(청문의 공개)** 청문은 당사자가 공개를 신청하거나 청문 주재자가 필요하다고 인정하는 경우 공개할 수 있다.다만, 공익 또는 제3자의 정당한 이익을 현저히 해칠 우려가 있는 경우에는 공개하여서는 아니 된다.

ㅁ. [O]

행정과정에 대한 국민의 참여와 행정의 공정성, 투명성 및 신뢰성을 확보하고 국민의 권익을 보호함을 목적으로 하는 행정절차법의 입법목적과 행정절차법 제3조 제2항 제9호의 규정 내용 등에 비추어 보면, **공무원 인사관계 법령에 의한 처분에 관한 사항 전부에 대하여 행정절차법의 적용이 배제되는 것이 아니라** 성질상 행정절차를 거치기 곤란하거나 불필요하다고 인정되는 처분이나 행정절차에 준하는 절차를 거치도록 하고 있는 처분의 경우에만 행정절차법의 적용이 배제된다. (대판 2007.9.21. 2006두20631)

Chapter 10

정보공개제도

42

아래 사례에 관한 설명 중 옳지 않은 것은? (다툼이 있는 경우 판례에 의함) [21 변호사]

> A대학교에 재학 중인 乙은 2015학년도 2학기에 수강한 B과목에서 F학점을 받았다. 그러나 乙은 해당 과목 시험에서 답안을 성실히 작성하였고 담당 시간강사가 요구하는 과제를 제출하였으며 해당 학기에 결석이 1회에 그쳐 자신이 받은 F학점이 부당하다고 생각하였다. 이에 乙은 해당 과목의 채점기준표와 채점이 완료된 자신의 답안지 그리고 자신과 비슷한 내용으로 답안을 작성하였다고 생각되는 丙의 답안지의 공개(복제물의 교부)를 「공공기관의 정보공개에 관한 법률」(이하, '정보공개법'이라 함)에 따라 A대학교 총장인 甲에게 청구하였다. 그러나 甲은 乙이 요청한 자료는 정보공개법상 비공개 대상 정보이고 시간강사가 채점기준표와 답안지를 보관하고 있어 대학이 보유하고 있지 않다는 이유로 자료의 공개를 거부하였다.

① 甲의 비공개결정은 거부처분에 해당하여 「행정절차법」상 특별한 사정이 없는 한 사전통지의 대상이 되지 아니한다.

② A대학교가 사립대학교라면 乙이 요청한 자료는 정보공개법의 적용대상이 아니다.

③ B과목에 대한 성적통지가 성적통지서(문서) 교부가 아닌 인터넷으로 확인(전자문서)하는 방식으로 이루어진다고 하더라도 이 전자문서는 정보공개법상 '정보'에 해당한다.

④ 만약 사안과는 달리 乙의 공개청구가 받아들여진 경우, 복제물의 교부가 아닌 열람만을 허용하는 방식으로 공개방법을 선택할 재량권이 甲에게 인정되지 아니한다.

⑤ 만약 사안과는 달리 공개청구대상 답안지 및 채점기준표가 A대학교에 의해 일정기간 동안 관리되었지만 문서보존연한이 지나 폐기되었다면, 이들 답안지 및 채점기준표를 더 이상 보유·관리하고 있지 아니하다는 점에 대한 증명책임은 A대학교에 있다.

42

정답 ②

핵심공략

- 거부처분은 당사자의 권익을 제한하는 처분에 해당 ×
⇨ 처분의 사전통지 대상 ×
- 사립대학교도 정보공개 의무기관인 공공기관에 해당 O
- 공공기관의 정보공개에 관한 법률상 "정보"는 공공기관이 직무상 작성 또는 취득·관리하고 있는 문서(전자문서 포함) 및 전자매체를 비롯한 모든 형태의 매체 등에 기록된 사항을 의미 O
- 공개청구를 받은 공공기관은 원칙적으로 정보공개청구자가 선택한 공개방법에 따라 정보를 공개하여야 O
- 공개청구 대상인 정보를 더 이상 보유·관리하고 있지 않다는 점에 대한 증명책임은 공공기관이 부담 O

① [○]

해설 신청에 따른 처분이 이루어지지 아니한 경우에는 아직 당사자에게 권익이 부과되지 아니하였으므로 특별한 사정이 없는 한 신청에 대한 거부처분이라고 하더라도 직접 당사자의 권익을 제한하는 것은 아니어서 신청에 대한 거부처분을 여기에서 말하는 '당사자의 권익을 제한하는 처분'에 해당한다고 할 수 없는 것이어서 처분의 사전통지대상이 된다고 할 수 없다. **(대판 2003.11.28. 2003두674)**

② [×]

해설 구 공공기관의 정보공개에 관한 법률 시행령 제2조 제1호는 대통령령이 정하는 기관에 초·중등교육법 및 고등교육법 기타 다른 법률에 의하여 설치된 각급 학교를 포함시키고 있어, 사립대학교는 정보공개 의무기관인 공공기관에 해당하게 되었다.

정보공개 의무기관을 정하는 것은 입법자의 입법형성권에 속하고, 이에 따라 입법자는 구 공공기관의 정보공개에 관한 법률 제2조 제3호에서 정보공개 의무기관을 공공기관으로 정하였는바, 공공기관은 국가기관에 한정되는 것이 아니라 지방자치단체, 정부투자기관, 그 밖에 공동체 전체의 이익에 중요한 역할이나 기능을 수행하는 기관도 포함되는 것으로 해석되고, 여기에 정보공개의 목적, 교육의 공공성 및 공·사립학교의 동질성, 사립대학교에 대한 국가의 재정지원 및 보조 등 여러 사정을 고려해 보면, 사립대학교에 대한 국비 지원이 한정적·일시적·국부적이라는 점을 고려하더라도, 같은 법 시행령 제2조 제1호가 정보공개의무를 지는 공공기관의 하나로 사립대학교를 들고 있는 것이 모법인 구 공공기관의 정보공개에 관한 법률의 위임 범위를 벗어났다거나 사립대학교가 국비의 지원을 받는 범위 내에서만 공공기관의 성격을 가진다고 볼 수 없다. **(대판 2006.8.24. 2004두2783)**

③ [○]

조문 **공공기관의 정보공개에 관한 법률**

제2조(정의) 이 법에서 사용하는 용어의 뜻은 다음과 같다.

1. "정보"란 공공기관이 직무상 작성 또는 취득하여 관리하고 있는 문서(전자문서를 포함한다. 이하 같다) 및 전자매체를 비롯한 모든 형태의 매체 등에 기록된 사항을 말한다.

④ [○]

해설 공공기관의 정보공개에 관한 법률 제2조 제2항, 제3조, 제5조, 제8조 제1항, 같은법 시행령 제14조, 같은법 시행규칙 제2조 [별지 제1호 서식] 등의 각 규정을 종합하면, 정보공개를 청구하는 자가 공공기관에 대해 정보의 사본 또는 출력물의 교부의 방법으로 공개방법을 선택하여 정보공개청구를 한 경우에 공개청구를 받은 공공기관으로서는 같은 법 제8조 제2항에서 규정한 정보의 사본 또는 복제물의 교부를 제한할 수 있는 사유에 해당하지 않는 한 정보공개청구자가 선택한 공개방법에 따라 정보를 공개하여야 하므로 그 공개방법을 선택할 재량권이 없다고 해석함이 상당하다. **(대판 2003.12.12. 2003두8050)**

⑤ [○]

해설 공개청구자는 그가 공개를 구하는 정보를 공공기관이 보유·관리하고 있을 상당한 개연성이 있다는 점에 대하여 입증할 책임이 있으나, 공개를 구하는 정보를 공공기관이 한때 보유·관리하였으나 후에 그 정보가 담긴 문서들이 폐기되어 존재하지 않게 된 것이라면 그 정보를 더 이상 보유·관리하고 있지 않다는 점에 대한 증명책임은 공공기관에 있다. **(대판 2013.1.24. 2010두18918)**

행정법

PART 3

행정구제법

Chapter

01 행정상 손해배상(국가배상)

1. 공무원의 위법행위로 인한 손해배상책임

43

국가배상에 관한 판례의 입장으로 옳은 것을 모두 고른 것은?

[22 변호사]

ㄱ. 「국가배상법」 제2조 소정의 '공무원'이라 함은 「국가공무원법」이나 「지방공무원법」에 의하여 공무원으로서의 신분을 가진 자에 국한하지 않고 널리 공무를 위탁받아 실질적으로 공무에 종사하고 있는 일체의 자를 가리키나, 공무의 위탁이 일시적이고 한정적인 사항에 관한 활동을 위한 것인 경우는 이에 포함되지 않는다.

ㄴ. 「국가배상법」 제2조 소정의 '법령을 위반하여'라고 함은 인권존중·권력남용금지·신의성실과 같이 공무원으로서 마땅히 지켜야 할 준칙이나 규범을 지키지 아니하고 위반한 경우를 비롯하여 널리 그 행위가 객관적인 정당성을 결여하고 있는 경우를 포함한다.

ㄷ. 공무원에 대한 전보인사가 법령이 정한 기준과 원칙에 위배되거나 인사권을 부적절하게 행사한 것이라면 그 전보인사는 당연히 당해 공무원에 대한 관계에서 손해배상책임이 인정되는 불법행위를 구성한다.

ㄹ. 공무원이 직무를 수행하면서 근거되는 법령의 규정에 따라 구체적으로 의무를 부여받았어도 그것이 직접 국민 개개인의 이익을 위한 것이 아니라 전체적으로 공공 일반의 이익을 도모하기 위한 것이라면 그 의무를 위반하여 국민에게 손해를 가하여도 국가 또는 지방자치단체는 배상책임을 부담하지 아니한다.

① ㄱ, ㄷ ② ㄱ, ㄹ

③ ㄴ, ㄹ ④ ㄱ, ㄴ, ㄹ

⑤ ㄴ, ㄷ, ㄹ

43

정답 ③

핵심공략

- 공무의 위탁이 일시적·한시적 사항에 관한 활동을 위한 것이어도 국가배상법 제2조 소정의 공무원에 해당 O
- 국가배상법 제2조 '법령을 위반하여'의 의미: 준칙이나 규범을 지키지 아니하고 위반한 경우를 포함하여 널리 그 행위가 객관적인 정당성을 결여하고 있음을 의미 O
- 공무원에 대한 전보인사가 법령이 정한 기준과 원칙에 위배되거나 인사권을 다소 부적절하게 행사한 것이라는 사유만으로 그 전보인사가 당연히 불법행위를 구성한다고 볼 수는 ×
- 공무원의 법령상 의무가 직접 국민 개개인의 이익을 위한 것이 아니라 전체적으로 공공 일반의 이익을 도모하기 위한 것인 경우, 그 의무에 위반하여 국민에게 손해를 가하여도 국가 또는 지방자치단체는 배상책임 부담 ×

해설 ㄱ. [×]

국가배상법 제2조 소정의 '공무원'이라 함은 국가공무원법이나 지방공무원법에 의하여 공무원으로서의 신분을 가진 자에 국한하지 않고, 널리 공무를 위탁받아 실질적으로 공무에 종사하고 있는 일체의 자를 가리키는 것으로서, 공무의 위탁이 일시적이고 한정적인 사항에 관한 활동을 위한 것이어도 달리 볼 것은 아니다. **(대판 2001.1.5. 98다39060)**

ㄴ. [○]

국가배상책임에 있어 공무원의 가해행위는 법령을 위반한 것이어야 하는데, 여기서 법령을 위반하였다 함은 엄격한 의미의 법령 위반뿐 아니라 인권존중, 권력남용금지, 신의성실과 같이 공무원으로서 마땅히 지켜야 할 준칙이나 규범을 지키지 아니하고 위반한 경우를 포함하여 널리 그 행위가 객관적인 정당성을 결여하고 있음을 뜻한다. **(대판 2008.6.12. 2007다64365 등 참조)**

ㄷ. [×]

공무원에 대한 전보인사가 법령이 정한 기준과 원칙에 위배되거나 인사권을 다소 부적절하게 행사한 것으로 볼 여지가 있다 하더라도 그러한 사유만으로 그 전보인사가 당연히 불법행위를 구성한다고 볼 수는 없고, 인사권자가 당해 공무원에 대한 보복감정 등 다른 의도를 가지고 인사재량권을 일탈·남용하여 객관적 정당성을 상실하였음이 명백한 경우 등 전보인사가 우리의 건전한 사회통념이나 사회상규상 도저히 용인될 수 없음이 분명한 경우에, 그 전보인사는 위법하게 상대방에게 정신적 고통을 가하는 것이 되어 당해 공무원에 대한 관계에서 불법행위를 구성한다. 그리고 이러한 법리는 구 부패방지법(2001.7.24. 법률 제6494호)에 따라 다른 공직자의 부패행위를 부패방지위원회에 신고한 공무원에 대하여 위 신고행위를 이유로 불이익한 전보인사가 행하여진 경우에도 마찬가지이다. **(대판 2009.5.28. 2006다16215)**

ㄹ. [○]

일반적으로 국가 또는 지방자치단체가 권한을 행사할 때에는 국민에 대한 손해를 방지하여야 하고, 국민의 안전을 배려하여야 하며, 소속 공무원이 전적으로 또는 부수적으로라도 국민 개개인의 안전과 이익을 보호하기 위하여 법령에서 정한 직무상의 의무에 위반하여 국민에게 손해를 가하면 상당인과 관계가 인정되는 범위 안에서 국가 또는 지방자치단체가 배상책임을 부담하는 것이지만, 공무원이 직무를 수행하면서 그 근거되는 법령의 규정에 따라 구체적으로 의무를 부여받았어도 그것이 국민의 이익과는 관계없이 순전히 행정기관 내부의 질서를 유지하기 위한 것이거나, 또는 국민의 이익과 관련된 것이라도 직접 국민 개개인의 이익을 위한 것이 아니라 전체적으로 공공 일반의 이익을 도모하기 위한 것이라면 그 의무에 위반하여 국민에게 손해를 가하여도 국가 또는 지방자치단체는 배상책임을 부담하지 아니한다. **(대판 2001.10.23. 99다36280 등 참조)**

44

국가배상책임에 관한 설명 중 옳지 않은 것은? (다툼이 있는 경우 판례에 의함) [16 변호사]

① 국가가 초법규적·일차적으로 위험배제에 나서지 아니하면 국민의 생명·신체·재산 등을 보호할 수 없는 경우 그 위험을 배제할 공무원의 작위의무가 인정되며, 그러한 작위의무 위반도 「국가배상법」 제2조 제1항의 법령위반에 해당한다.

② 공무원에게 부과된 직무상 의무의 내용이 단순히 공공일반의 이익을 위한 것이거나 행정청 내부의 질서를 규율하기 위한 것이라면, 공무원의 그와 같은 직무상 의무위반에 대해서는 국가배상책임이 성립하지 않는다.

③ 법관의 재판에 법령의 규정을 따르지 아니한 잘못이 있다하더라도 이로써 바로 「국가배상법」 제2조 제1항의 법령위반이 되는 것은 아니며, 국가배상책임이 성립하기 위해서는 당해 법관이 위법 또는 부당한 목적을 가지고 재판을 하는 등 법관이 그에게 부여된 권한의 취지에 명백히 어긋나게 이를 행사하였다고 인정할 만한 특별한 사정이 있어야 한다.

④ 헌법재판소 재판관이 헌법소원심판의 청구기간을 잘못 산정하여 각하결정을 한 경우, 본안판단을 하였더라도 어차피 청구가 기각되었을 것이라는 사정이 있는 경우에는 국가배상책임이 인정될 수 없다.

⑤ 국회의원의 입법행위는 그 입법 내용이 헌법의 문언에 명백히 위배됨에도 불구하고 국회가 굳이 당해 입법을 한 것과 같은 특수한 경우가 아닌 한 「국가배상법」 제2조 제1항의 법령위반에 해당하지 않는다.

44

정답 ④

핵심공략

- 국가가 초법규적, 일차적으로 그 위험 배제에 나서지 아니하면 국민의 생명, 신체, 재산 등을 보호할 수 없는 경우, **형식적 의미의 법령에 근거가 없더라도** 국가나 관련 공무원에 대하여 그러한 위험을 배제할 작위의무 인정 O
- 공무원에게 직무상 의무를 부과한 법령의 목적이 단순히 공공일반의 이익이나 행정기관 내부의 질서를 규율하기 위한 것이라면 국가배상책임 성립 X
- **법관의 국가배상책임 인정하기 위해서는, 그에게 부여된 권한의 취지에 명백히 어긋나게 이를 행사하였다고 인정할 만한 특별한 사정이 있어야** O
- **본안판단을 할 경우 어차피 청구가 기각되었을 것이라는 사정이 있다고 하더라도 국가배상책임 인정** O
- 국회의원의 입법행위에 대해서는 극히 예외적인 사정이 인정되는 사안에 한정하여 국가배상법 소정의 배상책임이 인정 O

① [O]

해설 공무원의 부작위에 의해서도 국가배상책임이 인정될 수 있음은 당연하다. 다만, 부작위가 국가배상법상 '법령 위반'으로 인정되려면 공무원의 작위의무가 전제되어야 한다. 작위의무(직무상 의무)가 법령에서 명문으로 규정되어 있지 않은 경우에도 조리에 의해 법적 작위의무를 인정할 수 있는지에 관하여 긍정설과 부정설이 대립하고 있다. 판례는 국가배상법 제2조 제1항의 **'법령에 위반하여'**라고 하는 것이 **엄격하게 형식적 의미의 법령에 명시적으로 공무원의 작위의무가 규정되어 있는데도 이를 위반하는 경우만을 의미하는 것은 아니고**, 국민의 생명, 신체, 재산 등에 대하여 절박하고 중대한 위험상태가 발생하였거나 발생할 우려가 있어서 국민의 생명, 신체, 재산 등을 보호하는 것을 본래적 사명으로 하는 국가가 초법규적, 일차적으로 그 위험 배제에 나서지 아니하면 국민의 생명, 신체, 재산 등을 보호할 수 없는 경우에는 **형식적 의미의 법령에 근거가 없더라도** 국가나 관련 공무원에 대하여 그러한 위험을 배제할 작위의무를 인정할 수 있을 것이라고 판시하여(**대판 1998.10.13. 98다18520**), 일정한 요건하에 조리에 의한 작위의무를 긍정한다.

② [O]

해설 공무원에게 직무상 의무를 부과한 법령의 목적이 사회 구성원 개인의 이익과 안전을 보호하기 위한 것이 아니고 단순히 공공일반의 이익이나 행정기관 내부의 질서를 규율하기 위한 것이라면, 설령 공무원이 그 직무상 의무를 위반한 것을 계기로 하여 제3자가 손해를 입었다고 하더라도 공무원이 직무상 의무를 위반한 행위와 제3자가 입은 손해 사이에 **상당인과관계가 있다고 할 수 없다**. (대판 2015.12.23. 2015다210194)

▶ 따라서 공무원의 그와 같은 직무상 의무위반에 대해서는 국가배상책임이 성립하지 않는다.

③ [O]

해설 법관의 재판에 법령의 규정을 따르지 아니한 잘못이 있다 하더라도 이로써 바로 그 재판상 직무행위가 국가배상법 제2조 제1항에서 말하는 위법한 행위로 되어 국가의 손해배상책임이 발생하는 것은 아니고, 그 국가배상책임이 인정되려면 당해 법관이 위법 또는 부당한 목적을 가지고 재판을 하였다거나 법이 법관의 직무수행상 준수할 것을 요구하고 있는 기준을 현저하게 위반하는 등 **법관이 그에게 부여된 권한의 취지에 명백히 어긋나게 이를 행사하였다고 인정할 만한 특별한 사정이 있어야** 한다. (대판 2003.7.11. 99다24218)

④ [×]

해설 헌법소원심판을 청구한 자로서는 헌법재판소 재판관이 일자 계산을 정확하게 하여 본안판단을 할 것으로 기대하는 것이 당연하고, 따라서 헌법재판소 재판관의 위법한 직무집행의 결과 잘못된 각하결정을 함으로써 청구인으로 하여금 본안판단을 받을 기회를 상실하게 한 이상, **설령 본안판단을 하였더라도 어차피 청구가 기각되었을 것이라는 사정이 있다고 하더라도** 잘못된 판단으로 인하여 헌법소원심판 청구인의 위와 같은 합리적인 기대를 침해한 것이고 이러한 기대는 인격적 이익으로서 보호할 가치가 있다고 할 것이므로 그 침해로 인한 정신상 고통에 대하여는 **위자료를 지급할 의무**가 있다. (대판 2003.7.11. 99다24218)

▶ 국가배상책임(위자료 배상책임)이 인정된다.

⑤ [O]

해설 우리 헌법이 채택하고 있는 의회민주주의하에서 국회는 다원적 의견이나 각가지 이익을 반영시킨 토론과정을 거쳐 다수결의 원리에 따라 통일적인 국가의사를 형성하는 역할을 담당하는 국가기관으로서 그 과정에 참여한 국회의원은 입법에 관하여 원칙적으로 국민 전체에 대한 관계에서 정치적 책임을 질 뿐 국민 개개인의 권리에 대응하여 법적 의무를 지는 것은 아니므로, ㉠ **국회의원의 입법행위는 그 입법 내용이 헌법의 문언에 명백히 위배됨에도 불구하고 국회가 굳이 당해 입법을 한 것과 같은 특수한 경우가 아닌 한 국가배상법 제2조 제1항 소정의 위법행위에 해당한다고 볼 수 없고**, 같은 맥락에서 ㉡ 국가가 일정한 사항에 관하여 헌법에 의하여 부과되는 구체적인 입법의무를 부담하고 있음에도 불구하고 그 입법에 필요한 상당한 기간이 경과하도록 고의 또는 과실로 이러한 입법의무를 이행하지 아니하는 등 극히 예외적인 사정이 인정되는 사안에 한정하여 국가배상법 소정의 배상책임이 인정될 수 있으며, 위와 같은 구체적인 입법의무 자체가 인정되지 않는 경우에는 애당초 부작위로 인한 불법행위가 성립할 여지가 없다). (**대판 2008.5.29. 2004다33469**)

2. 영조물의 설치 · 관리의 하자로 인한 배상책임

45

「국가배상법」 제5조의 배상책임에 관한 설명 중 옳은 것은? (다툼이 있는 경우 판례에 의함) [18 변호사]

① '공공의 영조물' 이란 국가 또는 지방자치단체에 의하여 특정 공공의 목적에 공여된 유체물 및 물적 설비 등을 말하며, 국가 또는 지방자치단체가 소유권, 임차권 그 밖의 권한에 기하여 관리하고 있는 경우뿐만 아니라 사실상의 관리를 하고 있는 경우도 포함한다.

② 고등학교 3학년 학생이 교사의 단속을 피해 담배를 피우기 위하여 3층 건물 화장실 밖의 학생들이 출입할 수 없는 난간을 지나다가 실족하여 사망한 경우 학교시설의 설치·관리상의 하자가 있다.

③ 공항에서 발생하는 소음 등으로 인근주민들이 피해를 입었다면 수인한도를 넘는지 여부를 불문하고 도로의 경우와 같이 '공공의 영조물'에 관한 일반적인 설치·관리상의 하자에 대한 판단방법에 따라 국가책임이 인정된다.

④ 편도 2차로 도로의 1차로 상에 교통사고의 원인이 될 수 있는 크기의 돌멩이가 방치되어 있었고 이로 인하여 사고가 발생하였다면, 도로의 점유·관리자의 관리 가능성과 무관하게 이는 도로 관리·보존상의 하자에 해당한다.

⑤ 국·공유나 사유 여부를 불문하고 사실상 도로로 사용되고 있었다면 도로의 노선인정의 공고 기타 공용개시가 없었다고 하여도 「국가배상법」 제5조의 배상책임이 인정된다.

45

정답 ①

핵심공략

- 공공의 영조물은 국가 또는 지방자치단체가 소유권, 임차권 그 밖의 권한에 기하여 관리하고 있는 경우뿐만 아니라 사실상의 관리를 하고 있는 경우도 포함 ○
- 이례적 사고를 예상하여 출입금지장치나 경고표지판을 설치할 의무가 있다고 볼 수 없으므로 학교시설의 설치·관리상 하자 ×
- 영조물의 물적 하자와 이용상의 하자 각각 다른 판단기준 ○ ⇨ 이용상의 하자 판단 시 통상 수인한도 내의 것인지 고려 ○
- 교통사고의 원인이 될 수 있는 크기의 돌멩이 방치는, 원칙적 도로의 관리·보존상의 하자에 해당 ○
- 해당 도로가 노선인정 기타 공용개시가 없었으면 이를 영조물이라 할 수 × ⇨ 영조물책임 성립 ×

① [○]

해설 국가배상법 제5조 제1항 소정의 '**공공의 영조물**'이라 함은 국가 또는 지방자치단체에 의하여 특정 공공의 목적에 공여된 유체물 내지 물적 설비를 말하며, 국가 또는 지방자치단체가 소유권, 임차권 그 밖의 권한에 기하여 관리하고 있는 경우뿐만 아니라 **사실상의 관리를 하고 있는 경우도 포함**된다. **(대판 1998.10.23. 98다17381)**

② [×]

해설 고등학교 3학년 학생이 교사의 단속을 피해 담배를 피우기 위하여 3층 건물 화장실 밖의 난간을 지나다가 실족하여 사망한 사안에서 학교 관리자에게 그와 같은 이례적인 사고가 있을 것을 예상하여 복도나 화장실 창문에 난간으로의 출입을 막기 위하여 출입금지장치나 추락위험을 알리는 경고표지판을 설치할 의무가 있다고 볼 수는 없다는 이유로 **학교시설의 설치·관리상의 하자가 없다**고 본 사례. **(대판 1997.5.16. 96다54102)**

③ [×]

해설 판례는 영조물의 '물적 하자'와 '이용상 하자(기능상 하자)'를 구분하고 각각 다른 판단기준을 제시하고 있다. 즉, 공항에서 발생하는 소음 등으로 인한 인근주민들의 피해와 같은 '이용상 하자(기능상 하자)의 경우, 설령 피고가 김포공항을 설치·관리함에 있어 항공법령에 따른 항공기 소음기준 및 소음대책을 준수하려는 노력을 경주하였다고 하더라도, 김포공항이 항공기 운항이라는 공공의 목적에 이용됨에 있어 그와 관련하여 배출하는 소음 등의 침해가 인근 주민인 선정자들에게 **통상의 수인한도를 넘는 피해를 발생하게 하였다면** 김포공항의 설치·관리상에 하자가 있다고 보아야 할 것… 85 WECPNL 이상의 소음이 발생하는 경우에는 사회생활상 통상의 수인한도를 넘는 것으로서 위법성을 띠는 것으로 봄이 상당하다고 할 것인데, 이 사건 선정자들의 거주지역이 이에 해당하므로 김포공항을 설치·관리하는 국가는 이에 대하여 손해를 배상할 책임이 있다.고 판시하고 있다**(대판 2005.1.27. 2003다49566)**.

④ [×]

해설 편도 2차선 도로의 1차선 상에 교통사고의 원인이 될 수 있는 크기의 돌멩이가 방치되어 있는 경우, **도로의 점유·관리자가 그에 대한 관리 가능성이 없다는 입증을 하지 못하는 한** 이는 도로의 관리·보존상의 하자에 해당한다고 한 사례. **(대판 1998.2.10.97다32536)**

▶ 도로의 점유·관리자의 관리 가능성이 없었다면 도로 관리·보존상의 하자에 해당하지 않는다.

⑤ [×]

해설 국가배상법 제5조 소정의 공공의 영조물이란 **공유나 사유임을 불문**하고 행정주체에 의하여 특정 공공의 목적에 공여된 유체물 또는 물적 설비를 의미하므로 사실상 군민의 통행에 제공되고 있던 도로 옆의 암벽으로부터 떨어진 낙석에 맞아 소외인이 사망하는 사고가 발생하였다고 하여도 동 사고지점 도로가 피고 군(郡)에 의하여 **노선인정 기타 공용개시가 없었으면 이를 영조물이라 할 수 없다**. **(대판 1981.7.7. 80다2478)**

3. 국가배상법상 특례규정

46

운전병인 군인 甲은 전투훈련 중 같은 부대 소속 군인 丙을 태우고 군용차량을 운전하여 훈련지로 이동하다가 민간인 乙이 운전하던 차량과 쌍방과실로 충돌하였고, 이로 인해 군인 丙이 사망하였다. 이 경우 손해배상책임 및 구상권에 관한 설명 중 옳지 않은 것은? (단, 자동차손해보험과 관련된 법적 책임은 고려하지 않음) [12 변호사]

① 현행법상 丙의 유족이 다른 법령에 따라 유족연금 등 보상을 받은 경우에는 국가배상청구를 할 수 없다.

② 대법원은 甲이 고의·중과실이 있는 경우에만 丙의 유족에 대한 손해배상책임을 부담하고, 甲에게 경과실만 인정되는 경우에는 丙의 유족에 대한 손해배상책임을 부담하지 않는다고 보았다.

③ 대법원은 공동불법행위의 일반적인 경우와 달리 乙은 자신의 부담부분만을 丙의 유족에게 배상하면 된다고 하였다.

④ 대법원은 만일 乙이 손해배상액 전부를 丙의 유족에게 배상한 경우에는 자신의 귀책부분을 넘는 금액에 대해 국가에 구상청구를 할 수 있다고 하였다.

⑤ 헌법재판소는 乙이 공동불법행위자로서 丙의 유족에게 전액 손해배상한 후에 甲의 부담부분에 대해 국가에 구상청구하는 것을 부인하는 것은 헌법상 국가배상청구권 규정과 평등의 원칙을 위반하는 것이며, 비례의 원칙에 위배하여 재산권을 침해하는 것이라고 판시하였다.

46

정답 ④

핵심공략

- 군인 등이 직무 집행과 관련 순직한 경우, 그 유족이 다른 법령에 따라 유족연금을 수령하였다면, 국가배상 청구 不可
- 공무원 '고의 또는 중과실'이 있는 경우, 공무원도 불법행위로 인한 손해배상책임 O
  공무원 '경과실'의 경우 공무원 개인은 손해배상책임을 부담 ×
- 대법원은 부진정연대채무의 예외로서, 민간인은 피해 군인 등에 대하여 '자신의 부담부분'에 한하여 손해배상의무를 부담하고 국가 등에 대하여는 그 귀책부분의 구상을 청구할 수 없다고 판시
- 헌법재판소는 가해자인 민간인이 공동의 불법행위로 인한 손해를 전부 배상한 다음 공동불법행위자인 군인의 부담부분에 관하여 국가에 대하여 구상권을 행사하는 것을 허용하지 않는다고 해석하는 것은 헌법에 위반된다고 판시

① [○]

조문 **국가배상법 제2조(배상책임)** ① 국가나 지방자치단체는 공무원 또는 공무를 위탁받은 사인(이하 "공무원"이라 한다)이 직무를 집행하면서 고의 또는 과실로 법령을 위반하여 타인에게 손해를 입히거나, 「자동차손해배상 보장법」에 따라 손해배상의 책임이 있을 때에는 이 법에 따라 그 손해를 배상하여야 한다. 다만, 군인·군무원·경찰공무원 또는 예비군대원이 전투·훈련 등 직무 집행과 관련하여 전사(戰死)·순직(殉職)하거나 공상(公傷)을 입은 경우에 **본인이나 그 유족이 다른 법령에 따라 재해보상금·유족연금·상이연금 등의 보상을 지급받을 수 있을 때**에는 이 법 및 「민법」에 따른 손해배상을 청구할 수 없다.

② [○]

해설 [1] 국가배상법 제2조 제1항 본문 및 제2항의 입법 취지는 공무원의 직무상 위법행위로 타인에게 손해를 끼친 경우에는 변제자력이 충분한 국가 등에게 선임감독상 과실 여부에 불구하고 손해배상책임을 부담시켜 국민의 재산권을 보장하되, **공무원이 직무를 수행함에 있어 경과실로 타인에게 손해를 입힌 경우**에는 그 직무수행상 통상 예기할 수 있는 흠이 있는 것에 불과하므로, 이러한 공무원의 행위는 여전히 국가 등의 기관의 행위로 보아 그로 인하여 발생한 손해에 대한 배상책임도 전적으로 국가 등에만 귀속시키고 공무원 개인에게는 그로 인한 책임을 부담시키지 아니하여 공무원의 공무집행의 안정성을 확보하고, 반면에 **공무원의 위법행위가 고의·중과실에 기한 경우**에는 비록 그 행위가 그의 직무와 관련된 것이라고 하더라도 그와 같은 행위는 그 본질에 있어서 기관행위로서의 품격을 상실하여 국가 등에게 그 책임을 귀속시킬 수 없으므로 공무원 개인에게 불법행위로 인한 손해배상책임을 부담시키되, 다만 이러한 경우에도 그 행위의 외관을 객관적으로 관찰하여 공무원의 직무집행으로 보여질 때에는 피해자인 국민을 두텁게 보호하기 위하여 국가 등이 공무원 개인과 중첩적으로 배상책임을 부담하되 국가 등이 배상책임을 지는 경우에는 공무원 개인에게 구상할 수 있도록 함으로써 궁극적으로 그 책임이 공무원 개인에게 귀속되도록 하려는 것이라고 봄이 합당하다. [2] 공무원이 직무수행 중 불법행위로 타인에게 손해를 입힌 경우에 국가 등이 국가배상책임을 부담하는 외에 공무원 개인도 **고의 또는 중과실이 있는 경우**에는 불법행위로 인한 손해배상책임을 진다고 할 것이지만, 공무원에게 **경과실뿐인 경우**에는 공무원 개인은 손해배상책임을 부담하지 아니한다고 해석하는 것이 헌법 제29조 제1항 본문과 단서 및 국가배상법 제2조의 입법취지에 조화되는 올바른 해석이다. **(대판 1996.2.15. 95다38677 全)**

③ [○], ④ [×]

해설 **[다수의견]** 피해 군인 등은 위 헌법 및 국가배상법 규정에 의하여 국가 등에 대한 배상청구권을 상실한 대신에 자신의 과실 유무나 그 정도와 관계 없이 무자력의 위험부담이 없는 확실한 국가보상의 혜택을 받을 수 있는 지위에 있게 되는 특별한 이익을 누리고 있음에 반하여 민간인으로서는 손해 전부를 배상할 의무를 부담하면서도 국가 등에 대한 구상권을 행사할 수 없다고 한다면 부당하게 권리침해를 당하게 되는 결과가 되는 것과 같은 각 당사자의 이해관계의 실질을 고려하여, 위와 같은 경우에는 공동불법행위자 등이 부진정연대채무자로서 각자 피해자의 손해 전부를 배상할 의무를 부담하는 공동불법행위의 일반적인 경우와 달리 예외적으로 민간인은 피해 군인 등에 대하여 '그 손해 중 국가 등이 민간인에 대한 구상의무를 부담한다면 그 내부적인 관계에서 부담하여야 할 부분을 제외한 나머지 자신의 부담부분'에 한하여 손해배상의무를 부담하고, 한편 국가 등에 대하여는 그 귀책부분의 구상을 청구할 수 없다고 해석함이 상당하다 할 것이고, 이러한 해석이 손해의 공평·타당한 부담을 그 지도원리로 하는 손해배상제도의 이상에도 맞는다 할 것이다. **(대판 2001.2.15. 96다42420 全)**

⑤ [○]

해설 국가배상법 제2조 제1항 단서 중 군인에 관련되는 부분을, 일반국민이 직무집행 중인 군인과의 공동불법행위로 직무집행 중인 다른 군인에게 공상을 입혀 그 피해자에게 공동의 불법행위로 인한 손해를 배상한 다음 공동불법행위자인 군인의 부담부분에 관하여 국가에 대하여 구상권을 행사하는 것을 허용하지 않는다고 해석한다면, 이는 위 단서 규정의 헌법상 근거규정인 헌법 제29조가 구상권의 행사를 배제하지 아니하는데도 이를 배제하는 것으로 해석하는 것으로서 합리적인 이유 없이 일반국민을 국가에 대하여 지나치게 차별하는 경우에 해당하므로 **헌법 제11조(평등원칙), 제29조에 위반**되며, 또한 국가에 대한 구상권은 헌법 제23조 제1항에 의하여 보장되는 재산권이고 위와 같은 해석은 그러한 재산권의 제한에 해당하며 재산권의 제한은 헌법 제37조 제2항에 의한 기본권제한의 한계 내에서만 가능한데, 위와 같은 해석은 헌법 제37조 제2항에 의하여 기본권을 제한할 때 요구되는 **비례의 원칙에 위배하여 일반국민의 재산권을 과잉 제한하는 경우에 해당**하여 헌법 제23조 제1항 및 제37조 제2항에도 위반된다. **(헌재 1994.12.29. 93헌바21)**

47

국가배상에 관한 설명 중 옳지 않은 것은? (다툼이 있는 경우 판례에 의함) [20 변호사]

① 생명·신체의 침해로 인한 국가배상을 받을 권리는 양도하거나 압류하지 못한다.

② 「국가배상법」 제7조가 정하는 상호보증은 반드시 당사국과의 조약이 체결되어 있을 필요는 없지만, 당해 외국에서 구체적으로 우리나라 국민에게 국가배상청구를 인정한 사례가 있어 실제로 국가배상이 상호 인정될 수 있는 상태가 인정되어야 한다.

③ 행정입법에 관여한 공무원이 입법 당시의 상황에서 다양한 요소를 고려하여 나름대로 합리적인 근거를 찾아 어느 하나의 견해에 따라 경과규정을 두는 등의 조치 없이 새 법령을 그대로 시행하거나 적용한 경우, 그와 같은 공무원의 판단이 나중에 대법원이 내린 판단과 같지 않다고 하더라도 국가배상책임의 성립요건인 공무원의 과실이 있다고 할 수는 없다.

④ 「국가배상법」 제2조 제1항의 '법령에 위반하여'라고 함은 엄격하게 형식적 의미의 법령에 명시적으로 공무원의 행위의무가 정하여져 있음에도 이를 위반하는 경우만을 의미하는 것이 아니고, 널리 그 행위가 객관적인 정당성을 결여하고 있는 경우도 포함한다.

⑤ 국민의 생명·신체·재산 등에 대하여 절박하고 중대한 위험상태가 발생하였거나 발생할 상당한 우려가 있는 경우가 아닌 한, 원칙적으로 공무원이 관련법령에서 정하여진 대로 직무를 수행하였다면 손해방지조치를 제대로 이행하지 않은 부작위를 가지고 '고의 또는 과실로 법령에 위반'하였다고 할 수는 없다.

47

정답 ②

핵심공략

- 생명·신체의 침해로 인한 국가배상을 받을 권리는 양도 ×, 압류 ×
- 상호보증은 우리나라 국민에게 국가배상청구를 인정한 사례가 없더라도 실제로 인정될 것이라고 기대할 수 있는 상태이면 충분 O
- 행정입법에 관여한 공무원이 입법 당시의 상황에서 다양한 요소를 고려하여 나름대로 합리적인 근거를 찾아 어느 하나의 견해에 따라 경과규정을 두는 등의 조치 없이 새 법령을 그대로 시행하거나 적용하였다면, 공무원 과실 인정 ×
- 국가배상법 제2조 '법령을 위반하여'의 의미: 준칙이나 규범을 지키지 아니하고 위반한 경우를 포함하여 널리 그 행위가 객관적인 정당성을 결여하고 있음을 의미 O
- 절박하고 중대한 위험상태가 발생하였거나 발생할 우려가 있는 경우가 아니라면 원칙적으로 공무원이 관련 법령을 준수하여 직무를 수행한 경우, 그와 같은 공무원의 부작위가 '고의 또는 과실로 법령에 위반'하였다고 할 수는 ×

① [○]

조문 **국가배상법 제4조(양도 등 금지)** 생명·신체의 침해로 인한 국가배상을 받을 권리는 양도하거나 압류하지 못한다.

② [×]

해설 우리나라와 외국 사이에 국가배상청구권의 발생요건이 현저히 균형을 상실하지 아니하고 외국에서 정한 요건이 우리나라에서 정한 그것보다 전체로서 과중하지 아니하여 중요한 점에서 실질적으로 거의 차이가 없는 정도라면 국가배상법 제7조가 정하는 상호보증의 요건을 구비하였다고 봄이 타당하다. 그리고 상호보증은 외국의 법령, 판례 및 관례 등에 의하여 발생요건을 비교하여 인정되면 충분하고 반드시 당사국과의 조약이 체결되어 있을 필요는 없으며, 당해 외국에서 구체적으로 우리나라 국민에게 국가배상청구를 인정한 사례가 없더라도 실제로 인정될 것이라고 기대할 수 있는 상태이면 충분하다. **(대판 2015.6.11. 2013다208388)**

③ [○]

해설 입법자가 이러한 신뢰보호 조치가 필요한지를 판단하기 위하여는 관련 당사자의 신뢰의 정도, 신뢰이익의 보호가치와 새 법령을 통해 실현하고자 하는 공익적 목적 등을 종합적으로 비교·형량하여야 하는데, 이러한 비교·형량에 관하여는 여러 견해가 있을 수 있으므로, 행정입법에 관여한 공무원이 입법 당시의 상황에서 다양한 요소를 고려하여 나름대로 합리적인 근거를 찾아 어느 하나의 견해에 따라 경과규정을 두는 등의 조치 없이 새 법령을 그대로 시행하거나 적용하였다면, 그와 같은 공무원의 판단이 나중에 대법원이 내린 판단과 같지 아니하여 결과적으로 시행령 등이 신뢰보호의 원칙 등에 위배되는 결과가 되었다고 하더라도, 이러한 경우에까지 국가배상법 제2조 제1항에서 정한 국가배상책임의 성립요건인 공무원의 과실이 있다고 할 수는 없다. **(대판 2013.4.26. 2011다14428)**

④ [○]

해설 공무원의 행위를 원인으로 한 국가배상책임을 인정하기 위하여는 '공무원이 직무를 집행하면서 고의 또는 과실로 법령을 위반하여 타인에게 손해를 입힌 때'라고 하는 국가배상법 제2조 제1항의 요건이 충족되어야 한다. 여기서 '법령을 위반하여'라고 함은 엄격하게 형식적 의미의 법령에 명시적으로 공무원의 행위의무가 정하여져 있음에도 이를 위반하는 경우만을 의미하는 것은 아니고, 인권존중·권력남용금지·신의성실과 같이 공무원으로서 마땅히 지켜야 할 준칙이나 규범을 지키지 아니하고 위반한 경우를 비롯하여 널리 그 행위가 객관적인 정당성을 결여하고 있는 경우도 포함한다. **(대판 2015.8.27. 2012다204587)**

⑤ [○]

해설 국민의 생명, 신체, 재산 등에 대하여 절박하고 중대한 위험상태가 발생하였거나 발생할 우려가 있어서 국민의 생명, 신체, 재산 등을 보호하는 것을 본래적 사명으로 하는 국가가 초법규적, 일차적으로 그 위험 배제에 나서지 아니하면 국민의 생명, 신체, 재산 등을 보호할 수 없는 경우에는 형식적 의미의 법령에 근거가 없더라도 국가나 관련 공무원에 대하여 그러한 위험을 배제할 작위의무를 인정할 수 있을 것이지만, 그와 같은 절박하고 중대한 위험상태가 발생하였거나 발생할 우려가 있는 경우가 아니라면 원칙적으로 공무원이 관련 법령을 준수하여 직무를 수행하였다면 그와 같은 공무원의 부작위를 가지고 '고의 또는 과실로 법령에 위반'하였다고 할 수는 없을 것이므로, 공무원의 부작위로 인한 국가배상책임을 인정할 것인지 여부가 문제되는 경우에 관련 공무원에 대하여 작위의무를 명하는 법령의 규정이 없다면 공무원의 부작위로 인하여 침해된 국민의 법익 또는 국민에게 발생한 손해가 어느 정도 심각하고 절박한 것인지, 관련 공무원이 그와 같은 결과를 예견하여 그 결과를 회피하기 위한 조치를 취할 수 있는 가능성이 있는지 등을 종합적으로 고려하여 판단하여야 할 것이다. **(대판 1998.10.13. 98다18520)**

Chapter 2~3

제2장 행정상 손실보상·제3장 공법상 결과제거 청구권

1. 행정상 손실보상의 의의 및 근거

48

(가)와 (나)의 이론은 헌법 제23조의 재산권 보장과 관련하여 사회적 제약과 공용침해를 구별하는 기준에 관한 것이다. 각 학설에 관한 설명 중 옳은 것을 모두 고른 것은? (다툼이 있는 경우 판례에 의함) [14 변호사]

(가) 재산권의 사회적 제약은 공용침해보다 재산권에 대한 침해가 적은 경우이므로 보상 없이 감수하여야 한다.
(나) 재산권의 사회적 제약이란 재산권에 관한 권리와 의무를 일반적·추상적으로 형성하는 것이며, 공용침해는 이미 형성된 구체적인 재산적 권리를 박탈하거나 제한하는 것이다.

ㄱ. (나)의 이론은 보상의무의 유무를 결정하는 경계선을 찾는 이론으로, 이는 형식적 기준설과 실질적 기준설로 나뉜다.
ㄴ. (가)의 이론에서는 사회적 제약과 공용침해의 위헌성을 심사하는 기준을 각기 달리한다.
ㄷ. 헌법재판소는 도시계획법 제21조에 대한 위헌소원 사건(89헌마214 등)에서 개발제한구역 지정으로 인한 지가의 하락은 토지소유자가 감수해야 하는 사회적 제약의 범주 내라고 판시하였다.
ㄹ. 헌법 제23조 제3항과 관련하여, 재산권의 공용침해 규정과 보상에 관한 규정을 동일한 법률에 규정하여야 한다는 요청은 (나)의 이론보다는 (가)의 이론을 취할 때 논리적으로 호응된다.
ㅁ. 헌법재판소는 「택지소유상한에 관한 법률」 제2조 제1호 나목 등 위헌소원 사건(94헌바37 등)에서 (나)의 이론에 입각하여 일정 규모 이상의 택지에 대해 기간의 제한 없이 계속적으로 고율의 부담금을 부과하더라도 택지소유자의 택지에 관한 권리를 과도하게 침해하는 것이 아니므로 사회적 제약의 범주 내라고 판시하였다.
ㅂ. (나)의 이론은 '구체적 재산권의 존속보장'보다는 '가치의 손실에 대한 보상'에 더 중점을 둔다.

① ㄱ
② ㄴ, ㄹ
③ ㄷ
④ ㄹ, ㅁ
⑤ ㅂ

48 정답 ③

핵심공략

- 경계이론
  - 보상의무 유무를 결정하기 위한 경계선을 찾는 이론
  - '특별희생여부' 기준: 재산권 침해를 받는 자가 특정되어 있는지 여부
  - 가치의 손실에 대한 보상에 초점
- 분리이론
  - 사회적 제약과 공용침해는 서로 별개의 제도
    ⇨ 위헌성 심사기준을 달리 취급
  - 결부조항에 대한 요청과 논리적으로 호응
  - 구체적 재산권의 존속보장에 초점
- 개발제한구역의 지정으로 인한 개발가능성의 소멸과 그에 따른 **지가의 하락**이나 지가상승률의 상대적 감소는 토지소유자가 감수해야 하는 **사회적 제약의 범주에 속하는 것** O
- 기간 제한 없이 고율의 부담금을 계속적으로 부과하는 것은 재산권에 내재하는 사회적 제약의 범위를 넘는 것 O

해설 (가)는 경계이론(수용이론), (나)는 분리이론(단절이론)에 관한 설명이다.

ㄱ. [×]
보상의무의 유무를 결정하는 경계선을 찾는 이론은 ㈏의 분리이론이 아니라 **㈎의 경계이론**이다. 경계이론(수용이론)은 내용규정과 공용침해는 별개의 것이 아니라 단지 재산권제한의 정도의 차이로서 '재산권 제한의 정도'에 의하여 구분된다고 본다. 따라서 보상을 요하지 않는 사회적 제약은 '재산권 제한의 효과'가 일정한 강도를 넘음으로써 자동적으로 보상을 요하는 공용침해로 전환된다. 그 결과, 경계이론에 의하면 공용침해의 범위가 헌법 제23조 제3항의 요건 하에서 이루어지는 형식적인 공용침해(협의의 개념)에 한정되지 아니하고, 재산권의 내용규정의 경우에도 실질적으로 수용적 효과를 가지고 있다면 헌법 제23조 제3항의 요건을 갖추지 못했음에도 불구하고 공용침해를 인정(광의의 개념)하여 법률효과(보상)에 관해서는 제3항을 적용하게 된다. 결국 경계이론의 핵심은 보상을 요하는 수용과 보상을 요하지 않는 사회적 제약 간의 경계설정의 문제, 즉 보상의무가 시작되는 경계선을 찾는 문제로, 바로 그 경계가 특별희생이고, 특별희생에 해당하면 보상을 요하는 공용침해라고 본다. 이러한 특별희

생여부를 판단하는 기준으로 재산권의 침해를 받는 자가 특정되어 있는가의 여부에 따라 재산권의 내재적 제약과 보상을 요하는 제한행위를 구별하려는 '형식적 기준설'과 특별희생의 여부를 당해 제한의 성질·정도를 기준으로 하여 결정하여야 한다는 '실질적 기준설'이 있다.

ㄴ. [×]

사회적 제약과 공용침해의 위헌성을 심사하는 기준을 각기 달리하는 것은 ㈎의 경계이론(수용이론)이 아니라 **㈏의 분리이론**이다. 분리이론에 의하면 위헌성심사기준과 관련하여 사회적 제약과 공용침해가 서로 독립된 별개의 제도이므로 그 위헌성을 심사하는 기준도 각기 달리한다. 사회적 제약의 경우 비례의 원칙, 평등권, 신뢰의 원칙 등을 기준으로 하여 판단하지만, 공용침해는 공공필요, 보상 등 헌법 제23조 제3항이 스스로 정하고 있는 조건하에서만 허용된다.

ㄷ. [○]

개발제한구역의 지정으로 인한 개발가능성의 소멸과 그에 따른 **지가의 하락**이나 지가상승률의 상대적 감소는 토지소유자가 감수해야 하는 **사회적 제약의 범주에 속하는 것**으로 보아야 한다. 자신의 토지를 장래에 건축이나 개발목적으로 사용할 수 있으리라는 기대가능성이나 신뢰 및 이에 따른 지가상승의 기회는 원칙적으로 재산권의 보호범위에 속하지 않는다. 구역지정 당시의 상태대로 토지를 사용·수익·처분할 수 있는 이상, 구역지정에 따른 단순한 토지이용의 제한은 원칙적으로 재산권에 내재하는 사회적 제약의 범주를 넘지 않는다. **(헌재 1998.12.24. 89헌마214)**

ㄹ. [×]

헌법 제23조 제3항에서 " … 재산권의 수용·사용 또는 제한 및 그에 대한 보상은 법률로써 하되, 정당한 보상을 지급하여야 한다."고 규정하여, '공용침해에 관한 규정'과 '보상에 관한 규정'을 결부시킬 것을 요청하고 있다(소위 '불가분조항' 또는 '결부조항'). ㈏의 분리이론(단절이론)에 의하면 공용침해는 '공공필요', '보상' 등 헌법 제23조 제3항이 스스로 정하고 있는 조건하에서만 허용되고, 재산권 제한의 유형은 '보상이 필요 없는 내용규정', '보상의무 있는 내용규정', '보상을 요하는 공용침해'의 3가지로 구분될 수 있다. 특히 재산권 보장에 위반되는 내용규정은 공용침해로 전환되는 것은 아니지만, 그 위헌성은 보상규정을 통하여 제거될 수 있는데, 이러한 경우 내용규정은 '보상을 요하는 내용규정'이 된다. 따라서 **결부조항**은 ㈎의 경계이론보다는 **㈏의 분리이론을 취할 때 논리적으로 더 호응될 수 있다**고 할 것이다.

ㅁ. [×]

기간의 제한 없이 고율의 부담금을 계속적으로 부과하는 것이 재산권에 내재하는 사회적 제약에 의하여 허용되는 범위를 넘는지 여부(적극) : 10년만 지나면 그 부과율이 100%에 달할 수 있도록, 아무런 기간의 제한도 없이, 매년 택지가격의 4% 내지 11%에 해당하는 부담금을 계속적으로 부과할 수 있도록 하는 것은, 짧은 기간 내에 토지재산권을 무상으로 몰수하는 효과를 가져오는 것이 되어, **재산권에 내재하는 사회적 제약에 의하여 허용되는 범위를 넘는 것**이다. **(헌재 1999.4.29. 94헌바37 등, 위헌)**

ㅂ. [×]

가치의 손실에 대한 보상'에 더 중점을 둔 이론은 ㈏의 분리이론(단절이론)이 아니라 ㈎의 경계이론(수용이론)이다. 즉 경계이론은 재산권이 수인의 한계를 넘는 정도로 제한되는 경우 재산권보장의 내용이 존속보장에서 가치보장으로 전환되는 것으로 파악, 법률의 위헌여부와는 관계없이 재산권의 제한을 수인한 후 보상을 받을 수 있다면, 재산권은 그 기능을 다하는 것으로 판단하였다. 이러한 경계이론은 재산권의 제한으로 인하여 발생한 재산적 손실을 보상을 통하여 보완해 주기만 하면 그것이 위헌적인 재산권제한인 경우에도 그 위헌성이 치유된다는 견해로 이는 재산권제한의 경우에 보상을 약속하는 것을 중점을 둔 소위 '가치보장'의 이념에 기초하고 있다. 이에 반하여 **분리이론**은 재산권의 자유 보장적 기능에 비추어 재산권의 존속을 우선적으로 보호함으로써 재산권의 보호를 강화하고자 하는 **'존속보장'에 중점**을 둔다.

2. 행정상 손실보상의 요건

49

공용수용 및 손실보상에 관한 설명 중 옳지 않은 것은? (다툼이 있는 경우 판례에 의함) [17 변호사]

① 국가 등의 공적 기관이 직접 수용의 주체가 되는 것이든 그러한 공적 기관의 최종적인 허부판단과 승인결정 하에 민간기업이 수용의 주체가 되는 것이든, 양자 사이에 공공필요에 대한 판단과 수용의 범위에 있어서 본질적인 차이가 있는 것은 아니다.

② 「공익사업을 위한 토지 등의 취득 및 보상에 관한 법률」상 토지소유자가 사업시행자로부터 잔여지 가격감소로 인한 손실보상을 받고자 하는 경우 토지수용위원회의 재결절차를 거치지 않은 채 곧바로 사업시행자를 상대로 손실보상을 청구하는 것은 허용되지 아니 한다.

③ 개발제한구역 지정으로 인하여 토지를 종래의 목적으로도 사용할 수 없거나 또는 더 이상 법적으로 허용된 토지이용의 방법이 없기 때문에 실질적으로 토지의 사용·수익의 길이 없는 경우에는 토지소유자가 수인해야 하는 사회적 제약의 한계를 넘는 것으로 보아야 한다.

④ 「공익사업을 위한 토지 등의 취득 및 보상에 관한 법률」상 사업시행자가 3년 이상 사용한 토지에 대해 해당 토지소유자가 지방토지수용위원회에 수용청구를 하였으나 받아들여지지 않은 경우, 이에 불복하여 소송을 제기하고자 하는 토지소유자는 사업시행자를 상대로 '보상금의 증감에 관한 소송'을 제기하여야 한다.

⑤ 「공익사업을 위한 토지 등의 취득 및 보상에 관한 법률」상 주거용 건축물 세입자의 주거이전비 보상청구권은 사법상의 권리이고, 주거이전비 보상청구소송은 민사소송에 의하여야 한다.

49 정답 ⑤

핵심공략

- 헌법 제23조 제3항에서 수용의 주체 한정 × ⇨ 공공필요성 있으면 사인에 의한 수용 可
  ∴ 수용주체가 공적 기관인지 사인인지는 공공필요 판단과 수용 범위에 있어 본질적 차이 ×
- 잔여지 매수청구 또는 잔여지 가격감소로 인한 손실보상금에 관하여 아무런 재결을 거치지 아니하고 곧바로 잔여지의 가격감소로 인한 손실보상금을 청구 不許
- 개발제한구역 지정으로 토지를 종래의 목적으로도 사용할 수 없거나 또는 더 이상 법적으로 허용된 토지이용의 방법이 없어 실질적으로 토지의 사용·수익의 길이 없는 경우, **토지소유자가 수인해야 하는 사회적 제약의 한계를 넘는 것** ○
- 공익사업을 위한 토지 등의 취득 및 보상에 관한 법률 **제72조의 수용청구권**은 토지소유자의 청구에 의하여 수용효과가 생기는 **형성권의 성질** ○ ⇨ 토지소유자의 토지수용청구를 받아들이지 아니한 토지수용위원회의 재결에 대한 불복 소송은 토지보상법 제85조 제2항의 **'보상금의 증감에 관한 소송'**에 해당 ○, 피고는 토지수용위원회가 아니라 사업시행자로 하여야 ○
- **세입자의 주거이전비 보상청구권은 공법상의 권리** ○ ⇨ 그 보상을 둘러싼 쟁송은 **행정소송에 의하여야**

① [○]

해설 헌법 제23조 제3항은 정당한 보상을 전제로 하여 재산권의 수용 등에 관한 가능성을 규정하고 있지만, 재산권 수용의 주체를 한정하지 않고 있다. 위 헌법조항의 핵심은 당해 수용이 공공필요에 부합하는가, 정당한 보상이 지급되고 있는가 여부 등에 있는 것이지, 그 수용의 주체가 국가인지 민간기업인지 여부에 달려 있다고 볼 수 없다. 또한 국가 등의 공적 기관이 직접 수용의 주체가 되는 것이든 그러한 공적 기관의 최종적인 허부판단과 승인결정 하에 민간기업이 수용의 주체가 되는 것이든, 양자 사이에 공공필요에 대한 판단과 수용의 범위에 있어서 본질적인 차이를 가져올 것으로 보이지 않는다. … 그렇다면 민간기업을 수용의 주체로 규정한 자체를 두고 위헌이라고 할 수 없으며, 나아가 이 사건 수용조항을 통해 민간기업에게 사업시행에 필요한 토지를 수용할 수 있도록 규정할 필요가 있다는 입법자의 인식에도 합리적인 이유가 있다 할 것이다. **(헌재 2009.9.24. 2007헌바114)**

▶ 헌법 제23조 제3항은 재산권 수용의 주체를 한정하지 않고 있으므로 공공필요성이 있으면 민간기업과 같은 사인(私人)에 의한 수용도 인정된다. 다만, 사인에 의한 수용의 경우 사인에게 부당한 특혜가 주어지지 않도록 공익보장책이 공용침해 관련 법령에 마련되어야 한다.

② [○]

해설 공익사업법 제73조 및 같은 법 제34조, 제50조, 제61조, 제83조 내지 제85조의 규정 내용 및 입법 취지 등을 종합하여 보면, 토지소유자가 사업시행자로부터 공익사업법 제73조에 따른 '잔여지 가격감소 등으로 인한 손실보상'을 받기 위해서는 공익사업법 제34조, 제50조 등에 규정된 재결절차를 거친 다음 그 재결에 대하여 불복이 있는 때에 비로소 공익사업법 제83조 내지 제85조에 따라 권리구제를 받을 수 있을 뿐, 이러한 재결절차를 거치지 않은 채 곧바로 사업시행자를 상대로 손실보상을 청구하는 것은 허용되지 않는다고 봄이 상당하고, 이는 수용대상토지에 대하여 재결절차를 거친 경우에도 마찬가지라 할 것이다. 따라서 '수용대상 토지'에 대한 수용재결절차를 거쳤을 뿐 '잔여지'에 대하여는 잔여지 매수청구 또는 잔여지 가격감소로 인한 손실보상금에 관하여 아무런 재결을 거치지 아니하였다면, 잔여지의 가격감소로 인한 손실보상금을 청구하는 부분의 소는 재결절차를 거치지 아니한 것으로서 부적법하다. **(대판 2012.11.29. 2011두22587)**

③ [○]

해설 개발제한구역 지정으로 인하여 토지를 종래의 목적으로도 사용할 수 없거나 또는 더 이상 법적으로 허용된 토지이용의 방법이 없기 때문에 실질적으로 토지의 사용·수익의 길이 없는 경우에는 토지소유자가 수인해야 하는 사회적 제약의 한계를 넘는 것으로 보아야 한다. 그러나 개발제한구역의 지정으로 인한 개발가능성의 소멸과 그에 따른 지가의 하락이나 지가상승률의 상대적 감소는 토지소유자가 감수해야 하는 사회적 제약의 범주에 속하는 것으로 보아야 한다. 자신의 토지를 장래에 건축이나 개발목적으로 사용할 수 있으리라는 기대가능성이나 신뢰 및 이에 따른 지가상승의 기회는 원칙적으로 재산권의 보호범위에 속하지 않는다. 구역지정 당시의 상태대로 토지를 사용·수익·처분할 수 있는 이상, 구역지정에 따른 단순한 토지이용의 제한은 원칙적으로 재산권에 내재하는 사회적 제약의 범주를 넘지 않는다. **(헌재 1998.12.24. 89헌마214등)**

④ [○]

해설 사업인정고시가 된 후, ㉠ 토지를 사용하는 기간이 3년 이상인 경우, ㉡ 토지의 사용으로 인하여 토지의 형질이 변경되는 경우, ㉢ 사용하고자 하는 토지에 그 토지소유자의 건축물이 있는 경우 중 어느 하나에 해당할 때에는 해당 토지소유자는 사업시행자에게 그 토지의 매수를 청구하거나 관할 토지수용위원회에 그 토지의 수용을 청구할 수 있다. 이 경우 관계인은 사업시행자 또는 관할 토지수용위원회에 그 권리의 존속을 청구할 수 있다(**공익사업을 위한 토지 등의 취득 및 보상에 관한 법률 제72조**). **관할토지수용위원회가 공용사용에 대한 수용을 거부하는 재결을 하는 경우**에는 중앙토지수용위원회에 이의신청을 하거나, 법원에 행정소송을 제기할 수 있다. 공익사업을 위한 토지 등의 취득 및 보상에 관한 법률(이하 '토지보상법'이라 한다) 제72조가 정한 수용청구권은 토지보상법 제74조 제1항이 정한 잔여지 수용청구권과 같이 손실보상의 일환으로 토지소유자에게 부여되는 권리로서 그 청구에 의하여 수용효과가 생기는 형성권의 성질을 지니므로, 토지소유자의 토지수용청구를 받아들이지 아니한 토지수용위원회의 재결에 대하여 토지소유자가 불복하여 제기하는 소송은 토지보상법 제85조 제2항에 규정되어 있는 '보상금의 증감에 관한 소송'에 해당하고, 피고는 토지수용위원회가 아니라 사업시행자로 하여야 한다. **(대판 2015.4.9. 2014두46669)**

⑤ [×]

해설 [1] 주거이전비는 당해 공익사업 시행지구 안에 거주하는 세입자들의 조기이주를 장려하여 사업추진을 원활하게 하려는 정책적인 목적과 주거이전으로 인하여 특별한 어려움을 겪게 될 세입자들을 대상으로 하는 사회보장적인 차원에서 지급되는 금원의 성격을 가지므로, 적법하게 시행된 공익사업으로 인하여 이주하게 된 주거용 건축물 세입자의 주거이전비 보상청구권은 공법상의 권리이고, 따라서 그 보상을 둘러싼 쟁송은 민사소송이 아니라 공법상의 법률관계를 대상으로 하는 행정소송에 의하여야 한다. [2] 구 공익사업을 위한 토지 등의 취득 및 보상에 관한 법률 제78조 제5항, 제7항, 같은 법 시행규칙 제54조 제2항 본문, 제3항의 각 조문을 종합하여 보면, 세입자의 주거이전비 보상청구권은 그 요건을 충족하는 경우에 당연히 발생하는 것이므로, 주거이전비 보상청구소송은 행정소송법 제3조 제2호에 규정된 **당사자소송에 의하여야** 한다. 다만, 구 도시 및 주거환경정비법 제40조 제1항에 의하여 준용되는 구 공익사업을 위한 토지 등의 취득 및 보상에 관한 법률 제2조, 제50조, 제78조, 제85조 등의 각 조문을 종합하여 보면, 세입자의 주거이전비 보상에 관하여 재결이 이루어진 다음 세입자가 보상금의 증감 부분을 다투는 경우에는 같은 법 제85조 제2항에 규정된 행정소송(보상금증감청구소송)에 따라, 보상금의 증감 이외의 부분을 다투는 경우에는 같은 조 제1항에 규정된 행정소송(항고소송)에 따라 권리구제를 받을 수 있다. **(대판 2008.5.29. 2007다8129)**

3. 행정상 손실보상의 기준과 내용

50

「공익사업을 위한 토지 등의 취득 및 보상에 관한 법률」(이하 '토지보상법'이라고 함)상 이주대책에 관한 설명 중 옳은 것[○]과 옳지 않은 것[×]을 올바르게 조합한 것은? (다툼이 있는 경우 판례에 의함) [20 변호사]

ㄱ. 이주대책은 헌법 제23조 제3항의 정당한 보상에 포함되는 것이라기보다는 정당한 보상에 부가하여, 이주자들에게 종전의 생활상태를 회복시키기 위한 생활보상의 하나로서, 이주대책의 실시 여부는 입법자의 입법정책적 재량의 영역에 속한다고 볼 것이므로, 세입자를 이주대책대상자에서 제외하는 토지보상법 시행령 규정은 세입자의 재산권을 침해하는 것이라 볼 수 없다.
ㄴ. 사업시행자의 이주대책 수립·실시의무뿐만 아니라 이주대책의 내용에 관하여 규정하고 있는 토지보상법상의 관련규정은 당사자의 합의 또는 사업시행자의 재량에 의하여 적용을 배제할 수 없는 강행법규이다.
ㄷ. 사업시행자 스스로 공익사업의 원활한 시행을 위하여 생활대책을 수립·실시할 수 있도록 하는 내부규정을 두고 이에 따라 생활대책대상자 선정기준을 마련하여 생활대책을 수립·실시하는 경우, 생활대책대상자 선정기준에 해당하는 자는 자신을 생활대책대상자에서 제외하거나 선정을 거부한 행위에 대해 사업시행자를 상대로 항고소송을 제기할 수는 없다.
ㄹ. 이주자의 수분양권은 이주자가 이주대책에서 정한 절차에 따라 사업시행자에게 이주대책대상자 선정신청을 하고 사업시행자가 이를 받아들여 이주대책대상자로 확인·결정하여야만 비로소 구체적으로 발생하게 된다.

① ㄱ[○], ㄴ[○], ㄷ[×], ㄹ[○]
② ㄱ[×], ㄴ[○], ㄷ[×], ㄹ[○]
③ ㄱ[×], ㄴ[×], ㄷ[○], ㄹ[○]
④ ㄱ[○], ㄴ[○], ㄷ[○], ㄹ[×]
⑤ ㄱ[○], ㄴ[×], ㄷ[○], ㄹ[×]

50

정답 ①

핵심공략

- 이주대책의 실시 여부는 입법자의 입법정책적 재량영역
  ⇨ 이주대책의 대상자에서 세입자를 제외하고 있는 것이 세입자의 재산권을 침해 ×
- 사업시행자의 이주대책 수립·실시의무와 이주대책의 내용을 정하고 있는 토지보상법 규정은 강행법규 O
- 사업시행자가 생활대책대상자에서 제외하거나 선정을 거부하면, 이러한 생활대책대상자 선정기준에 해당하는 자는 사업시행자를 상대로 항고소송을 제기 可
- 사업시행자에게 이주대책대상자 선정신청을 하고 사업시행자가 이주대책대상자로 확인·결정하여야만 비로소 구체적인 수분양권이 발생 O

해설 ㄱ. [○]

이주대책은 헌법 제23조 제3항에 규정된 정당한 보상에 포함되는 것이라기보다는 이에 부가하여 이주자들에게 종전의 생활상태를 회복시키기 위한 생활보상의 일환으로서 국가의 정책적인 배려에 의하여 마련된 제도라고 볼 것이다. 따라서 이주대책의 실시 여부는 입법자의 입법정책적 재량의 영역에 속하므로 공익사업을 위한 토지 등의 취득 및 보상에 관한 법률 시행령 제40조 제3항 제3호가 이주대책의 대상자에서 세입자를 제외하고 있는 것이 세입자의 재산권을 침해하는 것이라 볼 수 없다. **(헌재 2006.2.23. 2004헌마19)**

▶ 헌법재판소는 생활보상의 일환인 이주대책에 대해 헌법 제23조 제3항의 정당한 보상에 포함되는 것은 아니라고 하였다.

ㄴ. [○]

사업시행자의 이주대책 수립·실시의무와 이주대책의 내용을 정하고 있는 토지보상법 규정은 당사자의 합의 또는 사업시행자의 재량에 의하여 적용을 배제할 수 없는 강행법규이다. **(대판 2011.6.23. 2007다63089,63096 全)**

ㄷ. [×]

공익사업을 위한 토지 등의 취득 및 보상에 관한 법률은 생활대책용지의 공급과 같이 공익사업 시행 이전과 같은 경제수준을 유지할 수 있도록 하는 내용의 생활대책에 관한 분명한 근거 규정을 두고 있지는 않으나, 사업시행자 스스로 공익사업의 원활한 시행을 위하여 필요하다고 인정함으로써 생활대책을 수립·실시할 수 있도록 하는 내부규정을 두고 있고 내부규정에 따라 생활대책대상자 선정기준을 마련하여 생활대책을 수립·실시하는 경우에는, 이러한 생활대책 역시 "공공필요에 의한 재산권의 수용·사용 또는 제한 및 그에 대한 보상은 법률로써 하되, 정당한 보상을 지급하여야 한다."고 규정하고 있는 헌법 제23조 제3항에 따른 정당한 보상에 포함되는 것으로 보아야 한다. 따라서 이러한 생활대책대상자 선정기준에 해당하는 자는 사업시행자에게 생활대책대상자 선정 여부의 확인·결정을 신청할 수 있는 권리를 가지는 것이어서, 만일 사업시행자가 그러한 자를 생활대책대상자에서 제외하거나 선정을 거부하면, 이러한 생활대책대상자 선정기준에 해당하는 자는 사업시행자를 상대로 항고소송을 제기할 수 있다고 보는 것이 타당하다. **(대판 2011.10.13. 2008두17905)**

▶ 뉴타운개발 사업시행자가 사업시행으로 생활근거 등을 상실하는 주민들을 위한 주거대책 및 생활대책을 공고함에 따라 화훼도매업을 하던 甲이 사업시행자에게 생활대책신청을 하였으나 사업시행자가 이를 거부한 사안에서, 위 거부행위가 행정처분에 해당한다고 한 사례.

ㄹ. [○]

공공용지의 취득 및 손실보상에 관한 특례법 제8조 제1항이 사업시행자에게 이주대책의 수립·실시의무를 부과하고 있다고 하여 그 규정 자체만에 의하여 이주자에게 사업시행자가 수립한 이주대책상의 택지분양권이나 아파트 입주권 등을 받을 수 있는 구체적인 권리(수분양권)가 직접 발생하는 것이라고는 도저히 볼 수 없으며, 사업시행자가 이주대책에 관한 구체적인 계획을 수립하여 이를 해당자에게 통지 내지 공고한 후, 이주자가 수분양권을 취득하기를 희망하여 이주대책에 정한 절차에 따라 사업시행자에게 이주대책대상자 선정신청을 하고 사업시행자가 이를 받아들여 이주대책대상자로 확인·결정하여야만 비로소 구체적인 수분양권이 발생하게 된다. **(대판 1994.5.24. 92다35783 全)**

4. 손실보상액의 결정방법 및 불복절차

51

손실보상에 관한 설명 중 옳은 것을 모두 고른 것은?

[15 변호사]

ㄱ. 이른바 '분리이론'은 재산권의 가치보장보다는 존속보장을 강화하려는 입장에서 접근하는 견해이다.

ㄴ. 대법원은 「하천법」 부칙(1984.12.31.) 제2조 제1항과 「법률 제3782호 하천법 중 개정법률 부칙 제2조의 규정에 의한 보상청구권의 소멸시효가 만료된 하천구역 편입토지 보상에 관한 특별조치법」 제2조 제1항의 규정에 의한 손실보상청구권의 확인을 구하는 소송을 당사자소송으로 보았다.

ㄷ. 대법원 판례에 의하면 공공사업의 시행으로 사업시행지 밖에서 발생한 간접손실은 손실 발생을 쉽게 예견할 수 있고 손실 범위도 구체적으로 특정할 수 있더라도, 사업시행자와 협의가 이루어지지 아니하고 그 보상에 관한 명문의 근거 법령이 없는 경우에는 보상의 대상이 아니다.

ㄹ. 토지소유자가 손실보상금의 증액을 쟁송상 구하는 경우에는 전심절차로서 이의신청에 대한 재결을 거친 후 관할 토지수용위원회를 피고로 하여 보상금증액청구소송을 제기하여야 한다.

ㅁ. 생활보상의 일종인 이주대책은 입법자의 입법정책적 재량영역이 아니라 헌법 제23조 제3항의 정당한 보상에 포함된다고 함이 헌법재판소의 입장이다.

① ㄱ, ㄴ ② ㄴ, ㄷ
③ ㄹ, ㅁ ④ ㄱ, ㄴ, ㅁ
⑤ ㄱ, ㄷ, ㄹ

51 정답 ①

핵심공략

- 분리이론은 재산권의 존속보장 강화하려는 견해
- 하천법 중 개정법률 부칙 제2조의 규정에 의한 보상청구권의 소멸시효가 만료된 「하천구역 편입토지 보상에 관한 특별조치법」 제2조 제1항의 손실보상금의 지급을 구하거나 **손실보상청구권의 확인을 구하는 소송은 당사자소송에 의하여야** O
- 공공사업의 시행에 따른 간접손실도 그 피해자와 사업시행자 사이에 협의가 이루어지지 아니하고 **그 보상에 관한 명문의 근거 법령이 없는 경우라고 하더라도,** 손실 발생을 쉽게 예견할 수 있고 손실 범위도 구체적으로 특정 가능한 경우, 보상의 대상 O
- 토지소유자·관계인 또는 사업시행자는 이의신청을 하지 않고 바로 보상금금증액청구소송을 제기 可
- 이주대책의 실시 여부는 입법자의 입법정책적 재량영역 O

해설 ㄱ. [O]

경계이론은 공공필요에 의한 재산권의 제한과 그에 대한 구제를 모두 손실보상의 문제로 보는 견해이다. 이 견해에 의하면 공공필요에 의한 재산권의 제한이 재산권에 내재하는 사회적 제약을 넘는 특별희생에 해당하게 되면 그에 대하여 손실보상을 해야 한다고 본다. 반면 **분리이론**은 공익목적을 위한 재산권 제한을 입법자의 의사(입법의 목적 및 형식)를 기준으로 헌법 제23조 제1항 및 제2항에 의한 재산권의 내용과 한계의 문제와 헌법 제23조 제3항의 공용침해와 손실보상의 문제로 구분한다. 즉, 법률의 규정에 의한 재산권의 제한이 일반적인 공익을 위하여 일반적·추상적으로 재산권을 새롭게 정의하는 것인 경우에는 헌법 제23조 제1항 및 제2항의 재산권의 내용적 제한(내용과 한계의 문제)에 해당하고, 법률의 규정에 의한 재산권의 제한이 특정한 공익을 위하여 개별적·구체적으로 기존의 재산권을 박탈 내지 축소하려는 목적을 가진 것인 경우에는 헌법 제23조 제3항의 공용침해와 손실보상의 문제에 해당한다고 본다. 따라서 **분리이론은 가치보장인 수용 및 보상을 제한하고, 존속보장을 강화하려는 견해**라고 할 수 있다.

ㄴ. [O]

하천법 부칙(1984.12.31.) 제2조와 '법률 제3782호 하천법 중 개정법률 부칙 제2조의 규정에 의한 보상청구권의 소멸시효가 만료된 하천구역 편입토지 보상에 관한 특별조치법' 제2조, 제6조의 각 규정들을 종합하면, 위 규정들에 의한 손실보상청구권은 1984. 12. 31. 전에 토지가 하천구역으로 된 경우에는 당연히 발생되는 것이지, 관리청의 보상금지급결정에 의하여 비로소 발생하는 것은 아니므로, 위 규정들에 의한 손실보상금의 지급을 구하거나 **손실보상청구권의 확인을 구하는 소송**은 행정소송법 제3조 제2호 소정의 **당사자소송에 의하여야** 한다 **(대판 2006.5.18. 2004다6207 全)**

ㄷ. [×]

공공사업의 시행 결과 그 공공사업의 시행이 기업지 밖에 미치는 간접손실에 관하여 그 피해자와 사업시행자 사이에 협의가 이루어지지 아니하고 **그 보상에 관한 명문의 근거 법령이 없는 경우라고 하더라도,** 헌법 제23조 제3항은 "공공필요에 의한 재산권의 수용·사용 또는 제한 및 그에 대한 보상은 법률로써 하되, 정당한 보상을 지급하여야 한다."고 규정하고 있고, 이에 따라 국민의 재산권을 침해하는 행위 그 자체는 반드시 형식적 법률에 근거하여야 하며, 토지수용법 등의 개별 법률에서 공익사업에 필요한 재산권 침해의 근거와 아울러 그로 인한 손실보상 규정을 두고 있는 점, 공공용지의 취득 및 손실보상에 관한 특례법 제3조 제1항은 "공공사업을 위한 토지 등의 취득 또는 사용으로 인하여 토지 등의 소유자가 입은 손실은 사업시행자가 이를 보상하여야 한다."고 규정하고, 같은법 시행규칙 제23조의2 내지 7에서 공공사업시행지구 밖에 위치한 영업과 공작물 등에 대한 간접손실에 대하여도 일정한 조건하에서 이를 보상하도록 규정하고 있는 점에 비추어, 공공사업의 시행으로 인하여 그러한 손실이 발생하리라는 것을 쉽게 예견할 수 있고 그 손실의 범위도 구체적으로 이를 특정할 수 있는 경우라면 그 손실의 보상에 관하여 공공용지의 취득 및 손실보상에 관한 특례법 시행규칙의 **관련 규정 등을 유추적용할 수 있다**고 해석함이 상당하다. **(대판 1999.10.8. 99다27231)**

ㄹ. [×]

이의신청은 준사법적 절차로서 행정심판(특별행정심판)의 성질을 가지므로, 공익사업을 위한 토지 등의 취득 및 보상에 관한 법률의 이의신청에 관한 규정은 행정심판법에 대한 특별규정이다. 이러한 이의신청은 **임의적 절차**이므로 토지소유자·관계인 또는 사업시행자는 이의신청을 하지 않고 바로 보상금금증액청구소송을 제기할 수도 있다. 보상금증감청구소송은 토지소유자 또는 관계인이 소를 제기하는 경우에는 **사업시행자를 피고로** 하고, 사업시행자가 소를 제기하는 경우에는 토지소유자 또는 관계인을 피고로 한다**(공익사업을 위한 토지 등의 취득 및 보상에 관한 법률 제85조 제2항)**. 관할 토지수용위원회는 보상금증감청구소송의 피고적격이 없으므로, 관할 토지수용위원회를 피고로 한 보상금증감청구소송은 부적법하다.

ㅁ. [×]

이주대책은 **헌법 제23조 제3항에 규정된 정당한 보상에 포함되는 것이라기보다는** 이에 부가하여 이주자들에게 종전의 생활상태를 회복시키기 위한 **생활보상의 일환**으로서 국가의 정책적인 배려에 의하여 마련된 제도라고 볼 것이다. 따라서 **이주대책의 실시 여부는 입법자의 입법정책적 재량의 영역에 속하므로** 공익사업을 위한 토지 등의 취득 및 보상에 관한 법률 시행령 제40조 제3항 제3호가 이주대책의 대상자에서 세입자를 제외하고 있는 것이 세입자의 재산권을 침해하는 것이라 볼 수 없다**(헌재 2006.2.23. 2004헌마19)**. 대법원도 이주대책은 이주자들에 대하여 종전의 생활상태를 원상으로 회복시키면서 동시에 인간다운 생활을 보장하여 주기 위한 이른바 생활보상의 일환으로 국가의 적극적이고 정책적인 배려에 의하여 마련된 제도로 판시하였다. **(대판 2003.7.25. 2001다57778)**

Chapter 04

행정심판

1. 행정심판의 의의

52

이의신청에 관한 설명 중 옳지 않은 것은? (다툼이 있는 경우 판례에 의함) [20 변호사]

① 「국가유공자 등 예우 및 지원에 관한 법률」은 국가유공자 등록신청을 거부한 경우 신청대상자가 이의신청을 제기할 수 있도록 규정하고 있는데, 행정청이 그 이의신청을 받아들이지 아니하는 내용의 결정을 한 경우 그 결정은 원결정과 별개로 항고소송의 대상이 되지 않는다.

② 「국세기본법」의 관련규정들의 취지에 비추어 볼 때 동일 사항에 관하여 특별한 사유 없이 종전 처분에 대한 취소를 번복하고 다시 종전 처분을 되풀이할 수는 없는 것이므로, 과세처분에 관한 이의신청 절차에서 과세관청이 과세처분을 직권으로 취소한 이상 그 후 특별한 사유 없이 이를 번복하고 종전 처분을 되풀이하는 것은 허용되지 않는다.

③ 도로점용료 부과처분에 대한 「지방자치법」상의 이의신청은 행정심판과는 구별되는 제도이므로, 이의신청을 제기해야 할 사람이 처분청에 표제를 '행정심판청구서'로 한 서류를 제출한 경우 이를 처분에 대한 이의신청으로 볼 수 없다.

④ 「감염병의 예방 및 관리에 관한 법률」상 예방접종 피해보상 거부처분에 대하여 법령의 규정 없이 제기한 이의신청은 행정심판으로 볼 수 없으므로, 그 거부처분에 대한 신청인의 이의신청에 대해 기각결정이 내려진 경우에는 그 기각결정을 새로운 거부처분으로 본다.

⑤ 개별공시지가에 대하여 「부동산 가격공시에 관한 법률」에 따른 이의신청을 하여 그 결과 통지를 받은 후 다시 행정심판을 거친 경우 행정소송의 제소기간은 그 행정심판 재결서 정본을 송달받은 날부터 기산한다.

52 정답 ③

핵심공략

- 국가유공자법 제74조의18 제1항이 정한 이의신청을 받아들이지 아니하는 결정은 원결정과 별개로 항고소송의 대상 ×
- 과세관청이 납세자의 이의신청 사유가 옳다고 인정하여 과세처분을 직권으로 취소하였음에도, 특별한 사유 없이 이를 번복하고 종전 처분을 되풀이하여서 한 과세처분은 위법 O
- 이의신청을 제기해야 할 사람이 표제를 '행정심판청구서'로 한 경우더라도, 이의신청 요건에 맞는 불복취지와 사유가 충분히 기재되어 있다면 표제에도 불구하고 이를 처분에 대한 이의신청으로 볼 수 O
- 감염병 예방 및 관리에 관한 법률상 예방접종 피해보상 거부처분에 대한 신청인의 이의신청에 대해 기각결정 ⇨ 새로운 거부처분 O
- 개별공시지가에 대한 이의신청을 하여 그 결과 통지를 받은 후 다시 행정심판을 거쳐 행정소송을 제기 可, 이 경우 행정소송의 제소기간은 그 행정심판 재결서 정본을 송달받은 날부터 기산 O

① [O]

해설 [1] 국가유공자법 제74조의18 제1항이 정한 이의신청을 받아들이지 아니하는 결정은 이의신청인의 권리·의무에 새로운 변동을 가져오는 공권력의 행사나 이에 준하는 행정작용이라고 할 수 없으므로 원결정과 별개로 항고소송의 대상이 되지는 않는다. [2] 국가유공자 비해당결정 등 원결정에 대한 이의신청이 받아들여지지 아니한 경우에도 이의신청인으로서는 원결정을 대상으로 항고소송을 제기하여야 하고, 국가유공자 등 예우 및 지원에 관한 법률 제74조의18 제4항이 이의신청을 하여 그 결과를 통보받은 날부터 90일 이내에 행정심판법에 따른 행정심판의 청구를 허용하고 있고, 행정소송법 제18조 제1항 본문이 "취소소송은 법령의 규정에 의하여 당해 처분에 대한 행정심판을 제기할 수 있는 경우에도 이를 거치지 아니하고 제기할 수 있다."라고 규정하고 있는 점 등을 종합하면, 이의신청을 받아들이지 아니하는 결과를 통보받은 자는 통보받은 날부터 90일 이내에 행정심판법에 따른 행정심판 또는 행정소송법에 따른 취소소송을 제기할 수 있다. (대판 2016.7.27. 2015두45953)

② [O]

해설 과세처분에 관한 불복절차과정에서 불복사유가 옳다고 인정하고 이에 따라 필요한 처분을 하였을 경우에는 불복제도와 이에 따른 시정방법을 인정하고 있는 법 취지에 비추어 동일 사항에 관하여 특별한 사유 없이 이를 번복하고 다시 종전의 처분을 되풀이할 수는 없다. 따라서 과세관청이 과세처분에 대한 이의신청절차에서 납세자의 이의신청 사유가 옳다고 인정하여 과세처분을 직권으로 취소하였음에도, 특별한 사유 없이 이를 번복하고 종전 처분을 되풀이하여서 한 과세처분은 위법하다. (대판 2014.7.24. 2011두14227)

③ [×]

해설 지방자치법 제140조 제3항에서 정한 이의신청은 행정청의 위법·부당한 처분에 대하여 행정기관이 심판하는 행정심판과는 구별되는 별개의 제도이나, 이의신청과 행정심판은 모두 본질에 있어 행정처분으로 인하여 권리나 이익을 침해당한 상대방의 권리구제에 목적이 있고, 행정소송에 앞서 먼저 행정기관의 판단을 받는 데에 목적을 둔 엄격한 형식을 요하지 않는 서면행위이므로, 이의신청을 제기해야 할 사람이 처분청에 표제를 '행정심판청구서'로 한 서류를 제출한 경우라 할지라도 서류의 내용에 이의신청 요건에 맞는 불복취지와 사유가 충분히 기재되어 있다면 표제에도 불구하고 이를 처분에 대한 이의신청으로 볼 수 있다. (대판 2012.3.29. 2011두26886)

④ [○]

해설 [1] 수익적 행정행위 신청에 대한 거부처분은 당사자의 신청에 대하여 관할 행정청이 거절하는 의사를 대외적으로 명백히 표시함으로써 성립되고, 거부처분이 있은 후 당사자가 다시 신청을 한 경우에는 신청의 제목 여하에 불구하고 그 내용이 새로운 신청을 하는 취지라면 관할 행정청이 이를 다시 거절하는 것은 새로운 거부처분으로 봄이 원칙이다. [2] 감염병예방법령에는 이의신청에 관한 명문의 규정이 없고, 소멸시효 또는 권리 행사기간의 제한에 관한 규정도 없으므로, 원고는 언제든지 재신청을 할 수 있는데, 원고의 예방접종 피해보상 거부처분에 대한 이의신청은 민원 처리에 관한 법률상 이의신청 기간이 도과된 후에야 제기되었고, 피고(질병관리본부장)는 원고의 이의신청에 따라 추가로 제출된 자료 등을 예방접종피해보상 전문위원회에서 새로 심의하도록 하여 그 의견을 들은 후 제2차 거부통보를 하였다면, 제2차 거부통보의 처분성을 인정할 수 있다고 한 사례. (대판 2019.4.3. 2017두52764)

⑤ [○]

해설 부동산 가격공시 및 감정평가에 관한 법률(현행 부동산 가격공시에 관한 법률)에 행정심판의 제기를 배제하는 명시적인 규정이 없고 부동산 가격공시 및 감정평가에 관한 법률에 따른 이의신청과 행정심판은 그 절차 및 담당 기관에 차이가 있는 점을 종합하면, 부동산 가격공시 및 감정평가에 관한 법률이 이의신청에 관하여 규정하고 있다고 하여 이를 행정심판법 제3조 제1항에서 행정심판의 제기를 배제하는 '다른 법률에 특별한 규정이 있는 경우'에 해당한다고 볼 수 없으므로, 개별공시지가에 대하여 이의가 있는 자는 곧바로 행정소송을 제기하거나 부동산 가격공시 및 감정평가에 관한 법률에 따른 이의신청과 행정심판법에 따른 행정심판청구 중 어느 하나만을 거쳐 행정소송을 제기할 수 있을 뿐 아니라, 이의신청을 하여 그 결과 통지를 받은 후 다시 행정심판을 거쳐 행정소송을 제기할 수도 있다고 보아야 하고, 이 경우 행정소송의 제소기간은 그 행정심판 재결서 정본을 송달받은 날부터 기산한다. (대판 2010.1.28. 2008두19987)

2. 행정심판의 종류

53

행정심판에 관한 설명 중 옳지 않은 것은? [12 변호사]

① 무효등확인심판은 심판청구기간의 제한이 없고, 사정재결도 인정되지 아니한다.

② 행정심판위원회는 처분 또는 부작위가 위법·부당하다고 상당히 의심되는 경우로서 그로 인하여 당사자가 받을 우려가 있는 중대한 불이익을 막기 위하여 임시지위를 정하여야 할 필요가 있을 때에는 임시처분을 결정할 수 있다.

③ 행정심판위원회는 당사자의 신청을 거부하거나 부작위로 방치한 처분의 이행을 명하는 재결이 있었음에도 당해 행정청이 재결의 취지에 따른 처분을 하지 아니하는 때에는 당사자의 신청에 의하여 시정을 명하고 불이행시 직접 당해 처분을 행할 수도 있다.

④ 행정심판법의 개정으로 시·도행정심판위원회의 재결에 불복하는 경우 청구인은 그 재결 및 같은 처분 또는 부작위에 대하여 중앙행정심판위원회에 재심사를 청구할 수 있다.

⑤ 심판청구의 대상과 관계되는 권리나 이익을 양수한 자는 행정심판위원회의 허가를 받아 청구인의 지위를 승계할 수 있고, 위 위원회가 이를 허가하지 않으면 이의신청을 할 수 있다.

53

정답 ④

핵심공략

- 무효등확인심판의 경우, 심판청구기간 제한 ×, 사정재결 인정 ×
- 처분 또는 부작위로 인해 당사자가 받을 우려가 있는 중대한 불이익이나 당사자에게 생길 급박한 위험을 막기 위하여 임시지위를 정하여야 할 필요가 있는 경우, **직권** 또는 **당사자 신청**에 의하여 **임시처분** 결정 可
- 위원회는 피청구인이 재처분의무에도 불구하고 처분을 하지 아니하는 경우, **당사자가 신청하면** 기간을 정하여 서면으로 시정을 명하고 그 기간에 이행하지 아니하면 **직접 처분 可**
- 심판청구에 대한 재결이 있으면 그 재결 및 같은 처분 또는 부작위에 대하여 다시 행정심판을 청구 不可
- 심판청구의 대상과 관계되는 권리나 이익을 **양수한 자**는 **위원회의 허가를 받아** 청구인의 지위 승계 可
  ⇨ 위원회가 허가하지 아니하면 이의신청 可

① [○]

해설 심판청구기간은 취소심판청구와 거부처분에 대한 의무이행심판청구에만 적용되고, **무효등확인심판청구**나 부작위에 대한 의무이행심판청구에는 적용되지 아니한다(**행정심판 제27조 제7항**). 사정재결이라 함은 심판청구가 이유 있다고 인정되는 경우에도 이를 인용하는 것이 공공복리에 크게 위배된다고 인정하는 때에 그 심판청구를 기각하는 재결을 말한다. **(행정심판법 제44조 제1항)** 따라서 사정재결도 기각재결의 일종이다. **무효등확인심판의 경우에는 사정재결이 인정되지 않는다. (행정심판법 제44조 제3항)**

② [○]

조문 **행정심판법 제31조(임시처분)** ① 위원회는 처분 또는 부작위가 위법·부당하다고 상당히 의심되는 경우로서 처분 또는 부작위 때문에 당사자가 받을 우려가 있는 중대한 불이익이나 당사자에게 생길 급박한 위험을 막기 위하여 임시지위를 정하여야 할 필요가 있는 경우에는 **직권**으로 또는 **당사자의 신청**에 의하여 **임시처분**을 결정할 수 있다.

③ [○]

조문 **행정심판법 제49조(재결의 기속력 등)** ③ 당사자의 신청을 거부하거나 부작위로 방치한 처분의 이행을 명하는 재결이 있으면 행정청은 지체 없이 이전의 신청에 대하여 재결의 취지에 따라 처분을 하여야 한다.

행정심판법 제50조(위원회의 직접 처분) ① 위원회는 피청구인이 제49조 제3항에도 불구하고 처분을 하지 아니하는 경우에는 **당사자가 신청하면** 기간을 정하여 서면으로 시정을 명하고 그 기간에 이행하지 아니하면 **직접 처분**을 할 수 있다. 다만, 그 처분의 성질이나 그 밖의 불가피한 사유로 위원회가 직접 처분을 할 수 없는 경우에는 그러하지 아니하다.

④ [×]

해설 심판청구에 대한 재결이 있으면 그 재결 및 같은 처분 또는 부작위에 대하여 다시 행정심판을 청구할 수 없다. **(행정심판법 제51조)** 이와 같이 행정심판법은 원칙적으로 한 번의 행정심판청구만을 인정하고 있다. 따라서 시·도행정심판위원회의 재결에 불복하여 중앙행정심판위원회에 재심사 청구를 할 수 없다. 재결은 물론 같은 처분에 대해서도 행정심판의 재청구가 금지된다.

⑤ [○]

조문 **행정심판법 제16조(청구인의 지위 승계)** ⑤ 심판청구의 대상과 관계되는 권리나 이익을 **양수한 자**는 **위원회의 허가를 받아** 청구인의 지위를 승계할 수 있다.
⑥ 위원회는 제5항의 지위 승계 신청을 받으면 기간을 정하여 당사자와 참가인에게 의견을 제출하도록 할 수 있으며, 당사자와 참가인이 그 기간에 의견을 제출하지 아니하면 의견이 없는 것으로 본다.
⑦ 위원회는 제5항의 지위 승계 신청에 대하여 허가 여부를 결정하고, 지체 없이 신청인에게는 결정서 정본을, 당사자와 참가인에게는 결정서 등본을 송달하여야 한다. ⑧ 신청인은 위원회가 제5항의 지위 승계를 허가하지 아니하면 결정서 정본을 받은 날부터 7일 이내에 위원회에 **이의신청**을 할 수 있다.

3. 행정심판의 당사자 및 관계인

4. 행정심판의 청구

54

행정심판 청구기간 및 행정소송 제기기간에 관한 다음 설명 중 옳지 않은 것은? (다툼이 있는 경우 판례에 의함) [13 변호사]

① 고시 또는 공고에 의하여 행정처분을 하는 경우에는 고시 또는 공고가 효력이 발생하여도 그날 이해관계인이 그 처분이 있음을 바로 알 수 없으므로 이해관계인이 실제로 그 고시 또는 공고된 처분이 있음을 알게 된 날을 제소기간의 기산점으로 삼아야 한다.

② 행정심판의 경우 행정처분의 직접상대방이 아닌 제3자는 처분이 있음을 곧 알 수 없는 처지이므로 위 제3자가 행정심판 청구기간 내에 처분이 있음을 알았거나 쉽게 알 수 있었다는 특별한 사정이 없는 한 '처분이 있었던 날부터 180일'의 심판청구기간의 적용을 배제할 정당한 사유가 있는 때에 해당한다.

③ 법원은 당사자소송을 취소소송으로 변경하는 것이 상당하다고 인정할 때에는 청구의 기초에 변경이 없는 한 사실심의 변론종결시까지 원고의 신청에 의하여 결정으로써 소의 변경을 허가할 수 있는데, 이때 제소기간은 애초에 당사자소송을 제기한 시점을 기준으로 계산한다.

④ 보충역편입처분에 따라 공익근무요원으로 소집되어 근무 중 보충역편입처분을 취소당한 후 공익근무요원 복무중단처분 및 현역병입영대상편입처분이 순차로 내려지자, 원고가 보충역편입처분취소처분의 취소를 구하는 소를 제기하였다가 공익근무요원 복무중단처분의 취소 및 현역병입영대상편입처분의 취소를 청구취지로 추가한 경우, 추가된 부분의 제소기간은 청구취지의 추가신청이 있은 때를 기준으로 계산한다.

⑤ 국세부과처분에 대한 이의신청에 있어서 재조사결정이 내려지고 그에 따라 후속 처분이 내려진 경우 재조사결정에 따른 심사청구기간이나 심판청구기간은 이의신청인이 후속 처분의 통지를 받은 날부터 기산된다.

54

정답 ①

핵심공략

- 통상 고시 또는 공고에 의하여 행정처분을 하는 경우 고시가 효력을 발생하는 날 행정처분이 있음을 알았다고 보아야 O
- 처분의 직접 상대방 아닌 제3자가 처분이 있었던 날부터 180일 이내에 행정심판 청구를 하지 아니하였다고 하더라도, 특별한 사정이 없는 한, 행정심판법 제27조 제3항 단서의 "정당한 사유"가 있는 경우에 해당 O
- 당사자소송이 취소소송으로 변경되는 경우 취소소송의 제소기간은 당사자소송을 제기한 시점을 기준으로 계산
- 추가적으로 병합된 소의 제소기간은 원칙적으로 '추가적 병합의 신청이 있는 때'를 기준으로 O
- 재조사결정에 따른 심사청구기간이나 심판청구기간 또는 행정소송의 제소기간은 이의신청인 등이 후속 처분의 통지를 받은 날부터 기산 O

① [×]

해설 통상 **고시 또는 공고에 의하여 행정처분을 하는 경우**에는 그 처분의 상대방이 불특정 다수인이고 그 처분의 효력이 불특정 다수인에게 일률적으로 적용되는 것이므로, 그 행정처분에 이해관계를 갖는 자가 고시 또는 공고가 있었다는 사실을 현실적으로 알았는지 여부에 관계없이 **고시가 효력을 발생하는 날 행정처분이 있음을 알았다고 보아야** 한다. **(대판 2007.6.14. 2004두619)** 따라서 고시가 효력을 발생하는 날로부터 90일 내에 취소소송을 제기해야 한다. **(행정소송법 제20조 제1항)**

② [○]

해설 **행정처분의 직접 상대방이 아닌 제3자가 행정심판을 청구하는 경우**에도 청구기간의 제한은 원칙적으로 처분의 상대방이 청구하는 경우와 동일하다. 따라서 행정처분의 상대방이 아닌 제3자라도 처분이 있음을 알게 된 날부터 90일이나 처분이 있었던 날부터 180일이 경과하면 행정심판 청구를 하지 못하는 것이 원칙이다. 그러나 제3자는 행정처분 통지의 상대방이 아니어서 특별한 사정이 없는 한 행정처분이 있음을 알 수 없다고 할 것이므로, 일반적으로 제3자의 행정심판 청구기간은 '처분이 있었던 날부터 180일 이내'가 기준이 된다. 그리고 **행정처분의 직접 상대방이 아닌 제3자는 일반적으로 처분이 있는 것을 바로 알 수 없는 처지에 있으므로** '처분이 있었던 날부터 180일 이내'에 행정심판 청구를 하지 아니하였다고 하더라도, 그 기간 내에 처분이 있은 것을 알았거나 쉽게 알 수 있었기 때문에 행정심판 청구를 할 수 있었다고 볼 만한 특별한 사정이 없는 한, 행정심판법 제27조 제3항 단서의 "정당한 사유"가 있는 경우에 해당한다고 볼 수 있다. **(대판 1988.9.27. 88누29; 대판 1992.7.28. 91누12844 참조)**

③ [○]

해설 소의 종류 변경에 관한 행정소송법 제21조는 당사자소송에 준용되므로, 당사자소송이 취소소송으로 변경되는 경우에는 행정소송법 제21조 제3항 및 제14조 제4항에 따라 취소소송의 제소기간은 당사자소송을 제기한 시점을 기준으로 계산한다.

조문 **행정소송법 제21조(소의 변경)** ① 법원은 취소소송을 당해 처분등에 관계되는 사무가 귀속하는 국가 또는 공공단체에 대한 당사자소송 또는 취소소송외의 항고소송으로 변경하는 것이 상당하다고 인정할 때에는 청구의 기초에 변경이 없는 한 사실심의 변론종결시까지 원고의 신청에 의하여 결정으로써 소의 변경을 허가할 수 있다.
④ 제1항의 규정에 의한 허가결정에 대하여는 제14조 제2항·제4항 및 제5항의 규정을 준용한다.

제14조(피고경정) ① 원고가 피고를 잘못 지정한 때에는 법원은 원고의 신청에 의하여 결정으로써 피고의 경정을 허가할 수 있다.
④ 제1항의 규정에 의한 결정이 있은 때에는 새로운 피고에 대한 소송은 **처음에 소를 제기한 때에** 제기된 것으로 본다.
⑤ 제1항의 규정에 의한 결정이 있은 때에는 종전의 피고에 대한 소송은 취하된 것으로 본다.

제42조(소의 변경) 제21조의 규정은 당사자소송을 항고소송으로 변경하는 경우에 준용한다.

④ [○]

해설 **소의 추가적 병합의 경우**에 추가적으로 병합된 소의 제소기간은 원칙적으로 '추가적 병합의 신청이 있는 때'를 기준으로 하여야 한다(**대판 2004.12.10. 2003두12257**). 이 사건 공익근무요원복무중단처분, 현역병입영대상편입처분 및 현역병입영통지처분은 보충역편입처분취소처분을 전제로 한 것이기는 하나 각각 단계적으로 별개의 법률효과를 발생시키는 독립된 행정처분으로서 하나의 소송물로 평가할 수 없고, 보충역편입처분취소처분의 효력을 다투는 소에 공익근무요원복무중단처분, 현역병입영대상편입처분 및 현역병입영통지처분을 다투는 소도 포함되어 있다고 볼 수는 없다고 할 것이므로, 공익근무요원복무중단처분, 현역병입영대상편입처분 및 현역병입영통지처분의 취소를 구하는 소의 **제소기간의 준수 여부는 각 그 청구취지의 추가·변경신청이 있은 때를 기준으로** 개별적으로 살펴야 할 것이지, 최초에 보충역편입처분취소처분의 취소를 구하는 소가 제기된 때를 기준으로 할 것은 아니라고 할 것이다(**대판 2004.12.10. 2003두12257**).

⑤ [○]

해설 이의신청 등에 대한 결정의 한 유형으로 실무상 행해지고 있는 재조사결정[1]은 처분청으로 하여금 하나의 과세단위의 전부 또는 일부에 관하여 당해 결정에서 지적된 사항을 재조사하여 그 결과에 따라 과세표준과 세액을 경정하거나 당초 처분을 유지하는 등의 후속 처분을 하도록 하는 형식을 취하고 있다. 이에 따라 재조사결정을 통지받은 이의신청인 등은 그에 따른 후속 처분의 통지를 받은 후에야 비로소 다음 단계의 쟁송절차에서 불복할 대상과 범위를 구체적으로 특정할 수 있게 된다. 이와 같은 재조사결정의 형식과 취지, 그리고 행정심판제도의 자율적 행정통제기능 및 복잡하고 전문적·기술적 성격을 갖는 조세법률관계의 특수성 등을 감안하면, 재조사결정은 당해 결정에서 지적된 사항에 관해서는 처분청의 재조사결과를 기다려 그에 따른 후속 처분의 내용을 이의신청 등에 대한 결정의 일부분으로 삼겠다는 의사가 내포된 변형결정에 해당한다고 볼 수밖에 없다. 그렇다면 재조사결정은 처분청의 후속 처분에 의하여 그 내용이 보완됨으로써 이의신청 등에 대한 결정으로서의 효력이 발생한다고 할 것이므로, 재조사결정에 따른 심사청구기간이나 **심판청구기간 또는 행정소송의 제소기간은 이의신청인 등이 후속 처분의 통지를 받은 날부터 기산된다**고 봄이 타당하다. (**대판 2010.6.25. 2007두12514 全**)

1) 현재는 재조사결정이 심판청구 등에 대한 결정의 한 유형으로 명문화되었다(**국세기본법 제65조 제1항 제3호 단서**).

5. 행정심판의 심리

55

甲은 2016.3.8. 「학교보건법」(현행 「교육환경보호에 관한 법률」)에 따라 지정된 학교환경위생정화구역(현행 '교육환경보호구역') 내에서 위 법이 금지하는 당구장업을 하기 위해 금지행위 및 금지시설의 해제를 신청하였다. 관할 행정청은 「학교보건법」상 학교환경위생정화위원회(현행 '지역교육환경보호위원회')의 심의를 거치지 아니하고, 2016.3.15. '학생의 안전보호'를 이유로 해제신청을 거부하는 결정을 하였고 이 결정이 2016.3.16. 甲에게 도달하였다. 관할 행정청은 처분을 하면서 甲에게 행정심판 청구기간을 고지하지 아니하였다. 甲은 거부처분에 대해 행정심판을 제기하고자 한다. 이에 관한 설명 중 옳지 않은 것은? (다툼이 있는 경우 판례에 의함) [18 변호사]

① 학교환경위생정화구역 내에서의 금지행위 및 금지시설의 해제신청에 대하여 신청을 인용하거나 거부하는 처분은 재량행위에 속한다.

② 학교환경위생정화위원회의 심의를 거치지 아니하고 내려진 거부처분의 흠은 행정처분의 효력에 아무런 영향을 주지 않는다거나 경미한 정도에 불과하다고 볼 수 없으므로 특별한 사정이 없는 한 거부처분을 위법하게 하는 취소사유에 해당한다.

③ 甲이 2016.7.20. 취소심판을 제기하는 경우 청구기간이 도과하지 않은 것이므로 적법하다.

④ 관할 행정청이 행정심판단계에서 '학생의 안전보호'라는 처분사유를 '학생의 보건·위생보호'로 변경하고자 할 경우 기본적 사실관계의 동일성이 있으면 처분사유의 변경이 허용된다.

⑤ 「체육시설의 설치·이용에 관한 법률」에 따른 당구장업의 신고요건을 갖춘 甲은 학교환경위생정화구역 내에서 「학교보건법」에 따른 별도 요건을 충족하지 아니하고도 적법한 신고를 할 수가 있다.

6. 행정심판의 재결

55

정답 ⑤

핵심공략

- 학교환경위생정화구역 안에서의 금지행위 및 시설의 해제 또는 해제거부는 예외적 허가로서 재량행위 O
  ⇨ 해제거부하면서 **절차상 학교환경위생정화위원회의 심의를 누락한 흠은 취소사유에 해당** O
- 관할 행정청이 처분을 하면서 행정심판 청구기간 불고지한 경우, 그 처분이 있었던 날로부터 180일 이내에만 재가하면 O
- 행정심판에서도 처분청은 당초 처분의 근거로 삼은 사유와 **기본적 사실관계가 동일성이 있다고 인정되는** 다른 사유를 추가 또는 변경 可
- 체육시설의 설치·이용에 관한 법률에 따른 당구장업의 신고요건을 갖춘 자라 할지라도 **학교보건법 제5조 소정의 학교환경 위생정화구역 내에서는 같은 법 제6조에 의한 별도 요건을 충족하여야** O

① [○]

해설 학교보건법 제6조 제1항 단서의 규정에 의하여 시·도교육위원회교육감 또는 교육감이 지정하는 자(교육장)가 학교환경위생정화구역 안에서의 금지행위 및 시설의 해제신청에 대하여 그 행위 및 시설이 학습과 학교보건에 나쁜 영향을 주지 않는 것인지의 여부를 결정하여 그 금지행위 및 시설을 해제하거나 계속하여 금지(해제거부)하는 조치는 **시·도교육위원회교육감 또는 교육감이 지정하는 자(교육장)의 재량행위**에 속하는 것이다. **(대판 1996.10.29. 96누8253)**

▶ 학교환경위생정화구역 내에서의 금지해제조치의 법적 성질은 예외적 허가(승인)에 해당한다.

② [○]

해설 행정청이 구 학교보건법 소정의 학교환경위생정화구역 내에서 금지행위 및 시설의 해제 여부에 관한 행정처분을 하면서 **절차상 학교환경위생정화위원회의 심의를 누락한 흠이 있다면** 그와 같은 흠을 가리켜 위 행정처분의 효력에 아무런 영향을 주지 않는다거나 경미한 정도에 불과하다고 볼 수는 없으므로, 특별한 사정이 없는 한 **이는 행정처분을 위법하게 하는 취소사유**가 된다. **(대판 2007.3.15. 2006두15806)**

③ [○]

해설 **관할 행정청은 처분을 하면서 甲에게 행정심판 청구기간을 고지하지 아니하였으므로,** 甲은 처분이 있었던 날(결정이 甲에게 도달한 2016.3.16.)부터 180일(초일 불산입, 15(3월) + 30(4월) + 31(5월) + 30(6월) + 31(7월) + 31(8월) + 12(9월) = 180)이 되는 **2016.9.12.까지 취소심판을 제기할 수 있다(행정심판법 제27조 제6항).** 따라서 甲이 2016.7.20. 취소심판을 제기하는 경우 청구기간이 도과하지 않은 것이므로 적법하다.

조문 **행정심판법 제27조(심판청구의 기간)** ① 행정심판은 처분이 있음을 알게 된 날부터 90일 이내에 청구하여야 한다.
③ 행정심판은 처분이 있었던 날부터 180일이 지나면 청구하지 못한다. 다만, 정당한 사유가 있는 경우에는 그러하지 아니하다.
⑥ 행정청이 심판청구 기간을 알리지 아니한 경우에는 제3항에 규정된 기간에 심판청구를 할 수 있다.

④ [○]

해설 행정처분의 취소를 구하는 항고소송에서 처분청은 당초 처분의 근거로 삼은 사유와 **기본적 사실관계가 동일성이 있다고 인정되는 한도 내에서만** 다른 사유를 추가 또는 변경할 수 있고, 이러한 기본적 사실관계의 동일성 유무는 처분사유를 법률적으로 평가하기 이전의 구체적 사실에 착안하여 그 기초인 사회적 사실관계가 기본적인 점에서 동일한지에 따라 결정되므로, 추가 또는 변경된 사유가 처분 당시에 이미 존재하고 있었다거나 당사자가 그 사실을 알고 있었다고 하여 당초의 처분사유와 동일성이 있다고 할 수 없다. 그리고 **이러한 법리는 행정심판 단계에서도 그대로 적용**된다. **(대판 2014.5.16. 2013두26118)**

⑤ [×]

해설 학교보건법과 체육시설의 설치·이용에 관한 법률은 그 입법목적, 규정사항, 적용범위 등을 서로 달리 하고 있어서 당구장의 설치에 관하여 체육시설의 설치·이용에 관한 법률이 학교보건법에 우선하여 배타적으로 적용되는 관계에 있다고는 해석되지 아니하므로 체육시설의 설치·이용에 관한 법률에 따른 당구장업의 신고요건을 갖춘 자라 할지라도 **학교보건법 제5조 소정의 학교환경 위생정화구역 내에서는 같은 법 제6조에 의한 별도 요건을 충족하지 아니하는 한 적법한 신고를 할 수 없다**고 보아야 한다. **(대판 1991.7.12. 90누8350)**

Chapter

05 행정소송

1. 취소소송

56

甲은 乙을 명예훼손 등 혐의로 고소하였다. 검사 丙은 乙에 대하여 불기소결정을 하였으나, 甲에게 그 결과를 통지하지 않았다. 甲은 대검찰청에 丙이 자신의 고소사건 처리를 태만히 하고 있으니 징계하여 달라는 진정서를 제출하였다. 이에 검찰총장은 丙이 직무를 태만히 하여 甲에게 「형사소송법」에 의한 처분결과를 통지하지 아니한 잘못이 있으나 그 정도가 중하지 않으므로 「검사징계법」상 징계사유에는 해당하지 않는다고 판단하였다. 그러나 장래에 동일한 잘못을 되풀이하지 않도록 엄중히 경고할 필요가 있다고 판단하여, 丙에 대하여 대검찰청 내부규정에 근거하여 경고조치를 하였다. 이에 관한 설명 중 옳지 않은 것을 모두 고른 것은? (다툼이 있는 경우 판례에 의함) [22 변호사]

ㄱ. 丙의 불기소결정은 고소사건에 관하여 공권력의 행사인 공소제기를 거부하는 거부처분에 해당하므로, 甲은 취소소송을 제기하는 방식으로 불복할 수 있다.
ㄴ. 丙이 불기소결정을 하면서 甲에게 「형사소송법」에 의한 처분결과 통지를 하지 않음으로써 행정청의 의사가 외부에 표시되지 아니하여 아직 거부처분이 성립하였다고 볼 수 없으므로, 甲은 부작위위법확인소송을 제기하는 방식으로 불복할 수 있다.
ㄷ. 대검찰청 내부규정에서 검찰총장의 경고조치를 받은 검사에 대하여 직무성과급 지급이나 승진·전보인사에서 불이익을 주도록 규정하고 있다면, 丙은 검찰총장의 경고조치에 대하여 취소소송을 제기하는 방식으로 불복할 수 있다.
ㄹ. 丙의 직무상 의무 위반의 정도가 중하지 않아 「검사징계법」상 징계사유에 해당하지 않는데도 검찰총장이 대검찰청 내부규정에 근거하여 경고조치를 한 것은 법률유보원칙에 반하므로 허용될 수 없다.

① ㄱ, ㄴ　　② ㄱ, ㄹ
③ ㄴ, ㄷ　　④ ㄷ, ㄹ
⑤ ㄱ, ㄴ, ㄹ

56

정답 ⑤

핵심공략

- 검사의 불기소결정에 대해서는 행정소송법상 항고소송 제기 不可
- 불기소결정 처분결과 통지는 사실행위로서 부작위위법확인소송 대상 ×
  ⇨ 부작위위법확인소송 제기 不可
- 어떠한 처분의 근거나 법적인 효과가 행정규칙에 규정되어 있다고 하더라도 그 상대방의 권리·의무에 직접 영향을 미치는 행위라면, 항고소송의 대상이 되는 행정처분에 해당 O
- 검찰총장은 검사징계법에 따른 '징계사유'에는 해당하지 않더라도 징계처분보다 낮은 수준의 감독조치로서 '경고처분' 可能

해설 ㄱ. [×], ㄴ. [×]

행정소송법상 거부처분 취소소송의 대상인 '거부처분'이란 '행정청이 행하는 구체적 사실에 관한 법집행으로서의 공권력의 행사 또는 이에 준하는 행정작용', 즉 적극적 처분의 발급을 구하는 신청에 대하여 그에 따른 행위를 하지 않았다고 거부하는 행위를 말하고, 부작위위법확인소송의 대상인 '부작위'란 '행정청이 당사자의 신청에 대하여 상당한 기간 내에 일정한 처분을 하여야 할 법률상 의무가 있음에도 불구하고 이를 하지 아니하는 것'을 말한다(제2조 제1항 제1호, 제2호). '처분'이란 행정소송법상 항고소송의 대상이 되는 처분을 의미하는 것으로서, 행정소송법 제2조의 처분의 개념 정의에는 해당한다고 하더라도 그 처분의 근거 법률에서 행정소송 이외의 다른 절차에 의하여 불복할 것을 예정하고 있는 처분은 항고소송의 대상이 될 수 없다. 검사의 불기소결정에 대해서는 검찰청법에 의한 항고와 재항고, 형사소송법에 의한 재정신청에 의해서만 불복할 수 있는 것이므로, 이에 대해서는 행정소송법상 항고소송을 제기할 수 없다. (대판 2018.9.28. 2017두47465)

원고는 2015.11.27. 피고에게 '형사소송법 제258조 제1항 처분고지 신청'이라는 제목 하에 '원고의 고소사건에 대하여 원고는 명예훼손죄 부분만 불기소처분 통지를 받았기에, 누락된 나머지 죄명에 대한 처분 결과를 7일 이내에 통지하여 주길 신청한다'는 취지의 내용증명우편을 발송하면서(이하 '이 사건 신청'이라 한다), 소명자료로 ㉠ 피고 작성의 원고에 대한 고소인 진술조서, ㉡ 피고 작성의 고소사건 처분결과통지서, ㉢ 위 수사사무관 작성의 의견서 등을 첨부하였다. 이 사건 신청은 형사소송법 제258조 제1항의 '처분결과 통지' 의무의 이행을 요구하는 내용이고, 이러한 처분결과 통지는 사실행위로서 그 자체가 별도의 독립한 처분이 된다고 볼 수는 없으므로, 이 사건 신청에 대한 피고의 부작위 또는 거부는 행정소송법상 부작위위법확인소송의 대상인 '처분의 부작위' 또는 거부처분취소소송의 대상인 '거부처분'에 해당하지 않는다. (대판 2018.9.28. 2017두47465)

ㄷ. [○]

항고소송의 대상이 되는 행정처분이라 함은 원칙적으로 행정청의 공법상 행위로서 특정 사항에 대하여 법규에 의한 권리의 설정 또는 의무의 부담을 명하거나 기타 법률상 효과를 발생하게 하는 등으로 일반 국민의 권리 의무에 직접 영향을 미치는 행위를 가리키는 것이지만, 어떤 처분의 근거나 법적인 효과가 행정규칙에 규정되어 있다고 하더라도 그 처분이 행정규칙의 내부 구속력에 의하여 상대방에게 권리의 설정 또는 의무의 부담을 명하거나 기타 법적 효과를 발생하게 하는 등으로 그 상대방의 권리 의무에 직접 영향을 미치는 행위라면, 이 경우에도 항고소송의 대상이 되는 행정처분에 해당한다. (대판 2002.7.26. 2001두3532 등 참조)

ㄹ. [×]

검찰청법 제7조 제1항, 제12조 제2항, 검사징계법 제2조, 제3조 제1항, 제7조 제1항, 대검찰청 자체감사규정 제23조 제2항, 제3항, 사건평정기준 제2조 제1항 제2호, 제5조, 검찰공무원의 범죄 및 비위 처리지침 제4조 제2항 제2호, 제3항 [별표 1] 징계양정기준, 제4항, 제5항 등 관련 규정들의 내용과 체계 등을 종합하여 보면, 검찰총장의 경고처분은 검사징계법에 따른 징계처분이 아니라 검찰청법 제7조 제1항, 제12조 제2항에 근거하여 검사에 대한 직무감독권을 행사하는 작용에 해당하므로, 검사의 직무상 의무 위반의 정도가 중하지 않아 검사징계법에 따른 '징계사유'에는 해당하지 않더라도 징계처분보다 낮은 수준의 감독조치로서 '경고처분'을 할 수 있고, 법원은 그것이 직무감독권자에게 주어진 재량권을 일탈·남용한 것이라는 특별한 사정이 없는 한 이를 존중하는 것이 바람직하다. (대판 2021.2.10. 2020두47564)

57

항고소송의 대상에 관한 설명 중 옳은 것을 모두 고른 것은? (다툼이 있는 경우 판례에 의함) [20 변호사]

ㄱ. 「교육공무원법」상 승진후보자 명부에 의한 승진심사 방식으로 행해지는 승진임용에서 승진후보자 명부에 포함되어 있던 후보자를 승진임용인사발령에서 제외하는 행위는 불이익처분으로서 항고소송의 대상인 처분에 해당한다.

ㄴ. 금융감독원장으로부터 문책경고를 받은 금융기관의 임원이 일정기간 금융업종 임원 선임의 자격제한을 받도록 관계법령에 규정되어 있어도, 그 문책경고는 그 상대방의 권리의무에 직접 영향을 미치는 행위라고 보기 어려우므로 행정처분에 해당하지 않는다.

ㄷ. 관할 지방병무청장이 병역의무 기피를 이유로 그 인적사항 등을 공개할 대상자를 1차로 결정하고 그에 이어 병무청장의 최종 공개결정이 있는 경우, 지방병무청장의 1차 공개결정은 병무청장의 최종 공개결정과는 별도로 항고소송의 대상이 된다.

ㄹ. 건축주가 토지소유자로부터 토지사용승낙서를 받아 그 토지 위에 건축물을 건축하는 건축허가를 받았다가 착공하기 전에 건축주의 귀책사유로 그 토지사용권을 상실한 경우 토지소유자는 건축허가의 철회를 신청할 수 있고, 그 신청을 거부한 행위는 항고소송의 대상이 된다.

① ㄹ
② ㄱ, ㄷ
③ ㄱ, ㄹ
④ ㄴ, ㄷ
⑤ ㄱ, ㄷ, ㄹ

57 정답 ③

핵심공략

- 승진후보자 명부에 포함되어 있던 후보자를 승진임용인사 발령에서 '제외'하는 행위는 항고소송의 대상인 처분에 해당 O
- 금융기관의 임원에 대한 금융감독원장의 문책경고는 상대방의 권리의무에 직접 영향을 미치는 행위로서 행정처분에 해당 O
- 관할 지방병무청장의 공개 대상자 결정은 행정기관 내부의 중간적 결정에 불과
  ⇨ 이를 별도로 다툴 소의 이익 ×
- (제3자에 대한) 건축허가의 존재로 토지소유권 행사에 지장을 받을 수 있는 토지 소유자의 건축허가 철회 신청을 거부한 행위는 항고소송의 대상 O

해설 ㄱ. [○]
교육공무원법 제29조의2 제1항, 제13조, 제14조 제1항, 제2항, 교육공무원 승진규정 제1조, 제2조 제1항 제1호, 제40조 제1항, 교육공무원임용령 제14조 제1항, 제16조 제1항에 따르면 임용권자는 3배수의 범위 안에 들어간 후보자들을 대상으로 승진임용 여부를 심사하여야 하고, 이에 따라 승진후보자 명부에 포함된 후보자는 임용권자로부터 정당한 심사를 받게 될 것에 관한 절차적 기대를 하게 된다. 그런데 임용권자 등이 자의적인 이유로 승진후보자 명부에 포함된 후보자를 승진임용에서 제외하는 처분을 한 경우에, 이러한 승진임용제외처분을 항고소송의 대상이 되는 처분으로 보지 않는다면, 달리 이에 대하여는 불복하여 침해된 권리 또는 법률상 이익을 구제받을 방법이 없다. 따라서 교육공무원법상 승진후보자 명부에 의한 승진심사 방식으로 행해지는 승진임용에서 승진후보자 명부에 포함되어 있던 후보자를 승진임용인사발령에서 제외하는 행위는 불이익처분으로서 항고소송의 대상인 처분에 해당한다고 보아야 한다. (대판 2018.3.27. 2015두47492)

ㄴ. [×]
[1] 금융기관의 임원에 대한 금융감독원장의 문책경고는 그 상대방에 대한 직업선택의 자유를 직접 제한하는 효과를 발생하게 하는 등 상대방의 권리의무에 직접 영향을 미치는 행위로서 항고소송의 대상이 되는 행정처분에 해당한다고 한 사례. [2] 금융기관검사및제재에관한규정(이하 '제재규정'이라 한다) 제22조는 금융기관의 임원이 문책경고를 받은 경우에는 금융업 관련 법 및 당해 금융기관의 감독 관련 규정에서 정한 바에 따라 일정기간 동안 임원선임의 자격제한을 받는다고 규정하고 있고, 은행법 제18조 제3항의 위임에 기한 구 은행업감독규정(2002.9.23. 금융감독위원회공고 제2002-58호로 개정되기 전의 것) 제17조 제2호 (다)목, 제18조 제1호는 제재규정에 따라 문책경고를 받은 자로서 문책경고일로부터 3년이 경과하지 아니한 자는 은행장, 상근감사위원, 상임이사, 외국은행지점 대표자가 될 수 없다고 규정하고 있어서, 문책경고는 그 상대방에 대한 직업선택의 자유를 직접 제한하는 효과를 발생하게 하는 등 상대방의 권리의무에 직접 영향을 미치는 행위로서 행정처분에 해당한다. (대판 2005.2.17. 2003두14765)

ㄷ. [×]
관할 지방병무청장의 공개 대상자 결정의 경우 상대방에게 통보하는 등 외부에 표시하는 절차가 관계 법령에 규정되어 있지 않아, 행정실무상으로도 상대방에게 통보되지 않는 경우가 많다. 또한 관할 지방병무청장이 위원회의 심의를 거쳐 공개 대상자를 1차로 결정하기는 하지만, 병무청장에게 최종적으로 공개 여부를 결정할 권한이 있으므로, 관할 지방병무청장의 공개 대상자 결정은 병무청장의 최종적인 결정에 앞서 이루어지는 행정기관 내부의 중간적 결정에 불과하다. 가까운 시일 내에 최종적인 결정과 외부적인 표시가 예정된 상황에서, 외부에 표시되지 않은 행정기관 내부의 결정을 항고소송의 대상인 처분으로 보아야 할 필요성은 크지 않다. 관할 지방병무청장이 1차로 공개 대상자 결정을 하고, 그에 따라 병무청장이 같은 내용으로 최종적 공개결정을 하였다면, 공개대상자는 병무청장의 최종적 공개결정만을 다투는 것으로 충분하고, 관할 지방병무청장의 공개 대상자 결정을 별도로 다툴 소의 이익은 없어진다. (대판 2019.6.27. 2018두49130)

ㄹ. [○]
건축허가는 대물적 성질을 갖는 것이어서 행정청으로서는 허가를 할 때에 건축주 또는 토지 소유자가 누구인지 등 인적 요소에 관하여는 형식적 심사만 한다. 건축주가 토지 소유자로부터 토지사용승낙서를 받아 그 토지 위에 건축물을 건축하는 대물적(對物的) 성질의 건축허가를 받았다가 착공에 앞서 건축주의 귀책사유로 해당 토지를 사용할 권리를 상실한 경우, (제3자에 대한) 건축허가의 존재로 말미암아 토지에 대한 소유권 행사에 지장을 받을 수 있는 토지 소유자로서는 건축허가의 철회를 신청할 수 있다고 보아야 한다. 따라서 토지 소유자의 위와 같은 신청을 거부한 행위는 항고소송의 대상이 된다. (대판 2017.3.15. 2014두41190)

58

「행정소송법」상 거부처분에 관한 설명 중 옳지 않은 것은? (다툼이 있는 경우 판례에 의함) [19 변호사]

① 정보공개청구인이 전자적 형태의 정보를 정보통신망을 통하여 송신하는 방법으로 정보공개할 것을 청구하였으나, 공공기관이 대상정보를 공개하되 방문하여 수령하라고 결정하여 통지한 경우, 청구인에게 특정한 공개방법을 지정하여 정보공개를 청구할 수 있는 법령상 신청권이 있다고 볼 수는 없으므로, 이를 항고소송의 대상이 되는 거부처분이라 할 수 없다.

② 개발부담금을 부과할 때는 가능한 한 개발부담금 부과처분 후에 지출한 개발비용도 공제함이 마땅하므로, 이미 부과처분에 따라 납부한 개발부담금 중 부과처분 후 납부한 개발비용인 학교용지부담금에 해당하는 금액에 대하여는 조리상 그 취소나 변경 등 환급에 필요한 처분을 신청할 권리가 인정되므로, 그 환급신청 거절회신은 항고소송의 대상이 된다.

③ 중요무형문화재 보유자의 추가인정 여부는 행정청의 재량에 속하고, 특정 개인에게 자신을 보유자로 인정해 달라는 법규상 또는 조리상 신청권이 있다고 할 수 없어, 중요무형문화인 경기민요 보유자 추가인정 신청에 대한 거부는 항고소송의 대상이 되지 않는다.

④ 기간제로 임용되어 임용기간이 만료된 국·공립대학의 조교수에 대하여 재임용을 거부하는 취지의 임용기간만료 통지는 항고소송의 대상이 된다.

⑤ 업무상 재해를 당한 甲의 요양급여 신청에 대하여 근로복지공단이 요양승인 처분을 하면서 사업주를 乙주식회사로 보아 요양승인 사실을 통지하자, 乙주식회사가 甲이 자신의 근로자가 아니라고 주장하면서 근로복지공단에 사업주 변경을 신청하였으나 이를 거부하는 통지를 받은 경우, 근로복지공단의 결정에 따라 산업재해보상보험의 가입자지위가 발생하는 것이 아니므로 乙주식회사에게 법규상 또는 조리상 사업주 변경 신청권이 인정되지 않아, 위 거부통지는 항고소송의 대상이 되지 않는다.

58

정답 ①

핵심공략

- 청구인이 신청한 공개방법 이외의 방법으로 공개하기로 하는 결정은 일부 거부처분을 한 것 O
  ⇨ 항고소송으로 다툴 수 O
- 부과처분 후 납부된 학교용지부담금에 해당하는 개발부담금의 환급을 거절한 부분은 항고소송의 대상이 되는 행정처분에 해당 O
- 중요무형문화재 보유자의 추가인정 신청 거부행위는 항고소송의 대상이 되는 거부처분에 해당 ×
- 임용권자의 임용기간이 만료된 국·공립대학의 조교수에 대한 재임용 거부 취지로 한 임용기간만료의 통지는 행정소송의 대상이 되는 처분에 해당 O
- 요양급여 신청에 대한 근로복지공단의 거부통지는 항고소송의 대상이 되는 행정처분 ×

① [×]

해설 구 공공기관의 정보공개에 관한 법률은, 정보의 공개를 청구하는 이(이하 '청구인'이라고 한다)가 정보공개방법도 아울러 지정하여 정보공개를 청구할 수 있도록 하고 있고, 전자적 형태의 정보를 전자적으로 공개하여 줄 것을 요청한 경우에는 공공기관은 원칙적으로 요청에 응할 의무가 있고, 나아가 비전자적 형태의 정보에 관해서도 전자적 형태로 공개하여 줄 것을 요청하면 재량판단에 따라 전자적 형태로 변환하여 공개할 수 있도록 하고 있다. 이는 정보의 효율적 활용을 도모하고 청구인의 편의를 제고함으로써 구 정보공개법의 목적인 국민의 알 권리를 충실하게 보장하려는 것이므로, 청구인에게는 특정한 공개방법을 지정하여 정보공개를 청구할 수 있는 법령상 신청권이 있다. 따라서 공공기관이 공개청구의 대상이 된 정보를 공개는 하되, 청구인이 신청한 공개방법 이외의 방법으로 공개하기로 하는 결정을 하였다면, 이는 정보공개청구 중 정보공개방법에 관한 부분에 대하여 일부 거부처분을 한 것이고, 청구인은 그에 대하여 항고소송으로 다툴 수 있다. **(대판 2016.11.10. 2016두44674)**

② [○]

해설 분양계약 체결 후 납부절차를 밟도록 정하고 있는 학교용지부담금은 준공인가를 받은 후 분양계약이 장기간 지연되거나 분양이 이루어지지 않을 수도 있어 준공인가일로부터 3개월 이내에 납부되지 않을 가능성이 높다. 그럼에도 관련 법령이 일괄적으로 개발사업의 준공인가일로부터 3개월 이내에 개발부담금을 부과하도록 하면서 분양계약 후 실제 납부한 학교용지부담금에 한하여 개발비용으로 공제받을 수 있도록 정하고 있는 바람에, 개발사업에 따른 분양계약이 준공인가일로부터 2개월이 지나 체결된 경우에는 그로부터 1개월 이내에 학교용지부담금 납부절차가 마쳐지지 않아 개발부담금 부과처분 시 학교용지부담금이 공제되지 않을 가능성이 높고, 급기야 준공인가일로부터 3개월 후에 체결된 경우에는 학교용지부담금이 공제될 여지가 아예 없다. 이러한 경우 개발부담금 부과처분 후에 학교용지부담금을 납부한 개발사업시행자는 마땅히 공제받아야 할 개발비용을 전혀 공제받지 못하는 법률상 불이익을 입게 될 수 있는데도 구 개발이익 환수에 관한 법률(2014.1.14. 법률 제12245호로 개정되기 전의 것), 같은 법 시행령(2014.7.14. 대통령령 제25452호로 개정되기 전의 것)은 불복방법에 관하여 아무런 규정을 두지 않고 있다. 위와 같은 사정을 앞서 본 법리에 비추어 보면, 개발사업시행자가 납부한 개발부담금 중 부과처분 후에 납부한 학교용지부담금에 해당하는 금액에 대하여는 조리상 개발부담금 부과처분의 취소나 변경 등 개발부담금의 환급에 필요한 처분을 신청할 권리를 인정함이 타당하다. 결국 이 사건 거부행위 중 이 사건 부과처분 후에 납부된 학교용지부담금에 해당하는 개발부담금의 환급을 거절한 부분은 항고소송의 대상이 되는 행정처분에 해당한다. **(대판 2016.1.28. 2013두2938)**

③ [○]

해설 중요무형문화재 보유자의 추가인정에 관한 구 문화재보호법 제24조 제1항, 제2항, 제3항, 제5항, 구 문화재보호법 시행령 제12조 제1항 제1호, 제2항, 제3항 등의 내용에 의하면, 중요무형문화재 보유자의 추가인정 여부는 문화재청장의 재량에 속하고, 특정 개인이 자신을 보유자로 인정해 달라고 신청할 수 있다는 근거 규정을 별도로 두고 있지 아니하므로 법규상으로 개인에게 신청권이 있다고 할 수 없다. … 이상과 같은 여러 사정을 앞에서 본 법리에 비추어 살펴보면, 원고가 전수교육 조교로서 이 사건 조사를 받았다는 사정만으로는 원고에게 중요무형문화재 보유자의 추가인정에 관한 법규상 또는 조리상 신청권이 있다고 볼 수 없고, 피고가 원고를 경기민요 보유자로 추가인정하지 않았다고 하더라도 그로 인하여 원고의 권리나 법적 이익에 어떤 영향을 준다고 할 수 없으므로, 이 사건 통지는 항고소송의 대상이 되는 거부처분에 해당하지 아니한다. **(대판 2015.12.10. 2013두2058)**

④ [○]

해설 기간제로 임용되어 임용기간이 만료된 국·공립대학의 조교수는 교원으로서의 능력과 자질에 관하여 합리적인 기준에 의한 공정한 심사를 받아 위 기준에 부합되면 특별한 사정이 없는 한 재임용되리라는 기대를 가지고 재임용 여부에 관하여 합리적인 기준에 의한 공정한 심사를 요구할 법규상 또는 조리상 신청권을 가진다고 할 것이니, 임용권자가 임용기간이 만료된 조교수에 대하여 재임용을 거부하는 취지로 한 임용기간만료의 통지는 위와 같은 대학교원의 법률관계에 영향을 주는 것으로서 행정소송의 대상이 되는 처분에 해당한다. **(대판 2004.4.22. 2000두7735 全)**

⑤ [○]

해설 업무상 재해를 당한 甲의 요양급여 신청에 대하여 근로복지공단이 요양승인 처분을 하면서 사업주를 乙 주식회사로 보아 요양승인 사실을 통지하자, 乙 회사가 甲이 자신의 근로자가 아니라고 주장하면서 사업주 변경신청을 하였으나 근로복지공단이 거부통지를 한 사안에서, 산업재해보상보험법, 고용보험 및 산업재해보상보험의 보험료징수 등에 관한 법률 등 관련 법령은 사업주가 이미 발생한 업무상 재해와 관련하여 당시 재해근로자의 사용자가 자신이 아니라 제3자임을 근거로 사업주 변경신청을 할 수 있도록 하는 규정을 두고 있지 않으므로 법규상으로 신청권이 인정된다고 볼 수 없고, 산업재해보상보험에서 보험가입자인 사업주와 보험급여를 받을 근로자에 해당하는지는 해당 사실의 실질에 의하여 결정되는 것일 뿐이고 근로복지공단의 결정에 따라 보험가입자(당연가입자) 지위가 발생하는 것은 아닌 점 등을 종합하면, 사업주 변경신청과 같은 내용의 조리상 신청권이 인정된다고 볼 수도 없으므로, 근로복지공단이 신청을 거부하였더라도 乙 회사의 권리나 법적 이익에 어떤 영향을 미치는 것은 아니어서, 위 통지는 항고소송의 대상이 되는 행정처분이 되지 않는다고 한 사례 **(대판 2016.7.14. 2014두47426)**

59

행정소송법상 재결에 대한 취소소송은 재결 자체에 고유한 위법이 있음을 이유로 하는 경우에 한한다(제19조 단서). '재결 자체에 고유한 위법'에 관한 다음 판례의 내용 중 옳지 않은 것은? [13 변호사]

① 행정심판청구가 부적법하지 않음에도 각하한 재결은 심판청구인의 실체심리를 받을 권리를 박탈한 것으로서 재결에 고유한 하자가 있는 경우에 해당하여 재결 자체가 취소소송의 대상이 된다.

② 의약품제조품목허가처분에 대하여 원처분의 상대방이 아닌 제3자가 행정심판을 청구하여 재결청이 원처분을 취소하는 형성재결을 한 경우에 그 원처분의 상대방은 그 재결에 대하여 항고소송을 제기할 수밖에 없는데, 이 경우 위 재결은 원처분과 내용을 달리하는 것이어서 재결의 취소를 구하는 것은 원처분에 없는 재결 고유의 위법을 주장하는 것이 된다.

③ 행정청이 골프장 사업계획승인을 얻은 자의 사업시설 착공계획서를 수리한 것에 불복하여 인근 주민들이 그 수리처분의 취소를 구하는 행정심판을 청구한 것에 대하여, 재결청이 처분성의 결여를 이유로 위 취소심판청구를 부적법 각하하여야 함에도 불구하고 이를 각하하지 않고 심판청구를 인용하여 취소재결을 하였다면 재결 자체에 고유한 하자가 있는 것이다.

④ 재결 자체에 고유한 위법에는 재결 자체의 주체, 절차, 형식상의 위법뿐만 아니라 재결 자체의 내용상의 위법도 포함된다.

⑤ 공무원인 원고에 대한 감봉 1월의 징계처분을 관할 소청심사위원회가 견책으로 변경하는 소청결정을 내린 경우, 원고가 위 소청결정 중 견책에 처한 조치는 재량권의 일탈·남용이 있어 위법하다는 사유를 들어 다툰다면 이는 위 소청결정 자체에 고유한 위법이 있는 경우에 해당한다.

59

정답 ⑤

핵심공략

- **행정심판청구가 부적법하지 않음에도 각하한 재결**은 재결 자체에 고유한 하자가 있는 경우에 해당 O
- 원처분의 상대방이 아닌 제3자의 청구에 따른 취소재결에 대하여 그 원처분의 상대방은 항고소송을 제기 可, 이는 **재결 고유의 위법을 주장하는 것에 해당** O
- 행정심판을 부적법 각하하여야 함에도 그 청구를 인용한 재결은 재결 자체에 고유한 하자가 있는 경우에 해당 O
- **'재결 자체에 고유한 위법'**은 그 재결자체에 주체, 절차, 형식 또는 **내용상의 위법**이 있는 경우를 의미 O
- 감봉처분을 **견책으로 변경하는** 소청심사위원회의 **조치가 소청심사위원회의 재량권의 남용 또는 일탈로서 위법하다는 사유**는 소청결정 자체의 고유한 위법을 주장하는 것으로 볼 수 X

① [○]

해설 행정소송법 제19조에 의하면 행정심판에 대한 재결에 대하여도 그 재결 자체에 고유한 위법이 있음을 이유로 하는 경우에는 항고소송을 제기하여 그 취소를 구할 수 있고, 여기에서 말하는 '재결 자체에 고유한 위법'이란 그 재결자체에 주체, 절차, 형식 또는 내용상의 위법이 있는 경우를 의미하는데, **행정심판청구가 부적법하지 않음에도 각하한 재결**은 심판청구인의 실체심리를 받을 권리를 박탈한 것으로서 **원처분에 없는 고유한 하자가 있는 경우에 해당**하고, 따라서 위 재결은 취소소송의 대상이 된다. **(대판 2001.7.27. 99두2970)**

② [○]

해설 원처분(의약품제조품목허가처분)의 상대방이 아닌 제3자가 행정심판을 청구하여 재결청이 원처분을 취소하는 형성재결을 한 경우에 그 원처분의 상대방(보령제약 주식회사)은 그 재결에 대하여 항고소송을 제기할 수밖에 없고, 이 경우 **재결은 원처분과 내용을 달리 하는 것**이어서 재결의 취소를 구하는 것은 **원처분에 없는 재결 고유의 위법을 주장하는 것**이 된다. **(대판 1998.4.24. 97누17131)**

③ [○]

해설 [1] 이른바 복효적 행정행위, 특히 제3자효를 수반하는 행정행위에 대한 행정심판청구에 있어서 **그 청구를 인용하는 내용의 재결로 인하여 비로소 권리이익을 침해받게 되는 자는** 그 인용재결에 대하여 다툴 필요가 있고, **그 인용재결은 원처분과 내용을 달리하는 것**이므로 그 인용재결의 취소를 구하는 것은 **원처분에는 없는 재결에 고유한 하자를 주장하는 셈**이어서 당연히 항고소송의 대상이 된다. [2] 행정청이 골프장 사업계획승인을 얻은 자의 사업시설 착공계획서를 수리한 것에 대하여 인근 주민들이 그 수리처분의 취소를 구하는 행정심판을 청구하자 재결청이 그 청구를 인용하여 수리처분을 취소하는 형성적 재결을 한 경우, 그 수리처분 취소 심판청구는 행정심판의 대상이 되지 아니하여 부적법 각하하여야 함에도 위 재결은 그 청구를 인용하여 수리처분을 취소하였으므로 **재결 자체에 고유한 하자가 있다**고 본 사례. **(대판 2001.5.29. 99두10292)**

④ [○]

해설 행정소송법 제19조에 의하면 행정심판에 대한 재결에 대하여도 그 재결 자체에 고유한 위법이 있음을 이유로 하는 경우에는 항고소송을 제기하여 그 취소를 구할 수 있고, 여기에서 말하는 **'재결 자체에 고유한 위법'**이란 그 재결자체에 주체, 절차, 형식 또는 **내용상의 위법**이 있는 경우를 의미한다. **(대판 2001.7.27. 99두2970)**

⑤ [×]

해설 감봉처분을 소청심사위원회가 견책처분으로 변경한 재결에 대한 취소소송에서, **견책에 처한 조치는 소청심사위원회의 재량권의 남용 또는 일탈로서 위법하다는 사유**는 소청결정 자체의 고유한 위법을 주장하는 것으로 볼 수 없어 변경재결에 대한 취소소송을 인정하지 않은 사례. **(대판 1993.8.24. 93누5673)**

60

취소소송의 원고적격에 관한 판례의 태도와 부합하는 것을 모두 고른 것은? [14 변호사]

ㄱ. 법인의 주주는 당해 법인에 대한 행정처분에 관하여 사실상이나 간접적인 이해관계를 가질 뿐이어서 스스로 그 처분의 취소를 구할 원고적격이 없는 것이 원칙이라고 할 것이지만, 그 처분으로 인하여 궁극적으로 주식이 소각되거나 주주의 법인에 대한 권리가 소멸하는 등 주주의 지위에 중대한 영향을 초래하게 되는 데도 그 처분의 성질상 당해 법인이 이를 다툴 것을 기대할 수 없고 달리 주주의 지위를 보전할 구제방법이 없는 경우에는 주주도 그 처분의 취소를 구할 원고적격이 있다.

ㄴ. 면허나 인·허가 등의 수익적 행정처분의 근거가 되는 법률이 해당 업자들 사이의 과당경쟁으로 인한 경영의 불합리를 방지하는 것을 그 목적으로 하고 있는 경우라도 다른 업자에 대한 면허나 인·허가 등의 수익적 행정처분에 대하여 미리 같은 종류의 면허나 인·허가 등의 수익적 행정처분을 받아 영업을 하고 있는 기존의 업자는 경업자에 대하여 이루어진 면허나 인·허가 등 행정처분의 상대방이 아니므로 당해 행정처분의 취소를 구할 원고적격이 없다.

ㄷ. 인·허가 등의 수익적 행정처분을 신청한 수인이 서로 경쟁관계에 있어서 일방에 대한 허가 등의 처분이 타방에 대한 불허가 등으로 귀결될 수밖에 없는 때 허가 등의 처분을 받지 못한 자는 자신에 대한 불허가처분 등의 취소를 구하면 되는 것이지, 경원자에 대하여 이루어진 허가 등 처분의 상대방이 아니므로 당해 처분의 취소를 구할 원고적격이 없다.

ㄹ. 행정처분의 근거 법규 또는 관련 법규에 그 처분으로써 이루어지는 행위 등 사업으로 인하여 환경상 침해를 받으리라고 예상되는 영향권의 범위가 구체적으로 규정되어 있는 경우에는, 그 영향권 내의 주민들에 대하여는 당해 처분으로 인하여 직접적이고 중대한 환경피해를 입으리라고 예상할 수 있고, 이와 같은 환경상의 이익은 주민 개개인에 대하여 개별적으로 보호되는 직접적·구체적 이익으로서 그들에 대하여는 특단의 사정이 없는 한 환경상 이익에 대한 침해 또는 침해 우려가 있는 것으로 사실상 추정되어 법률상 보호되는 이익으로 인정됨으로써 원고적격이 인정된다.

ㅁ. 광업권설정허가처분과 그에 따른 광산 개발로 인하여 재산상·환경상 이익의 침해를 받거나 받을 우려가 있는 토지나 건축물의 소유자와 점유자 또는 이해관계인 및 주민들은 그 처분 전과 비교하여 수인한도를 넘는 재산상·환경상 이익의 침해를 받거나 받을 우려가 있다는 것을 증명함으로써 그 처분의 취소를 구할 원고적격을 인정받을 수 있다.

① ㄱ, ㄴ, ㄹ　　② ㄱ, ㄷ, ㅁ
③ ㄱ, ㄹ, ㅁ　　④ ㄴ, ㄷ, ㄹ
⑤ ㄴ, ㄷ, ㅁ

60 정답 ③

핵심공략

- 법인에 대한 행정처분이 주주의 지위에 중대한 영향을 초래하게 되는데도 그 처분의 성질상 당해 법인이 이를 다툴 것을 기대할 수 없고 달리 주주의 지위를 보전할 구제방법이 없는 경우, 주주는 그 취소를 구할 원고적격 O
- 수익적 행정처분의 근거가 되는 법률이 **해당 업자들 사이의 과당경쟁으로 인한 경영의 불합리를 방지하는 것도 그 목적**으로 하고 있는 경우 처분의 상대방이 아니라 하더라도 **당해 행정처분의 취소를 구할 당사자적격** O
- 경원자관계에서 허가 등의 처분을 받지 못한 자는 처분의 상대방이 아니라 하더라도 **당해 처분의 취소를 구할 당사자적격** O
- 사업으로 인하여 **환경상 침해를 받으리라고 예상되는 영향권의 범위가 구체적으로 규정되어 있는 경우, 그 영향권 내의 주민들에 대하여는** 특단의 사정이 없는 한 **원고적격 인정** O
- **광업권설정허가처분과 그에 따른 광산 개발로 인하여 재산상·환경상 이익의 침해를 받거나 받을 우려가 있는 토지나 건축물의 소유자와 점유자 또는 이해관계인 및 주민들은** 그 처분 전과 비교하여 수인한도를 넘는 재산상·환경상 이익의 침해를 받거나 받을 우려가 있다는 것을 증명함으로써 **그 처분의 취소를 구할 원고적격을 인정받을 수** O

해설 ㄱ. [O]

일반적으로 **법인의 주주는 당해 법인에 대한 행정처분에 관하여** 사실상이나 간접적인 이해관계를 가질 뿐이어서 스스로 그 처분의 취소를 구할 **원고적격이 없는 것이 원칙**이라고 할 것이지만, 그 처분으로 인하여 궁극적으로 주식이 소각되거나 주주의 법인에 대한 권리가 소멸하는 등 주주의 지위에 중대한 영향을 초래하게 되는데도 그 처분의 성질상 당해 법인이 이를 다툴 것을 기대할 수 없고 달리 주주의 지위를 보전할 구제방법이 없는 경우에는 주주도 그 처분에 관하여 직접적이고 구체적인 법률상 이해관계를 가진다고 보이므로 그 취소를 구할 원고적격이 있다. **(대판 2004.12.23. 2000두2648)**

ㄴ. [×]

일반적으로 면허나 인·허가 등의 수익적 행정처분의 근거가 되는 법률이 **해당 업자들 사이의 과당경쟁으로 인한 경영의 불합리를 방지하는 것도 그 목적**으로 하고 있는 경우, 다른 업자에 대한 면허나 인·허가 등의 수익적 행정처분에 대하여 미리 같은 종류의 면허나 인·허가 등의 수익적 행정처분을 받아 영업을 하고 있는 기존의 업자는 경업자에 대하여 이루어진 면허나 인·허가 등 행정처분의 상대방이 아니라 하더라도 당해 행정처분의 취소를 구할 당사자적격이 있다. (대판 2010.11.11. 2010두4179; 대판 2006.7.28. 2004두6716)

사례 구 오수·분뇨 및 축산폐수의 처리에 관한 법률과 같은 법 시행령의 관계 규정이 당해 지방자치단체 내의 분뇨등의 발생량에 비하여 기존 업체의 시설이 과다한 경우 일정한 범위 내에서 분뇨등 수집·운반업 및 정화조청소업에 대한 허가를 제한할 수 있도록 하고 있는 것은 분뇨등을 적정하게 처리하여 자연환경과 생활환경을 청결히 하고 수질오염을 감소시킴으로써 국민보건의 향상과 환경보전에 이바지한다는 공익목적을 달성하고자 함과 동시에 업자 간의 과당경쟁으로 인한 경영의 불합리를 미리 방지하자는 데 그 목적이 있는 점 등 제반 사정에 비추어 보면, 업종을 분뇨등 수집·운반업 및 정화조청소업으로 하여 분뇨등 관련 영업허가를 받아 영업을 하고 있는 기존업자의 이익은 단순한 사실상의 반사적 이익이 아니고 법률상 보호되는 이익이라고 해석된다. … 따라서 기존 업자인 원고는 새로운 경업자인 소외 회사들에 대하여 이루어진 이 사건 각 처분의 상대방이 아니라 하더라도 당해 처분의 취소를 구할 원고적격이 있다(대판 2006.7.28. 2004두6716).

ㄷ. [×]

행정소송법 제12조는 취소소송은 처분 등의 취소를 구할 법률상의 이익이 있는 자가 제기할 수 있다고 규정하고 있는바, **인·허가 등의 수익적 행정처분을 신청한 수인이 서로 경쟁관계에 있어서 일방에 대한 허가 등의 처분이 타방에 대한 불허가 등으로 귀결될 수밖에 없는 때**(이른바 경원관계에 있는 경우로서 동일대상지역에 대한 공유수면매립면허나 도로점용허가 혹은 일정지역에 있어서의 영업허가 등에 관하여 거리제한규정이나 업소개수제한규정 등이 있는 경우를 그 예로 들 수 있다) 허가 등의 처분을 받지 못한 자는 비록 경원자에 대하여 이루어진 허가 등 처분의 상대방이 아니라 하더라도 **당해 처분의 취소를 구할 당사자적격이 있다** 할 것이고, 다만 구체적인 경우에 있어서 그 처분이 취소된다 하더라도 허가 등의 처분을 받지 못한 불이익이 회복된다고 볼 수 없을 때에는 당해 처분의 취소를 구할 정당한 이익(협의의 소의 이익)이 없다고 할 것이다. (대판 1992.5.8. 91누13274)

참고판례 원고(학교법인 □□대학교)를 포함하여 법학전문대학원 설치인가 신청을 한 41개 대학들은 2,000명이라는 총 입학정원을 두고 그 설치인가 여부 및 개별 입학정원의 배정에 관하여 서로 경쟁관계에 있고 이 사건 각 처분이 취소될 경우 원고의 신청이 인용될 가능성도 배제할 수 없으므로, 원고가 이 사건 각 처분의 상대방이 아니라도 그 처분의 취소 등을 구할 당사자적격이 있다고 한 사례. (대판 2009.12.10. 2009두8359)

ㄹ. [○]

행정처분의 근거 법규 또는 관련 법규에 그 처분으로써 이루어지는 행위 등 사업으로 인하여 **환경상 침해를 받으리라고 예상되는 영향권의 범위가 구체적으로 규정되어 있는 경우**에는, ㉠ **그 영향권 내의 주민들에 대하여는** 당해 처분으로 인하여 직접적이고 중대한 환경피해를 입으리라고 예상할 수 있고, 이와 같은 환경상의 이익은 주민 개개인에 대하여 개별적으로 보호되는 직접적·구체적 이익으로서 그들에 대하여는 특단의 사정이 없는 한 환경상 이익에 대한 침해 또는 침해 우려가 있는 것으로 사실상 추정되어 법률상 보호되는 이익으로 인정됨으로써 **원고적격이 인정**되며, ㉡ **그 영향권 밖의 주민들은** 당해 처분으로 인하여 그 처분 전과 비교하여 수인한도를 넘는 환경피해를 받거나 받을 우려가 있다는 자신의 환경상 이익에 대한 침해 또는 침해 우려가 있음을 증명하여야만 법률상 보호되는 이익으로 인정되어 원고적격이 인정된다. (대판 2010.4.15. 2007두16127)

ㅁ. [○]

광업권설정허가처분의 근거 법규 또는 관련 법규의 취지는 광업권설정허가처분과 그에 따른 광산 개발과 관련된 후속 절차로 인하여 직접적이고 중대한 재산상·환경상 피해가 예상되는 토지나 건축물의 소유자나 점유자 또는 이해관계인 및 주민들이 전과 비교하여 수인한도를 넘는 재산상·환경상 침해를 받지 아니한 채 토지나 건축물 등을 보유하며 쾌적하게 생활할 수 있는 개별적 이익까지도 보호하려는 데 있으므로, **광업권설정허가처분과 그에 따른 광산 개발로 인하여 재산상·환경상 이익의 침해를 받거나 받을 우려가 있는 토지나 건축물의 소유자와 점유자 또는 이해관계인 및 주민들은** 그 처분 전과 비교하여 수인한도를 넘는 재산상·환경상 이익의 침해를 받거나 받을 우려가 있다는 것을 증명함으로써 그 처분의 취소를 구할 원고적격을 인정받을 수 있다. (대판 2008.9.11. 2006두7577)

61

다음 사례에 관한 설명 중 옳은 것은? (단, 담배소매인지정처분의 법적 성격은 강학상 '특허'임을 전제로 하며, 다툼이 있는 경우 판례에 의함) [15 변호사]

> • 甲은 건물 1층에서 담배소매인 지정을 받아 담배소매업을 하고 있었는데, 관할 구청장 A는 법령상의 거리제한 규정을 위반하여 그 영업소에서 30미터 떨어진 인접 아파트 상가에서 乙이 담배소매업을 할 수 있도록 담배소매인 신규지정처분을 하였다.
> • 丙과 丁은 같은 상가의 1층과 2층에서 각각 담배소매업을 하고자 관할 구청장 B에게 담배소매인 지정신청을 하였으나, B는 丁에게만 담배소매인지정처분을 하였다.

① 甲은 乙에게 발령된 담배소매인 신규지정처분에 대한 취소소송을 제기하면서 그 신규지정처분의 위법을 이유로 하는 손해배상청구소송을 그 취소소송에 병합하여 제기할 수 있다.

② 甲이 자신에 대한 담배소매인지정처분을 통하여 기존에 누렸던 이익은 乙 등 제3자에 대한 신규지정처분이 발령되지 않음으로 인한 사실상의 이익에 해당한다.

③ 丙이 자신에 대한 담배소매인 지정거부를 취소소송으로 다투면서 집행정지를 신청한다면 법원은 이를 인용하게 될 것이다.

④ 丁에 대한 담배소매인지정처분을 대상으로 丙이 제기한 취소소송에서 丁이 「행정소송법」상 소송참가를 하였으나 본안에서 丙이 승소판결을 받아 확정되었다면, 丁은 「행정소송법」 제31조에 의한 재심을 통해 이를 다툴 수 있다.

⑤ 丙이 丁에 대한 담배소매인지정처분 취소심판을 제기하여 취소재결을 받은 후 B가 丁에게 담배소매인지정처분의 취소를 통지하였다면, 丁은 취소소송을 제기할 경우 취소재결이 아니라 B가 행한 담배소매인 지정취소처분을 소의 대상으로 하여야 한다.

61 정답 ①

핵심공략

- 기존 담배소매업자는 담배소매인 신규지정처분의 취소를 구할 원고적격 O
- 기존업자의 신규 일반소매인에 대한 이익은 법률상 보호되는 이익 O
- 거부처분의 효력정지는 그 효력정지를 구할 이익 ×
  ⇨ 법원은 신청이익의 흠결을 이유로 각하결정
- 소송참가를 한 제3자는 판결 확정 후 행정소송법 제31조에 의한 재심 청구 不可
- 원처분의 상대방이 아닌 제3자가 행정심판을 청구하여 재결청이 원처분 취소재결을 한 경우, 그 원처분의 상대방은 그 재결에 대하여 항고소송을 제기하여야 O

① [○]

해설 甲은 乙에 대한 담배소매인 신규지정처분의 제3자에 불과하지만, 그 신규지정처분으로 인하여 기존 업자인 甲이 침해받는 이익은 법률상 이익이므로 甲에게는 乙에 대한 담배소매인 신규지정처분의 취소를 구할 원고적격이 인정된다. 그리고 甲은 행정소송법 제10조 제2항에 따라 취소소송에 손해배상청구소송을 병합하여 제기할 수 있다.

조문 **행정소송법 제10조(관련청구소송의 이송 및 병합)** ① 취소소송과 다음 각호의 1에 해당하는 소송(이하 "관련청구소송"이라 한다)이 각각 다른 법원에 계속되고 있는 경우에 관련청구소송이 계속된 법원이 상당하다고 인정하는 때에는 당사자의 신청 또는 직권에 의하여 이를 취소소송이 계속된 법원으로 이송할 수 있다.

1. 당해 처분등과 관련되는 손해배상·부당이득반환·원상회복등 청구소송
2. 당해 처분등과 관련되는 취소소송

② 취소소송에는 사실심의 변론종결시까지 관련청구소송을 병합하거나 피고외의 자를 상대로 한 관련청구소송을 취소소송이 계속된 법원에 병합하여 제기할 수 있다.

② [×]

해설 담배 일반소매인의 지정기준으로서 **일반소매인의 영업소 간에 일정한 거리제한을 두고 있는 것**은 담배유통구조의 확립을 통하여 국민의 건강과 관련되고 국가 등의 주요 세원이 되는 담배산업 전반의 건전한 발전 도모 및 국민경제에의 이바지라는 공익목적을 달성하고자 함과 동시에 일반소매인 간의 **과당경쟁으로 인한 불합리한 경영을 방지**함으로써 일반소매인의 경영상 이익을 보호하는 데에도 그 목적이 있다고 보이므로, 일반소매인으로 지정되어 영업을 하고 있는 **기존업자의 신규 일반소매인에 대한 이익**은 단순한 사실상의 반사적 이익이 아니라 **법률상 보호되는 이익**이라고 해석함이 상당하다. **(대판 2008.3.27. 2007두23811)**

③ [×]

해설 거부처분에 대하여 집행정지가 가능한지 여부에 관하여 견해가 대립하나, 판례는 신청에 대한 거부처분의 효력을 정지하더라도 거부처분이 없었던 것과 같은 상태, 즉 거부처분이 있기 전의 신청시의 상태로 되돌아가는 데에 불과하고 행정청에게 신청에 따른 처분을 하여야 할 의무가 생기는 것이 아니므로, **거부처분의 효력정지는 그 거부처분으로 인하여 신청인에게 생길 손해를 방지하는 데 아무런 보탬이 되지 아니하여 그 효력정지를 구할 이익이 없다**고 판시하여, 부정설의 입장이다**(대판 1995.6.21. 95두26)**. 따라서 丙이 자신에 대한 담배소매인 지정거부를 취소소송으로 다투면서 집행정지를 신청한다면 **법원은 신청이익의 흠결을 이유로 각하결정을 할 것**이다.

④ [×]

해설 취소소송의 인용판결은 소송당사자 이외의 제3자에게 미치므로**(행정소송법 제29조)**, 소송 당사자 외의 제3자는 불측의 손해를 입지 않기 위하여 소송참가를 할 수 있으나**(제16조)**, 제3자가 자기에게 책임 없는 사유로 소송에 참가하지 못하는 경우도 있을 수 있다. 이와 같이 처분 등을 취소하는 판결에 의하여 권리 또는 이익의 침해를 받은 제3자의 권리구제를 위하여 행정소송법은 자기에게 책임 없는 사유로 **소송에 참가하지 못함으로써** 판결의 결과에 영향을 미칠 공격 또는 방어방법을 제출하지 못한 제3자가 재심청구를 할 수 있도록 규정하고 있다**(제31조 제1항)**. 행정소송법 제31조의 해석상 **소송참가를 한 제3자는 판결 확정 후 행정소송법 제31조에 의한 재심 청구를 할 수 없다**.

⑤ [×]

해설 [1] 행정심판 재결의 내용이 재결청이 스스로 처분을 취소하는 것일 때에는 그 재결의 형성력에 의하여 당해 처분은 별도의 행정처분을 기다릴 것 없이 당연히 취소되어 소멸되는 것이다. [2] 당해 의약품제조품목허가처분취소재결은 보건복지부장관이 재결청의 지위에서 스스로 제약회사에 대한 위 의약품제조품목허가처분을 취소한 이른바 형성재결임이 명백하므로, 위 회사에 대한 의약품제조품목허가처분은 당해 취소재결에 의하여 당연히 취소·소멸되었고, 그 이후에 다시 위 허가처분을 취소한 당해 처분은 당해 취소재결의 당사자가 아니어서 그 재결이 있었음을 모르고 있는 위 회사에게 **위 허가처분이 취소·소멸되었음을 확인하여 알려주는 의미의 사실 또는 관념의 통지에 불과할 뿐** 위 허가처분을 취소·소멸시키는 새로운 형성적 행위가 아니므로 항고소송의 대상이 되는 처분이라고 할 수 없다. [3] 당해 사안에서와 같이 원처분의 상대방이 아닌 제3자(丙)가 행정심판을 청구하여 재결청이 원처분을 취소하는 형성재결을 한 경우에 **그 원처분의 상대방은 그 재결에 대하여 항고소송을 제기할 수밖에 없고**, 이 경우 재결은 원처분과 내용을 달리 하는 것이어서 재결의 취소를 구하는 것은 원처분에 없는 재결 고유의 위법을 주장하는 것이 된다. **(대판 1998.4.24. 97누17131)**

▶ 丁은 취소소송을 제기할 경우 B가 행한 담배소매인 지정취소처분이 아니라 취소재결을 소의 대상으로 하여야 한다.

62

항고소송에서의 소의 이익(권리보호의 필요)에 관한 설명 중 옳은 것은? (다툼이 있는 경우 판례에 의함) [17 변호사]

① 해임처분 무효확인 또는 취소소송 계속 중 해당 공무원의 임기가 만료되어 해임처분의 무효확인 또는 취소로 지위를 회복할 수 없는 경우 그 무효확인 또는 취소로 해임처분일부터 임기만료일까지 기간에 대한 보수지급을 구할 수 있더라도 해임처분의 무효확인 또는 취소를 구할 법률상 이익이 없다.

② 위법한 건축허가에 대해 취소소송으로 다투는 도중에 건축공사가 완료된 경우 그 취소를 구할 소의 이익이 인정된다.

③ 현역입영대상자가 현역병입영통지처분을 받고 현실적으로 입영을 하였다고 하더라도, 입영 이후의 법률관계에 영향을 미치고 있는 현역병입영통지처분의 취소를 구할 소의 이익이 있다.

④ 고등학교 졸업은 단지 대학입학자격이나 학력인정으로서의 의미만 있으므로, 고등학교 퇴학처분을 받은 후 고등학교 졸업학력 검정고시에 합격하였다면 고등학교 퇴학처분을 받은 자로서는 퇴학처분의 취소를 구할 소의 이익이 없다.

⑤ 항고소송인 행정처분에 관한 무효확인소송에 있어서 무효확인소송의 보충성이 요구된다.

62

정답 ③

핵심공략

- 무효확인 또는 취소로 **해임처분일부터 임기만료일까지 기간에 대한 보수 지급을 구할 수 있는 경우,** 해임처분 무효확인 또는 취소를 구할 법률상 이익 有
- 위법한 처분을 취소한다 하더라도 원상회복이 불가능한 경우, 그 취소를 구할 이익 無
- 현역입영대상자로서는 **현실적으로 입영을 하였다고 하더라도, 현역병입영통지처분 등의 취소를 구할 소송상의 이익** 有
- 고등학교졸업학력검정고시에 합격하였다 하더라도 고등학교 **퇴학처분을 받은 자는 그 퇴학처분의 취소를 구할 소송상의 이익** 有
- 무효확인소송에 보충성 요구 ×

① [×]

해설 해임처분 무효확인 또는 취소소송 계속 중 임기가 만료되어 해임처분의 무효확인 또는 취소로 지위를 회복할 수는 없다고 할지라도, 그 무효확인 또는 취소로 **해임처분일부터 임기만료일까지 기간에 대한 보수 지급을 구할 수 있는 경우**에는 해임처분의 무효확인 또는 취소를 구할 법률상 이익이 있다. 해임권자와 보수지급의무자가 다른 경우에도 마찬가지이다. (대판 2012.2.23. 2011두5001)

② [×]

해설 [1] 위법한 행정처분의 취소를 구하는 소는 위법한 처분에 의하여 발생한 위법상태를 배제하여 원상으로 회복시키고 그 처분으로 침해되거나 방해받은 권리와 이익을 보호 구제하고자 하는 소송이므로 비록 그 위법한 처분을 취소한다 하더라도 원상회복이 불가능한 경우에는 그 취소를 구할 이익이 없다. [2] 건축허가가 건축법 소정의 이격거리를 두지 아니하고 건축물을 건축하도록 되어 있어 위법하다 하더라도 **그 건축허가에 기하여 건축공사가 완료되었다면** 그 건축허가를 받은 대지와 접한 대지의 소유자인 원고가 위 건축허가처분의 취소를 받아 이격거리를 확보할 단계는 지났으며 민사소송으로 위 건축물 등의 철거를 구하는 데 있어서도 위 처분의 취소가 필요한 것이 아니므로 **원고로서는 위 처분의 취소를 구할 법률상의 이익이 없다**고 한 사례. (대판 1992.4.24. 91누11131)

③ [○]

해설 병역법 제18조 제1항에 의하면 현역은 입영한 날부터 군부대에서 복무하도록 되어 있으므로 현역병입영통지처분에 따라 현실적으로 입영을 한 경우에는 그 처분의 집행은 종료되지만, 한편, 입영으로 그 처분의 목적이 달성되어 실효되었다는 이유로 다툴 수 없도록 한다면, 병역법상 현역입영대상자로서는 현역병입영통지처분이 위법하다 하더라도 법원에 의하여 그 처분의 집행이 정지되지 아니하는 이상 현실적으로 입영을 할 수밖에 없으므로 현역병입영통지처분에 대하여는 불복을 사실상 원천적으로 봉쇄하는 것이 되고, 또한 현역입영대상자가 입영하여 현역으로 복무하는 과정에서 현역병입영통지처분 외에는 별도의 다른 처분이 없으므로 입영한 이후에는 불복할 아무런 처분마저 없게 되는 결과가 되며, 나아가 입영하여 현역으로 복무하는 자에 대한 병적을 당해 군참모총장이 관리한다는 것은 입영 및 복무의 근거가 된 현역병입영통지처분이 적법함을 전제로 하는 것으로서 그 처분이 위법한 경우까지를 포함하는 의미는 아니라고 할 것이므로, 현역입영대상자로서는 **현실적으로 입영을 하였다고 하더라도**, 입영 이후의 법률관계에 영향을 미치고 있는 **현역병입영통지처분 등을 한 관할지방병무청장을 상대로 위법을 주장하여 그 취소를 구할 소송상의 이익이 있다.** (대판 2003.12.26. 2003두1875)

④ [×]

해설 고등학교졸업이 대학입학자격이나 학력인정으로서의 의미밖에 없다고 할 수 없으므로 고등학교졸업학력검정고시에 합격하였다 하여 고등학교 학생으로서의 신분과 명예가 회복될 수 없는 것이니 **퇴학처분을 받은 자로서는 퇴학처분의 위법을 주장하여 그 취소를 구할 소송상의 이익이 있다.** (대판 1992.7.14. 91누4737)

▶ 판례는 명예, 신용 등 인격적 이익이 침해된 경우에는 소의 이익을 부정하지만, 이 판례처럼 명예를 부수적 이익에 포함시킨 것으로 보이는 판례도 있다.

⑤ [×]

해설 무효확인소송에서도 취소소송에서와 마찬가지로 소의 이익이 요구된다. 그런데 그 이외에 무효확인소송에 있어서 일반확인소송(민사소송인 확인소송)에서 요구되는 '즉시확정의 이익(확인소송의 보충성)'이 요구되는지에 관하여 견해가 대립하고 있다. 종래의 판례는 필요설(즉시확정이익설)을 취하고 있었다(대판 2006.5.12. 2004두14717). 그러나 **전원합의체판결로 종래의 판례를 변경**하여, 행정소송은 행정청의 위법한 처분 등을 취소·변경하거나 그 효력 유무 또는 존재 여부를 확인함으로써 국민의 권리 또는 이익의 침해를 구제하고 공법상의 권리관계 또는 법 적용에 관한 다툼을 적정하게 해결함을 목적으로 하므로, 대등한 주체 사이의 사법상 생활관계에 관한 분쟁을 심판대상으로 하는 민사소송과는 목적, 취지 및 기능 등을 달리한다. 또한 행정소송법 제4조에서는 무효확인소송을 항고소송의 일종으로 규정하고 있고, 행정소송법 제38조 제1항에서는 처분 등을 취소하는 확정판결의 기속력 및 행정청의 재처분 의무에 관한 행정소송법 제30조를 무효확인소송에도 준용하고 있으므로 무효확인판결 자체만으로도 실효성을 확보할 수 있다. 그리고 무효확인소송의 보충성을 규정하고 있는 외국의 일부 입법례와는 달리 우리나라 행정소송법에는 명문의 규정이 없어 이로 인한 명시적 제한이 존재하지 않는다. 이와 같은 사정을 비롯하여 행정에 대한 사법통제, 권익구제의 확대와 같은 행정소송의 기능 등을 종합하여 보면, **행정처분의 근거 법률에 의하여 보호되는 직접적이고 구체적인 이익이 있는 경우에는 행정소송법 제35조에 규정된 '무효확인을 구할 법률상 이익'이 있다고 보아야** 하고, 이와 별도로 **무효확인소송의 보충성이 요구되는 것은 아니므로 행정처분의 무효를 전제로 한 이행소송 등과 같은 직접적인 구제수단이 있는지 여부를 따질 필요가 없다**고 해석함이 상당하다.고 판시하였다. (대판 2008.3.20. 2007두6342 全)

63

항고소송의 소송요건에 관한 설명 중 옳은 것을 모두 고른 것은? (다툼이 있는 경우 판례에 의함) [14 변호사]

ㄱ. 제재적 행정처분이 그 처분에서 정한 제재기간의 경과로 인하여 그 효과가 소멸되었으나, 부령인 시행규칙의 형식으로 정한 처분기준에서 제재적 행정처분(이하 '선행처분'이라고 함)을 받은 것을 가중사유나 전제요건으로 삼아 장래의 제재적 행정처분(이하 '후행처분'이라고 함)을 하도록 정하고 있는 경우, 위 시행규칙이 정한 바에 따라 선행처분을 가중사유 또는 전제요건으로 하는 후행처분을 받을 우려가 현실적으로 존재하는 경우에도 선행처분을 받은 상대방은 그 처분에서 정한 제재기간이 경과한 선행처분의 취소를 구할 법률상 이익이 없다.

ㄴ. 사업양도·양수에 따른 허가관청의 지위승계신고의 수리대상인 사업양도·양수가 존재하지 아니하거나 무효인 때에는 사업의 양도행위가 무효라고 주장하는 양도자는 민사쟁송으로 양도·양수행위의 무효를 구함이 없이 막바로 허가관청을 상대로 하여 행정소송으로 사업양도·양수에 따른 허가관청의 지위승계신고수리처분의 무효확인을 구할 법률상 이익이 있다.

ㄷ. 통상 고시에 의하여 행정처분을 하는 경우에는 그 처분의 상대방이 불특정 다수인이고, 그 처분의 효력이 불특정 다수인에게 일률적으로 적용되는 것이므로, 그 행정처분에 이해관계를 갖는 자는 고시가 있었다는 사실을 현실적으로 알았는지 여부에 관계없이 고시가 효력을 발생하는 날에 행정처분이 있음을 알았다고 보아야 하고, 따라서 그에 대한 취소소송은 그 날로부터 90일 이내에 제기하여야 한다.

ㄹ. 부작위위법확인의 소는 부작위 상태가 계속되는 한 그 위법의 확인을 구할 이익이 있다고 보아야 하므로 원칙적으로 제소기간의 제한을 받지 않지만, 행정심판을 거친 경우에는 재결서의 정본을 송달받은 날부터 90일 이내에 부작위위법확인의 소를 제기하여야 한다.

ㅁ. 국가공무원 甲에 대한 파면처분취소소송이 사실심에 계속되고 있는 동안에 징계권자가 파면처분을 3월의 정직처분으로 감경하여서 甲이 변경된 처분에 맞추어 소를 변경하는 경우, 변경된 처분에 대하여 새로이 소청심사위원회의 심사·결정을 거쳐야 한다.

① ㄱ, ㄴ, ㄷ　② ㄱ, ㄹ, ㅁ　③ ㄴ, ㄷ, ㄹ　④ ㄴ, ㄹ, ㅁ　⑤ ㄷ, ㄹ, ㅁ

63

정답 ③

핵심공략

- 제재기간의 경과로 인하여 그 효과가 소멸하였더라도 **제재적 행정처분을 받은 것을 장래의 가중사유나 전제요건으로 삼고 있는 경우, 그 처분의 취소를 구할 법률상 이익 有**
- 수리대상인 사업양도·양수가 존재하지 아니하거나 무효인 경우, 수리를 하였다 하더라도 그 수리는 유효한 대상이 없는 것으로서 당연무효
  ⇨ 양도자는 막바로 허가관청을 상대로 하여 행정소송으로 위 신고수리처분의 무효확인을 구할 법률상 이익 有
- **통상 고시 또는 공고에 의하여 행정처분을 하는 경우 고시가 효력을 발생하는 날 행정처분이 있음을 알았다고 보아야 O**
- 부작위위법확인의 소는 부작위상태가 계속되는 한 원칙적으로 제소기간의 제한 ×, *But* **행정심판 등 전심절차를 거친 경우** 행정소송법 제20조가 정한 **제소기간 내에 제기하여야 O**
- 행정심판전치주의가 적용되는 경우라도 **변경 전의 처분에 대하여 행정심판전치절차를 거쳤으면 새로운 처분에 대하여 별도의 전심절차를 거치지 않아도 O**

해설 ㄱ. [×]

[다수의견] 제재적 행정처분이 그 처분에서 정한 제재기간의 경과로 인하여 그 효과가 소멸되었으나, 부령인 시행규칙 또는 지방자치단체의 규칙(이하 이들을 '규칙'이라고 한다)의 형식으로 정한 처분기준에서 **제재적 행정처분(이하 '선행처분'이라고 한다)을 받은 것을 가중사유나 전제요건으로 삼아** 장래의 제재적 행정처분(이하 '후행처분'이라고 한다)을 하도록 정하고 있는 경우, 제재적 행정처분의 가중사유나 전제요건에 관한 규정이 법령이 아니라 규칙의 형식으로 되어 있다고 하더라도, **그러한 규칙이 법령에 근거를 두고 있는 이상 그 법적 성질이 대외적·일반적 구속력을 갖는 법규명령인지 여부와는 상관없이**, 관할 행정청이나 담당공무원은 이를 준수할 의무가 있으므로 이들이 그 규칙에 정해진 바에 따라 행정작용을 할 것이 당연히 예견되고, 그 결과 행정작용의 상대방인 국민으로서는 그 규칙의 영향을 받을 수밖에 없다. 따라서 그러한 규칙이 정한 바에 따라 선행처분을 받은 상대방이 그 처분의 존재로 인하여 장래에 받을 불이익, 즉 후행처분의 위험은 구체적이고 현실적인 것이므로, 상대방에게는 선행처분의 취소소송을 통하여 그 불이익을 제거할 필요가 있다. … 이상의 여러 사정과 아울러, 국민의 재판청구권을 보장한 헌법 제27조 제1항의 취지와 행정처분으로 인한 권익침해를 효과적으로 구제하려는 행정소송법의 목적 등에 비추어 행정처분의 존재로 인하여 국민의 권익이 실제로 침해되고 있는 경우는 물론이고 권익침해의 구체적·현실적 위험이 있는 경우에도 이를 구제하는 소송이 허용되어야 한다는 요청을 고려하면, 규칙이 정한 바에 따라 선행처분을 가중사유 또는 전제요건으로 하는 후행처분을 받을 우려가 현실적으로 존재하는 경우에는, **선행처분을 받은 상대방은 비**

록 그 처분에서 정한 제재기간이 경과하였다 하더라도 그 처분의 취소소송을 통하여 그러한 불이익을 제거할 권리보호의 필요성이 충분히 인정된다고 할 것이므로, **선행처분의 취소를 구할 법률상 이익이 있다고 보아야** 한다. (대판 2006.6.22. 2003두1684 全)

ㄴ. [○]

사업양도·양수에 따른 허가관청의 지위승계신고의 수리는 적법한 사업의 양도·양수가 있었음을 전제로 하는 것이므로 그 수리대상인 사업양도·양수가 존재하지 아니하거나 무효인 때에는 수리를 하였다 하더라도 그 수리는 유효한 대상이 없는 것으로서 당연히 무효라 할 것이고, 사업의 양도행위가 무효라고 주장하는 양도자는 **민사쟁송으로 양도·양수행위의 무효를 구함이 없이** 막바로 허가관청을 상대로 하여 **행정소송으로 위 신고수리처분의 무효확인을 구할 법률상 이익이 있다.** (대판 2005.12.23. 2005두3554)

ㄷ. [○]

통상 **고시 또는 공고에 의하여 행정처분을 하는 경우**에는 그 처분의 상대방이 불특정 다수인이고 그 처분의 효력이 불특정 다수인에게 일률적으로 적용되는 것이므로, 그 행정처분에 이해관계를 갖는 자가 고시 또는 공고가 있었다는 사실을 현실적으로 알았는지 여부에 관계없이 **고시가 효력을 발생하는 날 행정처분이 있음을 알았다고 보아야** 한다. (대판 2007.6.14. 2004두619)

▶ 따라서 고시가 효력을 발생하는 날로부터 90일 내에 취소소송을 제기해야 한다(행정소송법 제20조 제1항).

ㄹ. [○]

부작위위법확인의 소는 부작위상태가 계속되는 한 그 위법의 확인을 구할 이익이 있다고 보아야 하므로 원칙적으로 제소기간의 제한을 받지 않는다. 그러나 행정소송법 제38조 제2항이 제소기간을 규정한 같은 법 제20조를 부작위위법확인소송에 준용하고 있는 점에 비추어 보면, **행정심판 등 전심절차를 거친 경우**에는 행정소송법 제20조가 정한 **제소기간 내에 부작위위법확인의 소를 제기하여야** 한다. (대판 2009.7.23. 2008두10560)

▶ 판례는 행정심판을 거치지 않은 경우에는 부작위위법확인소송의 특성상 제소기간의 제한을 받지 않는다고 보고, 행정심판을 거친 경우에는 행정소송법 제20조가 정한 제소기간 내(재결서의 정본을 송달받은 날로부터 90일 이내)에 부작위위법확인의 소를 제기하여야 한다고 본다.

ㅁ. [×]

처분변경으로 인한 소의 변경이 인정되려면 구소가 사실심변론종결 전이어야 하고, 변경되는 신소가 적법하여야 한다. 다만, 행정심판전치주의가 적용되는 경우라도 **변경 전의 처분에 대하여 행정심판전치절차를 거쳤으면 새로운 처분에 대하여 별도의 전심절차를 거치지 않아도 된다**(행정소송법 제22조 제3항).

조문 **행정소송법 제22조(처분변경으로 인한 소의 변경)** ① 법원은 행정청이 소송의 대상인 처분을 소가 제기된 후 변경한 때에는 원고의 신청에 의하여 결정으로써 청구의 취지 또는 원인의 변경을 허가할 수 있다.

③ 제1항의 규정에 의하여 변경되는 청구는 제18조 제1항 단서의 규정에 의한 요건을 갖춘 것으로 본다.

64

행정소송에서의 피고적격에 관한 설명 중 옳지 않은 것은? (다툼이 있는 경우 판례에 의함) [14 변호사]

① 개별법령에 합의제 행정청의 장을 피고로 한다는 명문규정이 없는 한 합의제 행정청 명의로 한 행정처분의 취소소송의 피고적격자는 합의제 행정청의 장이 아닌 당해 합의제 행정청이다.

② 행정처분을 행할 적법한 권한 있는 상급행정청으로부터 내부위임을 받은 데 불과한 하급행정청이 권한 없이 자기의 명의로 행정처분을 한 경우 그 취소소송에서는 실제로 그 처분을 행한 하급행정청이 아니라 그 처분을 행할 적법한 권한 있는 상급행정청을 피고로 하여야 한다.

③ 수용재결에 불복하여 취소소송을 제기하는 때에는 이의신청을 거친 경우에도 수용재결을 한 중앙토지수용위원회 또는 지방토지수용위원회를 피고로 하여 수용재결의 취소를 구하여야 하고, 다만 이의신청에 대한 재결 자체에 고유한 위법이 있음을 이유로 하는 경우에만 그 이의재결을 한 중앙토지수용위원회를 피고로 하여 이의재결의 취소를 구할 수 있다.

④ 납세의무부존재확인의 소는 공법상의 법률관계 그 자체를 다투는 소송으로서 당사자소송이라 할 것이므로 과세관청이 아니라 그 법률관계의 한쪽 당사자인 국가·공공단체 그 밖의 권리주체가 피고적격을 가진다.

⑤ 원고가 피고를 잘못 지정한 경우 피고경정은 취소소송과 당사자소송 모두에서 사실심 변론종결에 이르기까지 허용된다.

64

정답 ②

핵심공략

- 합의제 행정청이 처분청인 경우, 다른 법률에 특별한 규정이 없는 한, **합의제 행정청이 피고** ○
- 하급행정청이 권한 없이 행정처분을 한 경우, **실제로 그 처분을 행한 하급행정청을 피고로 하여야** ○
- 수용재결에 불복하여 취소소송을 제기하는 때에는 이의신청을 거친 경우에도 **'수용재결을 한 중앙토지수용위원회 또는 지방토지수용위원회'를 피고로** '수용재결'의 취소를 구하여야 ○
  But 이의신청에 대한 재결 자체에 고유한 위법이 있음을 이유로 하는 경우, 그 **'이의재결을 한 중앙토지수용위원회'를 피고로** '이의재결'의 취소를 구할 수 있다고 보아야 ○
- **납세의무부존재확인의 소는 당사자소송** ○
  ⇨ 그 법률관계의 한쪽 당사자인 **국가·공공단체 그 밖의 권리주체가 피고적격** ○
- **항고소송에서의 피고경정은 사실심 변론종결시까지** 허용 ○

① [○]

해설 합의제 행정청이 처분청인 경우에는 다른 법률에 특별한 규정이 없는 한, **합의제 행정청이 피고**가 된다. **(행정소송법 제13조 제1항)** 즉, 합의제 행정청인 공정거래위원회, 중앙토지수용위원회, 감사원 등이 처분청인 경우 공정거래위원회, 중앙토지수용위원회, 감사원 피고가 된다. 다만, 노동위원회법은 중앙노동위원회의 처분에 대한 소송을 '중앙노동위원회 위원장'을 피고로 하여 제기하도록 특별한 규정을 두고 있다. **(노동위원회법 제27조 제1항)**

② [×]

해설 행정처분의 취소 또는 무효확인을 구하는 행정소송은 다른 법률에 특별한 규정이 없는 한 그 처분을 행한 행정청을 피고로 하여야 하며, 행정처분을 행할 적법한 권한 있는 상급행정청으로부터 내부위임을 받은 데 불과한 하급행정청이 권한 없이 행정처분을 한 경우에도 **실제로 그 처분을 행한 하급행정청을 피고로 하여야 할 것**이지 그 처분을 행할 적법한 권한 있는 상급행정청을 피고로 할 것은 아니다. **(대판 1994.8.12. 94누2763)**

▶ 물론 그 처분은 권한 없는 자가 한 위법한 처분이 될 것이지만, 이는 본안에서 판단할 사항일 뿐 피고적격을 판단함에 있어서는 고려할 사항이 아니다.

③ [○]

해설 공익사업을 위한 토지 등의 취득 및 보상에 관한 법률 제85조 제1항 전문의 문언 내용과 같은 법 제83조, 제85조가 중앙토지수용위원회에 대한 이의신청을 임의적 절차로 규정하고 있는 점, 행정소송법 제19조 단서가 행정심판에 대한 재결은 재결 자체에 고유한 위법이 있음을 이유로 하는 경우에 한하여 취소소송의 대상으로 삼을 수 있도록 규정하고 있는 점 등을 종합하여 보면, ㉠ 수용재결에 불복하여 취소소송을 제기하는 때에는 이의신청을 거친 경우에도 **'수용재결을 한 중앙토지수용위원회 또는 지방토지수용위원회'를 피고로 하여** '수용재결'의 취소를 구하여야 하고, 다만 ㉡ 이의신청에 대한 재결 자체에 고유한 위법이 있음을 이유로 하는 경우에는 그 **'이의재결을 한 중앙토지수용위원회'를 피고로 하여** '이의재결'의 취소를 구할 수 있다고 보아야 한다. **(대판 2010.1.28. 2008두1504)**

④ [○]

해설 납세의무부존재확인의 소는 공법상의 법률관계 그 자체를 다투는 소송으로서 **당사자소송**이라 할 것이므로 행정소송법 제3조 제2호, 제39조에 의하여 그 법률관계의 한쪽 당사자인 **국가·공공단체 그 밖의 권리주체가 피고적격**을 가진다. **(대판 2000.9.8.99두2765)**

⑤ [○]

해설 제1심 변론종결시까지만 피고의 경정이 허용되는 민사소송과 달리, **항고소송에서의 피고의 경정은 사실심 변론종결시까지** 허용된다는 것이 판례의 입장이다. **(대결 2006.2.23. 2005부4)** 행정소송법 소정의 당사자소송에 있어서 원고가 피고를 잘못 지정한 때에는 법원은 원고의 신청에 의하여 결정으로서 피고의 경정을 허가할 수 있는 것이므로**(행정소송법 제44조 제1항, 제14조)**, 원고가 확인을 구하는 손실보상금청구권은 공법상의 권리로서 그 소송절차는 행정소송법상 당사자소송절차에 의하여야 할 것인데, **당사자소송에서는** 민사소송과 달리 **사실심 변론종결시까지** 피고의 동의 없이 피고의 경정이 가능하므로, 원고가 피고를 잘못 지정하였다면 원심으로서는 당연히 석명권을 행사하여 원고로 하여금 피고를 대전광역시로 경정하게 하여 소송을 진행하였어야 할 것이다. **(대판 2006.11.9. 2006다23503)**

65

A행정청이 甲에게 한 X행정처분에 대하여 제소기간이 도과하여 불가쟁력이 발생하였다. 이에 관한 설명 중 옳은 것은? (다툼이 있는 경우 판례에 의함) [22 변호사]

① X행정처분이 산업재해 요양급여결정을 취소하는 처분인 경우, 甲에게 요양급여청구권이 없다는 내용의 법률관계가 확정된다.

② X행정처분이 甲의 신청을 거부하는 처분인 경우, 甲이 다시 동일한 내용의 새로운 신청을 하고 A행정청이 이를 거부한 경우에도 甲은 반복된 거부처분에 대하여 취소소송을 제기할 수 없다.

③ 甲은 X행정처분의 위법을 이유로 국가배상청구소송을 제기할 수 없다.

④ X행정처분이 부담부행정행위인 경우, 甲은 그 부담의 이행으로서 하게 된 사법상 법률행위의 효력에 대해서 별도로 소송을 제기하여 다툴 수 있다.

⑤ X행정처분에 후속하여 Y행정처분이 행해진 경우, 두 처분이 서로 결합하여 하나의 법률효과를 목적으로 하는 경우에도 甲은 X행정처분의 위법을 이유로 Y행정처분의 취소를 구할 수 없다.

65

정답 ④

핵심공략

- 산업재해요양보상급여취소처분이 불복기간의 경과로 인하여 확정되었더라도 요양급여청구권이 없다는 내용의 법률관계까지 확정된 것 ×
- 이미 거부한 신청과 동일한 내용의 새로운 신청에 대한 행정청의 반복된 거부처분에 대하여 취소소송 제기 可能
- 불가쟁력 발생한 행정처분에 대하여도 국가배상청구 可能
- 부담부행정행위와 별도로 그 부담의 이행으로서 한 사법상 법률행위의 효력을 소송으로 다툴 수 可
- 선행처분에 불가쟁력이 생겨 그 효력을 다툴 수 없게 된 경우에도 선행처분의 하자를 이유로 후행처분의 효력을 다툴 수 O

① [×]

해설 행정처분이나 행정심판 재결이 불복기간의 경과로 인하여 확정될 경우 확정력은 처분으로 인하여 법률상 이익을 침해받은 자가 처분이나 재결의 효력을 더 이상 다툴 수 없다는 의미일 뿐 판결에 있어서와 같은 기판력이 인정되는 것은 아니어서 처분의 기초가 된 사실관계나 법률적 판단이 확정되고 당사자들이나 법원이 이에 기속되어 모순되는 주장이나 판단을 할 수 없게 되는 것은 아니다. 종전의 산업재해요양보상급여취소처분이 불복기간의 경과로 인하여 확정되었더라도 요양급여청구권이 없다는 내용의 법률관계까지 확정된 것은 아니며 소멸시효에 걸리지 아니한 이상 다시 요양급여를 청구할 수 있고 그것이 거부된 경우 이는 새로운 거부처분으로서 위법 여부를 소구할 수 있다. **(대판 1993.4.13. 92누17181)**

② [×]

해설 거부처분은 행정청이 국민의 처분신청에 대하여 거절의 의사표시를 함으로써 성립되고 그 이후 동일한 내용의 신청에 대하여 다시 거절의 의사표시를 명백히 한 경우에는 새로운 처분이 있은 것으로 보아야 하며, 이 경우 행정심판 및 행정소송의 제기기간은 각 처분을 기준으로 진행되고 종전 처분에 대한 쟁송기간이 도과했다 하여 그 이후의 새로운 거부 처분에 대하여 행정쟁송을 할 수 없게 되는 것은 아니다. **(대판 1992.12.8. 92누7542, 1998.3.13. 96누15251, 2002.3.29. 2000두6084 등)**

③ [×]

해설 제소기간의 도과로 해당 행정처분에 불가쟁력이 발생하였다고 하더라도, 이로써 처분의 위법성이 적법한 것으로 치유되는 것은 아니다. 그러므로 이와 별도로 국가배상법 제2조 제1항의 요건을 모두 갖추었다면, 불가쟁력이 발생한 행정처분에 대해서도 국가배상청구가 가능하다.

④ [○]

해설 행정처분에 부담인 부관을 붙인 경우 부관의 무효화에 의하여 본체인 행정처분 자체의 효력에도 영향이 있게 될 수는 있지만, 그 처분을 받은 사람이 부담의 이행으로 사법상 매매 등의 법률행위를 한 경우에는 그 부관은 특별한 사정이 없는 한 법률행위를 하게 된 동기 내지 연유로 작용하였을 뿐이므로 이는 법률행위의 취소사유가 될 수 있음은 별론으로 하고 그 법률행위 자체를 당연히 무효화하는 것은 아니다. 또한, 행정처분에 붙은 부담인 부관이 제소기간의 도과로 확정되어 이미 불가쟁력이 생겼다면 그 하자가 중대하고 명백하여 당연 무효로 보아야 할 경우 외에는 누구나 그 효력을 부인할 수 없을 것이지만, 부담의 이행으로서 하게 된 사법상 매매 등의 법률행위는 부담을 붙인 행정처분과는 어디까지나 별개의 법률행위이므로 그 부담의 불가쟁력의 문제와는 별도로 법률행위가 사회질서 위반이나 강행규정에 위반되는지 여부 등을 따져보아 그 법률행위의 유효 여부를 판단하여야 한다 **(대판 2009.6.25. 2006다18174)**.

⑤ [×]

해설 두 개 이상의 행정처분이 연속적으로 행하여지는 경우 선행처분과 후행처분이 서로 결합하여 1개의 법률효과를 완성하는 때에는 선행처분에 하자가 있으면 그 하자는 후행처분에 승계되므로 선행처분에 불가쟁력이 생겨 그 효력을 다툴 수 없게 된 경우에도 선행처분의 하자를 이유로 후행처분의 효력을 다툴 수 있다. **(대판 1994.1.25. 93누8542)**

66

甲은 국립대학교 교수로 재직하던 중 같은 대학 총장 乙로부터 감봉 3개월의 징계처분을 받았다. 甲은 A지방법원에 징계처분취소의 소를 제기하였으나, 위 법원은 교원소청심사위원회의 전심절차를 거치지 아니하였다는 이유로 이를 각하하였다. 이에 관한 설명 중 옳은 것을 모두 고른 것은? (다툼이 있는 경우 판례에 의함) [18 변호사]

ㄱ. 「국가공무원법」 및 「교육공무원법」에 따르면, 甲은 징계처분에 관하여 취소소송을 제기하기에 앞서 교원소청심사를 필요적으로 거쳐야 하므로, 그 심사절차에 사법절차가 준용되지 않는다면 이는 헌법에 위반된다.

ㄴ. 교원에 대한 징계처분의 적법성을 판단함에 있어서는 교육의 자주성·전문성이 요구되므로 법원의 재판에 앞서 교육전문가들의 심사를 먼저 받아볼 필요가 있다.

ㄷ. 만약 甲이 징계처분의 취소를 구하는 소를 제기하기 전에 소청심사를 먼저 청구하여 교원소청심사위원회에서 감봉 2개월로 변경하는 결정을 하였다면, 甲은 감경되고 남은 원처분을 대상으로 취소소송을 제기하여야 한다.

ㄹ. 甲이 취소소송 제기 당시 교원소청심사위원회의 필요적 전심절차를 거치지 못하였다 하여도 사실심 변론종결시까지 그 전심절차를 거쳤다면 그 흠결의 하자는 치유된다.

ㅁ. 「행정소송법」상 인정되는 행정심판전치주의의 다양한 예외는 필요적 전심절차인 교원소청심사에는 적용되지 아니한다.

① ㄱ, ㄹ
② ㄴ, ㄷ, ㅁ
③ ㄱ, ㄴ, ㄷ, ㄹ
④ ㄱ, ㄴ, ㄷ, ㅁ
⑤ ㄱ, ㄴ, ㄹ, ㅁ

66

정답 ③

핵심공략

- 어떤 행정심판을 '필요적 전심절차로 규정하면서도' 그 절차에 사법절차가 준용되지 않는다면 헌법에 위반 O
- 교원 신분에 대한 징계처분의 적법성을 판단함에 있어 법원의 재판에 앞서 교육전문가들의 심사를 먼저 받아볼 필요 인정 O
- 취소심판에서 수정재결(적극적 변경재결)이 내려진 경우, '감경되고 남은 원처분'을 대상으로 '처분청'을 피고로 하여 취소소송을 제기하여야 O (원칙)
- 전치요건 충족 여부는 사실심 변론종결시를 기준으로 판단 O
- 행정심판전치주의에 대한 다양한 예외는 교원소청심사에도 적용 O

해설 ㄱ. [○]

헌법 제107조 제3항은 "재판의 전심절차로서 행정심판을 할 수 있다. 행정심판의 절차는 법률로 정하되, 사법절차가 준용되어야 한다"고 규정하고 있다. 이 조항은 행정심판의 근거를 제공하면서 그 한계를 설정하고 있다 할 것인데, 그 한계란 행정심판은 어디까지나 재판의 전심절차로서만 기능하여야 함과 동시에 사법절차가 준용되어야 한다는 것이다. 따라서 입법자가 행정심판을 전심절차가 아니라 종심절차로 규정함으로써 정식재판의 기회를 배제하거나, **어떤 행정심판을 필요적 전심절차로 규정하면서도 그 절차에 사법절차가 준용되지 않는다면** 이는 헌법 제107조 제3항은 물론, 재판청구권을 보장하고 있는 헌법 제27조에도 위반된다 할 것이다. 하지만 불복절차에서 행정심판을 임의적 전치제도로 규정하고 있다면 불복신청인에게 이를 거치지 아니하고 곧바로 행정소송을 제기할 수 있는 선택권이 보장되어 있기 때문에, 설사 그 행정심판에 사법절차가 준용되지 않는다 하더라도 위 헌법조항에 위반된다 할 수 없다. **(헌재 2007.1.17. 2005헌바86)**

ㄴ. [○]

헌법 제31조 제1항은 국민의 교육을 받을 권리를 규정하면서 이를 위하여 같은 조 제4항에서 교육의 자주성·전문성·정치적 중립성 등을 보장하고 있다. 이처럼 교원의 신분과 관련되는 징계처분에 대한 적법성을 판단함에 있어서는 교육의 자주성·전문성이 요구되므로 법원의 재판에 앞서 교육전문가들의 심사를 먼저 받아볼 필요가 있다. **(헌재 2007.1.17. 2005헌바86)**

ㄷ. [○]

판례는 불이익처분에 대한 취소심판에서 수정재결(적극적 변경재결)이 내려진 경우, **'감경되고 남은 원처분'을 대상으로** '처분청'을 피고로 하여 취소소송을 제기하여야 한다고 본다 **(대판 1993.8.24. 93누5673; 대판 1997.11.14. 97누7325 참조)**. 국·공립학교 교원에 대한 징계처분의 경우에는 원 징계처분 자체가 행정처분이므로 그에 대하여 위원회에 소청심사를 청구하고 위원회의 결정이 있은 후 그에 불복하는 행정소송이 제기되더라도 그 심판대상은 교육감 등에 의한 원 징계처분이 되는 것이 원칙이다. 다만 위원회의 심사절차에 위법사유가 있다는 등 고유의 위법이 있는 경우에 한하여 위원회의 결정이 소송에서의 심판대상이 된다**(대판 2013. 7.25. 2012두12297)**.

ㄹ. [○]

행정심판전치주의가 적용되는 사건에서, 전치요건을 충족하였는지의 여부는 **사실심 변론종결시를 기준으로 판단**한다 **(대판 1987.4.28. 86누29)**. 따라서 행정소송 제기 당시에는 행정심판 전치요건을 충족하지 않았더라도 소를 각하하기 전에 행정심판의 재결이 있으면 그 하자는 치유되고, 행정심판청구를 하지 않고 제기된 소송이라도 사실심 변론종결시까지 전치요건을 갖추면 법원은 소를 각하할 수 없다. 헌법재판소도 행정심판의 전치요건은 행정소송 제기 이전에 반드시 갖추어야 하는 것은 아니며 **사실심 변론종결 시까지 갖추면 되므로**, 전치요건을 구비하면서도 행정소송의 신속한 진행을 동시에 꾀할 수 있다고 판시한 바 있다**(헌재 2007.1.17. 2005헌바86)**.

ㅁ. [×]

행정소송법 제18조 제2항과 제3항은 행정심판전치주의에 대한 다양한 예외를 인정하고 있는바, 이는 이 사건 필요적 전심절차조항(교원에 대한 징계처분에 관하여 재심청구를 거치지 아니하고서는 행정소송을 제기할 수 없도록 한 국가공무원법 제16조 제2항 중 교원에 대한 부분)에도 적용된다. 따라서 일정한 경우에는(예 동종사건에 관하여 이미 행정심판의 기각재결이 있은 때 또는 처분을 행한 행정청이 행정심판을 거칠 필요가 없다고 잘못 알린 때 등) 행정심판을 제기함이 없이 행정소송을 바로 제기할 수 있고**(제18조 제3항)**, 어떤 경우에는(예 행정심판청구가 있은 날로부터 60일이 지나도 재결이 없는 때 또는 중대한 손해를 예방해야 할 긴급한 필요가 있는 때 등) 행정심판의 재결없이 행정소송을 제기할 수도 있다**(행정소송법 제18조 제2항)**. 그러므로 위 필요적 전심절차조항에 의하여 무의미하거나 불필요한 행정심판을 거쳐야 하는 것은 아니다. **(헌재 2007.1.17. 2005헌바86)**

67

「행정소송법」상 집행정지에 관한 설명 중 옳지 않은 것은? (다툼이 있는 경우 판례에 의함) [22 변호사]

① 처분의 효력을 정지하는 집행정지결정이 이루어지면 결정주문에서 정한 정지기간 중에는 처분이 없었던 원래의 상태와 같은 상태가 되며 처분청이 처분을 실현하기 위한 조치를 할 수 없다.

② 집행정지결정의 효력은 결정주문에서 정한 기간까지 존속하다가 그 기간의 만료와 동시에 당연히 소멸한다.

③ 집행정지는 행정쟁송절차에서 실효적 권리구제를 확보하기 위한 잠정적 조치일 뿐이므로, 본안 확정판결로 해당 제재처분이 적법하다는 점이 확인되었다면 처분청은 제재처분의 상대방이 집행정지가 이루어지지 않은 경우와 비교하여 제재를 덜 받게 되는 결과가 초래되도록 해서는 안 된다.

④ 항고소송을 제기한 원고가 본안소송에서 패소확정판결을 받은 경우에는 집행정지결정의 효력이 소급적으로 소멸한다.

⑤ 처분상대방이 집행정지결정을 받지 못했으나 본안소송에서 해당 제재처분이 위법함이 확인되어 취소하는 판결이 확정되면, 처분청은 그 제재처분으로 처분상대방에게 초래된 불이익한 결과를 제거하기 위하여 필요한 조치를 취하여야 한다.

67

정답 ④

핵심공략

- 집행정지기간 중에는 그 대상이 된 처분의 실현 조치 不可
- 집행정지결정의 효력은 주문에서 정한 시기의 도래와 동시에 당연 소멸 ○
- 집행정지결정 후 본안에서 해당 처분이 최종적으로 적법한 것으로 확정된 경우, 처분청은 당초 집행정지결정이 없었던 경우와 동등한 수준으로 해당 제재처분이 집행되도록 필요한 조치를 취하여야 ○
- 본안에서 패소확정판결을 받았더라도 집행정지결정 효력이 소급 소멸 ×
- 집행정지결정 받지 못했으나, 본안소송에서 해당 제재처분이 위법하여 취소판결 확정된 경우, 처분청은 그 처분으로 상대방에게 초래된 불이익한 결과를 제거하기 위한 필요한 조치를 취하여야 ○

① [○]

해설 일정한 납부기한을 정한 과징금부과처분에 대하여 법원이 소명자료를 검토한 끝에 '회복하기 어려운 손해'를 예방하기 위하여 긴급한 필요가 있고 달리 공공복리에 중대한 영향을 미치지 아니한다는 이유로 그에 대한 집행정지결정을 하였다면 행정청에 의하여 과징금부과처분이 집행되거나 행정청·관계 행정청 또는 제3자에 의하여 과징금부과처분의 실현을 위한 조치가 행하여져서는 아니된다. (대판 2003.7.11. 2002다48023 참조)

② [○]

해설 행정소송법에 의한 집행정지결정의 효력은 결정 주문에서 정한 시기까지 존속하며 그 시기의 도래와 동시에 효력이 당연히 소멸하는 것이고 이와 동시에 당초의 행정처분의 효력이 당연히 부활하는 것이다. (대판 1999.2.23. 98두14471 참조)

③ [○], ④ [×], ⑤ [○]

해설 집행정지결정의 효력은 결정 주문에서 정한 기간까지 존속하다가 그 기간이 만료되면 장래에 향하여 소멸한다. 집행정지결정은 처분의 집행으로 회복하기 어려운 손해를 예방하기 위하여 긴급한 필요가 있고 달리 공공복리에 중대한 영향을 미치지 않을 것을 요건으로 하여 본안판결이 있을 때까지 해당 처분의 집행을 잠정적으로 정지함으로써 위와 같은 손해를 예방하는 데 취지가 있으므로, 항고소송을 제기한 원고가 본안소송에서 패소확정판결을 받았더라도 집행정지결정의 효력이 소급하여 소멸하지 않는다.

제재처분에 대한 행정쟁송절차에서 처분에 대해 집행정지결정이 이루어졌더라도 본안에서 해당 처분이 최종적으로 적법한 것으로 확정되어 집행정지결정이 실효되고 제재처분을 다시 집행할 수 있게 되면, 처분청으로서는 당초 집행정지결정이 없었던 경우와 동등한 수준으로 해당 제재처분이 집행되도록 필요한 조치를 취하여야 한다. 집행정지는 행정쟁송절차에서 실효적 권리구제를 확보하기 위한 잠정적 조치일 뿐이므로, 본안 확정판결로 해당 제재처분이 적법하다는 점이 확인되었다면 제재처분의 상대방이 잠정적 집행정지를 통해 집행정지가 이루어지지 않은 경우와 비교하여 제재를 덜 받게 되는 결과가 초래되도록 해서는 안 된다. 반대로, 처분상대방이 집행정지결정을 받지 못했으나 본안소송에서 해당 제재처분이 위법하다는 것이 확인되어 취소하는 판결이 확정되면, 처분청은 그 제재처분으로 처분상대방에게 초래된 불이익한 결과를 제거하기 위하여 필요한 조치를 취하여야 한다. (대판 2020.9.3. 2020두34070)

68

행정소송상 집행정지에 관한 설명 중 옳지 않은 것은? (다툼이 있는 경우 판례에 의함) [15 변호사]

① 행정처분의 무효란 행정처분이 처음부터 아무런 효력도 발생하지 아니한다는 의미이므로 무효등확인소송에서는 집행정지가 인정되지 아니한다.

② 집행정지결정을 한 후에라도 본안소송이 취하되어 소송이 계속되지 않게 되면 이에 따라 집행정지결정의 효력은 당연히 소멸되는 것이고 별도의 취소조치가 필요한 것은 아니다.

③ 집행정지결정 또는 기각결정에 대하여는 즉시항고를 할 수 있고, 집행정지결정에 대한 즉시항고에는 결정의 집행을 정지하는 효력이 없다.

④ 집행정지의 소극적 요건으로서 '공공복리에 중대한 영향을 미칠 우려'에 대한 주장·소명책임은 행정청에게 있다.

⑤ 법원이 집행정지결정을 하면서 그 주문에서 당해 법원에 계속 중인 본안소송의 판결선고시까지 효력을 정지한 경우, 원고패소판결이 선고되면 그 본안판결의 선고시에 집행정지결정의 효력은 별도의 취소조치 없이 소멸하고 처분의 효력이 부활한다.

68

정답 ①

핵심공략

- 무효등확인소송에서도 집행정지 인정 O
- 집행정지결정을 한 후 본안소송이 취하된 경우, 집행정지 결정의 효력 당연소멸 O, 별도의 취소조치 不要
- 집행정지 결정 또는 기각결정에 대하여 즉시항고 可, 단 집행정지 결정에 대한 즉시항고에는 정지효 ×
- 집행정지 소극적 요건에 대한 주장·증명책임은 행정청에게 有
- 집행정지결정의 효력은 주문에서 정한 시기의 도래와 동시에 당연 소멸 O

① [×]

해설 무효등확인소송에서도 집행정지에 관한 행정소송법 제23조가 준용된다(**행정소송법 제38조 제1항**). 따라서 무효등확인소송에서도 집행정지가 인정된다.

② [O]

해설 행정처분의 집행정지는 행정처분 집행부정지의 원칙에 대한 예외로서 인정되는 일시적인 응급처분이라 할 것이므로 집행정지결정을 하려면 이에 대한 본안소송이 법원에 제기되어 계속 중임을 요건으로 하는 것이므로 집행정지결정을 한 후에라도 **본안소송이 취하**되어 소송이 계속하지 아니한 것으로 되면 **집행정지결정은 당연히 그 효력이 소멸**되는 것이고 별도의 취소조치를 필요로 하는 것이 아니다. (대판 1975.11. 11. 75누97)

③ [O]

해설 집행정지의 결정 또는 기각의 결정에 대하여는 즉시항고할 수 있다. 민사소송에서 즉시항고의 경우 결정의 집행을 정지하는 효력이 인정되는 것과 달리(**민사소송법 제447조**), **집행정지의 결정에 대한 즉시항고에는 그 결정의 집행을 정지하는 효력이 없다**(**행정소송법 제23조 제5항 후문**).

④ [O]

해설 행정소송법 제23조 제3항 에서 규정하고 있는 집행정지의 장애사유로서의 **'공공복리에 중대한 영향을 미칠 우려'**라 함은 일반적·추상적인 공익에 대한 침해의 가능성이 아니라 당해 처분의 집행과 관련된 구체적·개별적인 공익에 중대한 해를 입힐 개연성을 말하는 것으로서 **이러한 집행정지의 소극적 요건에 대한 주장·소명책임은 행정청에게 있다**. (대결 1994.10.110. 94두23)

⑤ [O]

해설 행정소송법 제23조에 의한 **집행정지결정의 효력은 결정주문에서 정한 시기까지 존속하며 그 시기의 도래와 동시에 효력이 당연히 소멸하는 것**이므로, 일정기간 동안 영업을 정지할 것을 명한 행정청의 영업정지처분에 대하여 법원이 집행정지결정을 하면서 **주문에서 당해 법원에 계속 중인 본안소송의 판결선고시까지 처분의 효력을 정지한다고 선언하였을 경우**에는 처분에서 정한 영업정지 기간의 진행은 그때까지 저지되는 것이고 본안소송의 판결선고에 의하여 당해 정지결정의 효력은 소멸하고 이와 동시에 당초의 영업정지처분의 효력이 당연히 부활되어 처분에서 정하였던 정지기간(정지결정 당시 이미 일부 집행되었다면 나머지 기간)은 이때부터 다시 진행한다. (**대판 1993.8.24. 92누18054; 대결 2005. 1.17. 2004무61**)

69

행정소송의 심리에 관한 설명 중 옳지 않은 것은? (다툼이 있는 경우 판례에 의함) [22 변호사]

① 취소판결을 받더라도 해당 처분으로 발생한 위법상태를 원상으로 회복시킬 수 없는 경우에는 그 취소를 구할 소의 이익이 인정되지 않는 것이 원칙이나, 그 취소로써 회복할 수 있는 다른 이익이 남아 있거나 또는 불분명한 법률문제의 해명이 필요한 경우에는 예외적으로 소의 이익을 인정할 수 있다.

② 처분의 위법 여부는 처분 당시의 법령과 사실 상태를 기준으로 판단하여야 하므로, 법원은 처분 당시에 행정청이 알고 있었던 자료만을 기초로 처분 당시 존재하였던 객관적 사실을 확정하여 처분의 위법 여부를 판단하여야 한다.

③ 처분에 대한 무효확인소송에는 확인소송의 보충성이 요구되지 않으므로 처분의 무효를 전제로 한 부당이득반환청구소송과 같은 직접적인 구제수단이 있는지 여부를 따질 필요가 없다.

④ 공법상 당사자소송에서는 이행소송이라는 직접적인 권리구제방법이 있다면 확인소송은 허용되지 않는다.

⑤ 부작위위법확인소송에서는 사실심 변론종결시를 기준으로 부작위의 위법 여부를 판단하여야 하고, 사실심 변론종결 전에 거부처분이 이루어져 부작위 상태가 해소된 경우에는 소의 이익이 소멸하므로 원고가 거부처분 취소소송으로 소변경을 하지 않는 이상 법원은 소를 각하하여야 한다.

69

정답 ②

핵심공략

- 원상회복 불가능하더라도 회복할 수 있는 다른 이익 등이 있는 경우, 동일 당사자 사이 동일 사유로 위법한 처분 반복될 위험성 있는 경우 등에는 예외적으로 소의 이익을 인정 O
- 행정소송에서 **행정처분의 위법 여부 판단: 행정처분이 행하여졌을 때의 법령과 사실상태를 기준으로** O
  But 법원은 처분 당시 행정청이 알고 있었던 자료 및 사실심 변론종결시까지 제출된 모든 자료를 종합하여 처분 당시의 사실을 확정, 이를 바탕으로 위법여부 판단 O
- 무효확인소송에 보충성 요구 ×
- 공법상 당사자소송에 보충성 요구 O
- 판결시까지 부작위상태가 해소된 때에는 소의 이익 상실 O
  ⇨ 각하

① [○]

해설 행정처분의 무효확인 또는 취소를 구하는 소에서, 비록 행정처분의 위법을 이유로 무효확인 또는 취소 판결을 받더라도 그 처분으로 발생한 위법상태를 원상으로 회복시킬 수 없는 경우에는 원칙적으로 무효확인 또는 취소를 구할 법률상 이익이 없다. 다만 원상회복이 불가능하더라도 무효확인 또는 취소로써 회복할 수 있는 다른 권리나 이익이 남아 있거나, 동일한 소송 당사자 사이에서 동일한 사유로 위법한 처분이 반복될 위험이 있어 행정처분의 위법성 확인 또는 불분명한 법률문제에 대한 해명이 필요하다고 판단되는 경우 등에는 행정의 적법성 확보와 그에 대한 사법통제, 국민의 권리구제 확대 등의 측면에서 예외적으로 처분의 취소를 구할 소의 이익을 인정할 수 있다. **(대판 2020.2.27. 2018두67152)**

② [×]

해설 행정처분의 위법 여부를 판단하는 기준 시점에 대하여 판결시가 아니라 처분시라고 하는 의미는 행정처분이 있을 때의 법령과 사실상태를 기준으로 하여 위법 여부를 판단할 것이며 처분 후 법령의 개폐나 사실상태의 변동에 영향을 받지 않는다는 뜻이지 처분 당시 존재하였던 자료나 행정청에 제출되었던 자료만으로 위법 여부를 판단한다는 의미는 아니므로 처분 당시의 사실상태 등에 대한 입증은 사실심 변론종결 당시까지 할 수 있고, 법원은 행정처분 당시 행정청이 알고 있었던 자료뿐만 아니라 사실심 변론종결 당시까지 제출된 모든 자료를 종합하여 처분 당시 존재하였던 객관적 사실을 확정하고 그 사실에 기초하여 처분의 위법 여부를 판단할 수 있다. **(대판 1995.11.10. 95누8461)**

③ [○]

해설 행정처분의 근거 법률에 의하여 보호되는 직접적이고 구체적인 이익이 있는 경우에는 행정소송법 제35조에 규정된 '무효확인을 구할 법률상 이익'이 있다고 보아야 하고, 이와 별도로 무효확인소송의 보충성이 요구되는 것은 아니므로 행정처분의 무효를 전제로 한 이행소송 등과 같은 직접적인 구제수단이 있는지 여부를 따질 필요가 없다고 해석함이 상당하다. **(대판 2008.3.20. 2007두6342 全)**

④ [○]

해설 공법상 당사자소송인 확인소송의 경우, 항고소송인 무효확인소송에서와 달리 권리보호요건으로서 확인의 이익이 요구된다. 따라서 당사자소송을 제기하는 것보다 간이하고 경제적인 특별구제절차가 마련되어 있는 경우에는 당사자소송을 제기할 수 없다. **(대판 2017.4.28. 2016두39498)**

⑤ [○]

해설 부작위위법확인의 소는 행정청이 국민의 법규상 또는 조리상의 권리에 기한 신청에 대하여 상당한 기간내에 그 신청을 인용하는 적극적 처분 또는 각하하거나 기각하는 등의 소극적 처분을 하여야 할 법률상의 응답의무가 있음에도 불구하고 이를 하지 아니하는 경우, 판결(사실심의 구두변론 종결)시를 기준으로 그 부작위의 위법을 확인함으로써 행정청의 응답을 신속하게 하여 부작위 내지 무응답이라고 하는 소극적인 위법상태를 제거하는 것을 목적으로 하는 것이고, 나아가 당해 판결의 구속력에 의하여 행정청에게 처분 등을 하게 하고 다시 당해 처분 등에 대하여 불복이 있는 때에는 그 처분 등을 다투게 함으로써 최종적으로는 국민의 권리이익을 보호하려는 제도이므로, 소제기의 전후를 통하여 판결시까지 행정청이 그 신청에 대하여 적극 또는 소극의 처분을 함으로써 부작위상태가 해소된 때에는 소의 이익을 상실하게 되어 당해 소는 각하를 면할 수가 없는 것이다. **(대판 1990.9.25. 89누4758)**

70

「행정소송법」상 취소소송의 심리에 관한 설명 중 옳은 것을 모두 고른 것은? (다툼이 있는 경우 판례에 의함) [18 변호사]

ㄱ. 당사자가 제출한 소송자료에 의하여 법원이 처분의 적법 여부에 관한 합리적인 의심을 품을 수 있음에도 단지 구체적 사실에 관한 주장을 하지 아니하였다는 이유만으로 당사자에게 석명 또는 직권에 의한 심리·판단을 하지 아니하는 것은 허용될 수 없다.
ㄴ. 행정소송의 경우 직권심리주의에 따라 변론주의가 완화되므로 행정의 적법성 보장과 국민의 권리보호를 위하여 당사자가 주장하지 않은 법률효과에 관한 요건사실이나 공격방어방법이라도 이를 시사하고 그 제출을 권유하는 것이 민사소송과 달리 허용된다.
ㄷ. 항고소송의 경우 피고가 당해 처분의 적법성에 관하여 합리적으로 수긍할 수 있는 일응의 입증을 하였다면 이와 상반되는 주장과 입증의 책임은 원고에게 돌아간다.
ㄹ. 항고소송에서 원고는 전심절차에서 주장하지 아니한 공격방어방법이라도 이전의 주장과 전혀 별개의 것이 아닌 한 이를 소송절차에서 주장할 수 있고 법원은 이를 심리하여 행정처분의 적법여부를 판단할 수 있다.

① ㄱ, ㄹ
② ㄴ, ㄷ
③ ㄱ, ㄴ, ㄹ
④ ㄱ, ㄷ, ㄹ
⑤ ㄴ, ㄷ, ㄹ

70 정답 ④

핵심공략

- 당사자 제출자료에 의하여 법원이 처분의 적법여부에 합리적 의심을 품을 수 있음에도 구체적 사실 주장이 없었다는 이유만으로 당사자에게 석명을 하거나 직권 심리·판단 아니하는 것은 不許
- 당사자가 주장하지도 않은 법률효과에 관한 요건사실이나 공격방어방법을 시사하여 그 제출을 권유하는 행위는 변론주의의 원칙 위배 ○, 석명권 행사의 한계 일탈 ○
- 피고가 주장하는 일정한 처분의 적법성에 관하여 일응의 증명이 있는 경우, 이와 상반되는 주장·증명은 원고가 하여야 ○
- 당사자는 전심절차에서 미처 주장하지 아니한 사유를 공격방어방법으로 제출 可

해설 ㄱ. [○]

행정소송에서 기록상 자료가 나타나 있다면 당사자가 주장하지 않았더라도 판단할 수 있고, 당사자가 제출한 소송자료에 의하여 법원이 처분의 적법 여부에 관한 합리적인 의심을 품을 수 있음에도 단지 구체적 사실에 관한 주장을 하지 아니하였다는 이유만으로 당사자에게 석명을 하거나 직권으로 심리·판단하지 아니함으로써 구체적 타당성이 없는 판결을 하는 것은 행정소송법 제26조의 규정과 행정소송의 특수성에 반하므로 허용될 수 없다. (대판 2010.2.11. 2009두18035)

▶ 현행 행정소송법 제26조의 법률 문언에 비추어 직권탐지가 법원의 재량에 속한다고 보는 견해가 있으나, 판례는 일정한 요건 하에 법원의 직권탐지의무를 인정하고 있다.

ㄴ. [×]

행정소송법 제26조는 법원이 필요하다고 인정할 때에는 직권으로 증거조사를 할 수 있고 당사자가 주장하지 아니한 사실에 대하여 판단할 수 있다고 규정하고 있으나, 이는 행정소송에 있어서 원고의 청구범위를 초월하여 그 이상의 청구를 인용할 수 있다는 뜻이 아니라 원고의 청구범위를 유지하면서 그 범위 내에서 필요에 따라 주장 외의 사실에 관하여 판단할 수 있다는 뜻이고 또 법원의 석명권은 당사자의 진술에 모순, 흠결이 있거나 애매하여 그 진술의 취지를 알 수 없을 때 이를 보완하여 명료하게 하거나 입증책임 있는 당사자에게 입증을 촉구하기 위하여 행사하는 것이지 그 정도를 넘어 당사자에게 새로운 청구를 할 것을 권유하는 것은 석명권의 한계를 넘어서는 것이다. (대판 1992.3.10. 91누6030)

법원의 석명권 행사는 사안을 해명하기 위하여 당사자에게 그 주장의 모순된 점이나 불완전·불명료한 부분을 지적하여 이를 정정·보충할 수 있는 기회를 주고, 계쟁사실에 대한 증거의 제출을 촉구하는 것을 그 내용으로 하는 것이며, 당사자가 주장하지도 않은 법률효과에 관한 요건사실이나 공격방어방법을 시사하여 그 제출을 권유하는 행위는 변론주의의 원칙에 위배되고 석명권 행사의 한계를 일탈한 것이 된다. (대판 2005.1.14. 2002두7234)

ㄷ. [○]

민사소송법 규정이 준용되는 행정소송에서의 증명책임은 원칙적으로 민사소송 일반원칙에 따라 당사자 간에 분배되고, 항고소송의 경우에는 그 특성에 따라 처분의 적법성을 주장하는 피고에게 적법사유에 대한 증명책임이 있다. 피고가 주장하는 일정한 처분의 적법성에 관하여 합리적으로 수긍할 수 있는 일응의 증명이 있는 경우에 처분은 정당하며, 이와 상반되는 주장과 증명은 상대방인 원고에게 책임이 돌아간다. (대판 2016.10.27. 2015두42817)

ㄹ. [○]

행정소송이 전심절차를 거쳤는지 여부를 판단함에 있어서 전심절차에서의 주장과 행정소송에서의 주장이 전혀 별개의 것이 아닌 한 그 주장이 반드시 일치하여야 하는 것은 아니고, 당사자는 전심절차에서 미처 주장하지 아니한 사유를 공격방어방법으로 제출할 수 있고(대판 1999.11.26. 99두9407). 법원은 이를 심리하여 행정처분의 적법여부를 판단할 수 있다(대판 1984.6.12. 84누211).

71

국토교통부 산하 A시설공단은 「공공기관의 운영에 관한 법률」의 적용을 받는 법인격 있는 공기업이다. A시설공단은 시설물 설치를 위한 지반공사를 위해 「국가를 당사자로 하는 계약에 관한 법률」이 정하는 바에 따라 甲건설회사와 공사도급계약을 체결하였다. 그런데 甲건설회사가 공사를 하는 과정에서 규격에 미달하는 저급한 자재를 사용하여 지반이 침하하는 사고가 발생하였고, A시설공단은 계약의 부실 이행을 이유로 「공공기관의 운영에 관한 법률」 제39조 제2항에 따라 甲건설회사에 대해 3개월간 입찰참가자격을 제한한다는 통보를 하였다. 이에 관한 설명 중 옳지 않은 것은? (다툼이 있는 경우 판례에 의함) [16 변호사]

① A시설공단과 甲건설회사 간의 공사도급계약은 사법상(私法上) 계약이며, 그 내용에 관한 분쟁의 해결은 민사소송에 의한다.

② 甲건설회사가 위 입찰참가자격 제한조치에 대해 취소소송을 제기하는 경우 피고는 국토교통부장관이 아니라 A시설공단으로 하여야 한다.

③ 입찰참가자격 제한조치에 대한 취소소송의 계속중 피고는 甲건설회사가 부실공사를 무마하기 위해 관계 공무원에게 뇌물을 공여한 사실이 있음을 처분사유로 추가할 수 없다.

④ 甲건설회사가 입찰참가자격 제한조치의 취소를 구하는 소송에서 처분의 근거조항인 「공공기관의 운영에 관한 법률」 제39조 제2항에 대하여 위헌제청신청을 하였으나 수소법원이 그 신청을 기각한 경우, 甲건설회사는 그 기각결정에 대해 항고할 수 있다.

⑤ 甲건설회사가 입찰참가자격 제한조치에 대한 취소를 구하는 소를 제기하여 기각판결을 받았다면, 그 기각판결이 예외적으로 헌법소원심판을 통해 취소되지 않는 한 입찰참가자격 제한조치의 취소를 구하는 헌법소원심판청구는 허용되지 않는다.

71

정답 ④

> **핵심공략**
>
> - 국고관계는 전적으로 사법에 의해 규율 O
> - 공공기관의 운영에 관한 법률에 따른 **입찰참가자격 제한은 행정처분에 해당** O
> - 당초 처분의 근거로 삼은 사유와 기본적 사실관계가 동일성이 있다고 인정되는 한도 내에서만 다른 사유를 추가 또는 변경 可能
> - **위헌 여부 심판의 제청에 관한 결정에 대하여는 항고할 수 ×**
> - 원행정처분은 이를 심판의 대상으로 삼았던 법원의 재판이 예외적으로 헌법소원심판의 대상이 되어 그 재판 자체까지 취소되는 경우에 한하여 헌법소원 대상 O

① [○]

해설 국고관계란 행정주체가 일반 사인과 같은 지위에서(사법상의 재산권의 주체로서) 사법상의 행위를 함에 있어 사인과 맺는 관계를 말한다. 그 예로는 행정에 필요한 물품의 구매계약, **청사·도로·교량의 건설도급계약**, 국유 일반재산(잡종재산)의 매각, 수표의 발행, 금전차입을 들 수 있다. 국고관계는 전적으로 사법에 의해 규율된다는 것이 통설의 입장이다. 따라서 A시설공단과 甲건설회사 간의 공사도급계약은 사법상(私法上) 계약이며, 그 내용에 관한 분쟁의 해결은 민사소송에 의한다.

② [○]

해설 「국가를 당사자로 하는 계약에 관한 법률」 및 동법 시행령 시행령상의 낙찰자 결정기준에 관한 규정은 국가의 내부규정에 불과하므로, 그에 따라 행정청이 행한 낙찰자 결정은 행정처분에 해당하지 않는다(**대판 2001.12.11. 2001다33604**). 그러나 「국가를 당사자로 하는 계약에 관한 법률」에 따라 국가기관(예 조달청장)이 **부정당업자의 '입찰참가자격을 제한(정지)'하는 것은 행정처분**에 해당한다(**대판 1983.12.27. 81누366; 대판 1996.12.20. 96누14708 참조**). 또한 판례는 「공공기관의 운영에 관한 법률」 제39조 제2항, 제3항에 근거한 **공기업·준정부기관(예 한국전력공사)이 행하는 입찰참가자격 제한을 행정처분으로 보고 있다**(**대판 2014.11.27. 2013두18964**). 그리고 행정소송법을 적용함에 있어서 행정청에는 법령에 의하여 행정권한의 위임 또는 위탁을 받은 행정기관, 공공단체 및 그 기관 또는 사인이 포함된다(**행정소송법 제2조 제2항**). 따라서 A시설공단이 공무수탁자로서 처분(입찰참가자격 제한)을 하는 경우, 그 처분의 위법을 다투는 항고소송의 제기는 **처분 행정청 A시설공단을 상대방으로(피고로) 하여 제기하여야** 한다(**행정소송법 제13조 제1항, 제2조 제2항**).

③ [○]

해설 행정처분의 취소를 구하는 항고소송에서 처분청은 당초 처분의 근거로 삼은 사유와 기본적 사실관계가 동일성이 있다고 인정되는 한도 내에서만 다른 사유를 추가 또는 변경할 수 있는데(**대판 2014.5.16. 2013두26118**), '공무원에게 뇌물을 공여한 사실'은 '계약의 부실 이행'과 기본적 사실관계의 동일성이 인정되지 않으므로 피고(A시설공단)은 처분사유로 추가할 수 없다. 판례도 입찰참가자격을 제한시킨 **당초의 처분 사유인 정당한 이유 없이 계약을 이행하지 않은 사실**과 항고소송에서 새로 주장한 **계약의 이행과 관련하여 관계 공무원에게 뇌물을 준 사실**은 기본적 사실관계의 동일성이 없다고 보았다(**대판 1999.3.9. 98두18565**).

④ [×]

조문 **헌법재판소법 제41조(위헌 여부 심판의 제청)** ① 법률이 헌법에 위반되는지 여부가 재판의 전제가 된 경우에는 당해 사건을 담당하는 법원(군사법원을 포함한다. 이하 같다)은 직권 또는 당사자의 신청에 의한 결정으로 헌법재판소에 위헌 여부 심판을 제청한다. ④ **위헌 여부 심판의 제청에 관한 결정에 대하여는 항고할 수 없다.**

▶ 헌법재판소법 제41조는 헌법 제107조 제1항을 구체화한 것으로 개별사건이 법원에 계속되어 있는 경우 당해 사건에서 법률의 위헌 여부가 재판의 전제가 된 때 당사자가 법원에 위헌법률심판제청을 신청할 수 있도록 허용하는 규정이다. 설령 심판대상조항에 의하여 위헌 여부 심판의 제청에 관한 결정에 대해서는 항고할 수 없다고 하더라도 청구인은 위헌법률심판제청신청이 기각 내지 각하된 때에 헌법재판소법 제68조 제2항에 따라 바로 헌법재판소에 헌법소원심판을 청구할 수 있고, 나아가 법률조항 자체가 직접 기본권을 침해하는 경우에는 헌법재판소법 제68조 제1항에 의한 헌법소원심판이 가능하므로, 청구인은 이를 통해서도 법률조항에 의한 기본권침해 여부를 다툴 수 있다. 따라서 헌법재판소법 제41조 제4항 인한 청구인의 기본권침해 가능성을 인정할 수 없으므로, 이 사건 심판청구는 부적법하다(**헌재 2016.9.6. 2016헌마718**).

⑤ [○]

해설 법원의 행정재판을 모두 거친 뒤에 그 행정재판의 대상이 되었던 행정처분, 즉 원행정처분을 대상으로 하여 헌법소원을 제기할 수 있는지가 문제된다. **헌법재판소는 원칙적으로 이를 부정**하고(**헌재 1998.5.28. 91헌마98등**), 원행정처분을 심판대상으로 삼았던 법원의 재판이 (예외적으로) 헌법소원 심판의 대상이 되어 그 재판이 취소되는 경우에는 **예외적으로 원행정처분에 대한 헌법소원심판청구를 인정**한다(**헌재 1997.12.24. 96헌마172등**).

72

행정소송상 주장책임과 증명책임(입증책임)에 관한 설명 중 옳은 것을 모두 고른 것은? (다툼이 있는 경우 판례에 의함)

[19 변호사]

ㄱ. 취소소송에서 당사자의 명백한 주장이 없는 경우에도 법원은 기록에 나타난 여러 사정을 기초로 직권으로 사정판결을 할 수 있다.
ㄴ. 정보공개거부처분 취소소송에서 비공개사유의 주장·입증책임은 피고인 공공기관에 있다.
ㄷ. 행정처분의 당연무효를 주장하여 그 무효확인을 구하는 행정소송에서 그 행정처분이 무효인 사유를 주장·입증할 책임은 원고에게 있다.
ㄹ. 국가유공자 인정과 관련하여, 공무수행으로 상이(傷痍)를 입었다는 점이나 그로 인한 신체장애의 정도가 법령에 정한 등급 이상에 해당한다는 점에 관한 증명책임은 국가유공자 등록신청인에게 있지만, 그 상이가 '불가피한 사유 없이 본인의 과실이나 본인의 과실이 경합된 사유로 입은 것'이라는 사정에 관한 증명책임은 피고인 처분청에게 있다.

① ㄱ, ㄴ, ㄷ ② ㄱ, ㄴ, ㄹ
③ ㄱ, ㄷ, ㄹ ④ ㄴ, ㄷ, ㄹ
⑤ ㄱ, ㄴ, ㄷ, ㄹ

73

취소소송에 대한 다음과 같은 판결주문이 있다. 이러한 판결에 관한 설명 중 옳은 것을 모두 고른 것은? (다툼이 있는 경우 판례에 의함)

[16 변호사]

1. 원고의 청구를 기각한다.
2. 다만, 피고가 2015.3.3. 원고에 대하여 한 ○○처분은 위법하다.
3. 소송비용은 ( )의 부담으로 한다.

ㄱ. 위 판결은 취소소송에서만 허용되고 무효등확인소송에는 허용되지 않는다.
ㄴ. 원고는 피고 행정청이 속하는 국가 또는 공공단체를 상대로 손해배상의 청구를 당해 취소소송이 계속된 법원에 병합하여 제기할 수 있다.
ㄷ. 소송비용은 패소자 부담이 원칙이므로 판결주문 3.의 ( )에 들어가는 것은 원고이다.
ㄹ. 위 판결주문에서 ○○처분의 위법 여부의 판단은 처분시를 기준으로 하지만, 청구기각판결을 하여야 할 공공복리 적합성의 판단시점은 변론종결시이다.
ㅁ. 위 판결은 기각판결의 일종이므로 원고는 상소할 수 있지만, 피고는 상소할 수 없다.

① ㄱ, ㄴ ② ㄷ, ㅁ
③ ㄱ, ㄴ, ㄹ ④ ㄱ, ㄹ, ㅁ
⑤ ㄷ, ㄹ, ㅁ

72

정답 ⑤

핵심공략

- 법원은 당사자의 명백한 주장이 없는 경우에도 기록상 사실을 기초로 직권으로 사정판결 可能
- 정보 비공개사유의 주장·입증책임은 피고인 공공기관에 有
- 무효등확인소송에서 그 무효인 사유에 대한 주장·입증책임은 원고에게 有
- 국가유공자 인정 요건에 대하여는 국가유공자 등록신청인에게, 그 상이(傷痍)가 '불가피한 사유 없이 본인의 과실이나 본인의 과실이 경합된 사유로 입은 것'이라는 사정에 대하여는 처분청에게 각 증명책임 有

해설 ㄱ. [○]

행정소송법 제26조, 제28조 제1항 전단의 각 규정에 비추어 행정소송에 있어서 법원이 사정판결을 할 필요가 있다고 인정하는 때에는 당사자의 명백한 주장이 없는 경우에도 일건 기록에 나타난 사실을 기초로 하여 직권으로 사정판결을 할 수 있다. (대판 1992.2.14. 90누9032)

ㄴ. [○]

국민으로부터 보유·관리하는 정보에 대한 공개를 요구받은 공공기관으로서는 정보공개법 제9조 제1항 각 호에서 정하고 있는 비공개사유에 해당하지 않는 한 이를 공개하여야 하고, 이를 거부하는 경우라 할지라도 대상이 된 정보의 내용을 구체적으로 확인·검토하여 어느 부분이 어떠한 법익 또는 기본권과 충돌되어 위 각 호의 어디에 해당하는지를 주장·증명하여야만 하며, 여기에 해당하는지 여부는 비공개에 의하여 보호되는 업무수행의 공정성 등의 이익과 공개에 의하여 보호되는 국민의 알권리의 보장과 국정에 대한 국민의 참여 및 국정운영의 투명성 확보 등의 이익을 비교·교량하여 구체적인 사안에 따라 개별적으로 판단하여야 한다. (대판 2009.12.10. 2009두12785)

ㄷ. [○]

행정처분의 당연무효를 주장하여 그 무효확인을 구하는 행정소송에 있어서는 원고에게 그 행정처분이 무효인 사유를 주장, 입증할 책임이 있다. (대판 1992.3.10. 91누6030)

▶ 판례는 무효 원인에 대한 주장·입증책임은 취소소송의 경우와 달리 원고가 부담한다고 보고 있다.

ㄹ. [○]

국가유공자 인정 요건, 즉 공무수행으로 상이를 입었다는 점이나 그로 인한 신체장애의 정도가 법령에 정한 등급 이상에 해당한다는 점은 국가유공자 등록신청인이 증명할 책임이 있지만, 그 상이(傷痍)가 '불가피한 사유 없이 본인의 과실이나 본인의 과실이 경합된 사유로 입은 것'이라는 사정, 즉 지원대상자 요건에 해당한다는 사정은 국가유공자 등록신청에 대하여 지원대상자로 등록하는 처분을 하는 처분청이 증명책임을 진다고 보아야 한다. (대판 2013.8.22. 2011두26589)

73

정답 ③

핵심공략

- 사정판결은 취소소송에서만 인정 ○, 무효등확인소송 및 부작위위법확인소송에서는 ×
- 사정판결의 경우에도 당해 처분 등으로 손해를 입은 경우, 손해배상청구 可
- 사정판결은 원고 청구기각판결임에도 소송비용은 승소자인 피고가 부담 ○
- 취소소송에서 처분의 위법성 여부는 처분시를, 사정판결의 필요성은 변론종결시를 각 기준으로 판단 ○
- 사정판결은 기각판결의 일종이라도, 원·피고 모두 상소 可 ○

해설 ㄱ. [○]

행정소송법상 사정판결은 취소소송에서만 인정되고(행정소송법 제28조), 무효등확인소송과 부작위위법확인소송에는 준용되고 있지 않다(제38조). 이와 같이 준용규정이 없음에도 불구하고 무효등확인소송에서 사정판결이 인정될 수 있는지에 관하여 견해가 대립하고 있다. 판례는 당연무효의 행정처분을 소송목적물로 하는 행정소송에서는 존치시킬 효력이 있는 행정행위가 없기 때문에 행정소송법 제28조 소정의 사정판결을 할 수 없다고 판시하여(대판 1996.3.22. 95누5509), 부정설의 입장이다.

ㄴ. [○]

사정판결로 해당 처분 등이 적법하게 되는 것은 아니므로 원고가 당해 처분 등으로 손해를 입은 경우 손해배상청구를 할 수 있다. 원고는 피고인 행정청이 속하는 국가 또는 공공단체를 상대로 손해배상, 제해시설(除害施設)의 설치 그 밖에 적당한 구제방법의 청구를 당해 취소소송 등이 계속된 법원에 병합하여 제기할 수 있다(행정소송법 제28조 제3항).

ㄷ. [×]

사정판결이 있는 경우 원고의 청구가 이유 있음에도 불구하고 원고가 패소한 것이므로, 기각판결임에도 불구하고 소송비용은 승소자인 피고가 부담한다(행정소송법 제32조). 따라서 판결주문 3.의 (　　)에 들어가는 것은 '피고'이다.

ㄹ. [○]

취소소송에서 처분 등의 위법성은 여부는 처분시를 기준으로 판단하지만(대판 2017.4.7. 2014두37122 등), 공공복리를 위한 사정판결의 필요성은 변론종결시(판결시)를 기준으로 판단하여야 한다(대판 1970.3.24. 69누29).

ㅁ. [×]

사정판결은 기각판결의 일종이지만, 원고와 피고(행정청) 모두가 상소할 수 있다. 원고는 사정판결을 할 사정이 없는데도 사정판결을 하여 청구가 기각되었음을 이유로 다툴 수 있고, 피고(행정청)도 청구를 기각한 것에 대하여는 불만이 없지만 처분이 적법한데도 위법하다고 선언하였다는 점을 이유로 다툴 수 있다.

74

「행정소송법」상 확정된 취소판결의 효력에 관한 설명 중 옳지 않은 것은? (다툼이 있는 경우 판례에 의함) [21 변호사]

① 취소판결의 기속력은 취소청구가 인용된 판결에서 인정되는 것으로서 당사자인 행정청과 그 밖의 관계행정청에 확정판결의 취지에 따라 행동하여야 할 의무를 부과한다.

② 취소판결의 기속력은 판결의 주문 및 전제가 되는 처분 등의 구체적 위법사유에 관한 판단에도 미치나, 종전 처분이 판결에 의하여 취소되었더라도 종전 처분과 다른 사유를 들어서 새로이 처분을 하는 것은 기속력에 저촉되지 않는다.

③ 취소판결의 당사자인 행정청이 행정소송의 사실심 변론종결 이전의 사유를 내세워 다시 확정판결과 저촉되는 행정처분을 하는 경우, 이러한 행정처분은 그 하자가 중대하고도 명백한 것이어서 당연무효이다.

④ 취소소송에서 기각판결이 확정된 경우에는 처분이 적법하다는 점에 기판력이 발생하므로, 패소한 당사자는 해당 처분에 관한 무효확인소송에서 그 처분이 위법하다고 주장할 수 없다.

⑤ 새로운 처분의 처분사유가 종전 처분의 처분사유와 기본적 사실관계에서 동일하지 않은 다른 사유에 해당하더라도, 처분사유가 종전 처분 당시 이미 존재하고 있었고 당사자가 이를 알고 있었다면 이를 내세워 새로이 처분을 하는 것은 확정판결의 기속력에 저촉된다.

74

정답 ⑤

핵심공략

- 취소 확정판결의 기속력은 인용판결에서 인정되는 것, 행정청에게 그 판결취지를 좇을 의무 부과 O
- 종전 처분이 판결에 의하여 취소되었더라도 다른 사유를 들어서 새로이 처분을 하는 것은 기속력에 저촉 ×
- 확정판결의 당사자인 처분행정청이 그 행정소송의 사실심 변론종결 이전의 사유를 내세워 다시 확정판결과 저촉되는 행정처분을 한 경우, 그 처분은 당연무효 O
- 취소청구 기각판결이 확정되면 그 처분이 적법하다는 점에 관하여 기판력 生, 그 후 원고가 이를 무효라 하여 무효확인을 소구할 수 ×
- 새로운 처분의 처분사유가 종전 처분의 처분사유와 기본적 사실관계에서 동일하지 않은 다른 사유에 해당하는 이상, 확정판결의 기속력에 저촉 ×

① [○]

해설 행정소송법 제30조 제1항은 "처분 등을 취소하는 확정판결은 그 사건에 관하여 당사자인 행정청과 그 밖의 관계행정청을 기속한다."라고 규정하고 있다. 이러한 취소 확정판결의 '기속력'은 취소 청구가 인용된 판결에서 인정되는 것으로서 당사자인 행정청과 그 밖의 관계행정청에게 확정판결의 취지에 따라 행동하여야 할 의무를 지우는 작용을 한다. 이에 비하여 행정소송법 제8조 제2항에 의하여 행정소송에 준용되는 민사소송법 제216조, 제218조가 규정하고 있는 '기판력'이란 기판력 있는 전소 판결의 소송물과 동일한 후소를 허용하지 않음과 동시에, 후소의 소송물이 전소의 소송물과 동일하지는 않더라도 전소의 소송물에 관한 판단이 후소의 선결문제가 되거나 모순관계에 있을 때에는 후소에서 전소 판결의 판단과 다른 주장을 하는 것을 허용하지 않는 작용을 한다. **(대판 2016.3.24. 2015두48235)**

② [○]

해설 취소 확정판결의 기속력은 판결의 주문 및 전제가 되는 처분 등의 구체적 위법사유에 관한 판단에도 미치나, 종전 처분이 판결에 의하여 취소되었더라도 종전 처분과 다른 사유를 들어서 새로이 처분을 하는 것은 기속력에 저촉되지 않는다. **(대판 2016.3.24. 2015두48235)**

③ [○]

해설 확정판결의 당사자인 처분행정청이 그 행정소송의 사실심 변론종결 이전의 사유를 내세워 다시 확정판결과 저촉되는 행정처분을 하는 것은 허용되지 않는 것으로서 이러한 행정처분은 그 하자가 중대하고도 명백한 것이어서 당연무효라 할 것이다. **(대판 1990.12.11. 90누3560)**

④ [○]

해설 과세처분의 취소소송은 과세처분의 실체적, 절차적 위법을 그 취소원인으로 하는 것으로서 그 심리의 대상은 과세관청의 과세처분에 의하여 인정된 조세채무인 과세표준 및 세액의 객관적 존부, 즉 당해 과세처분의 적부가 심리의 대상이 되는 것이며, 과세처분 취소청구를 기각하는 판결이 확정되면 그 처분이 적법하다는 점에 관하여 기판력이 생기고 그 후 원고가 이를 무효라 하여 무효확인을 소구할 수 없는 것이어서 과세처분의 취소소송에서 청구가 기각된 확정판결의 기판력은 그 과세처분의 무효확인을 구하는 소송에도 미친다. **(대판 1998.7.24. 98다10854)**

⑤ [×]

해설 행정처분의 위법 여부는 행정처분이 행하여진 때의 법령과 사실을 기준으로 판단하므로, 확정판결의 당사자인 처분 행정청은 종전 처분 후에 발생한 새로운 사유를 내세워 다시 처분을 할 수 있고, 새로운 처분의 처분사유가 종전 처분의 처분사유와 기본적 사실관계에서 동일하지 않은 다른 사유에 해당하는 이상, 처분사유가 종전 처분 당시 이미 존재하고 있었고 당사자가 이를 알고 있었더라도 이를 내세워 새로이 처분을 하는 것은 확정판결의 기속력에 저촉되지 않는다. **(대판 2016.3.24. 2015두48235)**

75

행정소송상 간접강제에 관한 설명 중 옳은 것은? (다툼이 있는 경우 판례에 의함) [20 변호사]

① 간접강제결정은 처분청이 '판결의 취지'에 따라 재처분을 하지 않는 경우에 할 수 있는 것으로, 원심판결의 이유가 위법하지만 결론이 정당하다는 이유로 상고기각판결이 선고되어 원심판결이 확정된 경우라면, 이때 '판결의 취지'는 원심판결의 이유와 원심판결의 결론을 의미한다.

② 거부처분에 대하여 무효확인판결이 내려진 경우 행정청에 판결의 취지에 따른 재처분의무가 인정될 뿐만 아니라 그에 대하여 간접강제도 허용된다.

③ 건축허가신청 반려처분의 취소판결이 확정되었음에도 처분청이 확정판결의 취지에 따른 재처분을 하지 아니하여 간접강제절차가 진행 중에 상급행정청이 새로이 그 지역에 「건축법」에 따른 건축허가제한 공고를 하였고, 처분청이 그에 따라 다시 거부처분을 하였다면 이는 유효한 재처분에 해당하므로 간접강제가 허용되지 않는다.

④ 간접강제결정에서 정한 의무이행기한이 경과하였다면 그 이후 확정판결의 취지에 따른 재처분의 이행이 있더라도 처분상대방은 간접강제결정에 기한 배상금을 추심할 수 있다.

⑤ 간접강제결정은 피고 또는 참가인이었던 행정청에 효력을 미치며 그 행정청이 소속하는 국가 또는 공공단체에 효력을 미치는 것은 아니다.

75

정답 ③

핵심공략

- 원심판결의 이유는 위법하나 결론이 정당하다는 이유로 상고기각판결이 선고된 경우, 행정소송법 제30조 제2항의 '판결의 취지'는 '상고심판결의 이유'와 '원심판결의 결론'을 의미 O
- 거부처분에 대하여 무효확인 판결이 내려진 경우, 행정청의 재처분의무가 인정 O, 그에 대하여 간접강제까지 허용되는 것은 ×
- 확정판결의 당사자인 처분청은 그 행정소송의 사실심 변론종결 이후 발생한 새로운 사유를 내세워 다시 이전의 신청에 대한 거부처분 可
  ⇨ 재처분의무에 위배 ×
- 간접강제결정상의 의무이행기한이 지나 배상금이 발생한 후에라도 확정판결의 취지에 따른 재처분의 이행이 있으면, 특별한 사정이 없는 한 처분상대방이 더 이상 배상금을 추심하는 것은 不許
- 간접강제결정은 피고 또는 참가인이었던 행정청이 소속하는 국가 또는 공공단체에 그 효력 O

① [×]

해설 원심판결의 이유는 위법하지만 결론이 정당하다는 이유로 상고기각판결이 선고되어 원심판결이 확정된 경우 행정소송법 제30조 제2항에서 규정하고 있는 "판결의 취지"는 상고심판결의 이유와 원심판결의 결론을 의미한다. **(대판 2004.1.15. 2002두2444)**

② [×]

해설 행정소송법 제38조 제1항이 무효확인 판결에 관하여 취소판결에 관한 규정을 준용함에 있어서 같은 법 제30조 제2항을 준용한다고 규정하면서도 같은 법 제34조는 이를 준용한다는 규정을 두지 않고 있으므로, 행정처분에 대하여 무효확인 판결이 내려진 경우에는 그 행정처분이 거부처분인 경우에도 행정청에 판결의 취지에 따른 재처분의무가 인정될 뿐 그에 대하여 간접강제까지 허용되는 것은 아니라고 할 것이다. **(대결 1998.12.24. 98무37)**

③ [O]

해설 [1] 행정소송법 제30조 제2항의 규정에 의하면 행정청의 거부처분을 취소하는 판결이 확정된 경우에는 그 처분을 행한 행정청이 판결의 취지에 따라 이전의 신청에 대하여 재처분할 의무가 있으나, 이 때 확정판결의 당사자인 처분 행정청은 그 행정소송의 사실심 변론종결 이후 발생한 새로운 사유를 내세워 다시 이전의 신청에 대한 거부처분을 할 수 있고 그러한 처분도 위 조항에 규정된 재처분에 해당된다고 할 것이다.
[2] 토지형질변경 및 건축허가신청 반려처분의 취소판결이 확정되었음에도 확정판결의 취지에 따른 재처분을 하지 아니하여 간접강제절차가 진행중 새로이 그 지역에 건축법 제12조 제2항에 따라 건축허가제한공고를 하고 그에 따라 다시 한 거부처분이 행정소송법 제30조 제2항 소정의 재처분에 해당한다고 한 사례. **(대결 2004.1.15. 2002무30)**

④ [×]

해설 간접강제결정에 기한 배상금은 거부처분취소판결이 확정된 경우 그 처분을 행한 행정청으로 하여금 확정판결의 취지에 따른 재처분의무의 이행을 확실히 담보하기 위한 것으로서, 확정판결의 취지에 따른 재처분의 지연에 대한 제재나 손해배상이 아니고 재처분의 이행에 관한 심리적 강제수단에 불과한 것이다. 따라서 간접강제결정에서 정한 의무이행기한이 지나 배상금이 발생한 후에라도 확정판결의 취지에 따른 재처분의 이행이 있으면, 특별한 사정이 없는 한 배상금을 추심함으로써 심리적 강제를 꾀할 목적이 상실되어 처분상대방이 더 이상 배상금을 추심하는 것은 허용되지 않는다. **(대판 2010.12.23. 2009다37725)**

⑤ [×]

해설 간접강제결정은 피고 또는 참가인이었던 행정청이 소속하는 국가 또는 공공단체에 그 효력을 미친다**(행정소송법 제34조 제2항, 제33조)**.

2. 무효등 확인소송

76

A행정청은 미성년자에게 주류를 판매하였다는 이유로 甲에게 영업정지처분에 갈음하는 과징금부과처분을 하였다. 甲은 이에 대하여 행정소송을 제기할 것을 고려하고 있다. 이에 관한 설명 중 옳지 않은 것은? (다툼이 있는 경우 판례에 의함)

[21 변호사]

① 甲이 제기하는 무효확인과 취소청구의 소는 주위적·예비적 청구로서만 병합이 가능하고 선택적 청구로서의 병합이나 단순병합은 허용되지 아니한다.

② 甲이 과징금부과처분에 대하여 무효확인의 소를 제기하였다가 그 후 취소청구의 소를 추가적으로 병합한 경우, 무효확인의 소가 적법한 제소기간 내에 제기되었다면 추가로 병합된 취소청구의 소도 적법하게 제기된 것이다.

③ 甲이 과징금부과처분에 대하여 무효확인의 소를 제기하면서 위 처분의 취소를 구하지 아니한다고 밝히지 아니하였다면, 무효확인의 소에는 그 처분이 당연무효가 아니라면 그 취소를 구하는 취지도 포함되어 있는 것으로 보아야 한다.

④ 甲이 과징금부과처분의 하자가 취소사유임에도 A행정청을 상대로 무효확인의 소를 제기하였는데 만약 취소소송의 제기요건을 구비하지 못하였다면 무효확인청구는 기각된다.

⑤ 甲이 만일 부과된 과징금을 납부한 후 과징금부과처분에 대하여 무효확인의 소를 제기하였다면, 甲은 부당이득반환청구의 소로써 직접 위법상태를 제거할 수 있으므로 甲이 제기한 무효확인의 소는 법률상 이익이 없다.

76

정답 ⑤

핵심공략

- 행정처분 무효확인과 취소청구는 주위적·예비적 병합만 可, 선택적 또는 단순 병합 不可
- 주된 청구인 무효확인의 소가 적법한 제소기간 내에 제기된 경우, 추가로 병합된 취소청구의 소도 적법하게 제기된 것 O
- 행정처분의 무효확인을 구하는 소에 특단의 사정이 없는 한 그 취소를 구하는 취지도 포함 O
- 취소사유에 해당하는 처분의 하자를 이유로 무효등확인소송을 제기한 경우, 취소소송 제기요건을 구비하여야 O
- 무효확인소송에 보충성 요구 ×

① [○]

해설 행정처분에 대한 무효확인과 취소청구는 서로 양립할 수 없는 청구로서 주위적·예비적 청구로서만 병합이 가능하고 선택적 청구로서의 병합이나 단순 병합은 허용되지 아니한다. **(대판 1999.8.20. 97누6889)**

② [○], ③ [○]

해설 하자 있는 행정처분을 놓고 이를 무효로 볼 것인지 아니면 단순히 취소할 수 있는 처분으로 볼 것인지는 동일한 사실관계를 토대로 한 법률적 평가의 문제에 불과하고, 행정처분의 무효확인을 구하는 소에는 특단의 사정이 없는 한 그 취소를 구하는 취지도 포함되어 있다고 보아야 하는 점 등에 비추어 볼 때, 동일한 행정처분에 대하여 무효확인의 소를 제기하였다가 그 후 그 처분의 취소를 구하는 소를 추가적으로 병합한 경우, 주된 청구인 무효확인의 소가 적법한 제소기간 내에 제기되었다면 추가로 병합된 취소청구의 소도 적법하게 제기된 것으로 봄이 상당하다. **(대판 2005.12.23. 2005두3554)**

④ [○]

해설 행정처분의 무효확인을 구하는 청구에는 특별한 사정이 없는 한 그 처분의 취소를 구하는 취지까지도 포함되어 있다고 볼 수는 있으나 위와 같은 경우에 취소청구를 인용하려면 먼저 취소를 구하는 항고소송으로서의 제소요건을 구비한 경우에 한한다. **(대판 1986.9.23. 85누838)**

⑤ [×]

해설 행정소송은 행정청의 위법한 처분 등을 취소·변경하거나 그 효력 유무 또는 존재 여부를 확인함으로써 국민의 권리 또는 이익의 침해를 구제하고 공법상의 권리관계 또는 법 적용에 관한 다툼을 적정하게 해결함을 목적으로 하므로, 대등한 주체 사이의 사법상 생활관계에 관한 분쟁을 심판대상으로 하는 민사소송과는 목적, 취지 및 기능 등을 달리한다. 또한 행정소송법 제4조에서는 무효확인소송을 항고소송의 일종으로 규정하고 있고, 행정소송법 제38조 제1항에서는 처분 등을 취소하는 확정판결의 기속력 및 행정청의 재처분 의무에 관한 행정소송법 제30조를 무효확인소송에도 준용하고 있으므로 무효확인판결 자체만으로도 실효성을 확보할 수 있다. 그리고 무효확인소송의 보충성을 규정하고 있는 외국의 일부 입법례와는 달리 우리나라 행정소송법에는 명문의 규정이 없어 이로 인한 명시적 제한이 존재하지 않는다. 이와 같은 사정을 비롯하여 행정에 대한 사법통제, 권익구제의 확대와 같은 행정소송의 기능 등을 종합하여 보면, 행정처분의 근거 법률에 의하여 보호되는 직접적이고 구체적인 이익이 있는 경우에는 행정소송법 제35조에 규정된 '무효확인을 구할 법률상 이익'이 있다고 보아야 하고, 이와 별도로 무효확인소송의 보충성이 요구되는 것은 아니므로 행정처분의 무효를 전제로 한 이행소송 등과 같은 직접적인 구제수단이 있는지 여부를 따질 필요가 없다고 해석함이 상당하다. **(대판 2008.3.20. 2007두6342 全)**

77

행정소송에 관한 설명 중 옳은 것을 모두 고른 것은? (다툼이 있는 경우 판례에 의함) [12 변호사]

ㄱ. 행정처분의 근거 법률에 의하여 보호되는 직접적이고 구체적인 이익이 있는 경우에는 행정소송법 제35조에 규정된 '무효확인을 구할 법률상 이익'이 있다고 보아야 하고, 이와 별도로 무효확인소송의 보충성이 요구되는 것은 아니므로 행정처분의 무효를 전제로 한 이행소송 등과 같은 직접적인 구제수단이 있는지 여부를 따질 필요가 없다.

ㄴ. 거부처분 후 법령이 개정·시행된 경우에 거부처분취소의 확정판결을 받은 행정청이 개정법령상의 새로운 사유를 내세워 다시 거부처분을 하는 것은 행정소송법상의 재처분의무에 반한다.

ㄷ. 헌법 제35조 제1항에서 정하고 있는 환경권에 관한 규정만으로는 그 권리의 주체·대상·내용·행사방법 등이 구체적으로 정립되어 있다고 볼 수 없으므로, 환경영향평가 대상지역 밖에 거주하는 주민에게 헌법상의 환경권에 근거하여 공유수면매립면허처분과 농지개량사업시행인가처분의 무효확인을 구할 원고적격은 인정될 수 없다.

ㄹ. 조세부과처분이 당연무효임을 전제로 하여 이미 납부한 세금의 반환을 청구하는 과오납금반환청구소송은 공법상 당사자소송으로 취급되고 있다.

ㅁ. 행정소송의 입증책임은 피고 행정청에 있으므로 피고는 당해 행정처분에 중대·명백한 하자가 없어 무효가 아니라는 입증을 하여야 한다.

① ㄱ, ㄷ　② ㄴ, ㅁ
③ ㄱ, ㄷ, ㄹ　④ ㄴ, ㄹ, ㅁ
⑤ ㄱ, ㄷ, ㄹ, ㅁ

77 정답 ①

핵심공략

- 무효확인소송에 보충성 요구 ×
- 확정판결의 당사자인 처분청은 그 행정소송의 사실심 변론 종결 이후 발생한 새로운 사유를 내세워 다시 이전의 신청에 대한 거부처분 可
  ⇨ 처분 후에 개정된 신법령에서 정한 사유를 들어 새로운 거부처분을 한 것은 재처분의무에 위배 ×
- 환경영향평가 대상지역 밖에 거주하는 주민에게 공유수면매립면허처분과 농지개량사업 시행인가처분의 무효확인을 구할 원고적격 ×
- 이미 납부한 세금에 대한 과오납금반환청구소송은 민사소송절차에 따라야 ○
- 무효 원인에 대한 주장·입증책임은 원고가 부담 ○

해설 ㄱ. [○]

무효확인소송에서도 취소소송에서와 마찬가지로 소의 이익이 요구된다. 그런데 그 이외에 무효확인소송에 있어서 일반확인소송(민사소송인 확인소송)에서 요구되는 '즉시확정의 이익(확인소송의 보충성)'이 요구되는지에 관하여 견해가 대립하고 있다. 종래의 판례는 필요설(즉시확정이익설)을 취하고 있었다. (대판 2006.5.12. 2004두14717). 그러나 **전원합의체판결로 종래의 판례를 변경**하여, 행정소송은 행정청의 위법한 처분 등을 취소·변경하거나 그 효력 유무 또는 존재 여부를 확인함으로써 국민의 권리 또는 이익의 침해를 구제하고 공법상의 권리관계 또는 법 적용에 관한 다툼을 적정하게 해결함을 목적으로 하므로, 대등한 주체 사이의 사법상 생활관계에 관한 분쟁을 심판대상으로 하는 민사소송과는 목적, 취지 및 기능 등을 달리한다. 또한 행정소송법 제4조에서는 무효확인소송을 항고소송의 일종으로 규정하고 있고, 행정소송법 제38조 제1항에서는 처분 등을 취소하는 확정판결의 기속력 및 행정청의 재처분 의무에 관한 행정소송법 제30조를 무효확인소송에도 준용하고 있으므로 무효확인판결 자체만으로도 실효성을 확보할 수 있다. 그리고 무효확인소송의 보충성을 규정하고 있는 외국의 일부 입법례와는 달리 우리나라 행정소송법에는 명문의 규정이 없어 이로 인한 명시적 제한이 존재하지 않는다. 이와 같은 사정을 비롯하여 행정에 대한 사법통제, 권익구제의 확대와 같은 행정소송의 기능 등을 종합하여 보면, **행정처분의 근거 법률에 의하여 보호되는 직접적이고 구체적인 이익이 있는 경우에는 행정소송법 제35조에 규정된 '무효확인을 구할 법률상 이익'이 있다고 보아야** 하고, 이와 별도로 **무효확인소송의 보충성이 요구되는 것은 아니므로 행정처분의 무효를 전제로 한 이행소송 등과 같은 직접적인 구제수단이 있는지 여부를 따질 필요가 없다**고 해석함이 상당하다고 판시하였다. (대판 2008.3.20. 2007두6342 全)

ㄴ. [×]

[1] 행정처분의 적법 여부는 그 행정처분이 행하여 진 때의 법령과 사실을 기준으로 하여 판단하는 것이므로 **거부처분 후에 법령이 개정·시행된 경우**에는 개정된 법령 및 허가기준을 새로운 사유로 들어 다시 이전의 신청에 대한 거부처분을 할 수 있으며 그러한 처분도 행정소송법 제30조 제2항에 규정된 재처분에 해당된다. [2] 건축불허가처분을 취소하는 판결이 확정된 후 국토이용관리법시행령이 준농림지역 안에서의 행위제한에 관하여 지방자치단체의 조례로써 일정 지역에서 숙박업을 영위하기 위한 시설의 설치를 제한할 수 있도록 개정된 경우, 당해 지방자치 단체장이 **위 처분 후에 개정된 신법령에서 정한 사유를 들어 새로운 거부처분을 한 것**이 행정소송법 제30조 제2항 소정의 확정판결의 취지에 따라 이전의 신청에 대한 처분을 한 경우에 해당한다. (대판 1998.1.7. 97두22)

ㄷ. [○]

헌법 제35조 제1항에서 정하고 있는 환경권에 관한 규정만으로는 그 권리의 주체·대상·내용·행사방법 등이 구체적으로 정립되어 있다고 볼 수 없고, 환경정책기본법 제6조도 그 규정 내용 등에 비추어 국민에게 구체적인 권리를 부여한 것으로 볼 수 없다는 이유로, 환경영향평가 대상지역 밖에 거주하는 주민에게 **헌법상의 환경권** 또는 환경정책기본법에 근거하여 공유수면매립면허처분과 농지개량사업 시행인가처분의 **무효확인을 구할 원고적격이 없다**고 한 사례. (대판 2006.3.16. 2006두330 全)

ㄹ. [×]

공법상 원인에 의한 부당이득반환청구권이 공권인지 사권인지가 권리구제수단과 관련하여 다투어진다. 부당이득반환청구권을 공권으로 보면 부당이득반환청구소송을 당사자소송으로 제기하여야 하고, 사권으로 보면 부당이득반환청구소송을 민사소송으로 제기하여야 한다. 판례는 조세부과처분이 당연무효임을 전제로 하여 이미 납부한 세금의 반환을 청구하는 것은 **민사상의 부당이득반환청구로서 민사소송절차에 따라야** 한다고 판시하여(대판 1995.4.28. 94다55019), 공법상의 원인에 의한 부당이득반환청구권을 사권(私權)으로 본다.

ㅁ. [×]

무효확인소송에서 증명책임(입증책임)의 분배에 관하여, ㉠ 취소소송과 마찬가지로 처분 등의 적법성을 뒷받침하는 요건사실에 대하여는 피고 행정청이 증명책임을 부담한다는 견해(일반원칙설)와 ㉡ 무효확인소송에서 주장되는 하자의 중대·명백성은 예외에 속하는 특별한 하자의 주장이라는 점을 이유로 당해 처분 등의 무효원인에 대하여는 원고가 증명책임을 진다는 견해(원고책임설)가 대립한다. 판례는 **무효 원인에 대한 주장·입증책임은 취소소송의 경우와 달리 원고가 부담한다**고 보고 있다(대판 1992.3.10. 91누6030).

3. 부작위위법확인소송

78

甲은 자신의 영업소 인근 도로에 광고물을 설치하기 위해 관할 도로관리청인 A시장에게 도로점용허가를 신청하였으나 A시장은 신청 후 상당한 기간이 경과하였음에도 아무런 조치를 취하고 있지 않다. 이에 관한 설명 중 옳은 것은? (다툼이 있는 경우 판례에 의함) [19 변호사]

① 甲은 의무이행심판뿐만 아니라 부작위위법확인심판을 청구할 수 있으며, 이때 의무이행심판 인용재결의 기속력에 관한 「행정심판법」 규정은 부작위위법확인심판에 준용된다.

② 甲이 청구한 의무이행심판에 대하여 처분의 이행을 명하는 재결이 있음에도 불구하고 A시장이 재결의 취지에 따른 처분을 하지 않는 경우, 甲은 관할 행정심판위원회에 간접강제를 신청할 수 있다.

③ 행정심판을 거치지 않고 부작위위법확인소송을 제기하는 경우 甲은 도로점용허가 신청 후 상당한 기간이 경과한 때부터 1년 내에 제소해야 한다.

④ 甲은 A시장의 부작위에 대해 행정심판을 거친 후 부작위위법확인의 소를 제기하려면 행정심판 재결서의 정본을 송달받은 날부터 60일 이내에 제기하여야 한다.

⑤ 甲이 제기한 부작위위법확인소송에서 A시장의 부작위가 위법한지 여부는 甲의 허가신청시를 기준으로 판단되어야 한다.

78

정답 ②

> **핵심공략**
> - 행정심판에서 부작위위법확인심판은 인정 ×
> - 처분명령이행재결에도 불구하고 처분청이 재결취지에 따른 처분을 않는 경우, 간접강제 신청 可
> - 행정심판을 거치지 않고 부작위위법확인소송을 제기하는 경우 제소기간의 제한 ×
>   *But* 행정심판을 거친 경우에는 행정심판 재결서의 정본을 송달받은 날부터 90일 이내에 제기하여야 ○
> - 부작위의 위법성 판단 기준시는 판결시(사실심 변론종결시) ○

① [×]

해설 의무이행심판이라 함은 '행정청의 위법 또는 부당한 거부처분이나 부작위에 대하여 일정한 처분을 하도록 하는 심판'을 말한다(**행정심판법 제5조 제3호**). 甲은 A시장의 부작위에 대하여 의무이행심판을 청구할 수 있다. 그러나 행정소송에서 부작위위법확인소송이 인정되는 것과 달리, 행정심판에서는 부작위위법확인심판은 인정되지 않는다. 따라서 甲은 A시장의 부작위에 대하여 부작위위법확인심판을 청구할 수 없다.

② [○]

조문 **행정심판법 제50조의2(위원회의 간접강제)** ① 위원회는 피청구인이 제49조제2항(제49조제4항에서 준용하는 경우를 포함한다) 또는 제3항에 따른 처분을 하지 아니하면 청구인의 신청에 의하여 결정으로 상당한 기간을 정하고 피청구인이 그 기간 내에 이행하지 아니하는 경우에는 그 지연기간에 따라 일정한 배상을 하도록 명하거나 즉시 배상을 할 것을 명할 수 있다.

▶ 간접강제의 대상이 되는 재결은 다음과 같다. ㉠ 재결에 의하여 취소되거나 무효 또는 부존재로 확인되는 처분이 당사자의 신청을 거부하는 것을 내용으로 하는 경우(**제49조 제2항**), ㉡ 당사자의 신청을 거부하거나 부작위로 방치한 처분의 이행을 명하는 재결의 경우(**제49조 제3항**), ㉢ 신청에 따른 처분이 절차의 위법 또는 부당을 이유로 재결로써 취소된 경우(**제49조 제4항**). 간접강제제도는 행정소송법에서만 인정되었으나, 행정심판위원회의 인용재결의 실효성을 높이기 위하여 2017.4.18. 개정 행정심판법(2017.10.19. 시행)에서 간접강제 제도가 신설되었다.

③ [×]

해설 부작위위법확인의 소는 부작위상태가 계속되는 한 그 위법의 확인을 구할 이익이 있다고 보아야 하므로 원칙적으로 제소기간의 제한을 받지 않는다. 그러나 행정소송법 제38조 제2항이 제소기간을 규정한 같은 법 제20조를 부작위위법확인소송에 준용하고 있는 점에 비추어 보면, 행정심판 등 전심절차를 거친 경우에는 행정소송법 제20조가 정한 제소기간 내에 부작위위법확인의 소를 제기하여야 한다. (**대판 2009.7.23. 2008두10560**)

▶ 행정심판을 거치지 않고 부작위위법확인소송을 제기하는 경우 제소기간의 제한을 받지 않는다.

④ [×]

해설 행정심판 등 전심절차를 거친 경우에는 행정소송법 제20조가 정한 제소기간 내에 부작위위법확인의 소를 제기하여야 하므로(**대판 2009.7.23. 2008두10560**), 甲은 A시장의 부작위에 대해 행정심판을 거친 후 부작위위법확인의 소를 제기하려면 행정심판 재결서의 정본을 송달받은 날부터 90일 이내에 제기하여야 한다(**행정소송법 제38조 제2항, 제20조 제1항**).

⑤ [×]

해설 부작위위법확인의 소는 행정청이 국민의 법규상 또는 조리상의 권리에 기한 신청에 대하여 상당한 기간 내에 그 신청을 인용하는 적극적 처분 또는 각하하거나 기각하는 등의 소극적 처분을 하여야 할 법률상의 응답의무가 있음에도 불구하고 이를 하지 아니하는 경우, 판결(사실심의 구두변론 종결)시를 기준으로 그 부작위의 위법을 확인함으로써 행정청의 응답을 신속하게 하여 부작위 내지 무응답이라고 하는 소극적인 위법상태를 제거하는 것을 목적으로 하는 것이고, 나아가 당해 판결의 구속력에 의하여 행정청에게 처분 등을 하게 하고 다시 당해 처분 등에 대하여 불복이 있는 때에는 그 처분 등을 다투게 함으로써 최종적으로는 국민의 권리이익을 보호하려는 제도이므로, 소제기의 전후를 통하여 판결시까지 행정청이 그 신청에 대하여 적극 또는 소극의 처분을 함으로써 부작위상태가 해소된 때에는 소의 이익을 상실하게 되어 당해 소는 각하를 면할 수가 없는 것이다. (**대판 1990.9.25. 89누4758**)

▶ 부작위위법확인소송의 경우에는 아무런 처분도 존재하지 않으므로 위법판단은 처분 당시의 사실 및 법률상태를 기준으로 해야 한다는 처분시설을 따를 수는 없다. 부작위위법확인소송의 경우, 위법 판단의 기준시는 판결시(사실심 변론종결시)로 보는 것이 통설이며 판례의 입장이다.

4. 당사자소송

79

甲지방자치단체의 장인 乙은 甲지방자치단체가 설립·운영하는 A고등학교에 영상음악 과목을 가르치는 산학겸임교사로 丙을 채용하는 계약을 체결하였다. 그런데 계약 기간 중에 乙은 일방적으로 丙에게 위 계약을 해지하는 통보를 하였다. 이에 관한 설명 중 옳은 것을 모두 고른 것은? (다툼이 있는 경우 판례에 의함) [20 변호사]

ㄱ. 丙을 채용하는 계약은 공법상 계약에 해당하므로, 계약해지의사표시가 무효임을 다투는 당사자소송의 피고적격은 乙에게 있다.
ㄴ. 丙이 계약해지 의사표시의 무효확인을 당사자소송으로 청구한 경우, 당사자소송은 항고소송과 달리 확인소송의 보충성이 요구되므로 그 확인소송이 권리구제에 유효적절한 수단이 될 때에 한하여 소의 이익이 있다.
ㄷ. 乙의 계약해지 통보는 그 실질이 징계해고와 유사하므로 「행정절차법」에 의하여 사전통지를 하고, 그 근거와 이유를 제시하여야 한다.

① ㄱ ② ㄴ
③ ㄱ, ㄴ ④ ㄱ, ㄷ
⑤ ㄴ, ㄷ

79

정답 ②

핵심공략

- 당사자소송의 피고는 국가·공공단체 그 밖의 권리주체 O
- 공법상 당사자소송에 보충성 요구 O
- 계약직공무원 채용계약해지의 의사표시를 함에 있어, 행정처분과 같이 행정절차법에 의하여 근거와 이유를 제시하여야 하는 것 ×

해설 ㄱ. [×]

당사자소송은 '국가·공공단체 그 밖의 권리주체'를 피고로 한다(**행정소송법 제39조**). 여기에서 '그 밖의 권리주체'라 함은 공권력을 수여받은 행정주체인 사인, 즉 공무수탁사인을 의미한다. 당사자소송의 피고는 권리주체를 피고로 하는 점에서 처분청을 피고로 하는 항고소송과 다르다. 甲지방자치단체가 설립·운영하는 A고등학교에 산학겸임교사로 丙을 채용하는 계약은 공법상 계약에 해당한다. 따라서 그 계약해지의사표시가 무효임을 다투는 소송은 당사자소송에 해당하며, 그 피고적격은 乙이 아니라 甲지방자치단체에게 있다.

ㄴ. [○]

행정소송법은 공법상 당사자소송에 대하여는 원고적격이나 소의 이익에 관한 규정을 두고 있지 않다. 따라서 공법상 당사자소송의 소의 이익에 관하여는 민사소송법이 준용된다(**행정소송법 제8조 제2항**). 민사소송법이 준용됨에 따라 공법상 법률관계의 확인을 구하는 당사자소송의 경우 즉, 공법상 당사자소송인 확인소송의 경우에는 항고소송인 무효확인소송에서와 달리 확인의 이익이 있어야 하고, 확인의 이익은 확인판결을 받는 것이 원고의 권리 또는 법률상의 지위에 현존하는 불안·위험을 제거하는 가장 유효적절할 수단일 때에 인정된다(**대판 2018.3.15. 2016다275679 참조**).

▶ 항고소송으로 무효확인소송을 제기하는 경우와 달리 당사자소송으로 무효확인소송을 제기하는 경우 확인의 이익(확인의 소의 보충성)이 요구된다.

참고판례 지방자치단체와 채용계약에 의하여 채용된 계약직공무원이 그 계약기간 만료 이전에 채용계약 해지 등의 불이익을 받은 후 그 계약기간이 만료된 때에는 그 채용계약 해지의 의사표시가 무효라고 하더라도, 지방공무원법이나 지방계약직공무원규정 등에서 계약기간이 만료되는 계약직공무원에 대한 재계약의무를 부여하는 근거규정이 없으므로 계약기간의 만료로 당연히 계약직공무원의 신분을 상실하고 계약직공무원의 신분을 회복할 수 없는 것이므로, 그 해지의사표시의 무효확인청구는 과거의 법률관계의 확인청구에 지나지 않는다 할 것이고, 한편 과거의 법률관계라 할지라도 현재의 권리 또는 법률상 지위에 영향을 미치고 있고 현재의 권리 또는 법률상 지위에 대한 위험이나 불안을 제거하기 위하여 그 법률관계에 관한 확인판결을 받는 것이 유효 적절한 수단이라고 인정될 때에는 그 법률관계의 확인소송은 즉시확정의 이익이 있다고 보아야 할 것이나, 계약직공무원에 대한 채용계약이 해지된 경우에는 공무원 등으로 임용되는 데에 있어서 법령상의 아무런 제약사유가 되지 않을 뿐만 아니라, 계약기간 만료 전에 채용계약이 해지된 전력이 있는 사람이 공무원 등으로 임용되는 데에 있어서 그러한 전력이 없는 사람보다 사실상 불이익한 장애사유로 작용한다고 하더라도 그것만으로는 법률상의 이익이 침해되었다고 볼 수는 없으므로 그 무효확인을 구할 이익이 없다. (**대판 2002.11.26. 2002두1496**)

ㄷ. [×]

계약직공무원에 관한 현행 법령의 규정에 비추어 볼 때, 계약직공무원 채용계약해지의 의사표시는 일반공무원에 대한 징계처분과는 달라서 항고소송의 대상이 되는 처분 등의 성격을 가진 것으로 인정되지 아니하고, 일정한 사유가 있을 때에 국가 또는 지방자치단체가 채용계약 관계의 한쪽 당사자로서 대등한 지위에서 행하는 의사표시로 취급되는 것으로 이해되므로, 이를 징계해고 등에서와 같이 그 징계사유에 한하여 효력 유무를 판단하여야 하거나, 행정처분과 같이 행정절차법에 의하여 근거와 이유를 제시하여야 하는 것은 아니다. (**대판 2002.11.26. 2002두5948**)

5. 민중소송과 기관소송

80

헌법재판소의 권한쟁의심판권과 법원의 행정재판관할권에 관한 설명 중 옳은 것을 모두 고른 것은? (다툼이 있는 경우 판례에 의함) [20 변호사]

ㄱ. 「헌법재판소법」 제61조 제1항이 규정한 국가기관 상호간의 권한쟁의는 「행정소송법」 제3조 제4호의 기관소송의 대상에서 제외된다.

ㄴ. 지방자치단체의 의결기관인 지방의회를 구성하는 지방의회 의원과 그 지방의회의 대표자인 지방의회 의장 간의 권한쟁의심판은 헌법 및 「헌법재판소법」에 의하여 헌법재판소가 관장하는 지방자치단체 상호간의 권한쟁의심판의 범위에 속한다.

ㄷ. 지방자치단체의 장이 그 의무에 속하는 국가위임사무 또는 시·도위임사무의 관리 및 집행을 명백히 게을리하고 있다고 인정되는 때에는 시·도에 대하여는 주무부장관이, 시·군 및 자치구에 대하여는 시·도지사가 기간을 정하여 서면으로 그 이행할 사항을 명령할 수 있는데, 이 경우 지방자치단체의 장은 위 이행명령에 이의가 있으면 이행명령서를 접수한 날부터 15일 이내에 대법원에 소를 제기할 수 있다.

ㄹ. 공유수면의 행정구역 경계에 관한 명시적인 법령상의 규정과 해상경계에 관한 불문법이 존재하지 않으면, 헌법재판소가 권한쟁의심판을 통해 지방자치단체간의 해상경계선을 획정할 수 있다.

① ㄱ, ㄴ　② ㄱ, ㄷ
③ ㄷ, ㄹ　④ ㄱ, ㄷ, ㄹ
⑤ ㄴ, ㄷ, ㄹ

80

정답 ④

핵심공략

- 행정소송법상 기관소송의 대상에서 헌법재판소의 관장사항으로 되는 소송은 제외 O
- 지방의회 의원과 그 지방의회의 대표자인 지방의회 의장 간의 권한쟁의심판은 헌법재판소 관장사항 ×
- 지방자치단체의 장은 주무부장관, 시·도지사의 이행명령에 이의가 있으면 이행명령서를 접수한 날부터 15일 이내에 대법원에 소제기 可
- 불문법상 해상경계마저 존재하지 않는다면 헌법재판소가 형평의 원칙에 따라 합리적이고 공평하게 해상경계선을 획정

해설 ㄱ. [○]

조문 **행정소송법 제3조(행정소송의 종류)** 행정소송은 다음의 네 가지로 구분한다.

4. 기관소송: 국가 또는 공공단체의 기관상호간에 있어서의 권한의 존부 또는 그 행사에 관한 다툼이 있을 때에 이에 대하여 제기하는 소송. 다만, 헌법재판소법 제2조의 규정에 의하여 헌법재판소의 관장사항으로 되는 소송은 제외한다.

헌법재판소법 제2조(관장사항) 헌법재판소는 다음 각 호의 사항을 관장한다.

1. 법원의 제청에 의한 법률의 위헌 여부 심판
2. 탄핵의 심판
3. 정당의 해산심판
4. 국가기관 상호간, 국가기관과 지방자치단체 간 및 지방자치단체 상호간의 권한쟁의에 관한 심판
5. 헌법소원에 관한 심판

ㄴ. [×]

헌법 제111조 제1항 제4호는 지방자치단체 상호간의 권한쟁의에 관한 심판을 헌법재판소가 관장하도록 규정하고 있고, 헌법재판소법 제62조 제1항 제3호는 이를 구체화하여 헌법재판소가 관장하는 지방자치단체 상호간의 권한쟁의심판의 종류를 ㉠ 특별시·광역시 또는 도 상호간의 권한쟁의심판, ㉡ 시·군 또는 자치구 상호간의 권한쟁의심판, ㉢ 특별시·광역시 또는 도와 시·군 또는 자치구간의 권한쟁의심판 등으로 규정하고 있는바, 지방자치단체의 의결기관인 지방의회를 구성하는 지방의회 의원과 그 지방의회의 대표자인 지방의회 의장 간의 권한쟁의심판은 헌법 및 헌법재판소법에 의하여 헌법재판소가 관장하는 지방자치단체 상호간의 권한쟁의심판의 범위에 속한다고 볼 수 없으므로 부적법하다. **(헌재 2010.4.29. 2009헌라11)**

ㄷ. [○]

조문 **지방자치법 제189조(지방자치단체의 장에 대한 직무이행명령)** ① 지방자치단체의 장이 법령에 따라 그 의무에 속하는 국가위임사무나 시·도위임사무의 관리와 집행을 명백히 게을리하고 있다고 인정되면 시·도에 대해서는 주무부장관이, 시·군 및 자치구에 대해서는 시·도지사가 기간을 정하여 서면으로 이행할 사항을 명령할 수 있다.

⑥ 지방자치단체의 장은 제1항 또는 제4항에 따른 이행명령에 이의가 있으면 이행명령서를 접수한 날부터 15일 이내에 대법원에 소를 제기할 수 있다. 이 경우 지방자치단체의 장은 이행명령의 집행을 정지하게 하는 집행정지결정을 신청할 수 있다.

ㄹ. [○]

지금까지의 우리 법체계에서는 공유수면에 대한 지방자치단체의 관할구역 경계획정은 이에 관한 명시적인 법령상의 규정이 존재한다면 그에 따르고, 명시적인 법령상의 규정이 존재하지 않는다면 불문법상 해상경계에 따라야 한다. 그리고 이에 관한 불문법상 해상경계마저 존재하지 않는다면, 주민·구역·자치권을 구성요소로 하는 지방자치단체의 본질에 비추어 지방자치단체의 관할구역에 경계가 없는 부분이 있다는 것은 상정할 수 없으므로, 권한쟁의심판권을 가지고 있는 헌법재판소가 형평의 원칙에 따라 합리적이고 공평하게 해상경계선을 획정할 수밖에 없다. **(헌재 2019.4.11. 2016헌라8 등)**
국가본도에 표시된 해상경계선은 그 자체로 불문법상 해상경계선으로 인정되는 것은 아니나, 관할 행정청이 국가기본도에 표시된 해상경계선을 기준으로 하여 과거부터 현재에 이르기까지 반복적으로 처분을 내리고, 지방자치단체가 허가, 면허 및 단속 등의 업무를 지속적으로 수행하여 왔다면 국가기본도상의 해상경계선은 여전히 지방자치단체 관할 경계에 관하여 불문법으로서 그 기준이 될 수 있다. **(헌재 2015.7.30. 2010헌라2)**

행정법

PART 4

행정법 각론

Chapter 01

행정조직법

1. 행정권한의 대리와 위임 및 위탁

81

행정권한의 행사에 관한 설명 중 옳은 것은? (다툼이 있는 경우 판례에 의함) [18 변호사]

① 민간위탁을 한 행정기관의 장은 사무처리결과에 대하여 감사를 하여야 하며, 위법·부당한 사항이 있는 경우에는 적절한 조치를 취할 수 있고, 관계 임직원의 문책을 요구할 수 있다.

② 행정권한의 재위임과 관련하여 「정부조직법」과 이에 기한 「행정권한의 위임 및 위탁에 관한 규정」의 관련조항이 재위임에 관한 일반적인 근거규정이 될 수 없다.

③ 국가사무가 시·도지사에게 기관위임된 경우에 시·도지사가 이를 구청장 등에게 재위임하기 위해서는 시·도 조례에 의하여야 한다.

④ 주민대표의 참여 없이 의결이 이루어지는 등 폐기물처리시설의 입지를 선정하는 입지선정위원회의 구성방법이나 절차가 위법한 경우라 하더라도, 의결기관인 입지선정위원회의 의결에 터잡아 이루어진 폐기물처리시설 입지결정처분까지 위법하게 되는 것은 아니다.

⑤ 행정관청 내부의 사무처리규정인 전결규정에 위반하여 원래의 전결권자가 아닌 보조기관 등이 처분권자인 행정관청의 이름으로 행정처분을 하였다면 그러한 처분은 권한 없는 자에 의하여 행하여진 무효의 처분이다.

81 정답 ①

핵심공략

- 위탁기관의 장은 민간위탁사무 처리 결과에 매년 1회 이상 감사하여야 O, 민간위탁사무 처리가 위법 또는 부당할 경우, 민간수탁기관에 시정조치 또는 관계 임·직원 문책을 요구 可
- 「정부조직법」과 이에 기한 「행정권한의 위임 및 위탁에 관한 규정」의 관련조항은 재위임의 일반적인 근거규정이 될 수 O
- 기관위임사무의 경우, 위임기관의 장의 승인을 얻은 후 **지방자치단체의 장이 제정한 '규칙'이 정하는 바에 따라 재위임하는 것만이 가능** O
- **입지선정위원회의 구성방법이나 절차가 위법한 경우,** 그 하자 있는 입지선정위원회의 의결에 터잡아 이루어진 **폐기물처리시설 입지결정처분도 위법** O
- **행정관청 내부의 사무처리규정에 불과한 전결규정에 위반**하여 원래의 전결권자 아닌 보조기관 등이 **처분권자인 행정관청의 이름으로 한 행정처분은 당연무효** ×

① [O]

조문 **행정권한의 위임 및 위탁에 관한 규정 제16조(처리 상황의 감사)** ① 위탁기관의 장은 민간위탁사무의 처리 결과에 대하여 매년 1회 이상 감사를 하여야 한다. ② 위탁기관의 장은 제1항에 따른 감사 결과 민간위탁사무의 처리가 위법하거나 부당하다고 인정될 때에는 민간수탁기관에 대하여 적절한 시정조치를 할 수 있고, 관계 임원과 직원에 대해서는 문책을 요구할 수 있다.

② [×]

해설 권한을 위임하거나 재위임하는 경우 원칙적으로 개별법에 근거규정이 있어야 한다. 그런데 개별법에 위임 및 재위임에 관한 근거규정이 없는 경우 일반규정에 의한 위임 및 재위임을 인정할 수 있는지가 문제된다. 즉, 정부조직법 제6조 제1항과 「행정권한의 위임 및 위탁에 관한 규정」 제3조 또는 제4조가 행정권한의 위임 또는 재위임의 근거가 될 수 있는지 문제된다. 이에 관하여 긍정설과 부정설이 대립하고 있다. 판례는 구 건설업법 제57조 제1항, 같은법 시행령 제53조 제1항 제1호에 의하면 건설부장관의 권한에 속하는 같은 법 제50조 제2항 제3호 소정의 영업정지 등 처분권한은 서울특별시장·직할시장 또는 도지사에게 위임되었을 뿐 시·도지사가 이를 구청장·시장·군수에게 재위임할 수 있는 근거규정은 없으나, **정부조직법 제5조 제1항(현행 제6조 제1항)과 이에 기한 행정권한의 위임 및 위탁에 관한 규정 제4조에 재위임에 관한 일반적인 근거규정이 있으므로** 시·도지사는 그 재위임에 관한 일반적인 규정에 따라 위임받은 위 처분권한을 구청장 등에게 재위임할 수 있다고 판시하여(대판 1995.7.11. 94누4615 全), 긍정설의 입장이다.

③ [×]

조문 행정권한의 위임 및 위탁에 관한 규정(대통령령) 제4조(재위임) 특별시장·광역시장·특별자치시장·도지사 또는 특별자치도지사(특별시·광역시·특별자치시·도 또는 특별자치도의 교육감을 포함한다. 이하 같다)나 시장·군수 또는 구청장(자치구의 구청장을 말한다. 이하 같다)은 행정의 능률향상과 주민의 편의를 위하여 필요하다고 인정될 때에는 수임사무의 일부를 그 위임기관의 장의 승인을 받아 **규칙으로 정하는 바에 따라** 시장·군수·구청장(교육장을 포함한다) 또는 읍·면·동장, 그 밖의 소속기관의 장에게 다시 위임할 수 있다.

▶ 판례도 구 건설업법 제50조 제2항 제3호 소정의 영업정지 등 처분에 관한 사무는 국가사무로서 지방자치단체의 장에게 위임된 이른바 기관위임사무에 해당하므로 시·도지사가 지방자치단체의 '조례'에 의하여 이를 구청장 등에게 재위임할 수는 없고 행정권한의 위임 및 위탁에 관한 규정 제4조에 의하여 위임기관의 장의 승인을 얻은 후 **지방자치단체의 장이 제정한 '규칙'이 정하는 바에 따라 재위임하는 것만이 가능**하다고 판시하였다(대판 1995.7.11. 94누4615 全).

④ [×]

해설 [1] 구 폐기물처리시설 설치촉진 및 주변지역지원 등에 관한 법률 제9조 제3항, 같은 법 시행령 제7조 [별표 1], 제11조 제2항 각 규정들에 의하면, 입지선정위원회는 폐기물처리시설의 입지를 선정하는 의결기관이고, 입지선정위원회의 구성방법에 관하여 일정 수 이상의 주민대표 등을 참여시키도록 한 것은 폐기물처리시설 입지선정 절차에 있어 주민의 참여를 보장함으로써 주민들의 이익과 의사를 대변하도록 하여 주민의 권리에 대한 부당한 침해를 방지하고 행정의 민주화와 신뢰를 확보하는 데 그 취지가 있는 것이므로, **주민대표나 주민대표 추천에 의한 전문가의 참여 없이 의결이 이루어지는 등 입지선정위원회의 구성방법이나 절차가 위법한 경우**에는 그 하자 있는 입지선정위원회의 의결에 터잡아 이루어진 **폐기물처리시설 입지결정처분도 위법**하게 된다. [2] 구 폐기물처리시설 설치촉진 및 주변지역 지원 등에 관한 법률에 정한 입지선정위원회가 그 구성방법 및 절차에 관한 같은 법 시행령의 규정에 위배하여 군수와 주민대표가 선정·추천한 전문가를 포함시키지 않은 채 임의로 구성되어 의결을 한 경우, 그에 터잡아 이루어진 폐기물처리시설 입지결정처분의 하자는 **무효사유에 해당**한다고 한 사례. (대판 2007.4.12. 2006두20150)

⑤ [×]

해설 전결과 같은 행정권한의 내부위임은 법령상 처분권자인 행정관청이 내부적인 사무처리의 편의를 도모하기 위하여 그의 보조기관 또는 하급 행정관청으로 하여금 그의 권한을 사실상 행사하게 하는 것으로서 법률이 위임을 허용하지 않는 경우에도 인정되는 것이므로, 설사 **행정관청 내부의 사무처리규정에 불과한 전결규정에 위반**하여 원래의 전결권자 아닌 보조기관 등이 **처분권자인 행정관청의 이름으로 행정처분**을 하였다고 하더라도 **그 처분이 권한 없는 자에 의하여 행하여진 무효의 처분이라고는 할 수 없다**. (대판 1998.2.27. 97누1105)

2. 행정기관 상호간의 관계

82

甲은 건축물을 건축하기 위하여 관할 시장인 乙에게 건축허가 신청을 하였다. 乙은 상당한 기간 내에 건축불허가처분을 하면서 그 처분사유로 「건축법」상의 건축불허가 사유뿐만 아니라 「화재예방, 소방시설 설치 · 유지 및 안전관리에 관한 법률」 제7조 제1항에 따른 소방서장의 건축부동의 사유를 들고 있다. 이에 관한 설명 중 옳은 것을 모두 고른 것은? (다툼이 있는 경우 판례에 의함) [17 변호사]

> 화재예방, 소방시설 설치·유지 및 안전관리에 관한 법률
> 제7조(건축허가등의 동의) ① 건축물 등의 신축·증축·개축·재축(再築)·이전·용도변경 또는 대수선(大修繕)의 허가·협의 및 사용승인(이하 "건축허가등"이라 한다)의 권한이 있는 행정기관은 건축허가등을 할 때 미리 그 건축물 등의 시공지(施工地) 또는 소재지를 관할하는 소방본부장이나 소방서장의 동의를 받아야 한다.
> 〈이하 생략〉

ㄱ. 만약 甲의 건축허가 신청 후 乙의 처분 이전에 「화재예방, 소방시설 설치·유지 및 안전관리에 관한 법률」이 개정되어 제7조 제1항이 신설·적용된 경우라면, 소방서장의 건축부동의는 건축불허가 사유가 될 수 없다.
ㄴ. 소방서장의 건축부동의는 취소소송의 대상이 되는 처분이 아니다.
ㄷ. 甲은 건축불허가처분에 관한 쟁송에서 「건축법」상의 건축불허가 사유뿐만 아니라 소방서장의 건축부동의 사유에 관하여도 다툴 수 있다.
ㄹ. 소방서장의 건축부동의 사유가 일시적인 사정에 기한 것이고 보완이 가능한 것임에도 乙이 보완을 요구하지 않고 바로 건축불허가처분을 하였다면, 이는 위법하다.

① ㄱ, ㄴ
② ㄴ, ㄹ
③ ㄷ, ㄹ
④ ㄱ, ㄴ, ㄷ
⑤ ㄴ, ㄷ, ㄹ

82 정답 ⑤

핵심공략

- 행정행위는 처분 당시에 시행중인 법령 및 허가기준에 의하여 하는 것이 원칙 O, 신청시 ×
- 건축불허가처분사유로 소방서장의 건축부동의 사유를 들고 있는 경우, 그 소방서장의 건축부동의는 취소소송의 대상이 되는 처분은 ×
  그 건축불허가처분에 관한 쟁송에서 건축법상의 건축불허가 사유뿐만 아니라 소방서장의 부동의 사유에 관하여도 다툴 수 O
- 보완이 가능한 경우, 보완을 요구하지 아니한 채 곧바로 건축허가신청을 거부한 것은 재량권의 범위를 벗어난 것 O

해설 ㄱ. [×]

행정행위는 처분 당시에 시행중인 법령 및 허가기준에 의하여 하는 것이 원칙이고, 인, 허가신청 후 처분 전에 관계 법령이 개정 시행된 경우 신법령 부칙에서 신법령 시행 전에 이미 허가신청이 있는 때에는 종전의 규정에 의한다는 취지의 경과규정을 두지 아니한 이상 당연히 허가신청 당시의 법령에 의하여 허가 여부를 판단하여야 하는 것은 아니며, 소관 행정청이 허가신청을 수리하고도 정당한 이유 없이 처리를 늦추어 그 사이에 법령 및 허가기준이 변경된 것이 아닌 한 새로운 법령 및 허가기준에 따라서 한 불허가처분이 위법하다고 할 수 없다. (대판 1992.12.8. 92누13813)

ㄴ. [○]

건축허가권자가 건축불허가처분을 하면서 그 처분사유로 건축불허가 사유뿐만 아니라 구 소방법(2003.5.29. 법률 제6916호로 개정되기 전의 것) 제8조 제1항에 따른 소방서장의 건축부동의 사유를 들고 있다고 하여 그 건축불허가처분 외에 별개로 **건축부동의처분이 존재하는 것이 아니므로**, 그 건축불허가처분을 받은 사람은 그 건축불허가처분에 관한 쟁송에서 건축법상의 건축불허가 사유뿐만 아니라 소방서장의 부동의 사유에 관하여도 다툴 수 있다. (대판 2004.10.15. 2003두6573)

ㄷ. [○]

건축허가권자가 건축불허가처분을 하면서 그 처분사유로 건축불허가 사유뿐만 아니라 구 소방법(2003.5.29. 법률 제6916호로 개정되기 전의 것) 제8조 제1항에 따른 소방서장의 건축부동의 사유를 들고 있다고 하여 그 건축불허가처분 외에 별개로 건축부동의처분이 존재하는 것이 아니므로, 그 건축불허가처분을 받은 사람은 그 **건축불허가처분에 관한 쟁송에서** 건축법상의 건축불허가 사유뿐만 아니라 **소방서장의 부동의 사유에 관하여도 다툴 수 있다.** (대판 2004.10.15. 2003두6573)

ㄹ. [○]

[1] 민원사무처리에관한법률 제4조 제2항, 같은법 시행령(2002.8.21. 대통령령 제17719호로 개정되기 전의 것) 제15조 제1항, 제2항, 제16조 제1항에 의하면, 행정기관은 민원사항의 신청이 있는 때에는 다른 법령에 특별한 규정이 있는 경우를 제외하고는 그 접수를 보류하거나 거부할 수 없으며, 민원서류에 흠이 있는 경우에는 보완에 필요한 상당한 기간을 정하여 지체 없이 민원인에게 보완을 요구하고 그 기간 내에 민원서류를 보완하지 아니할 때에는 7일의 기간 내에 다시 보완을 요구할 수 있으며, 위 기간 내에 민원서류를 보완하지 아니한 때에 비로소 접수된 민원서류를 되돌려 보낼 수 있도록 규정되어 있는바, 위 규정 소정의 보완의 대상이 되는 흠은 보완이 가능한 경우이어야 함은 물론이고, 그 내용 또한 형식적·절차적인 요건이거나, 실질적인 요건에 관한 흠이 있는 경우라도 그것이 민원인의 단순한 착오나 일시적인 사정 등에 기한 경우 등이라야 한다. [2] 건축불허가처분을 하면서 그 사유의 하나로 소방시설과 관련된 소방서장의 건축부동의 의견을 들고 있으나 **그 보완이 가능한 경우**, 보완을 요구하지 아니한 채 곧바로 건축허가신청을 거부한 것은 재량권의 범위를 벗어난 것이라고 한 사례. (대판 2004.10.15. 2003두6573)

Chapter

02 지방자치법

1. 지방자치법 총설

2. 주민

83

X시의 시장 A는 관할 구역 내 구역정비계획을 수립·확정하고 이에 따라 B에게 시 소유 도로 일부에 대하여 도로점용허가(이하 '이 사건 허가'라 함)를 하였다. 이에 X시의 주민 甲, 乙, 丙 등은 B에 대한 이 사건 허가가 과도한 특혜라고 주장하며 「지방자치법」에 따라 주민감사청구를 하였고, 주민소송을 제기하려 한다. 이에 관한 설명 중 옳은 것은? (다툼이 있는 경우 판례에 의함) [22 변호사]

① 감사결과에 불복하더라도 甲은 단독으로 이 사건 허가에 대하여 주민소송을 제기할 수는 없다.

② 이 사건 허가가 도로 등의 본래 기능 및 목적과 무관하게 그 사용가치를 실현·활용하기 위한 것으로 평가되는 경우에는 주민소송의 대상이 되는 재산의 관리·처분에 해당한다.

③ 주민소송의 대상은 주민감사를 청구한 사항과 관련이 있는 것만으로는 불충분하고, 주민감사를 청구한 사항과 동일하여야 한다.

④ 이 사건 허가에 대하여 「행정소송법」에서 정한 취소소송의 제소기간이 도과하여 불가쟁력이 발생한 이후에는 이 사건 허가의 취소를 요구하는 주민소송은 허용되지 않는다.

⑤ 이 사건 허가에 대한 주민소송의 계속 중에 소송을 제기한 주민이 사망하더라도 소송절차는 중단되지 아니한다.

83

정답 ②

핵심공략

- 주민감사를 청구한 주민은 그 감사결과에 불복하여 단독으로도 주민소송을 제기 可
- 특정 사인이 배타적으로 사용하도록 하는 점용허가는 주민소송의 대상이 되는 재산의 관리·처분에 해당 O
- 주민소송의 대상은 주민감사를 청구한 사항과 반드시 동일할 필요 ×
- 행정처분이 불복기간의 경과로 인하여 확정될 경우라도 이에 대한 주민소송 허용 O
- 소송의 계속 중에 소송을 제기한 주민이 사망한 경우, 소송절차는 중단 O

① [×]

해설 주민감사를 청구한 주민은 그 감사 청구한 사항과 관련이 있는 위법한 행위나 업무를 게을리한 사실에 대하여 해당 지방자치단체의 장을 상대방으로 하여 소송을 제기할 수 있다. **(지방자치법 제22조 제1항)**

▶ 설문에서 甲은 주민감사를 청구한 주민이고, 그 감사결과에 불복하여 단독으로도 지방자치법 제22조에 따른 주민소송을 제기할 수 있다.

② [○]

해설 도로 등 공물이나 공공용물을 특정 사인이 배타적으로 사용하도록 하는 점용허가가 도로 등의 본래 기능 및 목적과 무관하게 그 사용가치를 실현·활용하기 위한 것으로 평가되는 경우에는 주민소송의 대상이 되는 재산의 관리·처분에 해당한다. **(대판 2016.5.27. 2014두8490)**

③ [×]

해설 주민감사청구가 '지방자치단체와 그 장의 권한에 속하는 사무의 처리'를 대상으로 하는 데 반하여, 주민소송은 '그 감사 청구한 사항과 관련이 있는 위법한 행위나 업무를 게을리한 사실'에 대하여 제기할 수 있는 것이므로, 주민소송의 대상은 주민감사를 청구한 사항과 관련이 있는 것으로 충분하고, 주민감사를 청구한 사항과 반드시 동일할 필요는 없다. **(대판 2020.7.29. 2017두63467)**

④ [×]

해설 행정처분이 불복기간의 경과로 인하여 확정될 경우 그 확정력은, 처분으로 인하여 법률상 이익을 침해받은 자가 해당 처분이나 재결의 효력을 더 이상 다툴 수 없다는 의미일 뿐, 더 나아가 판결에 있어서와 같은 기판력이 인정되는 것은 아니어서 처분의 기초가 된 사실관계나 법률적 판단이 확정되고 당사자들이나 법원이 이에 기속되어 모순되는 주장이나 판단을 할 수 없게 되는 것은 아니다. **(대판 2019.10.17. 2018두104)**

⑤ [×]

해설 소송의 계속 중에 소송을 제기한 주민이 사망하거나 제16조에 따른 주민의 자격을 잃으면 소송절차는 중단된다. 소송대리인이 있는 경우에도 또한 같다. **(지방자치법 제22조 제6항)**

3. 지방자치단체의 조직

84

지방자치에 관한 설명 중 옳은 것을 모두 고른 것은? (다툼이 있는 경우 판례에 의함) [14 변호사]

ㄱ. 지방자치법에 의하면 지방자치단체의 주민은 그 지방자치단체의 장 및 비례대표 지방의회의원을 포함한 지방의회의원에 대해 소환할 권리를 가진다.
ㄴ. 지방자치법에 의하면 지방자치단체의 사무에 관한 그 장의 명령이나 처분이 법령에 위반되거나 현저히 부당하여 공익을 해친다고 인정되면 시·도(특별시, 광역시, 특별자치시, 도, 특별자치도를 말함)에 대하여는 주무부장관이 기간을 정하여 서면으로 시정할 것을 명하고, 그 기간에 이행하지 아니하면 이를 취소하거나 정지할 수 있다. 이 경우 자치사무에 관한 명령이나 처분에 대하여는 법령을 위반하는 것에 한한다.
ㄷ. 법령상 지방자치단체의 장이 처리하도록 하고 있는 사무가 자치사무인지 아니면 기관위임사무인지를 판단하기 위해서는 그에 관한 법령의 규정 형식과 취지를 우선 고려하여야 하지만, 그 밖에 그 사무의 성질이 전국적으로 통일적인 처리가 요구되는 사무인지, 그에 관한 경비부담과 최종적인 책임귀속의 주체가 누구인지 등도 함께 고려하여야 한다.
ㄹ. 지방자치단체의 집행기관의 사무집행에 관한 감시·통제기능은 지방의회의 고유권한이므로 이러한 지방의회의 권한을 제한·박탈하거나 제3의 기관 또는 집행기관 소속의 어느 특정 행정기관에 일임하는 내용의 조례를 제정한다면 이는 지방의회의 권한을 본질적으로 침해하거나 그 권한을 스스로 저버리는 내용의 것으로서 지방자치법령에 위반되어 무효이다.
ㅁ. 지방자치법상 지방의회의원에게 지급하는 월정수당은 지방의회의원의 직무활동에 대하여 매월 지급되는 것이기는 하나, 이는 지방의회의원이 명예직으로서 주민을 대표하여 의정활동을 하는 데 사용되는 비용을 보전하는 성격을 가지고 있으므로 지방의회의원의 직무활동에 대한 대가로 지급되는 보수의 일종으로 볼 수 없다.

① ㄱ, ㄴ, ㄷ
② ㄱ, ㄹ, ㅁ
③ ㄴ, ㄷ, ㄹ
④ ㄴ, ㄹ, ㅁ
⑤ ㄷ, ㄹ, ㅁ

84

정답 ③

핵심공략

- 비례대표 지방의회의원은 주민소환의 대상 ×
- 지방자치단체사무에 관한 지방자치단체의 장의 명령이나 처분이 법령에 위반되거나 현저히 부당하여 공익을 해친다고 인정되는 경우, 시·도에 대하여 주무부장관이 서명으로 시정명령 可, 그 기간 내 이행하지 아니하면 이를 취소 또는 정지 可 (단, 시정명령, 취소 또는 정지는 법령을 위반한 것에 한정)
- 지방자치단체장의 사무가 자치사무인지 기관위임사무인지의 판단기준: 법령의 규정 형식과 취지 우선 고려, 그 사무의 성질 및 그에 관한 경비부담과 최종적 책임귀속 주체 아울러 고려하여야 ○
- 지방의회의 고유권한인 **지방자치단체의 집행기관의 사무집행에 관한 감시·통제기능을 제한·박탈하거나 제3의 기관 또는 집행기관 소속의 어느 특정 행정기관에 일임하는 내용의 조례는 무효** ○
- **월정수당**은 지방의회 의원의 직무활동에 대한 대가로 지급되는 **보수의 일종** ○

해설 ㄱ. [×]

조문 **주민소환에 관한 법률 제7조(주민소환투표의 청구)** ① 전년도 12월 31일 현재 주민등록표 및 외국인등록표에 등록된 제3조 제1항 제1호 및 제2호에 해당하는 자(이하 "주민소환투표청구권자"라 한다)는 해당 지방자치단체의 장 및 지방의회의원(**비례대표선거구시·도의회의원 및 비례대표선거구자치구·시·군의회의원은 제외**하며, 이하 "선출직 지방공직자"라 한다)에 대하여 다음 각 호에 해당하는 주민의 서명으로 그 소환사유를 서면에 구체적으로 명시하여 관할선거관리위원회에 주민소환투표의 실시를 청구할 수 있다.

1.~3. (생략)

▶ 비례대표 지방의회의원은 주민소환의 대상이 아니다.

ㄴ. [○]

조문 **지방자치법 제188조(위법·부당한 명령이나 처분의 시정)** ① 지방자치단체의 사무에 관한 지방자치단체의 장(제103조 제2항에 따른 사무의 경우에는 지방의회의 의장을 말한다. 이하 이 조에서 같다)의 명령이나 처분이 법령에 위반되거나 현저히 부당하여 공익을 해친다고 인정되면 시·도에 대해서는 주무부장관이, 시·군 및 자치구에 대해서는 시·도지사가 기간을 정하여 서면으로 시정할 것을 명하고, 그 기간에 이행하지 아니하면 이를 취소하거나 정지할 수 있다.

⑤ 제1항부터 제4항까지의 규정에 따른 자치사무에 관한 명령이나 처분에 대한 주무부장관 또는 시·도지사의 시정명령, 취소 또는 정지는 법령을 위반한 것에 한정한다.

▶ 여기서 '지방자치단체의 사무'란 자치사무와 단체위임사무를 말한다.

ㄷ. [○]

법령상 지방자치단체의 장이 처리하도록 규정하고 있는 사무가 자치사무인지 아니면 기관위임사무인지를 판단함에 있어서는 그에 관한 법령의 규정 형식과 취지를 우선 고려하여야 하지만 그 외에도 그 사무의 성질이 전국적으로 통일적인 처리가 요구되는 사무인지 여부나 그에 관한 경비부담과 최종적인 책임귀속의 주체 등도 아울러 고려하여야 한다. **(대판 2003.4.22. 2002두10483; 대판 2010.12.9. 2008다71575)**

ㄹ. [○]

지방자치단체의 집행기관의 사무집행에 관한 감시·통제기능은 지방의회의 고유권한이므로 **이러한 지방의회의 권한을 제한·박탈하거나 제3의 기관 또는 집행기관 소속의 어느 특정 행정기관에 일임하는 내용의 조례**를 제정한다면 이는 지방의회의 권한을 본질적으로 침해하거나 그 권한을 스스로 저버리는 내용의 것으로서 **지방자치법령에 위반되어 무효**이다. 그러나 **이 사건 '충청북도청소리옴부즈만조례안'**은 지방의회의 행정 감시·통제기능을 옴부즈맨에게 일임하도록 정하고 있지 아니할 뿐 아니라 지방의회에 관한 사항은 옴부즈맨의 관할로 하지 않고 있으므로, 집행기관 내에 독립성을 갖는 옴부즈맨이라는 합의제 행정기관을 설치하여 행정 감시·통제기능을 수행하도록 하는 것은 지방의회의 감시·통제기능과는 별도로 집행기관 스스로 사무집행의 공평·정확성을 확보하려는 것으로서 지방의회의 감시·통제기능을 보완하는 것일 뿐 지방의회의 감시·통제권한을 제한·박탈하거나 그 권한을 옴부즈맨에게 일임하는 것이 아니라 할 것이어서, 이 사건 조례안이 지방의회의 감시·통제기능을 스스로 저버리는 위법한 것이라고 할 수 없다. **(대판 1997.4.11. 96추138)**

ㅁ. [×]

지방자치법(2007.5.11. 개정 전의 것) 제32조 제1항(**현행 지방자치법 제40조 제1항 참조**)은 지방의회 의원에게 지급하는 비용으로 의정활동비(**제1호**)와 여비(**제3호**) 외에 월정수당(**제2호**)을 규정하고 있는바, 이 규정의 입법연혁과 함께 특히 월정수당(**제3호**)은 지방의회 의원의 직무활동에 대하여 매월 지급되는 것으로서, 지방의회 의원이 전문성을 가지고 의정활동에 전념할 수 있도록 하는 기틀을 마련하고자 하는 데에 그 입법 취지가 있다는 점을 고려해 보면, 지방의회 의원에게 지급되는 비용 중 적어도 **월정수당**은 지방의회 의원의 직무활동에 대한 대가로 지급되는 **보수의 일종**으로 봄이 상당하다. **(대판 2009.1.30. 2007두13487)**

4. 지방자치단체의 자치권(조례와 규칙)

85

A 지방자치단체에서는 조례제정권의 범위에 대해 법무법인 B에 자문을 구하였다. B는 이에 관한 법률의견서를 작성해주었는데, 아래 ㄱ.~ㅁ.은 그 내용 중 일부이다. 옳은 것을 모두 고른 것은? (다툼이 있는 경우 판례에 의함) [12 변호사]

ㄱ. 지방자치법상 지방자치단체는 법령의 범위 안에서 그 사무에 관하여 조례를 제정할 수 있으며, 다만 주민의 권리 제한 또는 의무 부과에 관한 사항이나 벌칙을 정할 때에는 법률의 위임이 있어야 한다.

ㄴ. 그리고 조례가 지방의회의 의결로 제정되는 지방자치단체의 자주법이라고 하더라도 그것이 법률의 위임에 따라 제정되는 것인 이상, 조례도 위임명령과 마찬가지로 포괄적 위임은 허용될 여지가 없다.

ㄷ. 그런데 지방자치단체가 자치조례를 제정할 수 있는 사항은 지방자치단체의 고유사무인 자치사무와 개별법령에 의하여 지방자치단체에 위임된 단체위임사무에 한하는 것이고, 국가사무가 지방자치단체의 장에게 위임된 기관위임사무는 원칙적으로 자치조례의 제정범위에 속하지 않는다 할 것이지만, 기관위임사무에 있어서도 그에 관한 개별법령에서 일정한 사항을 조례로 정하도록 위임하고 있는 경우에는 위임받은 사항에 관하여 개별법령의 취지에 부합하는 범위 내에서 이른바 위임조례를 정할 수 있다.

ㄹ. 한편, 조례가 규율하는 특정사항에 관하여 그것을 규율하는 국가의 법령이 이미 존재하는 경우에도, 조례가 법령과 별도의 목적에 기하여 규율함을 의도하는 것으로서 그 적용에 의하여 법령의 규정이 의도하는 목적과 효과를 전혀 저해하는 바가 없는 때, 또는 양자가 동일한 목적에서 출발한 것이라고 할지라도 국가의 법령이 반드시 그 규정에 의하여 전국에 걸쳐 일률적으로 동일한 내용을 규율하려는 취지가 아니고 각 지방자치단체가 그 지방의 실정에 맞게 별도로 규율하는 것을 용인하는 취지라고 해석되는 때에는 그 조례가 국가의 법령에 위배되는 것은 아니라고 보아야 한다.

ㅁ. 지방자치단체는 조례의 실효성을 확보하기 위한 수단으로 조례위반행위에 대한 벌칙을 정할 수 있는데, 여기서 말하는 벌칙의 개념에는 별도의 제한이 없으므로, 지방자치단체는 법률의 위임이 없이도 조례위반행위에 대한 벌칙으로서 벌금, 구류, 과료와 같은 형벌을 정하여 부과할 수 있다.

① ㄱ, ㄴ, ㅁ ② ㄱ, ㄷ, ㄹ
③ ㄱ, ㄷ, ㅁ ④ ㄴ, ㄷ, ㄹ
⑤ ㄱ, ㄴ, ㄷ, ㄹ

85

정답 ②

핵심공략

- 조례로써 주민의 권리 제한 또는 의무 부과에 관한 사항이나 벌칙을 정할 때에는 법률의 위임이 있어야 O
  ⇨ 법률위임 없이 조례위반행위의 벌칙을 정하여 부과할 수 ×
- **조례에 대한 법률의 위임**은 반드시 구체적으로 범위를 정하여 할 필요 ×, **포괄적인 것으로도 충분** O
- **기관위임사무**에 관한 개별 법령에서 일정한 사항을 조례로 정하도록 위임하고 있는 경우, **위임조례 제정 可**
- 조례와 법령이 동일한 목적이더라도, 법령이 반드시 그 규정에 의하여 전국에 걸쳐 일률적으로 동일한 내용을 규율하려는 취지가 아니고 각 지방자치단체가 그 지방의 실정에 맞게 별도로 규율하는 것을 용인하는 취지라고 해석되는 경우, **그 조례가 국가의 법령에 위배되는 것은** ×

해설 ㄱ. [○]

지방자치단체는 법령의 범위 안에서 그 사무에 관하여 조례를 제정할 수 있다. 다만, 주민의 권리 제한 또는 의무 부과에 관한 사항이나 벌칙을 정할 때에는 법률의 위임이 있어야 한다(**지방자치법 제28조**).

ㄴ. [×]

조례의 제정권자인 지방의회는 선거를 통해서 그 지역적인 민주적 정당성을 지니고 있는 주민의 대표기관이고 헌법이 지방자치단체에 포괄적인 자치권을 보장하고 있는 취지로 볼 때, **조례에 대한 법률의 위임**은 법규명령에 대한 법률의 위임과 같이 반드시 구체적으로 범위를 정하여 할 필요가 없으며 **포괄적인 것으로 족하다**. **(헌재 1995.4.20. 92헌마264등)**

ㄷ. [○]

[1] 헌법 제117조 제1항과 지방자치법 제15조(**현행 제28조**)에 의하면 지방자치단체는 법령의 범위 안에서 그 사무에 관하여 자치조례를 제정할 수 있으나 이 때 사무란 지방자치법 제9조 제1항에서 말하는 지방자치단체의 자치사무와 법령에 의하여 지방자치단체에 속하게 된 단체위임사무를 가리키므로 지방자치단체가 자치조례를 제정할 수 있는 것은 원칙적으로 이러한 **자치사무와 단체위임사무에 한하므로**, 국가사무가 지방자치단체의 장에게 위임된 **기관위임사무**와 같이 지방자치단체의 장이 국가기관의 지위에서 수행하는 사무일 뿐 지방자치단체 자체의 사무라고 할 수 없는 것은 **원칙적으로 자치조례의 제정범위에 속하지 않는다**. [2] **기관위임사무에 있어서도** 그에 관한 개별 법령에서 일정한 사항을 조례로 정하도록 위임하고 있는 경우에는 지방자치단체의 자치조례 제정권과 무관하게 이른바 **위임조례를 정할 수 있다**고 하겠으나 이때에도 그 내용은 개별 법령이 위임하고 있는 사항에 관한 것으로서 개별 법령의 취지에 부합하는 것이라야만 하고, 그 범위를 벗어난 경우에는 위임조례로서의 효력도 인정할 수 없다. **(대판 1999.9.17. 99추30)**

ㄹ. [○]

지방자치단체의 조례는 그것이 자치조례에 해당하는 것이라도 법령에 위반되지 않는 범위 안에서만 제정할 수 있어서 법령에 위반되는 조례는 그 효력이 없지만{지방자치법 제22조 및 위 구 지방자치법(2007.5.11. 법률 제8423호로 전문개정되기 전의 것) 제15조}, **조례가 규율하는 특정사항에 관하여 그것을 규율하는 국가의 법령이 이미 존재하는 경우에도** ㉠ 조례가 법령과 별도의 목적에 기하여 규율함을 의도하는 것으로서 그 적용에 의하여 법령의 규정이 의도하는 목적과 효과를 전혀 저해하는 바가 없는 때 또는 ㉡ 양자가 동일한 목적에서 출발한 것이라고 할지라도 국가의 법령이 반드시 그 규정에 의하여 전국에 걸쳐 일률적으로 동일한 내용을 규율하려는 취지가 아니고 각 지방자치단체가 그 지방의 실정에 맞게 별도로 규율하는 것을 용인하는 취지라고 해석되는 때에는 **그 조례가 국가의 법령에 위배되는 것은 아니라고 보아야** 한다. **(대판 2007.12.13. 2006추52 ; 대판 1997.4.25. 96추244)**

ㅁ. [×]

지방자치단체는 '법령의 범위 안에서' 조례를 제정할 수 있다 **(헌법 제117조 제1항, 지방자치법 제28조)**. 여기서 '법령의 범위 안에서'란 '법령에 위반되지 않는 범위 내에서'를 의미하므로, 지방자치단체는 '법령에 위반되지 않는 범위 내'이기만 하면, 원칙적으로 법령의 위임 없이도 조례를 제정할 수 있다. 다만, **주민의 권리제한 또는 의무부과에 관한 사항이나 벌칙을 정하는 조례, 즉 침익적 조례의 경우에는 법률의 위임이 있어야** 한다(**지방자치법 제28조 단서**).

86

지방자치단체의 조례제정권에 관한 설명 중 옳은 것을 모두 고른 것은? (다툼이 있는 경우 판례에 의함) [16 변호사]

ㄱ. 헌법 제117조 제1항과 「지방자치법」 제22조에 의하면 지방자치단체는 법령의 범위 안에서 그 사무에 관하여 자치조례를 제정할 수 있다. 여기서 그 사무란 「지방자치법」에서 규정하는 지방자치단체의 자치사무와 법령에 의하여 지방자치단체에 속하게 된 단체위임사무, 그리고 국가사무가 지방자치단체의 장에게 위임된 기관위임사무를 말한다.

ㄴ. 「지방자치법」 제22조 단서에 따라 주민의 권리제한 또는 의무부과에 관한 사항을 법률에서 조례에 위임하는 경우, 위임입법의 한계에 관한 헌법 제75조의 포괄위임금지원칙에 따라 법률에 의한 개별적이고 구체적인 수권이 필요하다.

ㄷ. 지방자치단체의 자치사무에 해당하더라도 특별한 규정이 없는 한 「지방자치법」이 규정하고 있는 지방자치단체의 집행기관과 지방의회의 고유권한에 관하여는 조례로 이를 제한할 수 없고, 나아가 지방자치단체장의 고유권한이 아닌 사항에 대하여도 그 사무집행에 관한 권한을 본질적으로 제한하는 조례제정은 허용되지 아니한다.

ㄹ. 지방자치단체장이 지방의회가 재의결한 조례안이 법령에 위반된다는 이유로 대법원에 제소하는 경우, 재의결된 조례안의 일부 조항만이 위법하더라도 그 재의결 전부의 효력이 부인된다.

① ㄱ, ㄴ
② ㄱ, ㄷ
③ ㄴ, ㄷ
④ ㄴ, ㄹ
⑤ ㄷ, ㄹ

86

정답 ⑤

핵심공략

- 지방자치단체의 자치조례 제정범위는 원칙적으로 **자치사무와 단체위임사무** ○
- 조례로써 주민의 권리 제한 또는 의무 부과에 관한 사항이나 벌칙을 정할 때에는 법률의 위임이 있어야 ○
- 조례로써 지방자치단체의 **집행기관과 지방의회의 고유권한**을 침해할 수 ×
- **의결의 내용 전부가 아니라 그 일부만이 위법한 경우에도 대법원은 의결 전부의 효력을 부인할 수밖에** ○

해설 ㄱ. [×]

헌법 제117조 제1항과 지방자치법 제15조(**현행 제28조**)에 의하면 지방자치단체는 법령의 범위 안에서 그 사무에 관하여 자치조례를 제정할 수 있으나 이 때 사무란 지방자치법 제9조 제1항에서 말하는 지방자치단체의 자치사무와 법령에 의하여 지방자치단체에 속하게 된 단체위임사무를 가리키므로 지방자치단체가 자치조례를 제정할 수 있는 것은 원칙적으로 이러한 **자치사무와 단체위임사무에 한하므로**, 국가사무가 지방자치단체의 장에게 위임된 **기관위임사무**와 같이 지방자치단체의 장이 국가기관의 지위에서 수행하는 사무일 뿐 지방자치단체 자체의 사무라고 할 수 없는 것은 **원칙적으로 자치조례의 제정범위에 속하지 않는다**. (대판 1999.9.17. 99추30)

ㄴ. [×]

조례에 대한 법률의 위임은 법규명령에 대한 법률의 위임과 같이 반드시 구체적으로 범위를 정하여 할 필요가 없으며 포괄적인 것으로 족하다. **(헌재 1995.4.20. 92헌마264등)**

ㄷ. [○]

지방자치단체가 그 자치사무에 관하여 조례로 제정할 수 있다고 하더라도 상위 법령에 위배할 수는 없고(**지방자치법 제28조**), 특별한 규정이 없는 한 지방자치법이 규정하고 있는 지방자치단체의 **집행기관과 지방의회의 고유권한**에 관하여는 조례로 이를 침해할 수 없고, 나아가 지방의회가 지방자치단체장의 고유권한이 아닌 사항에 대하여도 그 **사무집행에 관한 집행권을 본질적으로 침해하는 것**은 지방자치법의 관련 규정에 위반되어 허용될 수 없다). **(대판 2001.11.27. 2001추57)**

ㄹ. [○]

의결의 일부에 대한 효력배제는 결과적으로 전체적인 의결의 내용을 변경하는 것에 다름 아니어서 의결기관인 지방의회의 고유권한을 침해하는 것이 될 뿐 아니라, 그 일부만의 효력배제는 자칫 전체적인 의결내용을 지방의회의 당초의 의도와는 다른 내용으로 변질시킬 우려가 있으며, 또 재의요구가 있는 때에는 재의요구에서 지적한 이의사항이 의결의 일부에 관한 것이라고 하여도 의결 전체가 실효되고 재의결만이 의결로서 효력을 발생하는 것이어서 의결의 일부에 대한 재의요구나 수정재의 요구가 허용되지 않는 점에 비추어 보아도 **재의결의 내용 전부가 아니라 그 일부만이 위법한 경우에도 대법원은 의결 전부의 효력을 부인할 수밖에 없다**. (대판 1992.7.28. 92추31)

87

A도 B군의회는 X사무에 관하여 조례안을 의결하여 B군수에게 이송하였다. A도지사는 위 조례안이 법령의 위임이 없는 위법한 것임을 이유로 B군수에게 재의요구를 지시하였고, B군수의 재의요구에 대해 B군의회는 원안대로 재의결을 하였다. 이에 관한 설명 중 옳은 것은? (다툼이 있는 경우 판례에 의함)

[20 변호사]

① X사무가 국가사무인 경우에는 법령의 위임이 있어야 B군의회가 조례를 제정할 수 있으며, 이때의 위임은 포괄적 위임으로도 족하다.

② A도지사가 조례안재의결 무효확인소송을 제기한 경우, 심리대상은 재의요구 요청에서 이의사항으로 지적한 것에 한하지 않으며, 법원은 재의결이 법령에 위반될 수 있는 모든 사정에 관하여 심리할 수 있다.

③ B군의회의 재의결이 법령에 위반된다고 판단됨에도 A도지사가 이에 대해 제소하지 않는 경우에는 행정안전부장관이 직접 대법원에 제소할 수 있다.

④ X사무가 자치사무인 경우 X사무에 관한 B군수의 처분이 법령에 위반됨을 이유로 A도지사는 그 처분을 직권취소할 수 있으며, 이때 직권취소의 대상은 「행정소송법」상 처분으로 한정된다.

⑤ A도지사가 X사무에 관한 B군수의 처분에 대해 시정명령을 발한 경우, B군수는 시정명령에 대하여 대법원에 제소할 수 없다.

87

정답 ⑤

핵심공략

- 기관위임사무에 관한 위임조례의 경우, 위임의 일반적인 원칙에 따라 구체적 위임이 있어야 O
- 조례안재의결 무효확인소송에서 대법원의 심리대상은 지방자치단체의 장이 재의를 요구할 당시 이의사항으로 지적되어 재의결에서 심의의 대상이 된 것에 국한 O
- 시·도지사가 법령에 위반된다고 판단한 시·군 및 자치구의 재의결에 대해 제소하지 않더라도, 그 주무부장관이 직접 제소할 수 있다는 규정 ×
- 지방자치법 제188조의 적용대상은 항고소송의 대상이 되는 처분으로 한정 ×
- 지방자치단체장은 시정명령에 대하여 제소할 수 ×

① [×]

해설 기관위임사무에 있어서도 그에 관한 개별 법령에서 일정한 사항을 조례로 정하도록 위임하고 있는 경우에는 지방자치단체의 자치조례 제정권과 무관하게 이른바 위임조례를 정할 수 있다(대판 1999.9.17. 99추30). 그리고 포괄위임이 허용되는 자치조례와 달리, 기관위임사무에 관한 위임조례의 경우에는 위임의 일반적인 원칙에 따라 구체적 위임이 있어야 한다(대판 2000.11.24. 2000추29 참조).

② [×]

해설 조례안재의결 무효확인소송에서 대법원의 심리대상은 지방자치단체의 장이 지방의회에 재의를 요구할 당시 이의사항으로 지적되어 재의결에서 심의의 대상이 된 것에 국한된다(대판 2007.12.13. 2006추52). 이러한 법리는 주무부장관이 지방자치법 제172조 제7항에 따라 지방의회의 의결에 대하여 직접 제소함에 따른 조례안의결 무효확인소송에도 마찬가지로 적용되므로, 조례안의결 무효확인소송의 심리대상은 주무부장관이 재의요구 요청에서 이의사항으로 지적한 것에 한정된다(대판 2015.5.14. 2013추98).

③ [×]

해설 지방의회 의결의 재의와 제소에 관한 지방자치법 제172조(현행 제192조) 제4항, 제6항의 문언과 입법 취지, 제·개정 연혁 및 지방자치법령의 체계 등을 종합적으로 고려하여 보면, 아래에서 보는 바와 같이 지방자치법 제172조 제4항, 제6항에서 지방의회 재의결에 대하여 제소를 지시하거나 직접 제소할 수 있는 주체로 규정된 '주무부장관이나 시·도지사'는 시·도에 대하여는 주무부장관을, 시·군 및 자치구에 대하여는 시·도지사를 각 의미한다. ㉠ 지방의회의 재의결에 대한 주무부장관이나 시·도지사의 제소 지시 또는 직접 제소는 지방자치단체의 장의 재의요구에 대하여 지방의회가 전과 같은 내용으로 재의결을 한 경우 비로소 할 수 있으므로, 지방의회의 재의결에 대한 제소 지시 또는 직접 제소 권한(이하 '제소 등 권한'이라고 한다)은 관련 의결에 관하여 지방자치단체의 장을 상대로 재의요구를 지시할 권한이 있는 기관에만 있다고 해석하는 것이 지방자치법 제172조의 체계에 부합한다. ㉡ 이와 달리 주무부장관의 경우 재의요구 지시 권한과 상관없이 모든 지방의회의 재의결에 대한 제소 등 권한이 있다고 본다면 시·군 및 자치구의회의 재의결에 관하여는 주무부장관과 시·도지사의 제소 등 권한이 중복됨에도 지방자치법은 상호관계를 규율하는 규정을 두고 있지 아니하다. 이는 주무부장관과 시·도지사의 지도·감독 권한이 중복되는 경우에 관한 지방자치법 제163조 제1항 및 제167조 제1항이 '1차로 시·도지사의, 2차로 행정자치부장관 또는 주무부장관의 지도·감독을 받는다'는 명시적인 규정을 두어 중복되는 권한 사이의 상호관계를 규율하고 있는 입법태도와 명백하게 다르다. (대판 2016.9.22. 2014추521 全)

▶ B군의회의 재의결이 법령에 위반된다고 판단됨에도 B군수가 이에 대해 제소하지 않는 경우에는 A도지사가 대법원에 직접 제소할 수 있다(지방자치법 제192조 제7항). 그러나 A도지사가 제소하지 않는 경우 행정안전부장관이 대법원에 직접 제소하는 것을 허용하는 규정은 존재하지 않는다.

④ [×]

해설 지방자치단체의 사무에 관한 그 장의 명령이나 처분이 법령에 위반되거나 현저히 부당하여 공익을 해친다고 인정되면 시·도에 대하여는 주무부장관이, 시·군 및 자치구에 대하여는 시·도지사가 기간을 정하여 서면으로 시정할 것을 명하고, 그 기간에 이행하지 아니하면 이를 취소하거나 정지할 수 있다. 이 경우 자치사무에 관한 명령이나 처분에 대하여는 법령을 위반하는 것에 한한다(지방자치법 제188조 제1항). 이 때, 행정소송법상 항고소송이 행정청이 행하는 구체적 사실에 관한 법집행으로서의 공권력의 행사 또는 거부와 그 밖에 이에 준하는 행정작용을 대상으로 하여 위법상태를 배제함으로써 국민의 권익을 구제함을 목적으로 하는 것과 달리, 지방자치법 제169조(현행 제188조) 제1항은 지방자치단체의 자치행정 사무처리가 법령 및 공익의 범위 내에서 행해지도록 감독하기 위한 규정이므로 적용대상을 항고소송의 대상이 되는 행정처분으로 제한할 이유가 없다(대판 2017.3.30. 2016추5087).

⑤ [○]

해설 지방자치법 제169조(현행 제188조)는 '시·군 및 자치구의 자치사무에 관한 지방자치단체의 장의 명령이나 처분에 대하여 시·도지사가 행한 취소 또는 정지'에 대하여 해당 지방자치단체의 장이 대법원에 소를 제기할 수 있다고 규정하고 있을 뿐 '시·도지사가 본조에 따라 시·군 및 자치구에 대하여 행한 시정명령'에 대하여도 대법원에 소를 제기할 수 있다고 규정하고 있지 않으므로, 이러한 시정명령의 취소를 구하는 소송은 허용되지 않는다. (대판 2017.10.12. 2016추5148)

▶ 지방자치법 제188조에 따르면, '자치사무'에 관한 '취소 또는 정지처분'에 한하여 소송을 제기할 수 있는 것으로 규정하고 있다. 따라서 ㉠ '단체위임사무'에 관한 취소 또는 정지처분이나 ㉡ 자치사무나 단체위임사무에 관한 '시정명령'에 대해서는 소송을 제기할 수 없다.

5. 지방자치단체에 대한 국가의 통제 및 관여

88

「지방자치법」상 지방자치단체의 장에 대한 직무이행명령에 관한 설명 중 옳지 않은 것은? (다툼이 있는 경우 판례에 의함)

[21 변호사]

① 직무이행명령의 대상은 기관위임사무이다.

② 법령의 규정에 따라 지방자치단체의 장에게 특정 국가위임사무를 관리·집행할 의무가 있는지 여부의 판단대상에는 그 법령상 의무의 존부뿐만 아니라, 지방자치단체의 장이 그 사무의 관리·집행을 하지 아니한 데 합리적 이유가 있는지 여부도 포함된다.

③ 지방자치단체의 장은 그 의무에 속한 국가위임사무를 이행하는 것이 원칙이므로, 지방자치단체의 장이 특별한 사정 없이 그 의무를 이행하지 아니한 때에는 '국가위임사무의 관리와 집행을 명백히 게을리하고 있다'는 요건을 충족한다고 해석하여야 한다.

④ 지방자치단체의 장이 특정 국가위임사무를 관리·집행할 의무가 있는지 여부에 관하여 주무부장관과 다른 견해를 취하여 이를 이행하고 있지 아니한 사정은 의무불이행의 정당한 이유가 되지 못한다.

⑤ 주무부장관이나 시·도지사는 해당 지방자치단체의 장이 이행명령의 기간에 이행명령을 이행하지 아니하면 그 지방자치단체의 비용부담으로 대집행할 수 있다.

88

정답 ②

핵심공략

- 직무이행명령의 대상인 국가위임사무는 기관위임사무 O
- 법령의 규정에 따라 지방자치단체의 장에게 특정 국가위임사무를 관리·집행할 의무가 있는지 여부의 판단대상은 그 법령상 의무의 존부 O, 그 사무의 관리·집행하지 아니한 합리적 이유의 유무 ×
- 지방자치단체의 장이 특별한 사정이 없이 그 의무를 이행하지 아니한 때에는 '국가위임사무의 관리와 집행을 명백히 게을리하고 있다'는 요건을 충족한다고 해석하여야 O
- 지방자치단체의 장이 특정 국가위임사무를 관리·집행할 의무가 있는지 여부에 관하여 주무부장관과 다른 견해를 취하여 이를 이행하고 있지 아니한 사정은 의무불이행의 정당한 이유 ×
- 주무부장관 등은 해당 지방자치단체의 장이 기간 내에 이행명령을 이행하지 아니하면 그 지방자치단체의 비용부담으로 대집행 可能

① [○]

해설 지방교육자치에 관한 법률 제3조, 지방자치법 제170조(현행 189조) 제1항에 따르면, 교육부장관이 교육감에 대하여 할 수 있는 직무이행명령의 대상사무는 '국가위임사무의 관리와 집행'이다. 그 규정의 문언과 함께 직무이행명령 제도의 취지, 즉 교육감이나 지방자치단체의 장 등, 기관에 위임된 국가사무의 통일적 실현을 강제하고자 하는 점 등을 고려하면, 여기서 국가위임사무란 교육감 등에 위임된 국가사무, 즉 기관위임 국가사무를 뜻한다고 보는 것이 타당하다. **(대판 2013.6.27. 2009추206)**

② [×]

해설 직무이행명령의 요건 중 '법령의 규정에 따라 지방자치단체의 장에게 특정 국가위임사무를 관리·집행할 의무가 있는지' 여부의 판단대상은 문언대로 그 법령상 의무의 존부이지, 지방자치단체의 장이 그 사무의 관리·집행을 하지 아니한 데 합리적 이유가 있는지 여부가 아니다. 그 법령상 의무의 존부는 원칙적으로 직무이행명령 당시의 사실관계에 관련 법령을 해석·적용하여 판단하되, 직무이행명령 이후의 정황도 고려할 수 있다. **(대판 2013.6.27. 2009추206)**

③ [○]

해설 지방자치법 제170조(현행 189조) 제1항에 따르면, 주무부장관은 지방자치단체의 장이 그 의무에 속하는 국가위임사무의 관리와 집행을 명백히 게을리하고 있다고 인정되면 해당 지방자치단체의 장에게 이행할 사항을 명할 수 있다. 여기서 '국가위임사무의 관리와 집행을 명백히 게을리하고 있다'는 요건은 국가위임사무를 관리·집행할 의무가 성립함을 전제로 하는데, 지방자치단체의 장은 그 의무에 속한 국가위임사무를 이행하는 것이 원칙이므로, 지방자치단체의 장이 특별한 사정이 없이 그 의무를 이행하지 아니한 때에는 이를 충족한다고 해석하여야 한다. **(대판 2013.6.27. 2009추206)**

④ [○]

해설 여기서 특별한 사정이란, 국가위임사무를 관리·집행할 수 없는 법령상 장애사유 또는 지방자치단체의 재정상 능력이나 여건의 미비, 인력의 부족 등 사실상의 장애사유를 뜻한다고 보아야 하고, 지방자치단체의 장이 특정 국가위임사무를 관리·집행할 의무가 있는지 여부에 관하여 주무부장관과 다른 견해를 취하여 이를 이행하고 있지 아니한 사정은 이에 해당한다고 볼 것이 아니다. 왜냐하면, 직무이행명령에 대한 이의소송은 그와 같은 견해의 대립을 전제로 지방자치단체의 장에게 제소권을 부여하여 성립하는 것이므로, 그 소송의 본안판단에서 그 사정은 더는 고려할 필요가 없기 때문이다. **(대판 2013.6.27. 2009추206)**

⑤ [○]

조문 **지방자치법 제189조(지방자치단체의 장에 대한 직무이행명령)** ③ 주무부장관은 시장·군수 및 자치구의 구청장이 법령에 따라 그 의무에 속하는 국가위임사무의 관리와 집행을 명백히 게을리하고 있다고 인정됨에도 불구하고 시·도지사가 제1항에 따른 이행명령을 하지 아니하는 경우 시·도지사에게 기간을 정하여 이행명령을 하도록 명할 수 있다.

④ 주무부장관은 시·도지사가 제3항에 따른 기간에 이행명령을 하지 아니하면 제3항에 따른 기간이 지난 날부터 7일 이내에 직접 시장·군수 및 자치구의 구청장에게 기간을 정하여 이행명령을 하고, 그 기간에 이행하지 아니하면 주무부장관이 직접 대집행등을 할 수 있다

89

A도 B시의 단체장인 甲은 불법파업에 참가한 소속 지방공무원 乙을 사무관으로 승진 발령하였다(이하, '승진처분'이라 함). 한편, A도의 도지사 丙은 甲이 乙에 대하여 B시 인사위원회에 불법파업 참가를 이유로 징계의결을 요구하여야 함에도 불구하고 이를 하지 아니한 채 승진시킨 것은 문제가 있다고 판단한다. 이에 관한 설명 중 옳지 않은 것은? (다툼이 있는 경우 판례에 의함) [21 변호사]

① 승진처분이 현저히 부당하여 공익을 해한다고 인정되면 丙은 甲에 대하여 서면으로 시정명령을 할 수 있다.

② 丙이 甲에 대하여 승진처분을 시정할 것을 명한 경우, 甲은 丙의 시정명령에 대하여 대법원에 제소할 수 없다.

③ 甲이 丙으로부터 시정명령을 받고 기간 내에 시정하지 아니한 경우, 丙은 승진처분에 재량권의 일탈·남용이 있다면 이를 취소할 수 있다.

④ 丙이 승진처분을 취소한 경우, 甲은 丙의 취소처분에 대하여 행정법원에 제소할 수 없다.

⑤ 丙의 甲에 대한 시정명령의 적용대상은 항고소송의 대상이 되는 행정처분으로 제한되지 않는다.

89

정답 ①

핵심공략

- 시·도지사의 시·군 및 자치구 자치사무에 관한 명령이나 처분은 그 자치사무가 법령을 위반한 것에 한하여 可
- 지방자치단체장은 시정명령에 대하여 제소할 수 ×, 그 취소처분 또는 정지처분에 대해서는 제소할 수 O
- 시·도지사의 시정명령을 받고 지방자치단체장이 그 기간 내에 이행하지 아니하면 시·도지사는 이를 취소 또는 정지 可
- 지방자치법 제188조의 적용대상은 항고소송의 대상이 되는 처분으로 한정 ×

① [×]

해설 지방자치법 제157조(현행 제188조) 제1항 전문 및 후문에서 규정하고 있는 지방자치단체의 사무에 관한 그 장의 명령이나 처분이 법령에 위반되는 경우라 함은 명령이나 처분이 현저히 부당하여 공익을 해하는 경우, 즉 합목적성을 현저히 결하는 경우와 대비되는 개념으로, 시·군·구의 장의 사무의 집행이 명시적인 법령의 규정을 구체적으로 위반한 경우뿐만 아니라 그러한 사무의 집행이 재량권을 일탈·남용하여 위법하게 되는 경우를 포함한다고 할 것이므로, 시·군·구의 장의 자치사무의 일종인 당해 지방자치단체 소속 공무원에 대한 승진처분이 재량권을 일탈·남용하여 위법하게 된 경우 시·도지사는 지방자치법 제157조 제1항 후문에 따라 그에 대한 시정명령이나 취소 또는 정지를 할 수 있다. **(대판 2007.3.22. 2005추62)**

▶ 지방자치법 제188조에 따른 자치사무에 관한 명령이나 처분은 법령을 위반하는 것에 한하고, 지방공무원에 대한 승진처분은 자치사무에 해당하므로, 승진처분이 현저히 부당하여 공익을 해한다고 인정된다는 이유만으로 丙은 甲에 대하여 서면으로 시정명령을 할 수 없다.

② [○]

해설 지방자치법 제169조 제2항(현행 제188조 제6항)은 '시·군 및 자치구의 자치사무에 관한 지방자치단체의 장의 명령이나 처분에 대하여 시·도지사가 행한 취소 또는 정지'에 대하여 해당 지방자치단체의 장이 대법원에 소를 제기할 수 있다고 규정하고 있을 뿐 '시·도지사가 지방자치법 제169조(현행 제188조) 제1항에 따라 시·군 및 자치구에 대하여 행한 시정명령'에 대하여도 대법원에 소를 제기할 수 있다고 규정하고 있지 않으므로, 이러한 시정명령의 취소를 구하는 소송은 허용되지 않는다. **(대판 2017.10.12. 2016추5148)**

③ [○]

해설 지방공무원법에서 정한 공무원의 집단행위금지의무 등에 위반하여 전국공무원노동조합의 불법 총파업에 참가한 지방자치단체 소속 공무원들의 행위는 임용권자의 징계의결요구 의무가 인정될 정도의 징계사유에 해당함이 명백하므로, 임용권자인 하급 지방자치단체장으로서는 위 공무원들에 대하여 지체 없이 관할 인사위원회에 징계의결의 요구를 하여야 함에도 불구하고 상급 지방자치단체장의 여러 차례에 걸친 징계의결요구 지시를 이행하지 않고 오히려 그들을 승진임용시키기에 이른 경우, 하급 지방자치단체장의 위 승진처분은 법률이 임용권자에게 부여한 승진임용에 관한 재량권의 범위를 현저하게 일탈한 것으로서 위법한 처분이라 할 것이다. 따라서 상급 지방자치단체장이 하급 지방자치단체장에게 기간을 정하여 그 시정을 명하였음에도 이를 이행하지 아니하자 지방자치법 제157조 제1항에 따라 위 승진처분을 취소한 것은 적법하고, 그 취소권 행사에 재량권 일탈·남용의 위법이 있다고 할 수 없다. **(대판 2007.3.22. 2005추62)**

④ [○]

조문 **지방자치법 제188조(위법·부당한 명령이나 처분의 시정)**
⑥ 지방자치단체의 장은 제1항, 제3항 또는 제4항에 따른 자치사무에 관한 명령이나 처분의 취소 또는 정지에 대하여 이의가 있으면 그 취소처분 또는 정지처분을 통보받은 날부터 15일 이내에 대법원에 소를 제기할 수 있다.

⑤ [○]

해설 행정소송법상 항고소송은 행정청이 행하는 구체적 사실에 관한 법집행으로서의 공권력의 행사 또는 거부와 그 밖에 이에 준하는 행정작용을 대상으로 하여 위법상태를 배제함으로써 국민의 권익을 구제함을 목적으로 하는 것과 달리, 지방자치법 제169조(현행 제188조) 제1항은 지방자치단체의 자치행정 사무처리가 법령 및 공익의 범위 내에서 행해지도록 감독하기 위한 규정이므로 적용대상을 항고소송의 대상이 되는 행정처분으로 제한할 이유가 없다. **(대판 2017.3.30. 2016추5087)**

Chapter

03 공무원법

1. 공무원관계의 변동(발생·변경·소멸)

90

공무원의 신분에 관한 설명 중 옳지 않은 것은? (다툼이 있는 경우 판례에 의함) [16 변호사]

① 임용 당시 공무원임용 결격사유가 있었다면 비록 임용권자의 과실에 의하여 임용 결격자임을 밝혀내지 못하였다 하더라도 그 임용행위는 당연무효이다.

② 지방공무원의 동의 없는 전출명령은 위법하여 취소되어야 하므로, 전출명령이 적법함을 전제로 내린 당해 지방공무원에 대한 징계처분은 징계양정에 있어 재량권을 일탈하여 위법하다.

③ 직위해제처분은 공무원에 대한 불이익한 처분이기 때문에 동일한 사유에 대하여 직위해제처분이 있은 후 다시 해임처분이 있었다면 일사부재리의 법리에 위반된다.

④ 국가공무원이 그 법정 연가일수의 범위 내에서 연가를 신청하였다고 할지라도 그에 대한 소속 행정기관장의 허가가 있기 이전에 근무지를 이탈한 행위는 특단의 사정이 없는 한 「국가공무원법」에 위반되는 행위로서 징계사유가 된다.

⑤ 행정규칙에 의한 '불문경고조치'는 법률상의 징계처분은 아니지만, 이로 인하여 차후 다른 징계처분이나 경고를 받게 될 경우 징계감경사유로 사용될 수 있었던 표창공적의 사용가능성이 소멸되는 등의 효과가 있으면 항고소송의 대상이 되는 행정처분에 해당한다.

90

정답 ③

핵심공략

- 국가의 과실로 임용결격자임을 밝혀내지 못하였더라도 당연무효 O
- 당해 공무원 본인의 동의 없는 전출명령이 적법함을 전제로 한 징계처분은 위법 O
- 직위해제처분과 해임 등 징계처분은 별개의 독립된 처분으로서 일사부재리원칙에 위배 ×
- 공무원의 연가 신청에 대한 소속 행정기관의 장의 허가 전에 근무지를 이탈한 행위는 징계사유에 해당 O
- **행정규칙에 의한 '불문경고조치'는 표창공적의 사용가능성을 소멸시키는 효과와 표창 대상자에서 제외시키는 효과 등이 있으므로 항고소송의 대상이 되는 행정처분에 해당 O**

① [○]

해설 임용당시 공무원임용결격사유가 있었다면 비록 **국가의 과실에 의하여** 임용결격자임을 밝혀내지 못하였다 하더라도 그 **임용행위는 당연무효**로 보아야 한다. (대판 1987.4.14. 86누459)

② [○]

해설 [1] 지방공무원법 제29조의3은 지방자치단체의 장은 다른 지방자치단체의 장의 동의를 얻어 그 소속공무원을 전입할 수 있다고 규정하고 있는바, 위 규정에 의하여 동의를 한 지방자치단체의 장이 소속 공무원을 전출하는 것은 임명권자를 달리하는 지방자치단체로의 이동인 점에 비추어 반드시 당해 공무원 본인의 동의를 전제로 하는 것이고, 위 법규정도 본인의 동의를 배제하는 취지의 규정은 아니어서 위헌·무효의 규정은 아니다. [2] **당해 공무원의 동의 없는** 지방공무원법 제29조의3의 규정에 의한 **전출명령은 위법하여 취소되어야** 하므로, **그 전출명령이 적법함을 전제로 내린 징계처분은 그** 전출명령이 공정력에 의하여 취소되기 전까지는 유효하다고 하더라도 **징계양정에 있어 재량권을 일탈하여 위법하다**고 한 사례. (대판 2001.12.11. 99두1823)

③ [×]

해설 직위해제처분은 직권면직 또는 징계처분과 그 목적·성질 등이 다른 별개의 독립된 처분이므로 직위해제처분 후 동일한 사유로 다시 직권면직처분 또는 징계처분(예 해임처분)을 하여도 **일사부재리의 원칙에 반하지 않는다**. (대판 1983.10.25. 83누340; 대판 1984.2.28. 83누489)

④ [○]

해설 공무원이 그 법정 연가일수의 범위 내에서 연가를 신청하였다고 할지라도 그에 대한 소속 행정기관의 장의 허가가 있기 이전에 근무지를 이탈한 행위는 특단의 사정이 없는 한 국가공무원법 제58조(직장 이탈 금지)에 위반되는 행위로서 징계사유가 된다. (대판 1996.6.14. 96누2521)

⑤ [○]

해설 [1] 항고소송의 대상이 되는 행정처분이라 함은 원칙적으로 행정청의 공법상 행위로서 특정 사항에 대하여 법규에 의한 권리의 설정 또는 의무의 부담을 명하거나 기타 법률상 효과를 발생하게 하는 등으로 일반 국민의 권리 의무에 직접 영향을 미치는 행위를 가리키는 것이지만, **어떠한 처분의 근거나 법적인 효과가 행정규칙에 규정되어 있다고 하더라도**, 그 처분이 행정규칙의 내부적 구속력에 의하여 상대방에게 권리의 설정 또는 의무의 부담을 명하거나 기타 법적인 효과를 발생하게 하는 등으로 그 상대방의 권리 의무에 직접 영향을 미치는 행위라면, 이 경우에도 항고소송의 대상이 되는 행정처분에 해당한다. [2] **행정규칙에 의한 '불문경고조치'**가 비록 법률상의 징계처분은 아니지만 위 처분을 받지 아니하였다면 차후 다른 징계처분이나 경고를 받게 될 경우 징계감경사유로 사용될 수 있었던 **표창공적의 사용가능성을 소멸시키는 효과**와 1년 동안 인사기록카드에 등재됨으로써 그 동안은 **장관표창이나 도지사표창 대상자에서 제외시키는 효과** 등이 있다는 이유로 **항고소송의 대상이 되는 행정처분에 해당**한다고 한 사례. (대판 2002.7.26. 2001두3532).

▶ 경고는 공무원의 신분에 법적 효과를 미치지 않으므로 원칙적으로 처분이 아니지만(대판 1991.11.12. 91누2700), 공무원의 신분에 실질적으로 영향을 미치는 경우에는 처분으로 볼 수 있다.

91

甲은 「지방공무원법」 제31조에 정한 공무원 임용결격사유가 있는 자임에도 불구하고 지방공무원으로 임용되어 25년간 큰 잘못없이 근무하다가 위 사실이 발각되어 임용권자로부터 당연퇴직통보를 받았다. 「지방공무원법」 제61조는 같은 법 제31조의 임용결격사유를 당연퇴직사유로 규정하고 있다. 이에 관한 설명 중 옳은 것은? (다툼이 있는 경우 판례에 의함)

[17 변호사]

① 甲의 부정행위가 없는 한 甲에 대한 임용행위는 취소할 수 있는 행위일 뿐 당연무효인 행위는 아니다.

② 임용 당시 임용권자의 과실로 임용결격자임을 밝혀내지 못한 경우에는 甲에 대한 임용행위는 유효하다.

③ 甲이 공무원으로 사실상 근무 중 甲의 임용결격사유가 해소된 경우에는 甲의 공무원으로서의 신분이 그 때부터 당연히 인정된다.

④ 甲이 새로이 공무원으로 특별임용된 경우, 甲이 특별임용되기 이전에 사실상 공무원으로 계속 근무하여 온 과거의 재직기간은 「공무원연금법」상의 재직기간에 합산될 수 없다.

⑤ 甲에 대한 당연퇴직의 통보는 취소소송의 대상이 되는 행정처분이다.

91

정답 ④

핵심공략

- 공무원 임용결격자에 대한 임용행위는 당연무효 O
  국가의 과실로 임용결격자임을 밝혀내지 못하였더라도 당연무효 O
- 임용결격 사유가 소멸하였다고 하더라도 이미 발생한 당연퇴직의 효력이 소멸되어 공무원의 신분이 회복되는 것 ×
  ⇨ 이후 특별임용 되었더라도, 그 이전에 사실상 공무원으로 계속 근무하여 온 재직기간은 「공무원연금법」상의 재직기간에 합산될 수 ×
- 당연퇴직의 인사발령은 관념의 통지에 불과 O, 행정소송의 대상이 되는 독립한 행정처분 ×

① [×]

해설 국가가 공무원임용결격사유가 있는 자에 대하여 결격사유가 있는 것을 알지 못하고 공무원으로 임용하였다가 사후에 결격사유가 있는 자임을 발견하고 공무원 임용행위를 취소하는 것은 **당사자에게 원래의 임용행위가 당초부터 당연무효이었음을 통지하여 확인시켜 주는 행위**에 지나지 아니하는 것이므로, 그러한 의미에서 당초의 임용처분을 취소함에 있어서는 신의칙 내지 신뢰의 원칙을 적용할 수 없고 또 그러한 의미의 취소권은 시효로 소멸하는 것도 아니다. (대판 1987.4.14. 86누459)

② [×]

해설 임용당시 공무원임용결격사유가 있었다면 비록 **국가의 과실에 의하여** 임용결격자임을 밝혀내지 못하였다 하더라도 그 **임용행위는 당연무효**로 보아야 한다. (대판 1987.4.14. 86누459)

③ [×]

해설 경찰공무원이 재직 중 자격정지 이상의 형의 선고유예를 받음으로써 경찰공무원법 제7조 제2항 제5호에 정하는 임용결격사유에 해당하게 되면, 같은 법 제21조의 규정에 의하여 임용권자의 별도의 행위(공무원의 신분을 상실시키는 행위)를 기다리지 아니하고 그 선고유예 판결의 확정일에 당연히 경찰공무원의 신분을 상실(당연퇴직)하게 되는 것이고, **나중에 선고유예기간(2년)이 경과하였다고 하더라도(임용결격사유가 소멸하였다고 하더라도) 이미 발생한 당연퇴직의 효력이 소멸되어 경찰공무원의 신분이 회복되는 것은 아니다.** (대판 1997.7.8. 96누4275)

▶ 공무원 임용 결격사유가 소멸된 후 계속 근무하였다고 하더라도 묵시적 임용처분 내지 무효 행위를 추인하였다거나 새로운 임용을 한 것으로 볼 수 없다고 한 사례

④ [○]

해설 당초 임용 이래 공무원으로 근무하여 온 경력에 바탕을 두고 구 지방공무원법(1991.5.31. 법률 제4370호로 개정되기 전의 것) 제27조 제2항 제3호 등을 근거로 하여 특별임용 방식으로 임용이 이루어졌다면 이는 당초 임용과는 별도로 그 자체가 하나의 신규임용이라고 할 것이므로, 그 효력도 특별임용이 이루어질 당시를 기준으로 판단하여야 할 것인데, 당초 임용 당시에는 집행유예 기간중에 있었으나 특별임용 당시 이미 집행유예 기간 만료일로부터 2년이 경과하였다면 같은 법 제31조 제4호에서 정하는 공무원 결격사유에 해당할 수 없고, 다만 당초 임용과의 관계에서는 공무원 결격사유에 해당하여 당초 처분 이후 공무원으로 근무하였다고 하더라도 **그것이 적법한 공무원 경력으로 되지 아니하는 점**에서 특별임용의 효력에 영향을 미친다고 할 수 있으나, 위 특별임용의 하자는 결국 소정의 경력을 갖추지 못한 자에 대하여 특별임용시험의 방식으로 신규임용을 한 하자에 불과하여 취소사유가 된다고 함은 별론으로 하고, 그 하자가 중대·명백하여 특별임용이 당연무효로 된다고 할 수는 없다. (대판 1998.10.23. 98두12932) 한편, 당초 임용과의 관계에서는 공무원 결격사유에 해당하여 당초 처분 이후 공무원으로 근무하였다고 하더라도 그것이 적법한 공무원 경력으로 되지 아니하므로 甲이 특별임용되기 이전에 사실상 공무원으로 계속 근무하여 온 재직기간은 **「공무원연금법」상의 재직기간에 합산될 수 없다**. (대판 2003.5.16. 2001다61012)

⑤ [×]

국가공무원법 제69조에 의하면 공무원이 제33조 각 호의 1에 해당할 때에는 당연히 퇴직한다고 규정하고 있으므로, 국가공무원법상 당연퇴직은 결격사유가 있을 때 법률상 당연히 퇴직하는 것이지 공무원관계를 소멸시키기 위한 별도의 행정처분을 요하는 것이 아니며, **당연퇴직의 인사발령**은 법률상 당연히 발생하는 퇴직사유를 공적으로 확인하여 알려주는 이른바 **관념의 통지에 불과**하고 공무원의 신분을 상실시키는 새로운 형성적 행위가 아니므로 **행정소송의 대상이 되는 독립한 행정처분이라고 할 수 없다.** (대판 1995.11.14. 95누2036)

2. 공무원의 권리와 의무

92

공무원의 신분과 권리에 관한 설명 중 옳지 않은 것은? (다툼이 있는 경우 판례에 의함) [19 변호사]

① 국가공무원이 당연퇴직 사유에 해당하는 금고 이상의 형의 집행유예를 선고 받은 후 그 선고가 실효되거나 취소됨이 없이 유예기간을 경과하여 형의 선고의 효력을 잃게 되었다 하더라도 이미 발생한 당연퇴직의 효력에는 영향이 없다.

② 당연무효인 임용결격자에 대한 임용행위에 의하여는 공무원의 신분을 취득하거나 근로고용관계가 성립될 수 없는 것이므로 임용결격자가 공무원으로 임명되어 사실상 근무하여 왔다 하더라도 퇴직금 청구를 할 수 없다.

③ 학력요건을 갖추지 못한 甲이 허위의 고등학교 졸업증명서를 제출하여 하사관에 지원했다는 이유로 하사관 임용일로부터 30년이 지나서 한 임용취소처분은 적법하며, 甲이 위 처분에 불복하여 신뢰이익을 원용할 수 없음은 물론 행정청이 이를 고려하지 아니하였다고 하여도 재량권의 남용이 되지 않는다.

④ 진급예정자 명단에 포함된 자에 대하여 진급선발을 취소하는 처분은 진급예정자로서 가지는 이익을 침해하는 처분이어서 「행정절차법」상의 의견제출 기회 등을 주어야 하며, 수사과정 및 징계과정에서 자신의 비위행위에 대한 해명기회를 가졌다는 사정만으로 사전통지를 하지 않거나 의견제출의 기회를 주지 아니하여도 되는 예외적인 경우에 해당한다고 할 수 없다.

⑤ 퇴직연금수급권의 기초가 되는 급여의 사유가 이미 발생한 후에 장래 이행기가 도래하는 퇴직연금수급권의 내용을 변경하는 것은 이미 완성 또는 종료된 과거 사실 또는 법률관계에 새로운 법률을 소급적으로 적용하여 과거를 법적으로 새로이 평가하는 것이어서 소급입법에 의한 재산권 침해가 된다.

92

정답 ⑤

핵심공략

- 국가공무원이 금고 이상의 형의 집행유예를 받은 이후, 그 형의 선고가 효력을 잃게 되었다 하더라도 이미 발생한 당연퇴직의 효력에는 영향 ×
- 임용결격자가 공무원으로 임용되어 사실상 근무하여 왔다 하더라도 공무원연금법이나 근로자퇴직급여 보장법에서 정한 퇴직급여를 청구 不可
- 처분의 하자가 당사자의 사실은폐나 기타 사위의 방법에 기인한 것이라면, 그 당사자는 당해 처분에 대한 신뢰이익 원용 不可, 행정청이 이를 고려하지 않았더라도 재량권의 일탈·남용 ×
- 진급예정자 명단에 포함된 자에 대한 진급선발 취소처분은 불이익한 처분으로서 행정절차법상 의견제출 기회 등을 주어야 O
  ⇨ 수사과정 및 징계과정에서 자신의 비위행위에 대한 해명기회를 가졌다는 사정만으로 사전통지를 하지 않거나 의견제출의 기회를 주지 아니하여도 되는 예외적인 경우에 해당 ×
- 장래 이행기가 도래하는 퇴직연금수급권의 내용을 변경하는 것은 진정소급입법에 해당 ×
  ⇨ 소급입법에 의한 재산권 침해 ×

① [O]

해설 구 국가공무원법 제69조에서 규정하고 있는 당연퇴직제도는 같은 법 제33조 제1항 각 호에 규정되어 있는 결격사유가 발생하는 것 자체에 의하여 임용권자의 의사표시 없이 결격사유에 해당하게 된 시점에 당연히 공무원 신분을 상실하게 하는 것이고, 당연퇴직의 효력이 생긴 후에 당연퇴직사유가 소멸한다는 것은 있을 수 없으므로, 국가공무원이 금고 이상의 형의 집행유예를 받은 경우에는 그 이후 형법 제65조에 따라 형의 선고가 효력을 잃게 되었다 하더라도 이미 발생한 당연퇴직의 효력에는 영향이 없다. (대판 2011.3.24. 2008다92022)

② [O]

해설 공무원연금법이나 근로자퇴직급여 보장법에서 정한 퇴직급여는 적법한 공무원으로서의 신분을 취득하거나 근로고용관계가 성립하여 근무하다가 퇴직하는 경우에 지급되는 것이다. 임용 당시 공무원 임용결격사유가 있었다면, 비록 국가의 과실에 의하여 임용결격자임을 밝혀내지 못하였다 하더라도 임용행위는 당연무효로 보아야 하고, 당연무효인 임용행위에 의하여 공무원의 신분을 취득한다거나 근로고용관계가 성립할 수는 없다. 따라서 임용결격자가 공무원으로 임용되어 사실상 근무하여 왔다 하더라도 적법한 공무원으로서의 신분을 취득하지 못한 자로서는 공무원연금법이나 근로자퇴직급여 보장법에서 정한 퇴직급여를 청구할 수 없다. 나아가 이와 같은 법리는 임용결격사유로 인하여 임용행위가 당연무효인 경우뿐만 아니라 임용행위의 하자로 임용행위가 취소되어 소급적으로 지위를 상실한 경우에도 마찬가지로 적용된다. **(대판 2017.5.11. 2012다200486)**

▶ 다만, 대법원은 임용결격공무원이 손해를 입은 범위 내에서, 국가 및 지방자치단체의 '부당이득 반환의무'는 인정하였다. 즉, 국가 또는 지방자치단체는 ㉠ 퇴직급여 가운데 임용결격공무원 등이 스스로 적립한 기여금 관련 금액 + ㉡ 근로자퇴직급여 보장법상 퇴직금 상당액의 합계액은 '부당이득'으로 임용결격공무원 등에게 반환하여야 한다고 하였다(다만, ㉠ + ㉡ 합계액이 '공무원연금법상 퇴직급여 상당액'을 넘는 경우, '공무원연금법상 퇴직급여 상당액'으로 제한된다).

③ [○]

해설 행정처분에 하자가 있음을 이유로 처분청이 이를 취소하는 경우에도 그 처분이 국민에게 권리나 이익을 부여하는 처분인 때에는 그 처분을 취소하여야 할 공익상의 필요와 그 취소로 인하여 당사자가 입게 될 불이익을 비교교량한 후 공익상의 필요가 당사자가 입을 불이익을 정당화할 만큼 강한 경우에 한하여 취소할 수 있는 것이지만, 그 처분의 하자가 당사자의 사실은폐나 기타 사위의 방법에 의한 신청행위에 기인한 것이라면 당사자는 그 처분에 의한 이익이 위법하게 취득되었음을 알아 그 취소가능성도 예상하고 있었다고 할 것이므로 그 자신이 위 처분에 관한 신뢰이익을 원용할 수 없음은 물론 행정청이 이를 고려하지 아니하였다고 하여도 재량권의 남용이 되지 않는다. **(대판 2002.2.5. 2001두5286)**

▶ 허위의 고등학교 졸업증명서를 제출하는 사위의 방법에 의한 하사관 지원의 하자를 이유로 하사관 임용일로부터 33년이 경과한 후에 행정청이 행한 하사관 및 준사관 임용취소처분이 적법하다고 한 사례.

④ [○]

해설 군인사법 및 그 시행령의 관계 규정에 따르면, 원고와 같이 진급예정자 명단에 포함된 자는 진급예정자명단에서 삭제되거나 진급선발이 취소되지 않는 한 진급예정자 명단 순위에 따라 진급하게 되므로, 이 사건 처분과 같이 진급선발을 취소하는 처분은 진급예정자로서 가지는 원고의 이익을 침해하는 처분이라 할 것이고, … 원고가 수사과정 및 징계과정에서 자신의 비위행위에 대한 해명기회를 가졌다는 사정만으로 이 사건 처분이 행정절차법 제21조 제4항 제3호, 제22조 제4항에 따라 원고에게 사전통지를 하지 않거나 의견제출의 기회를 주지 아니하여도 되는 예외적인 경우에 해당한다고 할 수 없으므로, 피고가 이 사건 처분을 함에 있어 원고에게 의견제출의 기회를 부여하지 아니한 이상, 이 사건 처분은 절차상 하자가 있어 위법하다고 할 것이다. **(대판 2007.9.21. 2006두20631)**

⑤ [×]

해설 이미 퇴직연금수급권의 기초가 되는 요건사실이 충족되어 성립된 퇴직연금수급권의 내용은 급부의무자의 일회성 이행행위에 의하여 만족되는 것이 아니고 일정기간 계속적으로 이행기가 도래하는 계속적 급부를 목적으로 하는 것인데, 기존 퇴직연금 수급권자도 재직 중의 사유로 금고 이상의 형을 받은 경우(직무와 관련이 없는 과실로 인한 경우 및 소속 상관의 정당한 직무상의 명령에 따르다가 과실로 인한 경우는 제외한다) 이 사건 감액조항에 따라 퇴직연금의 일부가 감액하여 지급되지만, 이는 이 사건 부칙조항의 시행일인 2010. 1.1. 이후에 지급받는 퇴직연금부터 적용된다. 즉 이 사건 부칙조항은 이미 발생하여 이행기에 도달한 퇴직연금수급권의 내용을 변경함이 없이 이 사건 부칙조항의 시행 이후의 법률관계, 다시 말해 장래에 이행기가 도래하는 퇴직연금수급권의 내용을 변경함에 불과하므로, 이미 종료된 과거의 사실관계 또는 법률관계에 새로이 법률이 소급적으로 적용되어 과거를 법적으로 새로이 평가하는 진정소급입법에는 해당하지 아니한다. 따라서 소급입법에 의한 재산권 침해는 문제될 여지가 없고, 다만 청구인들이 지니고 있는 기존의 법적인 상태에 대한 신뢰를 법치국가적인 관점에서 헌법적으로 보호해 주어야 할 것인지 여부가 문제될 뿐이다. **(헌재 2016. 6.30. 2014헌바365)**

3. 불이익처분을 받은 공무원의 구제수단

93

교원에 대한 징계처분에 관한 설명 중 옳지 않은 것은? (다툼이 있는 경우 판례에 의함) [22 변호사]

① 각급학교 교원이 징계처분을 받은 때에는 교원소청심사위원회(이하 '위원회'라 함)에 소청심사를 청구할 수 있고, 위원회가 그 심사청구를 기각하거나 원 징계처분을 변경하는 결정을 한 때에는 법원에 행정소송을 제기할 수 있다.

② 국·공립학교 교원에 대한 징계처분의 경우에는 원 징계처분 자체가 행정처분이므로 그에 대하여 위원회에 소청심사를 청구하고 위원회의 기각결정이 있은 후 그에 불복하는 행정소송이 제기되더라도 그 심판대상은 원 징계처분이 되는 것이 원칙이다.

③ 사립학교 교원에 대한 징계처분의 경우에는 학교법인 등의 징계처분은 행정처분이 아니므로 그에 대한 소청심사청구에 따라 위원회가 한 결정이 행정처분이고, 행정소송에서의 심판대상은 학교법인 등의 원 징계처분이 아니라 위원회의 결정이 되며, 따라서 피고도 행정청인 위원회가 된다.

④ 위원회가 사립학교 교원의 심사청구를 인용하거나 원 징계처분을 변경하는 결정을 한 때에는 징계권자는 이에 기속되고 위원회의 결정에 불복할 수 없다.

⑤ 국·공립학교 교원의 심사청구를 인용하거나 원 징계처분을 변경하는 위원회의 결정은 징계권자에 대하여 기속력을 가지고 이는 그 결정의 주문에 포함된 사항뿐 아니라 그 전제가 된 요건사실의 인정과 판단에까지 미친다.

93 정답 ④

> **핵심공략**
> - 국가공무원에 대한 징계처분에 관하여 소청심사를 거친 경우, 행정소송 제기 可
> - 국·공립학교 교원에 대한 징계처분은 원 징계처분 자체가 행정처분 O
> - 사립학교 교원에 대한 징계처분은 행정처분 ×, 행정소송의 대상은 소청심사위원회의 결정 O, 피고도 행정청인 위원회로 하여야 O
> - 사립학교 학교법인 등은 위원회 결정에 불복하여 법원에 행정소송을 제기 可
> - 교원소청심사위원회(이하 '위원회'라 한다) 결정의 기속력은 그 결정의 주문에 포함된 사항뿐 아니라 그 전제가 된 요건사실의 인정과 판단에까지 O

① [○]

조문 **국가공무원법 제16조(행정소송과의 관계)** ① 제75조에 따른 처분, 그 밖에 본인의 의사에 반한 불리한 처분이나 부작위(不作爲)에 관한 행정소송은 소청심사위원회의 심사·결정을 거치지 아니하면 제기할 수 없다.

② [○], ③ [○]

해설 국·공립학교 교원에 대한 징계처분의 경우에는 원 징계처분 자체가 행정처분이므로 그에 대하여 위원회에 소청심사를 청구하고 위원회의 결정이 있은 후 그에 불복하는 행정소송이 제기되더라도 그 심판대상은 교육감 등에 의한 원 징계처분이 되는 것이 원칙이다. **(대판 2013.7.25. 2012두12297)** 사립학교 교원에 대한 징계처분의 경우에는 학교법인 등의 징계처분은 행정처분성이 없는 것이고 그에 대한 소청심사청구에 따라 위원회가 한 결정이 행정처분이고 교원이나 학교법인 등은 그 결정에 대하여 행정소송으로 다투는 구조가 되므로, 행정소송에서의 심판대상은 학교법인 등의 원 징계처분이 아니라 위원회의 결정이 되고, 따라서 피고도 행정청인 위원회가 되는 것이며, 법원이 위원회의 결정을 취소한 판결이 확정된다고 하더라도 위원회가 다시 그 소청심사청구사건을 재심사하게 될 뿐 학교법인 등이 곧바로 위 판결의 취지에 따라 재징계 등을 하여야 할 의무를 부담하는 것은 아니다. **(대판 2013.7.25. 2012두12297)**

④ [×]

해설 각급학교 교원이 징계처분을 받은 때에는 위원회에 소청심사를 청구할 수 있고, 위원회가 그 심사청구를 기각하거나 원 징계처분을 변경하는 처분을 한 때에는 다시 법원에 행정소송을 제기할 수 있다. 또한 위원회가 교원의 심사청구를 인용하거나 원 징계처분을 변경하는 처분을 한 때에는 처분권자는 이에 기속되고 원 징계처분이 국·공립학교 교원에 대한 것이면 처분청은 불복할 수도 없지만, 사립학교 교원에 대한 것이면 그 학교법인 등은 위원회 결정에 불복하여 법원에 행정소송을 제기할 수 있다. **(대판 2013.7.25. 2012두12297)**

⑤ [○]

해설 교원소청심사위원회(이하 '위원회'라 한다)의 결정은 처분청에 대하여 기속력을 가지고 이는 그 결정의 주문에 포함된 사항뿐 아니라 그 전제가 된 요건사실의 인정과 판단, 즉 처분 등의 구체적 위법사유에 관한 판단에까지 미친다. **(대판 2013.7.25. 2012두12297)**

Chapter
04 공적시설법

1. 공물법

94

공물과 관련된 설명 중 옳지 않은 것은? (다툼이 있는 경우 판례에 의함) [14 변호사]

① 공물의 인접주민은 다른 일반인보다 인접공물의 일반사용에 있어 특별한 이해관계를 가지는 경우가 있고, 그러한 의미에서 다른 사람에게 인정되지 아니하는 이른바 고양된 일반사용권이 보장될 수 있다.

② 행정목적을 위하여 공용되는 행정재산은 공용폐지가 되지 않는 한 사법상 거래의 대상이 될 수 없으므로 취득시효의 대상도 되지 않는 것이고, 공물의 용도폐지 의사표시는 명시적이든 묵시적이든 불문하나 적법한 의사표시여야 한다.

③ 국유재산법상 행정재산에 대해서도 사권설정이 인정될 수 있으므로 이에 대한 강제집행이 가능하다.

④ 하천의 점용허가권은 특허에 의한 공물사용권의 일종으로서 하천의 관리주체에 대하여 일정한 특별사용을 청구할 수 있는 채권에 지나지 아니하고 대세적 효력이 있는 물권이라 할 수 없다.

⑤ 지방자치단체가 개인 소유의 부동산을 매수한 후 유지를 조성하여 공용개시를 하였다고 하더라도 법률의 규정에 의하여 등기를 거칠 필요 없이 부동산의 소유권을 취득하는 특별한 경우가 아닌 한 부동산에 대한 소유권이전등기를 거치기 전에는 소유권을 취득할 수 없는 것이므로 이를 지방자치단체 소유의 공공용물이라고 볼 수 없다.

94 정답 ③

핵심공략

- 공물의 인접주민은 고양된 일반사용권이 보장될 수 O
- 행정재산이 사법상 거래 대상이 되기 위해서는 적법한 명시적 또는 묵시적 공물의 용도폐지 의사표시 있어야 O
- 공물에 대해서는 사권설정 × ⇨ 강제집행 不可
- 하천의 점용허가권은 대세적 효력 있는 물권 ×
- **부동산에 대한 소유권이전등기를 거치기 전에는 지방자치단체 소유의 공공용물이라고 볼 수 ×**

① [○]

해설 **공물의 인접주민은 다른 일반인보다 인접공물의 일반사용에 있어 특별한 이해관계를 가지는 경우**가 있고, 그러한 의미에서 다른 사람에게 인정되지 아니하는 이른바 **고양된 일반사용권이 보장될 수** 있으며, 이러한 고양된 일반사용권이 침해된 경우 다른 개인과의 관계에서 민법상으로도 보호될 수 있으나, 그 권리도 공물의 일반사용의 범위 안에서 인정되는 것이므로, 특정인에게 어느 범위에서 이른바 고양된 일반사용권으로서의 권리가 인정될 수 있는지의 여부는 당해 공물의 목적과 효용, 일반사용관계, 고양된 일반사용권을 주장하는 사람의 법률상의 지위와 당해 공물의 사용관계의 인접성, 특수성 등을 종합적으로 고려하여 판단하여야 한다. 따라서 구체적으로 공물을 사용하지 않고 있는 이상, 그 공물의 인접주민이라는 사정만으로는 공물에 대한 고양된 일반사용권이 인정될 수 없다. **(대판 2006.12.22. 2004다68311)**

② [○]

해설 행정재산은 공용이 폐지되지 않는 한 사법상의 거래의 대상이 될 수 없으므로 취득시효의 대상이 되지 않는다. **공용폐지의 의사표시는 명시적이든 묵시적이든 상관없으나 적법한 의사표시가 있어야** 하고, 행정재산이 사실상 본래의 용도에 사용되지 않고 있다는 사실만으로 용도폐지의 의사표시가 있었다고 볼 수는 없다. **(대판 1994.9.13. 94다12579)**

③ [×]

해설 도로나 하천의 경우 「도로법」 제4조 및 「하천법」 제4조 제2항이 소유권의 이전 및 저당권의 설정을 인정하므로 도로나 하천에 대한 강제집행은 인정된다고 볼 여지가 있다. 그러나 ㉠ 「민사집행법」이 "국가에 대한 강제집행은 국고금을 압류함으로써 한다"라고 규정하고 있으므로(**제192조**), '국유'의 도로 및 하천의 경우에는 강제집행이 인정되지 않는다고 해석된다(다수설). 또한 ㉡ 「국유재산법」 제27조 및 「공유재산 및 물품 관리법」 제19조에 의하면 **국·공유의 공물(행정재산)에 대하여는 원칙적으로 사권설정이 인정되지 않으므로** 국·공유의 공물은 강제집행의 대상이 될 수 없고, 사유공물만이 강제집행의 대상이 된다.

④ [○]

해설 **하천의 점용허가권**은 **특허에 의한 공물사용권의 일종**으로서 하천의 관리주체에 대하여 일정한 특별사용을 청구할 수 있는 채권에 지나지 아니하고 **대세적 효력이 있는 물권이라 할 수 없다**. **(대판 2015.1.29. 2012두27404)**

⑤ [○]

해설 지방자치단체가 개인 소유의 부동산을 매수한 후 유지(溜池)[1]를 조성하여 공용개시를 하였다고 하더라도 법률의 규정에 의하여 등기를 거칠 필요 없이 부동산의 소유권을 취득하는 특별한 경우가 아닌 한 **부동산에 대한 소유권이전등기를 거치기 전에는** 소유권을 취득할 수 없는 것이므로 이를 **지방자치단체 소유의 공공용물이라고 볼 수 없다**. **(대판 1992.11.24. 92다26574)**

1) 유지(溜地)란 '물이 고이거나 상시적으로 물을 저장하고 있는 댐·저수지·소류지(沼溜地)·호수·연못 등의 토지와 연·왕골 등이 자생하는 배수가 잘 되지 아니하는 토지'를 말한다(공간정보의 구축 및 관리 등에 관한 법률 시행령 제58조 제19호).

95

공물의 사용관계에 관한 설명 중 옳지 않은 것은? (다툼이 있는 경우 판례에 의함) [22 변호사]

① 「도로법」상 도로의 점용은 도로의 지표뿐만 아니라 그 지하나 지상공간의 특정 부분을 유형적, 고정적으로 특정한 목적을 위하여 사용하는 특별사용이다.

② 지목이 도로이고 국유재산대장에 등재되어 있다는 사정만으로 곧바로 해당 토지가 도로로서 행정재산에 해당한다고 할 수는 없다.

③ 「하천법」에 의한 하천수 사용권은 특허에 의한 공물사용권의 일종이다.

④ 하천의 점용허가권은 특허에 의한 공물사용권의 일종이고 하천의 관리주체에 대하여 일정한 특별사용을 청구할 수 있는 권리로서 대세적 효력이 있는 물권이라고 할 수 있다.

⑤ 도로를 고의로 무단점용한 자에 대하여 도로의 관리청은 그 도로부지의 소유권 취득 여부와는 관계없이 변상금을 부과할 수 있다.

95

정답 ④

핵심공략

- 도로법상 도로의 점용은 도로의 지표뿐만 아니라 그 지하나 지상 공간의 특정부분에 대한 특별사용 O
- 인공적 공공용 재산에 대해서는 공용개시행위가 있어야 행정재산에 해당 O
- 하천수 사용권은 특허에 의한 공물사용권의 일종 O
- 하천의 점용허가권은 대세적 효력 있는 물권 ×
- 도로의 관리청은 도로부지에 대한 소유권 취득여부와는 관계없이 도로를 무단점용하는 자에 대하여 변상금을 부과 可

① [○]

해설 도로법에 규정된 도로의 점용이라 함은 일반공중의 교통에 공용되는 도로에 대하여 이러한 일반사용과는 별도로 도로의 지표뿐만 아니라 그 지하나 지상 공간의 특정 부분을 유형적, 고정적으로 특정한 목적을 위하여 사용하는 이른바 특별사용을 뜻하는 것이다. **(대판 1998.9.22. 96누7342)**

② [○]

해설 도로와 같은 인공적 공공용 재산은 법령에 의하여 지정되거나 행정처분으로 공공용으로 사용하기로 결정한 경우 또는 행정재산으로 실제 사용하는 경우의 어느 하나에 해당하여야 행정재산이 되는 것이며, 도로는 도로로서의 형태를 갖추어야 하고, 도로법에 따른 노선의 지정 또는 인정의 공고 및 도로구역의 결정·고시가 있는 때부터 또는 도시계획법 소정의 절차를 거쳐 도로를 설치하였을 때부터 공공용물로서 공용개시행위가 있는 것이며, 토지에 대하여 도로로서의 도시계획시설결정 및 지적승인만 있었을 뿐 그 도시계획사업이 실시되었거나 그 토지가 자연공로로 이용된 적이 없는 경우에는 도시계획결정 및 지적승인의 고시만으로는 아직 공용개시행위가 있었다고 할 수 없어 그 토지가 행정재산이 되었다고 할 수 없다. **(대판 2000.4.25. 2000다348).**
따라서 지목이 도로이고 국유재산대장에 등재되어 있더라도, 별도의 공용개시행위가 없는 이상, 도로로서 행정재산에 해당한다고 볼 수 없다.

③ [○]

해설 하천수의 사용허가권 역시 하천의 점용허가권과 마찬가지로 특허에 의한 공물사용권의 일종으로서 하천의 관리주체에 대하여 일정한 특별사용을 청구할 수 있는 권리**(대판 2015.1.29. 2012두27404 등 참조)**로 보아야 한다.

④ [×]

해설 하천의 점용허가권은 특허에 의한 공물사용권의 일종으로서 하천의 관리주체에 대하여 일정한 특별사용을 청구할 수 있는 채권에 지나지 아니하고 대세적 효력이 있는 물권이라 할 수 없다. **(대판 2015.1.29. 2012두27404)**

⑤ [○]

해설 도로법의 제반 규정에 비추어 보면, 이 법에 따른 변상금 부과권한은 적정한 도로관리를 위하여 도로의 관리청에게 부여된 권한이라 할 것이지 도로부지의 소유권에 기한 권한이라고 할 수 없으므로, 도로의 관리청은 도로부지에 대한 소유권을 취득하였는지 여부와는 관계없이 도로를 무단점용하는 자에 대하여 변상금을 부과할 수 있다. **(대판 2005.11.25. 2003두7194)**

96

甲은 자신의 사옥을 A시에 신축하는 과정에서 A시 지구단위 변경계획에 의하여 건물 부지에 접한 대로의 도로변이 차량출입 금지 구간으로 설정됨에 따라 그 반대편에 위치한 A시 소유의 도로에 지하주차장 진입통로를 건설하기 위하여 A시의 시장 乙에게 위 도로의 지상 및 지하 부분에 대한 도로점용허가를 신청하였고, 乙은 甲에게 도로점용허가를 하였다. 이에 관한 설명 중 옳지 않은 것은? (다툼이 있는 경우 판례에 의함)

[20 변호사]

① 위 도로점용허가는 甲에게 공물사용권을 설정하는 설권행위로서 재량행위이다.

② 乙의 도로점용허가가 도로의 지상 및 지하 부분의 본래 기능 및 목적과 무관하게 그 사용가치를 활용하기 위한 것으로 평가되는 경우, 그 도로점용허가는 「지방자치법」상 주민소송의 대상이 되는 '재산의 관리 · 처분'에 해당한다.

③ 甲이 도로점용허가를 받은 부분을 넘어 무단으로 도로를 점용하고 있는 경우, 무단으로 사용하는 부분에 대해서는 변상금 부과처분을 하여야 함에도 乙이 변상금이 아닌 사용료 부과처분을 하였다고 하여 이를 중대한 하자라고 할 수 없다.

④ 乙의 도로점용허가가 甲의 점용목적에 필요한 범위를 넘어 과도하게 이루어진 경우, 이는 위법한 점용허가로서 乙은 甲에 대한 도로점용허가 전부를 취소하여야 하며 도로점용허가 중 특별사용의 필요가 없는 부분에 대해서만 직권취소할 수 없다.

⑤ 乙은 위 도로점용허가를 하면서 甲과 인근주민들 간의 협의를 조건으로 하는 부관을 부가할 수 있다.

2. 영조물법

96 정답 ④

핵심공략

- 도로점용허가는 특별사용권을 설정하는 설권행위로서 재량행위 O
  ⇨ 부관 부가 可能
- 특정 사인이 배타적으로 사용하도록 하는 점용허가는 주민소송의 대상이 되는 재산의 관리·처분에 해당 O
- 변상금 부과처분을 할 것을 사용료 부과처분한 것은 중대한 하자 X
- 유효하게 성립한 도로점용허가 중 특별사용의 필요가 없는 부분을 직권취소할 수 O

① [○]

해설 구 도로법(2015.1.28. 법률 제13086호로 개정되기 전의 것) 제61조 제1항에 의한 도로점용허가는 일반사용과 별도로 도로의 특정 부분에 대하여 특별사용권을 설정하는 설권행위이다. 도로관리청은 신청인의 적격성, 점용목적, 특별사용의 필요성 및 공익상의 영향 등을 참작하여 점용허가 여부 및 점용허가의 내용인 점용장소, 점용면적, 점용기간을 정할 수 있는 재량권을 갖는다. **(대판 2019.1.17. 2016두56721)**

② [○]

해설 주민소송은 원칙적으로 지방자치단체의 재무회계에 관한 사항의 처리를 직접 목적으로 하는 행위에 대하여 제기할 수 있고, 지방자치법 제17조 제1항에서 주민소송의 대상으로 규정한 '재산의 취득·관리·처분에 관한 사항'에 해당하는지도 그 기준에 의하여 판단하여야 한다. 특히 도로 등 공물이나 공공용물을 특정 사인이 배타적으로 사용하도록 하는 점용허가가 도로 등의 본래 기능 및 목적과 무관하게 그 사용가치를 실현·활용하기 위한 것으로 평가되는 경우에는 주민소송의 대상이 되는 재산의 관리·처분에 해당한다. **(대판 2016.5.27. 2014두8490)**

③ [○]

해설 공유수면 점·사용 허가 등을 받아 적법하게 사용하는 경우에는 사용료 부과처분을, 허가를 받지 않고 무단으로 사용하는 경우에는 변상금 부과처분을 하는 것이 적법하다. 그러나 적법한 사용이든 무단 사용이든 그 공유수면 점·사용으로 인한 대가를 부과할 수 있다는 점은 공통된 것이고, 적법한 사용인지 무단 사용인지의 여부에 관한 판단은 사용관계에 관한 사실 인정과 법적 판단을 수반하는 것으로 반드시 명료하다고 할 수 없으므로, 그러한 판단을 그르쳐 변상금 부과처분을 할 것을 사용료 부과처분을 하거나 반대로 사용료 부과처분을 할 것을 변상금 부과처분을 하였다고 하여 그와 같은 부과처분의 하자를 중대한 하자라고 할 수는 없다. **(대판 2013.4.26. 2012두20663)**

④ [×]

해설 도로점용허가는 도로의 일부에 대한 특정사용을 허가하는 것으로서 도로의 일반사용을 저해할 가능성이 있으므로 그 범위는 점용목적 달성에 필요한 한도로 제한되어야 한다. 도로관리청이 도로점용허가를 하면서 특별사용의 필요가 없는 부분을 점용장소 및 점용면적에 포함하는 것은 그 재량권 행사의 기초가 되는 사실인정에 잘못이 있는 경우에 해당하므로 그 도로점용허가 중 특별사용의 필요가 없는 부분은 위법하다. 이러한 경우 도로점용허가를 한 도로관리청은 위와 같은 흠이 있다는 이유로 유효하게 성립한 도로점용허가 중 특별사용의 필요가 없는 부분을 직권취소할 수 있음이 원칙이다. 다만, 이 경우 행정청이 소급적 직권취소를 하려면 이를 취소하여야 할 공익상 필요와 그 취소로 당사자가 입을 기득권 및 신뢰보호와 법률생활 안정의 침해 등 불이익을 비교 교량한 후 공익상 필요가 당사자의 기득권 침해 등 불이익을 정당화할 수 있을 만큼 강한 경우여야 한다. 이에 따라 도로관리청이 도로점용허가 중 특별사용의 필요가 없는 부분을 소급적으로 직권취소하였다면, 도로관리청은 이미 징수한 점용료 중 취소된 부분의 점용면적에 해당하는 점용료를 반환하여야 한다. **(대판 2019.1.17. 2016두56721)**

⑤ [○]

해설 재량행위에 있어서는 관계 법령에 명시적인 금지규정이 없는 한 행정목적을 달성하기 위하여 조건이나 기한, 부담 등의 부관을 붙일 수 있고, 그 부관의 내용이 이행 가능하고 비례의 원칙 및 평등의 원칙에 적합하며 행정처분의 본질적 효력을 저해하지 아니하는 이상 위법하다고 할 수 없다. **(대판 2004.3.25. 2003두12837)**

▶ 도로점용허가는 강학상 특허로서 재량행위에 해당하므로, 법에 근거가 없는 경우에도 乙은 도로점용허가를 하면서 甲과 인근주민들 간의 협의를 조건으로 하는 부관을 부가할 수 있다.

Chapter

05 공용부담법

1. 인적 공용부담

2. 물적 공용부담 (공용제한 · 공용사용 · 공용수용)

97

「공익사업을 위한 토지 등의 취득 및 보상에 관한 법률」상 수용 및 보상에 관한 설명 중 옳은 것은? (다툼이 있는 경우 판례에 의함) [22 변호사]

① 재산권의 수용·사용·제한은 공공필요가 인정되는 경우에만 예외적으로 허용될 수 있는 것이므로 사업시행자가 사인인 경우에는 수용재결의 전제가 되는 사업인정을 받을 수 없다.

② 사업인정과 수용재결은 하나의 법률효과를 위하여 이루어지는 일련의 행정처분이므로, 사업인정이 당연무효가 아니더라도 그 위법을 수용재결 취소소송에서 수용재결의 위법사유로 주장할 수 있다.

③ 공익사업 시행으로 영업손실이 발생하였음에도 사업시행자가 재결을 신청하지 않는 경우에는 피해자는 '정당한 보상'을 받기 위하여 사업시행자를 상대로 공법상 당사자소송으로 손실보상금의 지급을 청구할 수 있다.

④ 헌법 제23조 제3항에서 정한 '정당한 보상'이란 피수용재산의 객관적인 재산가치를 완전하게 보상하여야 한다는 완전보상을 뜻하는 것이므로, 해당 공익사업의 시행으로 인한 개발이익도 완전보상의 범위에 포함된다.

⑤ 피수용자가 수용재결에서 정한 보상금의 액수가 과소하여 헌법상 '정당한 보상' 원칙에 위배된다는 이유로 보상금증감소송을 제기하는 경우 관할 토지수용위원회가 아니라 사업시행자를 피고로 하여야 한다.

97

정답 ⑤

핵심공략

- 헌법 제23조 제3항에서 수용의 주체 한정 ×
  ⇨ 공공필요성 있으면 사인에 의한 수용 可
  ∴ 수용주체가 공적 기관인지 사인인지는 공공필요 판단과 수용 범위에 있어 본질적 차이 ×
- 사업인정과 수용재결 사이 하자 승계 ×
  ⇨ 수용재결 취소소송에서 사업인정의 위법성 주장 不可
- 재결절차 거치지 않은 채 곧바로 사업시행자를 상대로 손실보상을 청구 不許
- 공익사업 시행으로 인한 개발이익은 완전보상 범위에 포함 ×
- 보상금의 증감소송은 그 소송을 제기하는 자가 토지소유자 또는 관계인일 때에는 사업시행자를, 사업시행자일 때에는 토지소유자 또는 관계인을 각각 피고로 하여야 O

① [×]

해설 헌법 제23조 제3항은 정당한 보상을 전제로 하여 재산권의 수용 등에 관한 가능성을 규정하고 있지만, 재산권 수용의 주체를 한정하지 않고 있다. 위 헌법조항의 핵심은 당해 수용이 공공필요에 부합하는가, 정당한 보상이 지급되고 있는가 여부 등에 있는 것이지, 그 수용의 주체가 국가인지 민간기업인지 여부에 달려 있다고 볼 수 없다. 또한 국가 등의 공적 기관이 직접 수용의 주체가 되는 것이든 그러한 공적 기관의 최종적인 허부판단과 승인결정하에 민간기업이 수용의 주체가 되는 것이든, 양자 사이에 공공필요에 대한 판단과 수용의 범위에 있어서 본질적인 차이를 가져올 것으로 보이지 않는다. 따라서 위 수용 등의 주체를 국가 등의 공적 기관에 한정하여 해석할 이유가 없다**(헌재 2009.9.24. 2007헌바114 전원재판부)**.
따라서 사업시행자가 사인인 경우라도, 수용재결의 전제가 되는 사업인정을 받을 수 있다.

② [×]

해설 구 토지수용법(1990.4.7. 법률 제4231호로 개정되기 전의 것) 제16조 제1항에서는 건설부장관이 사업인정을 하는 때에는 지체 없이 그 뜻을 기업자·토지소유자·관계인 및 관계도지사에게 통보하고 기업자의 성명 또는 명칭, 사업의 종류, 기업지 및 수용 또는 사용할 토지의 세목을 관보에 공시하여야 한다고 규정하고 있는바, 가령 건설부장관이 위와 같은 절차를 누락한 경우 이는 절차상의 위법으로서 수용재결 단계 전의 사업인정 단계에서 다툴 수 있는 취소사유에 해당하기는 하나, 더 나아가 그 사업인정 자체를 무효로 할 중대하고 명백한 하자라고 보기는 어렵고, 따라서 이러한 위법을 들어 수용재결처분의 취소를 구하거나 무효확인을 구할 수는 없다. **(대판 2000.10.13. 2000두5142)**

③ [×]

해설 잔여 영업시설의 손실에 대한 보상을 받기 위해서는, 토지보상법 제34조, 제50조 등에 규정된 재결절차를 거친 다음 그 재결에 대하여 불복이 있는 때에 비로소 토지보상법 제83조 내지 제85조에 따라 권리구제를 받을 수 있을 뿐이다. 이러한 재결절차를 거치지 않은 채 곧바로 사업시행자를 상대로 손실보상을 청구하는 것은 허용되지 않는다. **(대판 2018.7.20. 2015두4044)**

④ [×]

해설 공익사업법 제67조 제2항은 보상액을 산정함에 있어 당해 공익사업으로 인한 개발이익을 배제하는 조항인데, 공익사업의 시행으로 지가가 상승하여 발생하는 개발이익은 사업시행자의 투자에 의한 것으로서 피수용자인 토지소유자의 노력이나 자본에 의하여 발생하는 것이 아니므로, 이러한 개발이익은 형평의 관념에 비추어 볼 때 토지소유자에게 당연히 귀속되어야 할 성질의 것이 아니고, 또한 개발이익은 공공사업의 시행에 의하여 비로소 발생하는 것이므로, 그것이 피수용 토지가 수용 당시 갖는 객관적 가치에 포함된다고 볼 수도 없다. 따라서 개발이익은 그 성질상 완전보상의 범위에 포함되는 피수용자의 손실이라고 볼 수 없으므로, 이러한 개발이익을 배제하고 손실보상액을 산정한다 하여 헌법이 규정한 정당한 보상의 원칙에 위반되지 않는다**(헌재 2009.12.29. 2009헌바142 전원재판부)**.

⑤ [○]

조문 **제85조(행정소송의 제기)** ① 사업시행자, 토지소유자 또는 관계인은 제34조에 따른 재결에 불복할 때에는 재결서를 받은 날부터 90일 이내에, 이의신청을 거쳤을 때에는 이의신청에 대한 재결서를 받은 날부터 60일 이내에 각각 행정소송을 제기할 수 있다. 이 경우 사업시행자는 행정소송을 제기하기 전에 제84조에 따라 늘어난 보상금을 공탁하여야 하며, 보상금을 받을 자는 공탁된 보상금을 소송이 종결될 때까지 수령할 수 없다.
② 제1항에 따라 제기하려는 행정소송이 보상금의 증감(增減)에 관한 소송인 경우 그 소송을 제기하는 자가 토지소유자 또는 관계인일 때에는 사업시행자를, 사업시행자일 때에는 토지소유자 또는 관계인을 각각 피고로 한다.

98

「공익사업을 위한 토지 등의 취득 및 보상에 관한 법률」(이하, '토지보상법'이라 함)에 따른 손실보상에 관한 설명 중 옳지 않은 것은? (다툼이 있는 경우 판례에 의함) [21 변호사]

① 건축물의 일부가 공익사업에 편입됨으로 인하여 잔여 건축물의 가격감소 손실이 발생한 경우에 토지보상법에 규정된 재결절차를 거치지 않은 채 곧바로 사업시행자를 상대로 손실보상을 청구하는 것은 허용되지 않는다.

② 편입토지·물건 보상, 지장물 보상, 잔여 토지·건축물 손실보상 또는 수용청구의 경우에는 원칙적으로 개별 물건에 따라 하나의 보상항목이 되지만, 잔여 영업시설 손실보상을 포함하는 영업손실보상의 경우에는 '전체적으로 단일한 시설 일체로서의 영업' 자체가 보상항목이 되고, 세부 영업시설이나 공사비용, 휴업기간 등은 영업손실보상금 산정에서 고려하는 요소에 불과하다.

③ 하나의 재결에서 피보상자별로 여러 가지의 토지, 물건, 권리 또는 영업의 손실에 관하여 심리·판단이 이루어졌을 때, 피보상자 또는 사업시행자가 반드시 재결 전부에 관하여 불복하여야 하는 것은 아니다.

④ 이주대책대상자 선정에서 배제된 이주자는 사업시행자를 상대로 그 선정거부처분의 취소를 구하는 항고소송을 제기할 필요 없이 공법상 당사자소송으로 이주대책상의 수분양권 확인을 구하는 소송을 제기할 수 있다.

⑤ 공익사업시행지구 밖 영업손실보상의 요건인 '공익사업의 시행으로 인한 그 밖의 부득이한 사유로 일정 기간 동안 휴업이 불가피한 경우'란 공익사업의 시행 또는 시행 당시 발생한 사유로 휴업이 불가피한 경우만을 의미하는 것이 아니라 공익사업의 시행 결과, 즉 그 공익사업의 시행으로 설치되는 시설의 형태·구조·사용 등에 기인하여 휴업이 불가피한 경우도 포함된다.

98 정답 ④

> **핵심공략**
> - 재결절차 거치지 않은 채 곧바로 사업시행자를 상대로 손실보상을 청구 不許
> - 잔여 영업시설 손실보상을 포함하는 영업손실보상의 경우에는 '전체적으로 단일한 시설 일체로서의 영업' 자체가 보상항목 O, 세부 영업시설이나 영업이익, 휴업기간 등은 영업손실보상금 산정에서 고려하는 요소에 불과 O
> - 여러 보상항목들에 대한 하나의 재결 일부에만 불복하는 경우, 그 부분에 관해서만 개별적으로 불복의 사유를 주장하여 행정소송을 제기 可能
> - 이주대책대상자에서 제외된 이주자는 사업시행자를 상대로 항고소송을 제기하여야 O
> - '공익사업의 시행으로 인한 그 밖의 부득이한 사유로 일정 기간 동안 휴업이 불가피한 경우'에는 그 공익사업의 시행으로 설치되는 시설의 형태·구조·사용 등에 기인하여 휴업이 불가피한 경우도 포함 O

① [○]

해설 구 공익사업을 위한 토지 등의 취득 및 보상에 관한 법률(2013.3.23. 법률 제11690호로 개정되기 전의 것, 이하 '토지보상법'이라 한다) 제26조, 제28조, 제30조, 제34조, 제50조, 제61조, 제83조 내지 제85조의 규정 내용과 입법 취지 등을 종합하면, 공익사업에 영업시설 일부가 편입됨으로 인하여 잔여 영업시설에 손실을 입은 자가 사업시행자로부터 구 공익사업을 위한 토지 등의 취득 및 보상에 관한 법률 시행규칙(2014.10.22. 국토교통부령 제131호로 개정되기 전의 것) 제47조 제3항에 따라 잔여 영업시설의 손실에 대한 보상을 받기 위해서는, 토지보상법 제34조, 제50조 등에 규정된 재결절차를 거친 다음 그 재결에 대하여 불복이 있는 때에 비로소 토지보상법 제83조 내지 제85조에 따라 권리구제를 받을 수 있을 뿐이다. 이러한 재결절차를 거치지 않은 채 곧바로 사업시행자를 상대로 손실보상을 청구하는 것은 허용되지 않는다. **(대판 2018.7.20. 2015두4044)**

② [○]

해설 재결절차를 거쳤는지 여부는 보상항목별로 판단하여야 한다. 피보상자별로 어떤 토지, 물건, 권리 또는 영업이 손실보상대상에 해당하는지, 나아가 보상금액이 얼마인지를 심리·판단하는 기초 단위를 보상항목이라고 한다. 편입토지·물건 보상, 지장물 보상, 잔여 토지·건축물 손실보상 또는 수용청구의 경우에는 원칙적으로 개별물건별로 하나의 보상항목이 되지만, 잔여 영업시설 손실보상을 포함하는 영업손실보상의 경우에는 '전체적으로 단일한 시설 일체로서의 영업' 자체가 보상항목이 되고, 세부 영업시설이나 영업이익, 휴업기간 등은 영업손실보상금 산정에서 고려하는 요소에 불과하다. 그렇다면 영업의 단일성·동일성이 인정되는 범위에서 보상금 산정의 세부요소를 추가로 주장하는 것은 하나의 보상항목 내에서 허용되는 공격방법일 뿐이므로, 별도로 재결절차를 거쳐야 하는 것은 아니다. **(대판 2018.7.20. 2015두4044)**

③ [○]

해설 하나의 재결에서 피보상자별로 여러 가지의 토지, 물건, 권리 또는 영업(이처럼 손실보상 대상에 해당하는지, 나아가 그 보상금액이 얼마인지를 심리·판단하는 기초 단위를 이하 '보상항목'이라고 한다)의 손실에 관하여 심리·판단이 이루어졌을 때, 피보상자 또는 사업시행자가 반드시 재결 전부에 관하여 불복하여야 하는 것은 아니며, 여러 보상항목들 중 일부에 관해서만 불복하는 경우에는 그 부분에 관해서만 개별적으로 불복의 사유를 주장하여 행정소송을 제기할 수 있다. **(대판 2018.5.15. 2017두41221)**

④ [×]

해설 공공용지의취득및손실보상에관한특례법상의 이주대책에 의한 수분양권의 취득을 희망하는 이주자가 소정의 절차에 따라 이주대책대상자 선정신청을 한 데 대하여 사업시행자가 이주대책대상자가 아니라고 하여 확인, 결정 등의 처분을 하지 않고 이주대책대상자에서 이를 제외시키거나 또는 거부조치한 경우에는 그 처분이 위법한 것이라면 이주자로서는 사업시행자를 상대로 항고소송에 의하여 그 제외처분 또는 거부처분의 취소를 구하여야 하고, 나아가 사업시행자가 그 확인, 결정 등의 처분을 한 후 이를 다시 취소한 경우에도 역시 항고소송에 의하여 확인, 결정 등 취소처분의 취소를 구하여야 하며, 곧바로 민사소송으로 이주대책상의 수분양권의 확인 등을 구하는 것은 허용될 수 없다. **(대판 1994.11.8. 93다13018)**

⑤ [○]

해설 공익사업시행지구 밖 영업손실보상의 특성과 헌법이 정한 '정당한 보상의 원칙'에 비추어 보면, 공익사업시행지구 밖 영업손실보상의 요건인 '공익사업의 시행으로 인한 그 밖의 부득이한 사유로 일정 기간 동안 휴업이 불가피한 경우'란 공익사업의 시행 또는 시행 당시 발생한 사유로 휴업이 불가피한 경우만을 의미하는 것이 아니라 공익사업의 시행 결과, 즉 그 공익사업의 시행으로 설치되는 시설의 형태·구조·사용 등에 기인하여 휴업이 불가피한 경우도 포함된다고 해석함이 타당하다. **(대판 2019.11.28. 2018두227)**

99

「공익사업을 위한 토지 등의 취득 및 보상에 관한 법률」에 관련된 설명 중 옳지 않은 것은? (다툼이 있는 경우 판례에 의함)

[14 변호사]

① 사업인정이란 공익사업을 토지 등을 수용 또는 사용할 사업으로 결정하는 것으로서 공익사업의 시행자에게 그 후 일정한 절차를 거칠 것을 조건으로 일정한 내용의 수용권을 설정하여 주는 형성행위이므로, 해당 사업이 외형상 토지 등을 수용 또는 사용할 수 있는 사업에 해당한다고 하더라도 사업인정기관으로서는 그 사업이 공용수용을 할 만한 공익성이 있는지의 여부와 공익성이 있는 경우에도 그 사업의 내용과 방법에 관하여 사업인정에 관련된 자들의 이익을 공익과 사익 사이에서는 물론, 공익 상호간 및 사익 상호간에도 정당하게 비교·교량하여야 하고, 그 비교·교량은 비례의 원칙에 적합하도록 하여야 한다.

② 공공사업의 시행자가 그 사업에 필요한 토지를 취득하는 경우 그것이 협의에 의한 취득이고 「공익사업을 위한 토지 등의 취득 및 보상에 관한 법률」상의 협의 성립의 확인이 없는 이상, 그 취득행위는 어디까지나 사경제 주체로서 행하는 사법상의 취득으로서 승계취득한 것으로 보아야 할 것이고, 재결에 의한 취득과 같이 원시취득한 것으로 볼 수는 없다.

③ 공익사업을 위해 협의취득하거나 수용한 토지가 제3자에게 처분된 경우에는 특별한 사정이 없는 한 그 토지는 당해 공익사업에는 필요 없게 된 것이라고 보아야 한다.

④ 국토교통부장관이 사업인정의 고시를 누락한 경우 이는 절차상의 위법으로 그 사업인정 자체를 무효로 할 중대하고 명백한 하자라고 볼 수 있으므로, 이와 같은 위법을 들어 수용재결처분의 취소를 구하거나 무효확인을 구할 수 있다.

⑤ 공익사업에 필요한 토지등의 취득 또는 사용으로 인하여 토지 소유자나 관계인이 입은 손실은 사업시행자가 보상하여야 한다.

99

정답 ④

핵심공략

- 사업인정은 공익사업을 토지 등을 수용 또는 사용할 사업으로 결정하는 형성행위 O
  ⇨ 그 사업이 공익성이 있는 경우에도 비례원칙에 적합하여야 O
- 협의취득은 사법상의 취득으로서 승계취득에 해당 O
- 공익사업을 위해 협의취득하거나 수용한 토지가 제3자에게 처분된 경우에는 특별한 사정이 없는 한 그 토지는 당해 공익사업에는 필요 없게 된 것이라고 보아야 O
- 국토교통부장관의 사업인정 고시 누락은 절차상 위법으로서 취소사유에는 해당 O
  ⇨ 그 사업인정 자체는 중대·명백한 하자 ×
- 공익사업에 필요한 토지등의 취득 또는 사용으로 인한 토지소유자나 관계인의 손실은 사업시행자가 보상하여야 O

① [○]

해설 **사업인정**이란 공익사업을 토지 등을 수용 또는 사용할 사업으로 결정하는 것으로서 공익사업의 시행자에게 그 후 일정한 절차를 거칠 것을 조건으로 일정한 내용의 수용권을 설정하여 주는 **형성행위**이므로, 해당 사업이 외형상 토지 등을 수용 또는 사용할 수 있는 사업에 해당한다고 하더라도 사업인정기관으로서는 그 사업이 공용수용을 할 만한 **공익성이 있는지의 여부**와 공익성이 있는 경우에도 그 사업의 내용과 방법에 관하여 사업인정에 관련된 자들의 이익을 **공익과 사익 사이에서는 물론, 공익 상호간 및 사익 상호간에도 정당하게 비교·교량하여야** 하고, 그 비교·교량은 비례의 원칙에 적합하도록 하여야 한다. **(대판 2011.1.27. 2009두1051; 대판 2019.2.28. 2017두71031)**

② [○]

해설 공공사업의 시행자가 토지수용법에 의하여 그 사업에 필요한 토지를 취득하는 경우 그것이 협의에 의한 취득이고 토지수용법 제25조의2의 규정에 의한 협의 성립의 확인이 없는 이상, 그 취득행위는 어디까지나 **사경제 주체로서 행하는 사법상의 취득으로서 승계취득한 것으로 보아야 할 것**이고, 재결에 의한 취득과 같이 원시취득한 것으로 볼 수는 없다. **(대판 1996.2.13. 95다3510)**

▶ 과거 공용수용은 「토지수용법」에서 규율하고 있었는데, 판례는 사업인정 후의 협의취득에 해당하는 「토지수용법」상 협의취득을 원시취득이 아니라 승계취득(사법상 계약)으로 보았다**(대판 1996.2.13. 95다3510)**. 그리고 최근 판례 역시 공익사업을 위한 토지 등의 취득 및 보상에 관한 법률에 의한 보상합의는 공공기관이 사경제주체로서 행하는 사법상 계약의 실질을 가지는 것이라고 판시하여 **(대판 2013.8.22. 2012다3517)**, 사법상 계약설의 입장이다.

③ [○]

해설 공익사업을 위해 협의취득하거나 수용한 토지가 제3자에게 처분된 경우에는 특별한 사정이 없는 한 그 토지는 당해 공익사업에는 필요 없게 된 것이라고 보아야 하고, 변경된 공익사업에 관해서도 마찬가지이므로, 그 토지가 변경된 사업의 사업시행자 아닌 제3자에게 처분된 경우에는 공익사업의 변환을 인정할 여지도 없다. **(대판 2010.9.30. 2010다30782)**

④ [×]

해설 구 토지수용법(1990.4.7. 법률 제4231호로 개정되기 전의 것) 제16조 제1항에서는 건설부장관이 사업인정을 하는 때에는 지체 없이 그 뜻을 기업자·토지소유자·관계인 및 관계도지사에게 통보하고 기업자의 성명 또는 명칭, 사업의 종류, 기업지 및 수용 또는 사용할 토지의 세목을 관보에 공시하여야 한다고 규정하고 있는바, 가령 **건설부장관이 위와 같은 절차를** 누락한 경우 **이는 절차상의 위법**으로서 수용재결 단계 전의 사업인정 단계에서 다툴 수 있는 **취소사유에 해당**하기는 하나, 더 나아가 그 사업인정 자체를 무효로 할 중대하고 명백한 하자라고 보기는 어렵고, 따라서 이러한 위법을 들어 수용재결처분의 취소를 구하거나 무효확인을 구할 수는 없다. **(대판 2000.10.13. 2000두5142)**

⑤ [○]

조문 **공익사업을 위한 토지 등의 취득 및 보상에 관한 법률 제61조(사업시행자 보상)** 공익사업에 필요한 토지등의 취득 또는 사용으로 인하여 토지소유자나 관계인이 입은 손실은 사업시행자가 보상하여야 한다.

100

X주택재개발사업조합(이하 'X조합'이라 함)은 「도시 및 주거환경정비법」에 따라 관할 A행정청으로부터 조합설립인가를 받았고 甲을 조합장으로 선임하였다. 그 후 X조합은 분양신청을 기초로 관리처분계획을 수립하여 조합총회에 부의하였고, 조합총회에서 조합원들은 관리처분계획을 원안대로 의결하였다. A행정청은 관리처분계획을 인가·고시하였다. 이에 관한 설명 중 옳지 않은 것은? (다툼이 있는 경우 판례에 의함)

[22 변호사]

① X조합에 대한 조합설립인가처분이 무효인 경우에는 甲의 행위는 「도시 및 주거환경정비법」에서 정한 조합장의 행위라고 할 수 없다.

② 조합설립인가처분이 있은 후 조합설립결의의 하자를 이유로 조합설립의 효력을 부정하려면 항고소송으로 조합설립인가처분의 효력을 다투어야 한다.

③ X조합과 甲 사이의 선임·해임을 둘러싼 법률관계는 사법상의 법률관계이므로 조합장의 지위를 다투는 소송은 민사소송에 의하여야 한다.

④ 관리처분계획에 대한 인가·고시가 있은 이후 총회의결의 하자를 이유로 관리처분계획의 효력을 다투려면 당사자소송으로 총회의결의 효력 유무의 확인을 구하여야 한다.

⑤ 사업시행이 완료되고 소유권 이전에 관한 고시의 효력이 발생한 이후에는 조합원 등은 해당 재개발사업을 위하여 이루어진 수용재결이나 이의재결의 취소를 구할 법률상 이익이 없다.

100 정답 ④

핵심공략

- 무효인 조합설립인가처분에 따른 조합의 조합장 행위는 도시 및 주거환경정비법상의 조합장의 행위 ×
- 행정청의 조합설립인가처분 있은 후, 조합설립결의에 하자가 있음을 이유로 재개발조합 설립의 효력을 부정하기 위해서는 항고소송으로 조합설립인가처분의 효력을 다투어야 ○
- 조합장 또는 조합임원의 지위를 다투는 소송은 민사소송에 의하여야 ○
- 관리처분계획에 대한 인가·고시 후에 총회결의의 하자를 이유로 관리처분계획의 효력을 다투려면 재건축조합을 상대로 항고소송에 의하여야 ○
- 이전고시의 효력이 발생한 이후에는 조합원 등이 해당 정비사업을 위하여 이루어진 수용재결이나 이의재결의 취소 또는 무효확인을 구할 법률상 이익 無

① [○]

해설 토지등소유자로 구성되는 조합이 그 설립과정에서 조합설립인가처분을 받지 아니하였거나 설령 이를 받았다 하더라도 처음부터 조합설립인가처분으로서 효력이 없는 경우에는, 구 도시정비법 제13조에 의하여 정비사업을 시행할 수 있는 권한을 가지는 행정주체인 공법인으로서의 조합이 성립되었다 할 수 없고, 또한 이러한 조합의 조합장, 이사, 감사로 선임된 자 역시 구 도시정비법에서 정한 조합의 임원이라 할 수 없다. (대판 2014.5.22. 2012도7190 全)

② [○]

해설 구 도시 및 주거환경정비법(2007.12.21. 법률 제8785호로 개정되기 전의 것)상 재개발조합설립 인가신청에 대하여 행정청의 조합설립인가처분이 있은 이후에 조합설립결의에 하자가 있음을 이유로 재개발조합 설립의 효력을 부정하기 위해서는 항고소송으로 조합설립인가처분의 효력을 다투어야 하고, 특별한 사정이 없는 한 이와는 별도로 민사소송으로 행정청으로부터 조합설립인가처분을 하는 데 필요한 요건 중의 하나에 불과한 조합설립결의에 대하여 무효확인을 구할 확인의 이익은 없다고 보아야 한다. (대결 2009.9.24.자 2009마168,169)

③ [○]

해설 구 도시 및 주거환경정비법(2007.12.21. 법률 제8785호로 개정되기 전의 것)상 재개발조합이 공법인이라는 사정만으로 재개발조합과 조합장 또는 조합임원 사이의 선임·해임 등을 둘러싼 법률관계가 공법상의 법률관계에 해당한다거나 그 조합장 또는 조합임원의 지위를 다투는 소송이 당연히 공법상 당사자소송에 해당한다고 볼 수는 없고, 구 도시 및 주거환경정비법의 규정들이 재개발조합과 조합장 및 조합임원과의 관계를 특별히 공법상의 근무관계로 설정하고 있다고 볼 수도 없으므로, 재개발조합과 조합장 또는 조합임원 사이의 선임·해임 등을 둘러싼 법률관계는 사법상의 법률관계로서 그 조합장 또는 조합임원의 지위를 다투는 소송은 민사소송에 의하여야 할 것이다. (대결 2009.9.24.자 2009마168,169)

④ [×]

해설 관리처분계획 등에 관한 관할 행정청의 인가·고시까지 있게 되면 이제는 관리처분계획 등이 행정처분으로서의 효력을 갖게 되므로, 관리처분계획 등에 관한 조합 총회결의의 하자를 이유로 그 효력을 다투려면 재건축조합을 상대로 항고소송의 방법으로 관리처분계획 등의 취소 또는 무효확인을 구하여야 하고, 이와는 별도로 행정처분에 이르는 절차적 요건 중 하나에 불과한 총회결의 부분만을 따로 떼어내 그 효력을 다투는 확인의 소를 제기하는 것은 허용되지 않는다. (대판 2009.9.17. 2007다2428 全, 대판 2009.10.15. 2008다93001 등 참조)

⑤ [○]

해설 정비사업의 공익적·단체법적 성격과 이전고시에 따라 이미 형성된 법률관계를 유지하여 법적 안정성을 보호할 필요성이 현저한 점 등을 고려할 때, 이전고시의 효력이 발생한 이후에는 조합원 등이 해당 정비사업을 위하여 이루어진 수용재결이나 이의재결의 취소 또는 무효확인을 구할 법률상 이익이 없다고 해석함이 타당하다(대판 2017.3.16. 2013두11536).

MEMO

MEMO

MEMO